Stefan Wolle
Die heile Welt der Diktatur

Stefan Wolle

Die heile Welt der Diktatur

Alltag und Herrschaft in der DDR 1971–1989

Ch. Links

Ch. Links Verlag, Berlin

Die Deutsche Bibliothek – CIP-Einheitsaufnahme

Wolle, Stefan:
Die heile Welt der Diktatur : Alltag und Herrschaft in der DDR
1971 – 1989 / Stefan Wolle. – Berlin : Links, 1998
ISBN 3-86153-157-7

1. Auflage, März 1998

Zehdenicker Straße 1, 10119 Berlin, Tel. (0 30) 44 02 32-0
Redaktion: Dr. Harald Geiss, Bonn
Umschlaggestaltung: KahaneDesign, Berlin, unter Verwendung eines Fotos
von Harald Hauswald/Agentur Ostkreuz
Satz und Lithos: Fotosatz Froitzheim AG, Bonn
Druck und Bindung: Graphischer Großbetrieb Pößneck (Thüringen)

ISBN 3-86153-157-7

Inhalt

Vierter Teil: Herrschaft und Unterwerfung

Kapitel I: Legitimation der Macht

Kapitel II: Macht und Geheimnis

Kapitel III: Die Inszenierung der Macht

Fünfter Teil: Gesellschaft und Wirtschaft

Kapitel I: Die Gesellschaft der DDR

Sechster Teil: Elemente der Krise

Kapitel I: Die kritischen Intellektuellen und die SED

Kapitel II: Kirche, Staat und Opposition

Kapitel III: Der »Neue Kalte Krieg« und die DDR-Gesellschaft der achtziger Jahre

Kapitel IV: Die Mauer und die Ausreiseproblematik

Siebter Teil: Der Weg in den Zusammenbruch

Kapitel I: Die Perestrojka und die DDR

Kapitel II: Aktionen der Opposition

Kapitel III: Der Machtverfall der SED-Führung

Kapitel IV: Das Ende der SED-Herrschaft

Epilog: Die Dialektik des Untergangs

Anhang

Gerhard Gäbler, 1984

Prolog
Im Labyrinth der Vergangenheit

1. Die Minute des Abschieds

In Rußland gibt es den schönen Brauch, sich zum Abschied eine Minute still niederzusetzen. Während draußen der Taxifahrer auf die Hupe drückt, weht ein Hauch von Ewigkeit durch die gute Stube. Doch selbst wenn die Zeit knapp ist – »die Minute« muß sein. Man erinnert sich gemeinsam an gute und an schlechte Tage. Man denkt an die Ungewißheiten der Zukunft und daran, daß es niemals wieder so sein wird wie es war. Nach einem kleinen Moment erhebt man sich und küßt einander zum Abschied. Dann geht es los, zum Flughafen oder zum Bahnhof. In den letzten Jahren gab es für die DDR-Bürger ein Übersoll an Abschiednehmen. Doch selten war Zeit für die Minute der Besinnung. Die Ereignisse kamen zu plötzlich und zu überstürzt. Als Erich Honecker am 19. Januar 1989 anläßlich der Eröffnung des geplanten Thomas-Müntzer-Jahres verkündete, die Mauer würde noch 50 oder 100 Jahre stehen, schlug ihm keineswegs lautes Gelächter entgegen. Eher herrschte resigniertes Kopfschütteln über den verhärteten Sinn der SED-Führung, ohne deren guten Willen man sich eine Verbesserung der Lage in der DDR nicht vorstellen konnte. Die Thomas-Müntzer-Feierlichkeiten versprachen im Januar noch, einer der Höhepunkte des Jahres 1989 zu werden. Der zentrale Festakt war für den 21. Dezember vorgesehen. Der greise Generalsekretär sollte an diesem Tag eine feierliche Rede zum 500. Geburtstag des Bauernführers halten. Doch als es soweit war, hatte längst das große Abschiednehmen begonnen.

Erst verschwanden die Angst und die bedrückende Ereignislosigkeit der Diktatur. Dann fiel die Mauer. Es verschwanden die Symbole und Uniformen der DDR, die ewigen Polizeikontrollen und die blauen Hundert-Mark-Scheine mit dem bärtigen Antlitz von Karl Marx. Es verschwanden die Goldpapier-Tüten mit Mokka-Fix, die Jugend-Mode-Läden, die grünen SV-Ausweise und die Klappkarten der Stasi. Es verschwanden die sicheren Arbeitsplätze, die Nestwärme des Kollektivs, die ganze enge, aber überschaubare Welt des Realsozialismus. Es verflüchtigte sich auch der spezifische DDR-Geruch, dessen genaue Zusammensetzung wohl für immer unerforscht bleiben wird. Es verschwand der unverwechselbare barsche und belehrende Tonfall der Verkäuferinnen, Kellner und Volkspolizisten. Nur allzuoft stellt sich beim Anschauen der alten Bilder und Filme die trauliche Stimmung des Wiedererkennens von Markenzeichen, Symbolen, Alltagsdingen, Gesten und Worten her. Gespeichert für alle Ewigkeit ist diese Alltagswelt vor allem in den Filmen des DDR-Fernsehens, die sich beim Publikum wieder großen Zuspruchs erfreuen. Die Faszination der Krimi-Serien wie »Polizeiruf 110« oder »Der Staatsanwalt hat das Wort« ist nicht ganz einfach zu erklären. Nicht die packende Handlung oder die hohe künstlerische Qualität verschaffen diesen Filmen eine treue Zuschauergemeinde. Vielmehr findet vor der Mattscheibe eine Art Wiedersehensfeier statt. Die grauen Plaste-Telefone von RFT mit einer richtigen Wählscheibe, die Schrankwand »Sibylle« aus dem VEB Möbelkombinat Zeulenroda und das typische Design der HO-Gaststätten, die Blümchentapeten und die lappigen Gardinen – all dies verbreitet jene unnachahmliche und trauliche Atmosphäre der DDR.

All das ist verschwunden. Nun verschwinden allmählich auch die Örtlichkeiten des Geschehens. Fast täglich müßten Nachrufe erscheinen. Überall wird renoviert, abgerissen, neu gebaut. Zuerst übertünchten die bunten Reklameschilder und Pappfassaden der Marktwirtschaft die graue Welt des Realsozialismus. Dann folgten die Schließungen und Abwicklungen. Schließlich entstand Neues; die gleichen Kosmetik-Geschäfte, Pizza-Buden, Fast-Food-Ketten und Supermärkte wie in Düsseldorf oder Hamburg. Man möchte die Dinge festhalten, bewahren, einmotten und weiß doch, daß die Musealisierung der Realität ein sinnloses Unterfangen ist. Gefühle lassen sich nicht archivieren. Ängste und Hoffnungen kann man nicht in die Glasvitrine legen. Die gegenständliche Hinterlassenschaft ist leblos. Im besten Fall hat sie eine Art Signalwirkung. Abschied gilt es auch zu nehmen von den Jahren des Wandels und des Umbruchs, von dem schwindelerregenden Sturz aus der jahrelangen Lethargie in die Turbulenzen der Wendezeit und der allmählichen Wiederkehr einer Art Normalität. Im Spätsommer 1989 verwandelte sich das »langweiligste Land der Erde«, wie es Volker Braun einmal genannt hatte, in einen Abenteuerspielplatz. Was sich da abspielte, war nicht nur eine »friedliche«, sondern auch eine »fröhliche Revolution«. Das Feuerwerk eines ungeahnten Sprachwitzes in den Losungen der Umzüge im Wendeherbst ist oft bewundert worden. Es gab auch sonst viel zu lachen in jenen Wochen und Monaten. Diese Revolution war bis zum Einbruch des Alltags im Sommer und Herbst 1990 ein gigantisches Happening, ein Gesamtkunstwerk, wie es sich kein Aktionskünstler schöner hätte ausdenken können.

Fast unbemerkt verschwand auch die alte Bundesrepublik. Als in Berlin die Mauer abgerissen wurde, beklagten die Naturschützer die Vernichtung mancher Biotope, die im Schatten des »Antifaschistischen Schutzwalls« entstanden waren. Seltene Lurch- und Kriechtierarten hatten sich in den stillen Winkeln zwischen Betonmauern und Panzersperren angesiedelt. Nach dem Mauerfall scheuchte sie der Abriß der Sperranlagen erbarmunglos auf. Dies mag man symbolisch verstehen. Zunächst traf es nur die Sieger des Kalten Krieges: das Bundesministerium für innerdeutsche Beziehungen, das Gesamtdeutsche Institut und den RIAS, Radio Free Europa und Radio Liberty. Im idyllischen Bonn am Rhein gab es ein böses Erwachen. Nicht wenige murrten im Westen über die deutsche Einheit, und es entstand eine heimliche Sehnsucht nach der wärmenden Geborgenheit des Kalten Krieges. Dies ist ein Buch des Abschieds. Und in der Minute des Abschieds ist alles erlaubt: Zärtlichkeit und Haß, Sentimentalität und Bitterkeit, Nostalgie und Optimismus, Trauer und Zorn. Die Menschen, die aus der DDR kamen, sind noch immer in der Situation des Aufbruchs. Was geschehen ist, hat sie viel zu tief geprägt, als daß sie es einfach abschütteln könnten. Noch sind sie nicht wirklich angekommen in der neuen alten Gesellschaft der vereinigten Bundesrepublik, und ihr einziges Reisegepäck besteht aus Erfahrungen, Erinnerungen und Biographien.

2. Die gespaltene Erinnerung

Die elegische Abschiedsstimmung kann freilich auch zur Falle werden. Wer läßt sich schon gern an Erniedrigungen, an peinlichen Selbstbetrug und an mehr als faule Kompromisse erinnern. Schwierig für die Betroffenen wird es vor allem, wenn die Belehrungen darüber von außen kommen. So wie nach dem Krieg Emigranten wie Thomas Mann vorgehalten wurde, nichts über Deutschland zu wissen und die Ereignisse aus der bequemen Loge verfolgt zu haben, so hörte man auch nach 1989 ungern auf die Aufrufe zur inneren Einkehr, zumal wenn sie von denen kamen, die verfolgt und diskriminiert gewesen waren. Nichts wird strenger bestraft, als recht behalten zu haben. »Die ideologische Strategie der politischen Klasse in der Bundesrepublik konzentrierte sich seit 1990 darauf, die DDR mit der Doktrin vom ›Unrechtsstaat‹ und der These von der reinen Mißwirtschaft zu verteufeln«, schrieb ein ehemals führender SED-Historiker in einer der PDS nahestehenden Schriftenreihe. »Damit aber wurde die in sich widersprüchliche Gesamtheit der DDR-Gesellschaft mit ihren positiven und negativen Zügen, von den verschiedenen Bevölkerungsgruppen gewiß unterschiedlich, aber im ganzen eben in dieser Differenziertheit erlebt und auch verarbeitet, auf ein der gegenwärtigen Politik genehmes, rein negatives, ja verabscheuungswürdiges Klischee zurechtgestutzt . . .«[1] Der Sinn dieser gewundenen Sätze ist nur allzu klar. Die Ideologen und Machthaber des SED-Staates, die ihre Heimat in der PDS gefunden haben, verstecken sich heute gern hinter jener großen Zahl von Menschen, die unverschuldet in das Desaster hineingeraten sind. Doch es soll nicht bestritten werden, daß gelegentlich zwischen den früheren Stützen des Regimes und den notgedrungen Angepaßten eine Eintracht entsteht, wie sie zu DDR-Zeiten nie existiert hat.

Bei aller Skepsis gegenüber Meinungsumfragen zu derartig komplexen Sachverhalten sind doch die Resultate einer Befragung des »Sozialwissenschaftlichen Forschungszentrums Berlin-Brandenburg e.V.« aus dem siebten Jahr nach dem Ende der DDR bemerkenswert. Einleitend heißt es dort: »Die jüngste Erhebung bestätigte erneut, daß die Ostdeutschen mehrheitlich einer differenzierten Betrachtung der DDR-Vergangenheit den Vorzug geben. Pauschale Negativ-Urteile und Negativ-Klischees, wie z. B. die Kennzeichnung als Unrechtsstaat, sind nicht mehrheitsfähig . . . Für die überwiegende Mehrheit gilt die DDR nach wie vor als ›Versuch, eine gerechtere Gesellschaft zu gestalten‹. Nachdem in der 95er Befragung die in den Vorjahren in der Antwortvorgabe verwandte einschränkende Kennzeichnung als ›gescheiterter Versuch‹ entfiel, wuchs die Zustimmung zur zitierten Meinungsvorgabe an (1990 = 63 %, 1992 = 60 %, 1993 = 65 %, 1995 = 75 % völlige Zustimmung).«[2] Die Zahlenübersicht weist aus, daß auf die Meinungsvorgabe »[die] DDR war vor allem der Versuch, eine gerechtere Gesellschaft zu gestalten« 74,8 Prozent mit »ja«, 14,9 Prozent mit »teilweise«, 6,6 Prozent mit »nein« reagierten und 3,6 Prozent »keine Antwort« gaben. Der Auffassung »[die] DDR war ein Unrechtsstaat« stimmten nur 18,2 Prozent vorbehaltlos zu, 33,9 Prozent antworteten »teilweise«, 42,8 Prozent verneinten, und 4,9 Prozent wollten keine Antwort geben. Selbst wenn man die offenbar beabsichtigte Unschärfe der Fragestellung in Rechnung stellt und weiß, daß an der Spitze des Instituts ehemals führende SED-Wissenschaftler stehen, sind die Ergebnisse eindeutig und stimmen im übrigen mit der allgemeinen Wahrnehmung überein. Auch das Institut für Demoskopie in Allensbach stellte in seinen Umfragen ganz ähnliche Befindlichkeiten fest. »In Ostdeutschland wird die DDR-Zeit schöner in der Erinnerung«, kommentierte Elisabeth Noelle-Neumann eine Umfrage aus dem Jahre 1995. »Das zeigt sich bei einer Frage, die 1992 und unverändert 1996 gestellt wurde . . . 1992 sagten 42 Prozent: ›In dieser Zeit hat man oft das Gefühl gehabt, einer großen Gemeinschaft anzugehören, das war sehr schön.‹ Ende 1996 war diese Zustimmung auf 50 Prozent gestiegen. Zugleich fiel die Aussage: ›Die SED hat uns alle betrogen‹ von 70 Prozent auf 48 Prozent. ›Man fühlte sich in der DDR unfrei und gefangen‹, erinnerten sich 1992 54 Prozent, 1996 dagegen nur noch 41 Prozent. ›Man hat sich bespitzelt gefühlt, konnte kaum jemandem trauen‹, berichteten 43 Prozent 1992, 1996 nur noch 30 Prozent . . . ›Die Bevölkerung fühlte eine richtige Befreiung, als das SED-Regime gestürzt war‹, erinnerten sich 1992 60, 1996 47 Prozent.«[3]

Es fehlte in den Jahren nach 1989 nicht an zeitgeschichtlicher Forschung, an Aufklärung und Aufarbeitung. In den Medien nahmen und nehmen die DDR-Themen einen breiten Raum ein. Neben Sachverhalten, die zwar bekannt, aber seit geraumer Zeit auch im Westen kaum noch öffentlich zu hören waren, wurden viele neue und erschreckende Tatsachen bekannt. Sie betrafen insbesondere den Repressionsapparat, aber auch die wirtschaftliche und ökologische Situation. Doch viele ehemalige DDR-Bürger fühlen sich durch den Umgang mit der Geschichte tief verletzt. Sie sehen durch die radikale Kritik an der DDR-Realität ihre eigene Biographie in Zweifel gezogen. Jahre oder sogar Jahrzehnte haben sie für diesen Staat gearbeitet, ohne dafür Privilegien in Anspruch zu nehmen. Manche von ihnen haben ehrlichen Herzens an eine Verbesserung des Sozialismus geglaubt. Heute fühlen sie sich betrogen und enttäuscht. Ihre Verbitterung richtet sich oft gegen jene, die deutlich auf die Verantwortlichkeiten hinweisen. Manche sehen in der »Aufarbeitung der Geschichte« und der »Vergangenheitsbewältigung« nichts als das Bestreben der »neuen Herren«, die DDR pauschal zu diskreditieren, um die eigenen Machtpositionen zu festigen. Insbesondere die angeblich von den westlichen Medien entfachte »Stasi-Debatte« soll ihrer Auffassung nach die ehemaligen DDR-Bürger diskriminieren und demütigen. Sie bestreiten zwar nicht die Faktizität der Mauer oder des gigantischen Spitzelsystems, verweisen aber darauf, daß diese Dinge nicht ihr persönliches Leben bestimmt hätten. »Es verwundert nicht«, heißt es in der oben zitierten PDS-Broschüre, »daß die totale Abqualifizierung der DDR-Vergangenheit als Mißachtung und Verleugnung jahrzehntelanger harter eigener Arbeit, als Entwürdigung der eigenen Biographie empfunden und verstanden wird, als überhebliche Demütigung von millionenfach gelebtem Leben.«[4] Die Existenz in der DDR sei behüteter, menschlicher, irgendwie schöner gewesen als die in der vereinigten Bundesrepublik. Diese Bewußtseinslage kommt in dem so oder ähnlich oft zu hörenden Diktum zum Ausdruck, heute hätten die Menschen vor der Arbeitslosigkeit mehr Angst als früher vor der Stasi. Solche Argumente sind einerseits grenzenlos verlogen, andererseits jedoch nicht ohne weiteres von der Hand zu weisen. Sie offenbaren ein elementares Defizit der bisherigen Diskussionen über die DDR-Vergangenheit. Es ist bisher nicht gelungen, die Lücke zwischen individueller, komplexer Lebenserfahrung und detailorientierter akademischer Forschung zu schließen.

Auch in den öffentlichen Disputen zwischen ehemaligen Bürgern der DDR entsteht oft der Eindruck, als sprächen Menschen miteinander, die in unterschiedlichen Welten gelebt haben. Die einen erinnern sich an die Fünf-Pfennig-Schrippe, an die angeblich so guten Kindergärten und die netten Brigadeabende im Arbeitskollektiv. Die anderen weisen mit anklagendem Pathos auf die Toten an der Mauer, nennen die Zahlen der politischen Unrechtsurteile und das Spitzelunwesen. Es obliegt der Geschichtsschreibung, die auseinanderfallenden Sichtweisen wieder zusammenzufügen und ein Gesamtbild zu entwerfen. Es geht bei einer solchen Skizze nicht allein darum, das rechte Maß zwischen Dämonisierung und Verharmlosung der SED-Diktatur zu finden, sondern um die Darstellung des Zusammenhangs zwischen Repression und Alltag, also um die dämonische Dimension der Harmlosigkeit und die harmlos-alltägliche Seite der Dämonie. Beide haben aber, auch wenn es vielen so schien, nicht unabhängig nebeneinander existiert. Sie bedingten einander. Diesen Zusammenhang hat die westliche Seite oft bewußt übersehen. Da die Menschen hinter der Mauer offenbar ganz gut zurechtkamen, schienen Teilung und SED-Diktatur als Preis für die politische Stabilität erträglich. In der DDR dagegen wurde der Zusammenhang gern verdrängt. Das öfters verwendete Hegel-Zitat »Freiheit ist Einsicht in die Notwendigkeit« lud viele dazu ein, sich innerlich frei zu fühlen, weil sie ihre Ketten nicht mehr wahrnahmen.

3. Das unerbittliche Gedächtnis

Zuviel Erinnerung ist gefährlich. In seiner Erzählung »Das unerbittliche Gedächtnis« beschreibt der argentinische Schriftsteller Jorge Luis Borges einen Mann, der nichts vergessen konnte[5]. Dieses »Nicht-vergessen-können« ist nicht sinnbildlich, sondern ganz wörtlich gemeint. Nichts von dem, was der seit einem Sturz vom Pferd gelähmte Mann gelesen, gehört oder gesehen hatte, ging seinem Gedächtnis verloren. Er, der bis zu seinem Unfall ein einfacher Gaucho gewesen war, las jetzt spielend lateinische Texte und merkte sich jedes Wort, jedes Gesicht und jedes Bild. »Er war der einsame und klare Beobachter einer vielgestaltigen und fast unerträglich deutlichen Welt.« Bald schon brach er unter der Last dieses unendlichen und vollkommen undifferenzierten Wissens zusammen. Er starb mit 21 Jahren einen armseligen und kläglichen Tod. Die Botschaft der Erzählung lautet: Ein Mensch, der nichts vergessen kann, ist ein bedauernswertes Monstrum. Das Vergessen hat im menschlichen Seelenhaushalt eine heilende Funktion. Die Erinnerung ordnet die

Dinge, rückt sie in das rechte Licht, und meist ist es das sanfte und wärmende Licht der Vergebung.

Was für die Neurologie längst selbstverständlich ist, scheint dem Historiker schwer akzeptabel. Erinnerung und Vergessen sind keine Gegensätze, sondern zwei Seiten desselben Vorgangs. Vergessen ist eine Form der Erinnerung. Das Gehirn speichert Sinneswahrnehmungen oder Informationen nicht einfach ab und hält sie dort abrufbar wie in einem Archiv. Je intensiver die Auseinandersetzung mit der Geschichte stattfindet, desto mehr verändert sich ihr Bild. Folgerichtig kann man Geschichtsschreibung als die Erfindung der Vergangenheit bezeichnen. Insofern widerstrebt alles, was gemeinhin unter dem Signum von »Aufarbeitung« und »Vergangenheitsbewältigung« rubriziert wird, der natürlichen Gravitationskraft des Alltagsdenkens. Die »Schlußstrichzieher« aller Zeiten haben stets den gesunden Menschenverstand auf ihrer Seite.

Diese Erfahrung ist nicht neu. In einer Mischung aus Resignation und Abscheu schrieb Hermann Glaser in seiner Kulturgeschichte der Bundesrepublik über die Ex-Nazis in der neuen Demokratie: »Die ›blonde Bestie‹, die in ihrem hybriden Rassenwahn die anderen Völker unterjocht, das europäische Judentum ausgerottet, den deutschen Geist zerstört, den totalen Krieg provoziert und ein unermeßliches Trümmerfeld hinterlassen hatte – sie war domestiziert. Eifrig ging sie in die Klippschule der Demokratie. Selbst die höchsten nationalsozialistischen Führer, die im Nürnberger Prozeß belangt und verurteilt wurden, behaupteten, von den Verbrechen kaum etwas gewußt zu haben ... So bedurfte es auch keiner exorzistischen Anstrengung, um vom nationalsozialistischen Menschenbild und von nationalsozialistischer Weltanschauung freizukommen. Die neue Umwelt bewirkte den neuen Phänotyp des demokratischen Staatsbürgers in schier unvorstellbar kurzer Zeit.«[6]

Ähnlichkeiten mit der Zeit nach 1989 sind keineswegs rein zufällig. Der Bequemlichkeit des Mitläufertums folgte die Bequemlichkeit des Vergessens. »Sie haben uns alles verziehn/Was sie uns angetan ...«, sang Wolf Biermann schon im Jahre 1990 in seiner »Ballade vom gut Kirschenessen« und brachte damit den psychologischen Mechanismus auf die denkbar kürzeste Formel[7]. Sie nehmen Toleranz, Liberalität und Rechtsstaatlichkeit mit der gleichen Selbstverständlichkeit in Anspruch, mit der sie all das früher verweigert haben. Dies kann vielleicht nicht anders sein. Die rechtsstaatlich verfaßte Gesellschaft muß wohl die Erfahrung akzeptieren, daß zwar – wie Schilder beim Einkauf verkünden – jeder Ladendiebstahl zur Anzeige kommt, ein Volk 40 Jahre seiner Freiheit zu berauben dagegen nicht strafbar ist. Wer die Macht hat, kriminelle Gesetze zu verkünden, und sich konsequent an sie hält, bleibt der juristischen Logik zufolge straffrei. Trotzdem bleibt ein irrationaler Rest. Und dieser Rest ist Ekel. Dieses Gefühl des Abscheus ist wichtig und bewahrenswert. Der russische Dichter Vladimir Nabokov, der erst vor der Oktoberrevolution und dann vor Hitler fliehen mußte, meinte auf seine Lebenserfahrungen zurückblickend: »Ich habe es gelernt, meinen Ekel wie einen Schatz zu hüten ...«[8]

4. Die dialogische Methode oder Die doppelte Wahrheit des Rabbi Löw

Im jüdischen Legendenschatz findet sich folgende Anekdote. Die schöne Esther erscheint beim hohen Rabbi Löw und klagt über ihren Ehegemahl: »An den Haaren zieht er mich, wegen jeder Kleinigkeit gibt es Prügel. Rede meinem Mann ins Gewissen, weiser Lehrer!« Der Rabbi stimmt ihr zu und bestellt den Ehemann zu sich, der sich darüber beschwert, sein Weib sei ein faules Stück: »Stundenlang steht sie schwatzend auf der Gasse, statt sich um den Haushalt zu kümmern.« Der Rabbi gibt auch ihm recht und schickt ihn nach Hause. Da stürzt die Frau des Rabbis herein, die an der Tür gelauscht hat, und meint empört: »Du kannst doch nicht beiden recht geben. Entweder sagt der Mann die Wahrheit oder die Frau.« Der Rabbi überlegt eine Weile und sagt dann: »Da hast du auch wieder recht.« Zu jeder These läßt sich die Antithese formulieren. These und Antithese werden zur Synthese vereinigt, welche wiederum eine neue These bildet. Doch aus jeder Antwort ergeben sich neue Fragen. Auch der Historiograph ist in der traurigen Lage des Sisyphos: kaum hat er unter Mühen den Felsbrocken historischen Wissens den Berg hinaufgewuchtet, rollt der Stein wieder dem Abgrund entgegen. Und es bleibt nur die Lösung, dies zum eigentlichen Sinn wissenschaftlichen Strebens zu erklären.

Ein Beispiel mag dies illustrieren. Oft hört man die Meinung, die DDR sei in den Augen vieler Menschen eine echte Alternative zur kapitalistischen und restaurativen Bundesrepublik gewesen. Danach bot das Gemeineigentum an Produktionsmitteln allen evidenten Mängeln zum Trotz die Chance für die Verwirklichung der sozialistischen Utopie auf deutschem Boden und stellte somit eine permanente Herausforderung an die Gesellschaft der Bundesrepublik dar. Aber auch im Inneren gab es immer wieder Hoffnung auf eine demokratische und zugleich sozialistische Entwicklung, ohne die die lange Stabilität der DDR überhaupt nicht erklärbar sei. Nicht allein Unterdrückung, Anpassung und Opportunismus führten also zu einer Identifikation vieler Bürger mit ihrem Staat. Die Gegenthese lautet: Für jeden Zeitgenossen mit nur halbwegs klarem Verstand war die DDR als Diktatur von Moskaus Gnaden erkennbar. Vom ersten bis zum letzten Tag beruhte ihre Existenz auf den Bajonetten der Roten Armee. Das sozialistische Wirtschaftssystem war schon von den theoretischen Grundlagen her verfehlt. Seine notwendigen Folgen bestanden aus permanentem Mangel an Versorgungsgütern und Dienstleistungen, einem nicht mehr aufzuholenden technologischen Rückstand gegenüber dem Westen, dem Raubbau an der Natur und dem Verfall aller Kulturgüter. Der Mehrheit der DDR-Bürger erschien zu jedem Zeitpunkt der vierzigjährigen Teilung das westliche Gesellschaftsmodell als erstrebenswert. Jede konsequent demokratische Reform mußte deswegen zwangsläufig zur Auflösung des Staatswesens und zur Wiedervereinigung Deutschlands führen.

Für beide Standpunkte lassen sich zahllose weitere Argumente anführen. Obwohl sie sich diametral widersprechen, sind sie beide auf ihre Weise richtig, gleichzeitig in ihrer Verabsolutierung aber falsch. Wie in der Geschichte von der schönen Esther und dem weisen Rabbi Löw spiegeln also beide Versionen die Wahrheit. Doch so leicht wie der Wunderrabbi kann sich der Historiker nicht aus der Affäre ziehen. Von ihm wird eine klare Aussage erwartet. »Genossen, ihr müßt das dialektisch sehen!«, möchte man ausrufen. Mit diesen bedeutungsschweren Worten leiteten die von der SED bestellten Dozenten und Seminarleiter oft ihre Diskussionsbeiträge ein. Wenn es zu erklären galt, warum gerade wegen der Entspannungspolitik die revolutionäre Wachsamkeit zu erhöhen sei oder warum es auch in der Erntezeit kein frisches Gemüse im Konsum gab, waren die Künste der dialektischen Betrachtungsweise gefragt. Der Begriff der Dialektik kam in jenen Jahren in Verruf. Trotzdem kann eine Darstellung der Geschichte gar nicht anders als dialektisch sein. Damit ist nicht der scholastische Hokuspokus der ruhmlos untergegangenen Staatsideologie gemeint, sondern eine »dialogische« Methode.

5. Die Geschichte als Ereignislosigkeit

An den Schulen und Universitäten der DDR war die Geschichte des eigenen Staates der langweiligste Lehrstoff, den man sich nur vorstellen kann. Das lag nicht nur an den ideologisch bedingten Verzerrungen der Realität. Diese hat es auf anderen Sachgebieten in nicht geringerem Umfang gegeben, und auch verfälschte Geschichte kann sehr interessant sein. Die Ursachen für die innere Ödnis, die von den auf schlechtem Papier gedruckten und mit immer den gleichen Bildern ausgestatteten offiziösen historischen Darstellungen ausging, lagen tiefer. Die Geschichte der DDR geronn – wenigstens in den Darbietungen der Schul- und Universitätslehrer – zu einer Aneinanderreihung von Parteitagen, Plenarsitzungen, Konferenzen, Proklamationen und Planziffern. Im Grunde hatten die Herrschenden die Geschichte abgeschafft. Jegliches Ereignis bedeutete Bewegung, und Bewegung hielt man für gefährlich. Die wenigen echten Ereignisse wie den 17. Juni 1953 reduzierte das offizielle Geschichtsbild der DDR auf einige hölzerne Formeln. Alles, was Geschichte interessant macht – Bilder, Details, Augenzeugenberichte –, wurde konsequent eliminiert. Das gleiche galt für die Biographien der Herrschenden. Sie erschienen so unwirklich, leblos und typisiert wie die hagiographischen Legenden ostkirchlicher Heiliger. Dabei sehnten sich die Führer der DDR nach geschichtlicher Größe und bezogen allein aus der Vergangenheit jene Legitimation, die ihnen das Volk verweigerte. Hätte sich die DDR wie ein Individuum auf die Couch des Psychiaters legen können, wäre der Befund schnell klar gewesen. Ein Geburtstrauma und permanenter Liebesentzug hatten zu einem schweren Minderwertigkeitskomplex geführt, den sie durch autoritäres Gebaren kompensierte. Unfähigkeit zur Selbstkritik, paranoider Verfolgungswahn, Streben nach Anerkennung und Zuwendung, mit einem starken Hang, diese mit Gewalt zu erzwingen, waren die Folgen der traumatischen Deformation. Individualpsychologisch gesehen besaß die DDR alle Elemente der autoritären Persönlichkeit.

Die Machthaber nahmen sich selbst ungeheuer ernst. Stets schielte ihnen der Geist der Geschichte über die Schulter. »In den drei Jahrzehnten seit ihrer Gründung vollbrachte die Deutsche Demokratische Republik eine wahrhaft geschichtliche Leistung«, hieß es im Vorwort der parteioffiziellen »Geschichte der SED« von 1978[9]. Im Zusammenhang mit der Staatsgründung von 1949 führte sie dann weiter aus: »Die Gründung der Deutschen Demokratischen Republik war das bedeutendste Ergebnis der marxistisch-leninistischen Politik der SED, ein Ereignis von historischer und internationaler Tragweite. Erstmals wurde ein deutscher Staat geschaffen, dessen Weg voll und ganz bestimmt ist vom Charakter und von den Gesetzmäßigkeiten der welthistorischen Epoche des Übergangs vom Kapitalismus zum Sozialismus ... Die Schaffung eines Arbeiter-und-Bauern-Staates auf deutschem Boden erhöhte den Einfluß des Sozialismus in Europa. Sie war eine schwere Niederlage des Weltimperialismus ... Mit der Gründung der DDR vergrößerten sich die Chancen, Europa in einen Kontinent des Friedens und der Sicherheit zu verwandeln und die aggressiven Kräfte des Imperialismus zu zügeln. Die Gründung der Deutschen Demokratischen Republik markierte die entscheidende Wende in der Geschichte der deutschen Arbeiterbewegung und des deutschen Volkes ...«[10] Auch einzelnen Parteitagen, Fünfjahrplänen, Freundschaftsverträgen und Staatsbesuchen wurde mit leichter Hand das Etikett »historisch« angeheftet. Jedes Jahr markierte »eines der erfolgreichsten in der Geschichte«, jede zu lösende Aufgabe war die »größte«, jeder Erfolg der »gewaltigste«. Der Superlativ bildete den eigentlichen Aggregatzustand der Propagandasprache der SED. Allerdings war die Permanenzerklärung der Ausnahmesituation ein Widerspruch in sich. Das galt in der Sprache wie in der Politik. Immer neue Formulierungen mußten gefunden werden, um die alten Sprachregelungen zu überbieten. Der »Erhöhung der Rolle der Partei« folgte die »weitere Erhöhung der Rolle ...«, die »ständige weitere Erhöhung ...«, »die noch weitere ständige Erhöhung ...«, »die Erhöhung, in bisher unbekanntem Maße« und so fort. Besonders gern betonte man in den siebziger und achtziger Jahren die Bedeutung des VIII. Parteitages und die folgende Entwicklungsphase. »In Durchführung der Beschlüsse des VIII. Parteitages der SED gestaltete sich die folgende Zeit zum bisher erfolgreichsten Abschnitt der Geschichte der SED und der DDR. Die Vorzüge des Sozialismus traten besonders deutlich hervor, seine Triebkräfte entfalteten sich zunehmend wirksamer. Die Direktive des VIII. Parteitages für die Entwicklung der Volkswirtschaft wurde ... in wichtigen Kennziffern wesentlich überboten, und das bis dahin umfangreichste, in der Wirkung auf das Leben des Volkes bedeutsamste sozialpolitische Programm wurde verwirklicht ...«[11]

Die Versuchung liegt nahe, die liturgischen Formeln der Selbstbeweihräucherung einfach umzukehren. Doch der Austausch der Variablen würde nicht mehr als eine neue Hofhistoriographie, nun unter negativen Vorzeichen, schaffen. Der historische Stoff muß vielmehr gründlich gewendet werden. Die Geschichte der DDR läßt sich nur »von unten« erzählen, als Geschichte ihrer Menschen, ihrer Wünsche, Träume und Hoffnungen. Nur so gewinnt die DDR ihre historische Dimension zurück. Vor allem aber erhalten dadurch diejenigen, die seit der Wende unter dem Verlust ihrer Biographien leiden, die Chance, sich mit sich selbst zu versöhnen. »Die Geschichtsschreibung ist mit der Geschichte der Gesellschaft, nicht mit der Geschichte des Menschen befaßt«, bemerkte der tschechische Romancier Milan Kundera in seinem Essay »Die Kunst des Romans«. »Deshalb werden die historischen Ereignisse, die in meinen Romanen vorkommen, von den Geschichtsschreibern oft übersehen.«[12] Warum insistiert Kundera so sehr auf dem Roman? »Die ›Leidenschaft des Erkenntnisstrebens‹, die Husserl zufolge das eigentliche Wesen der europäischen Geistigkeit ausmacht, hat sich des Romans bemächtigt, damit er das konkrete Leben des Menschen erforscht und vor der ›Seinsvergessenheit‹ schützt; damit die ›Lebenswelt‹ immer wieder ins Licht rückt . . . Erkenntnis ist die einzige Moral des Romans.«[13]

Besser ließe sich auch der Sinn der Geschichtsschreibung kaum formulieren. Nimmt man den Befund ernst, so ergibt sich die Frage nach den Möglichkeiten einer Synthese, zumindest aber danach, was Geschichtsschreibung und Literatur voneinander lernen können. Und doch werden Literatur und Geschichtswissenschaft meist als zwei feindliche Brüder wahrgenommen. Auf der einen Seite steht der freie Flug der Phantasie, die Unverbindlichkeit der subjektiven Imagination und der scheinbar leicht erworbene Dichterlorbeer. Auf der anderen Seite stehen die Kärrnerarbeit der strengen Faktenforschung, die nüchterne Fachsprache der Wissenschaft und die Seriosität des wissenschaftlichen Urteils. Die Klassifikation als »romanhaft« ist für ein wissenschaftliches Buch vernichtend. Dagegen bedeutet das Beiwort »wissenschaftlich« für den Belletristen im besten Fall ein zwiespältiges Kompliment. Obwohl es in der Vergangenheit an Grenzgängern zwischen Wissenschaft und Literatur nie gefehlt hat, darf der Leser die berechtigte Erwartung hegen, daß der Autor ihm das bietet, was das Titelblatt verheißt. Insofern sollten Roman, Erinnerungsbuch und Geschichtsdarstellung streng geschieden sein. Dennoch sind die Fragen und Meinungen des Autors eher aus dem Erleben als aus dem Studium der Quellen geboren. Das tendenziell ins Unendliche gehende dokumentarische Material dient eher der Überprüfung, Korrektur und Präzisierung, auch der Beweisführung und nicht zuletzt der Illustration. Kurzum, der Historiker sollte keine Wahrheit versprechen, sondern lediglich Wahrhaftigkeit.

6. Die fröhliche Aufarbeitung

Eine spezielle, ebenfalls sehr subjektive Erfahrung bestimmt auch den Stil der vorliegenden Darstellung. Die grotesken und lächerlichen Züge des Realsozialismus waren nicht zu übersehen und wurden auch niemals übersehen. Milan Kundera ließ den Helden seines Romans »Abschiedswalzer« kurze Zeit vor Verlassen seiner Heimat sagen: ». . . das Land entwickelt sich nicht zum Besseren oder Schlechteren, sondern immer nur zum Lächerlicheren.«[14] Das traf für die Tschechoslowakei jener grauen Jahre der »Normalisierung« nach dem Ende des Prager Frühlings ebenso zu wie für die DDR. Den Außenstehenden mag das Bekenntnis verwundern – es wurde viel gelacht im Sozialismus. Daß es nicht immer ein fröhliches Lachen war, versteht sich von selbst; und auch beim Studium der Akten – gerade der berühmten Stasi-Akten – könnte man oft vor Lachen brüllen. So ist es auch kein Zufall, daß sich die literarische »Bewältigung« der DDR bisher fast ausschließlich in der Form der Groteske oder Satire vollzogen hat. In den Jahren unmittelbar nach der Wende brachten die bekannten DDR-Autoren, von wenigen Ausnahmen abgesehen, kaum mehr als trotziges Greinen hervor, soweit sie es nicht vorzogen, gänzlich zu schweigen. Viele saßen im Schmollwinkel und haderten mit der Weltgeschichte. Dann meldete sich eine jüngere Generation zu Wort, die es scheinbar leichter hatte, den Ballast einer verfehlten Ideologie abzuwerfen und ihre eigene Sprache zu finden. Nicht das Vorzeigen der Wunden, das Beklagen der Opfer und der traumatischen Erlebnisse erweist sich mittlerweile als literarisches Erfolgsrezept, sondern das befreiende Lachen.

Die Liste der Autoren, die das DDR-Thema mit auf diese Weise bewältigen, ist inzwischen schon lang und kennzeichnet fast schon eine eigene literarische Kategorie. Thomas Brussigs »Helden wie wir« sexualisiert die Thematik, Bernd Schirmer schrieb in »Schlehweins Giraffe« eine Metapher vom Zootier, das zur Altlast wird. Dieter Schubert komponierte eine Persiflage auf den Biermann-Fall mit dem Titel »Puppenspieler Pinow«, Christoph D. Brumme veröffentlichte unter dem Titel »Tausend Tage« einen humoristisch gefärbten Rückblick auf seine Militärzeit in der NVA. Thorsten Becker schrieb aus der Retrospektive des Jahres 2015 über die Wiedervereinigung, indem er den DDR-Witz aufgriff: Was steht in 100 Jahren unter dem Stichwort DDR im Lexikon? »Kleines zänkisches Bergvolk am Rande des Chinesischen Reiches«. Selbst das Stasi-Thema wurde zum Gegenstand der fröhlichen Bewältigung. Unter dem Motto »Lach kaputt, was dich kaputt macht« berichtete Joachim Oertel über seine »Feindberührung« mit dem MfS. Als »Ministerium für Satire« löste er die Abkürzung auf und schlug damit den Grundton seiner Art der Aufarbeitung an.

»Die größte DDR der Welt« ruft offenbar auch Jahre nach ihrem Untergang vor allem Spötter auf den Plan. Doch nicht allein darum geht es. Es gibt eine verborgene strukturelle Ähnlichkeit zwischen Karikatur oder Satire und der Geschichtsdarstellung. Ebenso wie der Karikaturist mit seinem Zeichenstift und der Humorist mit sprachlichen Mitteln die charakteristischen Züge einer Person oder einer Situation scharf pointiert und dadurch den gewünschten Effekt erzielt, wählt der Historiker aus der Materialfülle die Beispiele aus, die ihm besonders typisch oder bedeutsam erscheinen. Denn dem Wesenskern der Dinge – so wie er ihn sieht – nähert er sich nicht durch den statistischen Mittelwert. Ausgewogenheit und Proporz sind nicht das Ziel der Übung. Erst der Brennspiegel der Groteske verzerrt die Dinge zur Kenntlichkeit. Die Anekdote, die Metapher, die Imagination, selbst die individuelle Erfahrung sind keineswegs nur das Sahnehäubchen auf der sonst allzu trockenen Schilderung vergangener Ereignisse, sondern im gelungenen Fall Schlüssel zum Verständnis eines komplexen Zusammenhangs. Eine Waldlandschaft in der Abenddämmerung läßt sich in jedem meteorologischen, botanischen und geologischen Detail beschreiben – von der Luftfeuchtigkeit bis zur Bodenbeschaffenheit. Das Ergebnis wird dennoch nicht an Goethes »Wanderers Nachtlied« erinnern. Für die poetische Wahrheit ist es unerheblich, welche Windgeschwindigkeit die Worte »kaum einen Hauch« bezeichnen oder welcher botanischen Gattung die »Wipfel« angehören, über denen dieser Hauch zu verspüren ist. Die Tatsache, daß der Dichter in diesem Fall auch passionierter Wetterkundler und Gesteinssammler war, mag die Akzeptanz des Beispiels erleichtern. Die Vermittlung satirischer Wahrheit beruht auf der Auswahl signifikanter, illustrativer, im Idealfall sogar gleichnishafter Details, die eine komplizierte Realität durchschaubar und begreifbar machen.

7. Klio als Göttin der Freiheit

In George Orwells Anti-Utopie »1984« findet sich folgende Schlüsselszene: Nachdem Winston Smith und seine Geliebte Julia in der Wohnung O'Briens der geheimen Bruderschaft zum Sturz des Großen Bruders beigetreten sind, erhebt das Mitglied der Inneren Partei, O'Brien, in einer Mischung aus Pathos und Ironie sein Glas, um einen Toast auszusprechen. »›Was soll es diesmal sein?‹, sagt er, ... ›Auf den Untergang der Gedankenpolizei? Auf den Tod des Großen Bruders? Auf die Menschheit? Auf die Zukunft?‹ Winston zögert nicht. ›Auf die Vergangenheit‹, sagt er.«[15] Dieser seltsame Trinkspruch verweist auf die zentrale Stellung von Geschichte und ihrer Fälschung nicht nur in Orwells Zukunftsstaat, sondern überhaupt im Spannungsverhältnis zwischen totaler Macht und geistigem Widerstand. »Wer die Vergangenheit beherrscht, beherrscht die Gegenwart. Wer die Gegenwart beherrscht, beherrscht die Zukunft«, heißt eine der Parolen der Partei in Orwells Buch. Winston Smith beginnt an der Weisheit des Großen Bruders zu zweifeln, als ihm ein Zeitungsartikel über drei Parteiführer in die Hände fällt, die bereits vor längerer Zeit »vaporisiert« worden waren. Theoretisch hätten alle Erinnerungen gelöscht sein müssen. Danach hätten die drei niemals existiert. Der Zeitungsartikel aber beweist das Gegenteil. Smith beginnt nachzuforschen, »wie es vor der Revolution war«. Er beschreitet den Weg des Gedankenverbrechens, der ihn zwangsläufig in die Folterkeller des Liebesministeriums führt. Nach seinem Verrat verbringt er als gebrochener Mensch seine Tage im Café »Zum Kastanienbaum«, wo er schließlich selig die Meldung über neue Siege Ozeaniens erfährt und mit Tränen in den Augen seine Liebe zum Großen Bruder bekennt. Nun ist Winston Smith reif für den Genickschuß. Damit endet der Roman. Todkrank auf einer einsamen Insel lebend hat George Orwell dieses pessimistische und zugleich aufrüttelnde Buch zu Papier gebracht. Die einfache Umkehrung der Jahreszahl 1948 zum Titel »1984« deutet an, daß er bereits seine Gegenwart als das Reich des Großen Bruders sah. Hitler, Stalin, die Erfahrungen im spanischen Bürgerkrieg und im britischen Propagandaministerium nährten seinen schwarzen Pessimismus. Orwells Anti-Utopie zeigt keinen Ausweg mehr. Und doch ist sie auch eine Apotheose auf den »Last Man«, wie das Buch ursprünglich heißen sollte, und durch die zentrale Funktion der Geschichtsfälschung im Herrschaftssystem des Großen Bruders das Hohelied auf die aufklärerische, antitotalitäre, subversive und emanzipatorische Kraft der Erinnerung. Ein gläserner Briefbeschwerer mit bunten Koralleneinlagen wird zum Symbol der »wahren« Geschichte. »Ein Stück Geschichte, das sie zu verfälschen vergessen haben«, nennt Winston Smith das eigentlich nutzlose Stück, das er in einem Antiquitätenladen erworben hat.

Die turbulenten Monate des Mauerfalls und der Stasi-Auflösung waren vom Gefühl des Triumphs begleitet: Es hat »ihnen« alles nichts genutzt – ihr gigantisches Spitzelsystem, die perfektionierten Überwachungsmethoden, ihre verdummende Propaganda, ihr gewaltiger Militärapparat, die ausgefeilte Psychologie der Menschenbeherrschung. In wenigen Tagen brach zusammen, was in über 40 Jahren mühselig aufgebaut worden war. »Irgendetwas gibt es im Menschen, das stärker ist als ihr«, hielt der auf der Folter liegende Winston Smith seinem Peiniger entgegen und erntete den Hohn des Stärkeren. Bei Orwell geht O'Brien auch argumentativ als Sieger aus dem Streitgespräch hervor. Der Lauf der Geschichte aber hat Winston Smith recht gegeben. Mit brennenden Kerzen in den Händen haben die Menschen in der DDR gewaltlos das System zum Einsturz gebracht. Klio, die Muse der Geschichte, ist gewiß nicht die Göttin der Freiheit, die wie auf Eugène Delacroix' berühmtem Gemälde mit entblößtem Busen, die Trikolore in der Rechten und die Flinte in der Linken das Volk auf die Barrikaden führt. Doch ganz unwichtig sollten die Erfahrungen früherer Kämpfe nicht sein. Der theoretische Ansatz der Zeitgeschichte im Jahrhundert der totalitären Diktaturen sollte deswegen radikal aufklärerisch, emanzipatorisch, freiheitlich und, wo es sein muß, auch subversiv und rebellisch sein. »Der Kampf des Menschen gegen die Macht ist Kampf des Gedächtnisses gegen das Vergessen«, schrieb Milan Kundera in seinem »Buch vom Lachen und Vergessen«[16]. Ein Stück dieses fröhlichen Kampfes gegen die Macht des Vergessens möchte das vorliegende Buch sein.

Gerhard Gäbler, 1981

Erster Teil
Wandel und Kontinuität

Kapitel I: Die sechziger und siebziger Jahre in der Geschichte der DDR

1. Das Ende der Ulbricht-Zeit

Als Walter Ulbricht am 5. Mai 1971 seiner Funktion als Erster Sekretär des Zentralkomitees der SED enthoben wurde und Erich Honecker dieses Amt übernahm, herrschten weder große Freude noch übermäßige Trauer im Lande. Die Anhängerschaft der SED begrüßte den Wechsel an der Spitze der Partei, und bald schon schaffte es der neue Mann, sich darüber hinaus sowohl bei der eigenen Bevölkerung als auch bei den westlichen Beobachtern eine gewisses positives Ansehen zu verschaffen. Wenigstens galt er als das kleinere Übel – und mehr erwarteten die meisten Menschen ohnehin nicht von einem SED-Chef. Das Bild Ulbrichts verblaßte in den folgenden Jahren fast gänzlich. Erst in der Phase der Agonie 1988/89 begann man in Funktionärskreisen wieder von den Reformversuchen der sechziger Jahre zu schwärmen. Gegenüber der Erstarrung der späten Honecker-Ära entstand das Bild einer wirtschaftlich blühenden und geistig lebendigen Zeit. Auf der Suche nach Identifikationsmöglichkeiten in der eigenen Parteigeschichte verklärte man die Reformversuche unter Ulbricht. Und es ist nicht zu bestreiten, das Jahrzehnt zwischen dem Mauerbau und der Ablösung Ulbrichts erscheint in der Geschichte der DDR retrospektiv als eine merkwürdig widersprüchliche Zeit. Nach dem Mauerbau vom 13. August 1961 meinten viele DDR-Bürger – gerade Berliner –, das System sei am Ende. Zu offensichtlich war der wirtschaftliche, politische und moralische Bankrott des Regimes. Was war das für ein Staat, der durch Stacheldraht und Todesschüsse die eigenen Bürger am Weglaufen hindern mußte. Hinzu kam, daß die Zwangskollektivierung, der sogenannte »sozialistische Frühling auf dem Lande«, eine bedrohliche Verschlechterung der Lebensmittelversorgung nach sich zog. Nach der völligen Schließung der Grenze, als doch alles hätte besser werden müssen, wurden Butter und Fleisch knapp. Nur massive Lebensmittelimporte aus der Sowjetunion entschärften die Situation. Auch innenpolitisch standen die Zeichen eher auf Sturm als auf Entwarnung. Durch drakonische Strafen und Strafandrohungen unterdrückte das SED-Regime jeden Widerstand. Im zweiten Halbjahr 1961 ergingen insgesamt 18 297 politische Strafurteile, gegenüber nur 4 442 im ersten Halbjahr[17]. Kurzzeitig wurde sogar eine Art Faustrecht propagiert. Stolz berichteten die DDR-Zeitungen, daß angebliche Arbeiter »Hetzer und Saboteure« krankenhausreif geschlagen hätten. Unter der Losung »Aktion Blitz – kontra NATO-Sender« stiegen sogenannte Ordnungsgruppen der FDJ auf die Dächer, um auf westliche Sendestationen ausgerichtete Fernsehantennen auf DDR-Sender einzustellen oder ganz abzusägen.

»Das kommt bald anders«, lautete eine der Redewendungen dieser Zeit. Doch es kam nicht anders. Die außenpolitische Großmachtstellung der Sowjetunion und damit die Macht der Partei und die Spaltung Deutschlands schienen fester gefügt denn je. Die Sperranlagen wurden immer undurchdringlicher. Und aller großen Worte im Westen zum Trotz war klar, daß die Amerikaner nichts unternehmen würden, um die Mauer abzureißen. Doch ewig im Zustand inneren Haders und moralischer Empörung zu leben ist schwer – fast unmöglich. Die Menschen meinten zu Recht, daß sie nur dieses eine Leben hätten, und richteten sich darauf ein, es in der DDR zu verbringen. Sie hatten an das berufliche Fortkommen und an die Laufbahn der Kinder zu denken. Alltagssorgen standen im Vordergrund: die Autoanmeldung, die Wohnungssuche und vor allem die ewige Jagd nach knappen Artikeln und Dienstleistungen. Daraus ergab sich die Notwendigkeit des Arrangements. Immer noch bestimmte die Mangelwirtschaft das Leben, aber irgendwie war es doch besser als früher geworden. Die Wartelisten für Fernsehapparate, Kühlschränke, Waschmaschinen und andere begehrte Konsumgüter entspannten sich. Nachdem bereits 1958 die Lebensmittelmarken abgeschafft worden waren, verschwanden allmählich auch die Kartoffelmarken, Butternummern und Apfelscheine sowie andere Relikte der Rationierungswirtschaft.

Langsam aber stetig ging es seit Mitte der sechziger Jahren ökonomisch bergauf. Die offizielle DDR-Statistik vermeldete 1964 bis 1967 pro Jahr kontinuierlich zehn Prozent Steigerung im Einzelhandelsumsatz, 1968 13 und 1969 gar 17 Prozent. Solche Zahlen sollten nur mit größter Vorsicht verwendet werden. Dennoch steht fest, daß Fernsehapparate, elektrische Kühlschränke und Waschmaschinen in dieser Zeit Einzug in die Haushalte hielten. Immer mehr Familien konnten sich ein Auto leisten. Bescheidener Wohlstand breitete sich aus. Auch die Fünf-Tage-Arbeitswoche setzte sich Mitte der sechziger Jahre durch. Während bisher das Grundprinzip des Achtstundentages bei sechs Arbeitstagen galt, wurde 1966 in einem ersten Schritt die Wochenarbeitszeit auf 45 Stunden herabgesetzt, und alle zwei Wochen sollte ein Sonnabend frei sein. 1967 folgte schließlich der arbeitsfreie Sonnabend. Daher ist es kein Zufall, daß vielen ehemaligen DDR-Bürgern die sechziger Jahre, wenn nicht gerade als »goldenes Zeitalter« so doch als ein Abschnitt des Aufbruchs, des Neubeginns und vieler Hoffnungen erscheinen. Genauso wie im Westen trat auch in der DDR eine neue Generation an. Krieg und Nachkriegszeit kannten sie nur noch aus Büchern und Filmen sowie aus den Erzählungen der Eltern und Lehrer. Als Kinder hatte man sie ununterbrochen mit hohen Idealen gefüttert. Eines Tages würden sie im Kommunismus leben, hatten sie in der Schule gelernt. Dig und Dag, die wurzelnäsigen Helden der Bilderzeitschrift »Mosaik« waren im Dezemberheft des Jahres 1958 direkt aus dem Altertum im Weltraumschiff in die Zukunft gereist und erlebten dort die Segnungen des Fortschritts[18]. Der Glaube an die Machbarkeit der Geschichte und die Allmacht von Wissenschaft und Technik war in jenen Jahren rund um den Globus sehr groß.

Am 4. Oktober 1957 hatte der Start des ersten sowjetischen Sputniks das Tor zum kosmischen Zeitalter aufgestoßen. »Hejo, Sputnik, hoch am Himmelszelt, sag, was siehst du bei der Reise um die Welt?«, sangen die Jungen Pioniere. Und der sowjetische Erdtrabant antwortete in einer Art Wechselgesang: »Ich seh vom Gelben Meer herüber bis zum Elbestrand die Schar der befreiten Völker, mittendrin mein Heimatland. Die Fahnen leuchten rot und die Gesänge klingen froh!« Darauf der Chor: »Hejo Sputnik, otschen choroscho!«[19] Die Polarhündin Laika, die als Insassin des »Sputnik 2« im November 1957 in der Stratosphäre verglüht und der freundlich lachende erste Kosmonaut Juri Gagarin, der – wie man heute weiß – im April 1961 diesem Schicksal nur knapp entgangen ist, waren populäre Figuren jener Jahre. Das Sowjetreich hatte viel von seinem Schrecken verloren. Im November 1961 erreichte die zweite Welle der Entstalinisierung seine Satellitenstaaten. Endgültig verschwanden die Stalinbilder in der Gerümpelkammer, und die Gesammelten Werke des Diktators wurden aus den Lesesälen entfernt und ins Magazin verbannt. In einer nächtlichen Aktion räumte eine Baukolonne heimlich und leise das Denkmal gegenüber der pseudoklassizistischen Sporthalle in der Ostberliner Stalinallee fort. Die Stalinallee wurde in Karl-Marx-Allee und Stalinstadt in Eisenhüttenstadt umbenannt. In Moskau regierte Nikita Sergejewitsch Chruschtschow. Über den fröhlichen Glatzkopf gab es unendlich viele Witze, und die besten produzierte er selber. Die Schritte auf dem Weg in den Kommunismus hatte der XXII. Parteitag der KPdSU im Oktober 1961 genau festgelegt. Innerhalb von 20 Jahren wollte man den Kommunismus errichten. »Die Produktion der Industrie wächst bis 1980 auf das sechsfache, die der Landwirtschaft auf das dreieinhalbfache«, verkündete der Parteitag in Moskau. »Die UdSSR erreicht die höchste Produktion in Industrie und Landwirtschaft in der Welt und übertrifft damit die fortgeschrittensten kapitalistischen Länder . . . Es wird das Prinzip gelten: Jedem nach seinen Fähigkeiten, jedem nach seinen Bedürfnissen.«[20] Zuerst würde es die Grundnahrungsmittel umsonst geben, dann würde man Miete und Strompreise und schließlich das Geld überhaupt abschaffen. Jeder könnte sich dann im Laden aus der Überfülle des Angebots soviel mitnehmen, wie er brauchte. Damit gehörten auch Verbrechen, Gerichte, Gefängnisse der Vergangenheit an. Der Unterschied zwischen körperlicher und geistiger Arbeit würde verschwinden. Die Arbeit sei dann nur noch Lebens- und Glückserfüllung. »Der Traum, ›100 Jahre zu leben, ohne zu altern‹, wird Wirklichkeit«, erfuhr der erstaunte Leser auf der Titelseite des Zentralorgans der SED[21]. All dies sollte bereits 1980 der Realität entsprechen. Der Beginn von Utopia war im Kalender angekreuzt.

Die einen mögen die Glücksverheißungen belächelt haben – zu offensichtlich schien die Kluft zwischen Propaganda und Wirklichkeit. Andere nahmen die Verkündigung des paradiesischen Zeitalters als eine Art Angebot an. Sie wollten auf ihre Weise ebenfalls den Sozialismus beseitigen – indem sie ihn im Hegelschen Sinne dialektisch überwanden und voranschritten zum Kommunismus. Oft zitiert wurde eine Textzeile aus dem 1962 uraufgeführten Stück von Peter Hacks »Die Sorgen und die Macht«. Dort meinte die Kollegin Emma Holdefleiss: »In meinem leeren Beutel/Trag ich die Fülle der Welt, den Kommunismus,/In den wir einziehn werden in einem/Nicht mehr fernen Jahr. Es gibt Beschlüsse darüber./Kollegen, Kommunismus, wenn ihr euch/Den vorstellen wollt, dann richtet eure Augen/Auf, was jetzt ist, und nehmt das Gegenteil;/Denn wenig ähnlich ist dem Ziel der Weg.«[22] Solche Sprüche vergrämten die Obrigkeit, die das Stück bereits nach wenigen Aufführungen aus den Spielplänen verbannte.[23] Doch darf man dabei nicht übersehen, daß die Komödie wie andere Theaterstücke dieser Jahre bei aller Kritik an den Verhältnissen von Menschen handelte, die gerade aus dem Widerspruch zwischen utopischem Entwurf und bedrückender Realität ihre schöpferische Kraft zogen. Das im Arbeitermilieu angesiedelte Lustspiel »Die Sorgen und die Macht« präsentierte in seiner gedrechselten Volkstümlichkeit natürlich auch wieder eine Utopie. Wohl nicht einmal der Autor hat angenommen, daß die Werktätigen der Braunkohlenindustrie so redeten und dachten. Aber es hat diese Gefühlslage, wenn nicht unter Arbeitern, so doch unter Intellektuellen und Studenten wirklich gegeben. Und sie traf zunächst auf eine ihr durchaus günstig gestimmte politische Situation.

Seit 1962 diskutierten die Führungsgremien der SED eine grundlegende Wirtschaftsreform. Es war offensichtlich, daß die DDR ohne eine Erhöhung der Effizienz ihres Wirtschaftssystems immer weiter hinter dem Westen zurückzubleiben und die sogenannte »Wissenschaftlich-technische Revolution« zu verschlafen drohte. Die Anhänger einer Reformpolitik erhielten durch ähnliche Diskussionen unter sowjetischen Ökonomen Ende 1962 entscheidenden Auftrieb. Im Januar 1963 faßte Ulbricht die geplanten Reformen unter dem Begriff NÖSPL (Neues Ökonomisches System der Planung und Leitung) zusammen. Es ging dabei um mehr Eigenverantwortlichkeit für die Betriebe, größere Flexibilität in der Planung, Nutzung von Marktmechanismen und die schnelle Überführung moderner wissenschaftlicher Erkenntnisse in die Praxis. Trotz aller Inkonsequenzen und Halbheiten lag diesem Reformprogramm ein echter Wille zur wirtschaftlichen Innovation zugrunde. Dabei wurde auch der Stellenwert von Wissenschaft und Forschung hervorgehoben. Dies lenkte die Aufmerksamkeit der Parteiführung schnell auf die Universitäten und Forschungseinrichtungen der DDR. Dem 11. Plenum des ZK der SED im Dezember 1965 lag ein vom Staatssekretariat für das Hoch- und Fachschulwesen ausgearbeitetes Papier »Prinzipien zur weiteren Entwicklung der Lehre und Forschung an den Hochschulen der Deutschen Demokratischen Republik« vor, das anschließend veröffentlicht und zur Diskussion gestellt wurde. Die IV. Hochschulkonferenz der SED, die am 12./13. Februar 1967 in Ost-Berlin tagte, verabschiedete das Dokument. Dementsprechend beschloß der VII. Parteitag der SED am 22. April 1967 in seinem neuen Programm eine weitere Forcierung der Hochschulreform.

Was auf die gesellschaftliche Entwicklung im allgemeinen zutraf, ist auch auf die Hochschul- und Akademiereform übertragbar. Eine angemessene Diagnose der bestehenden Schwächen des Systems führte zu rationalen Ansätzen des Veränderungswillens. Dies galt zum Beispiel für die Forderung nach praxisnaher Forschung und Lehre oder die angestrebte Orientierung der Universitätsausbildung an den Bedürfnissen der Industrie. All dies vollzog sich aber unter der Maßgabe, daß die politischen Strukturen unangetastet blieben. Daraus resultierte in der zweiten Hälfte der sechziger Jahre eine sehr widersprüchliche Politik der SED-Führung. Am Anfang stand das legendäre 11. Plenum des Zentralkomitees der SED mit seinem kulturpolitischen Kahlschlag, den Höhepunkt bildete der VII. Parteitag der SED im April 1967. Und am Ende stand die Entmachtung Ulbrichts, die am 9. September 1970 durch den »Korrekturbeschluß« des Politbüros eingeleitet und auf dem 14. Plenum des ZK der SED im Dezember 1970 faktisch abgeschlossen wurde. Diese Periode zeichnete sich durch eine beispiellose ideologische Bevormundung der Kunst, Literatur und Wissenschaften durch die Partei, gleichzeitig aber durch lebendige wissenschaftliche Diskussionen aus, die teilweise recht unverfroren die Grundlagen der Staatsideologie einer kritischen Überprüfung unterzogen. Äußere Symbole des Veränderungswillens bildeten die neuen Stadtzentren, deren Errichtung das Wirtschaftssystem der DDR bis an die Grenzen der Leistungfähigkeit strapazierte[24]. Für die Großbauten des Kommunismus wurde rigoros Platz geschaffen, und die Stadtplanung schreckte auch vor dem Abriß architektonisch wertvoller Bauwerke nicht zurück. Die Sprengung der Leipziger Universitätskirche am 30. Mai 1968 besaß symbolische Bedeutung und wurde auch so verstanden[25]. Anstelle des gotischen Gotteshauses aus dem 13. Jahrhundert entstand der hochaufragende Neubau der Karl-Marx-Universität als Monument der »einzig wissenschaftlichen Weltanschauung«, des Fortschritts und der ökonomischen Leistungskraft der DDR. In solchen Hochhäusern sollte die neue Generation herangebildet werden. Das Ziel bestand in der »entwickelten sozialistischen Persönlichkeit«: sauber, intelligent, fortschrittlich, gesund, sportlich und auf den Plakaten fast immer auch blond. Dieser Anspruch führte zu einer Drangsalierung der Schuljugend und der Studenten, die den hohen Maßstäben der Partei so gar nicht genügen wollten. Die tektonischen Erschütterungen der Zeit, deren Zentren in Paris, West-Berlin, Prag und Warschau lagen, erreichten die DDR nur als schwache seismische Störungen. Aber spürbar waren sie doch.

Obwohl man die Zeichen der Erstarrung nicht übersehen konnte, traf man überall auf hektischen Reformeifer. Eine neue Verfassung wurde vorgelegt und am 6. April 1968 durch eine Volksabstimmung beschlossen, ein neues Strafgesetzbuch wurde in Kraft gesetzt, eine Flut von Gesetzen und administrativen Änderungen insbesondere im Bereich der Hochschulen und der wissenschaftlichen Einrichtungen wurde erlassen. Einerseits resultierte das Streben nach Effizienz, Konzentration, Übersichtlichkeit der Strukturen, Modernisierung der Ausbildung und Praxisorientierung aus einer unabhängig vom SED-System existierenden wirtschaftlichen Rationalität. Andererseits durfte es das geradezu archaische Herrschaftssystem nicht in Frage stellen. Konnte aber der Versuch gelingen, eine im innersten Wesen antimoderne Gesellschaftsstruktur partiell zu modernisieren? Als Ergebnis erzeugte er jedenfalls innere Konflikte, in deren Spannungsfeld sich persönliche Entscheidungen während der gesamten Existenz der DDR bewegten. Der spezifische Konflikt zwischen dem Versuch einer rein funktionalen Modernisierung und der Furcht vor Erschütterungen des Machtsystems erreichte in der zweiten Hälfte der sechziger Jahre seinen Höhepunkt. Der Neubau des Fernsehturms am

Alexanderplatz, der am 7. Oktober 1969 in Betrieb ging und in der DDR das Zeitalter des Farbfernsehenes eröffnete, der bereits erwähnten Karl-Marx-Universität in Leipzig oder der Prager Straße in Dresden symbolisierten den Aufbruch in eine neue Zeit. Die kommunistische Vision verband sich organisch mit der Fortschrittseuphorie und Wissenschaftsgläubigkeit jener Jahre. Man berauschte sich an modern klingenden Begriffen und irrealen Zahlenspielereien. Automatisierte Produktionsvorbereitung, volkswirtschaftliches Planungssystem, wissenschaftliche Führungstätigkeit, unifizierte Gerätesysteme, elektronische Rechentechnik, numerische Steuerung; alles und jedes wurde mit dem nichtssagenden Begriff »System« gekoppelt und erhielt damit den erstrebten Klang von weltoffener Fortschrittlichkeit und Modernität. Im Rückblick auf die späten Jahre der Herrschaft Ulbrichts entstand in der DDR der ironische Begriff »Systemzeit«, der ein Schlagwort der Nazis gegen die Weimarer Republik paraphrasierte. Nichts lief ohne »wissenschaftliches Leitungssystem«, »Netzplan« und »Programmsprache«. Die einfachsten Dinge wurden in »mathematisch-ökonomischen Modellen« dargestellt, inflationär gebrauchte Abkürzungen signalisierten Rationalität und Tempo. Die Reformpläne kollidierten, wie schon erwähnt, schnell mit den politischen Strukturen. Eine damals entstandene Anekdote verdeutlichte den Konflikt: Während eines Kurses am Institut für sozialistische Wirtschaftsführung sollte das ökonomische System auf der Basis eines Rechenprogramms wissenschaftlich optimiert werden. Alle wesentlichen Daten der DDR-Wirtschaft wurden in einen Großrechner eingegeben, und die Funktionäre erwarteten gespannt das Ergebnis. Das Optimierungsprogramm machte schnell die zentrale Fehlerquelle des Systems ausfindig und empfahl die Absetzung des Politbüros der SED. Der Computer hatte keinen Klassenstandpunkt.

Im unlösbaren Widerspruch zwischen wirtschaftlicher Rationalität und politischem Herrschaftsanspruch lag schließlich der eigentliche Keim zum Untergang des Systems. Ob Honecker und der für Wirtschaft zuständige Günter Mittag dies bereits 1970 in solcher Klarheit gesehen haben, mag man bezweifeln. Sicher ist allerdings, daß sie auf den Abbruch der überzogenen Automatisierungspläne drängten. Ihre Kritik war im einzelnen berechtigt. Sie wiesen auf die wirklichen Schwachstellen der Wirtschaftspolitik hin. Ihre Alternative bestand aber lediglich in einer Verschiebung der notwendigen Investitionen zugunsten des individuellen Konsums. Hinzu kam, daß sich die Modernisierungsversuche im Schatten des »Prager Frühlings« vollzogen. In der Tschechoslowakei hatten die Reformansätze der frühen sechziger Jahre einen gesellschaftlichen Umbruchprozeß ausgelöst, den erst der Einsatz der Armeen des Warschauer Paktes am 21. August 1968 stoppen konnte. Diese Entwicklung bestätigte die ohnehin vorhandenen Zweifel und Befürchtungen der SED-Führung, deren Reaktion in der Verschärfung von Repression und Kontrolle bestand. Im Grunde hatten sich nach dem gewaltsamen Ende der tschechoslowakischen Reformpolitik alle Hoffnungen auf einen wirklich tiefgreifenden Wandel zerschlagen. Im intellektuellen Milieu der DDR herrschte eine Atmosphäre der ideologischen Hexenjagd. Angebliche Anhänger der »schleichenden Konterrevolution« wurden entlarvt, und die Stunde der Karrieristen und Denunzianten brach an. So hatte sich trotz des Jahrzehnts der »stürmischen Veränderungen« letztendlich wenig geändert in den Jahren von 1961 bis 1971. Die Elemente der Kontinuität dominierten eindeutig gegenüber den Veränderungen innerhalb der politischen und sozialen Strukturen. Nach wie vor herrschten die aus der Stalinzeit überkommenen Machtverhältnisse und Herrschaftsmethoden. Die DDR verharrte auf den im Laufe der fünfziger Jahre geschaffenen wirtschaftlichen Grundlagen, die immer wieder die gleichen Schwierigkeiten produzierten. Und diese Probleme häuften sich in dramatischer Weise gegen Ende des Jahrzehnts.

2. Der endlose Winter 1969/70 oder Die vier Hauptschwierigkeiten beim Aufbau des Sozialismus

Das alte Jahrzehnt verabschiedete sich in Mitteleuropa mit einem ungewöhnlich harten Winter. Seit Anfang November 1969 waren die Temperaturen kontinuierlich unter dem Gefrierpunkt geblieben, und langandauernde Niederschläge hatten das Land unter einer geschlossenen Schneedecke begraben. Die meteorologische Statistik vermeldete Ende Dezember, es habe sich um einen der kältesten und schneereichsten Monate seit fast 100 Jahren gehandelt[26]. Die Zeitungen schrieben nun oft von »extremen Witterungsbedingungen« und dem »aufopferungsvollen Kampf der Kumpel in den Braunkohletagebauen«. Die staatlich gelenkte Presse entfaltete eine Art Frontberichterstattung, die ältere Mitbürger an die Zeit des Rußlandfeldzugs erinnerte. »Kumpel im harten Kampf gegen die Kälte« titelte das »Neue Deutschland« am Weihnachtstag und fuhr dann fort: »Trotz größter Anstrengungen der Kumpel in den Tagebauen, Brikettfabriken, Gaswerken und Kokereien kann der in den letzten Tagen sprunghaft gewachsene Bedarf an Gas zur Zeit nicht voll gedeckt werden.«[27] Auch auf einen Großbrand im Kraftwerk Lippendorf, der bereits am 9. Dezember 1969 zum Ausfall von 300 Megawatt geführt hatte, wurde verwiesen. Das Zentralorgan der SED, das sonst nicht viel über das Wetter berichtete, meldete ohne direkten Bezug auf die Versorgungsschwierigkeiten: »Entgegen dem langjährigen Tagesmittel war die erste Dezemberdekade um mindestens fünf Grad zu kalt. Das wurde in der zweiten Dezemberdekade durch extreme Minustemperaturen bis zu 20 Grad und mehr noch erhöht.«[28]

In der Vorweihnachtszeit entstand in der gesamten DDR allmählich Kartoffelknappheit. Auf Weisung des Politbüros wurde ein »Operativstab Speisekartoffeln« gebildet, der unter Leitung des Staatssekretärs des Ministeriums für Handel und Versorgung, wie es in einem Bericht an die Parteiführung hieß, »kurzfristig alle für die reibungslose Versorgung der Bevölkerung notwendigen« Maßnahmen entscheidet und veranlaßt[29]. Seine Aufgabe sei es, ». . . operativ auf die Steuerung und Kontrolle der Frühkartoffelimporte Einfluß zu nehmen . . . Die Verwirklichung dieser Aufgaben steht unter straffer Parteikontrolle.« Aus der befreundeten Vereinigten Arabischen Republik, wie sich Nassers Ägypten damals nannte, kamen einige ungewöhnlich feste und große Kartoffeln, die durch ihre leicht rötliche Färbung von der handelsüblichen Ware abstachen. Dennoch mußte ein großer Teil der Bevölkerung auf die Dauerteigwaren aus der volkseigenen Produktion umsteigen. In den Betriebskantinen und Schulküchen reduzierte sich der Speiseplan im wesentlichen auf Eiernudeln und Makkaroni. Schlimmer noch war die Knappheit an

Heizmaterialien. Auf den Kohleplätzen lag nur noch schmutziger Schnee, und weder händeringende Bitten noch die Aussicht auf ein reichliches Trinkgeld konnten die Kohlenleute erweichen. Die notorische Antwort lautete: »Kohle is' aus.« Verwaltungen und öffentliche Einrichtungen wurden angehalten, den Energieverbrauch zu drosseln. Manche Schulen stellten den Unterricht ganz ein, weil sie die Klassenräume nicht mehr beheizen konnten. In den Kasernen der Nationalen Volksarmee waren nur noch die Stabsgebäude warm, die Unterkünfte der einfachen Soldaten dagegen blieben kalt. Die auch bei schönem Wetter nicht gerade zuverlässige »Deutsche Reichsbahn« bot ein Bild des Jammers. Am 23. Dezember brachte das »Neue Deutschland« eine kleingedruckte Meldung unter der Überschrift »Änderungen im Reisezugverkehr«[30], die ankündigte: »Um dringend notwendige Transporte von Brennstoffen und anderen Versorgungsgütern in den nächsten Tagen zu gewährleisten, hat die Deutsche Reichsbahn . . . Fahrplanveränderungen für den Reisezugverkehr vorgenommen. Reisende werden deshalb gebeten, sich vor Beginn der Fahrt bei den Auskunftsstellen der Deutschen Reichsbahn zu informieren.«[31] Doch der Begriff »Fahrplanveränderungen« erwies sich als ausgesprochener Euphemismus, und Anfragen beim Reichsbahnpersonal erwiesen sich als vollkommen sinnlos. Die Züge hatten teilweise viele Stunden Verspätung, und die kalten Mitropa-Gaststätten füllten sich mit ärgerlichen Reisenden. In der Sylvesternacht lagen die Städte der DDR im Dunkeln. Selbst Ost-Berlin versank in romantischer Finsternis, und nur noch die Flutlichtanlagen an der Mauer verbreiteten ihren Schein, der wie ein geheimnisvolles Nordlicht über der Stadt lag. So begrüßte die DDR-Bevölkerung das neue Jahrzehnt, und wenigstens die nach langer Ansteherei ergatterten Knallkörper aus dem »VEB Pyrotechnik« wirkten angesichts der Dunkelheit effektvoller als sonst. Am ersten Arbeitstag nach Neujahr war die Romantik freilich verflogen. Milch war knapp, weil die elektrischen Melkanlagen teilweise nicht mehr funktionierten. Auch sonst gab es Transportprobleme, ungeheizte Verkehrsmittel, Schlangen vor den Geschäften, ärgerliche Kunden, gereizte Verkäuferinnen. Die Leute schimpften aufs Wetter und auf die Partei.

Ein – vielleicht schon älterer, aber die damalige Situation treffend beschreibender – Witz machte die Runde: »Was sind die vier Hauptschwierigkeiten beim Aufbau des Sozialismus? Antwort: Der Frühling, der Sommer, der Herbst und der Winter.« Er zielte auf den sehr vordergründigen Versuch der SED-Propaganda, die dauernden Engpässe allein auf das Wetter zu schieben. Doch der Scherz hatte bewußt oder unbewußt eine philosophische Tiefendimension. Er bedeutete die Antwort des gesunden Menschenverstandes auf den damals in Blüte stehenden Fortschritts- und Wissenschaftsglauben, der die Natur beherrschbar machen wollte. »Wetter ist immer«, lautete seine schlichte Weisheit; daran änderte keine Ideologie und keine staatliche Macht etwas. Nach Jahren eines zwar bescheidenen, doch stetigen Aufschwungs empfand man es als ungewöhnlich, als es im Frühjahr 1970 keine Kohlen mehr gab, zumal dies im grotesken Gegensatz zu der euphorischen Berichterstattung in den Medien stand. Der Volksmund reimte in ironischer Anspielung auf den verordneten Jubel zum gerade überstandenen Geburtstag der DDR: »Keine Kohlen im Keller, keine Kartoffeln im Sack. Es lebe der Zwanzigste Jahrestag!« Die wirtschaftlichen Probleme, die wachsende Unzufriedenheit und die immer schwieriger werdenden weltpolitischen Rahmenbedingungen bildeten eine gefährliche Gemengelage. Nach über 20 Jahren faktischer Alleinherrschaft Ulbrichts lag ein Hauch von Krisenstimmung über dem kalten Land. Seine Ära neigte sich dem Ende zu.

3. Machtkampf hinter den Kulissen

Am 8. September 1970 tagte wie jeden Dienstag das Politbüro des ZK der SED[32]. Von den stimmberechtigten Mitgliedern waren lediglich Erich Honecker, Günter Mittag, Horst Sindermann und Willi Stoph anwesend. Walter Ulbricht, Friedrich Ebert, Paul Fröhlich, Gerhard Grüneberg, Hermann Matern, Erich Mückenberger, Herbert Warnke, Kurt Hager, Alfred Neumann, Albert Norden und Paul Verner fehlten wegen Krankheit oder Urlaub. Außerdem nahmen die nicht stimmberechtigten Kandidaten Hermann Axen, Georg Ewald, Walter Halbritter, Werner Jarowinsky, Günther Kleiber und Margarete Müller teil. Als Gast vermerkte das Protokoll Werner Lamberz sowie zu den einzelnen Tagesordnungspunkten den Vorsitzenden der Plankommission und mehrere Fachminister. Die Sitzungsleitung hatte wegen der Abwesenheit Walter Ulbrichts stellvertretend Erich Honecker übernommen. Neben Routineangelegenheiten stand ein »Beschluß zur Analyse über Plandurchführung 1. Halbjahr 1970« zur Diskussion. Die entsprechende Stellungnahme hatte Willi Stoph erarbeitet und trug sie auch vor[33]. Das elfseitige Papier über die Wirtschaftspolitik Ulbrichts war moderat in der Form, vernichtend im Inhalt. Es kritisierte insbesondere die sogenannte Strukturpolitik. Damit meinten seine Widersacher die überzogene und schlecht vorbereitete Automatisierung von Produktionsanlagen, den überproportionierten Ausbau der Zentren Ost-Berlins und der Bezirksstädte sowie die Errichtung teurer Prestigeobjekte wie große Hotels oder überflüssige innerstädtische Schnellstraßen. Willi Stoph verwies darüber hinaus insbesondere auf die Probleme der Rohstoffversorgung. Er schlug eine Reduzierung der Importe und eine Steigerung der Exporte vor. Gleichzeitig aber hielt er die »Erhöhung der Produktion von Konsumgütern zur Versorgung der Bevölkerung« für richtig. »Durch die Staats- und Wirtschaftsorgane ist zu sichern, daß bei Produktionsumstellungen in Kombinaten und Betrieben keine Einschränkungen der Konsumgüterproduktion, insbesondere der von der Bevölkerung gewünschten Sortimente eintritt.«[34] Auch die »Sicherung der Stabilität der Preise bei Konsumgütern« wollte Willi Stoph garantiert sehen[35].

Die wirtschaftspolitischen Vorstellungen der Anti-Ulbricht-Fronde waren hochgradig inkonsistent. Auf der einen Seite kritisierten die Gegner Ulbrichts im Politbüro nicht ohne innere Berechtigung die wirtschaftlich sinnlosen Prestigebauten und verwiesen auf den Vorrang von Investitionen in gewinnbringenden Zweigen. Andererseits konzipierten sie wenigstens ansatzweise zum ersten Mal die Politik der Preisstabilität, die in nicht geringerem Maße eine Verletzung betriebswirtschaftlicher Grundprinzipien zugunsten politischer Ziele darstellte. Der Grundgedanke bestand darin, sich durch ökonomisch nicht abgedeckte Konsumleistungen bei der Bevölkerung kurzfristig Zustimmung und damit politische Stabilität zu erkaufen. Die Festpreise für sogenannte Grundbedürfnisse bildeten den neuen Eckpfeiler der

Wirtschafts- und Sozialpolitik. Dieser Kurs war in der Beschlußvorlage nicht im Detail ausgearbeitet, aber offenbar als Entwurf bereits vorhanden. Ob eine Politik der forcierten Investitionen in die Bereiche Wissenschaft, Technologie und Automatisierung auf Kosten des Lebensstandards langfristig zu einer erfolgreicheren Entwicklung geführt hätte, ist natürlich fraglich. Fest steht lediglich, daß sich seit September 1970 ein Ende der Reformeuphorie der Ulbricht-Zeit und des teilweise richtungslosen Experimentierens abzeichnete. Eine ironische Pointe der Geschichte besteht darin, daß Honecker schon bald nach seinem Machtantritt in die gleichen Fehler verfiel wie sein Vorgänger. Mit Prestigeobjekten wie dem Palast der Republik, dessen Bau 1973 begann, verschleuderte er ebenso das Volksvermögen. Auch seine Herrschaft begleiteten gigantische Massenaufmärsche, Treffen junger Sozialisten und andere Erscheinungen, für die nichts zu gut und teuer war, und am Ende seiner Amtszeit berauschte er sich an schön klingenden Begriffen wie Mikroelektronik und Mega-Bit-Speicher, von deren Einführung er sich Wunderdinge erhoffte.

Handelte es sich bei der Auseinandersetzung zwischen Ulbricht und der Mehrheit des Politbüros um einen politischen Richtungsstreit oder um einen rein persönlichen Machtkampf? Auch nach dem Studium der Akten bleibt das Bild verschwommen. Es fehlte gewiß nicht an politischen Differenzen. Ulbricht hatte den großen Bruder in Moskau durch allzu großes Selbstbewußtsein verärgert. Starrsinnig hielt er an der kritisierten Wirtschaftspolitik fest und wollte der Bevölkerung neue Abstriche am Lebensstandard zumuten. Dennoch wirkten die Vorwürfe vorgeschoben. Trotz aller Betonung der Erfolge der DDR blieb Ulbricht auch in dieser Phase seiner politischen Biographie ein getreuer Erfüllungsgehilfe der Sowjetunion. Seine ökonomischen Vorstellungen waren gewiß irreal, doch Honecker hatte noch weniger zu bieten. Ulbricht mag Hoffnungen auf eine engere Zusammenarbeit mit der Bundesrepublik gesetzt haben, doch wurde er nicht müde, die neue Ostpolitik der Bundesregierung als besonders raffinierte Tarnung imperialistischen Großmachtstrebens zu denunzieren. Umgekehrt hat man oft gemutmaßt, er habe der flexibleren Vertragspolitik der Sowjetunion mit seinem starrsinnigen Festhalten an dogmatischen Feindbildern entgegengestanden. Doch Ulbricht wäre wohl Taktiker genug gewesen, sich auf die Erfordernisse einer gewandelten weltpolitischen Lage einzustellen. Das Kernproblem bestand wohl doch in Ulbrichts Alter und Gesundheitszustand. Honecker sah endlich die Zeit gekommen, der erste Mann in Partei und Staat zu werden. So begann im Sommer 1970 ein Intrigenspiel gegen Walter Ulbricht. Erich Honecker versuchte, eine Mehrheit im Politbüro gegen Ulbricht zusammenzuzimmern und bei Breschnjew die Erlaubnis für einen solchen Wechsel an der Parteispitze zu erlangen. Die selbstbewußten Töne, die der alternde Ulbricht gegenüber dem großen Bruder gelegentlich anschlug, wußte er klug zu vermeiden, während er in Moskau seine Fäden spann.

Auf der 14. Tagung des Zentralkomitees der SED vom 9. bis 11. Dezember entlud sich schließlich das Unwetter über Ulbrichts Haupt. Honecker hielt sich aus taktischen Gründen zurück und überließ Paul Verner und Willi Stoph das Feld der Kritik. Das Ende der Veranstaltung bildete ein Schlußwort Ulbrichts. Freimütig gestand er Fehler in der Planung ein. Beispielsweise hätte das »Kernkraftwerk Nord« doppelt so viel gekostet wie bilanziert. »Bei dieser Projektierung wurde nicht exakt wissenschaftlich gearbeitet, und es gab auch bei solchen Projekten keine Vorplanung«, gab er zu Protokoll[36]. Doch trotz aller Schwierigkeiten und Fehlentscheidungen hielt er die Grundlinie seiner Politik für richtig, so auch in der Frage der Verbraucherpreise. Ulbricht meinte: »Es ist notwendig, daß wir gegen den Konsumentenstandpunkt Stellung nehmen, trotz der Schwierigkeiten ... Wir müssen ganz offen sagen, daß im Kampf zwischen den beiden Weltsystemen ... auch Opfer gebracht werden müssen ...«[37] Nach dem Schlußbeifall erfolgte die Abstimmung über die Entschließungen der Plenartagung. Das übliche Ritual wurde nicht durchbrochen. »Wer ist dafür?«, fragte der Versammlungsleiter Ulbricht nach jedem Punkt. »Danke! Gegenprobe! Einstimmigkeit.« Äußerlich herrschte das gewohnte Bild, hinter den Kulissen aber tobte ein heftiger Machtkampf. Am 17. Dezember forderte die Sekretärin des Büros des Politbüros alle seine Mitglieder und Kandidaten schriftlich auf, zu der Frage der Veröffentlichung des Schlußwortes Ulbrichts bis 16.30 Uhr Stellung zu nehmen. Stoph kritzelte seine lapidare Antwort auf das Aufforderungsschreiben: »Ich bin nicht dafür, das Schlußwort zu veröffentlichen, da es nicht in Übereinstimmung mit den Beschlüssen steht.«[38] Die übrigen Entscheidungsträger antworteten mehr oder weniger gewunden in der gleichen Weise[39]. Am deutlichsten brachte Horst Sindermann die Dinge auf den Punkt: »Es gab nicht einzelne Überspitzungen, sondern wir haben uns übernommen, haben die Entwicklung entscheidender Zweige ... vernachlässigt. Beides hat nicht nur Disproportionen hervorgerufen, sondern auch Schwierigkeiten in der Führung der Arbeiterklasse gebracht!«[40] Walter Ulbricht gab klein bei und begnügte sich mit dem Abdruck einer kurzen Zusammenfassung im offiziellen Protokoll der 14. Plenartagung. Das »Neue Deutschland« verwies zwar im Kommuniqué auf das Schlußwort, dokumentierte es jedoch nicht. Für Walter Ulbricht bedeutete der gesamte Vorgang eine schwere Demütigung. Im Grunde war von nun an seine Ablösung von der Funktion des SED-Chefs nur noch eine Frage der genauen Verfahrensweise.

Selbst geschulte DDR-Astrologen dürften die Bedeutung der Kursänderung kaum erahnt haben, geschweige denn der normale Leser des Parteiorgans. Bis zum 14. Dezember hatte der Abdruck der Reden und Diskussionsbeiträge des Plenums gedauert. Am 16. Dezember erschien ein längerer Artikel von Jürgen Kuczynski »Was ist das ökonomische System des Sozialismus?«. Er begann und endete mit einem Ulbricht-Zitat, ganz wie es Brauch war, und pries die »komplexe Anwendung automatisch gesteuerter und geregelter Produktionssysteme«[41]. Am folgenden Tag konnte man Walter und Lotte Ulbricht auf der Titelseite des »Neuen Deutschland« bewundern, wie sie in der Loge der Staatsoper im Rahmen der Beethoven-Ehrung der Premiere von »Fidelio« beiwohnten[42]. Am 18. Dezember berichtete das Zentralorgan auf der ersten Seite über die konstituierende Sitzung einer Kommission zur Vorbereitung des 25. Jahrestags der SED, auf der Walter Ulbricht ein »richtungsweisendes Referat« gehalten hatte. Nichts deutete in der Öffentlichkeit darauf hin, daß Ulbrichts Stern zu sinken begann. Doch seine Rivalen hatten zum entscheidenden Streich ausgeholt. Am 21. Januar 1971 schickten sie einen von 13 Mitgliedern des Politbüros unterzeichneten Brief an Breschnjew, der schwerwiegende Vorwürfe und teilweise bösartige Unterstellungen enthielt[43]. Er warf Ulbricht »lebensfremde, pseudowissenschaftliche, teilweise ›technokratische‹ Theorien« vor und deutete gesamtdeutsche Alleingänge an. »Nicht nur in der Innenpolitik«, hieß es weiter, »sondern auch in unserer Politik gegenüber der BRD verfolgt Genosse Ulbricht eine persönliche Linie, an der er starr festhält. Damit wird ständig der zuverlässige Ablauf des zwischen der KPdSU und der SED koordinierten Vorgehens und der getroffenen Vereinbarungen gegenüber der BRD gestört.«[44] Geschickt appellierte das Schreiben an die Eitelkeit Breschnjews: »Aus vielen Bemerkungen und manchem Auftreten geht hervor, daß sich Genosse Walter Ulbricht gern auf einer Stufe mit Marx, Engels und Lenin sieht.«[45] Dort aber hatte nur einer zu stehen, nämlich Breschnjew selbst. So gipfelten die Denunziationen denn auch in der Anspielung: »Wir berücksichtigen dabei auch bestimmte Lehren aus den Ereignissen in Volkspolen und in der ČSSR.«[46] Damit wollte man andeuten, daß es auch in der DDR eine Entwicklung wie den Prager Reformkurs von 1968 oder einen Arbeiteraufstand wie im Dezember 1970 in Polen geben könnte, wenn die sowjetische Führung Ulbricht nicht absetzte. Konkret wurde vorgeschlagen, Ulbrichts Funktion auf den Staatsratsvorsitz zu beschränken und gleichzeitig dieses Gremium in seiner Bedeutung zu beschneiden. Ganz in diesem Sinne fielen dann auch am Rande des XXIV. Parteitags der KPdSU die Würfel. Am 11. April 1971 konferierte der sowjetische Parteichef mit Honecker und Ulbricht. Letzterer verließ Moskau als geschlagener Mann. Es folgte noch ein öffentlicher Auftritt anläßlich des 25. Jubiläums der SED-Gründung. Im Metropol-Theater, dem Ort des Vereinigungsparteitags vom 21./22. April 1946, hielt Ulbricht seine letzte öffentliche Rede. Am 3. Mai 1971 beschloß das Zentralkomitee der SED auf seiner 16. Tagung einstimmig, ihn auf eigenen Wunsch aus Altersgründen von seiner Aufgabe als Erster Sekretär des Zentralkomitees zu entbinden. Angesichts seiner Verdienste wählte es ihn, der nominell Staatsoberhaupt blieb, dann zum Ehrenvorsitzenden der SED, ein Posten, der weder im Parteistatut vorgesehen noch mit irgendeiner realen Macht ausgestattet war. Abschließend bestimmte es Erich Honecker – ebenfalls einmütig – zum neuen Ersten Sekretär.

Es folgte die Tragödie eines einsamen, alten und gedemütigten Mannes, der um jedes Zipfelchen Macht kämpfte. Schließlich wurde ihm bedeutet, er müsse sich von der Politik fernhalten, wolle er nicht auch seiner Ehrenämter verlustig gehen. So lebte er noch zwei Jahre in seinem Luxus-Ghetto in Wandlitz, lebendig begraben und beaufsichtigt von Ärzten, die dem Politbüro regelmäßig Bericht erstatteten. Ausgerechnet während der gigantisch inszenierten Weltfestspiele am 1. August 1973 starb Walter Ulbricht. Der fast schon vergessene Parteiführer brachte sich auf diese Weise noch einmal in Erinnerung. Immerhin war er formal noch Staatsoberhaupt und Ehrenvorsitzender der SED. Eine würdige Staatstrauer wäre angemessen gewesen. Doch Honecker wollte von seiner aufwendig vorbereiteten Feier keine Abstriche machen. Er ließ einen Brief in die Welt setzen, in dem sein Vorgänger die Jugend der Welt bat, sich durch sein unzeitgemäßes Ableben nicht die gute Laune verderben zu lassen. »Wir wußten es ihm zu danken«, sinnierte der Held einer ironisch gefärbten Erzählung von Hans-Ulrich Klingler, die damals in der DDR nicht erscheinen durfte. »Haben ein Feuerwerk veranstaltet, das rummste noch in Mecklenburg. Und Tanz unter den Linden bis in den frühen Morgen. Man hätte glauben können, wir feiern den Tod eines Klassenfeindes.«[47] Es wurde sogar regelrecht untersagt, Fahnen auf Halbmast zu setzen oder mit Trauerflor zu schmücken. Manche alte Genossen, denen das lose Treiben auf den Straßen der Hauptstadt ohnehin zu weit ging, knurrten böse, aber kaum jemand wagte es, entgegen den Anweisungen der Partei zu handeln. Erst einige Tage nach Abschluß der Weltfestspiele erfolgte mit allem Pomp die Beisetzung des teuren Verblichenen auf dem Friedhof der Sozialisten in Berlin-Friedrichsfelde. Walter Ulbricht verschwand danach weitgehend aus dem offiziellen Gedächtnis der DDR. Erst gegen Ende seiner Herrschaft erinnerte sich Erich Honecker seines politischen Ziehvaters. Im Februar 1989 ließ er an die Mitglieder des Politbüros eine in braunes Kalbsleder gebundene Mappe verteilen, die Abschriften der wichtigsten Papiere über Ulbrichts Sturz enthielt. Was er damit bezweckt hat, bleibt dunkel. Wollte er signalisieren, wie gut er die Mechanismen der parteiinternen Intrige kannte, oder plagte ihn das schlechte Gewissen? Jedenfalls schwebte Ulbrichts Geist über der Runde der »verdorbenen Greise«, als ihnen im Jahre 1989 die Schicksalsstunde schlug.

Kapitel II: Die Ära Honecker

1. Der VIII. Parteitag der SED

Vom 15. bis 19. Juni 1971 tagte in Ost-Berlin der VIII. Parteitag der SED. Die Inszenierung hielt eine kunstvolle Balance zwischen Kontinuität und Neubeginn. »Es bleibt alles viel besser«, witzelten die Leute. Ort der Veranstaltung war wie stets die Werner-Seelenbinder-Halle im Arbeiterviertel Prenzlauer Berg. Der nach dem Krieg zur Sporthalle ausgebaute Großmarkt diente seit 1952 diesem Zweck, und erst der folgende Parteitag im Jahre 1976 zog in den feineren Palast der Republik im Zentrum der Hauptstadt. Auch die Staffage war die gleiche wie immer. Es wimmelte von Polizei und zivilen Ordnungshütern aller Art. Die Bürger waren angehalten, Fahnen aus den Fenstern zu hängen. Die S- und U-Bahnen waren mit kleinen Metallfähnchen geschmückt, und die Konsumgüter-Versorgung präsentierte sich – wie stets zu solchen Anlässen – besser als sonst. Jungpioniere und FDJler begrüßten mit strahlenden Gesichtern die Delegierten und Gäste des Parteitags. Allerdings gab es auch Probleme. Ein Spitzel-Bericht des MfS vermeldete: ». . . ziemliche Unruhe unter der Bevölkerung gibt es in der Frage der Behinderung im Straßenverkehr; es herrscht auch Unverständnis darüber, daß keine U-Bahn verkehrt, wenn Delegationen erwartet werden.«[48] Für die schwarzen Limousinen der »führenden Persönlichkeiten« wurden ganze Straßenzüge gesperrt; und wenn nach den Sitzungen und Empfängen die Kolonnen mit den ausländischen Parteiführern die Schönhauser Allee entlang nach Pankow rollten, wurde sogar der Verkehr auf der dortigen Hochbahn eingestellt. »Bonzenschleuder«, knurrten die vor den U-Bahnhöfen oder im Verkehrsstau wartenden Berliner wütend den vorbeirasenden Autokavalkaden hinterher. Und der Ärger machte sich in kleinen Geschichten Luft, die dann die Stasi-Berichte kolportierten: ». . . am 16. Juni argumentierte ein Feinkostgeschäft in der Berliner Straße, das an diesem Tage nur ein mangelhaftes Warenangebot hatte, damit . . ., daß das Fahrzeug vollbeladen wieder wegfahren mußte, weil es auf Weisung der Sicherheitskräfte nicht parken und abladen durfte. Bemängelt wurde auch, daß seit Beginn des Parteitages der Zeitungszustelldienst nicht mehr klappt. Die Zeitungen kommen erst, wenn die Bevölkerung zur Arbeit gegangen ist.«[49]

Die Tatsache, daß Walter Ulbricht fehlte, spielte in den Diskussionen laut Partei- und MfS-Berichterstattung kaum eine Rolle, und so sollte es auch sein. Der Parteitag demonstrierte Geschlossenheit. Hermann Axen verlas das Grußwort Walter Ulbrichts. Die 2 000 Delegierten dankten mit stehenden Ovationen dem kranken Ehrenvorsitzenden und waren froh, daß er nicht da war. Eine neue, bessere Periode sollte mit dem neuen Mann an der Spitze beginnen. Wer sich aus beruflichen Gründen oder freiwillig der Lektüre der qualvoll langen Reden der SED-Funktionäre unterzog, konnte einige wesentliche Kursänderungen auf dem Gebiet der Ideologie feststellen. Man nahm Abschied von der These, der Sozialismus sei eine »relativ selbständige Gesellschaftsformation«, und betrachtete ihn wieder als

Übergangsphase zum Kommunismus. Der Begriff der »sozialistischen Menschengemeinschaft« verschwand aus den öffentlichen Bekundungen und wurde erneut durch »Klassen« und »soziale Schichten« ersetzt. In auffallender Weise betonten die Parteitagsreden wieder die Führungsrolle der KPdSU und der Sowjetunion. Von der unterschwellig betriebenen Tendenz Ulbrichts, die DDR als den fortgeschrittensten sozialistischen Staat zu feiern, hatte die Führung offensichtlich Abschied genommen.

Zur deutschen Frage brachte der VIII. Parteitag nichts Neues. Sie sei entschieden, meinte Erich Honecker. In der DDR sei eine »sozialistische deutsche Nation« entstanden, während in der BRD die »bürgerliche deutsche Nation« weiterbestehe. Die Beziehungen zwischen den beiden deutschen Staaten seien rein völkerrechtlicher Natur. Sie sollten nach den Prinzipien der friedlichen Koexistenz geregelt werden. Ein wirklicher Einschnitt entstand auf dem Gebiet der Sozial- und Wirtschaftspolitik. Erstmals wurde die sogenannte Hauptaufgabe formuliert, deren Inhalt in den folgenden beiden Jahrzehnten jeder Oberschüler und Student kennen mußte. In Erich Honeckers Grundsatzreferat hieß es dazu: »Die Hauptaufgabe ... besteht in der weiteren Erhöhung des materiellen und kulturellen Lebensniveaus des Volkes auf der Grundlage eines hohen Entwicklungstempos der sozialistischen Produktion, der Erhöhung der Effektivität, des wissenschaftlich-technischen Fortschritts und des Wachstums der Arbeitsproduktivität.«[50] Was solche Formeln, die sich nur in Nuancen von alten Sprachregelungen unterschieden, konkret beinhalteten, sollten erst die nächsten Jahre zeigen. Doch insgesamt deutete sich schon während der Referate des VIII. Parteitags eine Tendenz zu mehr Pragmatismus und Lebensnähe an. Honecker schwebte offenbar eine Art sozialistische Wohlstandsgesellschaft vor, und er gab damit ein Stück kommunistischer Utopie auf. Gleichzeitig schraubte er den hohen Anspruch an die »allseitig gebildete sozialistische Persönlichkeit« herunter. Allerdings sollte sich der Wohlstand nicht allein im persönlichen Konsum, sondern vor allem im sozialen Bereich verwirklichen, um so die Vorzüge des Sozialismus für jedermann sichtbar zu machen.

2. Erich Honecker an der Spitze der Partei

Der unauffällige Buchhaltertyp mit der schiefsitzenden Kassenbrille war am 3. Mai 1971 zum ersten Mann des Staates geworden. Er sollte es 18 Jahre lang bleiben und gehört damit zu den »erfolgreichsten« deutschen Politikern unseres Jahrhunderts. Wie nur wenige andere Persönlichkeiten hatte er sowohl die äußeren Insignien der Herrschaft als auch die reale Macht in seinen Händen konzentriert. Nach dem Zusammenbruch der DDR äußerten viele Mitglieder der Parteiführung ernsthaft die Meinung, keine wesentliche Mitverantwortung an der Leitung des Staates getragen zu haben. In gewisser Weise scheint das der Wahrheit zu entsprechen. Noch im Sommer 1989 war Honeckers Macht so groß, daß er vom Krankenbett aus jeden Reformansatz verhindern und die DDR mit schlafwandlerischer Sicherheit dem Abgrund entgegensteuern konnte. Es lohnt sich also darüber nachzudenken, warum es ausgerechnet ihm vergönnt gewesen ist, diese unangefochtene Stellung einzunehmen. Der erste oberflächliche Befund ist erschütternd: Honecker fehlte alles, was einen Staatsmann ausmacht. Selbst auf den stark retuschierten, bunten Porträtfotos, die in der DDR jede Amtsstube schmückten, wirkte er verklemmt und unsicher. Dabei war er grenzenlos eitel.

In den Medien inszenierte er eine beispiellose Hofberichterstattung. Man erzählte sich in Journalisten-Kreisen, daß er selbst die Fotos aussuchte, die das »Neue Deutschland« von ihm veröffentlichen durfte. Tatsächlich gab es 1988 einige interne Aufregung um das »Protokollbild«, das auf der Innenseite der Broschüre mit Erich Honeckers Bericht für die 7. Tagung des ZK der SED erschienen war[51]. Honecker hatte ein neues Foto fertigen und an den Dietz Verlag schicken lassen. Dort war besagte Broschüre mit dem alten Foto bereits im Druck. Der Verlagsleiter, Günter Hennig, schickte ein gewundenes Schreiben an den zuständigen ZK-Sekretär Kurt Hager, in dem er anbot, eine Million fertig ausgedruckter Exemplare einzustampfen[52]. Dies unterblieb dann doch, und die Leser mußten sich mit dem gewohnten Bild des Generalsekretärs zufriedengeben. Alljährlich zur Leipziger Frühjahrsmesse machte Honecker einen mehrstündigen Rundgang durch die verschiedenen Ausstellungshallen. Die Zeitung bestand am folgenden Tag fast nur aus Fotos, die ihn im Gespräch mit Diplomaten und Vertretern ausländischer Firmen zeigten. Am 17. März 1986 zierten insgesamt 35 solcher Fotos das Zentralorgan der Partei. Doch auch die landesweite Witzelei über diese groteske Eitelkeit hielt das »Neue Deutschland« nicht davon ab, ein Jahr später zum gleichen Anlaß die Anzahl noch zu steigern. Die Ausgabe vom 16. März 1987 enthielt 43 Bilder Erich Honekkers und erreichte damit eine Rekordmarke. 1988 begnügte man sich mit 33 und im Wendejahr 1989 mit 38 Fotos. In der Montagsausgabe des Zentralorgans vom 10. Oktober 1989, die über die Feierlichkeiten zum 40. Jahrestag der Republik berichtete, fanden sich immerhin noch 26 Bilder des Generalsekretärs. Es war dies sozusagen die letzte Nummer des ND im gewohnten Stil der »guten alten DDR«. Einen Tag später setzte in großer Aufmachung die Berichterstattung über »Provokationen von Rowdys am Nationalfeiertag« ein; erstmalig tauchten aber auch die Stichworte Dialog und Gesprächsbereitschaft auf. Die Zeit der vielen Bilder ging für Erich Honecker damit dem Ende entgegen.

Wenn der SED-Chef versuchte, den lockeren und weltoffenen Stil westlicher Politiker nachzuahmen, machte er einen fast rührend unbeholfenen Eindruck. Seine Sprache war von erschreckender Armseligkeit. Er schien kaum in der Lage, drei Sätze hintereinander frei zu sprechen. Sein geistiger Horizont war hoffnungslos beschränkt – genauer gesagt, man konnte ihn in den wenigen nicht vorformulierten Statements schlechterdings kaum erkennen. »Warum ausgerechnet der?«, möchte man fragen. Hatte die SED-Nomenklatura keine brillanteren Rhetoriker, keine intelligenteren Köpfe, keine überzeugenderen Gestalten zu bieten? Angesichts der »historischen Gesetzmäßigkeit«, welche die SED-Propagandisten ständig im Munde führten, fällt es schwer, gerade bei der Personalauswahl an Zufall zu glauben. Es muß noch ein tieferes Geheimnis um den Dachdecker aus Wiebelskirchen geben. Ulbricht war in der Bevölkerung verhaßt. Über seine Jugend in Leipzig hielten sich bösartige, wenn auch sachlich unzutreffende Gerüchte. Seine unerträgliche sächsische Fistelstimme, die Eigenheit, an jeden zweiten Satz ein unmotiviertes »Ja« oder »Nuuuu« anzuhängen, sein Zickenbart und seine Frau waren

Zielscheibe unendlich vieler, meist gehässiger Witze. Bis in die Reihen der Parteifunktionäre hinein wurde er als Belastung empfunden. Bereits bei Verkündung des Neuen Kurses im Juni 1953 und im Sommer 1956 hatte man allgemein mit seiner Absetzung gerechnet. Den einfachen Leuten galt er ohnehin als Kettenhund der Russen, dessen Regime sich ohne die Rückendeckung der Besatzungsmacht keine 24 Stunden halten würde. Die westlichen Medien prangerten unermüdlich seine unmenschliche Gewaltherrschaft an. Nach dem 13. August 1961 erhielt seine negative Popularität neuen Auftrieb und wurde zum Synonym für Mauer, Stacheldraht und Zuchthaus. Honecker dagegen war in den ersten Jahren seiner Herrschaft fast beliebt. Vielen galt er als das »kleinere Übel«. Jahrelang gab es so gut wie keine Scherze über ihn, und erst in der Spätzeit tauchten die hämischen und bösartigen Witze der Ulbricht-Ära wieder auf. Seltsamerweise galt Honecker zum Zeitpunkt seines Machtantritts als weitgehend unbeschriebenes Blatt. Seine Zeit als FDJ-Chef war vergessen. Die Machtpositionen, die er seit 1957 eingenommen hatte, lagen im Dunkel des anonymen SED-Apparats. Nur Eingeweihte oder sehr aufmerksame Zeitungsleser konnten sich erinnern, daß gerade er in seiner Funktion als SED-Sicherheitschef am 13. August 1961 die Errichtung des »Antifaschistischen Schutzwalls« geleitet hatte. Kaum jemand wußte noch, daß es auf dem 11. Plenum im Dezember 1965 Erich Honecker gewesen war, der die Attacken gegen die kritischen Künstler geführt hatte. Er galt zwar im SED-Apparat als »scharfer Hund«, doch die Bevölkerung verband mit dem Namen kaum eine konkrete Vorstellung. Im Westen wie im Osten war man 1971 bereit, dem neuen Mann eine Chance zu geben. Jürgen Kuczynski brachte die Erwartungshaltung der SED-treuen Intelligenz in einem Artikel unter dem Titel »Mein Genosse Honecker« in der »Weltbühne« mit den Worten zum Ausdruck: »Gar nicht so oft habe ich mich mit ihm getroffen – und doch sage ich ›mein Genosse‹, nicht nur weil wir beide seit über 40 Jahren von unserer Partei geformt sind und uns so natürlich gut verstehen, sondern auch, weil er immer für mich da ist, wenn ich etwas mit ihm besprechen möchte.«[53] In diesem zwischen Anmaßung und Speichelleckerei schwankenden Tonfall war der ganze Artikel gehalten. Die »Intelligenz-Bummi«, wie das kleinformatige Blättchen mit dem großen Namen ironisch hieß, diente sowohl als Spielwiese für geistreiche Plänkeleien als auch für halbamtliche Verkündigungen notwendiger Nuancierungen der offiziellen politischen Linie. Im vorliegenden Fall sollte sie signalisieren, daß mit einer ideologischen und kulturpolitischen Verschärfung des Kurses nicht zu rechnen sei.

Der Wechsel von Ulbricht zu Honecker brachte im Alltag der DDR manche Erleichterung. Der ehemalige Jugendfunktionär bewies, daß er ein Herz für junge Leute besaß. Westliche Beat-Musik, 1965 pauschal unter das Verdikt kapitalistischer Unkultur gefallen, durfte wieder gespielt werden. Die begehrten »Blue Jeans«, bis dahin Symbol westlicher Dekadenz, wurden nun in der DDR angeboten. Als die ersten originalen »Levis'« zu relativ moderaten Preisen in den Jugendmode-Abteilungen der CENTRUM-Warenhäuser auftauchten, kam es zu regelrechten Volksaufläufen. Der Jeans-Verkauf wurde zum Happening. »Angesichts der großen Mengen, die kurzfristig zu verkaufen sind, und des großen Interesses der Jugendlichen läßt sich ein zeitweiliger Käuferandrang nicht ganz vermeiden«, meldete das für Handel und Versorgung zuständige Politbüromitglied Werner Jarowinsky an den

Ersten Sekretär[54]. »Es ist festgelegt, daß in den Verkaufseinrichtungen zusätzliche Arbeitskräfte – auch aus den Verwaltungen – eingesetzt und weitere Umkleidekabinen aufgestellt werden.«[55] Sogar Büroräume wurden für die Anprobe freigeräumt, und zwischen den leeren Schreibtischen der Verwaltungsetage lernten die jungen Leute, mit den für sie neuen amerikanischen Hosenmaßen umzugehen. Auf Anordnung von oben konnte sogar die Bürokratie in der DDR ungeheuer spontan und kreativ sein. »In den ersten vier Verkaufstagen (bis einschließlich 30. 11. 1971) wurden in der Hauptstadt 120 000 Hosen verkauft, am ersten Verkaufstag in Potsdam in 50 Verkaufseinrichtungen 22 000 Stück und in 18 Objekten des Bezirkes Frankfurt (Verkaufsbeginn 14.00) 4 600 Stück, insgesamt also fast 150 000 Stück«, schloß Jarowinsky seinen Bericht[56].

Später kamen Jeans-Adaptionen aus der volkseigenen Produktion und Einfuhren aus den Bruderländern hinzu. Die Marken »Wisent« und »Boxer« sowie andere Nachahmungen erreichten zwar niemals das unverwechselbare Flair des US-amerikanischen Originals, aber ideologisch wirkten sie noch durchschlagender als die knappen Importe aus dem Devisenausland. Die Nonkonformisten-Uniform der Woodstock-Generation verlor durch die Aufnahme in die Eigenproduktion das Odium des Verworfenen, Oppositionellen und Aufsässigen. Selbst FDJ-Funktionäre preßten ihr Hinterteil in die engen Jeans und verkündeten vom Rednerpult die neue Losung: »Hosen sind Hosen.« Sie meinten damit, die blauen Levis' aus Amerika sind kein Sakrileg wider das sozialistische Menschenbild. Denn im Namen der allseitig gebildeten sozialistischen Schülerpersönlichkeit hatten bis 1971 Lehrer und Partei-Funktionäre einen Kleinkrieg gegen lange Haare und kurze Röcke geführt. Doch nach dem Machtantritt Erich Honeckers wurde dieser vergebliche Kampf eingestellt, und bald schon unterschieden sich die Oberschüler und Studenten der DDR in Haar- und Barttracht kaum von ihren Altersgenossen im Westen. Die DDR war reif für die »Weltfestspiele der Jugend und Studenten« im August 1973, die viele als kulturellen Umbruch empfanden. Auch die zehn Gebote der sozialistischen Moral verschwanden kommentarlos in der ideologischen Mottenkiste, ohne daß ihnen jemand nachgetrauert hätte. Die Einmischung der Partei in die Privatangelegenheiten ihrer Mitglieder und Funktionäre ließ allmählich nach. Ehekrisen wurden jetzt nicht mehr vor der Parteiversammlung verhandelt, und selbst Nomenklaturkader durften fremdgehen und sich gegebenenfalls scheiden lassen, ohne für immer von der Karriereleiter zu fallen.

Erich Honecker war der Mann der kleinen Kompromisse, der Meister des stillen Nachgebens und des »So Tuns als ob«. Westfernsehen war nicht direkt verboten und nicht direkt erlaubt – aber die Verkaufsstellen des sozialistischen Einzelhandels boten die Apparate mit dem integrierten »Westfarbsystem« (PAL) an. Der Umlauf von D-Mark als »Zweitwährung« war nicht direkt verboten und nicht direkt erlaubt. Aber nur die Existenz der allgemein zugänglichen Intershops verlieh ihm ökonomischen Sinn. Ausreiseanträge zu stellen war nicht direkt verboten und nicht direkt erlaubt. Aber die umfangreiche Genehmigungungspraxis, für die es eigentlich gar keine juristische Grundlage gab, führte zu immer mehr solcher Begehren. Unter Erich Honecker wurde die DDR ein »Staat, der sich nur selber mitmachte« – so wie Robert Musil dies bezüglich seines Kakaniens formuliert hatte. Hinter dem Nebelvorhang einer Mini-Liberalisierung, die wenig Risiken in sich barg und viel Zustimmung einbrachte, steuerte der neue Erste Sekretär der SED allerdings einen regressiven Kurs. Er war der Mann der Staatssicherheit, und mit seinem Machtantritt vollzog sich auch der Aufstieg Erich Mielkes ins oberste Gremium der Macht. Für das MfS bedeutete das eine politische Aufwertung und die Möglichkeit zum ungehemmten personellen, technischen und »flächendeckenden« Ausbau. Mit Honecker begann auch eine neue Welle der Militarisierung der Gesellschaft, insbesondere des Bildungswesens von den Kindergärten bis zu den Universitäten. Er verschärfte die Sicherheitsbestimmungen, konzentrierte weiter den Einfluß der SED und stutzte die Blockparteien auf die Funktion des kommunalen Ausputzers zurück. Mit der seit Frühjahr 1972 durchgeführten Vernichtung des privaten Wirtschaftssektors verschwand der letzte Rest ökonomischer Freiheit, und ideologisch determinierter Voluntarismus ersetzte den ökonomischen Pragmatismus der Ulbricht-Zeit. Neue Klassenkampfparolen lösten das parteioffizielle Harmoniegesäusel von der »sozialistischen Menschengemeinschaft« ab. Der unterschwellig verbreitete DDR-Stolz wurde in den Medien zugunsten einer starken Betonung der Vormachtstellung der Sowjetunion verdrängt. Die Zeichen standen also auch rein ideologisch auf Verknöcherung des Systems. Trotzdem hat dies innerhalb und außerhalb der DDR kaum jemand wahrgenommen. Im Osten fiel man auf die Politik des Bonbonverteilens gern herein, und dem Westen ging Stabilität über alles.

Insgesamt wird man in der Retrospektive von einer Art Doppelstrategie sprechen können. Auf der einen Seite hieß die Parole: Abgrenzung vom imperialistischen Gegner, Zuwendung zur Sowjetunion, Erhöhung der revolutionären Wachsamkeit, Ausbau der Staatssicherheit, Kampf den kapitalistischen Überbleibseln in der Wirtschaft. Auf der anderen Seite bemühte sich die Honecker-Führung, die Untertanen durch soziale Zugeständnisse und einen höheren Lebensstandard zufriedenzustellen und so auch auf die Gefährdungen der Entspannungspolitik vorzubereiten. Dem VIII. Parteitag folgte eine Periode beachtlicher Erfolge auf den Gebieten der Ökonomie, der Kulturpolitik und der internationalen Beziehungen. Die DDR entwickelte sich vom »Gebilde« zum völkerrechtlich anerkannten Staat und Mitglied der UNO. Die Abkommen mit der Bundesrepublik versprachen Sicherheit und Souveränität auf Dauer, während die längerfristig destabilisierende Wirkung der Anerkennungspolitik nicht zur Kenntnis genommen wurde. Kulturpolitisch praktizierte die SED-Führung eine vorsichtige Öffnung. Unter dem Signum von »Weite und Vielfalt« lockerte sie manche dogmatische Vehärtung. Vor allem aber brachten die ersten fünf Jahre nach dem Wechsel an der Führungsspitze eine spürbare Verbesserung der täglichen Situation der Bevölkerung. Natürlich blieb der Lebensstandard deutlich hinter dem der Bundesrepublik zurück. Die DDR besaß jedoch die größte Wirtschaftsleistung und das höchste Lebensniveau im gesamten Ostblock. Vor allem aber garantierte das Wirtschaftssystem Preisstabilität bezüglich der sogenannten Grundbedürfnisse – also Mieten, Strom- und Wasserpreise, Grundnahrungsmittel oder Fahrpreise – sowie Vollbeschäftigung. Die schädlichen Folgen einer Strategie der finanziell nicht abgedeckten Sozialleistungen und Subventionen gerieten zunächst noch nicht in den Blick. In der Phase von 1971 bis 1976 versuchte die SED-Führung die Überbeanspruchung der Kapazitäten vor allem durch Intensivierung der Wirtschaftsleistung zu mildern, überzogene Pläne zu relativieren und Disproportionen zu beseitigen. Sie führte eine neue Form der Wirtschaftsleitung ein, die praktisch eine Rückkehr zum Zentralismus bedeutete. Der Versorgung der Bevölkerung mit Konsumgütern räumte sie ebenso einen hohen Stellenwert ein wie sozialpolitischen Verbesserungen. Beidem sollte ein gigantisches Wohnungsbauprogramm dienen.

3. Der IX. Parteitag

Der IX. Parteitag der SED fand vom 18. bis 22. Mai 1976 im gerade eröffneten Palast der Republik statt, dessen Bau schon zwei Jahre vorher begonnen hatte. Auf dem sumpfigen Boden der Spreeinsel im Herzen der Hauptstadt war in einer riesigen Betonwanne das teuerste Bauwerk der Geschichte der DDR entstanden. »Sachsen werden auf der Baustelle des Palastes der Republik nicht geduldet, weil sie das P immer wie B aussprechen«, witzelte die Bevölkerung und sprach fortan vom »Ballast der Republik«. Auch die Bezeichnung »Palazzo Prozzo« bürgerte sich ein. Doch es sollte ein echter Palast des Volkes werden. Mit viel Aufwand wurde über die Jahre hinweg eine Insel der Glückseligkeit aufrechterhalten. Die Gesetze der sozialistischen Mangelwirtschaft schienen für einige hundert Quadratmeter außer Kraft gesetzt. Hier gab es saubere Toiletten, freundliche Kellner, funktionierende Münzfernsprecher und die begehrten Sonderbriefmarken. Das Postamt hatte auch am Wochenende bis zehn Uhr abends geöffnet. Zwischen den Gemälden der bekanntesten Künstler, auf denen keineswegs nur realsozialistische Heldengestalten zu sehen waren, flanierten Familien und Liebespaare. Aus den überall installierten Lautsprechern tönten keine Arbeiterlieder, sondern die Songs »international bekannter Musikformationen«. Wenn die Leute »Erichs Lampenladen« sagten, meinten sie das ironisch, aber nicht feindselig. Hier existierte die vielbeschworene »Einheit von Wirtschafts- und Sozialpolitik« tatsächlich. Für die Kinder gab es einen Eisbecher »Pittiplatsch«, für Vater ein Wernesgrüner Bier und für Mama ein Stück Torte mit Schlagsahne – und dies alles zu zivilen Preisen. Im Untergeschoß vergnügte sich die ausgelassene Jugend beim Disco-Sound. Daneben gab es ein Bowling-Center, das zu einem der beliebtesten Treffpunkte für Brigadeabende wurde. Das TIP – wie das »Theater im Palast« gemeinhin hieß – entwickelte sich unter der Leitung von Vera Oelschlegel zur anspruchsvollen Kleinkunstbühne für den gehobenen Geschmack, und auf der großen Bühne bekam das Volk die Schlagersternchen aus dem Westen zu sehen. Überall war es sauber, ordentlich und gut ausgeleuchtet, damit das Wachpersonal jeden Winkel durch die Kontroll-Kameras einsehen konnte. Der Palazzo stellte die symbolhafte Inkarnation der Honecker-Ära dar: eine inszenierte Klein-DDR als Gesamtkunstwerk. Zwischen dem Weinrestaurant am Spreeufer und dem Bistro im Obergeschoß war der Staat der kleinen Leute Realität geworden. Der »Palast« war die erträumte DDR.

Hier beschloß die SED 1976 ein neues Statut und ein neues Parteiprogramm. Diese einstimmig verabschiedeten Dokumente befestigten formal die seit Honekkers Machtantritt eingeschlagene politische Richtung. Beim Vergleich mit dem alten Programm von 1963 fiel vor allem die noch stärkere Betonung der führenden Rolle der Sowjetunion auf. Das sowjetische Modell sollte als verbindlich gelten, indem die »Allgemeingültigkeit« des Vorbilds der UdSSR als »Hauptkraft der sozialistischen Gemeinschaft« hervorgehoben wurde. Der zweite Punkt bestand in der Betonung sozialpolitischer Verbesserungen zur Festigung der Einheit zwischen Volk und Partei. Sie müßten auf der Grundlage ständig fortschreitender Rationalisierung und Intensivierung der Produktion beruhen. Wirtschaftliche Experimente waren nicht mehr vorgesehen. Allerdings vermied man jede offene Kritik an Ulbricht und seiner Politik und verzichtete in dem Programm sogar auf den sonst üblichen Abriß der historischen Entwicklung der DDR und ihrer führenden Kraft, der SED. Der dritte wichtige Punkt bestand in der These von der sozialistischen Nation der DDR. Sie stellte die »nationale Frage« in einen breiten historischen Zusammenhang und beseitigte damit manche seit 1971 aufgetretene Verunsicherung und Überspitzung. Die SED-Führung tilgte alle Hinweise auf den Fortbestand der deutschen Nation oder die Wiederherstellung der Einheit Deutschlands. Selbst von einer Wiedergeburt Deutschlands unter sozialistischen Vorzeichen mochte sie nicht mehr reden, obwohl doch das Endziel des Sieges des Sozialismus im Weltmaßstab unangetastet blieb.

Auf der anderen Seite stellte das Parteiprogramm von 1976 nicht mehr in Frage, daß es sich bei den Bürgern der DDR ethnisch um Angehörige der deutschen Nationalität handelte. Unter Hinweis auf die lange teilstaatliche Tradition der deutschen Geschichte, vor allem des österreichischen und schweizerischen Sonderwegs, behauptete es einen deutlichen Unterschied zwischen Nation und Nationalität. Die SED verabschiedete sich in ihrer Not gänzlich von einem ethnisch-kulturell geprägten Begriff der Nation und setzte eine rein soziologisch-politische Definition dagegen: »In der DDR entwickelt sich die sozialistische deutsche Nation ... Die sozialistische Nation ist eine von antagonistischen Widersprüchen freie, stabile Gemeinschaft freundschaftlich verbundener Klassen und Schichten, die von der Arbeiterklasse und ihrer marxistisch-leninistischen Partei geführt wird. Sie umfaßt das Volk der DDR und ist gekennzeichnet durch den souveränen sozialistischen Staat auf deren Territorium.«[57] Die These vom Fortbestand der Einheit der deutschen Nation betrachtete die SED dagegen als Versuch »aggressiver imperialistischer Kräfte, ihren revanchistischen Anspruch auf die DDR zu legitimieren«[58]. Die theoretisch und historisch untermauerte staatliche Abgrenzung von der Bundesrepublik führte andererseits dazu, daß man wieder ohne ideologische Bedenken von einer »deutschen Geschichte« oder einer »deutschsprachigen Literatur« sprechen durfte. Der »nationale Nihilismus« der Jahre seit 1971, der vor allem in der Streichung des Begriffs »deutsch« in allen offiziösen Bezeichnungen seinen Ausdruck gefunden hatte, machte einer stärker historisch argumentierenden Haltung zur deutschen Nation Platz und öffnete damit den Weg zu einer Wiederentdeckung für die deutsche Geschichte insgesamt bedeutsamer Persönlichkeiten. Die praktischen Folgen der Sprachregelungen des IX. Parteitages waren also durchaus ambivalent.

Die Hauptaufgabe bei der »Gestaltung der entwickelten sozialistischen Gesellschaft« definierte der Parteitag erneut als die »weitere Erhöhung des materiellen und kulturellen Lebensniveaus des Volkes auf der Grundlage eines hohen Entwicklungstempos der sozialistischen Produktion, der Erhöhung der Effektivität, des wissenschaftlich-technischen Fortschritts und des Wachstums der Arbeitsproduktivität«[59]. Die zweite, in den folgenden Jahren immer wiederkehrende Formulierung war diejenige von der »Einheit von Wirtschafts- und Sozialpolitik«: »Steigende wirtschaftliche Leistungsfähigkeit ist mit der Verbesserung der Arbeits- und Lebensbeziehungen zu verbinden, das Prinzip ›Jeder nach seinen Fähigkeiten, jedem nach seiner Leistung‹ ist konsequent zu verwirklichen.«[60] Die Parteiführung ging somit stillschweigend davon aus, daß die konkreten Lebensvorstellungen der Arbeiter in der DDR sich nicht grundsätzlich von denjenigen ihrer Kollegen in westlichen kapitalistischen Industriestaaten unterschieden, und konzipierte faktisch eine Art sozialistischer Konsumgesellschaft. Diese Entscheidung war durch die Umstände diktiert und insofern im Sinne des Machterhalts richtig. Sie beinhaltete aber auch ein deutliches Element des defensiven Zurückweichens vor der Übermacht westlicher Konsumideale. Der »Wandel durch Annäherung« vollzog sich trotz der offiziellen Ablehnung der sogenannten Konvergenztheorie in den Jahren der Herrschaft Honeckers mit wachsender Geschwindigkeit. Es fehlte auch in der DDR nicht an ideologischen Puristen, die diese Entwicklung mit kritischen Augen sahen und in ihren internen Zirkeln den »Konsumterror des staatskapitalistischen Systems« beklagten.

Insgesamt dominierte auf dem IX. Parteitag der SED die Kontinuität. Auch personell änderte sich wenig. Erich Honecker durfte sich nun Generalsekretär nennen. Erich Mielke, Konrad Naumann und Werner Felfe rückten von Kandidaten der Politbüros zu stimmberechtigten Vollmitgliedern auf. Der FDJ-Chef Egon Krenz und der Bezirkssekretär von Cottbus, Werner Walde, wurden als Kandidaten ins Politbüro gewählt. Man kann den IX. Parteitag als eigentlichen Höhepunkt der Honecker-Zeit bezeichnen. Die internationale Anerkennung hatte der DDR und damit auch der SED-Führung einen großen Prestigegewinn gebracht. Durch Zugeständnisse und Gratifikationen konnte man eine bisher ungeahnte Zustimmung unter der Bevölkerung erringen. In der Kulturpolitik herrschte eine Art abwartender Burgfrieden. Bis zur Biermann-Ausbürgerung im November 1976 lautete die Botschaft der Partei an die kritischen Schriftsteller und Intellektuellen: »Wenn ihr fein artig seid, wird man euch schrittweise immer mehr erlauben können.« Auch die Sowjetunion und das sozialistische Lager wirkten in der ersten Hälfte der siebziger Jahre relativ stabil. Die ideologische Erregung um den Prager Frühling des Jahres 1968 war abgeklungen, und die polnische Arbeiterbewegung, die fünf Jahre später das kommunistische System radikal in Frage stellte, steckte damals erst in den Anfängen. Eine gewisse Sattheit und Selbstzufriedenheit, die aber von innerer Souveränität weit entfernt war, prägte die allgemeine Grundstimmung des IX. Parteitags. Obwohl das ideologische Formelwerk festgeschrieben, die Machtposition des Generalsekretärs unangefochten, die Bevölkerung zufriedengestellt war, die westliche Politik Anerkennung und Entspannung auf ihre Fahnen geschrieben hatte und die deutsche Teilung auf unabsehbare Zeit zementiert schien, konnte jeder, der sie sehen wollte, die künftigen Bruchstellen des Systems erkennen.

4. Die späten siebziger Jahre

Kurze Zeit nach dem IX. Parteitag warfen die kommenden wirtschaftlichen Schwierigkeiten erste Schatten auf die allgemeine Jubelstimmung. Die Berichte von Diskussionen in den Betrieben im ganzen Land signalisierten der Führung eine Erwartungshaltung, die sie nicht enttäuschen zu dürfen glaubte. Es zeigte sich, daß die proklamierte Hinwendung zu einem »Konsumsozialismus« nicht ohne Pferdefuß war. Nach den vielen schönen Worten wollten die DDR-Bürger konkrete Verbesserungen ihres persönlichen Lebensstandards. Am 27. Mai 1976 veröffentlichte die DDR-Presse einen gemeinsamen Beschluß des ZK der SED, des Bundesvorstands des FDGB und des Ministerrats der DDR[61]. In Auswertung der »vor dem Parteitag geführten Volksaussprache und der erfolgten Vorschläge zur weiteren Ausgestaltung der Sozialpolitik« wurde ein Komplex von Entscheidungen vorgelegt, der eine Erhöhung der Mindestlöhne und Renten, Förderungsmaßnahmen für berufstätige Mütter, Arbeitszeitverkürzungen und Urlaubsverlängerungen beinhaltete. Insgesamt konnte sich das sozialpolitische Maßnahmepaket durchaus sehen lassen. Eine Million Arbeiter, die bisher nur 350 bis 500 Mark brutto im Monat verdient hatten, erhielten ab 1. Oktober 1976 Lohnerhöhungen; der Mindestbruttolohn stieg vom gleichen Zeitpunkt an von 350 auf 400 Mark. Für ungefähr 1,8 Millionen Produktionsarbeiter wurden leistungsorientierte Grundlöhne eingeführt, die im Verlauf des Fünfjahrplans wirksam werden sollten. Die Arbeitsbedingungen sollten verbessert, die Arbeitsnormen neu berechnet werden. Für 450 000 Meister, Hoch- und Fachschulkader wurden ebenfalls leistungsorientierte Gehälter eingeführt. Allein die neuen Mindestlöhne und die leistungsorientierte Lohnpolitik führten zwischen 1976 und 1981 zu einer Mehrbelastung von rund 6,7 Milliarden Mark[62]. In der Volksbildung Beschäftigte erhielten seit 1977 eine jährliche zusätzliche Vergütung, die in Abhängigkeit von der Zahl der Arbeitsjahre maximal 750 Mark betrug. Das gesamte Lohnsystem wurde schrittweise umgestellt, und die Bruttolöhne erhöhten sich nicht unbeträchtlich.

Tabelle 1: Durchschnittliches monatliches Arbeitseinkommen der vollbeschäftigten Arbeiter und Angestellten in volkseigenen Betrieben
in Mark der DDR

Jahr	Arbeitseinkommen
1975	897
1976	927
1977	954
1978	985
1979	1 014
1980	1 030

Mit Wirkung vom 1. Dezember 1976 trat eine Rentenerhöhung in Kraft. Dies bedeutete für 3,4 Millionen Rentner eine Erhöhung um 30 bis 60 Mark und wirkte sich vor allem für langjährig Tätige aus. Analoge Regelungen betrafen Hinterbliebene,

Unfallrentner und Kriegsbeschädigte. Die Mindestrente wurde von 200 auf 230 Mark angehoben.

Tabelle 2: Entwicklung der Mindesteinkommen von Rentnern[63]
in Mark der DDR

Arbeitsjahre	Mindestrenten bzw. Mindestsätze bis 1. 12. 1976	Mindestrenten bzw. Mindestsätze ab 1. 12. 1976
bis 14	200	230
15–19	210	240
20–24	210	250
25–29	220	260
30–34	220	270
35–39	230	280
40–44	230	290
über 44	240	300

Diese Zahlen zeigen sowohl das Bemühen der SED-Führung, etwas für die Bevölkerung zu tun, als auch den absolut gesehen bescheidenen Umfang der sozialpolitischen Verbesserung. Trotz niedriger Mieten und stabiler Preise für Grundnahrungsmittel waren 230 oder 300 Mark auch in der DDR sehr wenig Geld. Man muß sich bei einem Vergleich stets vor Augen halten, daß viele Industrieprodukte, Kleidung, Schuhe, Möbel und anderes unverhältnismäßig teuer waren. Etwas großzügiger fielen die Maßnahmen für berufstätige Mütter aus:

- Verlängerung des Schwangerschaftsurlaubs bei voller Zahlung des Nettodurchschnittsverdienstes von 18 auf 26 Wochen;
- Einführung des sogenannten Babyjahrs, was bedeutete, daß ein »Elternteil« – in der Regel die Mutter – beim ersten Kind eine unbezahlte Freistellung bei Garantie des Arbeitsplatzes und beim zweiten und jedem weiteren Kind bei Zahlung eines Nettoverdienstes in Höhe des Krankengeldes (in der Regel 80 Prozent des durchschnittlichen Nettoeinkommens, mindestens jedoch 300 Mark) Urlaub beantragen konnte;
- Einführung der 40-Stunden-Woche, wovon 450 000 Frauen profitierten.

Obwohl dieses Paket die Akzeptanz der SED-Führung erhöhte, mehrten sich dort kritische Stimmen, die auf die mangelnde Deckung der sozialpolitischen Gratifikationen hinwiesen. Ein ehemaliger Wirtschaftsfunktionär berichtete 1995 darüber: »Wir hatten 1978 eine Akkumulationsanalyse gemacht. Der Auftrag kam von Mittag an ein paar ausgesuchte Leute: ›Schreibt mal auf, wie die Wahrheit ist.‹ Es war ja spürbar, daß Probleme entstanden. Und in dieser Akkumulationsanalyse hatten wir gesagt, das ist der Weg in die Katastrophe.«[64] Auch Gerhard Schürer, einer der leitenden Wirtschaftsfachleute der DDR, hat angeblich schon 1976 »seine erste Intervention gemacht«, räumte allerdings ein, sie sei »sehr leise« gewesen[65]. Bei aller Skepsis gegenüber solchen späten Bekenntnissen muß man dennoch festhalten, daß, wer wollte, die Zeichen an der Wand bereits Mitte der siebziger Jahre deutlich erkennen konnte.

Neben den ökonomischen Schwierigkeiten tauchten in der Zeit nach dem IX. Parteitag andere Krisensymptome im SED-Staat auf. Die Selbstverbrennung des Pfarrers Oskar Brüsewitz am 18. August 1976 auf dem Marktplatz von Zeitz warf ein dramatisches Schlaglicht auf die Diskriminierung besonders junger Christen in der DDR. Sie zeigte, daß die Kirche – allen Bemühungen ihrer Leitung zum Trotz – objektiv zu einem Element der Unruhe in der verordneten Friedhofsruhe geworden war. Die Ausbürgerung Wolf Biermanns verursachte einen nicht mehr heilbaren Konflikt zwischen der SED-Führung und vielen Künstlern, die nun verstärkt in den Westen abwanderten. Im Sommer 1977 veröffentlichte Rudolf Bahro in Köln sein Buch »Die Alternative«, was zu seiner Verhaftung und Verurteilung zu acht Jahren Freiheitsentzug führte. Am 7. Oktober desselben Jahres kam es auf dem Alexanderplatz im Zentrum Ost-Berlins zu schweren Straßenschlachten zwischen Jugendlichen und der Polizei. Im Juli 1978 erregte der Fall eines Wehrdienstverweigerers großes Aufsehen, der es unter Berufung auf den entmilitarisierten Status von Groß-Berlin ablehnte, in der Nationalen Volksarmee Dienst zu tun. Der junge Mann wurde zu fünf Jahren Gefängnis verurteilt. Ende der siebziger Jahre begann sich die unabhängige Friedensbewegung der DDR zu konstituieren, kritische Künstler veröffentlichten ohne obrigkeitliche Genehmigung Texte im Westen, und man hörte erstmals von Ausreisanträgen, ihrer Genehmigung oder Ablehnung, aber auch von Verhaftungen der Antragsteller. Gleichzeitig begannen auch in den anderen sozialistischen Staaten wieder Aktionen der Opposition. Die Veröffentlichung der Charta 77 war gewiß ein rein tschechoslowakisches Ereignis. Doch jedes Wort, das die Verfasser der Petition an ihren Präsidenten geschickt hatten, traf auch die Situation der DDR. Die SED-Führung und das MfS spürten den Stimmungswechsel und das sich anbahnende Unwetter. Sie schoben es allerdings auf die »Menschenrechtspolitik« Jimmy Carters, deren Ziel sie darin sahen, innerhalb des sozialistischen Lagers eine legale Opposition zu installieren. Richtig daran ist, daß der mit der Konferenz von Helsinki 1975 eingeleitete KSZE-Prozeß auch in der DDR vielen Menschen Mut zum Widerspruch machte.

5. Erstarrung und Krise der achtziger Jahre

Der X. Parteitag der SED, der vom 11. bis 16. April 1981 in Ost-Berlin stattfand, reflektierte die Schwierigkeiten innerhalb der Gesellschaft kaum. Er bestätigte vielmehr die vorgegebene Generallinie, insbesondere die Einheit von Wirtschafts- und Sozialpolitik, die Friedenspolitik, das unverbrüchliche Bündnis mit der Sowjetunion und die allseitige Stärkung der führenden Rolle der SED. Ansonsten waren die wirtschaftlichen Erfolge gewaltig, die Zustimmung der Bevölkerung uneingeschränkt und so fort. Insofern entsprach es auch der Logik, daß sich kaum personelle Veränderungen an der Führungsspitze ergaben. Aber selbst die amtliche Statistik konnte die sich massiv verschärfende ökonomische Situation nicht gänzlich verschleiern. Unmittelbarer Anlaß waren die Preissteigerungen für Rohstoffe, insbesondere Erdöl auf dem Weltmarkt. Die tiefere Ursache lag jedoch im kompletten Scheitern der Wirtschaftsstrategie der SED-Führung. Obwohl die DDR hohe Verbindlichkeiten eingegangen war, um Technologie zu importieren, und sich vor dem Hintergrund der allgemeinen internationalen Schuldenkrise 1982/83 der Zahlungsunfähigkeit näherte, hielt sie aus Furcht vor einer unkontrollierbaren politischen Destabilisierung an den teuren Sozialleistungen und unwirtschaftlichen Subventionen für Grundbedürfnisse fest. Kurzfristig entschärften die zwei von der Bundesrepublik 1983/84 aus dem gleichen Motiv gewährten Milliardenkredite die aktuelle Krise, so daß die SED auch noch ihren XI. Parteitag in relativer Ruhe zelebrieren konnte. Er fand vom 17. bis 21. April 1986 in Ost-Berlin statt und war der letzte seiner Art. Generalsekretär Erich Honecker erstattete den Bericht des Zentralkomitees und breitete wie üblich die Erfolge seiner Politik vor den über 2 500 Delegierten aus: »Unser Volk hat aufgrund der Entwicklung der Produktivkräfte und der sozialistischen Produktionsverhältnisse einen Lebensstandard erzielt wie noch nie in seiner Geschichte ... Gewährleistet sind bei uns soziale Sicherheit und Geborgenheit, Vollbeschäftigung, gleiche Bildungschancen für alle Kinder des Volkes. Als wichtigste Aufgabe betrachten wir die Erhaltung des Friedens und damit die Aussicht auf eine gesicherte Zukunft.«[66]

In der Sowjetunion hatte zu diesem Zeitpunkt bereits ein gesellschaftlicher Umbauprozeß begonnen, dessen Scheitern die Endkrise des sozialistischen Weltsystems einläutete. Doch darf dieses rückblickende Wissen nicht den Blick dafür verstellen, daß der äußere Anschein der DDR Stabilität und Kontinuität vorspiegelte. Im September 1987 feierte Erich Honecker als Staatsgast in der Bundesrepublik den größten Triumph seiner politischen Laufbahn. Die Spaltung Deutschlands schien noch immer zementiert, die politische Weichenstellung eher auf evolutionären Wandel als auf revolutionäre Umbrüche gestellt. Die innere Opposition der DDR nahm allein die Staatssicherheit ernst, und die große Masse der Bevölkerung hatte sich bei aller Unzufriedenheit über die schlechter werdende Versorgung und fehlenden Reisemöglichkeiten wohl in die Verhältnisse gefügt. So kann es eigentlich nicht verwundern, daß kein Analytiker den mit unerbittlicher Logik abrollenden Zusammenbruch der DDR prognostiziert und kein Politiker ihn ernsthaft angestrebt hat. Das schließt allerdings nicht aus, daß manche ihn zwar nicht als reale Möglichkeit betrachtet, aber heimlich erhofft haben.

6. Erich Honecker und der Untergang der DDR

Es gibt das böse Wort, daß jedes Volk die Regierung besitzt, die es verdient. Die Menschen in der DDR haben Erich Honecker nicht gewählt. Sie hätten ihn wahrscheinlich sogar abgewählt, wenn sie gekonnt hätten. Aber sie haben ihn verdient. Honecker war langweilig, phantasielos, provinziell, verspießert, kleinkariert – ganz wie das Leben in der DDR. Er hat seine Zeit nicht geprägt, er war das Produkt seiner Zeit. Er verkörperte die langweilige Ereignislosigkeit, den Rückzug ins Private, das Streben nach dem kleinen Glück jenseits großer ideologischer Ansprüche. Viele nannten ihn »Honi«. Die Koseform ironisierte auf der einen Seite das aufgeblasene Machtgehabe des Duodez-Potentaten. Auf der anderen Seite hatte ihre plumpe Vertraulichkeit etwas Anbiederndes. Sie belegte nicht nur die fortschreitende Infantilisierung der Sprache, sondern signalisierte durch die Verniedlichung des Namens des Gewaltherrschers auch eine Grundstimmung. So wie viele Deutsche der

NS-Zeit Reichsmarschall Hermann Göring den »Dicken« oder »Klamotten-Heini« nannten, sprachen sie jetzt von »Honi«. Kleine menschliche Schwächen der Mächtigen durften hinter ihrem Rücken ungestraft belächelt werden[67]. Die DDR als der »Staat der kleinen Leute« war auch der Staat der kleinen Mitläufer. Man befand sich im Einklang mit dem System. »Eine Fuhre nebenbei«, ein Sack Zement für die Datsche, ein »Blauer« von der West-Oma, ein Besuch im Intershop, ein heimlicher Blick in die ZDF-Hitparade: solche Sünden würde die gestrenge Obrigkeit schon verzeihen. Das System war eben nicht zu ändern. Der »kleine Mann« unten konnte das nicht – und der »kleine Mann« an der Spitze auch nicht. Doch man traute ihm zu, daß er auf seine Art das Beste für die Menschen wollte. »Ich schreibe an Honecker«, war in der DDR zur stehenden Wendung geworden. Der von Alltagssorgen gebeutelte Bürger drohte mit einem solchen Schritt, wenn er sich auf dem Wohnungsamt ungerecht behandelt fühlte oder trotz bescheinigter Dringlichkeit auch nach 25 Jahren Wartezeit noch kein Telefon erhielt. Und die Erfahrung zeigte, daß schon die Drohung wirken konnte. Die Vorstellung, sich über Ämter und Zuständigkeiten hinweg an den Herrscher zu wenden, hatte eine stabilisierende Funktion. Die Wut richtete sich gegen bürokratische und unfähige Mitarbeiter untergeordneter Instanzen oder gegen korrupte Angestellte von Verkaufseinrichtungen. »Honi« dagegen schwebte über allen. Er konnte strafend, aber auch segenspendend als »Deus ex machina« sozusagen vom Himmel herabsteigen. Das Verhältnis zur Obrigkeit trug in der DDR teilweise vormoderne, orientalische Züge. Auch Harun-al-Raschid ging der Legende zufolge nachts als Kaufmann oder Schiffer verkleidet durch die Gassen von Bagdad und sorgte für Gerechtigkeit. Der Kalif war das Gesetz, seine Macht uneingeschränkt. Doch gleichzeitig hatte die Vorstellung, daß der Herrscher in Begleitung seines Großwesirs unerkannt in den Karawansereien der Stadt den Erzählungen der Menschen lauschte, etwas sehr Menschliches. Sie schuf unter Umgehung der korrupten Verwaltung und Richterschaft eine direkte Beziehung zwischen Untertan und Despoten.

Diese direkte Form der Herrschaftsausübung hatte gelegentlich etwas ungeheuer Effizientes. Entlarvend ist der DDR-Begriff »formales Recht«. Oft konnte man in Funktionärskreisen die Bemerkung hören, »formalrechtlich sei das zwar schwierig, aber dies ist eine politische Frage«. Dann wurde nach unten »durchgestellt« – ein Begriff, der aus der handvermittelten Telefontechnik der »bewaffneten Organe« stammte – und das Gesetz zugunsten oder zu Ungunsten eines Bürgers außer Kraft gesetzt. Die Klärung der Formalitäten fand notfalls im nachhinein statt. So geschahen gelegentlich auch »Wunder«. Wenn von oben »durchgestellt« wurde, konnte es passieren, daß ein Trupp vom Fernmeldeamt erschien, einen Telefonanschluß legte und zum Abschied meinte: »Reichen Sie bei Gelegenheit den formalen Antrag nach«. Diese Praxis öffnete der Willkür und natürlich auch der Privilegienwirtschaft Tür und Tor. Sie bot aber auch die reale Chance, daß Mißbräuche schnell abgestellt und auf diffizile politische Entwicklungen angemessen reagiert werden konnte. Die Despotie kann bei Bedarf sogar sehr menschlich sein, denn bei aller Willkür saßen auch im Machtapparat überall Menschen. Trotz seiner oftmals durchaus positiven Auswirkungen schuf dieses »informelle« Verfahren allerdings Anpassungszwänge, die weit über die Möglichkeiten politischer Repression hinausgingen. Natürlich haben das nicht alle in der DDR so gesehen oder so empfunden, aber doch sehr viele. Sie lebten in einer notgedrungenen Eintracht mit dem Unrechtsstaat, den sie bestahlen, wo irgend es ging. Alle Jahre wieder zogen am 1. Mai oder am 7. Oktober die mit Winkelementen ausgerüsteten Kolonnen an der Tribüne vorbei. Die offiziellen Zahlen mögen übertrieben gewesen sein, doch waren es zumindest in Ost-Berlin weit mehr Teilnehmer als bei den Demonstrationen im Wendeherbst 1989. Oft blickten sie abfällig und hämisch auf die kleinen Grüppchen herab, die sich in den späten achtziger Jahren aus Protest gegen das Unrecht mit Kerzen vor die Kirchentüren stellten. Die ewig Angepaßten waren die gleichen Leute, die Honecker im Herbst 1989 am liebsten gehängt hätten.

Die bundesdeutsche Wahrnehmung, die ihrerseits über Rundfunk und Fernsehen in die DDR zurückstrahlte, vervollständigt diesen Befund. Honecker hatte im Westen immer eine erstaunlich gute Presse. Man lese in dem 1986 erschienen Sammelband »Reise ins andere Deutschland« die Anmerkungen des Herausgebers Theo Sommer zu dem dort abgedruckten ZEIT-Gespräch mit dem Generalsekretär. »Er ist freundlich im Umgang, lächelt und lacht, läßt sich unterbrechen. Keine Verlegenheit, aber auch keine aufgesetzte Jovialität ... Überhaupt kehrt er den Realisten heraus. Vernunft und Realität – das Begriffspaar taucht in seinen Ausführungen immer wieder auf. Nicht zurück in die Schützengräben des kalten Krieges, Bereitschaft zur Zusammenarbeit, Atmosphäre für Normalität schaffen ...«[68] Die gesamte Tonlage des Porträts, das den bezeichnenden Titel »Ein deutscher Kommunist, ein deutscher Realist« trug, fiel damals keineswegs aus dem üblichen Rahmen. Die Vorstellung, Erich Honecker wäre auf dem Höhepunkt seiner Macht, vielleicht 1987 oder 1988, gestorben, bietet reizvollen Stoff zum Fabulieren. Mit Gewißheit hätten sich Staatsmänner aus aller Welt an seinem Sarg versammelt, und es gehört nicht viel Phantasie dazu, den Grundtenor der Nachrufe zu erahnen. Die Linken hätten ihn als Repräsentanten des Widerstands gegen Hitler gewürdigt und schon deshalb dem »besseren Deutschland« zugeordnet, die Liberalen und Konservativen vermutlich seiner als verantwortungsvollen Staatsmann gedacht.

Doch diese Gnade wurde Erich Honecker nicht zuteil. Er wurde zum Zeugen der Mühen, die es bereitet, einen welthistorischen Scherbenhaufen zusammenzukehren. Er trägt die Verantwortung für eine wirtschaftliche Bankrott-Politik, deren Wirkungen weit über das Ende der DDR hinausreichen. Der Scheinwohlstand der siebziger und achtziger Jahre funktionierte auf Pump, und es regierte das »Fortwursteln«. Die Banken zahlten immer neue Kredite, um den Zusammenbruch zu verhindern. Sie hätten ihn natürlich kommen sehen können. Aber es steckte schon zuviel Geld in dem maroden Unternehmen DDR, um es in den Ruin stürzen zu lassen, und die westlichen Politiker fürchteten um seine Stabilität. Erich Honecker deckte dies alles mit seiner Persönlichkeit, und alle machten mit. Er war ein Meister der Camouflage, der Inkonsequenz, des Nichtstuns. Doch bis in den Zusammenbruch hinein hielt sich auch im Westen das Bild des ernsthaften und verantwortungsvollen Staatsmanns. Der Generalsekretär konnte nur aufgrund einer geradezu zynischen Verantwortungslosigkeit zum obersten Verwalter der Agonie werden. Im besten Falle könnte man ihm eine weise Einsicht in das Unabänderliche unterstellen und die fast geräuschlose Verflüchtigung der DDR 1989/1990 als Resultat seines fast zwanzigjährigen Wirkens an der Parteispitze sehen.

Haben Erich Honecker und das Politbüro in stolzer Selbstverleugnung in geordnetem Rückzug aus einer verlorenen strategischen Position so den Weg in die deutsche Einheit geebnet? Honecker selbst hat seit seinem Sturz alles getan, um diesen Verdacht zu zerstreuen. Seine öffentlichen Äußerungen seit dem Herbst 1989 zeugten von politischer Blindheit, ideologischem Starrsinn und zynischer Verantwortungslosigkeit. Sie lassen nicht den Schatten eines Zweifels über die eigene Rolle in der Geschichte erahnen, geschweige denn den Anschein des Bedauerns über die angerichtete Katastrophe. Die Schuld trugen vielmehr die alten propagandistischen Pappkameraden des Kalten Krieges und die Verräter in Moskau. Im Oktober 1989 waren die Paladine auf Distanz gegangen, um die eigene Haut zu retten. Man wußte sich also in Übereinstimmung mit der Staatsräson, wenn man auf Honecker schimpfte. Die Irrfahrt des eben aus dem Krankenhaus entlassenen Honecker gehört zu den peinlichsten Episoden der »friedlichen Revolution«. Keiner sagte mehr »Honi«, und niemand hatte Mitleid mit dem gebrechlichen Greis. Er störte auf dem Weg ins westliche Konsumparadies. Ein gütiges Schicksal und eine manchen Zeitgenossen allzu liberalistische Rechtspraxis haben die Welt davor bewahrt, daß diese Inkarnation politischer und menschlicher Mittelmäßigkeit zum Märtyrer wurde. Als der ehemalige Generalsekretär schließlich im fernen Chile gestorben war, fand sich nur noch ein kleines Häuflein alter Leute, das den Toten ehrte. Und doch bedeutete die Einsamkeit seines Todes und seines Leichenbegängnisses eine bittere Ungerechtigkeit, denn wie kein anderer hatte er die DDR der siebziger und achtziger Jahre verkörpert.

Gerhard Gäbler, 1986

Zweiter Teil
Die DDR und Europa

Kapitel I: Die Entspannungspolitik der frühen siebziger Jahre

1. Regierungswechsel in Bonn

Nur wenige Perioden der bundesdeutschen Politik sind heute so unumstritten wie die Neue Ostpolitik der sozial-liberalen Regierung unter Willy Brandt und Walter Scheel. Die Anerkennung der Nachkriegsrealitäten, die Aussöhnung mit Polen und der Tschechoslowakei, der Grundlagenvertrag mit der DDR, die Aufnahme diplomatischer Beziehungen zu den Ostblock-Staaten und der Eintritt in die UNO scheinen in der Retrospektive vollkommen alternativlos. Es wirkt heute mehr als berechtigt, daß dieses Werk mit dem Friedensnobelpreis für Willy Brandt gekrönt wurde. Dabei übersieht man nicht nur häufig, wie heftig weite Teile von CDU und CSU die Weichenstellung in Richtung Entspannung damals befehdeten, sondern auch, an welch dünnem Faden diesbezügliche Entscheidungen oft hingen. Die Mehrheit gegen CDU/CSU betrug im Bundestag lediglich zwölf Sitze, und in der FDP-Fraktion hatte es durchaus Vorbehalte gegen Willy Brandt als künftigen Kanzler der Bundesrepublik gegeben. Der seit der Wahlnacht 1969 erkennbare Kurswechsel weckte bei der SED zunächst nur die alten anti-sozialdemokratischen Affekte. Ihre Wurzeln reichten bis ins Jahr 1918 zurück, als sich die deutschen Kommunisten von der Sozialdemokratie trennten. Seit 1928 behauptete die KPD sogar, die SPD sei der »Hauptfeind« und lediglich eine besonders gefährliche Spielart des Faschismus. Mit dem VII. Weltkongreß der Komintern im Jahre 1935 verschwand die These vom »Sozialfaschismus« in der Versenkung. Nach dem Krieg dominierten die Einheitsparolen, und in der SBZ gelang es, die SPD durch Fusionierung zu vernichten. 1952 entfachte die Führung der SED erneut großangelegte Haßkampagnen gegen angeblichen »Sozialdemokratismus« in den eigenen Reihen.

Das war insofern merkwürdig, als die verschlungenen Hände im Parteiabzeichen nach wie vor die Gemeinsamkeit zwischen Kommunisten und Sozialdemokraten symbolisierten. Die SED bezeichnete sich auch nicht ausdrücklich als kommunistisch und vermied den Gebrauch entsprechender Symbolik. Nach dem Volksaufstand vom 17. Juni 1953 nahm die Hexenjagd gegen vermeintliche und tatsächliche Sozialdemokraten hysterische Züge an. Überall witterte man Agenten des Ostbüros der SPD, denen man unterstellte, die Streiks und Demonstrationen organisiert zu haben. Sogar die innerparteiliche Opposition unter Rudolf Herrnstadt und Wilhelm Zaisser wurde als sozialdemokratisch diffamiert. Der Begriff bedeutete das politische Todesurteil. Die Politik der SED gegenüber der SPD hatte jedoch immer zwei Seiten. In den Augen ihrer Führung ließen die Vorbehalte gegen die Westintegration der Bundesrepublik die SPD zu einem begehrten Bündnispartner werden. Im »Kampf gegen den Atomtod« sollten alle deutschen Arbeiter zusammenstehen. Das dauernde Wechselbad zwischen Annäherungswillen und Haßausbrüchen versuchte man zu rationalisieren, indem man zwischen den einfachen Parteimitgliedern und den rechten Führern unterschied. Unter letztere zählte man seit 1959 vor allem Willy Brandt, der dann in den Tagen nach dem Mauerbau zu den bevorzugten Zielscheiben der SED-Propaganda gehörte. Genüßlich griff man die persönlichen Attacken Adenauers gegen Brandt auf, machte ihn zum amerikanischen Agenten, zum Kriegstreiber und Knecht des Monopolkapitals. Als er 1966 Außenminister und Vizekanzler der Großen Koalition wurde, kam noch die Rolle des ewigen Verräters der Arbeiterklasse hinzu.

Nachdem Willy Brandt nun sogar Kanzler geworden war, verwundert es nicht, daß die Freude in Ost-Berlin nicht gerade überschäumte. Im Dezember 1969 vertrat Honecker auf einer ZK-Tagung eine betont harte Linie der Konfrontation und ideologischen Abgrenzung gegenüber der neuen Bundesregierung. Einen Tag vor dem Besuch des sowjetischen Außenministers Andrej Gromyko in Ost-Berlin, am 22. Februar 1970, hielt er einen Vortrag an der Parteihochschule »Karl Marx«. Dieser wimmelte geradezu von Ausfällen gegen Willy Brandt und die SPD, die darauf aus seien, mit einer Politik des Brückenschlags und der Konvergenztheorie die »politische Wachsamkeit« einzuschläfern. Auch Moskau signalisierte die Ablehnung aller bundesdeutschen Offerten. In einem Gespräch am 28. Juli 1970 sagte laut Protokoll der Generalsekretär der KPdSU, Leonid Iljitsch Breschnjew zu Erich Honecker: »Was will Walter mit der Möglichkeit, durch nichts zu beweisende Möglichkeiten, der Zusammenarbeit mit der westdeutschen Sozialdemokratie, was versteht [er] unter der Forderung, der Brandt-Regierung zu helfen ... es darf zu keinem Prozeß der Annäherung zwischen der BRD und der DDR kommen. Das will Brandt, das will Strauß, will die westdeutsche Bourgeoisie.«[69] Dann betonte er noch einmal: »Sprechen wir es doch offen aus, aus Erfurt und Kassel kam nichts günstiges raus. Brandt hat in Bezug auf die DDR andere Ziele als wir.«[70] Die angefügten Stichpunkte faßten die Position Breschnjews schließlich folgendermaßen zusammen: »Brandt und Strauß im Prinzip kein Unterschied. Vielleicht darf man dies nicht so einfach jetzt schreiben. Aber es ist so. Beide sind für kapitalistisches System, beide sind für die Liquidierung der DDR. Brandt steht unter doppeltem Druck. Er muß zu Vereinbarungen mit uns kommen. Er hofft, so seine Ziele in Bezug auf die DDR zu erreichen. Sozialdemokratisierung DDR ... Sie versuchen, in DDR Einfluß zu gewinnen, die DDR zu schlucken, so oder so. Wir, die SU, die sozialistischen Länder werden das Ergebnis des Sieges sichern. Wir werden nicht zulassen – eine Entwicklung, die unsere Positionen in der DDR schwächt, gefährdet, werden nicht zulassen, den Anschluß der DDR an WD. Im Gegenteil – die Abgrenzung, der Graben zwischen DDR und BRD wird noch tiefer werden.«[71]

2. Verkehrsabkommen und Grundlagenvertrag

Trotz dieser Befürchtungen und des seit jeher gespannten Verhältnisses zur Sozialdemokratie konnte sich die DDR schließlich nicht mehr dem Sog der in den allgemeinen Entspannungstrend eingebetteten Neuen Ostpolitik entziehen. Wie auch der Sowjetunion und Polen lag ihr daran, die nach 1945 geschaffenen Tatsachen und Grenzen vertraglich abzusichern. Hinzu kam der lange gehegte Wunsch, die völkerrechtliche Anerkennung durch die Bundesrepublik und damit die vollständige internationale Gleichberechtigung zu erreichen. Dem standen allerdings auf Bonner Seite die im Grundgesetz niedergelegten oder sich aus ihm ergebenden Einschränkungen, vor allen Dingen im Hinblick auf eine eigene DDR-Staatsbürgerschaft, und starke Vorbehalte der CDU/CSU-Opposition entgegen. Auf diesem schmalen Grat bewegten sich die beiden Delegationen, die erstmals am 22. und 23. März 1972 am Rhein zusammentrafen, um zunächst – als unabdingbare Voraussetzung – einen Verkehrsvertrag abzuschließen. Die Verhandlungen führten für die Bundesrepublik Egon Bahr und für die DDR Michael Kohl. Nicht zuletzt wegen der komplizierten völkerrechtlichen Stellung West-Berlins wurden die Gespräche vertagt und am 5./6. April in Ost-Berlin fortgesetzt. In einer entsprechenden Direktive legte sich das Politbüro der SED auf eine rasche Paraphierung des Verkehrsvertrages – möglichst vor der zweiten und dritten Lesung der Ostverträge im Bundestag – fest, um so die Position Willy Brandts gegenüber seinen Gegnern zu stärken. Egon Bahr übermittelte seinerseits der DDR-Führung die Bitte, sie möge offiziell ihre Bereitschaft erklären, nach Abschluß des Verkehrsvertrages »auch über das Grundverhältnis zwischen beiden deutschen Staaten zu verhandeln und dies vertraglich zu regeln«; dies könne »als Teil einer Rede oder in ähnlicher Form« geschehen[72].

Die Ratifizierung der Ostverträge war zum entscheidenden innenpolitischen Thema in der Bundesrepublik geworden. Als die CDU/CSU-Opposition versuchte, durch ein konstruktives Mißtrauensvotum die sozial-liberale Regierung zu stürzen und den Entspannungsprozeß zu beenden, verbesserten die jetzt gemeinsamen Interessen die Zusammenarbeit. Allerdings bestand Einigkeit darin, daß nicht der Eindruck entstehen dürfe, ein Entgegenkommen der DDR sei das Ergebnis der »oppositionellen Haltung«. Beide Seiten wollten den Vorwurf der gegenseitigen Erpreßbarkeit vermeiden, ohne darauf zu verzichten, der Öffentlichkeit Erfolge zu präsentieren. Am 12. April kam es deshalb erneut zu einem Vier-Augen-Gespräch zwischen den beiden Verhandlungsführern. »Ich erklärte Bahr», schrieb Michael Kohl in seinen vertraulichen Gedächtnisnotizen, »wenn nur das Geringste in falsche Kanäle käme oder uns über die Westpresse erreichen würde, ›sei das Tor ein für allemal zu‹. Uns reiche bereits das Geschwätz über Rentnerreisen und ähnliche Dinge. Die Regierungsspitze der BRD müsse doch begreifen, daß sie damit die Möglichkeiten bestimmter Überlegungen selbst unterlaufe. Bahr versicherte noch einmal strikte Geheimhaltung«[73]. Dann kündigte Kohl an, Erich Honecker werde in wenigen Tagen eine bedeutsame Rede halten, in der zum Ausdruck komme, daß die DDR nach Ratifizierung der Ostverträge bereit sei, einem Meinungsaustausch über die Herstellung normaler Beziehungen zuzustimmen. Seinen Aufzeichnungen zufolge zeigte sich Bahr darüber »hoch erfreut«. Am 18. April nutzte der Generalsekretär seinen Besuch in Sofia zu der Erklärung, unter den genannten Bedingungen wolle er ». . . in einen Meinungsaustausch über die Herstellung normaler Beziehungen zwischen der Deutschen Demokratischen Republik und der Bundesrepublik Deutschland eintreten und die hierfür erforderlichen völkerrechtlichen Vereinbarungen treffen«[74].

Spät in der Nacht des 26. April, einen Tag vor dem konstruktiven Mißtrauensvotum, gaben Kohl und Bahr vor der Presse den erfolgreichen Abschluß ihrer Verhandlungen bekannt und trugen damit sicher dazu bei, die Brandt-Regierung vor dem Ende zu bewahren. Neun Tage nach der parlamentarischen Zustimmung zu den Abkommen mit Polen und der Sowjetunion unterzeichneten die beiden Verhandlungsführer am 26. Mai 1972 den ersten deutsch-deutschen Staatsvertrag. Die Bundesregierung verbuchte ihn als Erfolg gegenüber der Opposition, die SED-Führung gegenüber der eigenen Bevölkerung. Einigkeit bestand in dem Bestreben, nicht den Eindruck allzu großer Nähe entstehen zu lassen: auf der einen Seite wegen der Rücksichtnahme auf CDU und CSU, auf der anderen, um bei der DDR-Bevölkerung keine gesamtdeutschen Hoffnungen zu wecken. Nun endlich war der Weg frei für die angekündigten Gespräche über die grundlegenden Beziehungen zwischen der DDR und der Bundesrepublik Deutschland. Am 15. Juni fand die erste Gesprächsrunde zwischen den nun schon vertrauten Partnern statt, doch zunächst stockte der hoffnungsvoll begonnene Prozeß, weil hier und auch noch während der beiden folgenden Termine am 21./22. Juni in Bonn sowie am 28. Juni in Ost-Berlin die Maximalforderungen beider Seiten unversöhnlich aufeinander prallten. Anfang Juli griff Werner Jarowinsky in einer Rede auf der 6. Plenartagung des ZK der SED die Bundesregierung scharf an: »Die Regierung Brandt setzt ungeachtet der durch das Inkrafttreten des gesamten Vertragswerkes entstandenen neuen Lage in Europa ihre Politik der Einmischung in die inneren und äußeren Angelegenheiten der DDR fort.«[75] Die »Brand(t)schutz-Wochen«, wie man in der DDR den vorübergehenden Verzicht auf die übliche Polemik ironisch genannt hatte, schienen vorüber zu sein. Die Verhandlungen schleppten sich über den gesamten Sommer und Herbst hin. Bahr mußte erst nach Moskau reisen und bei Breschnjew vorsprechen, damit wieder Bewegung in die erstarrten Fronten kam. Die Bundestagswahl rückte näher, und die Sowjetunion hatte ein erklärtes Interesse an der Fortsetzung des bisherigen Kurses. Am 8. November 1972, elf Tage vor der Wahl, paraphierten Kohl und Bahr in Bonn den Grundlagenvertrag. Nach der gleichzeitigen Veröffentlichung seines Wortlauts blieben jetzt nur noch die protokollarischen Fragen zu klären.

Einige vertrauliche Vier-Augen-Gespräche, 60 Sitzungen und über 1 000 Verhandlungsstunden hatte es gedauert, bis der »Vertrag über die Grundlagen der Beziehungen zwischen der Bundesrepublik Deutschland und der Deutschen Demokratischen Republik« unterschriftsreif war. Er ging von »normalen gutnachbarlichen Beziehungen ... auf der Grundlage der Gleichberechtigung« aus[76], vereinbarte den gleichzeitigen Beitritt zu den Vereinten Nationen, sah die Regelung aller Streitfragen mit friedlichen Mitteln vor und betonte – wie schon die beiden Abkommen mit der Sowjetunion und Polen – die Unverletzlichkeit der Grenzen. In Artikel 4 hieß es noch einmal ausdrücklich, »daß keiner der beiden Staaten den anderen international vertreten oder in seinem Namen handeln kann«[77]. Mit dem Verzicht der Bundesrepublik auf ihren Alleinvertretungsanspruch hatte die DDR ihr Ziel erreicht, zumal der Vertragstext auch keinen Hinweis auf den Fortbestand der deutschen Nation enthielt; lediglich die Präambel verwies auf die unterschiedlichen Auffassungen »zur nationalen Frage«[78]. Die Rechtsposition Bonns, daß die DDR kein Ausland sei, kam allerdings in dem Passus zum Ausdruck, der die Einrichtung »Ständiger Vertretungen« und nicht Botschaften am jeweils anderen Regierungssitz festschrieb.

Am 21. Dezember 1972 unterzeichneten Egon Bahr und Michael Kohl während einer feierlichen Zeremonie im Gästehaus der DDR-Regierung, dem ehemaligen Kronprinzenpalais Unter den Linden, den Vertrag. Die SED-Führung feierte einen ihrer größten Triumphe. Aus der »Sowjetzone« war die Deutsche Demokratische Republik geworden. Noch am gleichen Tag gaben die Republik Österreich und das Königreich Schweden die Aufnahme diplomatischer Beziehungen zu Ost-Berlin bekannt, kurz vor Jahresende folgte als erster NATO-Staat das Königreich Belgien. Nach jahrelangen Bemühungen, außerhalb des eigenen Bündnissystems ein bißchen Anerkennung zu erhaschen, stand nun der Weg in die UNO und andere internationale Organisationen offen. Am 18. September 1973 stiegen vor dem Glaspalast der Vereinten Nationen am East River in New York gleichzeitig die bundesdeutsche und die schwarz-rot-goldene Flagge mit Hammer, Zirkel und Ährenkranz auf. Damit schien die deutsche Zweistaatlichkeit auf unabsehbare Zeit besiegelt. Und doch bereiteten der SED-Führung einige Momente Sorge, die mehr als nur einige Wermutstropfen in den schäumenden Sekt der Festtagsstimmung bedeuteten. Hätte Egon Bahr am 21. Dezember aus dem Fenster des Kronprinzenpalais geschaut, so wäre ihm aufgefallen, daß fast nur junge Männer in Anoraks die breite Straße bevölkerten. Die Sicherheitskräfte hatten den Ort der Vertragsunterzeichnung weiträumig abgesperrt, die gegenüberliegende Humboldt-Universität den ganzen Tag geschlossen und überall ihre Mitarbeiter zur Kontrolle des Geschehens postiert. Das Stadtzentrum Ost-Berlins bot an diesem trostlos grauen Dezembertag ein gespenstisches Bild. Um jeden Preis wollte man eine Wiederholung der Vorgänge von Erfurt verhindern, als eine große Menschenmenge 1970 fast unbehelligt Willy Brandt zujubeln konnte.

Insgesamt darf man wohl feststellen, daß die Abkommen der Bundesrepublik mit der Sowjetunion, Polen und der DDR den Schutt der deutschen Vergangenheit gründlich beseite geschaufelt hatten. 25 Jahre nach Kriegsende machte die völkerrechtliche Anerkennung der territorialen Realitäten in Europa endlich den Weg für ein normales Verhältnis zwischen Bonn und dem gesamten Ostblock frei. Gleichzeitig eröffnete sie längerfristig aber auch Spielräume für den dortigen inneren Wandel. Die Entschärfung der Konfrontation bot den Satellitenstaaten die Chance einer allmählichen und vorsichtigen Lockerung ihrer Bindungen zur Hegemonialmacht. Der zunächst lautstark, später nur noch verdeckt vorgebrachte Verdacht der SED-Führung, die Ostpolitik der sozial-liberalen Regierung sei eine »Aggression auf Filzlatschen«, traf insofern den Kern der Sache, als der gesamte Entspannungskurs auf die Dauer doch die kommunistische Herrschaft unterminierte. Ob ihre Vordenker und Vollstrecker dies im Sinn hatten oder ob es sich hier um eine spezielle »List der Vernunft« handelte, ist vom Ergebnis her letztlich belanglos. Auch wenn die Vertragspolitik zu einer kurzfristigen Stabilisierung des Sowjetimperiums geführt hat, kann kein Zweifel daran bestehen, daß der friedliche Wandel der Jahre 1989 und 1990 unter den Bedingungen des Kalten Krieges und einer potentiellen Bedrohung der territorialen Integrität Polens und der Tschechoslowakei durch die Bundesrepublik nicht möglich gewesen wäre.

Kapitel II: Die DDR und die »nationale Frage«

1. Die Abschaffung der deutschen Nation

Bei der DDR-Führung wuchs die berechtigte Sorge, die Verhandlungen mit dem westlichen Klassenfeind könnten die alten Feindbilder des Kalten Krieges verblassen lassen. Sie setzte die Parole in die Welt, angesichts der politischen Entspannung verschärfe sich notwendigerweise und gesetzmäßig der ideologische Klassenkampf. Die Dialektik der Systemauseinandersetzung erfordere erhöhte politische Wachsamkeit. Gerade auf dem Gebiet der Ideologie sei für naive und politisch unreife Gemüter die Aufweichungs- und Unterwanderungsstrategie des Gegners nicht mehr auf den ersten Blick erkennbar. Der Klassenfeind schrecke vor nichts zurück. Ein Bericht der SED-Bezirksleitung Halle beklagte die »politische Sorglosigkeit« mancher sozialistischer Leiter: »So erhielten die Großhandelsgesellschaften des Bezirks eine größere Anzahl importierter Herrensocken zum Verkauf in den Geschäften, die mit dem Bildnis des westdeutschen Profi-Fußballspielers Uwe Seeler ausgestattet waren.«[79] Sein Empfänger, Erich Honecker, hielt diese Mitteilung für so hervorhebenswert, daß er sie mit seinem Kugelschreiber markierte, wohl um auf das ungeheuerliche Beispiel mangelnder Wachsamkeit gegenüber den Anschlägen des Klassenfeindes bei gegebener Gelegenheit zurückzukommen. Der gleiche Bericht teilte mit, daß in einem wissenschaftlichen Institut Fachzeitschriften aus der BRD für alle Mitarbeiter zugänglich seien. Das zuständige Fachministerium müsse endlich einschreiten, um diesen Skandal zu beseitigen. »Nichts verbindet uns mit der imperialistischen BRD und alles mit unserem sozialistischen Vaterland«, verkündete die Propaganda stereotyp. Ein Kurs verschärfter Abgrenzung von der BRD sollte die Entspannungs- und Normalisierungspolitik ergänzen.

Am Abend des 27. September 1974 erfuhren die erstaunten Zuschauer der »Aktuellen Kamera«, daß die Volkskammer die Verfassung der DDR geändert hatte. Im Unterschied zu der breiten Diskussion um den Verfassungsentwurf im Frühjahr 1968 hatte es diesmal nicht einmal eine Vorwarnung gegeben. Erich Honecker begründete das »Gesetz zur Ergänzung und Änderung der Verfassung« in einer Rede, und anschließend bestätigten die Abgeordneten einstimmig die Vorschläge. Während Artikel 1 in der Fassung von 1968 gelautet hatte »Die Deutsche Demokratische Republik ist ein sozialistischer Staat deutscher Nation«, hieß es nun: »Die Deutsche Demokratische Republik ist ein sozialistischer Staat der Arbeiter und Bauern«[80]. Artikel 8, der früher ausführte »Die Deutsche Demokratische Republik und ihre Bürger erstreben ... die Überwindung der vom Imperialismus der deutschen Nation aufgezwungenen Spaltung Deutschlands, die schrittweise Annäherung der beiden deutschen Staaten bis zu ihrer Vereinigung auf der Grundlage der Demokratie und des Sozialismus«[81], entfiel ganz. So verabschiedete sich die SED-Führung offiziell von der deutschen Nation. Für den Alltag der DDR-Bürger hatte dies alles kaum eine Bedeutung. Sie waren es ohnehin gewohnt, mit einer

Verfassung zu leben, auf die sich zu berufen wenig Sinn machte, weil sie die vielen schönen Versprechen ohnehin nicht einklagen konnten. Man wird also davon ausgehen können, daß die staatsstreichartige Verfassungsänderung vor allem auf Außenwirkung abzielte und der Bundesrepublik den festen Willen signalisieren sollte, man wolle für immer eigene Wege beschreiten.

Danach setzte eine Welle von Umbenennungen ein, und überall wurde nach Möglichkeit die Bezeichnung deutsch oder Deutschland getilgt. In Leipzig wurde das »Hotel Deutschland« in »Hotel am Ring« umbenannt. Lediglich die SED, ihr Zentralorgan, die vier Blockparteien, die Massenorganisationen und die wegen internationaler Verträge bis 1989 gebundene »Deutsche Reichsbahn« machten eine Ausnahme. Ansonsten behalf man sich mit Abkürzungen. Zum Beispiel stand nun auf den Briefmarken in der Regel nicht mehr die vollständige offizielle Staatsbezeichnung, sondern nur noch das Kürzel »DDR«. Konsequenterweise wurde das Stichwort »Deutschland« auch aus der zweiten Ausgabe von Meyers Neuem Lexikon gänzlich gestrichen[82]. Wer etwa nachschlagen wollte, auf welches Land sich Heinrich Heines Poem »Deutschland – Ein Wintermärchen« bezog, fühlte sich vom DDR-Meyer verlassen. Vielleicht aus Furcht vor der Lächerlichkeit rückte die Redaktion in seine folgende vierbändige Ausgabe von 1978 eine siebenzeilige Definition ein: »Deutschland: bis 1945 Land in Mitteleuropa, dann von ausländischen und deutschen Imperialisten systematisch gespalten. Seit 1945 existieren auf dem Territorium des ehemaligen D. die Deutsche Demokratische Republik und die Bundesrepublik Deutschland, zwei Staaten mit gegensätzlicher politisch-gesellschaftlicher Ordnung«. Es folgten Verweise auf deutsche Geschichte, Kunst, Literatur und Musik[83]. Die systemübergeifende Dauerkomödie der Deutschen im Umgang mit ihren nationalen Symbolen fand in der DDR ihren Höhepunkt im faktischen Verbot der Nationalhymne. Der Text von Johannes R. Becher wurde seit 1974 weder gesungen noch gedruckt. Die markante Zeile »Deutschland einig Vaterland« skandierten im Herbst 1989 die Demonstranten und sangen voll böser Ironie den Text, soweit sie sich noch an ihn erinnern konnten. So wurde die »Spalter-Hymne« – wie sie in den fünfziger Jahren der Westen genannt hatte – zum Totengesang des sozialistischen deutschen Teilstaates.

2. Die SED-Führung zwischen Abgrenzung und »gemeinsamer deutscher Verantwortung«

Am 13. Oktober 1980, wenige Tage nach der Bundestagswahl, verfügte die DDR eine drastische Erhöhung des Mindestumtauschs für westliche Besucher[84]. Sie verdoppelte fast den Tagessatz von 13 auf 25 DM, erhöhte den Zwangsumtausch für West-Berliner von 6,50 auf ebenfalls 25 DM, beseitigte die Befreiung der Rentner und setzte die Freigrenze von 16 auf sechs Jahre herab. Eine Familie mit zwei Kindern bis 15 Jahre mußte nun mit 65 DM »Eintritt« rechnen. Der Umtausch erfolgte grundsätzlich zum Kurs von eins zu eins, was die »Gäste« zu Recht als unverschämte Geldschneiderei empfanden. Mit dem Ost-Geld wußten sie in der Regel wenig anzufangen, da sie ohnehin nur am Wochenende kamen, wenn alle Läden geschlossen und die wenigen gastronomischen Einrichtungen hoffnungslos überfüllt waren. Meist schenkten sie es ihren Verwandten oder steckten es in die an den Grenzübergangsstellen bereitstehenden Sammelbüchsen des Deutschen Roten Kreuzes. Durch diese Maßnahme wollte die DDR wohl nicht primär die Deviseneinahmen erhöhen, sondern den Besucherverkehr drosseln. Tatsächlich sanken die Zahlen zu Weihnachten 1980 im Vergleich zum Vorjahr um ungefähr 50 Prozent. Die DDR hatte die Bundesbürger offenbar an einer empfindlichen Stelle getroffen.

An demselben 13. Oktober 1980 führte Honecker in seiner Rede zur Eröffnung des Parteilehrjahrs in Gera im Kreise von SED-Funktionären aus: » . . . man kann nicht übersehen, daß zwischen der DDR und der BRD weiterhin viele Probleme bestehen, daß wir von einer umfassenden Normalisierung noch ein beträchtliches Stück entfernt sind. Die Hauptursache dafür sind fortgesetzte Versuche der BRD, in den Beziehungen zur DDR, unter Verletzung des Grundlagenvertrages, entscheidende Prinzipien der Souveränität unseres Staates zu mißachten . . .«[85] Dann präsentierte er seine berühmt gewordenen »Geraer Forderungen«:

1. Anerkennung der Staatsbürgerschaft der DDR;
2. Auflösung der Zentralen Erfassungsstelle der Länderjustizverwaltungen für DDR-Verbrechen in Salzgitter;
3. Aufnahme »normaler« diplomatischer Beziehungen zur Bundesrepublik, das heißt die Umwandlung der Ständigen Vertretungen in Botschaften;
4. Anerkennung der Flußmitte der Elbe als Staatsgrenze;
5. Unterbindung des »Mißbrauchs« der Transitwege, womit er die Strafverfolgung von Fluchthelfern durch die Behörden der Bundesrepublik und West-Berlins meinte.

Damit hatte die DDR Maximalforderungen formuliert, welche die bundesdeutsche Seite schon aus verfassungsrechtlichen Gründen nicht annehmen konnte. Es hat in diesen Fragen bis 1989 keine wirkliche Annäherung gegeben. Eine Anerkennung der Staatsbürgerschaft der DDR hätte eine Grundgesetzänderung vorausgesetzt, für die es im Deutschen Bundestag auf absehbare Zeit keine Mehrheit gab. Auch die SPD-Führung sprach in ihren Verhandlungen mit Honecker stets von einer »vollen Akzeptierung« der Staatsbürgerschaft der DDR, niemals von deren Anerkennung. Die Zentrale Erfassungsstelle in Salzgitter war der SED-Führung aus verständlichen Gründen ein Dorn im Auge, und sie machte ihren ganzen Einfluß geltend, dieses »Relikt des Kalten Krieges« zu beseitigen. Obwohl von 1988 bis zum Mai 1989 die SPD-regierten Länder Saarland, Hamburg, Bremen, Nordrhein-Westfalen, Schleswig-Holstein und der rot-grüne Senat von Berlin die Zahlungen für Salzgitter einstellten[86], stand ihre Auflösung jedoch niemals ernsthaft zur Diskussion. Wenn es dem Generalsekretär paßte, konnte er auf die Geraer Forderungen je nach Bedarf entweder zeitweise stillschweigend verzichten oder sich hinter ihnen verschanzen, um den Entspannungsprozeß zu blockieren.

Am 22. November 1983 stimmte der Deutsche Bundestag dafür, den NATO-Doppelbeschluß in die Tat umzusetzten. Dies bedeutete die Stationierung neuer Raketen in der Bundesrepublik. Einen Tag später verließ die sowjetische Delegation in Genf die Gespräche über die Abrüstung nuklearer Waffensysteme mittlerer Reichweite in Europa, ohne einen neuen Termin vereinbart zu haben. Ein neuer Kalter Krieg zwischen den Supermächten schien ausgebrochen zu sein. Für die beiden deutschen Staaten stellte sich nun die Frage, wie groß ihr Spielraum innerhalb des eigenen Bündnissystems tatsächlich war. Am Horizont tauchte das Phantom einer Art deutscher Gemeinsamkeit, zumindest mit dem Ziel der Schadensbegrenzung auf. Erich Honecker hatte im Vorfeld der Bonner Abstimmung in einem Brief an Helmut Kohl von einer »Koalition der Vernunft« gesprochen. Dies hieß im Klartext, daß er unter dem Schlagwort einer gesamtdeutschen Verantwortung nach Sonderbeziehungen jenseits der Blockdisziplin strebte. Der Gedanke war für beide Seiten ebenso naheliegend wie gefährlich. In der Bundesrepublik ging das alte Gespenst des Neutralismus um, aber auch die SED-Führung wußte sich auf einer Gratwanderung. Die massiven Einschränkungen der Bürgerrechte, die brutale Unterdrückung jeder oppositionellen Regung und insbesondere die Verhältnisse an der Mauer konnte sie nämlich nur mit einer angeblichen Bedrohung durch den BRD-Imperialismus begründen. Vorläufig aber hielt sie die Risiken für kalkulierbar, meinte zu Recht, die innere Lage fest im Griff zu haben und erhoffte sich ökonomische Überlebenschancen durch eine Zusammenarbeit mit dem Westen. Am 29. Juni 1983 hatte die Bundesregierung bei westlichen Banken eine Bürgschaft für einen Kredit an die DDR in Höhe von ungefähr einer Milliarde DM übernommen. Nun benötigte die DDR-Wirtschaft die nächste Milliarde. Die Aussicht, sich ein Entgegenkommen in der Menschenrechtsfrage bezahlen zu lassen, fand die DDR-Führung verlockend, obwohl sie dadurch ihren politischen Spielraum einschränkte.

Nicht ganz zu Unrecht verfolgten die Verbündeten jede Annäherung zwischen den beiden deutschen Staaten mit Mißtrauen. Am Rande der 38. Außerordentlichen Tagung des RGW traf sich Honecker am 14. Juni 1984 in Moskau mit dem neuen Vorsitzenden der KPdSU, Konstantin Tschjernjenko[87]. Als er das Klagelied über die reduzierten sowjetischen Erdöllieferungen wiederholte, hielt ihm der sowjetische Generalsekretär statt einer Antwort eine Standpauke und forderte ihn auf, »die lügnerische Behauptung [zu] entlarven, als ob die Stationierung neuer US-Raketen in der BRD die innerdeutschen Beziehungen, darunter auch die menschlichen Kontakte, nicht beeinträchtigen würde«[88]. Auch gelte es, Spekulationen über einen Zusammenhang zwischen wirtschaftlichen Geschäften und Besuchsreisen der Bürger oder Familienzusammenführungen entschiedener entgegenzutreten. Die DDR könne Verhandlungen nur auf der Grundlage »voller Gleichheit«, ohne politische Zugeständnisse, führen. Die Gespräche mit westlichen Banken gingen jedoch weiter. Am 25. Juni 1984 stellte der Staatsminister im Kanzleramt, Philipp Jenninger, den neuen Kreditvertrag auf einer Pressekonferenz in Bonn vor. Die Bundesregierung bürgte für einen Kredit von 950 Millionen DM, den die Deutsche Bank (Luxemburg) der DDR gewährte[89]. Die von Tschjernjenko monierten »innerdeutschen Reise- und Besuchserleichterungen« waren Bestandteil des Abkommens, das einen Tag später das Politbüro der SED in interner Sitzung bestätigte. Auch die Vorbereitungen für einen Besuch Honeckers in Bonn gingen weiter. Wohl niemals zuvor hatte es ein SED-Chef gewagt, den Anweisungen des großen Bruders so offen zuwider zu handeln. Und erstmalig entwickelte sich ein kleiner Pressekrieg zwischen Moskau und Ost-Berlin. Das »Neue Deutschland« mußte in der Wochenendausgabe des 28./29. Juli 1984 einen Artikel »Im Schatten amerikanischer Raketen« abdrucken, den Lew Besymjenski einen Tag vorher in der Prawda veröffentlicht hatte. Er hob die Geraer Forderungen aus der politischen Versenkung und hielt sie indirekt ihrem Urheber vor. Die SED-Führung reagierte mit dem Nachruck eines Beitrags der ungarischen Zeitung »Népszavadag«, der Honeckers Außenpolitik lobte[90]. Daraufhin veröffentlichte die »Prawda« am 2. August 1984 einen Kommentar unter dem Titel »Auf falschem Weg«, den die DDR-Presse nicht übernahm.

Doch Honecker ließ von seinem Plan, die Bundesrepublik zu besuchen, nicht ab und versuchte am 13. August 1984, Tschjernjenko in einem längeren Telefonat umzustimmen.[91] Dieser bestellte ihn für den 17. August nach Moskau. Honecker verteidigte seinen Standpunkt. Ihm wurde bedeutet, daß es sich hier zwar formal um eine Entscheidung der SED-Führung handle, doch blieb ihm wegen der heftig vorgetragenen Kritik kaum etwas anderes übrig, als den Rückzug anzutreten. Ein Interview des CDU/CSU-Fraktionsvorsitzenden Alfred Dregger in der »Welt«, in dem er sagte, »Unsere Zukunft hängt nicht davon ab, daß Herr Honecker uns die Ehre seines Besuchs erweist«[92], bot schließlich den willkommenen Anlaß, daß am 4. September 1984 der Leiter der DDR-Vertretung, Ewaldt Moldt, die Bonn-Visite offiziell absagen konnte. Diese Vorgänge machten Honecker in der öffentlichen Wahrnehmung zwar zu keinem »nationalen Helden«, wohl aber zu einem vernünftigen und klugen Politiker, der den Schaden der weltpolitischen Konfrontation für seine Landsleute begrenzen wollte. Während sein außen- und deutschlandpolitisches Renommee jetzt so groß wie nie zuvor war, ließ die Bereitschaft der DDR-Bürger, sich bervormunden und drangsalieren zu lassen, allmählich aber deutlich nach. Insofern verstärkte die Einschätzung des Generalsekretärs als verantwortungsvoller Staatsmann objektiv seine Spielräume im Innern, auch wenn sich viele seiner Untertanen über die gute Presse im Westen heimlich ärgerten. Als Honecker im September 1987 schließlich doch noch Bonn besuchte, erreichte dieser Widerspruch seinen Höhepunkt. Obwohl die greifbaren Resultate eher gering waren, hätte die politisch-demonstrative Wirkung kaum größer sein können.

Der Staatsbesuch in der Bundesrepublik bedeutete für Erich Honecker den größten Triumph seiner politischen Laufbahn. Dem Arbeitersohn aus Wiebelskirchen wurde in Bonn der rote Teppich ausgerollt, die Militärkapelle der Bundeswehr spielte die Nationalhymne der DDR, und am weißen Mast wehten nebeneinander die Fahnen zweier souveräner, gleichberechtigter deutscher Staaten. Er war zu einem begehrten und hochgeachten Gesprächspartner geworden, und so sah er es auch selbst, als er in Untersuchungshaft in Berlin-Moabit nicht ohne Süffisanz seine Begegnungen mit den Spitzenpolitikern der BRD schilderte[93]. Die politische Aufwertung, die Honecker zwei Jahre vor der politischen Katastrophe seines Systems ohne wirkliche Gegenleistung durch die Regierung Helmut Kohls erhielt, war geradezu gigantisch, ihre Wirkung innerhalb der DDR allerdings ambivalent. Ein ausführlicher Bericht der Zentralen Auswertungs- und Informationsgruppe (ZAIG) des MfS vom 30. Juli 1987 hatte bereits im Vorfeld des Besuchs deutlich gewarnt: »Breiten Raum nehmen in den Diskussionen unter allen Kreisen der Bevölkerung Erwartungshaltungen und Spekulationen über zu erwartende Ergebnisse dieses Besuchs ein . . . Absoluten Schwerpunkt bilden dabei Spekulationen über den weiteren Ausbau der Reisemöglichkeiten für DDR-Bürger in die BRD und nach Westberlin.«[94] Die für die DDR auf lange Sicht tödliche Formel der Entspannungspolitik lautete: Destabilisierung durch Stabilisierung. Jeder Schritt in Richtung Entspannung weckte Hoffnungen auf mehr Freizügigkeit. Obwohl die SED-Führung diesen Mechanismus schon frühzeitig erkannt und versucht hatte, ihm gegenzusteuern, war es 1987 angesichts der sich ändernden weltpolitischen Konstellationen schon zu spät. Den letzten Versuch, die Wirkung der äußeren Entspannung durch innere Verhärtung zu konterkarieren, startete Honecker einige Wochen nach Abschluß des Bonn-Besuchs. Die Verhaftung einiger Mitglieder der Umwelt-Bibliothek sollte der sich frech im Schutzraum der Kirche tummelnden Opposition den Garaus machen. Das Gegenteil trat ein. Durch eine Mahnwache vor der Zionskirche zwangen einige hundert junger Leute mit Kerzen in den Händen den allmächtigen Apparat zum Nachgeben. Die SED-Führung war in eine Zwickmühle geraten, die zur Rücksichtnahme auf den westlichen Verhandlungspartner, den Perestrojka-Kurs der Sowjetführung sowie die Wünsche der eigenen Bevölkerung zwang.

Kapitel III: Der Alltag der deutschen Teilung

1. Die DDR und das Westfernsehen

»Nichts verbindet uns mit der imperialistischen BRD und alles mit unserer sozialistischen DDR.« Dieses markante Diktum durfte in den siebziger Jahren in keinem Referat fehlen. Doch wie sah die Realität aus? Vom Anfang bis zum Ende der DDR gehörte die ständige Präsenz westlicher Medien zu den mentalitätsgeschichtlich prägenden Grundlagen des Staates. Die Bedeutung dieser Tatsache ist kaum zu überschätzen. Die bundesdeutschen Rundfunk- und Fernsehprogramme haben über 45 Jahre der Trennung die kulturelle Einheit der deutschen Nation aufrechterhalten. Als die Deutschen wieder zusammenkamen, trällerten sie die gleichen Schlagermelodien, verwendeten die gleiche, mit Anglizismen versetzte Sprache, verehrten die gleichen Sport- und Popidole und hatten ähnliche, von der Werbung geprägte Konsum- und Alltagsgewohnheiten. Die in zahllosen empirischen Erhebungen festgestellten Differenzen zwischen Bewohnern der alten und neuen Bundesländer schienen angesichts einer staatlichen Teilung von annähernd einem halben Jahrhundert im Grunde marginal[95]. Während es der Staatsmacht gelang, das Eindringen von Druckerzeugnissen westlicher Herkunft fast vollständig zu unterbinden, konnte die DDR-Bevölkerung die elektronischen Medien ohne wesentliche Einschränkungen empfangen. Es gab in den siebziger und achtziger Jahren kaum noch Versuche, das »Abhören von Feindsendern« technisch zu unterbinden, im Gegensatz zur Sowjetunion, welche die Frequenzen der amerikanischen Rundfunkstationen »Voice of America«, »Radio Liberty« und »Radio Free Europe« massiv mit Störsendern überlagerte. Auch Druck, Propaganda und Repression scheiterten und wurden seit dem VIII. Parteitag allmählich aufgegeben. Lediglich in den Kasernen der Volksarmee und der anderen militärischen Formationen war der Empfang westlicher Sender offiziell verboten und konnte disziplinarische und strafrechtliche Folgen nach sich ziehen. Radio- und Fernsehapparate durften nur in den Klubräumen stehen, und auf der Skala mußten die DDR-Stationen gekennzeichnet sein. Die Angehörigen der »bewaffneten Organe« sollten auch zu Hause kein Westfernsehen konsumieren, doch war selbst die Einhaltung dieser Beschränkung schwer zu kontrollieren.

Erich Honecker meinte auf dem 9. Plenum des ZK der SED im Mai 1973 resigniert, daß die westlichen Massenmedien, vor allem Rundfunk und Fernsehen der Bundesrepublik, »bei uns jeder nach Belieben ein- und ausschalten kann«[96]. Doch wenigstens die öffentliche Berufung auf Nachrichten westlicher Herkunft wollte man verhindern. Deswegen warnte Werner Lamberz 1977: »Was aus den Westmedien zu uns dringt, ist die Stimme des politischen Gegners, der mit seinen Sendungen Ziele und Absichten verfolgt, die unseren Lebensinteressen, unseren Wünschen und unserer Politik feindlich sind.«[97] Am 28. November 1977 schickte Politbüromitglied Werner Jarowinsky dem Generalsekretär eine Information mit der lapidaren Überschrift »Zum Verkaufsbeginn von Zwei-System-Farbfernsehgeräten«[98] und führte aus: »Gegenwärtig erfolgt die Auslieferung der ersten Zwei-System-Farbfernsehgeräte (SECAM/PAL) aus der DDR-Produktion. Am 5. 12. 1977 wird mit dem Verkauf dieser Geräte in Berlin sowie in Leipzig, Karl-Marx-Stadt, Halle und Magdeburg begonnen.«[99] Hinter dem scheinbar banalen Sachverhalt verbarg sich eine Art historischer Kapitulation. Die Staaten des RGW hatten nämlich 1969 das französische SECAM-System eingeführt, und deshalb konnten die DDR-Bürger das bundesdeutsche Fernsehen weiterhin nur schwarz-weiß empfangen. Nun resignierte die SED-Führung und räumte die Möglichkeit ein, zu allerdings phantastischen Preisen Apparate zu kaufen, die auch den Westempfang in Farbe zuließen. Sie kosteten zunächst 4 100 (Chromat 1062) bzw. 4 730 Mark (Chromalux 1063), also ungefähr das Vierfache eines durchschnittlichen Monatsgehalts. 1980 kamen Geräte mit 61er Bildröhre zum Preis von 5 775 (Chromat 56) bzw. 6 250 Mark (Chromat 67) auf den Markt. Lediglich die äußere Form sollte gewahrt bleiben. Jarowinsky meldete denn auch in dem bereits zitierten Schreiben: »Intern ist festgelegt, daß beim Verkauf in den ausgewählten Verkaufstellen des sozialistischen Handels die Vorführungen nur mit Sendungen des DDR-Fernsehens erfolgen.«[100]

Auch der SED-Führung war klar, daß nur eine bessere, zuverlässigere und gründlichere Information durch die DDR-Medien das westliche Nachrichtenmonopol hätte brechen können. Doch davon konnte bis zum Schluß keine Rede sein. Sie blieben bis in die turbulenten Oktobertage des Jahres 1989 wie eh und je: langweilig und fade in der Machart, hölzern in der Sprache und schamlos verlogen in den politischen Inhalten. Nichts hat der DDR mehr geschadet als ihre eigene Propaganda. Oft waren die Nachrichten ohne Kenntnis westlicher Meldungen gar nicht verständlich. Selbst überzeugte Funktionäre sahen sich in politisch heiklen Situationen genötigt, ARD oder ZDF anzustellen, um sich beim Klassenfeind zu orientieren, was »denn eigentlich los ist«. Den »Kalten Krieg im Äther« hat der Osten in allen Punkten verloren.

Über den Einfluß der Westmedien hat das Leipziger Zentralinstitut für Jugendforschung (ZIJ) seit 1966 umfangreiche Studien durchgeführt, deren Resultate es allerdings erst nach der Wende veröffentlichen konnte. Auf die Frage, »Wenn Sie sich durch Funk und Fernsehen über das politische Geschehen informieren, wodurch informieren Sie sich dann?«, antworteten 1979 von 5 532 Befragten 24 Prozent »vorwiegend über DDR-Sender«, sieben Prozent »vorwiegend über BRD-Sender«, 56 Prozent »gleichermaßen über DDR- und BRD-Sender« und 13 Prozent »äußerst selten durch Funk und Fernsehen«[101]. Dieses Zahlenmaterial schlüsselten die Wissenschaftler auch sozial und regional auf. Danach gaben 60 Prozent der Arbeiter, 57 Prozent der Angestellten, 50 Prozent der Intelligenzler und 54 Prozent der Lehrlinge an, sich gleichermaßen in Ost und West zu informieren. Selbst 47 Prozent der SED-Mitglieder räumten diese Tatsache ein. In Leipzig und Berlin antworteten insgesamt 61 Prozent entsprechend, in den südlichen Bezirken war die Zahl etwas geringer, mit 52 Prozent am niedrigsten in Dresden, wo man Westfernsehen nicht empfangen konnte. Im Laufe der achtziger Jahre nahm der Anteil derjenigen noch zu, die angaben, regelmäßig die Medien der BRD zu empfangen. 1987 belief er sich auf 85 Prozent der Befragten[102]. Zu berücksichtigen bleibt dabei, daß sich unter den

Verhältnissen der DDR viele Bürger trotz der zugesicherten Anonymität scheuten, ihr wirkliches Verhalten und ihre tatsächliche Meinung kundzutun. Daß es sich nicht nur um irrationale Ängste handelte, belegen Beispiele, nach denen das MFS bei Vernehmungen Fragebögen vorlegte, die vor längerer Zeit unter dem Schutz vermeintlicher Anonymität ausgefüllt worden waren. So könnte es auch sein, daß zwischen 1979 und 1987 nicht das Westfernsehen an Attraktivität gewonnen, sondern die Furcht vor möglichen Folgen des »Geständnisses« abgenommen hat.

Die Wirkungen der allabendlichen »kollektiven Ausreise« waren freilich ambivalent. Der ständige Konsum westlicher Medien führte dazu, daß viele Menschen gar nicht mehr »in der DDR lebten«. Das war für die SED zwar ideologisch bedenklich, hatte praktisch jedoch eine stabilisierende Funktion. Die per Knopfdruck geistig Ausgereisten empfanden auch ihre Freiheitsberaubung als weniger schmerzhaft. Es fiel schon in den achtziger Jahren auf, daß der Bezirk Dresden die meisten Ausreiseanträge und »politischen Vorkommnisse« hatte. Sei es, daß die regelmäßigen Zuschauer des Westfernsehens weniger Illusionen über die Bundesrepublik hegten, also eher abgeschreckt wurden, sei es, daß das erhöhte Freizeitangebot sie beruhigte – die SED-Führung erwog seit 1988 allen Ernstes, den Bewohnern des »Tales der Ahnungslosen« über Relaisstationen das schmerzlich Vermißte zugänglich zu machen. Deshalb duldete sie auch schon einige Zeit vor der Wende selbstgebastelte und eingeführte Satellitenschüsseln, die, teilweise als Sammelantennen auf höhergelegenen Punkten montiert, ganzen Hausgemeinschaften den Empfang der Westkanäle, insbesondere der damals neuen und heißbegehrten Privatsender ermöglichte. Trotzdem machte die Propaganda die Westmedien immer wieder als Hauptursache aller Schwierigkeiten aus, zuletzt im Herbst 1989, als sie den westlichen Korrespondenten die Verantwortung für die Demonstrationen am 7. Oktober auf dem Alexanderplatz zuwies. In der »BZ am Abend« erschien nach achtundvierzigstündigem Schweigen der DDR-Medien ein erster Kommentar über die Vorkommnisse am Nationalfeiertag. »Die Story hieß Tumult«, titelte das Ost-Berliner Abendblatt am 9. Oktober, bildete den ARD-Korrespondeten mit seinem Aufnahmeteam ab und kommentierte: »Sie hielten voll drauf und kurbelten an, was sich da am Wochenende zusammengerottet hatte. Westkorrespondenten aus auf Randale . . .«[103]

2. Der geteilte Himmel über Berlin

»Pack die Badehose ein! Nimm das kleine Schwesterlein! Und dann geht es raus zum Wannsee . . .«, sang in den frühen fünfziger Jahren der Kinderstar Conny Froboess. Das Lied wurde zum systemübergreifenden Ohrwurm und auch im Osten so populär, daß man meinte, nicht darauf verzichten zu können. Allerdings bevorzugte die DDR eine Version, die den »Wannsee« durch »Strandbad« ersetzte, denn er liegt bekanntlich im Westen der Stadt. Die fröhlich geschmetterte Aufforderung »Und dann geht es raus zum Wannsee« hätte leicht mißverständlich klingen können. Es wäre ein Irrtum zu glauben, es hätte sich bei dem Eingriff um den Übereifer eines untergeordneten Rundfunkredakteurs gehandelt. Fast 30 Jahre lang versuchte die Führung systematisch das Bewußtsein auszulöschen, es gäbe jenseits der weißgestrichenen Betonmauern eine richtige Stadt mit richtigen Menschen, gar einen Teil Berlins mit echten Berlinern. Auch der Osten pflegte die Geschichte Berlins und eine künstliche Stadt-Folklore. Dazu gehörten Glaßbrenners Witzfiguren, Paul-Linke-Melodien und eine Golden-Twenties-Nostalgie. Doch der Eckensteher Nante hatte am Alexanderplatz oder Unter den Linden zu stehen. In den Songs der zwanziger Jahre sollten nach Möglichkeit Hinweise auf Lokalitäten im Westteil der Stadt unterbleiben. »Sehnsucht nach dem Kurfürstendamm« fühlten zu viele Ostberliner, als daß die entsprechende Textzeile nicht anstößig gewirkt hätte.

Aber auch die realen Sperranlagen bestanden zu einem nicht unerheblichen Teil aus Sicht- oder gar Hörsperren. Noch Mitte der achtziger Jahre wurde mit viel Aufwand auf dem S-Bahnhof Friedrichstraße zwischen dem Ost- und den beiden Westbahnsteigen eine gigantische schalldichte Stahlkonstruktion gefertigt, damit niemand mehr die Lautsprecheransagen hören konnte: »Nach Charlottenburg, einsteigen bitte« oder »In Richtung Bahnhof Zoologischer Garten, zurückbleiben!« Auch wenn überall in der realsozialistischen Mangelwirtschaft das Material fehlte – die Grenzsicherungsanlagen stattete man bis zum letzten Tag immer besser aus. Berlin-West vergaß man am besten einfach. Meyers Neues Lexikon vom Leipziger Bibliographischen Institut aus dem Jahre 1962 vermerkte unter dem Stichwort Berlin: »Groß-Berlin; größte deutsche Stadt und Hauptstadt der Deutschen Demokratischen Republik.« Dann erst nannte es überhaupt »Westberlin« und nahm dabei entgegen den Regeln der deutschen Orthographie eine Zusammenziehung vor, ganz offensichtlich um zu suggerieren, es handele sich um eine eigenständige Landschaftsbezeichnung – etwa analog zu Westfalen. Die Ausgabe desselben Lexikons von 1978 pulverisierte im Zeichen der Abgrenzungspolitik gewissermaßen den Westteil der Stadt. Jetzt hieß es unter dem Stichwort Berlin: »Hauptstadt und politisches, ökonomisches und wissenschaftlich-kulturelles Zentrum der DDR«. Dann folgten geographische und topographische Angaben, die sich aber ausschließlich auf den Ostteil bezogen. Nicht einmal der Abschnitt »Geschichte« verwies auf die Existenz eines irgendwie gearteten Westteils. Ein Meisterstück Orwellscher Neusprache! Allerdings konnte man zwischen Westbengalen und Westböhmen ein eigenes Stichwort Westberlin finden, das von einer Stadt mit besonderem politischem Status sprach, die »inmitten der DDR« liegt. Immerhin wurden noch der Zoo und das Olympiastadion erwähnt und relativ breit das sogenannte Vierseitige Abkommen über Berlin referiert.

Das Bemühen der Obrigkeit um kollektives Vergessen spiegelte sich auch in den Kartenbildern. Während der Westen an den Gesamtberliner Karten festhielt, die auf jedem U-Bahnhof hingen, gab es in Ost-Berlin schon bald nach dem Mauerbau Stadtpläne, die nur die Straßen des Ostsektors verzeichneten. Zunächst verschwanden die nicht mehr zugänglichen S- und U-Bahnlinien mitsamt den sogenannten Geisterbahnhöfen. Auf den Plänen der siebziger und achtziger Jahre bestand West-Berlin vor dem Hintergrund einheitlich zart-beiger Einfärbung nur noch aus Flußläufen, Wäldern und Seen sowie der Stadtautobahn ohne Bezeichnung. Ob sich dort eine Art Wüste befand oder ein riesiges Loch, ließen sie offen. Zusätzlich verzerrte man alle Karten künstlich, um feindlichen Spionen ihr finsteres Treiben zu erschweren. Den Höhepunkt dieser Bemühungen bildeten die neuen S-Bahn-

Übersichtspläne, die anläßlich des Berlin-Jubiläums im Jahre 1987 herausgebracht und in jedem Waggon aufgehängt wurden. Nicht nur das Westberliner S-Bahn-Netz, sondern der gesamte Westteil der Stadt existierte jetzt nicht mehr, und Potsdam grenzte direkt an den Stadtbezirk Mitte[104]. Gleichzeitig bemühten sich die DDR-Behörden, den Vier-Mächte-Status allmählich auszuhöhlen. Der Zentralflughafen Berlin-Schönefeld, den man gerade wegen der alliierten Lufthoheit außerhalb der Stadtgrenze angelegt hatte, erhielt eine Berliner Postleitzahl. Ost-Berlin schuf neue Stadtbezirke, um die stereotype Formulierung in den Befehlen des Allierten Kontrollrats »Groß-Berlin und seine zwanzig Stadtbezirke« auf subtile Weise in Frage zu stellen. Fast unbemerkt schlug es ein Zipfelchen des Bezirks Frankfurt an der Oder im Nordosten verwaltungsmäßig und postalisch seinem Stadtbezirk Marzahn zu. Auf der Landkarte blieben die Neubaubewohner von Ahrensfelde beim Kreis Bernau. In den Personalausweisen stand als ihr Wohnort allerdings Berlin, und bei den »Volkswahlen« stimmten sie über die Berliner Abgeordneten der Volkskammer bzw. der Stadtverordnetenversammlung ab.

Die Abnormitäten des Alltags der geteilten Stadt zeigten sich jedem Beobachter an den Übergängen von der einen Welt in die andere, zum Beispiel im Bahnhof Friedrichstraße. Seine labyrinthische Unterwelt mit dem ausgeklügelten System von Sperren, Guckfensterchen, Spiegeln, Videokameras, geheimnisvollen Kämmerchen, Intershops, endlosen Gängen und halbdunklen Bahnsteigen ist nach der Wende allmählich verschwunden. Bis in jene denkwürde Nacht vom 9. zum 10. November 1989 konnte man gegenüber den Treppen zu den unterirdischen Toiletten tagtäglich ein ergreifendes Schauspiel bewundern. Durch die ständig klappende eiserne Pendeltür quälten sich schwerbeladene alte Leute. Hinter dem Gatter standen die Verwandten, um den lieben Großeltern die glückverheißenden Konsumgüter des Westens abzunehmen, daneben ein Grenzsoldat mit unbeweglicher Miene. Selbst wenn eine neunzigjährige Oma mit Krückstock den Durchgang passierte, rührte er demonstrativ nicht den kleinen Finger, obwohl die Verwandten ihr zwar schon gut zusprechen, aber noch nicht nach den Gepäckstücken greifen konnten. Ein Schritt in die falsche Richtung hätte die Staatsmacht auf den Plan gerufen. Diese Haltung signalisierte: Wir können euch zwar nicht daran hindern, die Grenze zu überschreiten, aber wir werden euch dabei nicht noch helfen. Allen Bemühungen der sozialistischen Obrigkeit zum Trotz blieb Berlin dennoch ein lebendiger Organismus eigener Art. Die Präsenz der westlichen Medien war absolut. Viele Ostberliner kannten sich in der Westberliner Stadtpolitik besser aus als in der eigenen. Der Besucherstrom riß dank diverser Abkommen und Vereinbarungen nicht ab, und in den letzten zwei bis drei Jahren der DDR konnten immer mehr Menschen in dringenden Familienangelegenheiten reisen. Mit ein wenig Glück und Geduld konnte man im anderen Teil der Stadt anrufen, und nach Mitternacht standen die Chancen sogar recht gut, sofort eine Verbindung zu bekommen. Nicht zuletzt die vielen Ausgereisten, die nun im Westen lebten, schufen eine lebendige Verbindung, die Berlin wieder enger zusammenrücken ließ.

Das Berlin-Jubiläum 1987 war ein großangelegter Versuch, dieser Tendenz entgegenzusteuern. Berlin, die Hauptstadt der DDR, sollte in ihrem Glanz Berlin (West) überstrahlen. Gerade in diesem Jahr kam es jedoch zu Vorfällen, die dem aufmerksamen Beobachter ankündigten, daß die Mauer brüchig wurde. Das dreitägige Pop-Festival »Rock for Berlin« vor dem Reichstagsgebäude entwickelte sich zum Menetekel für die SED-Führung. Am ersten Abend herrschte allgemeine Überraschung über die jugendlichen Fans, die sich am Brandenburger Tor sammelten. Der Wind trug einige Klangfetzen über die Mauer. Der große Innenhof der sowjetischen Botschaft fing sie akustisch auf, so daß man vor seinem gußeisernen Gitter gut David Bowies Songs hören konnte. Die Polizei verlor die Nerven und trieb einige tausend Jugendliche unter Schlagstockeinsatz in Richtung Alexanderplatz die Straße hinunter. Sprechchöre riefen »Die Mauer muß weg!« und griffen damit einen Satz auf, den Willy Brandt im August 1961 vor dem Schöneberger Rathaus geprägt und ein im Jahre 1987 populärer Schlager erneut ins Bewußtsein gerufen hatte. Am folgenden Abend war die Angelegenheit durch Rundfunk- und Fernsehmeldungen noch bekannter geworden. Die Sicherheitskräfte waren besser vorbereitet und hatten schon einige hundert Meter vor dem Brandenburger Tor Absperrketten gebildet. Im Hintergrund standen Mannschaftswagen und Wasserwerfer. Es kamen weit mehr Leute als am Vorabend, und man konnte keine deutliche Grenze zwischen den Fans der Gruppe »Genesis«, die jetzt auf dem Programm stand, Neugierigen, potentiellen politischen Protestlern und Stasi-Leuten ausmachen. Das einzige benachbarte Kaffeehaus »Egon Erwin Kisch« war bereits am Nachmittag brechend voll, doch niemand redete über die Mauer oder über die Popgruppe »Genesis«. Lediglich eine vollkommen entnervte Serviererin bangte wortreich um die Fensterscheiben. Auf der Straße sammelten sich kleinere und größere Gruppen. Die Stimmung war lauernd und abwartend, und erst im Schutz der Dunkelheit eskalierte die Situation. Wieder wurde »Die Mauer muß weg!« gerufen und mit provokativer Betonung der Textzeile »Die Internationale erkämpft das Menschenrecht« die Internationale gesungen. Seltsamerweise ertönte auch »Spaniens Himmel« – unter lautstarker Hervorhebung des letzten Wortes im Refrain: »Die Heimat ist weit. Und wir sind bereit, zu kämpfen und sterben für dich. Für unsere Fr...ei...ei...heit.« Dieses Lied von Paul Dessau hatte eine ganze Generation bis zum Erbrechen grölen müssen. In den Pionierlagern, Jugendherbergen und Kasernen der DDR gehörte es zum Standard-Repertoire und hatte alle anderen Gesänge der Arbeiterbewegung weit abgeschlagen. Geblieben war ein Wort, nämlich »Freiheit«, das jetzt die Jugendlichen den Soldaten der Stasi-Einheit »Feliks Dzierzynksi« ins versteinerte Gesicht brüllten und damit natürlich nicht Spaniens Himmel, sondern den geteilten Himmel über Berlin meinten.

3. Der Intershop – Schaufenster des Wohlstandsparadieses

Die Idee der Einrichtung von Devisenläden war weder neu noch sonderlich originell. Der Verkauf einheimischer oder zollfreier Waren für Devisen ist für jede Volkswirtschaft mit reiner Binnenwährung sehr lukrativ. Schon seit den dreißiger Jahren gab es in Moskau und Leningrad derartige Einrichtungen, die später die poetische Bezeichnung »Berjoska«, zu deutsch Birklein, trugen und in denen man für Valuta einheimische Produkte wie russische Pelze, Kaviar, Goldschmuck, Lackmalereien und anderes kaufen konnte. Sie befanden sich im Bereich internationaler

Hotels oder Flughäfen. Der einfache Sowjetbürger, dem der Besitz ausländischer Währungen ohnehin untersagt war, hatte dort keinen Zutritt. Die Berjoska-Läden waren bestenfalls ein winziges Fensterchen in die Wunderwelt des Kapitalismus. Die Intershops der DDR dagegen hatten einen kulturprägenden Charakter. Sie entwikkelten sich zu Tempeln einer gesamtdeutschen und systemübergreifenden Konsumideologie und trugen entscheidend zur Paralyse des real existierenden Sozialismus bei. Die mühsam eingepaukten Parolen vom »verfaulenden Kapitalismus« brachen angesichts ihrer bunten Warenwelt in sich zusammen. Wirklich verfault roch es im volkseigenen Obst- und Gemüsehandel, und zwar selbst dann noch, wenn alle Waren aus den Regalen verschwunden waren. Im Intershop dagegen duftete es überwältigend nach süßlich-parfümierten Reinigungsmitteln, Waschpulver und Seifen, untermischt mit dem herben Duft von frischgerösteten Kaffee und dem aufregenden Geruch der nagelneuen Hochglanz-Werbe-Broschüren und Verpakkungen. Diese Verbindung war einmalig und unnachahmlich. Schon die kleinen Kinder in der DDR lernten, daß es zweierlei Sorten Geschäfte gab, in denen man mit unterschiedlichem Geld einkaufen mußte.

Bereits im Jahre 1955 waren zunächst in Rostock und dann in Wismar Sonderläden für Schiffsreisende und ausländische Matrosen eingerichtet worden[105]. 1962 wurde die Zentral-Kommerz GmbH gegründet, die drei Intershops in Rostock und Leipzig betrieb. Das angebotene Sortiment beschränkte sich auf Reiseartikel, Spirituosen, Tabakwaren, Süßwaren und dergleichen. Der Gesamtumsatz blieb bescheiden und betrug ungefähr 100 Millionen Valuta-Mark. Die Läden mit den begehrten West-Waren befanden sich auf Flugplätzen, Überseehäfen, an der Transitstrecke oder in teuren Ausländerhotels. Sie blieben also dem Blick des durchschnittlichen DDR-Bürgers verborgen. Zwar fand am Eingang keine allgemeine Kontrolle statt, doch konnte dem Kunden beim Einkauf der Ausweis abverlangt werden. Da der Besitz ausländischer Währungen strafbar war, konnte dies zu erheblichen Schwierigkeiten führen. Doch der Besucherverkehr wuchs seit dem Berlin-Abkommen 1971 beträchtlich an. Die Behörden konnten den Umlauf von Westgeld kaum noch verhindern und ließen deshalb seit Beginn der siebziger Jahre die Intershops in der Regel nicht mehr kontrollieren.

Die SED-Führung schickte sich schließlich in das Unvermeidliche, zumal sie gut daran verdiente. Der Umsatz im Intershop stieg von 170 Millionen 1971 über 243 Millionen 1972 auf 277 Millionen Valuta-Mark 1973. Mit dem Devisengesetz vom 19. Dezember 1973 und fünf ergänzenden Durchführungsbestimmungen trat mit Wirkung vom 1. Februar 1974 eine Neuregelung in Kraft, die dem DDR-Bürger den Besitz ausländischer Währungen gestattete[106]. Die Intershops nahmen einen rasanten Aufschwung. Selbst in kleineren Städten schossen die charakteristischen Wellblech-Container mit den vergitterten Fenstern wie Pilze aus dem Boden. Am 7. Dezember 1976 wurde die »Forum HmbH« gegründet und dem KoKo-Bereich angegliedert. Sie fungierte als Großhändler für den Einkauf des Intershop-Sortiments, legte die Preise fest und kassierte den Gewinn. Die Devisen wurden vollständig abgeführt, und die Auszahlungen erfolgten in DDR-Währung. Allerdings erhielt seit Mitte der achtziger Jahre das Verkaufspersonal 30 Westmark monatlich als Prämie. Das Vertriebsnetz wuchs schnell. Westliche Reisende nutzten vor allem die Verkaufsstellen der Mitropa an den Autobahnraststätten und auf dem Bahnhof

Friedrichstraße. Die Verkaufsstellen in den Interhotels, aber auch die Intershops der HO wurden seit 1982 weiter ausgebaut. Zwischen 1966 und 1979 wuchs die Zahl der Intershops von 240 auf 470. Auch der Umsatz stieg fast kontinuierlich. Lediglich 1979 gab es aufgrund der Einführung der Forum-Schecks einen leichten Rückgang.

Tabelle 3: Einzelhandelsumsatz der Forum Handelsgesellschaft mbH in den Jahren 1974–1989
in Millionen Valuta-Mark

Jahr	Umsatz	Handelsträger		
		Interhotels	HO	Mitropa
1974	285,6	81,7	–	204,0
1975	464,1	139,0	–	325,1
1976	555,8	185,7	–	370,1
1977	705,3	314,2	–	391,2
1978	896,3	207,3	236,7	452,3
1979	774,4	170,0	184,5	419,8
1980	820,3	183,3	195,2	441,8
1981	805,2	184,5	184,5	436,2
1982	896,1	208,4	206,6	481,0
1983	920,2	212,1	210,2	497,9
1984	988,5	224,5	236,0	526,0
1985	1 043,5	226,6	269,6	539,9
1986	1 075,6	189,9	312,6	555,6
1987	1 105,6	189,9	329,8	577,1
1988	1 120,9	187,3	344,2	579,6
1989	1 162,3	184,4	367,2	600,4

Besonders in Leipzig und Berlin entwickelten sich die Intershops zu kleinen Warenhäusern mit eigenen Abteilungen für Kleidung, Heimelektronik, Ersatzteilen und vielem anderen. Darunter befanden sich nicht wenige Produkte, die in der DDR entweder überhaupt nicht oder aber nur sehr schwer zu bekommen waren. Tabakwaren und Lebensmittel stammten zum Großteil aus der sogenannten Gestattungsproduktion, Zigaretten zu 90 Prozent. Sie machte das Intershop-Geschäft für die DDR so lukrativ. Gestattungsproduktion bedeutete, daß westliche Firmen in der DDR günstig produzierten und als Gegenleistung einen Teil ihrer Waren als Bezahlung dem dortigen Binnenmarkt zur Verfügung stellten. Aufgrund des niedrigen Lohnniveaus gestalteten sich diese Geschäfte für beide Seiten sehr vorteilhaft, und die DDR-Bürger konnten wenigstens gelegentlich Produkte im modernen westlichen Design wie Lampen von IKEA oder Salamander-Schuhe erwerben. Der zollfreie Verkauf von Tabakwaren und alkoholischen Getränken, auf dem ursprünglich das Schwergewicht des Umsatzes der Intershops gelegen hatte, spielte sich zusätzlich in der Unterwelt der Berliner Geisterbahnhöfe ab. West-Berliner konnten am Bahnhof Friedrichstraße aussteigen, billig Schnaps und Zigaretten kaufen und ohne Kontrolle gleich weiterfahren. Ihre Behörden sahen diese Form der Steuerhinterziehung nicht gern, verzichteten aber aus statusrechtlichen Erwägungen auf eine durchgehende Zollkontrolle.

Die Intershops spalteten die klassenlose Gesellschaft in zwei Schichten, deren Zugehörigkeit sich darüber definierte, ob man Verwandte oder Bekannte in der Bundesrepublik besaß oder nicht. Ganz ausgeschlossen blieben die Funktionäre, sogenannte »Geheimnisträger« und die Angehörigen der »bewaffneten Organe«. Ihnen waren Westkontakte untersagt, oder sie unterlagen zumindest einer strengen Meldepflicht. Darüber hinaus gab es eine mündlich verbreitete Weisung, Intershops nicht in Uniformen der NVA oder der Volkspolizei zu betreten. Deshalb nahm die Unruhe unter den linientreuen Genossen so zu, so daß die Führung in Argumentationszwang geriet. Erich Honecker äußerte sich am 26. September 1977 in Dresden erstmals öffentlich zu dem Problem und führte aus: »Intershop-Läden sind selbstverständlich kein ständiger Begleiter des Sozialismus. Man kann aber nicht an der Tatsache vorbeigehen, daß besonders der große Besucherstrom viel mehr Devisen unter die Leute bringt, als das früher der Fall war. Natürlich übersehen wir nicht, daß Bürger der DDR, die keine Devisen besitzen, in gewissem Sinne im Nachteil sind gegenüber denen, die über solche Währungen verfügen.«[107] Angeblich konnte die DDR auf die Einnahmequelle der Intershops, deren Umsatz nach erstmals veröffentlichten Angaben 1978 etwa 700 Millionen DM erreichte, nicht verzichten[108]. Ihre Bedeutung insgesamt ergibt sich aus einem Vergleich ihrer Umsätze mit den Westexporterlösen der DDR. Danach betrug das Verhältnis – unter Einschluß des innerdeutschen Handels – 1988 eins zu zehn. Mit Wirkung vom 16. April 1979 erging eine Neuregelung. DDR-Bürger konnten ab sofort nur noch mit Wertbons einer ominösen Forum-Außenhandels GmbH einkaufen. Praktisch änderte sich dadurch überhaupt nichts. Man konnte die Schecks am Schalter neben dem Intershop in beliebiger Menge eintauschen, ohne daß die Angestellten den Personalausweis verlangten oder in irgendeiner Weise den Namen registrierten. Nach einigen Tagen der Erregung und der Schlangenbildung hatte man sich an dieses Verfahren gewöhnt.

Weniger sichtbar als die Intershops, aber ideologisch ähnlich paralysierend wirkte die »Geschenkdienst- und Kleinexport GmbH Genex«. Sie wurde am 20. Dezember 1956 mit Sitz in Berlin gegründet und betreute zunächst den Geschenkdienst für die Kirchengemeinden. Nach dem Mauerbau kam das über Dänemark und die Schweiz abgewickelte Geschäft so recht in Schwung. Aus einem Katalog konnten Devisenausländer – also in der Regel Bürger der Bundesrepublik – für ihre Verwandten und Freunde Waren bestellen. Der Kundenkreis bestand aus immerhin 230 000 ständigen Bestellern. Er zahlte das Geld auf ein Konto im Westen ein, und die Lieferung ging an die angegebene Adresse in der DDR. Das Sortiment umfaßte sowohl bundesdeutsche als auch schwer erhältliche DDR-Produkte: Fernsehapparate, Kühltruhen, Möbel, Fahrräder, Motorräder, Personenkraftwagen, ja sogar Fertighäuser und ganze Bungalows. Nach einer internen Statistik der Bundesbank sind den beiden Genex-Vertretungen in der Schweiz und Dänemark zwischen 1967 und 1989 – einschließlich der Käufe von DDR-Bürgern in Höhe von knapp 650 Millionen DM und von Organisationen in Höhe von rund 189 Millionen DM – insgesamt 3,3 Milliarden DM zugeflossen. Die Selbsteinzahler stammten vor allem aus dem Kreis der Künstler und Schriftsteller, denen die Staatsbank der DDR einen Teil ihrer Westeinkünfte in Devisen auszahlte. Der Gesamtumfang westlicher Alimentierung der DDR über kleinere Geld- und Warengeschenke, Intershop, Intertank und Genex war erheblich, die Angabe seiner genauen Höhe oder seines prozentualen Anteils am allgemeinen Verbrauch wäre allerdings spekulativ. Der äußere Anschein zeigte jedoch, daß ein nicht unwesentlicher Teil der Kleidung und anderer wichtiger Konsumgüter aus westlichen Quellen stammte. In den fünfziger und sechziger Jahren hatte die Partei immer wieder versucht, wenigstens an den Schulen und Universitäten das Tragen westlicher Kleidung und anderer Accessoires zu unterbinden. Da diese Art der Abgrenzungspolitik vollkommen wirkungslos geblieben war, nahm die SED unter Honecker den Zustrom westlicher Produkte eher resigniert zur Kenntnis. Natürlich kritisierten viele Genossen den ideologischen »Aufweichungseffekt« der Valuta-Kultur und kommentierten den Ausverkauf sozialistischer Ideale höhnisch mit der Bemerkung, man könne ja schließlich auch seinen Parteibeitrag über Genex entrichten.

4. Geteilte Sprache im geteilten Land?

Immer wieder muß der legendäre Goldbroiler dafür herhalten, die Eigentümlichkeiten der DDR-Sprache zu illustrieren. Beim Goldbroiler oder einfach nur Broiler handelte es sich laut Auskunft des »DDR-Meyer« um »Jungmastgeflügel ... mit guter Futterausnutzung sowie in relativ kurzer Lebenszeit erreichter hoher Körpermasse und großem Anteil an Brust- und Schenkelmuskulatur sowie geringem Fettgehalt der Schlachtkörper«[109]. Seit 1967 wurden in Ost-Berlin und den Bezirkshauptstädten auch Restaurants mit dem Namen »Goldbroiler« eröffnet.[110] Die Bezeichnung galt also sowohl dem einzelnen Produkt als auch dem Ort des Konsums. Das wirtschaftspolitische Ziel bestand darin, angesichts der Knappheit von Rind- und Schweinefleisch den Verzehr von Geflügel zu fördern. Die Gaststätten repräsentierten anfangs ein durchaus anspruchsvolles Niveau und eine gewisse Modernität. Der Broiler, den man halbiert oder geviertelt bestellen konnte, war erschwinglich, dazu gab es Pfeffer und Salz in beliebiger Menge und, wenn man wollte, ein Glas Bier für nur 50 Pfennig. Kein Wunder, daß er sich großer Beliebtheit erfreute. Dies fand seinen Ausdruck in den – unzweifelhaft DDR-spezifischen – Abwandlungen »Broilern gehen« oder einfach nur »broilern«. Daß der arme Vogel jedoch als Kronzeuge deutsch-deutscher Sprachdifferenzen herhalten mußte, beweist eigentlich nur die ansonsten geringfügigen lexikalischen Abweichungen. Aber einschlägige Pressebeiträge nahmen ihn gelegentlich zum Anlaß, satirische Erfindungen als angebliche Blüten der DDR-Sprache zu präsentieren. Zum Beispiel behaupteten sie, in der DDR bezeichne man Särge als »Erdmöbel«, die »rauhfutterverzehrende Großvieheinheit« habe das Rindvieh verdrängt, und wegen des verordneten Atheismus müsse man den Weihnachtsengel als »gefügelte Jahresendfigur« bezeichnen. Die Erdmöbel sind inzwischen als humoristische Schöpfung des »Eulenspiegel« enttarnt, die beiden anderen Ausdrücke sprachwissenschaftlich nicht verifizierbar[111].

Trotzdem gab es in der DDR einige hundert in der Bundesrepublik gänzlich unbekannte Begriffe. Wo jeder reisen kann, wohin er möchte, ist der »Reisekader« sinnlos. Den unbefangenen BRD-Deutschen mochte er eher an einen Vertreter mit Musterköfferchen als an einen Angehörigen der privilegierten und beneideten Kaste der Westreisenden erinnert haben. Die »Einzelpersönlichkeit« ist nur verständlich im gesellschaftlichen und sprachlichen Kontext einer dauernden Betonung der überragenden Rolle des Kollektivs. Andererseits scheint eine »Last-Minute-Tour«, die durch die Kurzfristigkeit der Buchung billiger wird, semantisch sinnlos, wenn selbst eine Ferienreise im Inland viele Monate vor Antritt gebucht werden mußte und im übrigen angesichts der gewerkschaftlich verordneten Festpreise ohnehin fast nichts kostete. Teilweise besaßen die in der DDR und der Bundesrepublik gebrauchten Begriffe auch andere Wertigkeiten: Beim »Jugendfreund« wird der Bundesdeutsche an einen Freund aus fernen Jugendtagen gedacht haben. In der DDR war es die offizielle Bezeichnung und Anrede für Mitglieder der FDJ, gelegentlich auch eine Möglichkeit, um die »Nichtgenossen« einer Gruppe hervorzuheben; »Genossen und Jugendfreunde« sagte man dann. Darüber hinaus verwendete man die Anrede vor allem ironisch oder scherzhaft. Unter »Ausreiseantrag« hat sich der BRD-Bürger wahrscheinlich nicht viel mehr als eine kleine Formalität auf dem Flughafen vorgestellt. Innerhalb der DDR fand er aufgrund seiner existentiellen Bedeutung auch Eingang in die Umgangssprache. Gelegentlich wurde er einfach zum »Antrag«, obwohl es davon vielfältige andere Arten gab. Eine »Arbeitsbeschaffungsmaßnahme« ist dort gegenstandslos, wo nicht nur jeder einen staatlich verordneten Arbeitsplatz besitzt, sondern sogar eine gesetzliche Arbeitspflicht existiert. Das »Arbeitsamt« gab es in der DDR zwar, es hatte aber eine gänzlich andere Funktion als im Westen. Teilweise entstanden die Unterschiede auch zufällig. Der »Krankenschein« war in der DDR umgangssprachlich die ärztliche Arbeitsbefreiung, in der Bundesrepublik bis zur Einführung der Chip-Karte die Verbindung zwischen Versicherung, Patient und Arzt. Im Universitätsbetrieb unterschied man in der DDR nicht zwischen Sommer- und Wintersemester, sondern zwischen Frühjahrs- und Herbstsemester. Damit wollte man darauf hinweisen, daß die Ferien kürzer und die Vorlesungszeiten länger waren. Im offiziellen Sprachgebrauch der dortigen Hochschulen dominierte übrigens das Studienhalbjahr gegenüber dem bürgerlich-elitär klingenden Semester.

Trotz dieser Beispiele herrscht bei den Germanisten Einigkeit darüber, daß die deutsche Sprache die Teilung fast unbeschadet überstanden hat. »Eine tatsächliche Sprachspaltung«, meinte Wolfgang Thierse, »hat in den 40 Jahren der deutschen Zweistaatlichkeit nie stattgefunden – entgegen den besorgten bis süffisanten Stimmen aus der westdeutschen Kulturszene und entgegen der zeitweilig – vor allem während der in den 70er Jahren angestrengten Abgrenzungskampagne – offiziell verkündeten Sprachpolitik der DDR, die ihre Eigenstaatlichkeit gerne auch durch eine Eigensprachlichkeit untermauert gesehen hätte.«[112] Dementsprechend erreichte die Liste der DDR-spezifischen Begriffe auch nie einen großen Umfang. Im »Wörterbuch der deutschen Gegenwartssprache«, das seit 1970 in der DDR erschien und dessen Herausgebern man unterstellen darf, daß sie die Differenzen eher betont als nivelliert haben, tragen lediglich rund 2 500 Wörter die Markierung »BRD« oder »DDR«. Meist sind sie zusätzlich als »Neuwort«, »Neuprägung« oder »Neubedeutung« gekennzeichnet. »Bis heute sind kaum mehr als 2 000 DDR-Wörter sprachwissenschaftlich nachgewiesen«, schrieb die Germanistin Renate Baudusch in einer diesbezüglichen Untersuchung[113]. Wenn man die insgesamt 200 000 Eintragungen des Neuen Duden zugrunde legt, handelte es sich also um etwa ein Prozent des deutschen Wortschatzes.

Der Kampf gegen die Anglizismen erreichte im Dezember 1965 seinen Höhepunkt, als die SED-Führung untersagte, auf dem »Sektor der Tanz- und Unterhaltungsmusik« englischsprachige Bezeichnungen zu führen. Aber auch in der elektronischen Datenverarbeitung mußten der Computer wenigstens offiziell noch jahrelang »Rechner« oder »Großrechenanlage«, die Hardware »Gerätetechnik« und die Software »Systemunterlagen« genannt werden. Der ehemalige Chefredakteur der Fachzeitschrift »rd« (Rechentechnik/Datenverarbeitung) berichtete, daß sogar abgedruckte Programmunterlagen dieser Vorschrift zu entsprechen hatten. Aus »go to« wurde »gehe zu«. Da kein Programm der Welt damals diesen deutschen Befehl kannte, nicht einmal die in der DDR geschriebenen, mußten die Nutzer rückübersetzen und weiter »go to« in den Rechner tippen[114]. Bereits vor dem Mauerfall siegte der »amerikanische Kulturimperialismus« allerdings auch in der DDR, und das pikanterweise durch zwei besonders prägnante Eigenschöpfungen bzw. Übernahmen, nämlich den bereits erwähnten »Goldbroiler« und den »Juice«, wie man bis 1989 zwischen Rügen und Fichtelgebirge mit eiserner Konsequenz jeglichen Fruchtsaft nannte. Eine entsprechende Bestellung provozierte die Kollegen vom Gaststättenkollektiv prompt zu der Frage »Sie woll'n Schuhs?«, was sich sächsisch weich und gedehnt sehr klangvoll aussprechen ließ.

Der Einfluß des Russischen dagegen war vergleichsweise gering. Jedenfalls stand er in keinem Verhältnis zur politischen Dominanz der Sowjetunion. Eine Reihe von linguistischen Eigenheiten läßt sich auf die Übersetzung offizieller Texte zurückführen. Typisch waren beispielsweise die Genitiv-Häufungen nach dem Muster: ». . . der Vorsitzende der Delegation des Präsidiums des Obersten Sowjets der Union der Sozialistischen Sowjetrepubliken, Genosse . . . wurde von den Werktätigen herzlich begrüßt«. Obwohl die DDR-Medien diese unerträglichen byzantinischen Wendungen bruchlos übernahmen, hatten sie wenig wirklichen Einfluß auf die lebendige Sprache. Trotzdem lassen sich etliche Entlehnungen feststellen. Häufig erleichterte sie ein bereits bekanntes Fremdwort. So tauchten der Kosmonaut und »Lunachod«, das ferngesteuerte sowjetische Mondmobil im lebenden Wortschatz auf. Letzteres wurde sogar Gegenstand von Witzen, und man erzählte sich, der Generalsekretär sei nach seiner Rückkehr aus Moskau, kaum dem Flugzeug entstiegen, über die Startbahn gekrochen, um Steinchen einzusammeln. Wenig später hätten dann die Genossen aus Moskau angerufen und gesagt: »Schickt uns den Honecker zurück. Wir haben ihm versehentlich das Programm von Lunachod eingegeben.« Ähnlich problemlos fand die Integration des Kaders, des Brigadiers, des Dispatchers, der Kombine, des Meetings, des Ambulatoriums oder des Estradenkonzerts statt. In allen Fällen handelte es sich um Fremdwörter, die aus dem Französischen oder Englischen über das Russische mit einer spezifischen Bedeutung in den DDR-Alltag eingedrungen sind. Der »Sputnik«, erster künstlicher Erdtrabant, hatte diese Hilfestellung nicht nötig. Möglicherweise hat der zufällige lautliche Anklang an das reflexive Verbum »sich sputen« die Einbürgerung erleichtert. Ähnlichen Stellenwert erlangten die berühmte »Datsche«, der »Subbotnik« (verordneter Arbeitseinsatz) sowie die legendäre, sogar in der Pop-Musik besungene »Soljanka«, ukrainischen Ursprungs und in den Gaststätten oft die einzig erhältliche warme Suppe.

Die DDR-spezifische Lexik hat sich binnen kürzester Frist den »untergegangenen Wörtern« zugesellt. Das »Jugendobjekt« oder das »Dienstleistungskombinat« gerieten in wenigen Wochen zu Archaismen, die nur noch im historischen Zusammenhang oder ironisch gebraucht werden. Genauso schnell entwikkelten sich das »Kollektiv« zum »Team«, die »Rentner« zu »Senioren« und der »Kindergarten« zur »Kindertagesstätte« oder »Kita«. Nur der eher in der DDR beheimatete »Fakt« vermochte sich gegenüber dem eher westtypischen »Faktum« sowie seinem angelsächischen Bruder, dem »fact« tapfer zu behaupten[115]. Ein wesentlicher Unterschied bestand in den Kommunikationsstrukturen, an denen sich auch Jahre nach dem Zusammenschluß West- und Ost-Bürger noch untrüglich erkennen. Während in der offenen, von Konkurrenz und Leistungsdruck geprägten Gesellschaft Sprache stärker Mittel der Selbstdarstellung ist und die in der alten Bundesrepublik aufgewachsenen Zeitgenossen lauter, ungehemmter, rücksichtsloser reden, durch Fremdwortgebrauch ihr Bildungsniveau und ihre Weltläufigkeit zu betonen versuchen, beruhte die Erziehung in der DDR eher auf Zurückhaltung. Ein vorschnelles Wort an der falschen Stelle konnte Ärger bringen. Gerade in den Schulen und Universitäten bestand die hohe Kunst der Anpassung darin, die Sprachregelungen der SED-Propaganda »in eigenen Worten« wiederzugeben und nach Möglichkeit »selbständige Überlegungen« anzufügen. Originalität und individueller Duktus gerieten schnell in verdächtige Nähe zur ideologischen Abweichung. Andererseits führte dieser Zusammenhang zur Kultivierung einer Kunst des genauen Zuhörens, die Gleichgesinnten das gegenseitige Erkennen erlaubte: Worte wogen insgesamt schwerer in der Situation geistiger Bevormundung.

Dialekte haben sich in der DDR relativ unverfälscht erhalten. Am deutlichsten konnte man das beim Aufeinandertreffen der West- und Ostberliner nach der Wende hören[116]. Der echte Berliner Hinterhofjargon war im Osten der Stadt und im brandenburgischen Umland lebendiger geblieben als im ummauerten, sozial aber offenen Westen. »Das Original überlebte in Ostberlin«, diagnostizierte der Schriftsteller Bodo Morshäuser in einem 1993 veröffentlichten Roman. »Hätte man sich akustisch vielerorten im Westen der Stadt ebensogut auf dem Campus von Tübingen vermuten können, so ließ der Osten, rein akustisch, keinen leisen Zweifel, wo man war.« Und nach dem Mauerfall »... merkten sie in Westberlin, daß die Berliner zurückkamen ... Zum Unwillen vieler feiner Westberliner: Das Proletariat war wieder da«[117]. Ein Jahr später zitierte der »Tagesspiegel« den damaligen Kultursenator mit den Worten »Das Berlinern reüssiert« und stellte weiter fest: »Durch die Öffnung der Stadt erlebt das Berlinerische eine Renaissance ... In Ost-Berlin hatte ›det Berlinern‹ jede Distanz zu seinesgleichen abgebaut ... Kurz nach dem Mauerfall aber, besonders bei der Suche auf dem westlichen Arbeitsmarkt, bemerkten Sprachforscher bei den Ost-Berlinern einen Hang zur Anpassung an das Hochdeutsche, weil das zwischen Spandau und Zehlendorf als fein und gebildet galt. Diese Kehlkopf-Wende ist längst wieder auf dem Rückmarsch. Man spricht, wie einem der Schnabel gewachsen ist.«[118] Der Befund ist ebenso eindeutig wie schwer zu erklären, denn der Deutsch-Unterricht in der DDR wirkte noch stärker normierend als in der Bundesrepublik. Zudem war die DDR streng zentralistisch organisiert, und lange Zeit standen regionale Besonderheiten und Identitäten, die an die 1952 aufgelösten Länder erinnerten, sehr niedrig im Kurs. Erst in den achtziger Jahren begann wieder die Pflege sächsischen, thüringischen oder mecklenburgischen Brauchtums. Verführerisch wäre die Begründung eines unbewußten Widerstands gegen die Ansprüche der Obrigkeit und zumindest für Ost-Berlin und seine Umgebung nicht ganz von der Hand zu weisen. Sächsisch sprachen dort in den fünfziger und sechziger Jahren vor allem Parteifunktionäre und »Angehörige der bewaffneten Organe«. Ulbrichts stark ausgeprägter Leipziger Dialekt setzte dem ganzen die Krone auf und wurde zum Symbol der »fünften Besatzungsmacht«. Insgesamt haben wohl die geringere räumliche Mobilität innerhalb der DDR-Gesellschaft, die größere Abgeschlossenheit nach außen, der soziale Bedeutungsverlust der »hochdeutsch« orientierten Bildungsschicht sowie eine im Alltag oft künstlich gepflegte Volksverbundenheit eine wichtige Rolle gespielt.

5. Das DDR-Bild des Westens oder Die »edlen Wilden« des Konsum-Zeitalters

Im Westen dominierten unter den Beobachtern der DDR seit den frühen siebziger Jahren die »Idylliker«. Als prägnantestes Beispiel kann Günter Gaus, von 1974 bis 1980 Leiter der Ständigen Vertretung der Bundesrepublik in der DDR, dienen. Er pflegte in diesen Jahren Umgang mit den führenden Persönlichkeiten des Arbeiter- und Bauernstaates, aber auch mit Kirchenleuten, Künstlern und dem »einfachen Mann«. Offiziell und privat bereiste er das Land zwischen Elbe und Oder, machte viele interessante Entdeckungen und legte nach der Rückkehr seine Erfahrungen in einem Buch nieder, das 1983 unter dem Titel »Wo Deutschland liegt« bei Hoffmann & Campe in Hamburg erschienen ist. Der Band bietet aus der Distanz von eineinhalb Jahrzehnten ein Leseerlebnis eigener Art. Im bunten Durcheinander finden sich dort scharf beobachtete Detailstudien, treffliche Analysen der Verhältnisse und vollkommene Verzeichnungen der ostdeutschen Wirklichkeit. Nichts wäre billiger als ein höhnisches Aufrechnen der Fehldiagnosen. Wer die peinlichen »Stellen« sucht, mag bei Konrad Löw oder Jens Hacker nachschlagen[119]. Interessanter ist die Beantwortung der Frage, wie ein kluger, gebildeter und welterfahrener Mann so irren konnte. Über den Ausführungen von Gaus schwebte eine romantische Sehnsucht nach dem einfachen Leben, ohne die Kälte der kapitalistischen Ellbogengesellschaft, ohne die bunte Reklamewelt der Marktwirtschaft, auch ohne die Altlasten der unbewältigten Vergangenheit der Bundesrepublik. Die Menschen in den Dörfern und Städten der DDR waren für ihn die »edlen Wilden« des Konsumzeitalters. Bei aller Bedrückung orientierten sie sich weniger am Konsum als an individuellen Werten. Mitmenschlichkeit, Familienzusammenhalt, Freundschaft und Kollegialität besaßen einen höheren Stellenwert, kurzum, statt der grenzenlosen äußeren existierte eine wesentlich größere innere Freiheit. Am rührendsten kam diese Position zum Ausdruck, als er sein Nichtdazugehören bekannte. Wie ein Reisender des 18. Jahrhunderts stand Gaus mit Federhut, Degen und Spitzenjabot vor den unbekümmerten, sich ihrer Nacktheit nicht schämenden Einwohnern der Neuen Welt. Er beneidete sie um ihre Ursprünglichkeit und mußte doch erkennen, daß er niemals sein würde wie sie, ja, es im Grunde nicht einmal ernsthaft erstrebte. Sicherlich ist es richtig, daß die Menschen nicht täglich die Diktatur verfluchten und dauernd mit der Faust in der Tasche herumliefen. Sie liebten, haßten, weinten und lachten – und die Politik war oft sehr weit fort. Aus der Unfreiheit resultierte tatsächlich eine Art von Geborgenheit. Der Verzicht auf ein ständiges Überangebot an Konsumgütern führte zu einem intensiveren und bewußteren Genuß des Vorhandenen. Dies betraf geistige wie materielle Güter. Wer niemals die Chance besaß, nach Paris oder London zu fahren, hat die Romane von Balzac und Dickens mit größerer Aufmerksamkeit gelesen und selbst einen zerfledderten »Spiegel« als Wertgegenstand betrachtet. Die leere Kaffeebüchse aus dem Intershop wurde ins Küchenregal gestellt und immer wieder mit dem Mokka-Fix aus der HO-Kaufhalle nachgefüllt. Das vielgeschmähte Kollektiv bot nicht nur die Körperwärme der Herde. Familienbeziehungen und Freundschaften waren auch deshalb wichtig, weil sie bei der Bewältigung des schwierigen Alltags halfen. Ein Schwager mit Beziehungen zu Auto-Ersatzteilen war Gold wert und hob auch den Wert der eigenen Persönlichkeit. Vielleicht veranlaßte er einen »Kumpel«, nebenbei mal eine Fuhre Kies von der Großbaustelle abzweigen, oder einen Schulfreund, der über die Vergabe von Telefonen entschied, die Karteikarte der Warteliste ein kleines bißchen nach vorn zu stecken.

Aber war das Leben in der DDR deshalb friedlicher, menschlicher, ruhiger – kurzum idyllischer? Gab es die von Gaus und anderen beschriebene Welt wirklich? Um es in einer Antithese zu formulieren: Ja, es hat diese Idylle gegeben – und sie war fürchterlich. Die Diktatur erschien im Gewande väterlicher Liebe. Sie belohnte die artigen und bestrafte die bösen Kinder, nicht um sie zu vernichten, sondern um sie zum Besseren zu bekehren. Wer seine Schandtat bereute, konnte auf Strafmilderung hoffen. Die Polarisierung aller Lebensprobleme bot auch denjenigen, die sich dem System heimlich verweigerten, ein Stück Harmonie. Die äußere Bedrückung bot oft inneren Halt, denn das moralische Koordinatensystem ruhte auf einer klar definierbaren Grundlage. Unter ähnlich verengtem Blickwinkel litten die später in dem Sammelband »Reise ins andere Deutschland« zusammengefaßten und bereits im Zusammenhang mit der Charakterisierung Honeckers zitierten Eindrücke der »Zeit«-Redakteure. Zunächst fällt ihre einseitige – wenn auch nicht durchgängige – Orientierung auf die »Elite« der DDR auf. Man saß bei Generaldirektoren, NVA-Stabsoffizieren, SED-Funktionären und fühlte sich geschmeichelt über so viel Anerkennung. Man tauschte Komplimente über die Schützengräben des Kalten Krieges hinweg aus, gab sich beiderseitig tolerant und weltoffen, gebildet und kultiviert und freute sich der eigenen Auserwähltheit. Am deutlichsten ist dies in den Beiträgen des Chefredakteurs selbst nachzulesen. Sein Besuch einer Kaserne in Lehnitz förderte zutage, daß der Regimentskommandeur »ein schlanker, nachdenklicher Typ« mit zudem vornehm klingendem hugenottischem Namen war. »Wären da nicht die hellgrauen Uniformblusen, die Schulterstücke der Wehrmacht, die uns Westdeutschen sehr fremd geworden sind, die unvertrauten Orden und Ehrenzeichen, ich hätte mir leicht einbilden können, ich wäre bei der Bundeswehr.«[120] Das Erstaunen der Fremdlinge aus Hamburg berührt im Nachhinein seltsam. Erschien es ihnen 1986 noch notwendig zu betonen, daß SED-Funktionäre keine schlitzäugigen Asiaten waren, die das Bajonett zwischen den Zähnen trugen? Ihre Hauptschwäche, ein angemessenes Bild der DDR zu zeichnen, bestand in der Unfähigkeit, außerhalb der Kategorien von Macht und Hierarchie zu denken.

6. Die Wiederkehr der deutschen Nation im Herbst 1989

Robert Musil stellte in einer seiner brillanten essayistischen Abschweifungen im »Mann ohne Eigenschaften« die Behauptung auf, Österreich-Ungarn sei untergegangen, weil seine Bewohner keinen Namen gehabt hätten. Die Ungarn waren Ungarn, schrieb er, und bloß »nebenbei galten sie bei anderen Leuten, die ihre Sprache nicht verstanden, auch für Österreich-Ungarn; die Österreicher dagegen waren zuerst und ursprünglich nichts und sollten sich nach Ansicht ihrer Oberen gleich als Österreich-Ungarn oder Österreicher-Ungarn fühlen – es gab nicht einmal ein richtiges Wort dafür«[121]. Vielmehr zogen die Bewohner vor zu sagen: »Ich bin Pole, Tscheche, Italiener ... das war der sogenannte Nationalismus ... Seit Bestehen der Erde ist noch kein Wesen an einem Sprachfehler gestorben, aber man muß wohl hinzufügen, der österreichischen und ungarischen, österreichisch-ungarischen Doppelmonarchie widerfuhr es trotzdem, daß sie an ihrer Unaussprechlichkeit zugrunde gegangen ist.«[122] Auch die Bewohner der DDR besaßen keinen Namen, und allen Bemühungen in Ost und West zum Trotz ist es nicht einmal in der Rückschau gelungen, sie angemessen zu benennen. »Bürger der DDR« oder »DDR-Bürger« scheint auf den ersten Blick eindeutig, doch eine gesetzliche Regelung der Staatsbürgerschaft erfolgte erst 1967[123]. Die westliche Seite hatte mit den beiden Begriffen ohnehin Schwierigkeiten, suggerierten sie doch die völkerrechtliche Eigenständigkeit der DDR. Deshalb behalf sie sich mit den »Brüdern und Schwestern in der Zone«, den »Landsleuten im anderen Teil Deutschlands« und ähnlich gespreizten Kunstgebilden. »Mitteldeutsche« war wenigstens kurz und knapp, aber sachlich unzutreffend und bewußt oder unbewußt mit einem revanchistischen Beigeschmack verbunden. Seit Beginn der Neuen Ostpolitik verschwanden sie dann auch schnell aus dem politischen Wortschatz. Obwohl sich die Abkürzungen DDR-Kunst, DDR-Literatur, DDR-Produkte, DDR-Schriftsteller, DDR-Mark durchsetzten, hatte man mit dem »DDR-Bürger« weiter Schwierigkeiten und machte ihn gern zum »Einwohner ...«, »Bewohner ...« oder »Menschen der DDR«.

Durch die Verfassungsänderung vom 27. September 1974 hatte sich das SED-Regime in aller Form von der deutschen Nation verabschiedet und ein »Volk der DDR« sowie eine »sozialistische DDR-Nation« geschaffen. Dennoch erhielten die Bewohner immer noch keinen Namen. Genausowenig wie in der Donaumonarchie handelte es sich hierbei um ein primär sprachliches Problem. Vielmehr reflektierte es die allgemeine politische Situation, und der verordnete »DDR-Bürger« blieb in seiner rein staatsrechtlichen Dimension dem Amtsdeutsch vorbehalten. Als wohl einziger Zeitgenosse brachte Peter Hacks den Zusammenhang zwischen Sprachgebrauch und politischer Existenz auf den Punkt. In einem 1988 verfaßten, allerdings erst 1991 veröffentlichten Essay schrieb er: »Wir leben in einem Land, das ja einen zungengerechten Namen noch sucht. Man kann den, den es hat, weder aussprechen noch das Eigenschaftswort von ihm bilden; wie soll da Vaterlandsliebe entstehen?«[124] In Anlehnung an Hegel, der 1818 gemeint hatte, »Das wirkliche Deutsche Reich sind seine Teilstaaten geworden«, unterbreitete er dann den Vorschlag, die DDR in »Deutsches Reich« umzubenennen: »Wir wären dann behördensprachlich Reichsdeutsche, umgangssprachlich Deutsche ... Wir Kinder hätten endlich einen Namen.«[125] Es gab keine Identität, die über das reine Faktum von Repression und Untertanenschaft hinausging. Die Frage nach dem Fortbestand der Nation über fast ein halbes Jahrhundert staatlicher Teilung scheint von der Geschichte beantwortet. Dennoch war die massenhafte Forderung nach deutscher Einheit das eigentliche Wunder der Herbstes 1989. Daß sich die Menschen in der DDR nach mehr Freiheit, Demokratie und Wohlstand sehnten, hatten sowohl der Westen als auch die SED-Führung vorausgesetzt, beide hätten den Sachverhalt lediglich in unterschiedliche Worte gefaßt. Daß eine heimliche Sehnsucht nach Wiedervereinigung bestand, blieb den Analytikern offensichtlich verborgen.

Die Oppositionsgruppierungen hatten in den achtziger Jahren niemals die Forderung nach Abschaffung der DDR gestellt. Bis weit in den Herbst 1989 hinein rückten sie die nationale Frage aus guten Gründen in eine rein historische Perspektive. Nach ihrer Auffassung wäre es unverantwortlich gewesen, die auf dem Dualismus der Supermächte beruhende globale Stabilität in Frage zu stellen. Die dominierende Grundstimmung der internen Diskussionen lautete damals: erst Freiheit und Demokratie in der DDR, und dann wird man eines Tages über das Verhältnis zur Bundesrepublik reden können. Erst im Rahmen eines europäischen Sicherheitssystems schienen eine deutsche Föderation oder ein Bundesstaat möglich. Soweit die Opposition außenpolitische Aspekte überhaupt berücksichtigte, hielt sie Frieden, Abrüstung und Entmilitarisierung immer für wichtiger als die Einheit der Nation. Auch die Ausreisebewegung, die im Sommer 1989 die politische Krise dem Höhepunkt entgegentrieb, speiste ihre Dynamik aus der Risikobereitschaft von Menschen, die annahmen, daß die DDR noch lange existieren würde. Nur deswegen zeigten sie sich bereit, Wohnung, Arbeitsplatz und Freunde aufzugeben und sich von Prag oder Budapest aus auf den Weg ins Ungewisse zu begeben. Diejenigen also, die an das Ende des Systems nicht glauben wollten, gaben den Anstoß zu seinem Zusammenbruch. Gegner, Kritiker und Befürworter des SED-Staats stellten die gleiche Diagnose: Die DDR ruhte in sich stabil in einer festgefügten Weltordnung. Das schloß bis weit in die Funktionärsschicht hinein gewünschte evolutionäre Prozesse nicht aus. Noch während der großen Demonstration auf dem Alexanderplatz am 4. November 1989 klagten die Teilnehmer weder in Reden und Sprechchören noch auf ihren Spruchbändern und Plakaten das einige deutsche Vaterland ein. Selbst die Forderung nach Abschaffung der Mauer erhoben sie kaum. So kam dann auch ihre Öffnung am 9. November im Grunde überraschend. Von nun an gab es einen Sog, dem sich niemand widersetzen konnte – weder die Bundesregierung noch die Westmächte, nicht einmal die Sowjetunion. Plötzlich schien der Weg in die Einheit alternativlos. Es hat nicht an skeptischen Stimmen gefehlt, aber sie vermochten keine Alternative zu formulieren. Schließlich stellte sogar die SED/PDS nur noch Details des Einigungsprozesses in Frage, nicht mehr die Tatsache an sich.

Erst als die DDR gestorben war, entstand so etwas wie eine »DDR-Identität«, jenes Gefühl der Zusammengehörigkeit, das die SED-Propaganda vergeblich zu erzeugen versucht hatte. Im Laufe der vergangenen Jahre wuchs das Gefühl einer Schicksalsgemeinschaft, deren Angehörige oftmals mit dem Beiwort »ehemalig« bezeichnet werden. Doch selbst der »ehemalige DDR-Bürger« zeugt von einer unbeholfenen Begrifflichkeit. Pole oder Russe ist man durch Geburt und bleibt es sein

Leben lang. Niemand wird Milan Kundera als »ehemaligen tschechischen Schriftsteller« bezeichnen, obwohl er seit 1975 in Frankreich lebt und inzwischen teilweise in dieser Sprache schreibt. Aber der DDR-Schriftsteller mutierte zum »ehemaligen DDR-Schriftsteller«. Auch »Ossi«, eine sterile und pseudo-volkstümliche Schöpfung der Medien, »Bewohner der neuen Bundesländer« , »Ostdeutsche« oder die verfassungsrechtlich exakt bezeichneten, jedoch vollkommen unaussprechlichen »Einwohner des Beitrittsgebietes« tragen nicht zur Lösung des Problems bei. An ehemalig, früher oder der ausschließenden Vorsilbe ex- führt also wohl kein Weg vorbei. Dieser Befund belegt wiederum den rein fiktionalen Charakter der DDR-Identität – sie ist sozusagen eine Ex-Identität. Die Gemeinschaft der Ex-DDR-Bürger erinnert an die Absolventen einer bestimmten Schule, an die entlassenen Soldaten eines Regiments oder an die resozialisierten Insassen einer Haftanstalt. Auch sie erkennen sich an geheimen Zeichen und Gesten, lachen bei den gleichen, dem Außenstehenden gänzlich unverständlichen Begriffen oder Namen und denken mit jener spezifischen Mischung aus verklärender Zärtlichkeit und alter Wut an gemeinsam durchlebte und durchlittene Zeiten.

Kapitel IV: Die DDR als Teil des Sowjetimperiums

1. Stalinismus in den Farben der DDR

»Im Anfang war Stalin« – so könnte man in Anspielung auf die ersten Worte des Johannes-Evangeliums die Geschichte der DDR beginnen lassen. Der ostdeutsche Separatstaat mag »Stalins ungeliebtes Kind« gewesen sein – wie der Titel eins Buches von Wilfried Loth lautet – aber er war ohne Zweifel sein Kind[126]. Schon alleine deshalb herrschte zwischen der Sowjetunion und den SED-Funktionsträgern ein quasi-religiöses, irrationales Treueverhältnis, das sich in der tiefempfundenen Verehrung für den Diktator in den frühen Jahren ihres Regimes manifestierte. Der schnauzbärtige Georgier bildete die zentrale Ikone dieser Zeit. In seinem Sinne wurde die neue Führungsschicht erzogen, und das von ihm geprägte Gesellschaftssystem erfuhr auch nach seinem Tod und der Verbannung aus dem Gedächtnis keine gravierenden, strukturellen Änderungen. Die Verlierer des Krieges erhielten in der sowjetischen Besatzungszone die Chance, durch den Wechsel des Führerbildes auf die Seite der Sieger zu gelangen. Gesiegt hatte nicht die Sowjetunion über Deutschland, sondern die Arbeiterklasse über den Imperialismus, dessen Kreatur Hitler gewesen war und der im Westen neue Kriege vorbereitete.

Der um die Person Stalins entfaltete Kult stellte alles in den Schatten, was die europäische Geschichte seit dem Untergang des Byzantinischen Reiches erlebt hatte. Die SED-Führung sowie ihr nahestehende Intellektuelle und Künstler griffen ihn bereitwillig auf. Anläßlich der Begräbnisfeierlichkeiten nach Stalins Tod am 5. März 1953 steigerte sich die Verehrung zur Apotheose. Das Präsidium des Deutschen Schriftstellerverbands ließ in einem Beileidstelegramm an die Sowjetführung verlauten: ». . . Wir spüren an uns selbst, wie sein teurer Herzschlag, sein gutes Lächeln, seine ordnende Hand uns fehlt. Aber der große Lehrer hat uns seine Sache in Ordnung hinterlassen. Seine Schüler sind längst Meister geworden. Das Zentralkomitee der Kommunistischen Partei, von seiner Hand geschmiedet, die Arbeiterklasse, die Bauern, die Intelligenz, in seiner Liebe erzogen, beweisen, wie seine Weisheit über den Tod hinaus in ihnen lebendig ist.«[127] Noch deutlicher kam der religiöse Charakter in einem Artikel Stephan Hermlins zum Ausdruck, der in einem dem traurigen Ereignis gewidmeten Sonderheft von »Sinn und Form« erschien und in dem es unter anderem hieß: »Nur einmal habe ich ihn gesehen – aufrecht an der Brüstung des Lenin-Mausoleums, an einem Ersten Mai, umblüht von Millionen Menschengesichtern. Aber mehr als zwanzig Jahre hindurch, in guten und schwersten Stunden, konnte ich Stalin, den lebenden Stalin befragen. Lautlos, in der eigenen Brust, antwortete er, hieß er gut, tadelte und tröstete er.«[128]

Nachdem Chruschtschow im Februar 1956 das Denkmal in seiner berühmten »Geheimrede« vom Sockel und damit die Kommunisten der ganzen Welt in eine tiefe Glaubenskrise gestürzt hatte, versuchten die Stalinisten in der SED-Führung eilig, Abstand zu gewinnen, und begannen eine halbherzige und inkonsequente »Entsorgung der Vergangenheit«, die sich auf Äußerlichkeiten beschränkte. Gerne hätten sie Stalin in seiner Gruft vermodern lassen und seinen Namen nie mehr erwähnt. Niemals fand eine geistige Auseinandersetzung mit seiner Person und seinem System statt, denn die Strukturen und Rituale der Macht, die Wirtschaftsordnung und nicht zuletzt die Mentalität in der DDR zeugten von dem unüberwundenen Erbe. Die innersowjetischen Auseinandersetzungen förderten den toten Diktator jedoch immer wieder ans Tageslicht und verursachten auch in der DDR Unruhe. Die Metaphorik des 1987 fertiggestellten georgischen Films »Die Reue« bedeutete das Menetekel der SED-Herrschaft, und es spricht für den Spürsinn ihrer Kulturwächter, daß sie seine Aufführung nicht zuließen. Es war dann auch nicht zufällig ein Artikel über Stalin, der 1988 zum legendären »Sputnik-Verbot« führte und die SED-Führung in offenen Konflikt mit dem »großen Bruder« brachte. Auch nach 1989 ist es den SED-Nachfolgern nicht gelungen, mit dem Gespenst fertig zu werden. Am Anfang der PDS stand zwar eine eilige Verdammung des »Stalinismus«, doch bisher erfolgte keine klare Definition des Begriffs. Meint er den »real existierenden Sozialismus« bis 1989 insgesamt oder nur den sowjetischen Terror der dreißiger Jahre? Die Antwort müßte eine tiefgreifende Analyse des Sozialismus und auch die Frage nach der Ähnlichkeit oder Unähnlichkeit der beiden »feindlichen Brüder«, Stalin und Hitler einschließen. Durch eine solche Diskussion geriete allerdings die »antifaschistische Legitimation« der DDR und damit die letzte Verteidigungslinie des historischen Selbstverständnisses der ehemaligen SED-Anhänger in Gefahr. Der Umgang mit dem Stalinismus und seinem Urheber gehört seit 1953 in den Katalog »deutscher Verdrängungen« und ist vor allem in diesem Kontext zu behandeln.

2. Die DDR als »Homunculus sovieticus«?

Das Wort von der DDR als einem »Homunculus sovieticus« hat der frühere sowjetische Botschafter Pjotr Abrassimow geprägt, ein Mann also, der es wissen mußte. Man hat immer wieder gerätselt, wie groß der Spielraum der Satellitenstaaten eigentlich gewesen ist. In den Archiven finden sich kaum Aktenstücke, die ein unmittelbares Eingreifen der sowjetischen Führung in Belange der Bruderpartei dokumentieren. Die Gesprächsprotokolle zwischen Breschnjew und Honecker sind von erschütternder Belanglosigkeit. Andererseits hat Ost-Berlin offensichtlich keine wichtige Entscheidung ohne oder gar gegen Moskau getroffen. Diese Tatsache wird neuerdings gern in Frage gestellt. Die englische Historikerin Mary Fulbrook zählte sie neben der These vom »Unrechtsstaat« und der »totalitären Diktatur« zu den »vortheoretischen Urteilen« aus der Zeit des Kalten Krieges und warnte ausdrücklich vor ihr: »Viele der erwähnten Vorurteile . . . finden wir in dem bekannten Buch von Armin Mitter und Stefan Wolle ›Untergang auf Raten‹«. Dann fuhr sie nach einigen höflich-verbindlichen Worten fort: ». . . Die These von Wolle und Mitter lautet: Die SED-Herrschaft ruhte letztendlich nur auf ›russischen Bajonetten‹.«[129] Nach der

Wende vollzog sich in dieser Frage eine totale Verkehrung der alten Fronten. Vor 1989 stellte für die SED der Vorwurf, an der Leine der Sowjetunion zu hängen, eine der schlimmsten Verleumdungen dar. Nach der Wende behaupteten ihre Führer, reine Befehlsempfänger Moskaus gewesen zu sein, und bestritten jede Verantwortung. Sie haben insofern recht, als ihr Entscheidungsspielraum immer denkbar gering war, aber daraus eine Art Befehlsnotstand zu konstruieren, geht doch an den eigentlichen Problemen vorbei. Dieser Befund schließt nicht aus, daß es zeitweilig Differenzen oder gar divergierende Interessen gegeben hat.

Die Geschichte zeigt, daß es in der Beziehung zwischen Hegemonialmacht und Satelliten keine festen Regeln gab. Dreimal – 1953, 1956 und 1968 – unterband die Sowjetunion trotz des gewaltigen internationalen Prestigeverlusts das Ausscheren der DDR, Ungarns und der Tschechoslowakei mit militärischer Gewalt. Zweimal duldete sie zähneknirschend den Austritt aus dem Bündnissystem – 1948 im Falle Jugoslawiens und 1960 im Falle Albaniens. Ebenfalls zweimal setzte sie erfolgreich auf interne Lösungen – 1956 und 1980 in Polen. Und einmal akzeptierte sie einen Zwischenschritt, als Rumänien sich aus der militärischen Integration des Warschauer Paktes löste, aber trotz teilweise heftiger ideologischer und politischer Kontroversen im Gesamtverbund des sowjetischen Machtsystems blieb. Immer scheint politische Opportunität den Ausschlag gegeben zu haben.

Die DDR war in jeder Beziehung ein Sonderfall. Jede Trennungstendenz mußte zwangsläufig die Frage der deutschen Einheit auf die Tagesordnung bringen und damit die bipolare Kräftekonstellation der Weltpolitik gefährden. Die Stabilität in Deutschland bildete den Schlußstein der weltweiten Entspannungspolitik und die DDR nicht nur die ökonomisch erfolgreichste, sondern auch die außenpolitisch wichtigste Provinz Moskaus. Die DDR war Teil des kommunistischen Imperiums, aber auch Teil Deutschlands. Dieses Spannungsverhältnis bestimmte ihre Geschichte. Ohne die Akzeptanz der sozialistischen Idee in ihrer marxistisch-leninistischen Ausprägung durch einen beträchtlichen Teil ihrer Bevölkerung wäre sie nicht lebensfähig gewesen. Dazu gehörte auch die vorbehaltlose Anerkennung der sowjetischen Führungsrolle. Kritik, Dissidenz, Opposition und Widerstand richteten sich deshalb – jedenfalls in den siebziger und achtziger Jahren – fast ausschließlich an die Adresse der SED. Die Bewegung, deren logisches Ziel nur die Wiedervereinigung Deutschlands und der Abzug der Besatzungstruppen sein konnte, trug keinerlei nationalistische, antisowjetische oder gar antirussische Züge.

Nichts wäre falscher, als die Beziehungen zwischen der DDR und der Sowjetunion auf die politische und militärische Dominanz reduzieren zu wollen. Lange bevor die Schlagworte Perestrojka und Glasnost für Unruhe sorgten, gestalteten sie sich vielschichtig und teilweise widersprüchlich. Die SED hielt sich viel darauf zugute, in »kulturpolitischen Fragen« prinzipientreuer als »die Freunde« zu sein. Immer wieder passierten in der Sowjetunion Bücher und Filme die Zensur, die in der DDR nie das Licht der Welt erblickt hätten. Selbst wissenschaftliche Diskussionen konnte man dort freier führen, und nicht selten verschafften sich DDR-Wissenschaftler Spielräume durch Berufung auf in der Sowjetwissenschaft bereits geäußerte Gedanken. Die SED-Führung gebärdete sich stets als ideologischer Musterknabe des sozialistischen Klassenverbands und korrigierte oft genug selbst den Lehrer. Ein sowjetischer Witz brachte dieses Verhalten in den siebziger Jahren auf den Punkt: Die DDR erhält ein neues Staatswappen. Es besteht aus drei Pepperoni, die symbolisieren »Wir sind die kleinsten, die rötesten und die schärfsten«. Schon sehr früh versuchte die Sowjetunion, ihre Besatzungszone durch Kulturexport »moralisch« zu erobern. So wuchs die Nachkriegsgeneration mit wunderbar illustrierten Kinderbüchern und mit Märchenfilmen wie »Ilja Muromez« oder »Die schöne Wasilissa« auf. Figuren der russischen Volksmärchen wie Mischka der Bär oder die Hexe Baba Jaga in ihrem Häuschen auf drei Hühnerbeinen fanden Eingang in deutsche Kinderzimmer. Die italienische Holzpuppe Pinocchio wurde in ihrer russischen Adaption von Alexej Tolstoj als Burattino in der DDR populär, ebenso die Fürstin Koschka aus dem »Katzenhaus« von Samuil Marschak. Die Verserzählung legte der Ost-Berliner Kinderbuchverlag immer wieder neu auf und machte dadurch die Eingangszeilen nahezu sprichwörtlich: »Tili bom! – Denkt euch ein Haus/Wie ein Prunkschloß sieht es aus/Tor und Fenstersims in Giebel/Fein geschnitzt, bemalt, nicht übel!/. . . /In dem Haus wohnt eine Dame/Fürstin Koschka ist ihr Name.«[130] Es ist symptomatisch, daß gerade die Märchen soviel Anklang fanden, denn auch die anderen Symbole und Figuren aus dem assoziativen Umfeld der Sowjetunion – der Atomeisbrecher »Lenin«, der Sputnik, der erste Kosmonaut Juri Gagarin und die erste Frau im Weltall, Valentina Tereschkowa, die fleißigen Stachanow-Arbeiter und der Spasskij-Turm im Moskauer Kreml mit dem leuchtenden roten Stern, die Verheißungen des Kommunismus – hatten kaum mehr Realitätsbezug als das Prunkschloß der Fürstin Koschka.

Die russischen Komponisten, Künstler und Dichter trafen bei der älteren Generation auf ein schlechtes Gewissen und insofern auf fruchtbaren Boden. Sie wurden deshalb vergleichsweise intensiv rezipiert. Mit den kulturpolitisch erwünschten kamen auch in den Augen der Obrigkeit zwiespältige und teilweise sogar unwillkommene Importe, denn bei aller Repression hat es selbst in den schlimmsten Jahren der Stalin-Zeit hervorragende Schriftsteller gegeben. Unter Berufung auf den fast sakrosankten Charakter der Sowjetliteratur gelang es Slawisten, Übersetzern und Verlagslektoren wie Thomas Reschke, Fritz Mierau und Ralf Schröder, dem DDR-Publikum wahre literarische Schätze zu offerieren. So begann die Rezeption von Michail Bulgakow im deutschsprachigen Raum mit der inzwischen klassisch gewordenen Ausgabe im Verlag Volk und Welt. Die Belletristik trug auch dazu bei, die Lücken und Defizite der Geschichtswissenschaft auszugleichen. Im Gegensatz zu den – in der Regel von Historikerkollektiven verfaßten – Werken über die Entwicklung seit der Oktoberrevolution von 1917 zeichneten die Romane und Erzählungen, zumal wenn die Leser Andeutungen verstanden, ein wesentlich differenzierteres Bild der konkreten Verhältnisse. Die Beispiele reichen von Boris Pasternaks »Doktor Schiwago« über Isaak Babels »Reiterarmee« und Michail Scholochows »Stillem Don« bis hin zu den Gegenwartsromanen Wladimir Tendrjakows.

3. Die ungeliebten Brüder

Auf die in den siebziger Jahren oft gestellte Scherzfrage »Warum heißen die Länder der sozialistischen Gemeinschaft Bruder- und nicht Freundesstaaten?« lautete in der DDR die Antwort: »Weil man sich seine Freunde aussuchen kann, die Brüder aber nicht.« Es handelte sich in der Tat um eine seltsame Zwangsgemeinschaft, die sich seit 1945 unter der russischen Knute zusammengefunden hatte. Die staatliche Propaganda, die übrigens auch den Begriff »Freundesland« kannte, versuchte vier Jahrzehnte lang das Bild einer »unverbrüchlichen« und tief empfundenen Gemeinschaft zu erwecken. Dabei stand das militärische Bündnis an hervorragender Stelle. Die Bilder vom Manöver »Waffenbrüderschaft« füllten im Sommer 1970 die Zeitungen. Die Losung »Klassenbrüder – Waffenbrüder« zierte die Plakatwände in den Städten, und im Radio intonierte der Chor des »Erich-Weinert-Ensembles« der Nationalen Volksarmee den eigens dafür geschaffenen Marsch »In's Manöver Waffenbrüderschaft ziehen junge Soldaten«. Das erinnerte manchen an die »brüderliche Hilfe«, die zwei Jahre zuvor den tschechoslowakischen Klassenbrüdern im Kampf gegen die »schleichende Konterrevolution« zuteil geworden war. Und als sich dann im Dezember 1970 die polnischen Arbeiter gegen die kommunistische Herrschaft erhoben, stand die sofort in erhöhte Gefechtsbereitschaft versetzte NVA erneut Gewehr bei Fuß, um notfalls den Aufstand niederzuschlagen. Allen Bekundungen zum Trotz war das Verhältnis zu den Bruderstaaten also oft mehr als gespannt. Die SED-Funktionäre verachteten die »schlappen und kompromißlerischen« Genossen der anderen sozialistischen Länder, die immer wieder das Eindringen des Klassenfeindes zugelassen hatten. Die Kulturpolitik beoabachteten sie mißtrauisch, und auf wirtschaftlichem Gebiet erwarteten sie von den Tschechen, Polen und Ungarn ohnehin kaum große Leistungen – von den Rumänen und Bulgaren ganz zu schweigen. Die Partnerschaft innerhalb des RGW empfanden sie eher als Belastung denn als Hilfe. Dieses heterogene Gebräu aus deutscher Überheblichkeit und sozialistischer Ideologie beschränkte sich allerdings nicht auf die engeren SED-Kreise.

Andererseits zog aber – neben den rein touristischen Attraktionen und den Einkaufsmöglichkeiten – gerade das Odium der politischen Unzuverlässsigkeit und der ideologischen Aufweichung viele Menschen aus der DDR an. Musikgruppen aus Ungarn, der ČSSR und Polen waren so beliebt und begehrt wie ungarische Salami, böhmische Lederwaren oder die polnischen Gewürzgurken und Spargel, welche die Hortex-Läden anboten. Dasselbe galt für Filme, Bücher und Kunstwerke. Dieses seltsame Beziehungsgeflecht zwischen der DDR und ihren östlichen Nachbarn faßte ein Witz jener Zeit gut zusammen: Auf der »Brücke der Freundschaft« zwischen Frankfurt/Oder und Słubice treffen sich zwei Hunde, ein deutscher und ein polnischer. »Was willst Du in der DDR?«, fragt der erste. »Mich tüchtig vollfressen«, entgegnet der zweite und möchte seinerseits wissen, was der andere in Polen sucht. »Die Möglichkeit, mal wieder so richtig zu bellen«, lautet die Antwort. Außer der Tschechoslowakei und Polen konnten die Bewohner der DDR die anderen sozialistischen Länder nur über teure und schwer erhältliche Touristenreisen oder über eine persönliche Einladung erreichen. Erstere wurden teilweise vom Reisebüro verkauft, meistens aber über die Betriebe und gesellschaftlichen Organisationen vergeben. Sie befanden sich in einer Versorgungshierarchie, in der die Nähe zur Partei eine wichtige Rolle spielte. Noch schwieriger gestaltete sich der Weg der persönlichen Einladung. Aufgrund eines solchen, von den Behörden des Gastlandes auszufertigenden Dokuments erhielt der DDR-Bürger nach einiger Wartezeit bei der zuständigen Volkspolizei-Meldestelle eine zeitlich befristete

Ausreisegenehmigung. Das Verfahren war aufwendig und bot der Obrigkeit vielfältige Möglichkeiten der Kontrolle und Reglementierung.

4. Die polnische Krise 1980/81

Drei Tage nach Unterzeichnung des Danziger Abkommens vom 30. August 1980 zwischen der polnischen Regierung und der Gewerkschaft »Solidarität« gab Erich Honecker im Politbüro des ZK der SED eine Lageeinschätzung ab, die auf einem Bericht des Botschafters in Warschau basierte[131]. Bereits hier tauchte der Begriff »Konterrevolution« und damit das Gespenst einer bewaffneten Intervention wie beim Einmarsch in die ČSSR am 21. August 1968 auf[132]. Ende September legte Hermann Axen der ZK-Abteilung Internationale Verbindungen eine längere Analyse vor. Darin führte er zum Vergleich zwischen der damaligen und der aktuellen Situation aus: »Im Wesen und in den Zielstellungen besteht weitgehende Übereinstimmung, teils auch in den Methoden ... Beiden konterrevolutionären Bewegungen ist gemeinsam, daß sie keine frontale Alternative zum Sozialismus deklarieren, sondern ihre antisozialistischen Zielstellungen mit der Behauptung verschleiern, den Sozialismus verbessern zu wollen. In beiden Fällen bedient man sich der gleichen Argumentation: Der bestehende Sozialismus sei geprägt von Deformationen, Schwierigkeiten, Krisenerscheinungen, Stagnation ...«[133] Allerdings verwies er darauf, daß sich die strategischen Vorstellungen der Solidarność »konkret auf polnische Probleme beschränken«. »Sie erheben auch nicht – im Unterschied zu den damaligen antisozialistischen Kräften in der ČSSR – den Anspruch, ein neues, theoretisch begründetes Modell des Sozialismus vorlegen zu wollen.«[134]

Ganz wie 1968 setzte man einen Konsultationsmechanismus zwischen den Parteiführungen in Gang, der am 5. Dezember 1980 in ein Gipfeltreffen in Moskau mündete. Aus der DDR reisten Erich Honecker, Willi Stoph, der zuständige ZK-Sekretär Hermann Axen, Verteidigungsminister Heinz Hoffmann, Stasi-Chef Erich Mielke und als Sekretär Werner Eberlein an. Daß sie zu diesem Zeitpunkt mit einer Militäraktion rechneten, kann angesichts der vorliegenden Dokumente als sicher gelten. Die Vorbereitungen dazu waren, getarnt als »gemeinsame Ausbildungsmaßnahme«, in vollem Gange. Ob Honecker eine solche Lösung angestrebt hat, ist zweifelhaft. Jedenfalls ergibt sie sich aus seiner protokollierten Rede nicht eindeutig. Er verwies zwar auf die Erfahrungen bei der Zerschlagung der »Konterrevolutionen« 1953 in der DDR, 1956 in Ungarn und 1968 in der ČSSR, sprach auch mehrfach von »brüderlicher Hilfe«, doch ließe sich diese Formulierung auch auf die Wirtschaft beziehen. Offenbar hielt der Generalsekretär seinen Beitrag bewußt in der Schwebe. Allerdings betonte er weniger deutlich als andere Parteiführer die Möglichkeit, daß die polnischen Kommunisten die Krise alleine meistern könnten. Schließlich fielen die Würfel in Moskau zugunsten weiteren Abwartens, denn im Unterschied zu 1968 war auf die Führung in Warschau insgesamt Verlaß. Zudem hatte der amerikanische Präsident bereits am 3. Dezember 1980 in ungewöhnlich scharfer Form vor einem bewaffneten Eingreifen gewarnt. In Polen selbst herrschte während des nächsten Jahres eine quälende Pattsituation. Die ökonomische Lage verschlechterte sich weiter. Doch nun konnte die Regierung die Streiks dafür verantwortlich machen. Die Solidarność verlor an Schwungkraft, die Menschen waren der Dauerkrise müde. Die Armee schien manchem als letzter Ordnungsfaktor, zumal sie weniger diskreditiert als die Partei schien. So entstand die Voraussetzung für die Verhängung des Kriegsrechts am 13. Dezember 1981. Die SED hetzte unablässig gegen die Gewerkschaft »Solidarität«, wühlte im Lande selbst und versuchte, seine Führung unter Druck zu setzen. Als der polnische Parteichef Stanisław Kania im Februar 1981 in Ost-Berlin weilte, brüstete sich Erich Honecker mit dem scharfen Vorgehen der eigenen Staatsmacht gegen Konterrevolutionäre. Am 17. Juni 1953 »habe man eine Reihe von ihnen standrechtlich erschossen. Dies habe viele Menschen zum Nachdenken veranlaßt«[135]. Auch sonst sparte er nicht mit Ratschlägen und Bevormundungen des Gastes, denn er konnte relativ sicher sein, daß von der »polnischen Krankheit« keine unmittelbare Ansteckungsgefahr für seine Untertanen ausging. Aufatmen konnte er freilich erst in der Nacht vom 12. zum 13. Dezember. Um vier Uhr morgens erging ein Fernschreiben an die Sekretäre der Bezirksleitungen der SED, in dem es hieß: »Ich möchte euch mitteilen, daß die polnische Partei- und Staatsführung umfangreiche Maßnahmen eingeleitet hat, um die konterrevolutionären Kräfte, die in der letzten Zeit in stärkerem Maße ihr Haupt erhoben haben, zu zerschlagen. In allen Gebieten der Volksrepublik Polen wurden Maßnahmen getroffen, um die Drahtzieher des konterrevolutionären Putsches festzunehmen und so ihre Aktionen zu unterbinden. Wir bitten euch, in allen Bezirken zu sichern, die Arbeitsbereitschaft der Bezirks- und Kreisleitungen der SED herzustellen und das Parteiaktiv zu erhöhter Wachsamkeit zu mobilisieren.«[136] Einige Stunden später trat der Generalsekretär gemeinsam mit seinem damaligen Gast, Helmut Schmidt, vor die Weltpresse und demonstrierte die Normalität der Entspannungspoltik. Die Ironie der Geschichte hatte es gewollt, daß im vorhergehenden August der Besuch wegen der zugespitzten Lage in Polen verschoben worden war. Nun überraschte die Hiobsbotschaft den Bundeskanzler im Jagdschloß in der Schorfheide, und nur schwer ließ sich der Eindruck verwischen, es gebe eine deutsch-deutsche Kameraderie gegenüber den Polen.

5. Der Alltag der deutsch-polnischen Völkerfreundschaft

Ab 1. Januar 1972 führten die Behörden den visafreien Reiseverkehr nach Polen und in die ČSSR ein. Er war Bestandteil der Honeckerschen Politik einer vorsichtigen Liberalisierung. Erstmals konnten DDR-Bürger ohne bürokratische Hürden ins Ausland gelangen. Insbesondere junge Leute nutzten diese Möglichkeit sofort. Sie konnten sich nun einfach in den Zug oder ins Auto setzen und losfahren. Die Grenzposten stempelten lediglich die Personalausweise ab. Schwierigkeiten gab es nur wegen der geringen Tagessätze an entsprechenden Valuta. Aber man wußte sich zu helfen, stopfte den Rucksack voll Lebensmittel und übernachtete bei Freunden oder in Jugendherbergen. Die Jugendlichen aus der DDR lernten insbesondere in Polen ein Lebensgefühl kennen, das weitaus freiheitlicher war als bei ihnen zu Hause. Sie durften dort trampen, ohne die Polizei fürchten zu müssen, und konnten ohne langwierige Anmeldeprozedur in den Studentenwohnheimen billig oder sogar unentgeltlich übernachten. In den Studentenklubs, Jazzkellern und Kneipen trafen sie auf eine Jugendkultur, die in der DDR undenkbar gewesen wäre. Bei den obligaten Diskussionen wurde in schlechtem Englisch auf die Russen und die Kommunisten geschimpft, so daß ihnen wohlige Schauer des Entzückens über den Rükken liefen. In jeder Stadt gab es eine Buchhandlung mit westlichen Titeln. In den Antiquariaten fand sich manche Kostbarkeit in deutscher Sprache, in sogenannten Presseklubs konnte man westdeutsche Tageszeitungen und sogar den »Spiegel« lesen, und in den Kinos liefen im Original die neuesten Hollywood-Streifen mit polnischen Untertiteln. Es herrschte jener Hauch von Buntheit, Lebensfreude und Weltoffenheit, den man in der DDR so sehr vermißte.

Andererseits traten natürlich auch die ökonomischen Probleme offen zutage. Sie zeigten sich nicht nur in riesigen Schlangen vor den Lebensmittelläden und allgemeinem Mangel, sondern auch im massenhaften Auftreten von Schwarzhändlern, die in der DDR wesentlich billigere Waren, vor allem Spirituosen, aufkauften und jenseits der Grenze gewinnbringend veräußerten. Gleichzeitig verschärfte sich auch das Problem des jeweils geringere Mengen betreffenden »Touristenabkaufs«, wie es in den Akten ebenso euphemistisch wie sprachwidrig hieß. Beides führte zu einer teilweise sogar aggressiven antipolnischen Stimmung. Dennoch versuchte die DDR mit staatlichen Mitteln gegenzusteuern. Ein Bericht an Honecker faßte diese Maßnahmen zusammen: »Durch die zuständigen Stellvertreter der Vorsitzenden der Räte der Bezirke in den Grenzbezirken zur Volksrepublik Polen ist verstärkt darauf Einfluß zu nehmen, daß in den Verkaufstellen nur handelsübliche Mengen abgegeben werden ... Nicht ausreichend zur Verfügung stehende Sortimente in den Schwerpunkten des Touristenabkaufs sind nicht konzentriert anzubieten. Bisher schwer verkäufliche Restbestände an Spirituosen sind aus den Lägern unverzüglich ins Angebot zu bringen und vor allem in den Zentren des Touristenabkaufs verstärkt anzubieten ... Die Bezirksbeauftragten des Ministeriums für Handel und Versorgung führen in den Grenzbezirken, speziell in den Bezirken Frankfurt/Oder und Dresden, operative Kontrollen durch. Die Zollorgane sind beauftragt, die Ausfuhr von Spirituosen durch Touristen verstärkt unter Kontrolle zu halten ...«[137] Die operativen Kontrollen vermochten die Schwierigkeiten natürlich ebensowenig zu lösen wie die übrigens ungesetzlichen Anweisungen zur Warenrationierung.

Die SED hat die antipolnischen Ressentiments nicht gerade offen befördert, aber doch heimlich gutgeheißen und sich ihrer auf der Klaviatur chauvinistischer Ressentiments bedient. In internen Sitzungen hörte man immer wieder die Meinung, die Polen sollten mehr arbeiten und weniger streiken. Am 30. Oktober 1980 bot der Einkaufstourismus den willkommenen Anlaß, die gemeinsame Grenze zeitweilig für den normalen Reiseverkehr zu sperren. Die DDR-Bevölkerung nahm diese Einschränkung ihrer Freiheit widerspruchslos hin, denn der Abfluß begehrter Produkte hatte einen insgesamt erheblichen Umfang angenommen. In einer Erich Honecker vorgelegten Analyse vom 4. November 1980 hieß es dazu: »Vergleicht man den Warenumsatz der ersten beiden Tage (30. und 31. 10.) nach dem Inkrafttreten der Regelungen [bezüglich des Reiseverkehrs] mit dem Umsatz der entsprechenden Tage der Vorwoche (23. und 24. 10.), so ergibt sich bei den CENTRUM-Warenhäusern ein Umsatzrückgang von 26,5 Mio auf 21,5 Mio Mark, d.h. auf 81 %.«[138] In den

CENTRUM-Warenhäusern, den bevorzugt versorgten zentralen Verkaufseinrichtungen in den Bezirksstädten der DDR, ging vor dem 30. Oktober 1980 also fast ein Fünftel des Warenumsatzes auf das Konto polnischer Reisender. Punktuell war der Aufkauf offenbar noch weit größer. Für das CENTRUM-Warenhaus am Alexanderplatz verzeichnete die Liste einen Rückgang auf 75,4, in Schwedt auf 69,1, in Löcknitz, einem grenznahen, von Stettin aus leicht zu erreichenden Städtchen, gar auf 59,3 Prozent des Warenumsatzes. Noch deutlicher machte die Betrachtung einzelner Warengruppen den Erfolg der Maßnahme. Beispielsweise sank der Umsatz an Kinderschuhen im Warenhaus am Ostberliner Alexanderplatz auf 46,1 und in Neubrandenburg an Haushaltswäsche auf 23,9 Prozent, einer Zahl, die in der Aufstellung allerdings die Rekordmarke bezeichnet. Übrigens verbesserte sich die Versorgung auch nach dem Ausbleiben der östlichen Nachbarn nicht längerfristig.

Der beginnende Demokratisierungsprozeß in Polen ab Januar 1989 verstärkte erneut die Spannungen. Durch die neue Freizügigkeit der Behörden wuchsen sowohl der Transitverkehr durch die DDR nach West-Berlin als auch die grenznahen Kontakte mit allen wirtschaftlichen Problemen, die das Wohlstandsgefälle mit sich brachte. Eine der letzten Maßnahmen der SED-Führung bestand im Herbst 1989 in dem Versuch, den Besucherstrom abzuwürgen. Diesmal verbarg sie kaum noch die antipolnischen Tendenzen. Am 3. November verabschiedete der Ministerrat einen Maßnahmenkatalog »zur Verminderung des Abkaufs von Waren durch ausländische Bürger sowie zur Lösung weiterer Probleme im Zusammenhang mit der Gestaltung des ausländischen Tourismus in der DDR«[139]. Den Anordnungen war eine mehrseitige Information beigefügt, die in für einen amtlichen Text dramatischer Weise die Situation schilderte und dabei zunächst auf den illegalen Geldumtausch einging. Sie enthielt die Schätzung, daß »Touristen aus der VRP etwa den dreifachen Betrag des offiziell getauschten Geldbetrages in Mark illegal einführen«[140]. Weiter stellte sie fest: »Die Abkäufe von Waren des täglichen Bedarfs durch polnische Bürger sind so stark angestiegen, daß in [einigen] Verkaufseinrichtungen, besonders täglich in der Zeit von 16.00 – 19.00 Uhr sowie an Wochenenden . . . der Verkaufsprozeß nur durch zusätzlichen Einsatz von Leitungskräften gesichert werden kann.« Am 13. Oktober 1989 zählte man am Alexanderplatz angeblich 12 000 ausländische und 8 000 DDR-Bürger. »Durch organisierte Gruppen und Mehrfachkäufe werden die vom Handel festgelegten handelsüblichen Mengen umgangen. Die polnischen Bürger treten bei Einkäufen von Waren zunehmend aggressiv auf, wenn von den Mitarbeitern in den Verkaufseinrichtungen Maßnahmen zur Sicherung des Verkaufs in handelsüblichen Mengen durchgeführt werden. Die Verkaufskräfte werden teilweise beschimpft und wurden in Einzelfällen auch tätlich angegriffen . . . Es besteht Angst vor Auseinandersetzungen mit polnischen Bürgern.«[141] So fanden die letzten deutsch-polnischen Begegnungen in den Warenhäusern und auf den Bahnhöfen der DDR weniger im Zeichen sozialistischer Völkerfreundschaft als mit einem dissonanten Schlußakkord gegenseitigen Mißverständnisses statt. Auf der einen Seite stand eine über Jahrhunderte gewachsene anarchische Überlebensstrategie, verbunden mit rebellischer Unbotmäßigkeit und weit verbreiteter Schwarzmarktmentalität. Auf der anderen Seite stand der nicht von chauvinistischer Anmaßung freie hoffnungslose Versuch, in einem zusammenbrechenden System die traditionellen Tugenden »Ordnung, Sicherheit und Sauberkeit« zu bewahren.

Gerhard Gäbler

Dritter Teil
Strukturen der Macht

Kapitel I: Die Partei

1. Die Partei als Mutter der Massen

Wenn man in der DDR von der Partei sprach, bedurfte es keiner Rückfrage, welche denn gemeint sei. Die Partei war die SED, denn trotz der lateinischen Wurzel »pars«, die Teil bedeutet, und entgegen der Logik, daß der Teil eines Ganzen weitere Teile bedingt, gab es wirklich nur sie. Die Tatsache, daß im Lande vier weitere Korporationen existierten, die sich ebenfalls so nannten, ließ die Umgangssprache völlig unberücksichtigt und brachte damit die politische Realität zum Ausdruck. Zu feierlichen Anlässen kürzte man die »Sozialistische Einheitspartei Deutschlands« nicht ab, und später, als der Begriff Deutschland Anstoß erregte und deshalb nach Möglichkeit vermieden wurde, sagte man analog zu »unsere Republik« gerne »unsere Partei«. Dabei senkte man die Stimme ehrfurchtsvoll, betonte jambisch nachschwebend auf der zweiten Silbe und sprach den harten Konsonant sächsisch weich aus. Doch gelegentlich – wenn es beispielsweise um die Auseinandersetzung mit »negativen Argumenten« ging – konnte das Wort auch kurz und metallisch, wie das Durchladen einer Maschinenpistole klingen. Einer ähnlichen semantischen Verengung unterlag der Begriff »Genosse«. »Wo ein Genosse ist, da ist die Partei«, lautete die Losung, und niemand nahm an, es handele sich hier um ein Mitglied der Konsum-Genossenschaft. Neben der SED lautete lediglich in der NVA und bei der Volkspolizei die allgemeine und vorschriftsmäßige Anrede »Genosse«. Da es innerhalb der unteren Ränge – speziell unter den Wehrpflichtigen – zahlreiche Nichtparteimitglieder gab, behalf man sich, wenn man ausdrücklich nur die SED-Mitglieder ansprechen wollte, mit der sonst unüblichen, weil an die NSDAP erinnernde Bezeichnung »Parteigenosse«. Dem gegenüber stand der »Nicht-Genosse«, der allerdings eher dem saloppen Funktionärsgebrauch entsprach oder in internen Papieren auftauchte. Synonym und etwas offizieller waren die Termini »Parteiloser«

oder »parteiloser Kollege«. Bei offiziellen Anlässen wich man auf den Kollegen aus und begrüßte zu Veranstaltungen, auf denen nicht nur SED-Mitglieder anwesend waren, korrekterweise die »Genossen und Kollegen«. An Schulen und Universitäten verwendete man die Anrede »Jugendfreunde«.

Bereits in der Kinderkrippe wurde die Parteimitgliedschaft der Eltern auf einer Karteikarte vermerkt. In den Kindergärten und Schulen setzte sich das fort. Der Grund lag darin, daß die Leiter der jeweiligen Einrichtungen die Elternvertretungen so gestalten mußten, daß die SED eine führende Position einnahm. Auch im Berufsleben spielte die Parteimitgliedschaft eine wichtige Rolle. Jedes Arbeitskollektiv kannte die der SED angehörenden Kollegen. Oft genug wurden sie mit geheimnisvoll gesenkter Stimmer gesondert zusammengerufen, oder es hieß nach Arbeitsbesprechungen oder Versammlungen: »Die Genossen bleiben bitte noch einen Moment hier.« Dann folgten die Aufforderung, besondere Wachsamkeit gegenüber den Anschlägen des Klassenfeindes zu üben, oder Informationen über die aktuelle politische Lage. So belanglos letztere auch immer gewesen sein mögen, sie hoben das Selbstbewußtsein der Teilnehmer und gaben ihnen das Gefühl, zu einem auserwählten und bevorrechtigten Kreis zu gehören. In Gewerkschaft und FDJ, wo man ja auf die Mitarbeit der Kollegen und Jugendfreunde großen Wert legte, gab es den eigenartigen Brauch, bei besonders wichtigen Tagesordnungspunkten die Nichtparteimitglieder eines Gremiums für einige Minuten hinauszuschicken. Die »führende Rolle der Partei« war keine Floskel, sondern entsprach der Wirklichkeit. Die SED bildete das Knochengerüst des Gesellschaftskörpers. Dementsprechend existierte parallel zur Hierarchie der staatlichen Verwaltung auf allen Ebenen der Parteiapparat. Beide waren eng miteinander verwoben. In der Regel war der »staatliche Leiter«, also der Betriebs- oder Institutsdirektor, in Personalunion Mitglied der Parteileitung. Immer wußte man, wessen Weisung zu gelten hatte. Polizei, Militär, Staatssicherheit, Justiz, Wirtschaftsorgane, Kommunalbehörden, Volksbildungs- und Kultureinrichtungen, selbst Massenorganisationen und Blockparteien sowie sämtliche gewählten Gremien wie die Räte der Bezirke und Kreise unterstanden den Parteiinstanzen. Dieses System setzte den Aufstiegsmöglichkeiten von Nicht-Genossen enge Grenzen. Und wenn sie – wie Funktionsträger der Blockparteien – auf repräsentativen Posten in das Gefüge eingebaut worden waren, übten sie meist noch eifriger vorauseilenden Gehorsam als die SED-Funktionäre. Sich dem Angebot der Parteimitgliedschaft zu verweigern, bedeutete Verzicht auf sozialen Aufstieg, Ausschluß von den Privilegien der Oberschicht sowie verminderte Ausbildungs- und Berufschancen für die Kinder.

Zugleich bedeutete die Partei mehr als ein Karrieresprungbrett. Insbesondere für ältere Genossen trug sie den Charakter einer transzendentalen Erlösungsidee. Das »Lied von der Partei« von Louis Fürnberg wurde nicht zuletzt wegen der Textzeile »Die Partei, die Partei, die hat immer recht« viel belächelt, doch zeugt es ebenso von der tiefen Sehnsucht des Intellektuellen nach Glaubensgewißheit.

»Sie hat uns alles gegeben,
Sonne und Wind, und sie geizte nie,
und wo sie war, war das Leben,
und was wir sind, sind wir durch sie.

Sie hat uns niemals verlassen,
und wenn die Welt fast erfror, war uns warm.
Uns führte die Mutter der Massen,
es trug uns ihr mächtiger Arm.
...
Sank uns im Kampf aber einmal der Mut,
so hat sie uns leis nur gestreichelt:
Zagt nicht! – und gleich war uns gut.«[142]

»Die Partei«, erklärte Rubaschow, die Hauptfigur in Arthur Koestlers Roman »Sonnenfinsternis«, »... ist mehr als du und ich ... Die Partei ist die Verkörperung der revolutionären Idee in der Geschichte. Die Geschichte kennt kein Schwanken und keine Rücksichtnahme. Sie fließt schwer und unbeirrbar auf ihr Ziel zu. An jeder Krümmung lagert sie Schutt und Schlamm und die Leichen der Ertrunkenen ab. Aber – sie kennt ihren Weg. Die Geschichte irrt sich nicht. Wer diesen unbedingten Glauben an die Partei nicht hat, gehört nicht in ihre Reihen.«[143] Mit dieser Überzeugung verkrafteten viele Kommunisten den Großen Terror der dreißiger Jahre, die Verdammung Stalins im Jahre 1956 oder das Verschwinden Ulbrichts im Gedächtnisloch der Parteigeschichtsschreibung. Der allmächtigen und allgegenwärtigen Partei galt – wie einer Gottheit – ihre absolute Loyalität.

2. Parteitage

Insgesamt hat es die SED in den 43 Jahren ihres Bestehens auf elf Parteitage und drei Parteikonferenzen gebracht. Den XII. Parteitag hatte sie für 1991 geplant, ihn dann auf 1990 vorgezogen, und schließlich fiel er aufgrund des überraschenden Zusammenbruchs völlig aus. Seit 1971 wurden die Parteitage im fünfjährigen Rhythmus durchgeführt und fanden gleichzeitig mit denen der KPdSU statt. Kontroverse Diskussionen oder gar Auseinandersetzungen gab es auf ihnen keine. Jedes öffentlich gesprochene Wort war sorgfältig zensuriert; alle Abstimmungen verliefen einstimmig; niemals ereignete sich irgendein Regiefehler. Äußerlich entsprachen die dortigen Wahlen streng demokratischen Regeln und erforderten viel formalistischen Aufwand.

Nach einem vorgegebenen Verteilerschlüssel bestimmten die Kreis- und Bezirksdelegiertenversammlungen in einem langwierigen Prozeß die Delegierten, von denen sich beim letzten Parteitag schließlich 2 563 im Palast der Republik versammelten. Hinzu kamen nicht stimmberechtigte Vertreter, die ihr Mandat von den Parteikandidaten erhalten hatten, und ausländische Gäste aus der ganzen Welt. Insgesamt kamen 1986 ungefähr 5 000 Personen im Volkskammersaal zusammen, die endlose und schlecht vorgetragene Reden über sich ergehen lassen mußten, die am nächsten Tag die Zeitungsseiten füllten. Allerdings stand der monströse Aufwand in groteskem Gegensatz zur wirklichen Bedeutung der im Grunde rein rituellen Veranstaltung.

Tabelle 4: Anzahl der stimmberechtigten Delegierten der Parteitage sowie der Mitglieder und Kandidaten des Politbüros des ZK der SED

Parteitag	Anzahl der stimmberechtigten Delegierten	Politbüro des ZK der SED	
		Mitglieder	Kandidaten
I. (21. –22. 4. 1946)	1 055	–	–
II. (20. –24. 9. 1947)	1 111	–	–
III. (20. –24. 7. 1950)	2 201	51	30
IV. (30. 3.– 6. 4. 1954)	1 775	91	44
V. (10. –16. 7. 1958)	1 648	111	44
VI. (15. –21. 1. 1963)	1 881	121	60
VII. (17. –22. 4. 1967)	2 072	131	50
VIII. (15. –19. 6. 1971)	2 047	135	54
IV. (18. –22. 5. 1976)	2 380	145	57
X. (11. –16. 4. 1981)	2 560	156	57
XI. (17. –21. 4. 1986)	2 563	165	57

In den Jahren 1949, 1952 und 1956 fanden außerdem Parteikonferenzen statt, die zwar wichtige Beschlüsse faßten, aber keine neuen Führungsgremien wählten. Im Dezember 1989 versuchte Egon Krenz noch einmal, eine Parteikonferenz zu initiieren, welche die »Wende« bestätigen sollte, ohne seine Position zu gefährden.

3. Das Zentralkomitee

Nach dem Statut der SED bildete das ZK zwischen den Parteitagen das höchste Organ zur Leitung ihrer Tätigkeit. Tatsächlich wurden wichtige Beschlüsse des Politbüros in den ZK-Tagungen diskutiert und abgestimmt. Die Debatten waren insbesondere in den fünfziger Jahren gelegentlich kontrovers. Später entwickelte sich das ZK-Plenum allerdings zunehmend zu einer Akklamationseinrichtung, das die Vorlagen der engeren Parteiführung bestätigte. Trotzdem tagte es grundsätzlich unter Ausschluß der Öffentlichkeit und zog bisweilen Gäste hinzu. Das Statut verpflichtete das ZK, mindestens einmal im Halbjahr eine Plenartagung abzuhalten. In der Regel versammelte sich das Gremium jedoch häufiger, nämlich drei- bis viermal. Seine wichtigste Aufgabe bestand in der Wahl der Mitglieder und Kandidaten des Politbüros sowie in der Bestätigung anderer wichtiger Funktionen. Hier lag auch seine reale Macht. Das ZK setzte sich aus Mitgliedern mit vollem Stimmrecht und Kandidaten mit Beraterstatus zusammen, die der Parteitag auf der Grundlage eines zuvor von der amtierenden SED-Führung ausgearbeiteten Vorschlags bestätigte. Seine Mitgliederzahl war nicht verbindlich festgelegt und hing vom Votum des jeweiligen Parteitags ab, der Vollmitglieder auch ohne vorherigen Kandidatenstatus ernennen konnte. Die Wählbarkeit war an eine mindestens sechsjährige Parteimitgliedschaft gebunden. Ausnahmen bedurften der Zustimmung des Parteitags. Die Zusammensetzung des ZK konnte sich während der Wahlperiode verändern, denn es besaß das Recht, für ausgeschiedene Mitglieder aus der Reihe seiner Kandidaten neue Mitglieder nachrücken zu lassen. So hatte das vom X. Parteitag im April 1981 gewählte ZK ursprünglich 156 Mitglieder und 57 Kandidaten. Schon bis 1984 mußte es sechs gestorbene Vollmitglieder ersetzen, so daß sich die Kandidatenzahl auf 51 reduzierte.

Insgesamt war die personelle Kontinuität sehr groß, und es kam seit den Krisen der fünfziger Jahre nur noch selten vor, daß ein ZK-Mitglied zu Lebzeiten ausschied. Trotz der personellen Erweiterung des ZK stieg sein Durchschnittsalter ständig. Es lag 1963 bei 45, 1971 bei 51, 1981 bei 55 und 1986 bei 57 Jahren. Die Vollmitglieder erreichten 1986 einen Schnitt von 60 Jahren. Die Angehörigen des ZK übten hauptamtlich vor allem hohe Funktionen im Staats- und Parteiapparat aus, wobei letztere die größte Gruppe stellten. In der Regel waren die Vorsitzenden der Massenorganisationen, Mitglieder des Ministerrates, hohe Offiziere der »bewaffneten Organe«, Direktoren der Kombinate und andere wichtige Persönlichkeiten im ZK vertreten. Frauen waren deutlich unterrepräsentiert. Ihr Anteil betrug 1982 – im Gegensatz zu den 34 Prozent aller Mitglieder und Kandidaten der SED – nur 11,5 Prozent. Die Tagungen des Zentralkomitees sind sämtlich im Wortlaut überliefert. Sie wurden elektronisch aufgezeichnet – einige dieser Tondokumente existieren noch – und anschließend verschriftet. Alle Mitglieder erhielten das Originalprotokoll zur Bestätigung, denn oft waren einzelne Formulierungen unverständlich, Namen nur phonetisch wiedergegeben und ähnliches. Die Korrekturen fanden Eingang in das offizielle Protokoll, das dann in numerierten Exemplaren innerhalb des Parteiapparats zirkulierte und der Geheimhaltung unterlag. Parallel dazu druckte das »Neue Deutschland« die Reden in teilweise gekürzten und veränderten Versionen ab, die man einige Tage später als Broschüren des Dietz Verlages zu sehr moderaten Preisen im Buchhandel erhalten konnte. Sie bedeuteten Pflichtlektüre für alle Parteimitglieder. Auch der Staatsbürgerkundeunterricht in den Schulen, die Politschulungen in den bewaffneten Organen, die FDJ-Schuljahre, die Schulen der sozialistischen Arbeit in den Betrieben und die Parteilehrjahre wurden auf das jeweils letzte Plenum ausgerichtet.

4. Das Politbüro

Das vom Zentralkomitee gewählte Politbüro bildete eine Art »Überregierung« der DDR. Es tagte jeden Dienstag ab zehn Uhr und entschied bis zum frühen Nachmittag alle wichtigen Fragen. Seine ungeheure Machtfülle ergab sich aus den unterschiedlichen Funktionen, die seine Mitglieder in Personalunion ausübten. Erich Honecker war gleichzeitig Staatsoberhaupt und als Vorsitzender des Nationalen Verteidigungsrats Oberbefehlshaber aller bewaffneten Streitkräfte, Willi Stoph Ministerpräsident, das heißt Regierungschef, Heinz Keßler Verteidigungsminister und Erich Mielke Minister für Staatssicherheit. Hermann Axen, Horst Dohlus, Werner Felfe, Kurt Hager, Joachim Herrmann, Werner Jarowinsky, Egon Krenz, Günter Mittag und Günter Schabowski waren gleichzeitig Sekretäre des ZK und den entsprechenden Abteilungen übergeordnet. Axen leitete zudem faktisch die Außenpolitik, Felfe die Landwirtschaft, Hager Kultur- und Ideologie, Mittag die Wirtschaft und Krenz die Bereiche Sicherheit und Kaderfragen.

Die Entscheidungen über Veröffentlichung oder Unterdrückung brisanter geplanter Neuerscheinungen fielen – um ein Beispiel zu nennen – durch Absprachen zwischen Hager, der Abteilungsleiterin im ZK, Ursula Ragwitz sowie Kulturminister Hans-Joachim Hoffmann und dessen Stellvertreter Klaus Höpcke. Das gesamte informelle Verfahren beruhte auf persönlichen Vereinbarungen, Telefonaten oder sogar hingekritzelten Bemerkungen auf Schriftstücken. Im Gegensatz zum ZK wurden von den Sitzungen des Politbüros keine Wort-, sondern nur sogenannte Beschlußprotokolle angefertigt. Wichtige Entscheidungen sind dadurch oft nur in einem dürren Satz überliefert. Der eigentliche Erörterungsprozeß, die Beweggründe der Teilnehmer, selbst die Abstimmungsverhältnisse gehen aus dem Aktenmaterial nicht hervor. Das Archiv des Politbüros enthält darüber hinaus einige Beschlußvorlagen und Schreiben, deren Inhalt sehr aufschlußreich ist. Durchgängig fällt auf, daß sich die oberste Machtinstanz mit unendlich vielen Kleinigkeiten beschäftigt hat.

5. Der Parteiapparat

Der Apparat des Zentralkomitees

Da die tatsächliche Macht in den Händen des Parteiapparats und nicht bei den durch Verfassung und Gesetz bestimmten Instanzen lag, ergab sich die Notwendigkeit, innerhalb des Zentralkomitees eine Art Ressortaufteilung vorzunehmen. In dem riesigen Gebäude der ehemaligen Reichsbank am Marx-Engels-Platz befanden sich die Abteilungen des ZK-Apparats. Sie leisteten die tägliche politische Arbeit, und ihre Struktur entsprach etwa derjenigen eines Regierungsapparats. Sie standen allen ihrem jeweiligen Aufgabenbereich zugeordneten Einrichtungen und Institutionen, einschließlich der Ministerien und der Leitungsgremien der Massenorganisationen faktisch, wenn auch nicht formal vor. Ihre Leiter hatten die entscheidenden Schlüsselposition im Machtapparat der DDR inne, auch wenn sie in der Regel für die breitere Öffentlichkeit völlig anonym blieben. Insgesamt hatte die ZK-Zentrale etwa 2 000 Mitarbeiter. Die Sicherung ihres Gebäudes oblag dem Wachregiment »Feliks Dzierzynski« des MfS.

Die Gliederungen der Partei

Die Parteigruppen, Grundorganisationen (GO) und Wohnparteiorganisationen (WPO) wählten jeweils für zwei Jahre Parteileitungen, deren Mitglieder zum überwiegenden Teil ehrenamtliche Funktionäre waren. In größeren GOs übten sie ihre Tätigkeit ganztägig aus und erhielten dafür eine Freistellung von der Arbeit. Oft handelte es sich bei ihnen um Berufsfunktionäre, die von einer Aufgabe zur anderen wechselten. Den Ersten Sekretären der GO-Leitungen stand ein für Sicherheitsfragen, Organisationsarbeit und ähnliches zuständiger Stellvertreter zur Seite. Auch die anderen Parteileitungsmitglieder besaßen feste Ressorts. In den wenigen Ausnahmefällen, in denen der Leiter eines Betriebes oder einer anderen untergeordneten Struktureinheit kein SED-Mitglied war, saß dessen Stellvertreter in der Parteileitung, dem eigentlichen Entscheidungszentrum. Hier fanden auch die Beratungen und Entscheidungen über die Personalangelegenheiten der »Nicht-Genossen« statt. Diese Praxis deckte lediglich Artikel eins der Verfassung, der die führende Rolle der Partei der Arbeiterklasse festschrieb. Ansonsten widersprach sie allen Gesetzen und Verordnungen.

Ebenfalls alle zwei Jahre wählten die WPOs ihre Vertreter für die Kreisdelegiertenkonferenz. Diese bestimmte die Kreisleitung, aus deren Mitte dann der Erste und Zweite Sekretär hervorgingen. Bei ihnen handelte es sich ausschließlich um Berufsfunktionäre, die auf ihrer Ebene die reale Macht besaßen. Ihnen stand ein hauptamtlicher Apparat zur Seite, den man gemeinhin nicht ganz zutreffend – wie das regelmäßig zusammentretende Kontrollorgan – als Kreisleitung bezeichnete. Auch innerhalb der SED lagen also alle Befugnisse bei der Exekutive, das heißt beim Apparat, und nicht bei der Legislative. Die sogenannten Kreisleitungen verfügten über eigene Häuser und andere Einrichtungen. In der Regel handelte es sich dabei um lukrative Immobilien, entweder um Verwaltungsgebäude im Stadtzentrum oder um Villen in Vorortgegenden. Kundige DDR-Bürger erkannten sie schon von weitem an den Parabolantennen auf den Dächern, die der Nachrichtenübermittlung dienten. Wichtige Einrichtungen wie die Humboldt-Universität, die Akademie der Wissenschaften oder das Ministerium für Staatssicherheit besaßen nichtterritoriale Kreisleitungen, die direkt den Bezirksleitungen unterstanden.

Die gleiche Struktur existierte auf Bezirksebene. Auch hier sprach man von Bezirksleitung und meinte den hauptamtlichen Apparat des Ersten Sekretärs, dessen Einfluß und von der Polizei bewachten Gebäude allerdings größer waren. Ihn umgab ein Sytem peripherer Einrichtungen mit Fuhrparks, Erholungsheimen, Gästehäusern und Tagungszentren, die sich für DDR-Verhältnisse alle auf gehobenem Niveau bewegten. Es handelte es sich um kleine Reiche innerhalb der Verwaltungshierarchie. Die Ersten Sekretäre der Bezirksleitungen waren die Provinzfürsten der DDR. Sie fuhren mit schwarzen Limousinen, begleitet von einer Motorradeskorte übers Land. Sie standen den Bezirkseinsatzleitungen (BEL) und damit formal auch dem MfS vor. Über eigene Bezirksleitungen oder politische Hauptverwaltungen, die ähnliche Funktionen ausübten, verfügten der in der SDAG Wismut zusammengeschlosse Uran-Bergbau, das Bauwesen, das MfS, das Ministerium des Innern (MdI) und die Nationale Volksarmee.

Parteikontrollkommissionen

Außer dem Generalsekretär, den Mitgliedern und Kandidaten des Politbüros sowie seinen eigenen Sekretären wählte das Zentralkomitee eine Zentrale Parteikontrollkommission (ZPKK). Sie sollte gegen Parteifeinde, Korruption, Amtsmißbrauch und Karrierismus vorgehen und besaß das Recht, alle Vergehen von Parteimitgliedern sowohl zu untersuchen als auch zu bestrafen. Es handelte sich dabei um eine Gerichtsbarkeit, deren Sanktionen angesichts der Verflechtung von Partei und Staat keineswegs nur innerparteiliche Konsequenzen nach sich zogen. Das Statut nannte die Rüge, die schwere Rüge, den Ausschluß und als Kompromiß die »Streichung« aus den Mitgliederlisten der Partei, ein in weniger schwerwiegenden Fällen oder bei einer Eheschließung, die zur Annahme der Staatsbürgerschaft eines befreundeten Landes führte, beschrittener Weg. Der Ausschluß bedeutete für viele einen Sturz in die seelische und geistige Heimatlosigkeit, seltsamerweise sogar für solche, die sich bereits vorher innerlich von der Partei entfernt hatten. Oft war er mit dem Verlust des Arbeitsplatzes oder mit einer dienstlichen Degradierung verbunden, immer jedoch ein schwer zu bereinigender »schwarzer Fleck« in der Kaderakte. Auch der »Parteiaustritt«, obwohl vom Statut ausdrücklich vorgesehen, schien völlig inakzeptabel. Den entsprechenden Wunsch eines SED-Mitglieds empfand man als derartige Blasphemie, daß man ihn mit einem inquisitorischen Verfahren und dem formellen Ausschluß beantwortete. Obwohl die Härte der innerparteilichen Repression im Laufe der Jahre tendenziell abgenommen hatte, kam es 1988 und Anfang 1989 zu erneuten Versuchen, Parteidisziplinierungen im Stil der früheren Jahre durchzuführen. Die Hardliner fanden sich jedoch angesichts der sowjetischen Perestrojka-Politik schon weitgehend in die Defensive gedrängt.

Parteiinstitute

Die SED verfügte über umfangreiche Bildungs- und Forschungseinrichtungen. Sie dienten der Qualifikation höherer Funktionäre und der Erarbeitung von Entscheidungsgrundlagen. Gleichzeitig besaßen sie gegenüber den anderen wissenschaftlichen Einrichtungen wie Universitäten und Akademieinstituten eine Art Leitfunktion. Die Parteiinstitute boten ihren Mitarbeitern höhere Bezahlung und bessere soziale Rahmenbedingungen, forderten allerdings auch ein größeres Maß an ideologischer Unterwerfung und formaler Disziplin. Ihre Mitarbeiter mußten wie Büroangestellte morgens um acht an den Schreibtischen sitzen, während die Wissenschaftler der Akademie der Wissenschaften oder der Universitäten das beneidenswerte Dasein freischaffender Gelehrter mit festem Gehalt führten. Dennoch betrachteten sie es als Ehre, in der Nähe der Macht forschen und unterrichten zu dürfen. Ihre Aufstiegschancen waren insgesamt besser, und es fehlte auch nicht an den vielen kleinen Bevorzugungen, die im realsozialistischen Alltag so viel bedeuteten.

An der Spitze der Hierarchie stand die Akademie für Gesellschaftswissenschaften (AfG), die 1976 aus dem Institut für Gesellschaftswissenschaften hervorgegangen war. Sie diente als Ausbildungsstätte für die obersten Führungskader und der wissenschaftlichen Forschung. Sie bestand aus acht Instituten mit den Arbeitsgebieten marxistisch-leninistische Philosophie, politische Ökonomie, wissenschaftlicher Kommunismus, Geschichte, deutsche und internationale Arbeiterbewegung, Soziologie, marxistisch-leninistische Kultur und Kunstwissenschaft sowie Imperialismusforschung. Die ihr zugeordneten sechs Wissenschaftlichen Räte hatten die Aufgabe, im Rahmen des »Zentralen Forschungsplans der marxistisch-leninistischen Gesellschaftswissenschaft« alle Forschungsvorhaben und die mit ihnen zusammenhängenden Publikationen innerhalb der gesamten DDR zu koordinieren, zu organisieren und inhaltlich auszugestalten. Dem Leiter der AfG, Otto Reinhold, oblagen seit 1984 die Verhandlungen mit der Grundwertekommission der SPD, als deren Ergebnis am 27. August 1987 das gemeinsame Grundsatzpapier »Der Streit der Ideologien und die gemeinsame Sicherheit« veröffentlicht wurde. Einige Mitarbeiter – wie überhaupt kritische SED-Mitglieder – empfanden das Schriftstück offenbar als Ermutigung, in diese Richtung weiterzuarbeiten. Sie erhofften sich eine Stabilisierung des Systems durch Reformen im Sinne Michail Gorbatschows. Der Öffentlichkeit blieben diese zarten Pflänzlein innerparteilicher Kritik freilich fast gänzlich verborgen.

Das Institut für Marxismus-Leninismus (IML) war für die Geschichte der Partei mit den dazugehörigen Veröffentlichungen sowie für die Edition der offiziösen Marx-Engels- und Lenin-Ausgaben zuständig. Außerdem befand sich hier das nur einem engen Kreis von Eingeweihten zugängliche Zentrale Parteiarchiv (ZPA). Das Institut für Politik und Wirtschaft (IPW) widmete sich allein der Forschung. Es beobachtete die Entwicklung in der imperialistischen Welt, insbesondere in der Bundesrepublik Deutschland, und gab dazu eine Reihe von Periodika und andere Schriften heraus. Das IPW besaß eine bedeutsame Bibliothek sonst schwer erhältlicher Bücher. Die Öffentlichkeit konnte allerdings an diesen Schätzen nicht teilhaben. Die SED verfügte außerdem – wie schon angedeutet – über ein hierarchisch gegliedertes System eigener Fortbildungstätten, an deren Spitze die Parteihochschule »Karl Marx« stand. Diese führte für Spitzenkader Lehrgänge von ein- bis vierjähriger Dauer durch. Darunter gab es entsprechend der Verwaltungsgliederung Bezirks- und Kreisparteischulen, die jeder Funktionär zu absolvieren hatte. Während einige Mitglieder der Akademie für Gesellschaftswissenschaften in den späten achtziger Jahren eine vorsichtige Öffnungspolitik vertraten, galt die Parteihochschule bis zum Schluß als Hochburg der harten Dogmatiker.

Die Nomenklatura

Das Stalin zugeschriebene geflügelte Wort »Kader entscheiden alles« zitierten SED-Funktionäre gern im vertrauten Kreis. Die Herrschaft der Partei vollzog sich über die Herrschaft der Kader. Im Russischen bezog sich der Begriff auf den Personalbestand jeder Einrichtung oder Partei, und in diesem Sinne fand er auch in der DDR Verwendung. Ein Kader war diszipliniert, ideologisch gefestigt, moralisch sauber, prinzipientreu, gut qualifiziert. Als »Kaderschmiede« bezeichneten Funktionärs-Kreise ohne jeden ironischen Unterton gelegentlich bevorzugte Bildungseinrichtungen. Trotzdem war der Begriff verschwommen und im Prinzip jeder Kader. Die Personalabteilungen hießen »Abteilung Kader und Schulung« und ihr Chef »Kaderleiter«. Vier Sorten von Kadern hatten einen präzisen Inhalt: Nachwuchskader, Reservekader, Reisekader, Nomenklaturkader. Manche Einrichtungen teilten ihre Mitarbeiter in A-Kader und B-Kader, so die Institute der Akademie der Wissenschaften der DDR. Erstere bestanden aus politisch zuverlässigen Mitgliedern der SED. Sie galten zudem als gut qualifiziert und gesellschaft aktiv und sollten laut Panung gefördert werden. Letztere setzten sich meist aus »Nicht-Genossen« zusammen und konnten allein schon deswegen weder Reisekader werden noch Leitungspositionen einnehmen. Man duldete sie hauptsächlich wegen ihrer fachlichen Arbeit. Natürlich wurde die Unterscheidung streng vertraulich gehandhabt und erst nach der Wende bekannt.

Präziser ließ sich die »Nomenklatur« eingrenzen. Die Kader-Nomenklatur bedeutete formal nichts anderes als ein Verzeichnis der wichtigsten Führungspositionen in Staat, Partei und Gesellschaft. Inhaltlich stellte sie jedoch das entscheidende Instrument zur Sicherung der Macht der SED auf allen Ebenen dar. Die zentrale Nomenklatur beim ZK der SED umfaßte 500, ihren jeweiligen verantwortlichen Abteilungen zugeordnete Stellen. Dazu gehörten auch die in der Abteilung »Befreundete Parteien« getroffenen Entscheidungen über die Volkskammerabgeordneten und Vorstände der Blockparteien. Die Tatsache, daß diese eigentlich Wahlfunktionen ausübten, blieb unberücksichtigt und die Hierarchie stets gewahrt. So standen in der Nomenklatur der Sicherheitsabteilung an erster Stelle der Leiter der Abteilung Sicherheitsfragen im ZK, an zweiter dessen Stellvertreter und erst an dritter Stelle der Minister für Staatssicherheit. Deshalb ist die häufig geäußerte Ansicht, die Stasi hätte über Karrieren und deren Abbruch entschieden, grundsätzlich falsch. Die Staatssicherheit übte gegenüber den Parteikadern eine nur sehr eingeschränkteAufsichts- und Kontrollfunktion aus. Beispielsweise gab es eine Richtlinie, derzufolge hauptamtliche Mitarbeiter des Parteiapparats und ihre Familienangehörigen nicht als Inoffizielle Mitarbeiter geworben werden sollten. Falls sie vorher für das MfS tätig gewesen waren, entpflichtete man sie formell bei ihrem Eintritt in den SED-Apparat. Allerdings hielt sich die Staatssicherheit nicht immer streng an diese Anweisung. Unterhalb der zentralen Nomenklatur des ZK lag diejenige der Bezirks- und Kreisleitungen. Parallel zu den Nomenklaturen der Parteigliederung verliefen die der staatlichen Bereiche. Sie reichten vom Ministerrat der DDR über den Rat des Bezirkes bis hin zu dem des Kreises und schlossen alle wichtigen Positionen bis hin zu Betriebsleitern und Bürgermeistern ein. Der Ministerrat der DDR beschloß in regelmäßigen Abständen der Kadernomenklatur des ZK entnommene Richtlinien und dokumentierte damit die Verzahnung beider Ebenen. Die Herrschaft der SED über die Stellenbesetzungen in den Apparaten des Staates, der Wirtschaft, der Wissenschaft und Kultur sowie der Massenorganisationen und Blockparteien war lückenlos und nahezu perfekt. Lediglich die Kirchen und Glaubensgemeinschaften erfaßte sie nicht.

Die Parteimitglieder

»Mitglied der Sozialistischen Einheitspartei Deutschlands zu sein ist ein große Ehre. Die Zugehörigkeit zur Sozialistischen Einheitspartei Deutschlands erlegt jedem Kommunisten hohe Verpflichtungen auf.«[144] Mit diesen Worten begann der Abschnitt »Die Parteimitglieder, ihre Pflichten und Rechte« in dem seit 1976 gültigen, insgesamt fünften Statut der SED. Tatsächlich nahm man die Mitgliedschaft sehr ernst, stellte sie doch das freiwillige Bekenntnis zu Ideologie und Praxis der SED-Herrschaft und gleichzeitig die Voraussetzung für den sozialen Aufstieg dar. Der

Eintritt war ein feierlicher Initiationsritus. Am Anfang standen ein Fragebogen, ein handgeschriebener Lebenslauf, zwei Paßbilder, die Benennung zweier Bürgen und eine schriftliche Begründung des Antrags, die mit der Formel endete: ». . . aus diesen Gründen bitte ich um Aufnahme in die Reihen der Sozialistischen Einheitspartei Deutschlands«. Erst nach strenger Überprüfung durch die übergeordnete Leitung wurde grünes Licht erteilt. Dem ganzen ging mindestens ein Jahr voraus, in dem sich der Kandidat in der gesellschaftlichen und beruflichen Arbeit zu bewähren und seine ideologische Reife, seinen richtigen Klassenstandpunkt und seine moralische Sauberkeit nachzuweisen hatte. Auch die Herkunft spielte eine wichtige Rolle. Nach Möglichkeit sollten 75 Prozent der Mitglieder aus der Arbeiterklasse oder der werktätigen Bauernschaft stammen. Diese Forderung war nur unter größten Verrenkungen zu erfüllen. Die Statistiker der Partei rechneten den gesamten Funktionärsappparat, ebenso die Angehörigen der bewaffneten Organe automatisch dazu, und wer einmal aus der Arbeiterklasse hervorgegangen war, gehörte ihr auch nach Studium und Promotion weiter an. Sogar seine Kinder entgingen noch dem Makel, im Aufnahmeantrag für die Oberschule oder die Universität in der vorgesehenen Rubrik ein diskriminierendes »I« (für Intelligenz) eintragen zu müssen. Sie wurden als »A/2« geführt, wobei das »A« für Arbeiterklasse stand. Trotz der Notwendigkeit, die Statistik zu bereinigen, hatten Studenten und Intelligenzler oft Schwierigkeiten, in die SED zu gelangen; zwischen 1971 und 1976 herrschte für sie sogar ein völliger Aufnahmestopp. Obwohl 1987 13,8 Prozent der Gesamtbevölkerung die Parteimitgliedschaft oder den Kandidatenstatus besaßen, gab es auch hier wie für vieles andere Warteschlangen.

Die Aufnahme selbst galt als feierlicher Akt, der mit der Verlesung des Lebenslaufs, der Begründung und der Bürgschaft begann. Dann mußte der Kandidat seine Beweggründe noch einmal mündlich vortragen. Anschließend wurden Fragen gestellt. Das hochnotpeinliche Kreuzverhör betraf die berufliche Laufbahn, Familienangelegenheiten, ideologische Abweichungen und andere mögliche »Schwachpunkte«. Vor der Partei durfte es keine Geheimnisse geben. Schließlich stimmte die Versammlung durch Handzeichen ab. Nach glücklichem Verlauf überreichte man dem neuen Mitglied das Dokument und einen Strauß roter Nelken, und es durfte seinen ersten Parteibeitrag entrichten. Die SED unterwarf ihre Mitglieder einer strengen Disziplin, die bis in die Privatsphäre reichte. Selbst Ehescheidungen, Alkoholprobleme oder die schulischen Schwierigkeiten der Kinder brachte sie zur Sprache und ergriff gegebenenfalls »erzieherische Maßnahmen«. Allerdings setzten die Diskussionen über »unmoralischen Lebenswandel« oder »Verletzung der Normen des Parteilebens« oft die einzigen Glanzlichter in der grauen Ödnis der endlosen Parteiversammlungen. Der zeitliche Aufwand für die »Parteiarbeit« war selbst für ein gewöhnliches Mitglied sehr hoch. Er steigerte sich mit jeder neuen Funktion. In der Regel fand monatlich eine Parteiversammlung statt, die mehrere Stunden dauern konnte und im Gegensatz zu den Gewerkschaftsversammlungen außerhalb der Arbeitszeit durchgeführt wurde. Der Montagabend war dafür im ganzen Land die feste Zeit. Hinzu kam ebenfalls einmal im Monat ein Kurs im Rahmen des Parteilehrjahrs, der zumindest theoretisch die qualvolle Lektüre der Parteitags- und Plenarversammlungsreden erforderte. Außerdem erwartete man von den Genossen, daß sie diverse Aufgaben in den Massenorganisationen oder im Wohngebiet übernahmen. Jegliche Aktivität schlug sich – streng rubriziert – in der Kaderakte nieder.

Wichtig ist der Hinweis, daß zumindest in den siebziger und achtziger Jahren niemals Druck ausgeübt wurde, um den Eintritt in die SED zu erzwingen. Ebensowenig galt die vollständige Erfasssung der erwachsenen Bevölkerung als erstrebenswert. Dafür gab es die sogenannten Massenorganisationen. Die Partei war ihrem Selbstverständnis nach »der bewußte und organisierte Vortrupp der Arbeiterklasse«. Sie vereinigte in ihren Reihen die »forschrittlichsten Angehörigen der Arbeiterklasse, der Klasse der Genossenschaftsbauern, der Intelligenz und der anderen Werktätigen«[145]. SED-Mitglieder besetzten fast alle Leitungspositionen. In den Bereichen Volksbildung, Hoch- und Fachschulen, Medien, in der höheren Ministerialbürokratie, in den Massenorganisationen und ihren hauptamtlichen Apparaten war ihr Anteil stets überproportional hoch. Lediglich einige wenige Stellen konnten nach einem vorgegebenen Schlüssel die Blockparteien vergeben. Über die unbedeutenderen Funktionen auf Gruppenebene entschied ebenfalls die Partei, bemühte sich hier allerdings gezielt, auch »Nicht-Genossen« organisatorisch einzubinden. Gelegentlich veröffentlichte die SED ihre Mitgliederzahlen. Aus ihnen ergibt sich für die Jahre zwischen 1970 und 1988 folgendes Bild:

Tabelle 5: Mitgliederstand der SED 1971 bis 1988

Stichtag	Mitglieder	Stichtag	Mitglieder
Juni 1971	1 909 859	Mai 1984	2 238 283
Dezember 1973	1 951 924	Dezember 1985	2 293 289
Mai 1976	2 043 697	April 1986	2 304 121
März 1977	2 074 799	Februar 1987	2 322 175
Dezember 1980	2 130 671	Dezember 1987	2 238 331
April 1981	2 172 110	Dezember 1988	2 324 995

Im Mai 1984 waren über 17 Prozent der erwachsenen Bevölkerung Mitglieder oder Kandidaten der SED. Ihr Anteil unter den Berufstätigen lag noch höher, 1981 bei 21,9 Prozent mit leicht steigender Tendenz. Frauen waren trotz ihres Anteils von 53 Prozent der Gesamtbevölkerung mit 1976 31,3 und 1981 33,7 Prozent relativ schwach vertreten. Auch in Apparat und Führung der SED hatten sie wenig Einfluß, und Zutritt zum inneren Zirkel der Macht, als stimmberechtigte Mitglieder des Politbüros fanden sie überhaupt nicht. Die Alterstruktur der SED entsprach etwa derjenigen der Gesamtbevölkerung. Im Jahre 1981 stellten die Altersgruppe zwischen 31 und 40 Jahren 42,5 Prozent und die der unter Fünfzigjährigen 59,7 Prozent aller Parteimitglieder.

Die Mitgliederversammlungen

Die SED bestand hauptsächlich aus Grundorganisationen (GO), welche die Mitglieder dort zusammenfaßten, wo sie arbeiteten. Darunter gab es Gruppen auf der Ebene einer Brigade, einer Abteilung oder eines studentischen Seminars. Um aber auch alle nichtberufstätigen Parteimitglieder – in der Regel also Rentner und Hausfrauen – zu organisieren, hatte man daneben die territorial strukturierten Wohnparteiorganisationen (WPO) geschaffen. Dort konnte man zudem jedes Parteimitglied außerhalb der Arbeitszeit erreichen, um es als Wahlhelfer, Teilnehmer an Subbotniks oder »gesellschaftliche Kraft« bei besonderen Anlässen einzusetzen. Grundsätzlich waren Routineversammlungen langweilig. Meist ging es um das letzte Plenum des Zentralkomitees, eine Direktive oder die wichtige Rede eines führenden Genossen, alles bereits im »Neuen Deutschland«, dessen tägliche Lektüre ohnehin zu den Pflichten jedes Genossen gehörte, im vollen Wortlaut abgedruckt. Bei der Nachbereitung wichtiger Plenartagungen und der Parteitage wurde der Stoff in Einzelthemen aufgegliedert, und verschiedene Teilnehmer erhielten den Auftrag, darüber zu referieren. Das gleiche wiederholte sich noch einmal in den Parteilehrjahren. Die Schwierigkeit bestand darin, kunstvoll auf dem schmalen Grat zwischen exakter Wiedergabe der Dokumente und »eigenen Gedanken und Schlußfolgerungen« zu wandeln, denn die Vorträge sollten sich auch konkret auf die Perspektivplanung des eigenen Betriebes, auf die Planerfüllung und die Verbesserung der Arbeit beziehen. So entwickelte sich eine eigene Sprache voller hölzerner Stereotype, abstrakter Formeln und Floskeln.

Die größte Furcht der Teilnehmer bestand allerdings nicht darin, wegen mangelnder Aktivität kritisiert zu werden, sondern Parteiaufträge zu erhalten. Jeder kroch in sich hinein, wenn es darum ging, Verantwortliche zu bestimmen, die Jugend- oder Gewerkschaftsarbeit zu beleben, denn dies bedeutete weitere öde Versammlungen, trostlose Lektüre von Referaten, das Verfassen von Berichten. Einsame Höhepunkte waren Verletzungen der »Normen des Parteilebens« oder gar Parteistrafen. Obwohl die Gepflogenheit, Vorfälle aus der Privatsphäre vor der Parteiversammlung zu verhandeln, im Laufe der siebziger und achtziger Jahre abgenommen hatte, galt weiterhin der Grundsatz, daß ein Genosse auch über seinen Lebenswandel Rechenschaft ablegen mußte. Trunkenheit am Arbeitsplatz, kleinere kriminelle Delikte, gelegentlich auch ein Ehebruch boten tagelang Gesprächsstoff. »Ideologische Abweichungen« verhandelte ebenfalls die Parteigruppe. Bei »ideologischen Bauchschmerzen« reagierte man kameradschaftlich und mit einer kleineren Strafe. Manchmal kam es aber auch zu regelrechten Hexenprozessen in Anwesenheit von Mitgliedern übergeordneter Leitungsgremien. Im schlimmsten Falle beruhten sie auf Mitteilungen der »Sicherheit«.

Kapitel II: Blockparteien und Massenorganisationen

1. Heimliche Opposition oder Verbündete der SED?

Während in der Sowjetunion seit 1918 ein striktes Einparteiensystem herrschte, existierten in der DDR als Relikte der »antifaschistisch-demokratischen Ordnung« noch vier sogenannte »befreundete Parteien«:

- Christlich-Demokratische Union (CDU),
- Liberal-Demokratische Partei Deutschlands (LDPD),
- National-Demokratische Partei Deutschlands (NDPD) und
- Demokratische Bauernpartei Deutschlands (DBD).

Ihre Rolle im Machtgefüge entwickelte sich seit 1989 zu einem heftig umstrittenen Thema. Immer, wenn man der SPD ihre Sonderbeziehungen zur SED oder eine heimliche Annäherung an die PDS vorwarf, konterte sie mit dem Argument, die CDU habe drei der Blockparteien inklusive Mitgliederstamm, Funktionärskörper und Immobilienbesitz nahtlos inkorporiert. Die Bewertung dieses nicht zu bestreitenden Vorgangs ist allerdings gegensätzlichen Sichtweisen unterworfen. Das Spektrum der Werturteile reicht dabei von totaler Verdammung als »Blockflöten« – einem in der DDR übrigens vollkommen ungebräuchlichen Ausdruck – bis zur Stilisierung einer stillen Opposition. Die Wahrheit liegt nicht einfach in der sprichwörtlichen Mitte, sondern beide Urteile haben in gewisser Weise ihre Berechtigung.

Ohne Zweifel waren die Blockparteien nahtlos ins Herrschaftssystem der SED eingebunden. Ihre Programme und Proklamationen enthielten nur geringfügige Abweichungen von den entsprechenden Dokumenten der SED. Ihre Funktionäre und Mandatsträger bestimmte ebenfalls die SED. Dennoch blieb selbst gegenüber ihren erprobten Kadern immer ein deutlich erkennbarer Rest von Mißtrauen. In den einflußlosen Legislativorganen von der Volkskammer bis hinunter zu den Stadtverordnetenversammlungen hatten die Repräsentanten der Blockparteien ihre Reservate, die allerdings nirgendwo eine Mehrheit bilden durften. Im Staatsrat stellten sie acht von 30 Mitgliedern und von den 40 Ministern lediglich vier sowie einige Vertreter. In der Volkskammer hielten sie, entsprechend den Vorgaben, 40 Prozent der Mandate. Auch auf der Ebene der Bezirke und Kreise sah das Bild nicht anders aus – bis hin zu dem bezeichnenden Detail, daß nur ein einziger Oberbürgermeister, nämlich der von Weimar, einer Blockpartei, der CDU, angehörte. Aus dem engeren Zirkel der Macht und auch aus dem Nationalen Verteidigungsrat

– dem Oberkommando aller bewaffneten Streitkräfte – blieben selbst die vollkommen SED-hörigen Führungskader der Blockparteien ausgeschlossen. Obwohl von keinem Gesetz oder Befehl festgeschrieben, galt dasselbe für alle Offiziere der Polizei und der Armee sowie für sämtliche MfS-Angehörige.

Die Mitgliedschaft in einer Blockpartei stellte also ein seltsames Zwitterding zwischen Loyalitätsbekundung und vorsichtiger Distanz dar. Sie signalisierte der Obrigkeit: Ich unterwerfe mich – aus Überzeugung oder um des persönlichen Vorteils willen – der Macht, ohne ihr von meiner Herkunft, Lebenskultur oder Weltanschauung her bedingungslos anzugehören. Auf der einen Seite wirkten die Blockpartei-Mitglieder noch unaufrichtiger als die durchschnittlichen Genossen, denn sie schoben sich noch bedenkenloser als jene die kleinen Vorteile zu, deren Austausch für das Funktionieren der DDR-Gesellschaft so wichtig war. Ihnen fehlten die in der SED lebendigen Reste des kommunistischen Puritanismus, der allerdings wiederum den Nährboden für die vielfältigen Unterdrückungsmaßnahmen der jeweiligen Führung bildete. Auf der anderen Seite war ihr Umgangston gesitteter. Statt der penetranten »Genossen-Duzerei« der SED herrschte in den Blockparteien das bürgerliche »Sie«. Hier schmückte man sich gern mit akademischen Titeln und Rängen, gelegentlich zählten Obermedizinalräte, Kammersänger und Professoren dazu, und in der NDPD gab es sogar einen kleinen, aber illustren Adelsklub. Hinzu kamen Handwerker, Gewerbetreibende und andere vom Schicksal bevorzugte Zeitgenossen. Die vielen kleinen Zeichen und Wunder, die sich mitten im Reich des Dialektischen Materialismus ereigneten, hatten in dieser Grauzone einen kräftigen Nährboden. Gestandene Fachleute für Karrierefragen vertraten die Überzeugung, es sei ganz besonders schlau, nicht der SED, sondern einer Blockpartei beizutreten. Letztere hatten vergleichsweise wenige Mitglieder. So arbeiteten zum Beispiel im Jahre 1987 lediglich 103 000 Personen in der Demokratischen Bauernpartei Deutschlands mit. Insofern erhöhten sich die Chancen, auf der »Parteischiene« voranzukommen und eine dem Proporz geschuldete Position einzunehmen.

Dies schließt nicht aus, daß nicht wenige Mitglieder von CDU, NDPD, LDPD und DBD sich ehrlich bemühten, der Gesellschaft ihr Bestes zu geben. In Gemeindevertretungen, Wohnungskommissionen, Elternvertretungen, Gewerkschaftsleitungen und anderen ehrenamtlichen Gremien opferten sie viel Freizeit und Energie. Sie nutzten Freiräume, um allen Widrigkeiten zum Trotz Probleme zu lösen, setzen sich für den Umweltschutz oder andere ehrenwerte Aufgaben ein. Doch all dies traf auch auf viele Angehörige der SED zu. Unabhängig von der Parteimitgliedschaft funktionierte in der DDR eine Art »Aktivitätsfalle«. Die totale Abstinenz gegenüber »gesellschaftlicher Tätigkeit« war weder praktisch durchzuhalten noch sonderlich fruchtbringend, überließ sie doch den »Hundertfünfzigprozentigen« das Feld. Die sinnvolle und berechtigte Maxime der Bürgerrechtsgruppen der achtziger Jahre, »Misch dich in die eigenen Angelegenheiten ein«, konnte nur unter Ausnutzung der vorhandenen Strukturen Erfolg zeitigen. Wer die Dinge in seinem Wohngebiet, am Arbeitsplatz oder in den Kindergärten und Schulen zum Besseren wenden wollte, lief Gefahr, durch die Beteiligung tendenziell integriert zu werden. Diese Problematik hatte keine abstrakte, sondern eine eminent praktische Bedeutung: Wieviel durfte man um der Sache willen schlucken, wo begann die fadenscheinige Bemäntelung des eigenen Opportunismus? Jeder zog für sich persönlich die Grenzen anders, und für etliche stellte der Eintritt in die CDU oder eine andere Blockpartei einen akzeptablen Kompromiß dar.

2. Die Massenorganisationen im DDR-Alltag

Die Massenorganisationen sind in ihrer praktischen Bedeutung für das Leben in der DDR nicht zu unterschätzen. So marginal ihr politisches Gewicht, so zentral war ihre Funktion bezüglich der Einbindung der breiten Bevölkerung in die Herrschaftsausübung der SED. An ihrer Mitgliedschaft führte kaum ein Weg vorbei. Andererseits sah die Umwelt den Eintritt und die Übernahme von Funktionen nicht als diskreditierend an. Es sei allerdings betont, daß es auch einzelne Menschen gab, die sich konsequent allen Organisationen verweigerten. Statistisch sind sie nicht erfaßbar. Im Berufsleben führten sie eine Randexistenz. In der Regel betrachtete man sie, sofern sie sich ansonsten politisch unauffällig verhielten, als Sonderlinge und ließ sie in Ruhe. Daß und wie die SED insbesondere durch die Kaderauswahl auch die Massenorganisationen beherrschte, ist bereits weiter oben ausführlich geschildert worden.

Der Freie Deutsche Gewerkschaftsbund (FDGB)

Der Einheitsgewerkschaft gehörten fast alle Berufstätigen an. Sie besaß im Jahre 1987 rund 9,5 Millionen Mitglieder, davon etwas mehr als die Hälfte Frauen, und stellte damit die weitaus größte Massenorganisation der DDR dar. Trotzdem war sie als Interessenvertretung der Belegschaften weitgehend bedeutungslos, die Langsamkeit und Inkompetenz ihrer Funktionäre selbst bei der SED fast sprichwörtlich. Eine Tätigkeit im FDGB bedeutete für karrierebewußte Berufsfunktionäre eine Art Strafversetzung mit Bewährungscharakter. Auch Ehrenämtern versuchten sich dort viele zu entziehen, und oft bedurfte es des Drucks der SED, damit Kollegen sich bereit fanden, sie zu übernehmen. Die so Gedrängten fungierten als eine Art Puffer zwischen der Obrigkeit und den Werktätigen, die zahlreiche Beschwerden und Eingaben erhielten. Permanente Kritikpunkte bildeten die Qualität des Kantinenessens oder der Zustand der sanitären Anlagen, doch besaß die Gewerkschaft kaum Möglichkeiten, irgendwelche positiven Veränderungen zu bewirken. Bei wirklich gravierenden Fragen schien es selbst parteilosen Mitarbeitern sinnvoller, sich an die SED-Instanzen zu wenden, von denen sie wußten, daß sie reale Kompetenzen besaßen.

Besonders auf zwei Gebieten entfaltete die DDR-Einheitsgewerkschaft ihre Aktivität: bei den Prämienzahlungen und bei der Urlaubsgestaltung. Erstere bedeuteten einen wichtigen Teil des Arbeitslebens. Man erhielt sie bei Erfüllung und Übererfüllung des Plans, für Verbesserungsvorschläge innerhalb der Neuererbewegung, vorbildliche Arbeit auf gesellschaftlichem Gebiet, volkskünstlerische Leistungen, aktive Mitgliedschaft in der Kampfgruppe und manches mehr. Die allgemeine Ausschüttung fand jeweils zum 1. Mai und zum 7. Oktober sowie an speziellen Ehrentagen wie dem Internationalen Frauentag, dem Lehrertag, dem Tag des Eisenbahners, des Bergmanns oder des sozialistischen Einzelhandels statt. Es gab sowohl individuelle als auch kollektive Prämien. Die Betriebsgewerkschaftsleitung (BGL) besaß ein Vorschlagsrecht gegenüber der staatlichen Leitung des Betriebes und hatte auch bei der Jahresendprämie – einer Art dreizehntem Monatsgehalt – mitzureden. Die Skala der Belobigungen reichte vom »Kollektiv der sozialistischen Arbeit« bis zu höheren Auszeichnungen.

Der zweite Höhepunkt des Gewerkschaftslebens war die alljährliche Verteilung der Reisen des FDGB-Feriendienstes und der Plätze in den »betrieblichen Erholungseinrichtungen«. Beide stellten für eine Durchschnittsfamilie praktisch die einzige Möglichkeit dar, eine gemeinsame Urlaubsreise zu unternehmen, da es private Hotels und Pensionen kaum noch gab. Die insgesamt 72 500 betriebseigenen Heime hatten oft ein besseres Niveau als die des FDGB, jedoch den Nachteil, daß man auch noch den Urlaub mit den Arbeitskollegen verbringen mußte. Also versuchte man den FDGB-Feriendienst zu nutzen, bei dem die Nachfrage stets größer war als das Angebot. Besonders während der einheitlich festgelegten Schulferien bereitete es Schwierigkeiten, mit Kindern einen Platz zu erhalten, vor allem an der begehrten Ostsee. Ab 1972 stellten sechs der komfortablen Interhotels 80 Prozent ihrer Kapazität (jährlich 85 000 Betten) für FDGB-Urlauber zur Verfügung. In geringem Umfang wurden auch Reisen in die sozialistischen Staaten sowie Kreuzfahrten angeboten. Letztere unterlagen strengen Genehmigungsverfahren, weil die Schiffe auch in Häfen kapitalistischer Länder vor Anker gingen. Die Preise gestalteten sich sehr moderat. Für 300 bis 500 Mark konnte eine vierköpfige Familie ihren Urlaub in einem der Gewerkschaftsheime verbringen und – wie die anderen auch – bei der Deutschen Reichsbahn eine Ermäßigung um ein Drittel in Anspruch nehmen. Obwohl oft nicht sehr komfortabel, lagen die Heime doch meistens in den landschaftlich schönen Erholungsgebieten wie Thüringer Wald, Harz, Mecklenburger Seenplatte oder entlang der Ostseeküste. Etliche befanden sich in älteren Pensionen und ehemaligen kleinen Hotels, welche die Staatsmacht in den fünfziger Jahren enteignet hatte. In den siebziger Jahren entstanden einige moderne Ferienanlagen mit größeren Bettenkapazitäten, die sich allerdings kaum bemühten, das spezifische Flair der Einheits-Wohnblocks zu verleugnen.

Die Freie Deutsche Jugend (FDJ)

Die FDJ hat wie kaum eine andere Organisation das Alltagsleben geprägt. Daß 1971 ihr ehemaliger Vorsitzender, ein Angehöriger der »Aufbau-Generation«, die Macht übernahm, war nicht ohne innere Logik. Auch sein Nachfolger Egon Krenz, der die DDR ins nächste Jahrtausend hätte führen sollen, hat von 1971 bis 1974 die »Jungen Pioniere« und anschließend bis 1983 die FDJ geleitet. Erich Honecker besaß ein Herz für die Jugend, und rasch machte der Satz die Runde: »Man soll junge Menschen nicht nach ihrem Äußeren beurteilen, sondern danach, was sie leisten.« Die Weltfestspiele der Jugend und Studenten im August 1973 bewiesen die Richtigkeit seines Rezepts.

Obwohl es auch in den siebziger Jahren Fälle harter Repression gegeben hat[146], suchte die Obrigkeit den ideologischen Konflikt an den Schulen und Universitäten nicht mehr ohne Not und duldete zunehmend nicht explizit politisch gemeinte Abweichungen. Diese »Liberalisierung« darf man nicht unterschätzen, denn die FDJ durchliefen fast alle und erhielten dort einen Teil ihrer Prägung.

Mit der Einschulung trat man zunächst den Jungen Pionieren bei und erhielt im Rahmen eines feierlichen Fahnenappells ihr Halstuch überreicht, das man zu feierlichen Anlässen auf einer weißen Bluse tragen mußte. Mit 14 Jahren übernahm die FDJ nach Möglichkeit die geschlossenen Klassenverbände und hielt deren Mitglieder im allgemeinen bis zum Abschluß ihrer Ausbildung. Eine eindeutige Altersgrenze nach oben existierte nicht. Einige »Berufsjugendliche« blieben – wenn auch oft belächelt – sehr lange und nannten sich »Freunde der Jugend«. Es ist niemals gelungen, eine vollständige Mitgliedschaft durchzusetzen. Der Organisationsgrad lag, bezogen auf die Gesamtzahl der Jugendlichen bis zum 25. Lebensjahr, zur Jahresmitte 1989 bei nur 76 Prozent. Davor schwankte er zwischen 58,2 (1971) und 86,6 Prozent (1987). Doch diese Angaben beziehen diejenigen Jugendlichen ein, die zwar während der Schulzeit Mitglied gewesen waren, sich nun aber im Arbeitsprozeß befanden und am Arbeitsplatz nicht mehr bei der FDJ angemeldet hatten. Unbekannt blieb dagegen die Zahl der Jugendlichen, die im Laufe ihrer Bildungs- und Ausbildungszeit niemals der FDJ angehört haben. Nur sehr wenige Schüler entzogen sich konsequent der Staatsjugendorganisation. An den Polytechnischen Oberschulen betrug der Organisationsgrad über 90, an den Erweiterten Oberschulen (EOS) fast 100 Prozent. Nur gelegentlich wurden Ausnahmen akzeptiert. Meist handelte es sich dabei um Kinder »kirchenleitender Persönlichkeiten«. An den Universitäten ergab sich ein ähnliches Bild, von dem lediglich die theologischen Fakultäten abwichen. Insgesamt beteiligten sich im Jahre 1981 etwa 2,3 Millionen Menschen an der Arbeit der Freien Deutschen Jugend.

Die FDJ war für die permanente Mobilisierung ihrer Mitglieder bekannt, der Übereifer ihrer Funktionäre sprichwörtlich und berüchtigt. Letztere versuchten oft, die SED »links zu überholen«. Die praktischen Möglichkeiten, Druck auszuüben, waren freilich sehr unterschiedlich. Sie stiegen mit der Hierarchie der Bildungseinrichtungen, denn überall entschied »gesellschaftliche Aktivität« über das Fortkommen mindestens so sehr wie die fachliche Leistung und die Stellung der Eltern. In manchen Fällen war das politische Engagement, vor allem der »richtige Klassenstandpunkt« und die »Einheit von Wort und Tat«, sogar wichtiger als die anderen genannten Faktoren. Schon beim Übergang zur Abiturstufe und besonders bei der Vergabe von Studienplätzen hatte das FDJ-Kollektiv ein gewichtiges Wörtchen mitzureden. Selbst in den Kommissionen der Universitäten, die nach Beendigung des Studiums über die Vergabe von Arbeitsplätzen entschieden, spielte die Beurteilung der FDJ-Gruppe eine wichtige Rolle. Diese Reglementierung hatte zur Folge, daß die Jugendlichen spätestens nach Erreichen ihres beruflichen Ziels der FDJ den Rücken kehrten und auch kaum noch Bereitschaft zeigten, wenigstens ehrenamtlich mitzuarbeiten.

Die Gesellschaft für Deutsch-Sowjetische Freundschaft (DSF)

Die DSF besaß 1988 stolze 6 400 000 Mitglieder, was fast der gesamten berufstätigen Bevölkerung entsprach. Allerdings handelte es sich um eine weitestgehend formale Mitgliedschaft. Die zahlreichen Karteileichen belästigte man nicht einmal durch regelmäßige Erhebung des Beitrags. Die Gesellschaft bot ein hübsches Alibi: Man konnte auf »gesellschaftliche Aktivitäten« verweisen und mußte sich trotzdem weder in übermäßigen organisatorischen Tätigkeiten aufreiben noch sein Gewissen verleugnen. Höchstens einmal im Jahr gab es einen »Samowarabend« mit Lichtbildern vom letzten Urlaub in der Sowjetunion, grusinischem Tee mit Kandiszucker und im günstigen Fall Warenje, der dazugehörenden Heidelbeerkonfitüre. Denkbar waren natürlich auch Dichterlesungen, Theaterbesuche oder die gemeinsame Besichtigung einer Kunstaustellung mit anschließender Diskussion. So konnte man das Angenehme mit dem Nützlichen verbinden, denn die Inszenierungen russischer Dramatiker und Exponate sowjetischer Künstler waren oft das Interessanteste, was die Kulturszene zu bieten hatte. Das »Haus der Deutsch-Sowjetischen Freundschaft« in Ost-Berlin bildete einen beliebten Treffpunkt für derartige Aktivitäten mit Bibliothek, Austellungsräumen, Kunstateliers sowie gastronomischen Einrichtungen, die Brigaden während des gesamten Jahres ausbuchten. Seit 1985 und besonders seit dem »Sputnik«-Verbot im November 1988 hatten die dort oder im »Haus der Kultur der Sowjetunion« in der Friedrichstraße durchgeführten Veranstaltungen eine oft mehr als pikante Note. Praktisch entstand ein Freiraum, gegen den die SED wenig unternehmen konnte. Durch das Etikett »Deutsch-Sowjetische-Freundschaft« geschützt, gelangte so ideologische Konterbande in die DDR.

Gesellschaft für Sport und Technik (GST)

Die GST spielte eine wesentliche Rolle bei der Militarisierung der Gesellschaft. Sie organisierte die vormilitärische Ausbildung in Schulen, Betriebsberufsschulen und Universitäten. Obwohl die Übungen keinen Bestandteil des gesetzlich geregelten Schulunterrichts bildeten, war die Teilnahme an ihnen praktisch Pflicht. Unter dem Dach der GST hatten sich außerdem die technischen und wehrsportlichen Verbände der Deutschen Schützen, der Flug- und Fallschirmsportler, der Militärischen Mehrkämpfer, der Modellsportler, der Radiosportler, der Seesportler, der Tauchsportler und der Wehrkampfsportler organisiert. Besonders die mit Fluggeräten verbundenen Sportarten unterlagen aus einsichtigen Gründen strengen Sicherheitsbestimmungen. Insofern übte die GST hier auch eine Kontrollfunktion aus. Der Alltag der Verbandsmitglieder freilich verlief nicht in allzu militärischen Bahnen.

Bei der Erziehung der Jugend zur Wehrtüchtigkeit dagegen erfüllte die GST eine zentrale Aufgabe. Bereits vor Einführung des obligatorischen Wehrkundeunterrichts war sie ein Bestandteil der Bildungseinrichtungen gewesen. In ihrer graugrünen Uniform lernten die Schulkinder Luftgewehrschießen, Exerzieren, Handgranatenzielwurf sowie den Umgang mit Karte und Kompaß. In der Regel einmal jährlich fuhr die Klasse gemeinsam ins GST-Lager und übte unter Leitung hauptberuflich angestellter Ausbilder das Überwinden der Eskaladierwand und die Entfaltung zur Schützenkette. Das ständige Kriegsspiel gehörte so sehr zum DDR-Alltag, daß man es kaum noch bewußt wahrnahm. Offiziellen Angaben zufolge hat es die GST geschafft, 97 Prozent der männlichen Jugendlichen in der vormilitärischen Ausbildung zu erfassen.

Kapitel III: Der Staatsapparat

1. Einheit von Staat und Partei

Die oft verwendeten Formulierungen vom Primat oder der Dominanz der Partei auf allen Ebenen des Machtapparats sind nicht ganz präzise, zumindest erfassen sie nicht die ganze Kompliziertheit der politischen Realität in der DDR, denn sie setzen einen Beherrschten voraus. Letzterer mag sich freiwillig oder widerstrebend den Befehlen unterwerfen, er mag mit brutaler Gewalt in die Knechtschaft gezwungen sein oder sich ihr mit Freude hingeben – das Verhältnis bleibt in jedem Fall ein Dualismus, der einen Dialog beinhaltet, in dem jede Seite ihre Stimme behält. Obwohl eine sorgfältig ausbalancierte, scheinbar stabile, in Wirklichkeit aber hochgradig sensible Beziehung zwischen politischer Macht und der Masse der Ohnmächtigen existierte, galt sie nicht für das Verhältnis zwischen SED und Exekutive. Staat und Partei bildeten vielmehr – ganz im Sinne der marxistisch-leninistischen Staatstheorie – eine innere Einheit. Entgegen den für das nationalsozialistische Herrschaftssystem manchmal reklamierten »polykratischen« Strukturen hat es in der DDR kein politisches Eigengewicht der Bürokratie, der ökonomischen Entscheidungsträger, der Sicherheitsorgane oder der Armee gegeben. Die Partei war, vor allem personell, vielfach mit dem Staatsapparat verflochten, so daß sich bei ihr eine ungeahnte Machtfülle konzentrierte. Dies schloß, um einem Mißverständnis vorzubeugen, die Möglichkeit flexibler Entscheidungen, Kompetenzwirrwarr, Willkür, Gesetzlosigkeit und Einzelinteressen von Berufsgruppen oder Regionen nicht aus. Erst unter dem Eindruck der Wendeereignisse gingen die staatlichen Instanzen auf Distanz zur Partei. Später taten sie gelegentlich entweder so, als hätten sie mit der SED und ihrem Apparat nur wenig zu tun gehabt, oder als seien sie nur ihr Vollzugsorgan gewesen. Umgekehrt stellten sich die Funktionäre der SED in öffentlichen Diskussionen und Arbeitsrechtsprozessen als ehren- oder hauptamtliche Mitarbeiter einer Organisation dar, deren Stellenwert im System zwar nicht ganz niedrig war, in der sie jedoch lediglich beratende Aufgaben wahrnahmen. In formal vollkommen korrekter Weise verwiesen sie auf die Statuten der SED und die entsprechenden staatlichen Gesetze, die in recht allgemeiner Form von der führenden Rolle der Partei sprachen, aber nirgendwo konkrete Einflußmöglichkeiten vorsahen.

Dieses falsche Bild verwischt die Konturen der DDR als einer anarchischen Diktatur mit strengen, allerdings weitestgehend ungeschriebenen Gesetzen, die nach den gleichen Regeln von der untersten Ebene eines Betriebes oder einer Schule bis hinauf zum Zusammenspiel zwischen ZK und Ministerrat funktionierte. Letzterer bildete die von der Volkskammer benannte Regierung der DDR. Sein Vorsitzender war Ministerpräsident beziehungsweise Regierungschef; von 1976 bis 1989 bekleidete Willi Stoph dieses Amt. Im Mai 1989 hatte der letzte Ministerrat 44 Mitglieder, von denen 40 der SED – mit Margot Honecker als einziger Frau – und je eines der CDU, der LDPD, der NDPD und der DBD angehörten. Neben dem

Vorsitzenden und seinen beiden Stellvertretern, dem Vorsitzenden und zwei Staatssekretären der Staatlichen Plankommission, dem Ständigen Vertreter der DDR im RGW, dem Vorsitzenden des Staatlichen Vertragsgerichts, den Leitern der Ämter für Preise und Jugendfragen, dem Präsidenten der Staatsbank, dem Oberbürgermeister von Ost-Berlin sowie dem Vorsitzenden des Komitees der Arbeiter-und-Bauern-Inspektion saßen 31 Fachminister im Ministerrat. Neben ihren Ressorts unterstand dem Ministerrat eine Vielzahl von Kommissionen, Räten, Staatssekretariaten, Komitees, Behörden, Ämtern und Zentralverwaltungen.

Trotz dieser Konzentration an Zuständigkeiten bewegten sich die nicht dem Politbüro angehörenden Mitglieder des Ministerrats bestenfalls im mittleren Segment der Machtpyramide. »Also die Minister, ... das waren arme Schweine«, bemerkte der ehemalige Generaldirektor des VEB Carl Zeiss Jena rückblickend in einem Interview[147]. Sie waren »ein kleines Getreidekorn zwischen zwei Mühlsteinen: Oben walzte das Politbüro und das Zentralkomitee, dann kam das Ministerium, und unten war die Basis, also die Kombinate mit den Generaldirektoren ... Ich bin zigmal gefragt worden: Willst du nicht Minister werden? Ich war doch nicht blöd«[148]. Die ZK-Abteilungen gebärdeten sich gegenüber den Ministerien wie vorgesetzte Behörden. Insbesondere Günter Mittag war dafür bekannt, als zuständiger ZK-Sekretär für Wirtschaft selbstherrliche Entscheidungen zu treffen. Im Rückblick sahen selbst hohe Amtsträger der SED darin eine der Ursachen für die Ineffizienz des Systems. Gerhard Schürer, als Vorsitzender der Staatlichen Plankommission Angehöriger des Ministerrats und Kandidat des Politbüros, schrieb: »Die schizophrene Situation, daß für die Wirtschaftspolitik zwar nominell der Ministerrat verantwortlich zeichnete, sie aber im ZK der SED ausgearbeitet und bis ins Detail bestimmt wurde, ist eine der Ursachen für die uneffiziente Arbeit auf diesem Gebiet ... ganz gleich wo sich Günter Mittag befand, ob in Berlin im Zentralkomitee, in Graal-Müritz im Urlaub oder in Mexiko auf Dienstreise: Er suchte jeden Tag den Kontakt mit mir, um mir etwas anzuweisen.«[149]

2. Wahlen in der DDR

Das Verhältnis der SED zu Mehrheitsentscheidungen war seltsam gespalten. Auf der einen Seite lehnte sie sie heftig ab, andererseits fanden sowohl in den gesellschaftlichen Organisationen als auch auf staatlicher Ebene ständig Wahlen statt, die wenigstens formal den ihnen zugrundeliegenden Prinzipien entsprachen. Die SED-Ideologen entzogen sich diesem Widerspruch durch die Formel: Machtfragen sind Klassenfragen. Während die bürgerliche Demokratie Ausdruck der Herrschaft der Bourgeoisie sei, entspreche die sozialistische Demokratie der Macht des Volkes. Dementsprechend erklärte das »Kleine politische Wörterbuch« des parteioffiziellen Dietz Verlags den Unterschied zwischen Wahlen im Sozialismus und im Kapitalismus so: »Der konkrete Inhalt eines Wahlsystems ist ... abhängig von den in der jeweiligen Gesellschaftsordnung herrschenden Klassenverhältnissen und dem Kräfteverhältnis zwischen ihnen. Deshalb sind die verschiedenartigen bürgerlichen Wahlsysteme und die sozialistischen Wahlsysteme qualitativ völlig unterschiedlich

... Das bürgerliche Wahlsystem ist darauf gerichtet, die unterdrückten und ausgebeuteten Klassen, d. h. die große Mehrheit des Volkes und der Wähler, von der tatsächlichen staatlichen Macht fernzuhalten und ihren wirklichen Willen zu verfälschen. Deshalb gehören zu den bürgerlichen Wahlsystemen untrennbar auch Wahlbetrug und -fälschung, Wahlterror, geheime Wahlabsprachen ... Das sozialistische Wahlsystem ist darauf gerichtet, daß das souveräne Volk seinen Willen bei den Wahlen unbehindert zum Ausdruck bringen und seine besten Vertreter in die Vertretungskörperschaften wählen kann.«[150] Da Mehrheitsentscheidungen also per definitionem die Machtverhältnisse nicht verändern konnten, traten Einheitslisten der Nationalen Front an, die dann stets mit etwa 99 Prozent, dem vorher festgelegten Resultat, bestätigt wurden.

Die Wahlen zur Volkskammer fanden alle vier Jahre statt, parallel dazu bis 1981 die zur Stadtverordnetenversammlung von Groß-Berlin, die ihre Abgeordneten wegen des Viermächte-Status mittelbar in die Volkskammer entsandte. Zeitlich versetzt wurden Kommunalwahlen abgehalten, aus denen die Bezirks- und Kreistage, die Stadtverordneten- und Stadtbezirksversammlungen sowie die Gemeindevertretungen hervorgingen. Obwohl sie keinerlei Einfluß auf den Gang der Ereignisse hatten und jedermann davon ausging, daß man Veränderungen – wenn überhaupt – nur innerhalb der Partei bewerkstelligen konnte, nahm die SED Vorbereitung und Durchführung der Volkswahlen ungeheuer ernst, betrieb einen gewaltigen Propagandaaufwand und feierte die Ergebnisse immer wieder von neuem als Erfolg. Die Prozedur begann mit Versammlungen, in denen die Kandidaten der Nationalen Front Rede und Antwort stehen mußten. Obwohl angeblich die Arbeitskollektive die Vorschläge unterbreiteten, tauchten die Kandidaten gewissermaßen aus dem Dunkel des Apparates auf; theoretisch entschieden die Ausschüsse der Nationalen Front, praktisch die zuständigen SED-Instanzen in Absprache mit den Blockparteien. Kaum jemand drängte sich nach der Übernahme von Abgeordnetenfunktionen, denn sie waren mit erheblichem Arbeitsaufwand verbunden, ihre Sitzungen fanden überwiegend nach Feierabend statt, und oft unterlagen sie dem Zwang, trotz marginalen Einflusses auf die politischen Entscheidungen als eine Art Puffer zwischen den Instanzen und den Bürgern mit ihren vielfältigen Sorgen zu dienen. Deshalb mußten die Mitglieder der SED, der befreundeten Parteien und der Massenorganisationen eher in die Volksvertretungen »geprügelt« werden, als daß es einen großen Andrang gegeben hätte.

Die Wählerversammlungen, die auf gemeindlicher oder regionaler Ebene stattfanden, bildeten beliebte Podien für die in der DDR geduldete »Meckerkultur«. Obwohl die öffentlich aufgebotenen Kandidaten Abhilfe versprachen und jeder wußte, daß es im großen und ganzen so bleiben oder noch schlimmer werden würde, konnten persönlich vorgebrachte Anliegen bisweilen doch zum Erfolg führen. Die Instanzen reagierten nämlich im Vorfeld stets empfindlich auf die Drohung, nicht zur Wahl zu erscheinen. So gelang es manchem DDR-Bürger, durch den publikumswirksamen Auftritt eine bessere Wohnung, eine neue Jauchegrube oder eine zusätzliche Mülltonne zu erhalten. Freilich hatte er hier den schmalen Grat zwischen berechtigter Empörung und politischer Provokation zu wahren, sonst konnte das erhoffte Ergebnis schnell ins Gegenteil umschlagen. Das Spiel zwischen sorgfältig austarierter Drohung und Wahrung der gebotenen Grenzen wiederholte sich bei der

Übergabe der Wahlbenachrichtigungskarten, die meist im Ort bekannte Mitglieder der Wahlkommission persönlich vornahmen. Die Abgesandten hatten die Pflicht, alle Wünsche und Beschwernisse zu notieren und weiterzuleiten. Auch Eingaben an das Wohnungsamt oder die Kommunale Wohnungsverwaltung schienen zu diesem Zeitpunkt erfolgversprechender. Andererseits verringerte sich ihre Wirksamkeit mit der Häufigkeit ihrer Anwendung, und in den letzten Jahren der DDR rief der Hinweis auf die Möglichkeit der Wahlenthaltung nur noch ein Schulterzucken hervor.

Den Höhepunkt bildete schließlich der Wahlsonntag, an dem sich alle einschlägigen Organe, insbesondere die Volkspolizei, in »erhöhter Wachsamkeit« befanden. Das Stadtbild war mit Fähnchen und Transparenten geschmückt. Manche Hausgemeinschaften, Betriebe oder Universitäten hatten sich durch Handzeichen dazu verpflichtet, bereits sehr früh oder bis zu einer bestimmten Uhrzeit das Wahllokal aufzusuchen. Die in Wohnheimen konzentrierten Studenten oder Lehrlinge erschienen gemeinsam, möglichst im Blauhemd und geführt vom Seminargruppenbetreuer und der FDJ-Leitung. Die Angehörigen der Nationalen Volksarmee und der anderen bewaffneten Organe erhielten Ausgangssperre, marschierten nach einem Frühstück mit Sonderration mit ihren Einheiten zu dem innerhalb der Kaserne gelegenen Wahllokal und gingen dort geschlossen an der Urne vorbei, so daß Nichtbeteiligung und Gegenstimmen unmöglich waren. Obwohl solche Maßnahmen die Kontrolle verbesserten, bildete das Wahlgesetz die eigentliche Hürde. Die Zustimmung zu den Einheitskandidaten erfolgte durch Einwurf des Wahlzettels. Wer Veränderungen vornehmen oder den gesamten Vorschlag ablehnen wollte, mußte die Wahlkabine aufsuchen, die in einem möglichst entfernten Winkel des Raumes stand, und unter den Augen der gesamten Wahlkommission Spießruten laufen. Wenn deren Mitglieder, zumeist lokale Funktionäre und Amtsinhaber, ihn kannten, mußte er zudem mit persönlichen Nachteilen oder sogar damit rechnen, daß sein Name Eingang in die Akten des MfS fand.

Die beliebtere Form des Protests war die Enthaltung durch Nichterscheinen, denn auch die Gegenstimme akzeptierte die Farce als Wahl. Deshalb sandte man einige Stunden vor Schließung der Wahllokale sogenannte »Schlepper« aus, die an den Wohnungstüren klingelten und an das wichtige Ereignis erinnerten. Bei kranken, alten und gebrechlichen Personen sowie in Altersheimen und Krankenhäusern erschienen Helfer mit »fliegenden Wahlurnen«, so daß Unpäßlichkeit nicht als Ausrede gelten konnte. Wer auf Reisen war, hatte im »Vorwahllokal« zu erscheinen. Welche Rolle Wahlfälschungen gespielt haben, blieb lange unklar. Erst bei der letzten Wahl nach altem Muster, am 7. Mai 1989, wurden sie eindeutig nachgewiesen. Nach der Wende tauchten allerdings Belege auf, daß die Wahlkommissionen schon vorher durch eine Reihe von Tricks die Quote der Nichtwähler niedrig gehalten hatten, da die lokalen Instanzen bei auffallend geringer Wahlbeteiligung befürchteten, ihre Vorgesetzten könnten sie wegen schlechter Arbeit zur Rechenschaft ziehen. Das beliebteste Verfahren bestand darin, notorische Abstinenzler schon vorsorglich aus den Verzeichnissen zu streichen.

Die beschriebenen Mechanismen erklären jedoch die fast regelmäßige 99-Prozent-Zustimmung nur unzureichend. Nicht nur die Furcht vor Repressionen kann die Bürger der DDR dazu gebracht haben, widerspruchslos das Zettelchen in die Wahlurne zu werfen, denn allein wegen seines Wahlverhaltens hat man niemanden gerichtlich belangt. Auch die Propaganda, die den gewissermaßen feierlichen und insofern nur formalen Abschluß eines in langen Diskussionen vollzogenen Auswahlprozesses der geeignetsten Kandidaten betonte, hat keiner ernst genommen. Trotzdem strömten die Menschen teils widerwillig, teils zustimmend und zu einem erheblichen Teil gleichgültig alle zwei Jahre in die Wahllokale und bestätigten Kandidaten, deren Erfolg ohnehin feststand. Massenhafte Enthaltungen oder gar Gegenstimmen hätten das SED-System sicher nicht gestürzt, auf jeden Fall aber in große Erklärungsnot versetzt, doch selbst am 7. Mai 1989 ging das gleiche Volk noch brav zur Wahl, das sich sechs Monate später zu Massendemonstrationen aufraffte. Die Mischung aus Angst, Gleichgültigkeit und politischer Indoktrination erklärt das Verhalten teilweise. Trotzdem bleibt ein irrationaler Rest, ein im Menschen offenbar tief verwurzeltes Streben nach Einklang mit den Herrschenden, eine Freude an der Unterwerfung, gerade wenn sie mit Demütigung verbunden ist.

Gerhard Gäbler, 1989

Leipzig, 7. Oktober 1989.

Vierter Teil
Herrschaft und Unterwerfung

Kapitel I: Legitimation der Macht

1. Historische Formen staatlicher Legitimität

Im christlichen Mittelalter legitimierte sich die Macht unmittelbar durch Gott. Max Weber sprach von der »traditionalen Herrschaft kraft Glaubens an die Heiligkeit der von jeher vorhandenen Ordnungen . . .«[151] Die weltliche Macht erhielt durch die Kirche ihre sakrale Weihe. Zwischen Kaiser und Papst herrschte nicht immer Eintracht, aber die Auseinandersetzungen führten zu einem ausbalancierten Dualismus, der Raum ließ für die Entstehung neuer Ideen und Lebensformen. Dazu gehörten schließlich die Prinzipien der Rechtsstaatlichkeit, der Volkssouveränität und der Gewaltenteilung. Seit der amerikanischen Unabhängigkeitserklärung von 1776 und der Deklaration der Menschenrechte von 1789 bildeten sie die Grundlage für die »legale« Herrschaft, die Weber als zweite Form legitimer Herrschaft anführte und die nach seiner Auffassung »kraft des Glaubens an die Geltung legaler Satzungen und der durch rationale geschaffene Regeln begründeten sachlichen Kompetenz« funktioniert[152]. Als dritte Möglichkeit nannte der bereits 1920 gestorbene berühmte Soziologe die »charismatische Herrschaft, kraft affektueller Hingabe an die Person des Herrn und ihre Gnadengabe«[153]. In der politischen Praxis der Führerstaaten des 20. Jahrhunderts spielte die vermeintliche oder tatsächliche »Gnadengabe« jedoch nur eine untergeordnete Rolle. Die totalitäre Macht bedarf der Zustimmung der Massen nämlich nicht wirklich, sondern gibt sich mit dem propagandistischen Schein vollkommen zufrieden. Sie produziert ihre Legitimität durch Masseninszenierung, Terror und Ideologie selbst. Die totalitären Systeme kannten nur ein Prinzip: das Recht des Stärkeren.

Die »Machtfrage« bildete auch im Selbstverständnis der SED Anfang und Ende des politischen Handelns. Wenn ihre Funktionäre mit drohend gesenkter Stimme »Hier geht es um die Machtfrage« raunten, bedeutete dies, daß es von nun an besser war, nicht mehr zu widersprechen. »Machtfragen sind Klassenfragen«, lehrten die Propagandisten der kommunistischen Ideologie. »In der antagonistischen Klassengesellschaft ist Macht stets Herrschaft einer ausbeutenden Minderheit über eine ausgebeutete Mehrheit«, hieß es dazu im »Kleinen politischen Wörterbuch« des Dietz Verlags. Die Herleitung von Legitimität und Recht aus den bestehenden Besitzverhältnissen und die Bindung der Herrschaft an die historisch fortschrittliche Klasse boten die Möglichkeit, jeden Rechtsbruch und jedes Verbrechen zu rechtfertigen. Deshalb hatten auch die Bolschewiki für die nach dem Oktoberputsch demokratisch gewählte Konstituierende Versammlung, die am 18. Januar 1918 in Petrograd zusammentrat, nur Hohn und Spott übrig. Am Abend der Eröffnungssitzung stieg der mit ihrem Schutz beauftragte Kommandeur der Rotgardisten-Abteilung aufs Podium und verkündete: »Meine Herrschaften, heben sie die Sitzung auf! Die Wachen sind müde.« Nach zaghaften Anfängen bedeutete dies für über 70 Jahre das Ende des Parlamentarismus in Rußland[154].

Die Nationalsozialisten verfügten über keine so ausgefeilte wissenschaftliche Theorie wie der Marxismus-Leninismus. »Der faschistische Mythos ist unverhüllt und geradeheraus«, schrieb Arthur Koestler 1945. »Das Opium wird den Massen von den Führern ganz offen verabreicht. Die Archetypen von Blut und Boden, des drachentötenden Übermenschen, die Gottheiten von Walhall und die teuflischen Mächte des Judentums werden systematisch für nationale Zwecke aufgerufen. Eine Hälfte des Hitlerschen Genius bestand darin, die richtigen unbewußten Saiten anzuschlagen, die andere Hälfte bestand in einem flinken Zusammenstoppeln, in seinem Sinn für über- oder scheinmoderne Methoden in Wirtschaft, Architektur, Technik, Propaganda und Kriegsführung. Das Geheimnis des Faschismus ist die Wiederbelebung archaischer Glaubensinhalte in moderner Fassung.«[155] Eine biologistische, pseudo-darwinistische Rassenideologie voller skurriler Ungereimtheiten lieferte die ausreichende geistige Grundlage für Krieg und Massenmord. Zumindest in der Selbstlegitimation glichen sich marxistisch-leninistische und nationalsozialistische Theorie allerdings verdächtig. Ihre Unterschiede und Gemeinsamkeiten hat der polnische Schriftsteller und spätere Literaturnobelpreisträger Czesław Miłosz mit Blick auf die Vorgänge in seiner Heimat bereits Anfang der fünfziger Jahre in seinem berühmten Essay »Verführtes Denken« analysiert: »Die große Sehnsucht des freischwebenden Intellektuellen ist es, zur Masse zu gehören. Dies Bedürfnis ist so ungestüm, daß viele, die einst im faschistischen Deutschland oder Italien Inspirationen suchten, sich jetzt zum Neuen Glauben bekehrt haben. Nun war in der Tat das Programm der totalitären Rechten außerordentlich ärmlich . . . Weder die Rassenlehre noch der Haß auf andere Nationen oder die Verherrlichung der eigenen konnte das Gefühl verwischen, daß der ganze Inhalt der Doktrin gleichsam nur zur Bewältigung aktueller Probleme aus dem Boden gestampft worden war.«[156] Dagegen habe »Murti-Bing«, wie er die kommunistische Staatsideologie in Anlehnung an einen düster apokalytischen Roman seines Landsmanns Stanisław Witkiewicz nannte, »wissenschaftliche Grundlagen, und zugleich tilgt es alle Spuren der Vergangenheit . . . Alles wird durch ein einziges System, eine einzige Ideensprache abgelöst«[157]. Wer sich auf die hermetische Logik des legitimatorischen Zirkelschlusses einläßt, ist verloren. Die einzig mögliche Widerlegung des Totalitarismus besteht in seinem Sturz, ein Argument, dem sich allerdings auch ein großer Teil seiner Anhänger und Mitläufer nicht entziehen konnte. Seine geistige Grundlage, eine grenzenlose Vergötzung der Macht, kehrt sich durch das Faktum der Niederlage gegen die gestürzte Herrschaft und ihre Protagonisten. So wie die Heiden den Glauben an ihre Götter verloren, wenn beherzte Missionare die heiligen Eichen fällten oder die hölzernen Götzenbilder öffentlich auspeitschen ließen, verliert die Masse den Glauben, wenn sich die Schwäche des totalitären Systems erweist.

2. Die Diktatur der Liebe

Die Legende vom Großinquisitor bildet einen relativ eigenständigen Teil des Romans »Die Brüder Karamasow« von Fjodor Dostojewski. Nach den Erfahrungen des 20. Jahrhunderts kann sie als Schlüssel zum Verständnis der modernen Tyrannis dienen. Irgendwann im 16. Jahrhundert, so erzählt Aljoscha Karamasow seinem Bruder, erschien der wiedererstandene Heiland in der spanischen Stadt Sevilla. Die Menge erkannte ihn intuitiv und jubelte ihm zu. Er machte einen Blinden sehend und erweckte ein totes Kind zum Leben. Vom Eingang der Kathedrale betrachtete der greise Großinquisitor das seltsame Treiben auf dem Marktplatz. Er schickte seine Häscher, Jesus in Ketten zu werfen und erschien nachts bei dem Gefangenen. In einem langen Monolog offenbarte er ihm, was er für das »Grundgeheimnis der menschlichen Natur« hielt: »Es gibt keine anhaltendere und quälendere Sorge für den Menschen als die, daß er frei geworden, so rasch wie möglich den fände, den er anbeten würde ... Hattest du denn vergessen, daß Ruhe und sogar der Tod dem Menschen lieber sind als die freie Wahl im Wissen um Gut und Böse? Nichts Verführerischeres gibt es für den Menschen als die Freiheit des Gewissens, aber es gibt auch nichts, was ihn mehr peinigte.«[158] Torquemada begründete damit den Anspruch der Kirche auf Allmacht. Weil der Mensch schwach und wankelmütig, zur Freiheit der Gewissensentscheidung nicht fähig sei, nehme sie der gequälten Kreatur aus Mitleid die Last der Freiheit von der Schulter. »Wir haben deine Tat korrigiert«, fuhr der Großinquisitor fort, »und sie auf Wunder, Geheimnis und Autorität gegründet. Und die Menschen freuten sich, daß man sie wieder zu führen begann wie eine Herde und daß diese furchtbare Gabe, die ihnen soviel Qual bereitet hatte, endlich von ihren Herzen genommen war.« Dann stellte er dem schweigenden Heiland die rhetorische Frage: »Liebten wir denn nicht die Menschheit, indem wir so demütig ihre Kraftlosigkeit erkannten, ihr liebevoll die Bürde erleichterten und ihrer schwachen Natur auch noch die Sünde gestatteten, doch nur eben die Sünde mit unserer Erlaubnis?«[159] Schließlich erklärte er dem Gefangenen, daß er am nächsten Tag auf dem Scheiterhaufen sterben müsse. Als Jesus sich erhob und ihm einen Kuß auf die verdorrten Lippen drückte, erschauerte der alte Mann bis ins Mark. Er wies Christus den Weg aus dem Kerker und befahl ihm: »Geh, und kehre niemals wieder ... kehre auf keinen Fall zurück ... niemals, niemals, niemals!«[160] Der Heiland trat hinaus in die Nacht und verschwand in der Dunkelheit. Die Figur des Torquemada hat Dostojewski aus Schillers »Don Carlos« entlehnt, doch ging es beiden nur vordergründig um den Widerspruch zwischen christlicher Lehre und kirchlicher Praxis. Die Inquistion bedeutete für sie das Prinzip der Unfreiheit aus Liebe. Nicht zufällig bezeichnete auch Orwell die Geheimpolizei seines visionären Staates als »Ministerium für Liebe«.

Als Erich Mielke am 13. November 1989 seine denkwürdige Abschiedsvorstellung vor der Volkskammer gab, redete er gewohnheitsgemäß die Anwesenden mit »Genossen« an. Nachdem ihn – in jenem Parlament bis zu diesem Tag absolut unüblich – ein Abgeordneter mit dem Zwischenruf »In dieser Kammer sitzen nicht nur Genossen« unterbrochen hatte, stammelte der bisher allmächtige Geheimdienstchef verlegen: »Verzeihung, das ist doch nur eine natürliche menschliche Sache. Das ist doch eine formale Frage. Ich liebe doch alle, alle Menschen!«[161] In der verkürzten Fassung »Ich liebe euch doch alle!« wurde diese Erwiderung zum Geflügelten Wort und Ausdruck des Verhältnisses zwischen der Obrigkeit als liebendem und strafendem Vater und den Untertanen als unmündigen Kindern. Ebenso liebten die Jungen Pioniere ihre Heimat, die Sowjetunion, die SED und ihren Generalsekretär, denen sie »unverbrüchliche Treue« schworen. »Hingabe« an die Ideale des Sozialismus stellte eine weitere Forderung dar. Die politische Topologie war voller Gefühlskitsch, der die politischen Herrschafts- und Knechtschaftsverhältnisse emotionalisierte und damit verklärte. Das erleichterte die Verschleierung der Entmündigung, aber auch die Verinnerlichung der Unterwerfung. Sicherheit ist ein anderer, im menschlichen Empfinden eigentlich positiv besetzter Schlüsselbegriff zum Verständnis der SED-Diktatur[162]. Die DDR-Medien betonten oft und gern die soziale Sicherheit im allgemeinen und die des Arbeitsplatzes im besonderen. Zum anderen setzte man den Begriff mit »Staatssicherheit« gleich. Die dem MfS übergeordnete Abteilung im Zentralkomitee hieß »Abteilung für Sicherheitsfragen«. Die SED-Funktionäre nannten die Mitarbeiter des MfS die »Genossen von der Sicherheit«. Ein komplexes System von Signalen vermittelte den Eindruck von Sicherheit. Dazu gehörten der Gestus des Redenden und vor allem die Fernseh- und Zeitungsbilder mit lachenden Menschen, glücklichen Kindern, zufriedenen Eltern, freundlichen alten Menschen, die täglich das Land überschwemmten und ihre Wirkung ausübten. Ähnlich zweideutig wurden die Begriffe Ordnung, Ruhe, Sauberkeit, Geborgenheit, Normalität und vor allem Frieden gebraucht. Anders als Abstraktionen wie Sozialismus oder demokratischer Zentralismus sprachen sie mehr die Emotion als die Vernunft an. Dem gegenüber stand die Welt der Unordnung, der Unruhe, des Schmutzes, der Anomalität, des Chaos, kurz gesagt die kapitalistische Gesellschaft. Konkret bedeutete dies einen Höllenpfuhl aus Massenarbeitslosigkeit, Verbrechen, Wirtschaftskrisen, Korruptionsskandalen, bei dessen Anblick oder Vorstellung es den braven DDR-Bürger schauderte.

Während sich dort alles permanent veränderte und Ungewißheit verbreitete, war hier das gesamte System auf Dauer angelegt. Im Fernsehen der DDR boten die Schauspieler bis zum Rentenalter und darüber hinaus immer die gleichen Rollen. Die Schlagersternchen der fünfziger Jahre trällerten ihre Lieder bis zum bitteren Ende. Das »Neue Deutschland« repräsentierte Solidität und Unveränderlichkeit. Man hatte seine Lektüre in fünf Minuten beendet und wußte danach, die Welt ist in Ordnung. Auf der Titelseite befand sich stets die Abbildung einer lachenden Bäuerin auf einer Kartoffelvollerntemaschine, eines Wissenschaftlers in weißem Kittel, der mit ernstem Blick eine Reagenzglasprobe betrachtete, vielleicht auch eines Arbeiters in offenem Hemd unter dem blauen Arbeitskittel an seiner Drehmaschine.

Führende Persönlichkeiten informierten sich vor Ort über die Erfolge und gaben den Werktätigen wertvolle Hinweise. Die Vorherrschaft der Bilder über den Text, der Codes über die individuelle Mitteilung, der Symbole über den Zusammenhang scheint überhaupt eine Besonderheit der Kommunikation in totalitären Systemen zu sein. Das war langweilig, aber auch irgendwie schön. Wenn es überhaupt Unterbrechungen des ewigen Gleichklangs gab, dann jenseits der Grenzen. Die Völker kämpften gegen den Imperialismus; Attentate, Militärputsche, Affären und Börsenkräche erschütterten den untergehenden Kapitalismus. Das Leben spielte sich immer anderswo ab. Interne Probleme existierten so gut wie keine.

Das alles hätte nicht funktioniert, wenn es nicht auch bequem gewesen wäre. Man lebte in den Tag und genoß die Unfreiheit. Niemanden quälte beim Autokauf die Frage: bordeaux-rot oder Chinchilla. Keiner mußte über den Katalogen der Reisebüros brüten, um sich zwischen Zypern und den Kanarischen Inseln zu entscheiden. Jeder war froh, im Betriebsferienheim in Mecklenburg einen Platz zu erhalten. Wenn es um den Erwerb von Fliesen für das Badezimmer ging, waren die sozialen Hierarchien und Bildungsschranken außer Kraft gesetzt und vor den meist übel gelaunten Verkäufern fast alle Menschen gleich. Doch die lange Wartezeit auf Baumaterial oder ein Auto signalisierte nicht nur soziale Gleichheit, sondern auch Kontinuität und Sicherheit. Kaum volljährig geworden, meldete man sich in der Regel beim örtlichen IFA-Vertrieb und erhielt ein Zertifikat über die Bestellung eines PKW Marke »Trabant« oder »Wartburg«. Außerhalb Ost-Berlins betrug die Wartezeit für ersteren in den späten achtziger Jahren 16, für letzteren 18 Jahre. Wer klug war, stellte zur gleichen Zeit einen Antrag auf Wohnung und Telefonanschluß. Auch alle weiteren wichtigen Daten lagen bereits fest: drei Jahre Armee, fünf Jahre Studium, Hochzeit, zinsloser Ehekredit, Babyjahr, fünf Jahre Warten auf die Wohnung, drei Jahre Sparen für die Einrichtung der Zwei-Raum-Vollkomfort-Wohnung mit Schrankwand und Farbfernseher – und schon stand der »Trabi« vor dem Neubaublock. Längst schon lief wieder eine Anmeldung beim IFA-Vertrieb, um das alte Modell nach einigen Jahren verkaufen und mit dem Geld die Neuanschaffung finanzieren zu können.

Das »Reich der Ruhe und des Glücks«, wie es Dostojewskis Großinquisitor nannte, war nahezu vollkommen: »Wir werden ihnen ein Glück in Stille und Demut geben, das Glück der schwachen Geschöpfe, als die sie geschaffen sind ... Wir werden ihnen beweisen, daß sie schwach sind, nichts als armselige Kinder, daß aber Kinderglück süßer ist als jedes andere. Sie werden schüchtern sein, zu uns aufsehen und sich in Furcht an uns drängen wie Küken an die Glucke. Sie werden uns bewundern und fürchten und stolz darauf sein, daß wir so mächtig und so klug sind ... Sie werden entkräftet zittern vor unserem Zorn, ihr Verstand wird verzagen, in ihren Augen werden die Tränen lauern wie bei Kindern und Frauen, doch genauso leicht werden sie auf einen Wink von uns zur Heiterkeit, zum Lachen, zur hellen Freude und zum kindlich-glücklichen Gesang übergehen. Ja, wir werden sie zwingen zu arbeiten, doch für die Mußestunden werden wir ihr Leben einrichten als harmloses Spiel mit Kinderliedern, mit Regen und unschuldigen Tänzen. Wir werden ihnen auch die Sünde erlauben, sie sind schwach und ohne Widerstand, und sie werden uns auf Kinderweise dafür lieben, daß wir ihnen erlauben zu sündigen. Wir sagen ihnen, daß jegliche Sünde vergeben wird, wenn sie mit unserer Erlaubnis geschieht, und daß wir ihnen zu sündigen erlauben, weil sie lieben ...«[163] Es schien kaum möglich, diesem Verhaltensmuster zu entfliehen. Politische Opposition bedeutete in den Augen der Macht Ungezogenheit. Sie wurde als mangelnde ideologische Reife definiert und nur in Fällen notorischer Unverbesserlichkeit auf Einflüsse des Feindes geschoben. Erst wenn andere »erzieherische Maßnahmen« nicht den erhofften Erfolg gebracht hatten, traten ernsthafte Konsequenzen ein. Andererseits liebte die Obrigkeit wie so mancher gestrenge Vater die widerspenstigen Kinder am meisten, bedachte sie jedenfalls mit viel Aufmerksamkeit und nahm sie sehr ernst. Deshalb ist es wohl kein Zufall, daß selbst in manchen Kreisen der ehemaligen Opposition eine Art DDR-Nostalgie grassiert.

3. Die Ideologie als Opium der Herrschenden

Jedes Schulkind in der DDR kannte die Grundthesen der »unbesiegbaren Lehre von Marx, Engels und Lenin». Die Indoktrination begann mit Kinderbüchern über das Leben und Wirken der großen Denker und setzte sich im Fach Staatsbürgerkunde und in den FDJ-Studienjahren fort. Sie galt nicht allein der Wissensvermittlung, sondern sollte die marxistisch-leninistische Weltanschauung zum unverlierbaren Bestandteil der sozialistischen Persönlichkeit machen. An den Hoch- und Fachschulen wiederholte jeder Student im Rahmen der obligatorischen ML-Ausbildung die gesamte Materie noch einmal. Jedes Studienjahr begann Anfang September mit einer »Roten Woche«, die ausschließlich aus Polit-Seminaren, ML-Schulungen und FDJ-Versammlungen bestand. Im Verlauf des Semesters gab es mit einer Vorlesung und einem Seminar pro Woche regelmäßig »Rotlichtbestrahlung«. In allen Veranstaltungen kontrollierten die zuständigen Dozenten und FDJ-Funktionäre streng die Anwesenheit und werteten unentschuldigtes Fernbleiben nicht nur als Faulheit, sondern auch als mangelnde »politisch-ideologisch Reife« oder gar »feindliche Haltung«. Zum Abschluß des »gesellschaftswissenschaftlichen Grundstudiums« mußte man eine schriftliche Arbeit einreichen und eine mündliche Prüfung ablegen, deren Bewertung für den weiteren beruflichen Werdegang nicht unwesentlich war. Hinzu kamen das monatliche »aktuell-politische Seminar« sowie für SED-Mitglieder die Parteilehrjahre und für alle anderen die FDJ-Schulungen. Auch das »Abzeichen für gutes Wissen«, das die meisten schon als Oberschüler oder Soldaten der NVA erworben hatten, mußte vor einer Prüfungskommission der FDJ bestätigt werden. Bis 1976 zeigte es einen von Eichenlaub umgebenen kleinen Kopf von Marx vor einer blauen Fahne mit dem FDJ-Emblem, danach ersetzten ihn die ineinandergeschobenen bärtigen Profile aller drei Klassiker, die in dieser Form traditionell auch die entsprechenden Ausgaben des Dietz Verlags schmückten. Das jährlich mehrere hunderttausendmale verliehene Abzeichen gab es in den Stufen Gold, Silber und Bronze, und besonders eifrigen FDJler hefteten es an die linke Brusttasche ihrer blauen Uniformbluse.

Die marxistische Schulung erforderte nicht nur formale Bekenntnisse, sondern auch die gewissenhafte Lektüre eines Grundkanons der Schriften von Marx, Engels und Lenin. Je höher die Bildungseinrichtung in der Hierarchie des einheitlichen sozialistischen Bildungssystems stand, desto gewissenhafter betrieb sie die ML-Schulung. In den letzten Jahren der DDR kam die rein exegetische Interpretation der Klassiker etwas aus der Mode. Dies hing nicht zuletzt mit dem gewaltigen Editionsunternehmen der Marx-Engels-Gesamtausgabe (MEGA) zusammen, das immer neue Texte ans Tageslicht förderte, die oft im Gegensatz zu früher veröffentlichten Aussagen standen. Den Grundsatz der Verbalinspiration, den die katholische Kirche unter mindestens ebenso großen Schwierigkeiten bezüglich der Heiligen Schrift verficht, konnte man immer weniger aufrechterhalten. Überhaupt nahm die Lust und Freude am »Klassiker-Zitieren« tendenziell ab. Der Alltagspragmatismus der späten Honecker-Zeit bot keinen guten Nährboden für die früher üblichen scholastischen Zitatenschlachten. Dennoch galt bis zum Ende der DDR der Grundsatz, daß sich jegliche Kritik an den schriftlichen Hinterlassenschaften der sozialistischen Klassiker von selbst verbot. Ein Spiel mit dem Feuer – wenn auch ein intellektuell durchaus reizvolles – waren Verweise auf immanente Widersprüche innerhalb der Lehre oder gar Versuche, entsprechende Passagen gegen die politischen Vorgaben der Staatsbürgerkunde-Lehrer, ML-Dozenten und Seminarleiter ins Feld zu führen. Dagegen sahen Prüfer es gern, wenn wissenschaftliche Arbeiten mit einem Klassiker-Zitat begannen und endeten und die Rubrik »Klassiker des Marxismus-Leninismus« auch das Literaturverzeichnis einleitete. Bei Seminar-, Diplom- oder Doktorarbeiten stellte die theoretische Durchdringung mit dem Marxismus-Leninismus ein wesentliches Kritierium für die Beurteilung dar. Deshalb gehörten Mut und gute Nerven dazu, sich diesem Unterwerfungsritual zu entziehen. Doch wenigstens in den achtziger Jahren erlaubten die entstandenen Spielräume dies, wenn man es denn nur wollte.

Der Marxismus-Leninismus, wie ihn die Lehrbücher ausbreiteten, bedeutete sowohl ein in sich ruhendes Gebäude der Weltinterpretation als auch Anleitung zum politischen Handeln. »Allein der Marxismus-Leninismus«, hieß es in dem Hochschullehrbuch für historischen und dialektischen Materialismus, »gibt der Arbeiterklasse und allen Werktätigen eine ihren Klasseninteressen entsprechende einheitliche und umfassende Weltanschauung, mithin das wissenschaftlich begründete Bewußtsein ihrer weltgeschichtlichen Rolle und eine theoretische Anleitung zum revolutionären Handeln.«[164] Auch im Alltag spielte das ideologische Bekenntnis eine gewisse Rolle. Es gehört zu den mittlerweile vergessenen Absonderlichkeiten, daß seit den späten sechziger Jahren in Heiratsannoncen die Abkürzung »ml WA« auftauchte. Während es in der DDR verboten war, in Kontaktanzeigen verschlüsselte Hinweise auf sexuelle Vorlieben oder Praktiken zu geben, fand dieser Zusatz die Zustimmung der Obrigkeit, bedeutete er doch vergleichsweise unschuldig »marxistisch-leninistische Weltanschauung«. Er ist nur ein Beispiel dafür, wie stark die Ideologie das Erscheinungsbild der DDR geprägt hat. Allerdings stellen sich in diesem Zusammenhang einige Fragen: Hat der Marxismus-Leninismus über die Liturgie und Symbolik hinaus überhaupt eine Rolle gespielt? Waren die Entscheidungen der SED primär auf die Verwirklichung eines ideologisch vorgegebenen Zieles oder auf die Stabilisierung ihrer Macht ausgerichtet? Haben die Ideologieproduzenten und das Millionenheer ihrer eingeschworenen Anhängerschaft die eigenen Bekundungen wirklich geglaubt oder selbst als Lug und Trug erkannt?

Als vorläufige Antwort mag der Befund dienen, daß die ideologische Dauerberieselung nach dem Zusammenbruch des SED-Systems nur geringe Spuren bei der

DDR-Bevölkerung hinterlassen hat. Andere ehemalige Symbolgestalten wie das Sandmännchen, der lustige Kobold Pittiplatsch oder die Ente Schnatterinchen aus dem Kinderfernsehen haben das Bewußtsein weit nachhaltiger beeinflußt als Marx, Engels und Lenin. Die Menschen schüttelten sich kurz wie Hunde, die ins Wasser gefallen sind, und hatten all das ihnen mühevoll Eingebleute vergessen. Selbst verbissene Nostalgiker rekurrieren seit 1989 viel stärker auf angebliche oder tatsächliche Errungenschaften der DDR als auf die zentralen Thesen des Sozialismus, und auch die verschwommene Kapitalismus-Kritik orientiert sich eher an »allgemein menschlichen« Grundlagen. Der Hinweis auf die marxistischen Lehren verursacht heute selbst bei denjenigen, die früher keine Gelegenheit versäumten, sie gebührend herauszustreichen, kaum mehr als verlegene Betretenheit. Auf direkte Nachfrage behaupten sie, die Losungen vom welthistorischen Sieg des Sozialismus oder vom Untergang des Kapitalismus seien »nur so Redensarten« gewesen, an die ohnehin niemand geglaubt habe. Wirft man ihnen ihre Vergangenheit vor, so verweisen sie dagegen oft auf ihren ehrlichen Glauben an die erlösende Mission des Sozialismus. Vielleicht liegt in diesem seltsamen Mißverhältnis der Schlüssel zur Erklärung der Funktion des Marxismus im Gefüge der Macht. Auf der anderen Seite wollten die Sieger des Kalten Krieges unter der Anklage der geistigen Urheberschaft von Terror, Mauer, Stacheldraht und Stasi auch Karl Marx den Prozeß machen und damit insbesondere die westliche Linke treffen, die sich – wenn auch in der Regel nicht mehr dogmatisch – bis zum Zusammenbruch des Sowjetimperiums immer noch auf ihn berufen hatte[165]. Doch erneut kam nicht wesentlich mehr dabei heraus, als daß der Prophet aus Trier Ehefrau und Töchter tyrannisiert, die Haushälterin geschwängert und das unerwünschte Kind seinem Freund Engels untergeschoben habe[166]. Das Interesse an einer fundamentalen Abrechnung mit dem Marxismus blieb eher gering, vielleicht auch deshalb, weil sich die Auseinandersetzung mit seiner auf die DDR übertragenen »Weiterentwicklung« durch Lenin und Stalin wirklich nicht lohnte. Bereits 1938 hatte Heinrich Mann über Walter Ulbricht geäußert, dessen Machtgehabe im Pariser Volksfrontausschuß ihm unerträglich geworden war: ». . . ich kann mich nicht mit einem Mann an den Tisch setzen, der plötzlich behauptet, der Tisch, an dem wir sitzen, sei kein Tisch, sondern ein Ententeich, und der mich zwingen will, dem zuzustimmen.«[167]

Die Literaten haben diese »Fiktionalisierung« der realen Welt durch totalitäre Machthaber schärfer erkannt und genauer beschrieben als die Sozialwissenschaftler – vielleicht weil sie selbst Erfinder irrealer Welten sind. In der Erzählung »Tlön, Uqbar, Orbis Tertius« von Jorge Luis Borges verbreitet eine internationale Geheimgesellschaft nach und nach die Vorstellung von der Materie als einer Sinnestäuschung. Nachdem sie ein derartiges, der menschlichen Erfahrung widersprechendes Weltbild verbreitet hat, versucht sie damit die Macht über die Menschen zu erringen. Sie erfindet auch eine Art Neusprache, in der es keine Verben mehr gibt. Die Geschichte des südamerikanischen Dichters beschreibt, wie die Realität, die der Verführung einer utopischen Neuordnung folgt, sich selbst aufgibt. Dieser extreme Fall einer Kapitulation wirft ein Schlaglicht auf die göttlichen Geheimnissen entspringenden Wurzeln des Totalitarismus. Auch bei George Orwell findet eine Verdopplung der Wirklichkeit statt. Der objektive Status der Realität wird in dem Maße anerkannt, in dem er der Aufrechterhaltung der Macht dient. Fiktionen, die gewissermaßen eine zweite Wirklichkeit bilden, ersetzen die höheren Sphären des geschichtlichen und politischen Lebens.

Die zentrale Stellung des totalitären Wahrheitsbegriffs erklärt aber auch die dem westlichen Beobachter oft merkwürdig naiv anmutende »Wahrheitsverehrung« der osteuropäischen Dissidenten. Während und nach der Wende ist den radikalen Kritikern des SED-Systems ihr unreflektierter Wahrheitsbegriff oft angelastet und selbst als quasi-totalitär denunziert worden. Das Schlagwort Václav Havels vom »Leben in der Wahrheit« schien von einem fremden Planeten zu kommen, zumal es sich mit einem radikalen moralischen Anspruch verband. Es handelt sich in der Tat um einen schwer zu begreifenden Widerspruch: Der absolute Wahrheitsanspruch der Diktatur war philosophisch gesehen extrem relativistisch, derjenige der Dissidenten, der das ideologische Monopol der Partei in Zweifel zog, dagegen fundamentalistisch – insbesondere in seiner spezifischen Verknüpfung von Wahrheit und Moral. Das »naive Wissen« um Wahrheit und Lüge resultierte nicht aus der Theorie, sondern aus der Alltagserfahrung. Diejenigen, die sich bereits vor 1989 aus der Umklammerung der Staatsideologie befreit hatten, wußten, daß sich hinter der – erkenntnistheoretisch sicherlich gebotenen – Relativierung der schlichten Evidenz nur allzu oft die propagandistische Wahrheitsverdrehung der Staatsmacht verbarg. Die totalitären Systeme unseres Jahrhunderts definierten sich als Herrschaft über die Logik. Die einfache Wahrheit, daß »zwei mal zwei vier ist«, bildete unter den gegebenen Verhältnissen oft genug den letzten Strohhalm der Menschlichkeit. Die Gesetze der Mathematik erhielten eine ethische Dimension. Die Logik entwickelte sich zur Ethik der Andersdenkenden. Auch wenn die Staatsideologie nur als Fassade diente, so hat sie doch viel verdeckt, vielleicht sogar zusammengehalten. »Was hast du im Schädel, Dreck oder Stroh, bist du so dumm oder tust du nur so«, sang Wolf Biermann, an einen imaginären Parteifunktionär gerichtet. Auch im Rückblick muß die Antwort hypothetisch bleiben. Die SED-Ideologen waren als Kerkermeister ihre eigenen Gefangenen. Die Märchenerzähler fürchteten sich selbst am meisten vor dem bösen Wolf, und die Rattenfänger berauschten sich an der eigenen Melodie. Wirklichkeit und Trugbild verschwammen gerade für jene, denen die Fiktionalisierung der Realität die Grundlage ihrer Macht bedeutete. So wie Karl Marx die Religion mit »Opium des Volkes« als eine Form des falschen Bewußtseins bezeichnete, entsprach die nur in der Vorstellung ihrer Vertreter vorhandene Staatsphilosophie ganz in seinem Sinne dem »Opium der Herrschenden«.

4. Legitimation durch Geschichte

Der Marxismus-Leninismus war Heilslehre und Geschichtsinterpretation zugleich. Aus der spezifischen Mischung von Erlösungsglaube und wissenschaftlicher Theorie schöpfte er einen guten Teil seiner Anziehungskraft. Dem historischen Materialismus zufolge durchlief die Menschheit mehrere sozialökonomisch bestimmte Gesellschaftsformationen, an deren glücklichem Ende schließlich der Sozialismus/Kommunismus stehen würde. Dieser geschichtliche Prozeß folgte laut Marx, Engels und Lenin objektiven Gesetzen, die der Mensch zwar erkennen und erforschen, aber nicht ändern könne. Obwohl abstrakt und abgehoben, bildete diese Mythologie der Entwicklung vom Niederen zum Höheren, die zur klassenlosen Gesellschaft führen müsse[168], doch den eigentlichen Kern der politischen Legitimation der SED-Herrschaft. Sie fand ihre Ergänzung in Argumentations- und Denkmustern, die sich aus dem Verlauf der deutschen Geschichte speisten. Der strenge Determinismus enthob den Einzelnen der Verantwortung. Recht, Moral, Sittlichkeit existierten nur im Rahmen des historischen Fortschritts, und der vollzog sich mit Gewalt. In die Alltagssprache der Funktionäre übertragen hieß das: »Wo gehobelt wird, da fallen Späne«. Walter Ulbricht hielt sich für einen Fachmann und belehrte die Historiker gern. In seinem Nachlaß im SED-Archiv befinden sich lange diesbezügliche Manuskripte mit handschriftlichen Korrekturen und Hinweisen. Honecker überließ solch schwierige Fragen lieber seinem Ideologie-Papst Kurt Hager und äußerte sich nur gelegentlich dazu. Dann hielt er sich aber streng an den vorgegebenen Text, der offensichtlich aus fremden Federn stammte. Doch am Prinzip, daß die Parteiführung über Art und Weise der Geschichtsdarstellung entschied, änderte sich nichts.

Insofern läßt sich die Entwicklung, die sich seit der zweiten Hälfte der siebziger Jahre vollzogen hat, auf ein politisches Umdenken zurückführen. Die SED-Führung suchte nach neuen Legitimationsmustern in der deutschen Geschichte, die über die engen Grenzen der DDR hinausreichten. Ingrid Mittenzwei schrieb in der Studentenzeitschrift »Forum« einen Artikel mit dem Titel »Die zwei Gesichter Preußens«, und der Deutsche Verlag der Wissenschaften veröffentlichte in der Reihe »Taschenbuch Geschichte« ihre Biographie Friedrichs des Großen[169]. Am 30. November 1980 wurde das von Christian Daniel Rauch geschaffene und 1857 eingeweihte Reiterdenkmal des Königs aus dem Park von Sanssouci wieder in die Nähe seines traditionellen Standorts Unter den Linden versetzt[170]. Eine kleine Preußenwelle schien die Oberfläche des still ruhenden Sees ideologischer Unwandelbarkeit zu kräuseln. Das bundesdeutsche Feuilleton mutmaßte und zerbrach sich den Kopf über diese Neubewertung der Geschichte. In Moskau und Warschau dagegen gab es gerunzelte Stirnfalten, doch schließlich konnte man den Genossen in Ost-Berlin nur schwer verwehren, was man sich selbst an Nostalgie gönnte. Die Sowjetmacht hatte selbst im Überschwang der Revolution von 1917 die historischen Denkmäler weitgehend unzerstört gelassen und Polen in den siebziger Jahren sogar das Warschauer Königsschloß als Symbol nationaler Größe wiedererrichtet. Doch die Aufregung war reichlich übertrieben. Weder brachte das Werk Mittenzweis neue Forschungsergebnisse, noch ging sie über das hinaus, was die Lehrbücher der DDR bisher über Friedrich II. kundgetan hatten. Insbesondere Franz Mehring, der im Pantheon der marxistischen Kirchenväter neben den drei Hauptklassikern einen geachteten Platz einnahm, hatte sich in differenzierter und übrigens auch heute noch durchaus lesenswerter Weise mit dem preußischen Mythos auseinandergesetzt. Bereits in den fünfziger Jahren war die DDR davon abgerückt, den Geist von Potsdam für alle Unbill der deutschen Misere verantwortlich zu machen. Der sogenannte Befreiungskrieg von 1813/14 stieg sehr früh in den Rang einer legitimatorischen Geschichtslegende auf. Die preußischen Feldherrn und politischen Publizisten dieser Jahre gerieten zum Gegenstand teilweise peinlich unkritischer Heldenverehrung[171]. 1963 feierte eine nächtliche Massendemonstration das 150. Jubiläum der Völkerschlacht vor dem bombastischen Denkmal in Leipzig, als hätte die NVA diesen Sieg errungen.

Der Preußenwelle folgte 1983 das Lutherjahr. Der Reformator sollte nicht mehr allein Fürstenknecht und Bauernschlächter sein, sondern eine bedeutende und progressive Persönlichkeit der Weltgeschichte. Man stellte sogar die Behauptung auf, er sei der nach Marx und Engels weltweit bekannteste Deutsche, ohne sie allerdings statistisch zu belegen. Dem Lutherjahr schlossen sich die Bach-und-Händel-Ehrung, die Schinkel-Welle und ähnliche Ereignisse an. Die dahinter stehende Absicht war nur allzu leicht durchschaubar. Die alt gewordenen SED-Führer hatten schmerzhaft erkannt, auf welch schwankendem Boden ihr Lebenswerk ruhte. Sie wollten jenseits der Staatsideologie eine Identifikation der Bürger mit ihrer Heimat schaffen, auf längere Sicht vielleicht sogar ein eigenständiges Nationalbewußtsein. Die gesamtdeutsche Perspektive ihres Trachtens und Wirkens – wie sie rein emotional für Wilhelm Pieck und Walter Ulbricht noch bestanden haben mochte – war endgültig verloren gegangen. Neidvoll blickten sie nach Polen oder Ungarn, wo der ungebrochene Patriotismus auch die kommunistischen Herren in einen nationalen Grundkonsens einschloß. Doch die DDR ruhte auf einer vergänglichen politischen Konstellation, deren Formel einfach und unausweichlich lautete: ohne sowjetische Vorherrschaft kein »realer« Sozialismus, ohne Sozialismus keine DDR. Die Suche nach einem »Ewigkeitsbezug« führte die SED-Ideologen schließlich zur Entdeckung des österreichischen »Sonderwegs«. Sie behaupteten, die Bewohner der Alpenrepublik hätten sich zu einem eigenen »Ethnikum« entwickelt. Die neuentdeckte Liebe zu Österreich übersah freilich, daß seine Unabhängigkeit primär auf Demokratie und Wohlstand beruhte und nicht auf einer imaginären »nationalen Idee«. Ende der siebziger Jahre machte sich eine seltsame Deutsch- und Heimattümelei breit. Als Sigmund Jähn im August 1978 mit einer sowjetischen Raumkapsel ins All flog, versah das »Neue Deutschland« seine Spitzenmeldung auf der ersten Seite mit der Schlagzeile: »Der erste Deutsche im Weltall – ein Bürger der DDR«[172]. Alte Schlagwörter wie »Heimatliebe« und »deutsche Wertarbeit« wurden in der Folgezeit künstlich wiederbelebt. Die Bevölkerung reagierte auf diese Bemühungen um ihr Bewußtsein allerdings eher mit allgemeinem Kopfschütteln und ironischem Grinsen.

Die Jubiläumssucht der SED-Führung hatte auch ihre guten Seiten. Die direkt oder indirekt Beteiligten sagten sich: Immer noch besser ein »Luther-Jahr« als ein »Lenin-Jahr«, so wie es 1970 zum 100. Geburtstag des sowjetischen Staatsgründers erbarmungslos über die DDR hinweggerollt war. Jedes Jubiläum diente dazu, vorsichtig die ideologischen Grenzen auszuweiten und von den knappen Baumaterialien und -kapazitäten etwas für die Restaurierung alter Bauwerke abzuzweigen. So renovierte man großzügig einige Wirkungsstätten Luthers in Eisleben, Eisenach und Wittenberg und putzte die Wartburg heraus, um sie ohne Scham ausländischen und bundesdeutschen Gästen präsentieren zu können[173]. Außerdem entstand unter erheblichem Aufwand an Kostümen und Komparsen ein – künstlerisch übrigens hervorragender – Film über den Reformator[174]. 1987 folgte im Sinne der Wiederbelebung des Sachsentums unter dem Titel »Sachsens Glanz und Preußens Gloria« eine Gräfin Cosel-Adaption frei nach dem Roman des polnischen Schriftstellers Józef Ignacy Kraszewski. So profitierte jeder Berufszweig auf seine Weise von der historischen Grundierung der DDR. Neben der schon erwähnten Eröffnung gewisser Feiräume bedeutete dies für die Geschichtswissenschaft, daß jetzt das Erzählerische gegenüber den faden Abstraktionen der früheren Jahre wieder einen höheren Stellenwert gewann. Man hatte nämlich die

Erfahrung machen müssen, daß die trockenen Gesellschaftsanalysen marxistischer Prägung Ladenhüter blieben, während biographische oder kulturgeschichtliche Veröffentlichungen reißenden Absatz und begeisterte Leser fanden. In den Antiquariaten bildeten die deutschen Historiker des vorigen Jahrhunderts von Ranke bis Treitschke und mehr noch die in den zwanziger und dreißiger Jahren entstandenen spannenden Biographien heißbegehrte Mangelware.

Bei allem Gewicht der Geschichte als Mittel der politischen Legitimation ist die DDR-Gesellschaft der fünfziger und sechziger Jahre in gewissem Sinne geschichtsfeindlich gewesen. Das Interesse an einem bunten Bilderbogen von Ereignissen, die naive Freude am Erzählen, die bildungsbürgerliche Wertschätzung historischen Wissens und insbesondere die Beschäftigung mit Heimat-, Orts- oder gar Famliengeschichte erregten Verdacht. Vor allem die Biographie, das zu allen Zeiten beliebteste historiographische Genre, litt unter dem Anspruch der Ideologie, die »Rolle der Volksmassen«, die »progressiven Traditionen des Klassenkampfes«, insbesondere die Arbeiterklasse und ihre Avantgarde, die kommunistischen Parteien, müßten im Mittelpunkt der Darstellung stehen. Wenn es Publikationen gelang, sich diesen Vorgaben weitgehend zu entziehen, so handelte es sich oft genug um Übersetzungen aus dem Russischen, die es allerdings ziemlich schwer hatten, den Hürdenlauf durch die Instanzen zu überstehen. Als Beispiele seien die Napoleon- und Talleyrand-Biographien Jewgenij Wiktorowitsch Tarles genannt, die seit den fünfziger Jahren einen großen Leserkreis fanden. Selbst streng marxistische und durchaus parteitreue Altertumswissenschaftler und Mediävisten hatten sich kaum gegen die Verengung des Geschichtsbildes zur Wehr setzen können, noch weniger jene Fachleute, die unter dem Deckmantel von »Nur-Wissenschaftlertum« – wie einer der unnachahmlichen Ausdrücke der SED-Sprache lautete – vor sich hin arbeiteten. Gerade letztere fühlten sich von der neuen »Geschichtswelle« gehoben und schwammen nach Maßgabe ihrer Fähigkeiten mit farbigen, lebendigen, Menschen und Ereignisse in den Vordergrund stellenden und dadurch populären Werken mit. Zumindest außerhalb des verminten Terrains, also der neueren und neuesten Geschichte, akzeptierte die Parteiobrigkeit schließlich, daß die Historiker im Rahmen gewisser, weitgesteckter Grenzen veröffentlichten, was ihnen aus der Feder floß.

Die Devisennot der DDR tat ihr übriges. Die Aussicht auf harte Währung veranlaßte die gefürchteten Tugendwächter, manches »durchgehen« zu lassen, das früher die Zensur nicht passiert hätte. Mitte der achtziger Jahre machte das Schlagwort vom »nichtmateriellen Export« die Runde. Der vorwiegend auf den Westen ausgerichtete Verlag »Edition Leipzig« forderte seine Autoren in einem Rundbrief auf, in ihren Manuskripten »exportmindernde Formulierungen« zu vermeiden. Hauptsächlich das bundesdeutsche Publikum sollte bei den Koproduktionen möglichst gar nicht merken, daß sie aus der DDR stammten. Manche Lektoren strichen Wissenschaftlern jetzt die seit langem liebgewordenen SED-Phrasen, und eine Lizenzausgabe im Westen bedeutete keinen ideologischen Makel mehr, sondern ein Zertifikat für Qualität. Devisen freilich sahen Autoren und Herausgeber keine, sondern in der Regel nur ein bescheidenes Salär in Genex-Gutscheinen, für die sie sich im Katalog ein paar Kleinigkeiten bestellen durften. Die wichtigen Verteidigungslinien der Geschichtsinterpretation und -ideologie freilich blieben bis zum Ende der SED-Herrschaft unverändert.

Kapitel II: Macht und Geheimnis

1. Öffentlichkeit und Kommunikation in der Diktatur

Über die Kategorien der Öffentlichkeit und der öffentlichen Meinung gibt es eine umfangreiche sozialwissenschaftliche Literatur[175]. Zu den Mechanismen von Öffentlichkeit und deren Kontrolle, zu Ersatzöffentlichkeit, Doppelöffentlichkeit und Gegenöffentlichkeit in totalitären System existieren dagegen bisher kaum theoretische Überlegungen. Jürgen Habermas entwickelte in seinen beiden zu Klassikern avancierten Werken »Strukturwandel der Öffentlichkeit« und »Theorie des kommunikativen Handelns« ein kritisches Instrumentarium normativer Begriffe[176]. Er erprobte es jedoch ausschließlich an der »bürgerlichen Öffentlichkeit«, deren Zerfall und Auflösung er allenthalben diagnostizierte. Der Versuch der totalen Beherrschung von Öffentlichkeit durch »nichtöffentliche« Apparate lag außerhalb seines Erfahrungshorizonts. Erst im Vorwort zur Neuausgabe seiner erstgenannten Studie fand Habermas 1990 einige lapidare Worte zur Frage der Öffentlichkeit in der »staatssozialistischen Diktatur«: »Die totalitäre Herrschaft unterwirft gerade diese kommunikative Praxis der Bürger der Kontrolle der Geheimdienstapparate. Die revolutionären Veränderungen in Ost- und Mitteleuropa haben diese Analyse bestätigt. Nicht zufällig sind sie durch eine Reformpolitik ausgelöst worden, die ›Glasnost‹ auf ihre Fahnen schrieb. Wie in einem großangelegten sozialistischen Experiment ist, exemplarisch in der DDR, der Herrschaftsapparat durch den wachsenden Druck friedlich operierender Bürgerbewegungen revolutioniert worden.«[177] Doch auch die SED-Diktatur konnte zu keinem Zeitpunkt ihrer Existenz wirklich auf innere Kommunikation, den Blutkreislauf der Gesellschaft verzichten. Deshalb begnügte sie sich notgedrungen mit Versuchen der Teilabschnürung, die aber auch dauerhafte Deformationen der individuellen wie der kollektiven Physis bewirkt haben.

Es hat in der DDR mehrere Kommunikationskreisläufe gegeben, die nicht unabhängig voneinander funktionierten, sondern auf komplizierte Art aufeinander einwirkten und reagierten. Zunächst war da die sicherlich nicht hermetisch abgeschlossene, doch jedes gedruckte oder öffentlich gesprochene Wort reglementierende und kontrollierende verordnete Öffentlichkeit des Staates. Ihre Wächter ahndeten Abweichungen von der ideologischen oder begrifflichen Norm und verfügten über ein ausbalanciertes und hochperfektioniertes System von Vor- und Nachkontrollen, von Strafen und Strafandrohungen, die von geminderten Berufschancen bis zu Gefängnisaufenthalten reichten. Natürlich war die verordnete Öffentlichkeit nicht absolut, denn sie unterlag vielfachen Störungen und Außenbeeinflussungen. Außerdem duldeten die Machthaber Korrektive und Relativierungen ihrer informationellen Herrschaft, um absolute Kommunikationslosigkeit, die das System schnell in den Zusammenbruch getrieben hätte, zu verhindern. Die so entstandene Halböffentlichkeit erstreckte sich vor allem auf die Bereiche Kunst, Literatur und Theater, die es ermöglichten, Spielräume zu erweitern, Varianten zu erproben und Toleranzgrenzen vorsichtig zu verschieben. Die auf solche Weise angestrebte Domestizierung kritischer Geister erwies sich freilich als nicht gefahrlos, da sie bisweilen in gezielte Versuche mündete, die Halböffentlichkeit zur Gegenöffentlichkeit zu entwickeln. Im Rückblick sind diese Ansätze allerdings gescheitert.

Ähnlich funktionierte auch die interne Öffentlichkeit der Apparate, die Kommunikationsformen jenseits des in der verordneten Öffentlichkeit praktizierten Selbstbetrugs benötigte. In ihr lagen die jeweiligen Sprachnormen in ständigem Widerstreit. Partei- und MfS-Berichte sowie interne Anweisungen waren Ausdruck dieser kontrollierten Schizophrenie. Als vierte Öffentlichkeit gab es die der ständig präsenten Westmedien. Ihre Wirkungsweise wurde bereits im Zusammenhang mit dem Alltag der deutschen Teilung beschrieben. Fernsehen und Hörfunk beeinflußten in weit höherem Maße als die Printmedien die übrigen Kommunikationsstränge innerhalb der DDR. Viele offizielle Verlautbarungen waren nur im Kontext mit ihrer Einwirkung verständlich und interpretierbar.Die Scheinöffentlichkeit manifestierte sich in den verborgenen Winkeln und Gassen, aber auch in den Katakomben und Kloaken des Gemeinwesens. Ihre anarchische Form fand sie in Gerüchten, Witzen, Wandersagen und Schmierereien an Toilettenwänden. Sie besaß aber nicht nur eine subversive Potenz, sondern auch eine Ersatzfunktion, die auf die anderen Formen der Kommunikation zurückwirkten und deshalb beispielsweise vom MfS sehr aufmerksam registriert wurden.

Einzelne Oppositionelle, kritische Künstler und Intellektuelle vermochten es seit Gründung der DDR, Ansätze einer Gegenöffentlichkeit zu etablieren. Allerdings mußten sie immer den Umweg über die Westöffentlichkeit gehen und setzten sich deswegen leicht dem Vorwurf aus, vom Klassenfeind gesteuert zu sein. Seit Beginn der achtziger Jahre entwickelte sich eine echte Gegenöffentlichkeit. Sie stellte das Informations- und Meinungsmonopol der Staatsmacht in Frage und damit gewollt oder ungewollt auch die Existenz des SED-Systems. Ihre wirksame Unterdrückung gelang nicht, weil sie sich zunehmend im Schutzraum der kirchlichen Sonderöffentlichkeit artikulierte. Die Kirche war von Anfang an eine Lücke im Geflecht der informationellen Herrschaft gewesen. Ihr ursprünglich rein religiös definierter Freiraum zog alle Formen der Gegenöffentlichkeit an, die sich dort schließlich fest etablierte und den Staat zum Einsturz brachte. Jede der erwähnten Teilöffentlichkeiten besaß ein eigenes subkulturelles Fluidum, einen spezifischen Sprachgestus, teilweise sogar eine eigene Lexik und Syntax. Die Angehörigen der einzelnen Sprachgruppen erkannten sich an Mimik, Gestik und Satzmelodie, was vielfache Grenzüberschreitungen nicht ausschloß.

2. Die verordnete Öffentlichkeit als Verlust der Freiheit

Unterdrückung der Öffentlichkeit stellt eines der konstitutiven Kennzeichen der Diktatur dar. Dagegen bedeutet Information über die eigenen Angelegenheiten die erste und wichtigste Voraussetzung für ein funktionierendes Gemeinwesen. Je freier und vielfältiger das Angebot, desto besser können die Mitglieder der Gemeinschaft an der Entscheidungsfindung teilhaben. Der Austausch von Meinungen und Informationen erfordert den öffentlichen Raum – das Forum, den Marktplatz, den Versammlungssaal, die modernen Medien. Nur so kann die Idee – frei nach Karl Marx – durch das Wort zur materiellen Gewalt werden und die Massen ergreifen. Die Symbole von Öffentlichkeit sind Licht, Klarheit und Transparenz. Deshalb unterlag es – wie Habermas richtig bemerkte – auch nicht dem Zufall, daß die Reformbewegung in den sozialistischen Ländern seit 1985 den russischen Begriff »Glasnost« zu ihrem Schlachtruf erkoren hatte. »Glasnost« heißt auf deutsch Öffentlichkeit oder Publizität. Es hat trotz des lautlichen Anklangs mit dem germanischen Stamm »Glas« nichts zu tun, sondern hängt etymologisch mit »glas/golos« (die Stimme) zusammen und bedeutet Transparenz oder Durchsichtigkeit erst im semantisch erweiterten Sinne. Die Kennzeichen von »Nichtöffentlichkeit« sind Dunkelheit, Obskurantismus, Konspiration und Geheimnis. Das Mysterium der politischen Macht verbirgt sich vor dem Auge des Betrachters. Es liegt im Halbdunkel, im Unterirdischen, im Nebel des Weihrauchs und ist nur den geweihten Priestern zugänglich. Die Analogie zwischen den religiösen Riten der Mysterienkulte und der modernen Diktatur bietet sich geradezu an.

Auch die realen Diktatoren entzogen sich dem Blickfeld der normalen Sterblichen. Sie hockten hinter den Kremlmauern, in der Verbotenen Stadt in Peking oder im Bonzenghetto von Wandlitz und erregten die Phantasie ihrer Untertanen. Als sich im November 1989 das »Objekt Waldsiedlung« erstmals einer Gruppe von DDR-Journalisten öffnete, ging ein gewissermaßen religiöser Schauer durchs Land. Ein Fernsehteam der Jugendsendung »elf 99« durfte Aufnahmen vom Schwimmbad, der Verkaufsstelle und einem leerstehenden Wohnhaus machen. Mit vielsagendem Schweigen verharrte die Kamera vor dem Gemüsestand mit frischen Tomaten und richtiger Ananas. Vorher schon hatten die Reporter in dem unbewohnten Gebäude einen gigantischen Wasserhahn offensichtlich westlichen Ursprungs ins Bild gerückt. Die Erregung der DDR-Bevölkerung über diesen schwelgerischen Luxus war ehrlich und elementar. Sensationsgier und Voyeurismus verbanden sich mit kleinbürgerlichem Konsumneid, aber auch mit einem unterschwelligen Entzücken angesichts der Enthüllung des Mysteriums. Der natürliche Feind absoluter Kontrolle ist das helle Tageslicht der Aufklärung, der rationale Gedanke, das freie Wort. Nichts beargwöhnt deswegen die Diktatur schärfer als den öffentlichen Raum und das dort gesprochene Wort. Sowohl die altorientalische als auch die neuzeitliche Priesterherrschaft setzten die Beherrschung der Kommunikation voraus. Die DDR kann für sich in Anspruch nehmen, alle dafür notwendigen Maßnahmen mit äußerster Konsequenz durchgeführt zu haben. Wohl niemals und nirgendwo – wenigstens nicht in der neueren europäischen Geschichte – gab es eine derartig lückenlose und perfekte Überwachung des öffentlichen Raumes.

3. Der Geheimhaltungsstaat

»Geheim«, »vertraulich«, »intern« bedeuteten Schlüsselbegriffe der DDR-Gesellschaft. Die konspirativen Traditionen der Kommunistischen Partei mögen hier eine

Rolle gespielt haben, vielleicht auch die Erinnerung an die frühen Jahre der DDR, als manche Funktionäre meinten, eines Tages vielleicht wieder in die Illegalität gehen zu müssen. Jedenfalls gebärdeten sich die Apparate von Staat und Partei in ihrem eigenen Land wie eine Untergrundorganisation. Obwohl die SED Berge von Akten produzierte, gibt es von den Tagungen ihres obersten Gremiums – dem Politbüro des ZK – keine aussagefähigen Dokumente. In ihrem Archiv finden sich lediglich Vorlagen und sogenannte Beschlußprotokolle, die in wenigen dürren Worten die Anwesenheit sowie Tagesordnungspunkte und Entscheidungen vermerken; aus ihnen gehen weder der Prozeß der Entscheidungsfindung noch das Abstimmungsverhalten hervor. Das ist kein Zufall. Der Widerwille, die eigenen Handlungen nachvollziehbar und transparent zu machen, war bei der SED-Führung so ausgeprägt wie in einem Gangstersyndikat, und der Umfang der schriftlichen Darlegung verhielt sich in der Regel umgekehrt proportional zum politischen Gewicht des Vorgangs. Noch weniger bestand die Bereitschaft, eine subjektiv geprägte Meinung zu Papier zu bringen. In den Aktenmassen treten die handelnden Personen kaum in Erscheinung. Die wenigen persönlichen Floskeln in den vielfältig überlieferten Schreiben zwischen den Politbüromitglieder waren so hölzern und trocken wie die vor laufenden Kameras verlesenen offiziellen Grußadressen: Eine Gratulation zum Geburtstag, die besten Wünsche zum neuen Jahr, höchstens ein Gruß an die Gemahlin. Die Anrede beim Vornamen und in der zweiten Person Singular entsprach dem eigentümlichen Brauchtum der Partei und schloß auch die Kraftfahrer und Küchenfrauen ein. Ansonsten tritt kein wirklich menschliches Wort zutage, kein Abweichen von den vorgegebenen Sprach- und Denkmustern, kein Ausdruck eines Gefühls, kein Scherz – nur bösartige Häme gegenüber »feindlichen Elementen« oder dem »Gegner«. Bis an die oberste Spitze der Partei herrschte eine strenge »innere Konspiration«, Ergebnis der Furcht vor inneren und äußeren sowie – ganz besonders – vor eigenständigen Ideen und Positionen. Hier existierte keine größere Gedankenfreiheit als in der unterdrückten Gesellschaft.

Gestandene SED-Funktionäre waren Meister der Kunst, stundenlang ein vollkommen undurchschaubares Gesicht zu machen. Während endloser Referate zeigten sie keine Gefühlsregung, keinen Gedanken, nicht einmal Langeweile oder Müdigkeit. Die Geheimhaltung durchzog die gesamte Partei bis hinunter in die Grundorganisationen. »Parteiinterne Vorgänge« gegenüber Nichtmitgliedern zu offenbaren, stellte eines der schwersten Vergehen dar, dessen man sich schuldig machen konnte. Sämtliches Schriftgut, einschließlich leerer Kopfbögen, galt als streng vertraulich. Versammlungen wurden in der Regel nicht öffentlich angekündigt, und die Zusammensetzung von Parteileitungen erfuhr der Kollege nur unter der Hand, obwohl sie doch auch über sein Wohl und Wehe entschieden. Intern grenzte die SED die Informationsstränge streng gegeneinander ab. Wenn eine Parteiversammlung einen Spezialisten oder Angehörigen eines übergeordneten Gremiums eingeladen hatte, um über »interne Vorgänge« zu informieren, fiel irgendwann die obligate Bemerkung: »Genossen, das können wir hier unter uns ganz offen aussprechen«. Dann kamen ein paar Angaben oder Tatsachen zum Vorschein, die »nicht in der Zeitung standen«. Obwohl es sich dabei in der Regel um Dinge handelte, die ohnehin die Spatzen von den Dächern pfiffen, schwiegen die Anwesenden voller Ehrfurcht über soviel Wissen und Vertrauen. Den Höhepunkt bildete schließlich der Moment, wenn der Referent sagte: »Genossen, ich bitte euch, das nicht mitzuschreiben«. Irene Böhme berichtete in ihren DDR-Alltagserfahrungen, daß »eine alte Genossin einmal daraufhin ihr Schreibblatt zerriß und es vor aller Augen im Aschenbecher verbrannte. Der Atem der Illegalität, der Revolution zieht durch das verräucherte Sitzungszimmer an einem ganz gewöhnlichen Montagabend. Niemand will sich eingestehen, daß die genannten Fakten und Zahlen, Probleme und Schwierigkeiten jedermann geläufig sind. Es ist reizvoll, sie von einem Offiziellen so offiziell ›frei und offen‹ ausgesprochen zu hören.«[178]

Nicht nur Konsumgüter bedurften in der DDR der Zuteilung. Auch die Versorgung mit Herrschaftswissen regelten die Verwalter der Informationen streng hierarchisch. An der Spitze der Empfänger stand das Politbüro, doch selbst in diesem kleinen Kreis wurden bereits deutlich erkennbare Unterschiede gemacht. Die Bekanntmachungen der »Zentralen Auswertungs- und Informationsgruppe« (ZAIG) des Ministeriums für Staatssicherheit trugen im Kopf grundsätzlich einen Verteilerschlüssel, der ihre Weitergabe ihrer Bedeutung und der Zuständigkeit des Politbüromitglieds entsprechend genau regelte. Auch über die Rückgabe der Berichte führte das MfS eine Kartei, und selbst Erich Honecker mußte sich an das vereinbarte Verfahren halten. Obwohl der sachliche Gehalt dieser Lagebeurteilungen oft nicht über die Analysen gut unterrichteter westlicher Journalisten hinausging, kann doch kein Zweifel daran bestehen, daß die Parteiführung über die wirtschaftlichen Schwierigkeiten, Zwischenfälle an der Grenze, die Zahl der Ausreiseanträge und die Aktionen der Oppositionen sehr gut Bescheid wußte[179]. Den Funktionsträgern der mittleren Ebenen, also den Bezirks- und Kreisleitungen, stand ebenso gefiltertes Material zur Verfügung. Die regelmäßig erscheinenden »Parteiinformationen« enthielten die nicht für die Öffentlichkeit bestimmten erwünschten Sprachregelungen und Argumentationsmuster sowie über die Berichterstattung der eigenen Medien hinausgehende Hintergrundanalysen zu Vorgängen sowohl in der DDR als auch in der Bundesrepublik. Oft dienten sie als Vorlagen für »mündliche Informationen« an die einfachen Funktionäre, die auf sogenannten Anleitungen normalerweise monatlich erteilt wurden. Sie sind aus historischer Perspektive keine uninteressante Lektüre. Eine – natürlich ihrerseits wiederum streng vertrauliche – Liste von Beziehern westlicher Fachzeitschriften, die sich aus dem »Literaturbestelldienst für leitende Mitarbeiter« speiste, umfaßte im Jahre 1982 insgesamt 98 Namen[180]. Dazu gehörten Institutsdirektoren, Akademieangehörige und andere bedeutende Gelehrte, allesamt auch treue Mitglieder der Partei.

Besonders ernst nahm man die Geheimhaltungspflicht bei »Kaderangelegenheiten« aller Art. Es gab in der DDR kein »Who is who« oder irgendein anderes Nachschlagewerk über wichtige Persönlichkeiten. An den Universitäten existierten keine Vorlesungsverzeichnisse und Adressenlisten. Selbst innerbetriebliche Telefonverzeichnisse vollkommen harmloser Einrichtungen trugen den Stempel »Nur für den Dienstgebrauch«. Sie durften nicht nach draußen mitgenommen oder gar weitergegeben werden. Im Zeichen der Entspannungspolitik verschärfte die SED-Führung seit Beginn der siebziger Jahre die einschlägigen Bestimmungen über Staatsgeheimnisse weiter. Sie hegte die Sorge, das »Friedensgesäusel« des Gegners könne die »revolutionäre Wachsamkeit« einschläfern, und erließ ein ganzes Paket von Anordnungen, die sich vor allem auf den sich rasch erweiternden Kreis von

»Geheimnisträgern« bezogen[181]. Dies lief im Prinzip auf eine komplette Kontaktsperre zur Bundesrepublik hinaus, denn die ihnen unterliegenden Personen durften weder Post und Besuch aus dem Westen empfangen noch Reisen in dringenden Familienangelegenheiten beantragen. Ein MfS-Bericht aus dem Jahre 1986 dokumentiert die Hilflosigkeit der Staatsorgane gegenüber der Anziehungskraft des Kapitalismus. »Das NSW-Kontaktgeschehen«, wobei die Abkürzung für Nichtsozialistisches Wirtschaftsgebiet stand, »erweist sich als eine ständig wirkende latente Gefährdung der Mitarbeiter – insbesondere der Geheimnisträger ... Bedeutsam sind dabei die durch Familienangehörige der Geheimnisträger verursachten Westkontakte und Probleme (Ehefrauen, Eltern und Kinder erkennen die Notwendigkeit der Abgrenzung nicht an), die eine steigende Tendenz aufweisen. Daraus entwickeln sich liberale Auffassungen zur Genehmigungs- und Meldepflicht, Unehrlichkeit sowie ernsthafte Verstöße gegen die Bestimmungen des Geheimnisschutzes und werden schließlich zu Angriffsflächen für gegnerische Aktivitäten.«[182] Vollkommen realistisch hieß es dann weiter: »Die Erkenntnisse aus der Arbeit mit IM/GMS, aus Informationen anderer Diensteinheiten (III, VI, M) und aus der Recherchetätigkeit lassen die Schlußfolgerung zu, daß mit einer erheblichen Dunkelziffer bei NSW-Kontakten gerechnet werden muß.«[183]

Selbst das Ausscheiden aus dem Betrieb oder die Berentung führten nicht automatisch zur Entlassung aus dem Geheimnisträger-Status, dessen Kreis sich bis in die achtziger Jahre hinein ausdehnte und schließlich ungefähr 180 000 Personen umfaßte. Die Ursache dafür lag neben dem allgemeinen Drang nach Disziplinierung in einer ständigen Ausweitung der als geheimhaltungspflichtig rubrizierten Schriftstücke. Ihre Aufbewahrung oblag den VS-Stellen, die meist ihre Aufgaben sehr ernst nehmende ehemalige Offiziere der bewaffneten Organe besetzten[184]. Die Geheimhaltungswut machte auch eine Erhöhung der Produktion von Panzerschränken notwendig. Zwischen 1976 und 1982 steigerte der VEB Gothaer Metallwarenfabrik den Ausstoß sogenannter Stahlschränke von jährlich 100 auf 1 020 Stück, angesichts der üblichen Engpässe auf dem Versorgungssektor eine beachtliche Leistung[185]. Auch an der theoretischen und wissenschaftlichen Untermauerung sollte es nicht fehlen. Im Jahre 1977 wurde an der Hochschule für Ökonomie in Berlin-Karlshorst ein »Institut für Geheimnisschutz« gegründet, das mit 140 Lehrbeauftragten jährlich 21 000 Studenten in die Materie einführte[186]. Mitte der achtziger Jahre verursachte die entstandene Situation wachsende praktische Schwierigkeiten. In vorauseilendem Gehorsam neigten die staatlichen Leiter nun dazu, nahezu das gesamte Schriftgut des Staatsapparates als geheim einzustufen, und die VS-Stellen konnten die eingehende Flut nicht mehr bewältigen. Unter den vielen »Geheimnisträgern« machte sich Unwillen über ihre Benachteiligung breit. Während sich die zuständigen Stellen bei Reisen in dringenden Familienangelegenheiten seit 1988 gelegentlich erstaunlich großzügig zeigten, blieben sie hiervon ausgeschlossen und fühlten sich für ihre staatstreue Haltung bestraft.

Auch Stadtpläne und Landkarten der DDR steckten voller Überraschungen. Sie teilten sich in drei Kategorien: erstens die im Handel erhältliche Verlagskartographie, zweitens die Ausgaben für die Volkswirtschaft und drittens die für das Militär. Die beiden letztgenannten unterlagen unterschiedlichen Stufen der Geheimhaltung. Erstere aber hatte man, um sie für militärische oder geheimdienstliche

Zwecke unbrauchbar zu machen, künstlich verzerrt und mit zahlreichen falschen Entfernungsangaben versehen. Keine Karte verzeichnete die über das Land verteilten militärischen Objekte, und weiß eingefärbte Flächen sollten die Aufmerksamkeit des Feindes von diesen Punkten ablenken. Auf dem Stadtplan von Strausberg östlich von Berlin, wo sich das Ministerium für Nationale Verteidigung und der Generalstab der Luftstreitkräfte befanden, deckten beispielsweise wie zufällig Nebenkarten die heiklen Terrains ab. Insbesondere der Verlauf der Staatsgrenze war ungenau, um potentielle Grenzverletzer in die Irre zu führen. Wanderfreunde behandelten wegen der Ungenauigkeit des Materials aus dem VEB Tourist-Verlag Karten und Reiseführer aus der Zeit vor 1945 wie Wertgegenstände. Darüber hinaus hielt das MfS die Inhaber von Buchhandlungen und Zeitungskiosken im Grenzgebiet an, auf verdächtige Personen zu achten, die Wanderkarten kauften. Diese Vorsichtsmaßnahme umfaßte den gesamten Harz und den Thüringer Wald, aber auch die Ostseeküste. Das geheime Wissen bedeutete auch dann ein wirksames Herrschaftsinstrument, wenn das Geheimnis nur formal bestand, denn sein Besitz demonstrierte Überlegenheit und Macht. Die auf Francis Bacon zurückgehende und von Wilhelm Liebknecht aufgegriffene Losung der Arbeiterbildungsbewegung »Wissen ist Macht« wurde auf diese Weise sowohl bestätigt als auch pervertiert. Der »Ost-Büchmann« schrieb dazu, »›Knowledge is power‹ ... wurde zu einem Schlagwort der um ihre Emanzipation kämpfenden Arbeiterklasse«, und verwies dabei auf die Textzeile des »Sozialistenmarsches« (1891) von Max Kegel, in der es hieß: »Des Geistes Licht, des Wissens Macht,/Dem ganzen Volke sei's gegeben.«[187] Ob die Kommentatoren der »Geflügelten Worte« die Ironie gespürt haben, bleibe dahingestellt.

4. Zensur und »kalte Bücherverbrennung« im Leseland DDR

Insbesondere das gedruckte Wort sah die SED-Führung als Gefahr an. Die an Dämonisierung grenzende Ehrfurcht vor der »schwarzen Kunst« trug deutlich atavistische Züge, denn dem Einfluß des westlichen Rundfunks und Fernsehens stand sie vollkommen machtlos gegenüber. Hier wurden Veröffentlichungen bekannter Dissidenten besprochen oder sogar in Fortsetzung verlesen, wie beispielsweise Teile des »Archipel Gulag« von Alexander Solschenizyn. Dieselben Bücher, die sich jedermann wenigstens ausschnittweise in den Westsendern anhören konnte, behandelten die Behörden im eigenen Land wie toxisches Material. Das nach den Karlsbader Beschlüssen von 1819 erlassene Pressegesetz des Deutschen Bundes galt nur für Druckerzeugnisse bis zu 20 Bogen. Alles was darüber lag, sollte von der Zensur unbehelligt bleiben. Von solcher Weisheit war die SED-Führung weit entfernt. Unermüdlich spürten die Zensoren nach kritischen Andeutungen in schwer verständlichen schöngeistigen Werken oder unerlaubten Zwischentönen in dickleibigen wissenschaftlichen Bänden. Jede Druckschrift und selbst intern kursierende Papiere unterlagen einer vielfachen Kontrolle und Gegenkontrolle. Kopiergeräte, die man in der DDR nicht kaufen konnte und deren Einfuhr streng verboten war, gab es zwar in den größeren öffentlichen Bibliotheken, aber die Leser durften sie nicht individuell nutzen. Sie mußten vielmehr die Bücher und Zeitschriften einem Mitarbeiter übergeben, dann ein Formular mit den gewünschten Seiten sowie Namen, Nummer der Lesekarte und Adresse ausfüllen und nach einer Frist von ein oder zwei Wochen die bestellten Ablichtungen abholen. Ausgenommen davon blieb selbstverständlich die sogenannte »Giftschrankliteratur«. Auch innerhalb der Betriebe herrschten strenge Vorschriften für den Gebrauch von Kopiergeräten, die in speziellen, nachts versiegelten Räumen standen. Für Computer galten ähnliche Bestimmungen. Als in der Oppositionsszene die ersten heimlich aus dem Westen beschafften Rechner auftauchten, geriet die Stasi in helle Aufregung[188].

Stolz nannte sich die DDR ein »Leseland« und führte zum Beweis gerne die hohen Auflagen »guter Literatur« sowie die statistisch festgestellte Leselust der Bürger an. Das Argument der großen Buchproduktion sollte vor allem den permanenten Vorwurf entkräften, hier sei der freie Geist unterdrückt; Verbote richteten sich, so die Begründung, ausschließlich gegen kriegshetzerische, rassistische und konterrevolutionäre Literatur. Einer nüchternen Aufrechnung halten solche Behauptungen nicht stand. In der DDR wurden 1989 insgesamt 6 073 Titel in einer Auflage von 136 869 000 Exemplaren veröffentlicht. Hinzu kamen 543 Zeitschriften[189]. 1988, im letzten »Normaljahr«, lag die Zahl nur unwesentlich höher, nämlich 6 590 Titel in 149 644 000 Exemplaren sowie 542 Zeitschriften[190]. In der Bundesrepublik dagegen erschienen 1989 insgesamt 65 680 und 1988 insgesamt 65 980 Titel[191], also fast das zehnfache der DDR-Buchproduktion. Das stellt die Leselust und Bücherliebe der DDR-Bürger nicht in Frage. In der Tat gab es schöne und preiswerte Bücher. Für den Westbesucher stellte ihr Kauf oft die einzige Möglichkeit dar, das »zwangsumgetauschte« Tagegeld sinnvoll anzulegen. Fünf Mark pro Band kostete, wenn erhältlich, eine der in farbiges Leinen gebundenen Klassikerausgaben des Aufbau Verlags, weniger als zehn Mark eines der Dieterich-Bändchen, die vorzüglich Ausgaben Werke der Weltliteratur präsentierten. Beliebt bei den Gästen waren auch die Schriften von Marx, Engels und Lenin. Sie gehörten zu den wenigen Titeln, die fast immer ausreichend am Lager und zudem mit Preisen zwischen einer und drei Mark sehr billig waren.

Selbst in der schäbigsten Studentenbude am Prenzlauer Berg stauten sich auf meist windschiefen, weil selbstgezimmerten Regalen Büchermassen. Die weltkundigen Besucher aus dem Westen schwiegen ergriffen, wenn die Gastgeber begannen, von den Vorzügen der neuen Dostojewski-Ausgabe zu schwärmen, oder über die Lyrik Georg Trakls fachsimpelten. Natürlich konnte man schon damals die Gründe für das Gewicht des Geistigen im Realsozialismus durchschauen. Bücher boten ein grenzenloses Reich der Freiheit, sozusagen als Internalisierung und dialektische Umkehr des Anspruchs der Staatsmacht auf Formung der Seele durch Kunst und Literatur. Die Hinwendung zur Intellektualität eröffnete die Möglichkeit, auf subtile Weise Widersetzlichkeit zu zeigen, ohne dabei Verbotenes zu tun, und die Erlebnisarmut des Lebens hinter der Mauer zu kompensieren. Franz Kafka oder Rainer Maria Rilke zu lesen unterlag keinen Sanktionen, doch es signalisierte Distanz zu dem stumpfsinnigen Optimismus der offiziösen Parolen. Wer nicht nach Paris fahren konnte, las statt dessen die Romane von Honoré de Balzac oder Émile Zola. Hinzu kam, daß der Mechanismus von Billigpreisen, Unterangebot und Verschwendung auch im Buchhandel wirkte. Trotz der riesigen Auflagen fand nahezu jeder Titel reißenden Absatz, der irgendwie als interessant und lesbar galt. Die Rosinen befanden sich grundsätzlich nur unter dem Ladentisch. In den hinteren Räumlichkeiten der Buchhandlungen existierte ein System von Geheimfächern, in denen die begehrte Dünndruckausgabe von Balzacs »Menschlicher Komödie« oder die bereits erwähnten Dostojewski-Bände mit dem silbernen Schutzumschlag lagen.

Die Genehmigungsverfahren

Lang und verschlungen waren im SED-Staat die Wege eines Manuskripts vom Schreibtisch des Autors in die Auslagen der Buchhandlungen[192]. Das von Vor- und Nachwortschreibern vielbenützte Sprüchlein »Habent sua fata libelli« erhielt hier einen ganz besonderen Klang. Erich Loest hat in seinem Bericht »Der vierte Zensor« die wahrhaftig aufregende Odyssee seines Erfolgsromans »Es geht seinen Gang« geschildert[193]. Natürlich war nicht jedes Buch mit derartigen Schwierigkeiten verbunden, doch gab es gewisse Regularien, die für alle galten. Legte ein Schriftsteller einen Text vor, der die Zustimmung des Lektors, des Cheflektors und des Verlagsleiters fand, so mußten sie noch zwei Außengutachten von Literaturwissenschaftlern, Philosophen oder anderen einschlägig tätigen Fachleuten beibringen. Vorteilhaft konnte es sein, Mitarbeiter vom »Institut für Gesellschaftswissenschaften beim ZK der SED« oder ähnlich gelagerter Einrichtungen zu gewinnen. Danach ging das Manuskript an die übergeordnete Behörde. Für einige Verlage galten Sonderregelungen: Für den parteieigenen Dietz Verlag trug das Zentralkomitee die Verantwortung, für den Verlag Tribüne der Bundesvorstand des FDGB, für den Militärverlag die Politische Hauptverwaltung der NVA, für den Schulbuchverlag Volk und Wissen das Ministerium für Volksbildung, und den Veröffentlichungen des Staatsverlags erteilte der Ministerrat die Druckfreigabe direkt. Die übrigen etwa 100 Verlage legten ihre Projekte dem Ministerium für Kultur vor. Dort lasen erneut mehrere Mitarbeiter das Werk, und es wurden weitere Gutachter bestellt. Verspürte das Ministerium Unsicherheiten, befragte es die Abteilung Kultur im ZK, den Schriftstellerverband oder Kurt Hager persönlich. Gelegentlich wandte sich die Abteilung Kultur auch an die Abteilung Sicherheitsfragen im Zentralkomitee. Behandelte ein literarischer Text die Tätigkeit der »bewaffneten Organe«, etwa die der »Kundschafter an der unsichtbaren Front«, bestand sogar die Verpflichtung zur Anfrage. In diesem Zusammenhang hieß es beispielsweise in einem Antwortschreiben vom 23. März 1972 zu der Erzählung »Legalisation« von Hermann O. Lauterbach, es sei »nicht zweckmäßig . . . über Hilfe der DDR für die KPD zu schreiben. Das betrifft vor allem auch das ›Hinüberwechseln‹ von ›einem Deutschland ins andere Deutschland‹.« Von einer Veröffentlichung hat die Abteilung Sicherheitsfragen dann auch ausdrücklich abgeraten[194].

Erhob keine der beteiligten Instanzen grundsätzliche Einwände, erhielt das Manuskript den Druckgenehmigungsstempel. Danach begannen die durch den notorischen Papiermangel und die fehlenden Kapazitäten in den Druckereien und Buchbindereien bedingten Schwierigkeiten und Verzögerungen. Ging alles seinen »sozialistischen Gang«, dauerte die Prozedur ungefähr zwei bis drei Jahre. Doch ein reibungsloser Durchlauf bildete eher die Ausnahme. Oft tauchten doch noch Forderungen an den Autor auf, diese oder jene Formulierung zu streichen oder zu ändern, Drohungen und Gegendrohungen wechselten sich ab. Viele Manuskripte wurden »auf Eis gelegt«, konnten nur in einer Zeitschrift erscheinen oder gingen schließlich den Weg in den Westen. Entsprechend gestaltete sich die Verfahrensweise bei wissenschaftlichen Veröffentlichungen. Zunächst lasen, diskutierten und bewerteten – auch ideologisch – Angehörige der Abteilung oder Arbeitsgruppe des Instituts den Text. Dann ging er zur Genehmigung an den zuständigen staatlichen Leiter, der es entweder selbst prüfte oder Kollegen damit beauftragte. Erfolgten keine Beanstandungen, wurde er offiziell abgesegnet und kam zum Verlag oder zur Zeitschriftenredaktion. Im Laufe der achtziger Jahre erschienen zusätzliche interne »Publikationsordnungen«, die sogar die disziplinarische Ahndung ungenehmigter Veröffentlichungen innerhalb der DDR vorsahen. Im Regelfall aber funktionierte das System der Konfliktbereinigung im Vorfeld ausgezeichnet.

Natürlich unterlag die Kontrollpraxis unterschiedlichen Gewichtungen. Es gab unproblematische Themen und »heiße Eisen«, vor allem aber kurzfristige Schwankungen der politischen Linie. Alle Untersuchungen zur Entwicklung der Arbeiterbewegung, des Marxismus-Leninismus und der DDR-Geschichte bedurften der gesonderten Genehmigung durch das »Institut für Marxismus-Leninismus« beim ZK der SED. Noch 1987 löste der zweite Band der Geschichte des deutschen Widerstandes ein Beben am Zentralinstitut für Geschichte der Akademie der Wissenschaften aus. Der Autor, Professor Klaus Mammach, hatte geschrieben, Herbert Wehner hätte nach seiner Verhaftung in Schweden durch seine Aussagen Genossen, die in Deutschland in der Illegalität kämpften, der Gestapo ans Messer geliefert[195]. Weil er Opfer der langen Produktionszeiten geworden war, entpuppte sich plötzlich als parteischädigend, was die SED jahrelang behauptet hatte. Das Gutachten für die Druckfreigabe stammte noch aus dem Jahre 1985[196]. Ernst Diehl, stellvertretender Direktor des IML und Vorsitzender des Wissenschaftlichen Rates für die Geschichte der Arbeiterbewegung, mithin also eine Art Oberzensor für dieses Fachgebiet, hatte man aus unbekannten Gründen bei der Begutachtung übergangen. Er wandte sich an Hager[197], der noch am selben Tage Honecker informierte und ihm mitteilte, daß von den im Februar 1987 gedruckten 7 350 Exemplaren bereits 3 767 an den Volksbuchhandel gegangen seien[198]. Sofort sei die Auslieferung gestoppt worden, teilte er pflichtschuldig mit. Von einer Zurückziehung der übrigen Bände riet Hager allerdings ab. Dies müsse »die Aufmerksamkeit erst auf den Vorfall lenken«, bemerkte er vollkommen zu Recht und offenbar klug geworden aus ähnlichen Vorgängen.

Nachdem es gelungen war, die 2 000 für den Pahl-Rugenstein Verlag in Köln bestimmten Exemplare anzuhalten, stand dem geplanten Treffen Erich Honeckers mit dem ehemaligen Kommunisten Wehner nichts mehr im Wege. Es fand am Rande seines Besuches in der Bundesrepublik in dessen Privathaus in Bad Godesberg statt. Das »Neue Deutschland« bildete die beiden unter dem Titel »Bei einem alten Freund« ab und schrieb: »Erich Honecker und Herbert Wehner sind seit der Jugendzeit durch gemeinsame Anstrengungen im Kampf gegen die Nazidiktatur miteinander bekannt.«[199] So funktionierte das »Umschreiben der Geschichte« in der DDR bis ganz zum Schluß, hier freilich mit der Folge, daß auch die Verantwortlichen in Mitleidenschaft gezogen wurden. Angesichts des komplizierten

Genehmigungsverfahrens von einer »Schere im Kopf« oder einem »inneren Zensor« zu sprechen, ist gelinde gesagt eine Untertreibung. Auf allen Ebenen des Entscheidungsprozesses gab es eine »Ärger-Vermeidungs-Strategie«. Ließ ein Lektor, Redakteur oder Bürokrat einen Text unbeanstandet »durchgehen« und ein ZK-Mitarbeiter fand ein ideologisches Haar in der Suppe, gab es »parteimäßig eins auf die Mütze«. Das kostete in den siebziger und achtziger Jahren kaum noch die Stelle, verringerte aber im nächsten Fall den eigenen Spielraum. Eine Ablehnung brachte natürlich auch zusätzliche Arbeit und Aufregung – Stellungnahmen, Parteiversammlungen, Rücksprachen. Folgerichtig verhielten sich alle Entscheidungsträger, besonders die in den fünfziger Jahren sozialisierten, im Zweifelsfalle lieber ein wenig zu vorsichtig als zu kühn und pflegten die Taktik des Abwartens. Der Wind drehte sich oft und gelegentlich in unerwartete Richtung. Was heute noch als unumstößliche Wahrheit galt, konnte schon morgen politisch falsch sein.

Weltliteratur zwischen »Erbeaneignung« und Reglementierung

Nicht nur die literarischen und wissenschaftlichen Neuproduktionen der DDR unterlagen einer sorgfältigen ideologischen Prüfung. Die Partei erhob auf geistigem Gebiet einen totalen Machtanspruch und setzte sich damit gleichzeitig einer Allverantwortlichkeit aus, da jeder sich auf die als unbedenklich eingestuften Veröffentlichungen berufen konnte. Sie zwang sich also selbst dazu, ihre Zensurierungspraxis zeitlich und räumlich über die gesamte Weltkultur auszudehnen. Selbst anerkannte Weltliteratur ergänzten in den DDR-Ausgaben meist ausführliche Vor- oder Nachworte, die neben gewinnbringenden Ausführungen über Leben und Werk des Autors sowie den geschichtlichen Hintergrund der Handlung ideologische Einschätzungen enthielten, die gelegentlich wie Abschlußbeurteilungen der Erweiterten Oberschule klangen. Ein beliebiger Griff ins Bücherregal mag dies verdeutlichen. Aus dem Nachwort des im alten Karthago angesiedelten Romans »Salambo« von Gustave Flaubert erfuhr der Leser auch folgende Belehrung: »Die Schwächen der weltanschaulichen Position Flauberts schlagen hier in Schwächen der künstlerischen Abbildung um. Zur überzeugenden Lösung des im Roman behandelten Gesellschaftskonflikts hätte es einer Alternative bedurft, einer aus dem Bewußtsein des historisch Vorwärtsweisenden gewonnenen realen Zukunftsprognose. Gerade sie aber besaß Flaubert nicht.«[200] Abschließend hieß es: »Der Roman ist ein früher Beweis des absoluten Perspektiveverlustes der bürgerlichen Klasse und der tragischen Vereinzelung des humanistischen Künstlers in der bürgerlichen Welt, einer Vereinzelung, die nur durch die Eingliederung in den Kampf der revolutionären Arbeiterklasse überwunden werden kann und die, solange dies nicht der Fall ist, sich notwendigerweise in Inhalt und Struktur des Kunstwerks niederschlagen muß.«[201] Mit einer solchen Beurteilung hätte der Dichter in der DDR kaum einen Studienplatz erhalten, geschweige denn publizieren dürfen. Der einzige Entschuldigungsgrund bestand in der Tatsache, daß er den Roman bereits 1863 veröffentlicht hatte, zu einem Zeitpunkt also, an dem man die Eingliederung in die Arbeiterbewegung von einem bürgerlichen Schriftsteller billigerweise nicht verlangen konnte.

Die ideologischen Oberlehrer teilten alle Autoren und Bücher in mehrere Klassenstufen ein, die eine gewisse Analogie zur DDR-Gesellschaft spiegelten. An der Spitze stand die historisch progressive, proletarisch-revolutionäre – also im engeren Sinne kommunistische – Literatur: Johannes R. Becher, Friedrich Wolf, Willi Bredel, Otto Gotsche, Martin Andersen-Nexö oder Nikolaj Ostrowskij mit seinem Bürgerkriegsroman »Wie der Stahl gehärtet wurde«. Hier zählte Parteidisziplin mehr als ästhetische Qualität. Nach ihren Vertretern wurden Jugendherbergen, Sportplätze und Kasernen benannt, aber nicht einmal überzeugte Genossen lasen sie. Nur die obligatorischen Buchprämien zum Frauentag und zum Parteieintritt sorgten notdürftig für ihre Verbreitung. Die zweite Kategorie läßt sich mit den »Einzelvertragsinhabern« der DDR-Gesellschaft vergleichen. Diese Schriftsteller waren sozusagen die »bürgerlichen Spezialisten« des literarischen Betriebes. Ob tot oder lebendig, man mißtraute ihnen, versuchte sie aber als Bestandteil der eigenen Tradition einzugliedern. Ihre Werke wurden liebevoll betreut und ediert, und regelmäßig erschienen Studien über sie. Zu ihren runden Geburtstagen gab es ein Festkomitee und eine Sonderbriefmarke. Jedenfalls gehörten sie in die sozialistische deutsche Nationalkultur, und man überließ sie nicht, wie oft zu hören und zu lesen, dem Gegner. Festredner nannten sie gerne die »Unsrigen«. Vor allem Bertolt Brecht und Arnold Zweig gehörten dazu. Man sah über ihre »ideologischen Unklarheiten« hinweg, bestand auf keiner Parteimitgliedschaft und gab sich mit einer gewissen Loyalität zufrieden. Heinrich Mann beispielsweise, der sich wenigstens in der DDR hatte begraben lassen, wurde hoch geehrt und immer wieder aufgelegt. Selbst seine bereits zitierten despektierlichen Äußerungen aus der Zeit des Pariser Exils hielten den gescholtenen Walter Ulbricht 1971 nicht davon ab, den Vorsitz des »Heinrich-Mann-Komitees« zu übernehmen[202]. Der Gerechtigkeit halber darf man allerdings auch nicht verschweigen, daß die genannten und einige andere Autoren erst größere Beachtung in der Bundesrepublik fanden, als sie sich in der DDR teils virtuell, teils real etabliert hatten.

Die dritte und umfangreichste Klasse beruhte auf dem »humanistischen Erbe«. Goethe und Schiller führten die Vertreter des aufstrebenden progressiven Bürgertums an. Die Pflege ihrer literarischen Hinterlassenschaft war der »gebildeten Nation« Herzenssache. Das Goethehaus am Frauenplan zu Weimar, das unweit gelegene Schillerhaus und einige andere Wirkungsstätten erfuhren eine großzügige Ausstattung, verbunden mit didaktisch ganz im Sinne der ideologischen Vereinnahmung ausgerichteten Ausstellungen. Auch einige »bürgerliche Humanisten« des 20. Jahrhunderts hatten das Glück, dem »humanistischen Erbe« zugeschlagen zu werden. Sie stellten sozusagen die in die geistig-künstlerische Sphäre transponierten Mitglieder der Blockparteien dar. Weiter gehörte alles das dazu, was die Weltliteratur an guten, aber politisch unverfänglichen Werken zu bieten hatte. Die russischen Autoren genossen aufgrund der Freundschaft zur Sowjetunion eine gewisse Bevorzugung. So kam der Leser in den Genuß hervorragender Gesamtausgaben von Alexander Puschkin, Michail Lermontow, Iwan Turgenjew, Lew Tolstoj und anderer Klassiker. Selbst die von den sowjetischen Kulturinstanzen eher stiefmütterlich behandelten, aber publizierten Dichter besaßen in der DDR gute Chancen. Von Aleksander Blok, Anna Achmatowa, Marina Zwetajewa, Boris Mandelstam gab es sehr gute Übersetzungen und zweisprachige Titel, die Massenauflagen erreichten.

Die Vertreter der vierten Kategorie, die »Geduldeten«, galten als weniger progressiv. Die Obrigkeit nahm sie mehr in Kauf, als daß sie ihr wirklich am Herzen lagen. Zu ihnen gehörten die deutschen Romantiker. Die gesammelten Werke von Novalis erschienen zwar in der »Bibliothek deutsche Klassiker«, eine Gedenkstätte in seinem Geburtsort Oberwiederstedt standen ihm die Kulturbehörden jedoch nicht zu. Auch Friedrich Hölderlin hatte spätestens seit dem legendären Konzert im November 1976, in dem sich Wolf Biermann auf ihn berief, ideologische Schwierigkeiten. Seine Gedichtzeile »Die Mauern stehen sprachlos und kalt im Winde/ klirren die Fahnen« waren fast so populär wie des letzteren Hölderlin-Lied, in dem es eingangs jeder Strophe heißt: »In diesem Lande leben wir/wie Fremdlinge im eigenen Haus/Die eigne Sprache, wie sie uns entgegenschlägt/verstehen wir nicht ...«[203] Gelegentlich gab es lange Querelen um die Beförderung einzelner Schriftsteller in die höhere Leistungsstufe. Heinrich von Kleist gelangte so in den siebziger Jahren in das »humanistische Erbe«[204]. Schwierigkeiten bereitete vor allem der Umgang mit den Klassikern der modernen Literatur: Robert Musil, Hermann Broch, Franz Kafka, James Joyce, Marcel Proust, von denen schließlich doch einige den Aufstieg schafften. Schrittweise und zögernd nahm man auch Autoren der beiden niedersten Klassen bei den »Geduldeten« auf, deren wichtigste Werke immerhin in den siebziger und achtziger Jahren erschienen. Unter ihnen befand sich Karl May, der aus unerfindlichen Gründen lange Zeit als »rassistisch« eingestuft worden war. Kafka galt nach dem Prager Frühling als eine Art »Konterrevolutionär« und mußte zehn Jahre warten, bis wieder ein Bändchen beim Reclam Verlag in Leipzig erscheinen durfte.[205]

In der fünften Kategorie der »hoffnungslosen Fälle« versammelte sich ein durchaus illustrer Klub toter Dichter und Denker. Arthur Schopenhauer und Friedrich Nietzsche als »geistige Wegbereiter des Faschismus« fanden sich dort gemeinsam mit Sigmund Freud, Max Weber, Theodor W. Adorno und vielen anderen. Erst in den achtziger Jahren begannen im Bereich der »bürgerlichen Ideologie« Versuche eines gelockerten Strafvollzugs. So erschien 1982 erstmals an versteckter Stelle ein Bändchen mit Schriften Freuds[206]. Das Bestreben, auch Nietzsche in den Kreis der »Geduldeten« aufsteigen zu lassen, führte 1988 zu einer grotesken öffentlichen Diskussion, in der sich seltsamerweise Wolfgang Harich als Befürworter einer uneingeschränkten Verdammung hervortat. Auch berühmte Historiographen des 19. Jahrhunderts wie Leopold von Ranke, Theodor Mommsen, Gustav Freytag, Jacob Burckhardt galten als »bürgerlich beschränkt« und deswegen nicht förderungswürdig. Es gab keine Neuausgaben, keine öffentlich zugänglichen »Wirkungsstätten« und keine Gedenktafeln am Geburts- oder Sterbehaus. Das Denkmal Mommsens, das ihm seine Alma Mater errichtet hatte, blieb auf dem Wirtschaftshof stehen und erhielt erst nach der Wende wieder seinen angestammten Platz vor der Universität. Rankes Grabmal auf dem zum Spielplatz umgewidmeten Sophien-Kirchhof in der Großen Hamburger Straße verfiel, Freytags Wohnhaus in Gotha-Siebleben durfte den Bemühungen einer örtlichen Initiative zum Trotz nicht zur Gedenkstätte ausgebaut werden. Aber immerhin unterlagen ihre Werke keinem gesetzlichen Verbot. Sie standen in großen wissenschaftlichen Bibliotheken, und man konnte sie gelegentlich in Antiquariaten kaufen. Etliche moderne Dichter rundeten die »dauerhaft unerwünschte, aber nicht strafwürdige« Klasse ab. Samuel

Beckett fand anläßlich seines Todes im Dezember 1989 die erste positive Erwähnung in der DDR-Presse[207], und Uwe Johnson blieb gerade in jenem Land, dem er sich bei all seinen Wanderungen durch die Welt intensiv verbunden fühlte, bis zum Schluß »Persona non grata«.

In der sechsten und niedrigsten Kategorie tummelten sich die eigentlichen »Unpersonen« der Weltkultur. Landläufig sprach man davon, dieses oder jenes Buch stünde auf dem »Index«, aber ein solches Verzeichnis wie das der katholischen Kirche hat es in der DDR nie gegeben. Welche Publikation darunter fiel, war gewissermaßen Gefühlssache. Doch führte dieser Spielraum eher zu weiterer Willkür untergeordneter und nicht immer kenntnisreicher Stellen als zu heimlichen Ausweitungen der Grenzen des Erlaubten. Die wissenschaftlichen Bibliotheken lagerten den »Bodensatz« im Panzerschrank und gaben ihn nur gegen spezielle Zertifikate heraus. Sein privater Besitz konnte zu den größten Schwierigkeiten führen. Die Verbreitung »staatsfeindlicher« Literatur war ein Kriminaldelikt, das noch in den siebziger Jahren längere Haftstrafen nach sich zog. Zu den Verfemten gehörten vor allem die osteuropäischen Dissidenten, die Renegaten der kommunistischen Bewegung und die Kritiker des realsozialistischen Systems. Die Nachschlagewerke erwähnten sie entweder überhaupt nicht oder beschimpften sie übel. So suchte man im »Lexikon fremdsprachiger Schriftsteller« des Bibliographischen Instituts Leipzig Czesław Miłosz, polnischer Literatur-Nobelpreisträger des Jahres 1980, oder den späteren tschechoslowakischen Präsidenten Václav Havel vergeblich[208]. Pavel Kohout oder Alexander Solschenizyn dagegen erhielten Artikel mit korrekten Lebensdaten und wichtigsten Veröffentlichungen, allerdings voll von politisch abwertenden Urteilen, die über jedes in Lexika übliche Maß hinausgingen[209]. Als die Werke des Russen 1987 mit zwei Jahrzehnten Verspätung endlich in seiner Heimat zu erscheinen begannen, nahm das Zentralorgan der SED dies zum Anlaß, um erneut gegen ihn zu hetzen[210]. Da die Taktik des Totschweigens nie funktioniert hatte, durfte in der DDR eine Art Schlüsselroman eigener Machart das Licht der Welt erblicken, der Aufstieg und Ruhm Solschenizyns als Geheimdienstaktion des Westens schilderte[211].

Niemals gab es ein wirklich geschlossenes System der Genehmigungen und Verbote. Die Entscheidungen über Editionen, Ehrungen, Verfilmungen und ähnliches fielen aufgrund eines unentwirrbaren Knäuels ästhetischer, literaturgeschichtlicher, ideologischer, tagespolitischer und rein zufälliger Kriterien. Ebensowenig existierte eine gesetzlich bevollmächtigte Zensurinstanz, sondern ein Neben- und teilweise Gegeneinander staatlicher, parteilicher und geheimdienstlicher Apparate, Instanzen und Interessen. Seit Honeckers Machtantritt waren gewisse Lockerungsübungen nicht zu übersehen. Seitenweise sickerten die Klassiker der Moderne ins »Leseland DDR«. Joyce, Musil und Proust gelangten aus der »bürgerlichen Dekadenz« in das »humanistische Erbe«. Die Möglichkeit für eine Umbewertung bestand natürlich nur dann, wenn keine despektierlichen Äußerungen über den Sozialismus oder die Sowjetunion vorlagen. Manche Lektoren, Herausgeber, Regisseure und Redakteure trieben ein Katz-und-Maus-Spiel mit den Instanzen und versuchten die Klippen der Zensur zu umschiffen. Wenige agierten sogar wie Guerilleros im Dschungel der Institutionen und gingen wirkliche Risiken ein. Ende der achtziger Jahre spielte der Leipziger Reclam Verlag wieder einmal den Vorreiter. 1987 veröffentlichte er ein – freilich völlig unpolitisches – Bändchen von Hans Mayer[212] und unter dem Titel »Freiheit und Ordnung. Abriß der Sozialutopien« einen Auszug aus dem Hauptwerk »Das Prinzip Hoffnung« von Ernst Bloch[213]. Beiden fehlte ein belehrendes und rubrizierendes Nachwort, allerdings enthielten Klappentexte und Vorworte auch keine der sonst üblichen Angaben zu den Biographien der Verfasser. Dennoch fand keine wirkliche »geistige Wiedereinbürgerung« der verlorenen Söhne der DDR statt.

Die fehlenden Würdigungen wiesen vielmehr darauf hin, daß die Behörden die »Besuchserlaubnis« jederzeit wieder zurücknehmen konnten. Die Repräsentanten der DDR-Kultur, die so gern ihre Weltoffenheit betonten, waren es wohl leid, auf internationalem Parkett ständig an die Peinlichkeiten ihrer Publikationsentscheidungen erinnert zu werden. Durch kleinere Lockerungen schafften sie sich Alibis, die Buchhandlungen kaum erreichten und zudem nur ein kalkulierbares Risiko bedeuteten. Die wenigen kulturpolitischen Schwalben der späten achtziger Jahre verursachten durchaus keinen ideologischen Frühling in der sterbenden DDR. Doch insgesamt zeigten die Sittenwächter jetzt zunehmende Ermüdungserscheinungen. Manches sahen sie »nicht mehr so verbissen« und drückten gelegentlich »ein Auge zu«. Es gab sogar Fälle echter Großmut. Am 1. Juni 1989 schrieb die für Kultur zuständige Abteilungsleiterin im ZK der SED, Ursula Ragwitz, an Kurt Hager: »Wie uns Klaus Höpcke heute mitteilte, ist im Postreiter-Verlag Halle die Herausgabe des Kinderbilderbuchs ›Die Ameise‹ (für das Vorschulalter) in Arbeit. Die Illustrationen ... sind mit sieben zweizeiligen Textunterschriften von L. Rathenow versehen. Sie sind sachlich gehalten und inhaltlich unbedenklich.« Hager notierte an den Rand: »Das Buch soll herausgegeben werden.«[214]

Das Giftschranksystem

Auch im Bereich der Bibliotheken gab es niemals eine einheitliche Verfahrensweise der Sekretierung unerwünschter Literatur. Die Volksbibliotheken führten grundsätzlich nur die in der DDR erschienenen Bücher. Dadurch stellte sich ihnen das Problem der »Sperrliteratur« nicht. In den größeren Bibliotheken regierte ein kompliziertes System von blauen Kreuzen, roten Punkten und anderen Katalogvermerken. In der Universitätsbibliothek Ost-Berlins beispielsweise lautete eine Notiz auf der Karteikarte »Schr. 10«. Sie verwies den Leser auf ein Kämmerchen, in dem ein Kollege residierte, von dem es hieß, er sei der »Sicherheitschef«. Dort mußte man ein Zertifikat vorlegen, das die Notwendigkeit der Benutzung »feindlicher Literatur« bescheinigte. Welcher Personenkreis die Berechtigung erhielt, derartige – umgangssprachlich als »Giftscheine« bezeichneten – Zeugnisse zu nutzen, blieb unklar. Kopfbogen und Stempel der Universität machten sich gut, ein akademischer Titel schadete nicht – doch eine verbindliche Vorschrift gab es in dem sonst so paragraphenfreudigen Land nicht. Gelegentlich wurde verlangt, jeden Titel einzeln zu vermerken. In der Regel reichte freilich die pauschale Bemerkung, der Antragsteller »benötige für eine wissenschaftliche Arbeit« zu diesem oder jenem Thema »westliche Literatur«. Fand das Ansinnen Gnade vor dem mißtrauischen Blick des zuständigen Bibliotheksmitarbeiters, griff er hinter sich in den gigantischen, vorsintflutlich wirkenden Panzerschrank mit schweren Eisentüren und überreichte das gewünschte Buch.

In der Staatsbibliothek gab es einen speziellen »Giftlesesaal«, euphemistisch als »Abteilung spezielle Forschungsliteratur«, abgekürzt ASF, bezeichnet. Auch hier verlangte man die entsprechenden Bescheinigungen und heftete sie säuberlich ab, um dann pünktlich nach einem Jahr die Erneuerung der Stempel und Unterschriften einzufordern. In dem extrem ungemütlichen Raum konnte man auf Verlangen sogar westliche Zeitungen lesen. Lediglich der »Spiegel« galt seit der Veröffentlichung des »Manifestes der Demokatischen Kommunisten« zur Jahreswende 1977/78 als derartig gefährlich, daß er nicht einmal hier erhältlich war. Neben den verschlossenen Abteilungen herrschten niedere toxische Grade. In der erwähnten Universitätsbibliothek zu Ost-Berlin reichte bei den lediglich mit einem roten Punkt verzierten Bänden beispielsweise die glaubhaft vorgebrachte Erklärung, man arbeite an einer Dissertation über den genannten Schriftsteller. Der Leser mußte lediglich mit seiner Unterschrift versichern, das Werk ausschließlich für wissenschaftliche Zwecke zu verwenden und nicht an unbefugte Dritte weiterzugeben. Die Benutzungseinschränkungen blieben ohne wesentliche Änderung bis 1989 erhalten. Selbst als die Lenin-Bibliothek in Moskau 1988 ihre Tresorräume öffnete und die bisher verbotenen Bücher gesondert ausstellte, bedeutete dies für die Deutsche Bücherei in Leipzig oder die Staatsbibliothek in Ost-Berlin noch lange nicht, ihre Restriktionen zu lockern. Erst nach dem Mauerfall löste man klammheimlich die Spezialabteilungen auf und verfrachtete die verfemten Titel ins allgemeine Magazin.

Der Antiquariatsbuchhandel

Einen kleinen, doch gerade deswegen so wichtigen intellektuellen Freiraum bot der vorwiegend staatliche Antiquariatsbuchhandel. Formalen Verboten unterlag nur rassistische oder sittenwidrige Literatur sowie solche, die zu Völkerhaß und Krieg aufrief. Faktisch untersagt war der Vertrieb von nach 1945 im Westen erschienenen Büchern. An- und Weiterverkauf des gesamten Restes oblag dem Gefühl des einzelnen Antiquars, der aber auch das Risiko bei eventuellen Anschwärzungen übereifriger Kunden trug. Weite Bereiche des intellektuellen Kosmos sah die Obrigkeit nicht gern, verhinderte aber auch nicht ihre Rezeption. Im Grunde gehörten die gesamten Geisteswissenschaften und die Belletristik vor 1945 dazu. Werke über Geschichte, Literatur, Philosophie oder Kunst ohne die in der DDR üblichen ideologischen Zutaten und Verzerrrungen begehrten die Käufer heiß und trieben damit im Vergleich zu den Neuerscheinungen die Preise in die Höhe. Das großzügig und bedenkenlos ausgesprochene Verdikt der »Bürgerlichkeit« wertete alle alten Bücher auf. Aber es ging dabei weniger um den bildungsbürgerlichen Flair der Lederrücken mit Goldschnitt. Putzgers historischer Schulatlas aus den Zeiten der Großeltern war allemal brauchbarer als die mit SED-Ideologie getränkten Karten aus dem Deutschen Verlag der Wissenschaften der DDR. Gebhardts Handbuch der deutschen Geschichte zeigte sich selbst in den alten Ausgaben sachlich zuverlässiger als jede in der DDR publizierte Überblicksdarstellung. Andere Interessenten durchsuchten die Bücherberge nach Autoren, die aufgrund ihres Rufes als Trivialschriftsteller keinen Platz in der volkspädagogisch orientierten Verlagspolitik fanden.

Auch im Antiquariatshandel existierte eine Hierarchie der Institutionen. Zunächst mußten die Bücher den SED-Instituten angeboten werden, dann der Akademie der Wissenschaften, schließlich den Staatlichen Bibliotheken. Erst wenn sie dort keinen Abnehmer fanden, erreichten sie die Regale der Antiquariate. Unter den Linden, im Zentrum Ost-Berlins gab es neben dem öffentlichen Angebot ein geheimes Warenlager im Obergeschoß, zu dem gute Beziehungen Zutritt verschafften. Auf der Innenseite der dortigen Bände standen neben dem Preis ein bis drei Kreuze, aus denen man noch die toxische Einstufung ersehen konnte. In den achtziger Jahren behinderten vor allem ökonomische Begehrlichkeiten den freien Zugang zu alten Büchern, da der Außenhandel auf der Suche nach devisenträchtigen Waren auch nach ihnen seine Hände ausstreckte. Die Bibliotheken wurden aufgefordert, Doubletten abzuliefern, die dann auf damals unbekannten Wegen in den Westen verschwanden. In der Talstraße 29 in Leipzig befand sich das »Zentralantiquariat der DDR«. Es zog alle Bibliotheken von enteigneten Personen oder Firmen sowie »Republikflüchtlingen« an sich und hatte auch Kommissare im Einsatz, die Büchereien von Museen, Schulen, Städten sowie die wenigen noch privaten Antiquariate kontrollierten und dort zu niedrig festgesetzten Preisen Bücher requirierten. Das Zentralantiquariat verkaufte per Angebotskatalog in den Westen. Zum Teil holten Großantiquariate aus der Bundesrepublik die Bände lastwagenweise in Leipzig ab[215].

Anfang der siebziger Jahre schloß die SED bis auf wenige Ausnahmen die privaten Buchhandlungen und Antiquariate. Den bekannten Antiquar Goedecke in Leipzig brachte sie wegen angeblicher oder tatsächlicher Steuerhinterziehung ins Gefängnis, andere gaben freiwillig auf. Eine Ausnahmeregelung erwirkte der Antiquar Zintl, dessen verstaubter und ungeordneter Laden in der Ost-Berliner Friedrichstraße wie ein Relikt aus fernen Tagen wirkte und schließlich sogar die DDR überlebte. Eine Fundgrube für die nach geistiger Nahrung dürstenden DDR-Bürger blieben die Antiquariate und Trödelmärkte zwischen Budapest und Danzig mit ihrem von den Umbrüchen unseres Jahrhunderts in ganz Ostmitteleuropa zurückgelassenen Bodensatz deutschsprachiger Literatur. Die Preise waren moderat und das Interesse der Verkäufer an einer ideologischen Selektion ihres Angebots eher gering. Das entscheidende Problem bildeten die Zollorgane der DDR, die bei den Heimkehrern aus Polen, Ungarn und der Tschechoslowakei systematisch Jagd auf Schallplatten, Druckschriften und anderes weltanschaulich bedenkliche Gut machten, es im Zweifelsfalle beschlagnahmten und als Dreingabe denunziatorische Schreiben an die Hochschulen oder Arbeitsstellen der Ausgeplünderten schickten.

5. Die Kontrolle der Öffentlichkeit

Landschaften der Lüge

Die Gesellschaft der DDR war bis ins Innerste vergiftet. Von einem »seelischen Auschwitz« hat Jürgen Fuchs angesichts der Akten gesprochen[216]. Der Bruder bespitzelte den Bruder – wie im Falle Dr. Karl-Heinz Schädlich alias »IM Schäfer« –, der Ehemann schrieb Berichte über seine Frau – wie im Falle Knud Wollenberger alias »IM Donald« –, Lehrer denunzierten ihre Schüler und umgekehrt[217]. »Wir hatten gelebt wie unter Glas«, bemerkte Stefan Heym nach dem Studium seiner Stasi-Akten, »aufgespießten Käfern gleich, und jedes Zappeln der Beinchen war mit Interesse bemerkt und ausführlich kommentiert worden.«[218] Orwells Schreckensvision einer totalen Kontrolle des Individuums hate sich zur Alltagsrealität entwikkelt. Wie ein riesiger Krake lag die Staatssicherheit über dem Land und drang mit ihren Saugnäpfen in den verborgensten Winkel der Gesellschaft. Daß die Unterdrückung in den späten achtziger Jahren subtilere Formen angenommen hatte, lag nicht an den fehlenden Möglichkeiten der Überwachung und Manipulation, sondern an Rücksichtnahmen, die geänderte ökonomische und internationale Rahmenbedingungen erforderten. Der Stasi-Apparat unterlag dem gleichen Prinzip wie die Absperrmaßnahmen an der Grenze der DDR: Er wurde technisch immer perfekter und politisch immer wirkungsloser.

Natürlich gab es auch vor 1989 einen weitverbreiteten emotionalen Abscheu vor dem Spitzelsystem, intellektuelle Distanz und bewußten politischen Widerstand – davon wird ausführlich die Rede sein. Dennoch beschleicht den Beobachter des »Aufarbeitungsprozesses« Grauen und Resignation angesichts der Schamlosigkeit des Verrats. Elementare menschliche Verhaltensregeln haben die Täter massenhaft und offenbar ohne das Bewußtsein individueller Schuld mit Füßen getreten. Das System der allgegenwärtigen Überwachung, Disziplinierung und Repression wurde im Laufe der Jahre immer weiter perfektioniert und ausgebaut – und vor allem verinnerlicht. Dabei ersetzten subtile Formen der psychischen Beherrschung allmählich die offene Brutalität, so daß auswärtige Besucher sie nicht mehr wahrnahmen und viele DDR-Bürger gar im Bewußtsein großer Freiheit lebten.

Der total kontrollierte Mensch

Daß die Stasi unkontrollierten Zugang zu allen Kaderunterlagen, zu den Akten der Strafverfolgungsbehörden, den Datenspeichern der Abteilung Inneres bei den Räten der Kreise und der Zollorgane besaß, verstand sich fast von selbst. Ihre Befugnisse gingen jedoch weit darüber hinaus. Am 16. August 1989 erließ der Minister für Staatssicherheit zwei Weisungen mit den harmlos klingenden Bezeichnungen »Speichernutzungsordnung des MfS« und »Speichernutzungsordnung anderer Organe«[219]. Einige Wochen vor Beginn der friedlichen Massendemonstrationen beschäftigte sich der Machtapparat also keineswegs mit den Modalitäten einer »weichen Landung« in der Marktwirtschaft, wie einige angeblich allwissende Insider nach dem Zusammenbruch der Öffentlichkeit weismachen wollten, sondern mit der Einführung der totalen Kontrolle aller Lebensbereiche des Menschen. Die zweite Weisung enthielt eine detaillierte Liste aller in der DDR existierenden Datenspeicher sowie Anweisungen zu ihrer »konspirativen Nutzung« durch die operativen Diensteinheiten des MfS. Diese Liste umfaßte folgende Bereiche und Institutionen:

- Die Eingabenstellen des Staatsrates und des Ministerrates, an die sich viele Bürger mit ihren Problemen wandten.
- Die Staatliche Versicherung, Sparkassen und Banken. Hier schlossen die auskunftspflichtigen Punkte ausdrücklich Höhe und Umfang der Versicherung, Schadensfälle, Kontonummern und andere entsprechende Angaben ein.
- Post- und Fernmeldeämter waren der vier Wochen lang gespeicherten aufgegebenen Telegramme sowie der Titel und Anzahl der abonnierten Zeitungen und Zeitschriften wegen von Interesse.
- Aus den staatlichen Krankenhäusern und Kliniken flossen »Angaben zur Krankengeschichte, zur Behandlung des Patienten, zu verabreichten Medikamenten«.
- Die Bezirksstellen für Blutspenden und Transfusion sowie die Zentralstelle zur Bekämpfung der Geschlechtskrankheiten konnten unter anderem »Kontaktpersonen der erkrankten Person« preisgeben.
- Rundfunk und Fernsehen öffneten die Honorardateien ihrer Mitarbeiter, und die Leserkarteien der Bibliotheken gewährten Einblick in die Köpfe ihrer Nutzer. Im Hinblick auf letztere hieß es: »Mitgeteilt werden Angaben zur Person, die Leser in der Bibliothek/Bücherei ist (Intensität der Ausleihe, Interessenrichtung, Sondergenehmigung für Einsicht in gesperrte Literatur).«

Über die konspirative Nutzung der genannten Datenspeicher gab es keinen Nachweis, keine Quittungen für die gezogenen Kopien und natürlich keine Hinweise an die Betroffenen. Der »gläserne Mensch« wäre angesichts der technischen Möglichkeiten der Computertechnik in der DDR Wirklichkeit geworden. Man muß in diesem Zusammenhang allerdings betonen, daß das uneingeschränkte Recht auf Einsichtnahme in alle internen Unterlagen auch vorher existiert hat. Die neue Qualität entstand jetzt durch die Möglichkeit der vollständigen Vernetzung.

Stasi, Staat und Gesellschaft

Das System war sicher nicht so monolithisch, wie es von außen erschien, doch es verbreitete das Gefühl der Allgegenwart und Allmacht der Überwachungsorgane. Die Konzentration der öffentlichen Debatte auf die Stasi darf nicht den Blick dafür verstellen, daß sie lediglich einen Teil der perfektionierten Sicherheits-, Disziplinierungs- und Überwachungsstruktur bildete. Dazu gehörten die Partei, die Massenorganisationen, die Blockparteien, die Volkspolizei, die Schulen und Bildungseinrichtungen, die Kaderabteilungen sowie zahlreiche weitere staatliche und gesellschaftliche Instanzen bis hin zu den Hausbuchführern und Hausgemeinschaftsleitungen. Die gezielte Denunziation von Kollegen, Nachbarn, Mitschülern und Kommilitonen prägte ebenso den Alltag wie das ständige Verfassen breit angelegter Berichte. Letztere sollten neben den allgemeinen »Stimmungen und Meinungen« auch konkrete Angaben über »ideologische Unklarheiten«, »feindliche Argumente«, Westkontakte, unmoralische Lebensweise und ähnliche Vorkommnisse enthalten. In der Regel waren das natürlich Belanglosigkeiten. So viele Übertretungen und Abirrungen gab es gar nicht, als daß sie gereicht hätten, um all die Akten zu füllen. Mit Sicherheit hatten die meisten miesen kleinen Anschwärzungen auch keine dramatischen Folgen, doch verbreiteten sie ein Gefühl dauernder Unsicherheit. Es ist leider kein Witz, daß die Kontrolle bis zum Gesichtsausdruck reichte. Ein Bericht der FDJ-Leitung der Humboldt-Universität sprach von einem Studenten, dem man zwar keine direkte »feindliche Äußerung« nachweisen könne, der aber bei FDJ-Veranstaltungen »ironisch gucken« würde. Er endete mit dem Vorschlag, ihm das Leistungsstipendium zu streichen[220]. Diese Art von »Vorfeldkontrolle und -disziplinierung« ergänzte das Netz der Staatssicherheit, die erst dann Aktivitäten zu entwickeln begann, wenn »Maßnahmen der gesellschaftlichen Erziehung« sich dauernd als unwirksam erwiesen. In der Regel wurden kritische und aufsässige Geister an Schulen, Bildungseinrichtungen oder Arbeitsstellen entweder diszipliniert oder ins soziale Abseits geschoben. Das Berichtswesen diente aber auch der Beherrschung des eigenen Apparats. Die Bewacher beschnüffelten sich ununterbrochen gegenseitig, um beim Auftreten von Schwierigkeiten vor allem Funktionäre der SED und staatliche Leiter aller Ebenen verantwortlich machen zu können. »Mangelnde Wachsamkeit« war ein schwerer Vorwurf, der die Karriere unter Umständen nachhaltig beeinträchtigte. Eine kleine Denunziation zuviel konnte dagegen kaum schaden, denn über ihre Verwendung hatte die vorgesetzte Stelle zu entscheiden. Dies führte dazu, daß übergeordnete Leitungen den Übereifer kleiner Funktionäre oft bremsen mußten. Die beschriebenen Mechanismen funktionierten wohlgemerkt zunächst außerhalb des Zuständigkeitsbereichs des MfS und wären ohne die tätige Mithilfe Hunderttausender eifriger Berichteschreiber, Zuträger und Schnüffler nicht möglich gewesen.

6. Ersatzöffentlichkeit

Politische Witze

Der politische Witz gehörte zu den zeittypischen, untrennbar mit dem SED-System verbundenen Phänomenen[221]. Die diversen in Büchern veröffentlichten Sammlungen sind ohne Zweifel schätzenswert, doch vermitteln sie nur eine blasse Ahnung von einer untergegangen blühenden Witz-Kultur[222]. Der Witz lebt von der Aktualität, der mündlichen Weitergabe, der Situationskomik sowie von Gestik und Mimik, entzieht sich also weitgehend der schriftlichen Fixierung. Sein Wesen besteht in der Verletzung einer gesetzten Ordnung – der Logik, sozialer, insbesondere sexueller Tabus, der Moral oder des politischen Systems. Witze stellten deshalb auch in der DDR ein wichtiges Barometer für die öffentliche Stimmung dar. Sie waren teilweise primitiv, gelegentlich obszön, auf jeden Fall respektlos und frech und beschrieben blitzlichtartig komplizierte politische Zusammenhänge meist schärfer als langatmige Analysen. Sie tauchten aus dem Nichts auf, lagen gewissermaßen in der Luft, verbreiteten sich mit unglaublicher Schnelligkeit und verschwanden genauso spurlos wieder. Obwohl ihre Schöpfer grundsätzlich anonym blieben, schienen sie im kollektiven Gedächtnis abgespeichert zu sein. Es gibt Beispiele aus der Revolution von 1848, die in der Nazizeit wieder auftauchten und dann, bezogen auf die konkrete Situation unter Honecker, erneut erzählt wurden[223].

Interessant ist die Frage, ob das Verbreiten politischer Witze Widerstand oder nicht doch eher eine Art Anpassung bedeutete. »Der Witz ist die Waffe des Wehrlosen«, schrieb Sigmund Freud, doch liegt gerade in seiner geflüsterten politischen Variante ein Element von Hilflosigkeit, sogar von resignativer Anerkennung der Bedrückung. Wie so vieles in der DDR besaß auch er einen ambivalenten Charakter. Er signalisierte Distanz zum System, und obwohl die Obrigkeit wußte, daß strafrechtliche Maßnahmen wirkungslos blieben, reagierte sie auch noch in den siebziger und achtziger Jahren empfindlich auf allzu freche Sotissen. Im politischen Witz schuf sich die unterdrückte Persönlichkeit ein Ventil, das nicht nur der »Normalbürger« nutzte. Gerade systemtreue SED-Funktionäre tauschten oft seine bösartigsten Varianten aus und amüsierten sich dabei köstlich. Wolf Biermann beschrieb dieses wohlbekannte Phänomen sehr treffend in einem Artikel aus dem Jahre 1978: ». . ., die, wenn sie unter sich und besoffen sind, die widerlichsten antisowjetischen Witze erzählen, Leute die abends an Russenhaß ausscheißen, was sie tagsüber an Freundschaftsphrasen fressen mußten.«[224] Auch Adolf Endler notierte dazu in seinen Tagebüchern: »Um seine Liberalität in dem offenbar recht ketzerischen Kreis zu beweisen, versucht der Mann einen ›politischen Witz‹ zu erzählen«, der ». . . für uns alle die charakteristischen Eigenschaften der sogenannten ›Funktionärswitzchen‹ . . ., mit denen sich die Nomenklatura ihres dicketuerischen Zynismus zu versichern pflegt«, hatte[225].

Niemand landete mehr wie früher allein wegen eines Witzes im Knast. Trotzdem beschränkte sich sein Wirkungsbereich auf den nichtöffentlichen Raum. Die wenigen zugelassenen Kabaretts und die satirische Wochenzeitung »Eulenspiegel« boten einen verkrampften Seiltanz zwischen der von der Partei gesetzten Aufgabe, Fehler und Mißbräuche humoristisch aufzuspießen, und den gleichzeitig von ihr eng gezogenen Grenzen. Die so formulierte »konstruktive und vorwärtsweisende« Kritik entpuppte sich deshalb in der Regel als zahnlos. Dennoch gab es immer wieder Ärger, und zum letzten Mal wurde 1988 ein Programm des bekannten Berliner Kabaretts »Die Distel« verboten[226]. Ein Subphänomen aus dem Reich des Witzes war die Kunst der Anspielung. In der Öffentlichkeit entwickelten die Zuhörer ein feines Gehör für ihre politische Variante. Das betraf Äußerungen in Medien, Theater, Kabarett oder in Auftritten von Musikgruppen. Wenn ein Komiker die Bühne betritt, die aufgereihten Damen vom Ballett erblickt und fragt: »Gibt's was Besonderes?«, ist das heute kaum noch als komisch nachvollziehbar. Das DDR-Publikum dagegen tobte vor Vergnügen, weil es das Bild an die überall präsenten Warteschlangen erinnerte, die sonst nirgends vorkommen durften. Oft verbargen sich Anspielungen hinter klassischen Texten. Wenn Mephisto dem Famulus Wagner in Goethes Faust das Wesen der Philosophie erklärte und beziehungsvoll meinte, »Hier wird der Geist in Span'sche Stiefel eingeschnürt«, erhielten die Schauspieler Szenenbeifall. So förderte die Diktatur die Kunst des genauen Hinhörens.

Gerüchte und Wandersagen

Das politische Gerücht war eine weitere für die DDR charakteristische Form mündlicher Volkskultur[227]. Dort, wo man den freien Austauch von Waren und Dienstleistungen reglementiert, entsteht eine Schattenwirtschaft, und dort, wo man die offene Verbreitung von Nachrichten und Meinungen unterdrückt, blüht das Gerücht, sozusagen als schwarzer Markt der Information. Im Gegensatz zum Witz, dessen ambivalente Eigenschaften es teilt, bezieht es sich in der Regel auf bevorstehende Ereignisse und beruft sich auf Quellen aus dem inneren Kreis der Macht. Einige Beispiele mögen dies verdeutlichen. Als die polnische Krise im Sommer 1981 ihrem Höhepunkt zustrebte, erzählte man, die sowjetische Führung überlege, ob sie nicht Teile der ehemaligen deutschen Ostgebiete der DDR zugeschlagen solle. Den Beweis meinte man in der Vermutung zu finden, daß die DDR-Zeitungen schon wieder die deutschen Namen für Städte in Polen benutzten. Regelmäßig tauchte in der jeweiligen Stadt das Gerücht auf, der 1969 eröffnete Fernsehturm am Alexanderplatz in Ost-Berlin sei einsturzgefährdet, und unter dem Leipziger Hauptbahnhof befänden sich bedeutende Braunkohlevorkommen; deshalb müßten beide abgerissen werden. Gelegentlich handelte es sich auch einfach um Wunschvorstellungen. So wurde alle sechs Monate innerhalb der NVA die Flüsterparole ausgegeben, die Wehrpflichtigen des letzten Diensthalbjahres könnten acht Wochen früher gehen, um so die 1962 während der Kuba-Krise abgeschaffte Gleichzeitigkeit zwischen Entlassungstermin und Beginn des Studienjahres wiederherzustellen. Ihre Variante, für alle Armee-Angehörigen mit einem Studienplatz solle die nächste fällige Entlassung um zwei Monate vorgezogen werden, entsprach sogar Überlegungen der SED-Führung. Besondere politische Brisanz entwickelte die im Vorfeld der Jubelfeiern zum 20. Jahrestag der Republik unter Berufung auf den RIAS in Umlauf gebrachte Nachricht, die »Rolling Stones« planten am Abend des 7. Oktober auf dem Dach des Springer-Hochhauses nahe der Mauer ein Konzert. Die einen mochten sie wirklich geglaubt haben, andere erwarteten das Kommende einfach nur neugierig, dritte erhofften sich eine politische Demonstration gegen den »Antifaschistischen Schutzwall« – jedenfalls strömten am Nachmittag Tausende Jugendliche in Richtung des weit in den Ostsektor hinein sichtbaren Springer-Hochhauses. Die offenbar unvorbereitete Volkspolizei reagierte panisch. Mit Schlagstöcken und Hunden ging sie gegen die anrückenden Fans vor. Durch Verhaftungen und brutale Prügelszenen gelang es, »Ordnung und Sicherheit« wiederherzustellen.

Doch die Gerüchte betrafen durchaus nicht nur die politische Sphäre. Da die Medien den Eindruck erwecken sollten, Kriminalität sei eine dem Sozialismus fremde Erscheinung, kam sie in der offiziellen Berichterstattung kaum vor. Zumindest unterlagen entsprechende Informationen einer strengen Reglementierung, vor allem durch die Abteilung Presse und Kultur des MfS. Das hatte zur Folge, daß Mordfälle, Sexualdelikte und ähnliche Verbrechen die Phantasie der Bürger über Gebühr anregten. Gelegentlich versuchte die Obrigkeit dem entgegenzusteuern, indem sie die Lehrer auf internen Sitzungen mit der Behauptung konfrontierte, der »Gegner« habe solche Vorkommnisse in die Welt gesetzt, um den abendlichen Besuch von Versammlungen der Massenorganisationen zu sabotieren. Das Fehlen einer Boulevard-Presse förderte die Klatschkultur über das Leben der Prominenten aus Politik und Kultur. So konnte man hören, die Gattin des Opernregisseurs Walter Felsenstein lasse sich für ihren Esel mit dem Hubschrauber Heu über die Ostsee zu ihrem Ferienhaus auf der Insel Hiddensee fliegen. Von der bekannten Brecht-Erbin Barbara Berg wußte die Fama zu berichten, sie reise regelmäßig mit dem Flugzeug nach Paris zum Friseur, und von Lotte Ulbricht hieß es immer wieder, sie lebe in der Schweiz. Bevorstehende Verknappungen oder Preissteigerungen bildeten weitere Themen der brodelnden Gerüchteküche. Sie führten zu Hamsterkäufen, Schlangen und Hortung von Waren durch Verkäufer für Verwandte und Bekannte. Im September 1977 waren schleichende Preiserhöhungen bei Baumwollerzeugnissen ein solcher Anlaß, und ein Bericht an die Parteiführung meldete: »Kunden äußern sich in Verkaufsstellen, daß sie aus sicherer Quelle wüßten, die sie aber nicht nennen wollen, daß ab 1. Oktober 1977 für Baumwollerzeugnisse neue, stark erhöhte Preise in Kraft treten.«[228] Gleichzeitig kolportierte man, »... daß sich Einzelhandelsabpackungen bei Zucker und Mehl geändert haben sollen und damit Preis und Gewicht nicht mehr übereinstimmen«.[229] Ähnlich verhielt es sich bei Schokolade, Kaffee und Zigaretten, wobei es zu letzteren hieß, »... daß es Bürger gibt, die ›ganz genau wissen‹, daß in der Dresdner Zigarettenfabrik bereits F 6-Packungen liegen mit dem Preisaufdruck 4,80 M ...«.[230] Trotzdem betrug der Endverbraucherpreis der beliebten Marke bis zum Oktober 1990 kontinuierlich 3,20 Mark.

Der Vorwurf, die westlichen Medien schürten bewußt Gerüchte, um die DDR zu destabilisieren, kam oft zur Sprache und tauchte ständig in den internen Akten der Partei und der Staatssicherheit auf. »Der verstärkte Abkauf von Baumwollerzeugnissen in einigen Bezirken der DDR im Zusammenhang mit Gerüchten über angebliche Preiserhöhungen geht vor allem auf gezielte Falschmeldungen und Spekulationen zu unserer sozialistischen Preispolitik in den Massenmedien der BRD zurück«, monierte der bereits zitierte Bericht[231]. Dann räumte er immerhin ein, es habe sich keinesfalls nur um »angebliche« Preiserhöhungen gehandelt: »In einer Reihe von Betrieben sowie Staats- und Wirtschaftsorganen werden z. B. auf Konsumgütermessen leichtfertig und ohne genügende Berücksichtigung der sachlichen Zusammenhänge Auffassungen vertreten, daß unsere Baumwollerzeugnisse generell viel zu billig wären und die bestehenden Preise nicht dem volkswirtschaftlichen Aufwand entsprechen.«[232] Zumindest in den siebziger und achtziger Jahren verhielten sich die westlichen Korrespondenten in der Regel eher übervorsichtig, wenn es darum ging, schwer überprüfbare Nachrichten aus der DDR weiterzugeben und zu veröffentlichen. Eine Ausnahme bildete Anfang 1983 die Nachricht, ein Ofensetzer habe am Silvesterabend ein Pistolenattentat auf Erich Honecker verübt.

Während das Gerücht sich mit der Zukunft beschäftigt, schildert die Wandersage meistens bereits vergangene exemplarische Alltagsereignisse unter Ausschmückung markanter Einzelheiten. Charakteristisch für sie sind genaue Orts-, Zeit- und Zahlenangaben, die der Erzähler unter Berufung auf einen oder mehrere Augenzeugen verbreitet, für wahr erklärt und mit einer überraschenden Pointe versieht. Die polnischen Einkaufsbrigaden, die um 1980 die DDR überschwemmten und angeblich die Regale leerfegten, boten ihnen ein reiches Feld. So berichtete man von einer Polin, die im Warenhaus in Dresden 44 Büstenhalter erstehen wollte. Als sich die Verkäuferin mit dem Hinweis auf die Knappheit des Produkts und die anderen anstehenden Kundinnen weigerte, habe sie einen Volkspolizisten geholt, der den verlangten Verkauf angewiesen habe. Ausdruck des allgemeinen Mangels und des Umgangs mit ihm war die folgende Geschichte: Der Exquisit-Laden in der Stadt NN hat vor einiger Zeit modische italienische Import-Schuhe angeboten, die trotz hoher Preise reißenden Absatz fanden. Doch schon einige Tage später erschienen empörte Kunden und behaupteten, die Neuerwerbungen hätten sich im ersten Regen aufgelöst. Nachfragen beim zuständigen Außenhandelsbetrieb ergaben, dieser habe die Schuhe extrem günstig auf dem Weltmarkt gekauft und lediglich übersehen, daß sie für Beerdigungen bestimmt waren und sich deswegen nur für den einmaligen Gebrauch eigneten. Die Erzählung fand mit geänderter Bezugsquelle sogar Eingang in die Akten des MfS. Am 25. Mai 1972 berichtete eine Informantin aus Halle/Saale, sie habe am Rande einer Frauenausschußsitzung erfahren, daß »ein Kunde ein Paar Herrenschuhe der Marke Salamander gekauft« habe. »Nach zwei Tagen löste sich die Sohle. Daraufhin reklamierte der Kunde. Das Warenhaus lehnte seine Reklamation ab. Darauf wandte sich der Kunde direkt an die westdeutsche Firma Salamander. Diese teilte ihm mit, daß von seiten der Firma einer Reklamation nicht stattgegeben werden kann, da es sich bei diesen Schuhen um sogenannte ›Totenschuhe‹ handelt, die bei Begräbnissen benutzt werden. Der Preis betrage ca. 18,– DM. (Die Schuhe haben bei uns 78,– M gekostet).«[233] Man sprach in solchen Fällen auch vom »Buschfunk«, den Adolf Endler in seinen Notizen aus den achtziger Jahren so definierte: »Jede ›schlümme Nachricht‹ (aber natürlich auch allerlei Gerücht) trommelt sich in sechs oder sieben Tagen, wenn nicht noch schneller, bis hinauf nach Rügen oder quer hinab bis Suhl . . . Wie das im einzelnen funktioniert, beweisen die alsbaldigen Nachfragen besorgter oder erfreuter Besucher. Wenn die Meldung dann in den westlichen Medien auftaucht, verliert sie in der Regel an Glanz und Gewicht (auch das ist interessant) ganz so als wäre einem etwas gestohlen worden.«[234]

Die Vermutung, daß die Staatssicherheit sich selbst am Trommeln beteiligte, verweist auf das Phänomen der »von oben« in Umlauf gebrachten Wandersagen, das Endler in seinem Buch »Tarzan am Prenzlauer Berg« ironisierend aufgespießt hat. Er schrieb über einen jungen Stasi-Mitarbeiter aus seinem Bekanntenkreis: ». . . großmäulig-pueriles Geprotze eines Knaben . . ., vor allem mit seinem quasi geheimen ›Sonderwissen‹, mit dem er dumm-schlau gedopt worden ist: ›Also, da macht ihr euch ja keen Bild, wie viele Attentate auf Erich Honecker verhindert worden sind von uns. Kannste mir jlooben! Und massenweise Anschläge, vor allem auf'n Fernsehturm . . . Stell' dir vor, der kippt um!‹ Und dann die Superpointe, sein Hinweis auf irgendeine ›sowjetische Jeheimwaffe‹ . . ., welche im ›Jrenzstreit mit China zum Einsatz jekommen is‹: ›Da jab et so 'ne kleene chinesische Insel und ooch die janzen Chinesen uff der Insel, allet weg!‹ Und dann der ›Stolz‹ ob seiner informationsmäßigen Bevorzugung: ›Das wird sojar vor unserer Volksarmee jeheim jehalten!‹«[235] Der Autor notierte scharfsinnig, mit welcher Bereitschaft man den »psychologischen Köder des apparat-internen ›Sonderwissens‹« schluckte und dadurch eine zunehmende »Blindheit gegenüber den Realitäten« entwickelte. Nach der Ausbürgerung Wolf Biermanns im November 1976 stellte das MfS eine kleine Schrift zusammen, die nachteilig gefärbte Informationen zu seinem Lebenswandel enthielt[236]. Die SED-Funktionäre verbreiteten diese Angaben auf mündlichem Wege, um die ideologisch sauberen Genossen mit Argumenten zu versorgen, die unter die Gürtellinie zielten. »Merkmale Biermannscher ›Gedichte‹«, hieß es da,

»sind die vulgäre Sprache, seine primitiven und ordinären sprachlichen Mittel. Offensichtlich glaubt er, so die Sprache der Arbeiter zu treffen. Er verletzt und beleidigt vor allem die Arbeiter, für die er zu sprechen vorgibt.«[237] Dann folgte der Einblick in seine finanzielle Situation: »Biermann erhielt von den Abnehmern seiner Machwerke in der BRD und anderen imperialistische Staaten hohe Honorare. Allein die Einnahmen aus der öffentlichen Nutzung seiner Machwerke betragen jährlich über 30 000 DM. Noch höhere Summen zahlten ihm Verlage und Publikationsorgane wie z. B. Nachrichtenmagazine, Zeitungen und Zeitschriften, Rundfunk und Fernsehanstalten imperialistischer Staaten für seine hetzerischen Artikel, Interviews und Auftritte sowie der amerikanische Schallplattenkonzern ›CBS‹ mit seinen Hetzsendungen.«[238] Den Höhepunkt bildete ein voyeuristischer Blick in das verworfene Privatleben des ideologischen Taugenichts: »Er konnte trotz des von westlichen Massenmedien hochgespielten ›Berufsverbots‹ in der DDR gut leben. Er war Nutznießer aller sozialökonomischen Erfolge der DDR, besaß den jeweils modernsten Pkw, ein Motorboot, und konnte sich ein eigenes Grundstück leisten. Darüber hinaus verfügte er über ein beträchtliches Bankkonto. Für seinen persönlichen Lebenswandel ist u. a. auch seine Einstellung gegenüber Frauen kennzeichnend, die sich in vielen Intimbeziehungen, in häufig wechselnden Frauenbekanntschaften ausdrückt. Er muß für mehrere uneheliche Kinder Unterhalt zahlen. Selbst noch sehr junge Mädchen, die für ihn gewisse Sympathien empfanden, hat er schamlos ausgenutzt und ihre Empfindungen mißbraucht. Seine jetzige Ehefrau hat schon vor einigen Wochen auf Ehescheidung geklagt, diese Klage lediglich als Ergebnis falsch verstandener ›Solidarität‹ jetzt zurückgezogen.«[239]

Die Staatssicherheit legte nicht nur Akten über jeden und jedes an, sondern setzte auch systematisch und gezielt Andeutungen in die Welt, um oppositionelle Gruppierungen zu »zersetzen«. In ihren Maßnahmeplänen finden sich häufig bürokratisch aufgelistete Anweisungen zur Verbreitung übler Nachrede, von Schmuddelgeschichten, anonymen Briefen, Fotomontagen mit anzüglichen Szenen oder sogar der Behauptung, gewisse Personen seien für sie als Spitzel tätig. Die folgenden Aktionen bereitete sie mit Sorgfalt vor. So hieß es – um eines von vielen Beispielen anzuführen – in einem Plan über »operative Maßnahmen« gegen den jungen Jenenser Schriftsteller Siegfried Reiprich aus dem Jahre 1975:

- »Veröffentlichung einer Fotomontage in der Zeitung einer befreundeten Partei. Dieses Foto zeigt REIPRICH und einen in Jena bekannten Mitarbeiter des MfS, wobei das Motiv des Bildes zur Aussage ›Frühling in Jena‹ o.ä. paßt.
- Mehrfache anonyme Zusendung dieses Zeitungsfotos an ausgewählte Zielpersonen ... in Jena und Berlin, mit dem Hinweis auf die Verbindung des REIPRICH zum MfS.
- Verstärkung des hervorgerufenen Verdachtes ... durch weitere operative Maßnahmen wie ›unvorsichtige Treffbestellung‹, ungeschickte Verbindungsaufnahme u. a., auf der Grundlage der in der ersten Phase erreichten operativen Resultate.
- Differenzierter IM-Einsatz zur Unterstützung der sich aus den eingeleiteten operativen Maßnahmen ergebenden Gerüchte über eine angebliche Zusammenarbeit REIPRICHS mit dem MfS (z. B. Märtyerrolle REIPRICHS als besonders raffinierte Methode des Eindringens des MfS in die interessierenden Personenkreise darstellen) ... «[240]

Die Tatsache, daß man überall mit der Gegenwart der Staatssicherheit rechnen mußte, führte wiederum zu dem weitverbreiteten Gesellschaftsspiel, Kollegen, Freunde und Nachbarn als Spitzel zu verdächtigen. Gerade in intellektuellen Kreisen kursierten permanent derartige Vermutungen. Natürlich gab es auch damals schon genügend kluge Leute, die darauf hinwiesen, daß ein solches Verhalten dem Gegener in die Hände arbeite und lediglich Offenheit und Transparenz gegen seine konspirativen Methoden schütze. Trotzdem weiteten sich Angst und Mißtrauen oft genug zu Psychosen im klinischen Sinne aus, gegen die sich kaum jemand freiwillig behandeln ließ, da die Psychiatrie wiederum als stark von der Stasi kontrolliert galt[241]. Wandersagen über die Behandlung politisch auffälliger Personen mit Psychopharmaka, um sie ruhig zu stellen, und Patienten der Nervenkliniken, die sich als Gegner des Systems vom Geheimdienst in die »geschlossene Abteilung« verfrachtet wähnten, machten die Runde. Welche Macht und Einflußmöglichkeiten man dem MfS zubilligte, zeigte sich während der Auflösungsphase der DDR im Winter 1989/90, als man immer wieder von nach Rumänien rollenden Güterwaggons voller Akten, von unterirdischen Labyrinthen und geheimnisvollen Befehlszentralen munkelte, in die sich seine Mitarbeiter zurückgezogen hätten, um auf ihre Stunde zu warten[242]. Und selbst nach der Wiedervereinigung behauptete mancher die verborgene Weiterexistenz wichtiger Teile der Stasi, deren Zentrale in einem unterirdischen Kommandobunker bei Woltersdorf östlich von Berlin residiere[243].

Kneipe, Kaffeehaus und Szene als Öffentlichkeitssurrogat

Ernstzunehmende Zeitgenossen vertraten Ende des 18. Jahrhunderts die Meinung, daß die Französische Revolution allein durch die Pariser Kaffeehäuser hervorgerufen worden sei. Das ist sicher übertrieben, doch in ihnen und ihrem Umfeld funktionierte die Ersatzöffentlichkeit des Absolutismus, hier verbreitete, las und diskutierte man subversive Schriften, und hier verkehrten die Literaten und Journalisten, die später als Mitglieder der Nationalversammlung oder des Konvents berühmt wurde. Auch in der DDR erfüllten die Kaffeehäuser eine für den Außenstehenden in ihrer Bedeutung schwer nachvollziehbare Funktion. Die Diskussionen, die man in den Seminaren und FDJ-Studienjahren nicht führen konnte, fanden im privaten Kreis oder eben dort statt, wo die notwendige Mischung aus Unverbindlichkeit und Vertrautheit einige Vorteile bot. Das schnell hingeworfene Wort war kaum kontrollierbar oder gar gegen den Redner zu verwenden, der in diesem Milieu obligate ironische Tonfall machte jede strafrechtliche Würdigung schwer, und niemand trug die Verantwortung oder unterlag der Verpflichtung, sein Gegenüber zu kennen. Trotzdem bildeten sich feste, an bestimmte Örtlichkeiten gebundene Strukturen einer inneren Kommunikation. Die Treffpunkte für Künstler und Lebenskünstler, Intellektuelle und Möchtegern-Intellektuelle bildeten in Leipzig das »Corso«, in Potsdam das »Café Haider«, in Ost-Berlin vor allem die Kneipen und Kaffeehäuser im Umkreis der Universität. Das Hauptquartier der kritischen Intelligenzija trug den wenig originellen Namen »Espresso« und befand sich Unter den Linden/Ecke Friedrichsraße, also am Schnittpunkt aller Wege zwischen Humboldt-Universität, Staatsbibliothek, Universitätsbuchhandlung und Hauptgebäude der Akademie der Wissenschaften. Sein Interieur besaß den schlichten Charme eines Mitropa-Restaurants. An festgeschraubten Tischen mit Glasscheibe und als einzigem Schmuck einer Vase mit einer künstlichen Blume saßen auf jeweils vier Stühlen die Gäste. Eilige Besucher konnten sich an die Bar begeben. Das »Espresso« öffnete um sechs Uhr morgens, schloß allerdings bereits um 20 Uhr, wenn das Zentrum der »Hauptstadt« ohnehin auszusterben begann. Trotz des jämmerlichen kulinarischen Angebots gab es stets Kaffee. Im Sommer standen einige Tische auf der Terrasse neben einer ständig in Betrieb befindlichen Soft-Eis-Maschine. Die Bedienung war für DDR-Verhältnisse recht flott, und so fand sich für einen Abstecher immer Zeit. Man traf sich nach Verabredung oder in Erwartung. Neben der Lauf- und Stammkundschaft hatten einige dort ihr zweites Zuhause gefunden. Ein IM-Bericht aus dem Jahre 1976 schilderte recht anschaulich den Charakter der vielfältig geprägten Ersatzöffentlichkeit: »Diese Treffs verliefen anscheinend zufällig, da nicht alle Teilnehmer zu einer bestimmten Uhrzeit verabredet waren ... Daraus ergibt sich, daß sich dieser Personenkreis den ganzen Tag über in diesem Kaffee traf. Die einzelnen Studenten kamen und gingen zu ganz unterschiedlichen Zeiten. Der zufällige Charakter wird auch dadurch unterstrichen, daß diese Treffs kein vorher festgelegtes Ziel oder eine bestimmte Thematik zum Inhalt hatten. Es wurde im wesentlichen über philosophische Fragen, genauer über einzelne Philosophen (Frankfurter Schule, Horkheimer, Marcuse, Lauterbach, Adorno, Max Weber, Habermas) diskutiert, wobei die gegenseitige Information über erschienene Bücher im Vordergrund stand. Insbesondere wurden Bücher (oft Taschenbücher) zu philosophischen oder historischen Problemen ausgetauscht. Dabei handelt es sich um Bücher, die im westlichen Ausland erschienen sind. Einige dieser Bücher stammen aus Bibliotheken, die meisten jedoch waren Privatexemplare ... Der Austausch westlicher Publikationen, die in unseren Bibliotheken nur schwerlich zu erhalten sind, ist ein wesentlicher Grund für die Zusammenkünfte dieser genannten Studenten. Darüber hinaus werden politische Fragen diskutiert, die unmittelbar die Studientätigkeit betreffen. In keinem Fall konnte ich bemerken, daß aus diesen Diskussionen für alle bindende Schlußfolgerungen gezogen wurden bzw. irgendwelche Aktionen abgesprochen oder beschlossen wurden. Auch hatte ich nicht den Eindruck, daß irgendeine Person konspirative Methoden anwendet. Typisch für alle mir bekannt gewordenen Personen ist ein intellektuell-elitäres Verhalten ... Nach den Gesprächen zu urteilen, handelt es sich hier um einen Personenkreis, von ca. 20 bis 30 Studenten, der relativ offen ist, für jeden, der kritisch, originell, elitär und intellektuell zur Universität eingestellt ist. Es handelt sich meist um Menschen, die über wenig politische Erfahrung verfügen und aufgrund überdurchschnittlicher geistiger Voraussetzungen Kontakt suchen, um über die sie interessierenden Fragen zu diskutieren.«[244]

Das »Espresso« – um bei diesem Beispiel zu bleiben – war intellektuelle Spielwiese für den Austausch von Meinungen und Moden, Gerüchten und Intrigen, keinesfalls ein Ort der Opposition oder des Widerstands. Seine Besucher reflektierten und kommentierten zwar die unabhängige Friedensbewegung, die kirchlichen Oppositionsgruppen und ihre Aktionen, verharrten aber in relativ unbeteiligter Distanz. Sie waren meist Studenten, Künstler und Mitarbeiter von Theatern oder Verlagen sowie Angehörige der Universität oder der Akademie-Institute mit bescheiden dotierten aber sicheren Stellen. Obwohl sie sich in ihrer sozialen Situation recht wohl fühlten, witzelten sie in überlegener Manier über das SED-System. Bei den »Kirchengruppen« beklagte die Intelligenzija vor allem das unübersehbare Theorie-Defizit, verbunden mit einem oft niedrigen intellektuellen Niveau der Beteiligten und empfand es als chic, über ihre Aktionen und Publikationen die Nase zu rümpfen. Im übrigen warf sie ihren Protagonisten vor, zu sehr nach dem Westen zu schielen, möglicherweise schon kurz vor dem Absprung zu stehen und vom MfS unterwandert zu sein. Bis über das Jahr 1989 hinaus blieben das unter dem Dach der Kirche gewachsene Milieu und die »Kaffeehausszene« getrennte Welten, zwischen denen es nur wenige Wanderer gab.

Kapitel III: Die Inszenierung der Macht

1. Die DDR als Potjomkinsches Dorf

Fürst Potjomkin wäre der geeignete Nationalheilige der DDR gewesen. Um seiner Zarin blühende und wohlbestellte Provinzen vorzugaukeln, hatte er Attrappen in die Landschaft stellen lassen, die als »Potjomkinsche Dörfer« in die Geschichte eingingen und zur allgemeinen Metapher für den öffentlich inszenierten Selbstbetrug der Herrschenden wurden. Die Straßen Ost-Berlins, durch die Erich Honeckers Auto-Kavalkade jeden Tag fuhr, waren nicht nur besonders gut bewacht. Hier waren auch die Auslagen besser bestückt als anderswo, und von Zeit zu Zeit besserten Malerkolonnen die Fassaden aus; allerdings nur genau bis zu der Höhe, die man vom Wagenfenster aus sehen konnte. Dahinter dominierte wieder der sozialistische Grauschleier. Die zuständigen Mitarbeiter gaben das Erscheinen des Generalsekretärs stets rechtzeitig bekannt. Sie sorgten für Reinigungs- und Renovierungstrupps, das Aufstellen von Telefonzellen, das Verlegen von Rollrasen und sogar für die Eröffnung neuer Geschäfte und Eiskaffees. Dann zogen die Sicherheitskräfte auf. Überall fehlten die Arbeitskräfte, doch wenn es um den Schutz der hohen Persönlichkeiten ging, gab es immer genug Leute. Bereits am Vorabend eines Besuchs wimmelte es in der Umgebung von kräftigen jungen Männern in Nylon-Anoraks. Sie lungerten paarweise in Hausfluren herum, schlenderten unauffällig durch die Straßen und bevölkerten die Kneipen der Umgegend. Besuchte Erich Honecker ein Objekt der Nationalen Volksarmee, so erhielten die Soldaten seltene Herrlichkeiten serviert – zum Frühstück kalorienreiche Margarine-Torte und zum Mittagessen einen zähen Goldbroiler, ironisch »Gummiadler« genannt. »Weilte« er – wie es in der künstlich archaisierenden Ausdrucksweise der Hofberichterstattung hieß – in einer Stadt der Republik, so verbesserte sich schlagartig für 48 Stunden das Warenangebot in den Geschäften. So tat der Generalsekretär Wunder und Wohltaten, wo er wandelte. Ob ihn in all den Jahren niemals die Neugier plagte, zu erfahren, wie die Welt abseits der Protokollstrecke aussah, bleibt wohl für immer ein Geheimnis. Jedenfalls hat er niemals sein Auto in eine der Nebenstraßen einbiegen lassen oder ist gar unangekündigt ausgestiegen und hat sich ein Viertelstündchen in eine der Eckkneipen gesetzt. Das steife byzantinische Zeremoniell ließ keinen Raum für Extratouren, obwohl sie dem alten Mann vielleicht ein kleines bißchen von jener Liebe des Volkes gebracht hätte, nach der er sich offenbar sehnte.

Doch die DDR war nicht nur eine Inszenierung aus Pappkulissen. Die Regisseure verfügten über eine nahezu unbegrenzte Komparserie. Erich Honecker liebte in Erinnerung an glückliche Tage die »machtvollen Manifestationen der Jugend«, wenn unendliche Massen strammer Jungs und wohlgenährter Mädels mit glücklichem Lächeln an ihm vorbeimarschierten. Die Fahnen wehten im Wind, die Menschen lachten und schwenkten Blumensträuße, Fähnchen und Tücher – sogenannte Winkelemente – und ließen in eingeübten Sprechchören ihren Generalsekretär und das Politbüro hochleben. Die organisatorischen Vorbereitungen waren gigantisch. Das ganze Räderwerk der Staatsmacht – von Partei und Staatssicherheit bis zur letzten Kreisleitung der GST setzte sich in Bewegung, um dem Ereignis zum Erfolg zu verhelfen. Das Erfolgsrezept beruhte auf der Einsicht, daß sich die jungen Leute wirklich amüsieren sollten. Für Verpflegung und Unterbringung war gesorgt. Abends ging es in die Disco, und kein Funktionär nahm daran Anstoß, daß die Musik überwiegend aus dem Westen kam. Auch die zehn Gebote der sozialistischen Moral, von Ulbricht einst verkündet, hatten die Verantwortlichen längst schon dezent beiseite geschoben. Die jungen Leute unterschieden sich, abgesehen von dem obligaten Blauhemd, kaum noch von ihren Altersgenossen im Westen. Daß sie die Kulisse einer politischen Inszenierung darboten, nahmen sie offenbar in Kauf.

2. Die Weltfestspiele der Jugend und Studenten im Sommer 1973

In der Zeit vom 28. Juli bis 5. August 1973 fanden in Ost-Berlin die X. Weltfestspiele der Jugend und Studenten statt. Sie sollten gewissermaßen als Generalprobe für Honeckers Politik der kontrollierten Öffnung dienen. Auf der einen Seite erlebten Teilnehmer und Beobachter in jenen buntbewegten Sommertagen eine weltoffene, tolerante und fröhliche Atmosphäre. Auf der anderen Seite funktionierte ein Repressionssystem, das bereits im Vorfeld die Schrauben eher anzog als lockerte. Im Unterschied zu früher waren die Überwachungs- und Disziplinierungsmethoden weniger sichtbar und deshalb weitaus effektiver geworden. Erich Mielke brachte die neue Taktik auf den kurzen Nenner: »Im übrigen haben wir klar orientiert, daß man sich als Kommunist, als Tschekist diesmal wie die drei Affen verhalten muß und trotzdem sehen, hören und richtig und konsequent handeln, wo es sein muß.«[245] Während des Festivals war fast alles erlaubt. Niemanden belästigte die Volkspolizei wegen seines »feindlich-dekadenten« Äußeren. Bis in die Nacht hinein saßen junge Leute aus aller Welt gemeinsam auf dem Rasen rund um den Fernsehturm, und keiner kontrollierte, welche Lieder sie zur Gitarre sangen. Westliche Gruppen verteilten ungehindert ihre Flugblätter und Broschüren und forderten zum Meinungsstreit heraus. Die diskutierenden Menschentrauben auf dem Alex gehörten zum charakteristischen Erscheinungsbild. Viele DDR-Jugendliche – insbesondere aus der Provinz – haben diese Weltfestspiele regelrecht als Kulturbruch empfunden.

Trotzdem trog der schöne Schein. Partei und Staatssicherheit hatten sich langfristig und sorgfältig auf alle Eventualitäten vorbereitet. Schon frühzeitig begannen auf breiter Front die ideologischen und organisatorischen Vorbereitungen. FdJler aus der ganzen Republik wurden in Schulungslagern zusammengefaßt und erhielten genaue Anweisungen über den Umgang mit feindlichen Argumenten und Provokationen. Dort fanden regelrechte Diskussions-Übungen statt, bei denen ein als ideologisch besonders sattelfest geltender Funktionär den Part des »Advocatus diaboli« übernahm und den Jungfunktionären besonders die Pflicht zur Meldung jedes abweichenden Verhaltens und jeder ideologischen Unklarheit einschärfte. Unter dem Decknamen »Aktion Banner« baute das MfS einen gigantischen Kontroll- und Sicherungsapparat auf[246]. Erich Honecker persönlich bestätigte am 25. Juni 1973 einen von Mielke vorgelegten »Plan der Maßnahmen zur Gewährleistung der Sicherheit während der X. Weltfestspiele«[247]. Zur Gewährleistung von Ordnung und Sicherheit standen die gesamten Ressourcen der Bezirksverwaltungen Berlin, Potsdam und Frankfurt/Oder des MfS sowie das Wachregiment »Feliks Dzierzynski« bereit. Hinzu kamen 4 260 speziell eingewiesene hauptamtliche Mitarbeiter des MfS, 1 500 ihnen direkt unterstellte Angehörige der Volkspolizei, die Ordnungsgruppen der FDJ und als eine Art schnelle Eingreiftruppe die FDJ-Delegation des MfS sowie Lehrkräfte, Offiziershörer und Lehrgangsteilnehmer der Juristischen Hochschule Potsdam und der Fachschule des MfS. Das Ministerium des Inneren stellte dem Polizeipräsidenten von Ost-Berlin insgesamt 19 800 Volkspolizisten zur Verfügung. Die Reserve bildeten die zwei Volkspolizei-Bereitschaften, also gefechtsmäßig ausgerüstete Bürgerkriegstruppen, sowie 1 800 Mitglieder der FDJ-Delegation des MdI und des Sportklubs Dynamo. Die Nationale Volksarmee setzte ihre Eliteeinheit, das Motschützenregiment 1 in Oranienburg, ein Pionierbataillon in Storkow sowie eine Hubschrauberstaffel in Strausberg in erhöhte Alarmbereitschaft. Auch der IM-Bestand des MfS, die Partei und die Massenorganisationen befanden sich im Dauereinsatz. In heiklen Situationen wie dem öffentlichen Auftreten bundesdeutscher Jugendorganisationen erschienen die Soldaten des Wachregiments des MfS in FDJ-Blusen und besetzten den Saal oder wenigstens die »strategischen Punkte«. Nachts liefen zuverlässige Altgenossen durchs Wohnviertel, um nach dem Rechten zu sehen.

Die besondere Sorge galt der Sicherheit der Staatsgrenze, zumal die Eröffnungsveranstaltung im »Stadion der Weltjugend«, also nur wenige Schritte von der Mauer entfernt stattfinden sollte. Eine derartige Menschenansammlung barg natürlich Unwägbarkeiten, und prompt entstanden Gerüchte, daß – gewissermaßen im Schutz der internationalen Gäste – ein »Sturm auf die Mauer« geplant sei. In Ost-Berliner Kneipen verhafteteten die Sicherheitskräfte Leute, die derartiges kolportiert hatten. Trotz aller Befürchtungen galt für die »Aktion Banner« eine gesonderte »Schußwaffengebrauchsbestimmung«, welche die Anwendung von Waffengewalt auf den äußersten Notfall reduzieren sollte[248]. Gleichzeitig zeigten sich Honecker und Mielke als Meister des kalkulierten Risikos und nutzten den konkreten Anlaß zu einem allgemeinen »Großreinemachen«. In der ganzen DDR ließen sie Asoziale, Geisteskranke, Vorbestrafte und HWG-Personen – die Abkürzung stand für Frauen mit angeblich »häufig wechselndem Geschlechtsverkehr« – regelrecht »einsammeln«. Mit stolzem Gestus hervorragender Planerfüllung wurden der Zentrale in Berlin beeindruckende Zahlen von Ermittlungsverfahren, Einweisungen in psychiatrische Kliniken, Jugendwerkhöfe und Heime gemeldet. Einer Aufstellung der Hauptabteilung IX des MfS zufolge wurden im ersten Halbjahr 1973 in der gesamten DDR 6 635 Ermittlungsverfahren gemäß § 249 StGB (Gefährdung der öffentlichen Ordnung durch asoziales Verhalten) eingeleitet[249]. Das bedeutete gegenüber nur 2 003 Ermittlungsverfahren im gleichen Zeitraum des Vorjahres eine Steigerung von immerhin 231,3 Prozent. »Dieses Ergebnis drückt die Aktivitäten aus, die in den Dienststellen in Durchsetzung der zentralen Weisungen in bezug auf die Gewährleistung einer hohen Ordnung und Sicherheit anläßlich der X. Weltfestspiele in der Hauptstadt der DDR Berlin entwickelt wurde.«[250] Allein im

Juli 1973 gab es weitere 2 720 Ermittlungsverfahren gegen angeblich Asoziale[251]. Darüber hinaus sollen zwischen 1. Januar und 23. Juli 1973 nicht weniger als 917 »kriminelle Gruppen« mit 5 258 Mitgliedern aufgelöst und 1 824 Personen in Haft genommen worden sein[252]. Die scheinbar so friedvolle DDR scheint sich in diesem Zeitraum in einen Sumpf der Kriminalität und Asozialiät verwandelt zu haben. Weiter ist der Aufstellung »mit Stand vom 23. 7. 1973« folgendes zu entnehmen:

- Personen befanden sich »unter Kontrolle«;
- gegen 2 982 Personen waren »staatliche Kontrollmaßnahmen« wirksam;
- 477 Personen wurden in psychiatrische Einrichtungen, 639 in Jugendwerkhöfe, 1 163 in Spezialkinderheime und 53 Frauen mit HWG in Heime eingewiesen;
- 327 Personen entzog man die Zeltplatzgenehmigung und 637 zeitweilig den Personalausweis;
- 574 Personen erhielten Urlaubssperre;
- gegen 2 577 Personen wurden sonstige Maßnahmen eingeleitet (Überwachung der Wohnung oder illegaler Quartiere, zusätzliche Betreuungsprogramme, Verkürzung der Meldepflicht, Aufenthaltbeschränkung für Ost-Berlin);
- bei 2 293 Personen wurden »Haftstrafen angewandt«;
- mit 19 779 Personen führte man Gespräche, um ihre Reise in die Hauptstadt der DDR während der Weltfestspiele zu verhindern.

Danach stand der erfolgreichen Demonstration von Weltoffenheit, Souveränität und Toleranz durch das SED-Regime nichts mehr im Wege. Die in einer Instruktion des MfS ausdrücklich befohlene Taktik, gegenüber abweichendem politischem Verhalten ausländischer Delegationen »maximale Großzügigkeit« zu beweisen[253], zeitigte großen Erfolg. Tatsächlich ereigneten sich kaum nennenswerte Zwischenfälle, obwohl der Tod Walter Ulbrichts für zusätzliche Irritationen sorgte. Lediglich 231 Personen, darunter 24 Festivalteilnehmer, wurden festgenommen. Gegen 93 Personen liefen Ermittlungsverfahren, darunter auch solche wegen rein krimineller Delikte[254]. Die Doppelstrategie hatte sich glänzend bewährt und diente als ständig zu verfeinerndes und auszubauendes Grundmuster für die folgenden Jahre, so daß zumindest die westlichen Beobachter die Repression kaum noch wahrnahmen.

3. FC Bayern München gegen FC Dynamo Dresden, 7. November 1973

Weniger bekannt sind andere Beispiele für die totale »Theatralisierung« der Wirklichkeit. Am 7. November 1973 fand in Dresden das Achtelfinalspiel des Fußball-Europapokals der Meister zwischen dem FC Bayern München und FC Dynamo Dresden statt[255]. Um jegliche Sympathiekundgebung für die Gäste oder gar Mißfallensäußerungen gegen die eigene, als »Stasi-Klub« verrufene Mannschaft zu verhindern, wurde das gesamte Spiel generalstabsmäßig abgesichert. Erich Mielke wies die Maßnahme persönlich an und gab ihr den Decknamen »Aktion Vorstoß«. In einem Befehl des Ministers für Staatssicherheit vom 12. Oktober 1973 hieß es: »Die Leiter aller operativen Diensteinheiten des MfS haben zu gewährleisten, daß . . . die Personengruppen und Einzelpersonen festfestellt werden, die die Absicht haben . . .

die Veranstaltung zu besuchen und auf Grund ihrer feindlich-negativen oder prowestlichen Einstellung und Verhaltensweise für den Gegner eine potentielle Reserve bei der Organisierung von Provokationen und anderen Störaktionen darstellen.«[256] Bereits im Vorfeld wurde der Kartenverkauf über Betriebe und Kreisleitungen der Massenorganisationen gelenkt, ein bei derartigen Veranstaltungen übliches Verfahren, das auch den Fans nicht verborgen blieb. ». . . in den frühen Morgenstunden«, vermerkte ein Bericht der Bezirksverwaltung Dresden, »wuchs die Zahl der Wartenden so an, daß nur durch den Einsatz zusätzlicher Sicherungskräfte die Aufrechterhaltung der Disziplin möglich war. Gegen 2 Uhr wurden Sportfunktionäre und Angehörige der Sicherungskräfte eingesetzt, um durch Agitation ein weiteres Anwachsen dieser Personen zu verhindern, was sich in der Folgezeit bewährte.«[257] Wohlgemerkt ist hier von zwei Uhr nachts die Rede. Offenbar besetzten zuverlässige Kräfte auch die vorderen Plätze in der Schlange. Außerdem kamen zahlreiche IMs zum Einsatz, die in 36 »Schwerpunkt-Gaststätten der Stadt, den Konzentrierungsräumen der Stadt, sowie zu vermutenden Anlaufpunkten der BRD-Touristen« die Lage unter Kontrolle halten sollten. Ganz Dresden war in Sicherungsbereiche I bis VIII unterteilt, in denen insgesamt 3 110 MfS-Mitarbeiter aus Ost-Berlin und weiteren zehn Bezirksverwaltungen ihren Dienst versahen. Hinzu kamen die normale Schutzpolizei, die Transportpolizei sowie »zuverlässige Genossen« aus örtlichen Betrieben und andere Einsatzkräfte. Auch die »Aktion Vorstoß« geriet zu einem vollen Erfolg der Staatssicherheit. Ein Riesenapparat und einige tausend Menschen waren in Bewegung gesetzt worden, um der Welt die Fassade einer stabilen DDR zu suggerieren. Rein sportlich blieben allerdings die Bayern erfolgreich. Durch einen Sieg in München und das Unentschieden im Rückspiel zogen sie ins Viertelfinale des Europa-Cups ein.

4. Güstrow, 13. Dezember 1981

Wenn nichts klappte in der DDR, so doch die Inszenierung. Am bekanntesten ist die Verwandlung Güstrows in eine makabre Geisterstadt anläßlich des Besuchs von Helmut Schmidt am 13. Dezember 1981[258]. Als der Bundeskanzler Güstrow betrat, war die Aktion mit dem Tarnnamen »Dialog« schon seit zehn Tagen angelaufen. Ihr Hauptziel hatte man zunächst darin gesehen, Personen ausfindig zu machen, die unter dem Verdacht standen, die verordnete Idylle durch »feindlich-negatives Verhalten« stören zu wollen. In der mecklenburgischen Kleinstadt und Umgebung fanden sich immerhin 664 solcher Elemente, darunter 520, denen man »Sympathiekundgebungen für Repräsentanten westlicher Staaten« zutraute, sowie weitere 42 Jugendliche, die »zu gleichen Handlungen mißbraucht werden könnten«. Doch das MfS wußte Rat. Es blockierte Telefonleitungen, observierte Wohnungen und erteilte »individuelle Verhaltenmaßregeln«. Letzteres hieß konkret, daß die Polizei unliebsam aufgefallene Bürger zu sich bestellte und ihnen einschärfte, daß sie sich am 13. Dezember dem Zentrum nicht nähern dürften. Am Besuchstag selbst, dem dritten Advent, befanden sich Erich Mielkes Mannen lange vor den Einwohnern auf den Beinen. Um sechs Uhr sperrten sie alle Zufahrtsstraßen, zwei

Stunden später den »militärischen Außenring um die Stadt«. Damit wollten sie allen, die immer noch auf eine Begegnung mit dem BRD-Repräsentanten hofften, klarmachen, »daß sie mehr davon hätten, zu Hause zu bleiben und das Geschehen über den Fernseher zu verfolgen«. Handelte es sich hier noch um Alltagsroutine, so kamen am späten Vormittag Aufgaben hinzu, die ihren vollen Einsatz erforderten. »Verbreiten einer festlichen Atmosphäre«, lautete ab 12.30 Uhr der Kampfauftrag. Durch den »Einsatz von Licht, Weihnachtsmusik und Besuchern« sollte »eine lokkere Atmosphäre« entstehen. Zusätzlich wurden entlang der Fahrstrecke ausgewählte Kader »positioniert«, die für mehr Jubel auf der linken Seite, wo Honecker saß, sorgen mußten. »Der Genosse Generalsekretär Erich Honecker besucht Güstrow und bringt einen Gast mit«, lautete die Devise.

Um 14 Uhr näherten sich die Hauptdarsteller dem Ort des Geschehens, und die sorgfältig vorbereitete Komparserie trat in Aktion. Es begann die »Einführung progressiver Kräfte auf den Markt« – wie es im MfS-Drehbuch hieß. Rechtzeitig vor den Übertragungen der Rundfunk- und Fernsehanstalten war die Kulisse perfekt und der Platz vor dem Dom »von allen unerwünschten Personen gesäubert.« Die »progressiven Kräfte« schwärmten über den Weihnachtsmarkt aus, verbreiteten »festliche Atmosphäre«, stopften eifrig Pfefferkuchen und kandierte Äpfel in sich hinein und drehten Runden auf den Karussells. Die Jubel-Güstrower ließen währenddessen brav ihren Generalsekretär hochleben, und sogar der Bundeskanzler erhielt einige verabredete Hochrufe. Selbst die westlichen Journalisten merkten, daß viele der vermeintlichen »Güstrower« einen deutlich sächsischen Akzent besaßen. Klaus Bölling, der in seiner Funktion als Leiter der Ständigen Vertretung Helmut Schmidt begleitet hat, erinnerte sich in seinem Buch »Die fernen Nachbarn«: »Es hätte eines Franz Kafka bedurft, die Atmosphäre in dieser liebenswürdigen, gutprotestantischen und etwas ärmlichen mecklenburgischen Kleinstadt zu beschreiben. Einige unserer Journalisten haben es, ohne literarischen Ehrgeiz, mit Sinn für die verborgene Wirklichkeit eindringlich geschildert. Zahlreiche Bewohner von Güstrow hatten ein Papier unterschreiben müssen, auf dem ihnen untersagt wurde, am 13. Dezember ihre Häuser zu verlassen. Sie sollten sich nicht einmal an die Fenster stellen dürfen. Solche Bürger, von denen man wußte, daß sie dem Regime abgeneigt waren, hatte man zu »Weihnachtsfeiern« ihrer Betriebe in die Umgebung bestellt . . . Niemals werde ich das unendlich traurige Bild jenes Adventssonntages vergessen: die Menschen hinter den Gardinen, die in Abständen von fünf Metern postierten Polizisten, die Legionen von Stasi-Beamten und die stumpfsinnigen Jubler auf dem Weihnachtsmarkt, die ihren Generalsekretär hochleben ließen und denen man sogar einige ›Helmut, Helmut‹-Rufe aufgetragen hatte. Es war alles so klobig, so beleidigend dilettantisch und primitiv, daß einige in unserer Delegation für die Dauer des Aufenthalts in Güstrow wie gelähmt waren . . . Seltsam hölzern und mit einer verkrampften Lustigkeit bewegte sich der Generalsekretär auf die Bürger-Darsteller am Straßenrand zu und griff nach den Händen seiner verkleideten Sicherheitsbeamten.«[259]

Auch im Dom bewährte sich die 23 Schritte umfassende ausgeklügelte Regie des MfS. Nach der Ankunft vor dem Südportal begleitete Pastor Michaelsen die Politiker in das Kirchenschiff. Dort begrüßte sie Landesbischof Dr. Rathke, bevor das von Domkantor Schuhmann auf der Orgel gespielte Bachwerk »Vater unser im

Himmelreich« zu hören war. Es folgte eine Führung durch das Gotteshaus. Der Gast erhielt Gelegenheit, vor dem »Schwebenden« in einen »stummen Dialog« mit dem Werk Ernst Barlachs zu treten. Erst bei Regieanweisung 14, »Der Landesbischof bietet dem Bundeskanzler an, auf der Orgel zu spielen«, stockte den Anwesenden der Atem, denn Helmut Schmidt lehnte mit der Begründung ab, daß er in Krisenzeiten wie diesen nicht solch unwichtige Dinge tue. War dieser Eklat eine Anspielung auf das gerade in Polen verhängte Kriegsrecht? Doch während des folgenden Orgelstücks, das nun entgegen der Planung auch der Kantor interpretierte, beruhigten sich die Gemüter. Erich Honecker, nun wieder ganz Herr der Lage, begleitete seinen verschnupften Gast zum Bahnhof und überreichte ihm zum Abschied ein Hustenbonbon. Bald nachdem die Spitzenpolitiker und ihr Gefolge aus dem Gesichtskreis verschwunden waren und die Kamera-Teams von ZDF und ARD ihre Ausrüstung zusammengepackt hatten, kehrte im Zentrum Güstrows wieder Stille ein. Die Schaustellung »glückliches Volk in heimeliger Adventsstimmung« war ordnungsgemäß beendet. Die vorgeblichen Weihnachtsmarkt-Besucher traten in militärischen Formationen an und kletterten auf die bereitstehenden Lastkraftwagen, und an den Staatsbesuch erinnerten nur noch die eilig auf die Fassaden geschmierten bunten Farben, die schon beim ersten Regen zu zerfließen begannen.

Gerhard Gäbler, 1989

Fünfter Teil
Gesellschaft und Wirtschaft

Kapitel I: Die Gesellschaft der DDR

1. Die Bevölkerungsentwicklung

Die DDR besaß am 31. Dezember 1989 genau 16 433 796 Einwohner[260]. Damit hatte die Bevölkerungsentwicklung ihren vorläufigen historischen Tiefstand seit 1945 erreicht. Doch auch in den Tagen des politischen Umbruchs ging die Zahl täglich weiter zurück. Seit dem August 1989 setzte eine Fluchtwelle ein, die auch nach der Öffnung der Grenzen am 9. November nicht abnahm. Das Phänomen der Abwanderung war für die DDR nicht neu. Zwischen 1950 und 1989 hatte sich ihre Bevölkerung um insgesamt 2,02 Millionen verringert. Die Ursache dafür lag vor allem in der Massenflucht in den Westen. Doch auch der Mauerbau am 13. August 1961 ließ die demographische Kurve nicht nach oben steigen. In den zwei Jahrzehnten von 1970 bis 1989 schrumpfte die Einwohnerzahl um weitere 733 000. In dem 1990 im Auftrag des Runden Tisches erstellten »Sozialreport« hieß es betont nüchtern – aber in der Aussage sehr eindeutig: »Die Bevölkerungsgeschichte des Landes ist auch die einer rückläufigen Einwohnerzahl . . . Damit ist eine in der Welt wohl einzigartige Situation gegeben, ein durchgängiger Bevölkerungsverlust eines Landes über den gesamten Zeitraum des Bestehens.«[261] Während es von 1970 bis 1978 mehr Sterbefälle als Lebendgeburten gab, ist für die achtziger Jahre im Durchschnitt ein, wenn auch nur leichter Geburtenüberschuß zu registrieren.

Mehr noch als diese Angaben sagen Analysen der Bevölkerungsstruktur aus, die eine Fünf-Generationen-Gliederung mit einem Abstand von 20 Jahren zugrunde legten[262]. Für die Jahre zwischen 1970 und 1988 offenbarten sie folgende charakteristische Trends:
- Rückgang des Anteils der jüngsten Gruppe, also der Kinder und Jugendlichen bis zum 21. Lebensjahr, an der Gesamtbevölkerung von 31 auf 25,8 Prozent;
- Zunahme der Zwanzig- bis Vierzigjährigen von 26,2 auf 31,3 Prozent und der Vierzig- bis Sechzigjährigen von 20,7 auf 24,9 Prozent;

– Rückgang der Sechzig- bis Achtzigjährigen von 19,8 auf 14,8 Prozent;
– Zunahme der über Achtzigjährigen von 2,3, auf 3,2 Prozent.

Ähnlich wie in anderen Industriegesellschaften mit hohem Lebensstandard vollzog sich eine Überalterung der Bevölkerung[263], die bei weiterer Existenz der DDR etwa im Jahre 2000 zu ernsten Problemen geführt hätte, denn im Gegensatz zur Bundesrepublik gab es kaum eine Einwanderung ausländischer Arbeitskräfte.

2. Liebe, Sex und Zärtlichkeit

Während in der westlichen Gesellschaft seit der Sexwelle der späten sechziger Jahre offenbar schrankenlose Selbstverwirklichung herrschte, wirkte der Osten auf den ersten Blick prüde und lustfeindlich. Hier gab es keine Porno-Shops und Peep-Shows, keinen Straßenstrich und keine Bordelle. Selbst harmlose Nacktaufnahmen kamen im sozialistischen Blätterwald nur selten vor. Als einzige Zeitschrift veröffentlichte das »Magazin« monatlich ein Aktfoto. Entsprechend begehrt war das auch ansonsten gut gestaltete Heft und folglich am Kiosk kaum zu bekommen. Abonnements besaßen einen regelrechten Handelswert und sollen sogar testamentarisch vermacht worden sein. Öffentliche Bibliotheken verliehen das »Magazin« nur über die Aufsicht, die es nach Rückgabe auf Vollständigkeit überprüfte. Doch der äußere Anschein trog. »Geliebt« wurde im Osten ganz offenbar früher, öfter und intensiver als im Westen. »Ossis sind inniger miteinander«, meinte eine Alltagsforscherin und Autorin mehrerer Bücher in einem Interview[264], um dann fortzufahren: »Sie haben von daher auch eine ausgewogenere Sexualität und sind entsprechend auch befriedigter. Sie sind sowieso eher zufriedenere Menschen als die Wessis, die eigentlich permanent ... unzufrieden sind, unausgeglichen. Vielleicht wegen der Unterschiede in der gesellschaftlichen Struktur. Da die westliche Gesellschaft eher eine Konkurrenzgesellschaft war, demgegenüber die östliche eher eine Kollektivgesellschaft. Und das unterscheidet die Mentalitäten grandios.« Die seit der Wende veröffentlichten sexualwissenschaftlichen Untersuchungen kommen in diesem Punkt zu sehr eindeutigen Resultaten[265]. Die Bewohner der DDR verloren früher ihre Unschuld, gingen früher feste Partnerschaften ein, schlossen früher Ehen und setzten mehr Kinder in die Welt. Sie gingen aber auch mehr »fremd«, und ihre Scheidungsrate lag deutlich über dem westlichen Standard.

Wieviel solche Statistiken im Detail auch immer aussagen mögen, sie scheinen zu bestätigen, daß die Gesellschaftsordnung sich gravierend auf das Verhalten in konkreten Partnerschaftsbeziehungen auswirkte. Die gerade festgestellten wesentlichen Unterschiede zwischen Ost und West verursachten nach der Wende auch auf dem Gebiet der ehemaligen DDR tiefgreifende Veränderungen. Ihre Ursachen lagen sowohl im familienrechtlichen als auch im ökonomischen und politischen Bereich. In den Kuschelecken der Diktatur gab es ein sehr intensives menschliches Miteinander. Umgekehrt scheint nichts dem Liebesleben feindlicher zu sein als Leistungsdruck, Streß und Karrieredrang.

Hinzu kommt, daß die juristischen Grenzen gegenüber einer schrankenlosen Kommerzialisierung der Sexualität wohl keine wirklichen Defizite im Geschlechtsleben der Menschen bewirkte. Schließlich scheinen auch die kleinbürgerlichen Moralvorstellungen der SED wenigstens in den siebziger und achtziger Jahren das Verhalten nicht mehr beeinflußt zu haben. Nach Karl Marx sollte die Ehe die »kleinste Zelle der Gesellschaft« sein. Zumindest stand dieser Spruch im obligaten »Buch der Familie«, das in der DDR die Ehe- und Geburtsurkunden ordentlich geheftet zusammenfaßte. Doch auch hier entzogen sich immer mehr Menschen dem lebenslänglichen Aufenthalt in der »kleinsten Zelle«.

Tabelle 6: Lebendgeborene unverheirateter Mütter 1955 bis 1989[266]

Jahr	Lebendgeborene unverheirateter Mütter in 1 000	Anteil an den Lebendgeborenen insgesamt in Prozent
1955	39,2	13,1
1960	34,7	11,6
1965	28,0	9,8
1970	31,9	13,3
1975	39,6	16,1
1980	56,4	22,9
1985	77,0	33,8
1989	66,9	33,6

3. Die Frau und der Sozialismus

Die Gleichberechtigung der Frau war eines der erklärten Ziele des Sozialismus, und nirgendwo schien die DDR im Vergleich mit den westlichen Ländern erfolgreicher zu sein als hier. Die diesbezüglichen Passagen in der Verfassung lasen sich gut, und sie wurden durch eine Reihe von Gesetzen zur Frauenförderung ergänzt. Alle Jahre

Tabelle 7: Weibliche Studierende an Universitäten und Hochschulen der DDR (ohne Forschungsstudium und ausländische Studierende)[267]

Jahr	Studentinnen insgesamt	Anteil der Studentinnen an der Gesamtzahl der Studierenden in Prozent
1960	25 213	25,2
1965	28 099	26,1
1970	50 689	35,4
1975	65 976	48,2
1980	63 266	48,7
1985	65 079	50,1
1986	66 228	50,3
1987	66 560	50,2
1988	65 152	49,2
1989	63 728	48,6

zum 8. März, dem Internationalen Frauentag, gab es Blumen, Auszeichnungen und Prämien für verdiente Kolleginnen. Die Statistik ist auf den ersten Blick beeindruckend. Beispielsweise fällt sofort der hohe Anteil von Mädchen und Frauen in der Abiturstufe der Oberschule sowie an Universitäten, Hoch- und Fachschulen auf.

Der Anteil weiblicher Studierender an Universitäten und Hochschulen je 1 000 Frauen stieg von 2,7 im Jahre 1960 auf 7,4 im Jahre 1989 und erreichte seinen Höchststand 1986 und 1987 mit jeweils 7,6.

Tabelle 8: Weibliche Studierende an Fachschulen (einschließlich der medizinischen Fachschulen ohne ausländische Studierende)[268]

Jahr	Studentinnen insgesamt	Anteil der Studentinnen an der Gesamtzahl der Studierenden in Prozent
1960	36 000	28,6
1965	34 606	30,5
1970	81 176	48,6
1975	102 210	65,47
1980	123 549	71,9
1985	117 695	72,6
1986	114 975	71,7
1987	112 034	70,6
1988	110 719	70,3
1989	107 397	70,3

An den Fachschulen waren seit 1970 – insbesondere seit 1974, als die Ausbildung für mittleres medizinisches Personal zur Fachschulausbildung wurde – Frauen deutlich überrepräsentiert. Der Anteil weiblicher Studierender an Fachschulen je 1 000 Frauen stieg von 3,8 im Jahre 1960 auf 12,5 im Jahre 1989.

Die hohe Frauenberufstätigkeit prägte als eine der sozialen Grundtatsachen das Leben in der DDR. Der Anteil der weiblichen Berufstätigen einschließlich Lehrlinge und Studentinnen an der weiblichen Bevölkerung im arbeitsfähigen Alter, also ihr Beschäftigungsgrad, betrug im letzten Jahr ihres Bestehens 91,2 Prozent[269]. Etwa 80 Prozent der Frauen mit Kindern übten gleichzeitig einen Beruf aus, von denjenigen mit vier Kindern immerhin noch 66 Prozent. Die Notwendigkeit dafür lag aus der Sicht der Wirtschaft in der extrem niedrigen Arbeitsproduktivität und der ungünstigen demographischen Struktur begründet. Außerdem erzeugte die zunehmende Industrialisierung einen ständig wachsenden Bedarf an Arbeitskräften, der nur durch ein Ansteigen der Frauenquote befriedigt werden konnte. Hinzu kam die starke Inanspruchnahme der männlichen Arbeitskräfte durch die »bewaffneten Organe«, das MfS sowie die dem Ministerium des Inneren unterstehende Schutz-, Transport- und Bereitschaftspolizei. Frauen spielten in diesen »männerbündisch« geprägten Organisationen kaum eine Rolle und wenn, dann nur in durchweg untergeordneten Positionen. Aus der Perspektive der einzelnen Familie entstand durch die niedrigen Durchschnittsgehälter der Zwang, daß die Frau »dazuverdiente«. Ergab sich aber aus der beschriebenen Situation eine wirkliche Gleichberechtigung? Auch nach dem Ende der DDR bleibt dies heftig umstritten. Zunächst fällt auf, daß Frauen in Führungspositionen Seltenheitswert besaßen. Keiner einzigen ist es in 40 Jahren gelungen, ins wirkliche Zentrum der Macht, das Politbüro der SED aufzusteigen. Auch in den anderen wichtigen Gremien erfüllten sie überwiegend dekorative Funktionen. Die einzigen Ausnahmen bildeten die berüchtigte Hilde Benjamin, als Justizministerin der fünfziger Jahre für viele politische Terrorurteile verantwortlich, und Margot Honecker, unter deren Leitung sich die Volksbildung in den achtziger Jahren als letzte Hochburg des Spät-Stalinismus behauptete.

Die Vergütung der Frauen lag statistisch gesehen trotz vergleichbaren Qualifikationsniveaus deutlich niedriger als die der Männer. Die Berechnung erfolgte in der Industrie einheitlich nach Lohngruppen und führte zu folgender Verteilung:

Tabelle 9: Anteile der Besetzung von Lohngruppen[270]
in Prozent

Lohngruppe	Anteil der männlichen Arbeitskräfte	Anteil der weiblichen Arbeitskräfte
4	3,3	13,4
5	18,4	43,3
6	35,0	29,4
7	32,8	11,9
8	10,2	1,9
9	0,3	0,1

In den unteren Lohngruppen vier und fünf arbeiteten insgesamt 56,7 Prozent der weiblichen, aber nur 21,7 Prozent der männlichen Beschäftigten. Bei anspruchsvollen und gut bezahlten Tätigkeiten kehrte sich das Bild um. In den Lohngruppen sieben und acht waren lediglich 13,8 Prozent der Frauen, aber 43 Prozent der Männer tätig. In der höchsten Lohngruppe betrug das Verhältnis immer noch eins zu drei. Bei Hoch- und Fachschulkadern ergab sich ein ganz ähnliches Bild.

Tabelle 10: Verteilung auf Gehaltsgruppen[271]
in Prozent

Gehaltsgruppe	Anteile		Abweichung weiblich von männlich männlich = 100
	männlich	weiblich	
9	4,9	17,5	357,1
10	28,8	47,5	164,9
11	46,5	28,5	61,3
12	18,3	6,1	33,3
13	1,2	0,3	25,0
14	0,3	0,1	33,3

Soziologische Untersuchungen der Nachwende-Zeit weisen aus, daß die allgemeinen Anschauungen über Rolle und Funktion der Frau in der Gesellschaft in der DDR noch konservativer und paternalistischer waren als in der damaligen Bundesrepublik[272]. Zwar akzeptierte die Umwelt grundsätzlich die Berufstätigkeit der Frau, doch folgte daraus keine wirkliche Gleichstellung. Obwohl die Propaganda ihre hohe Erwerbsquote als Erfolg feierte, sah der Alltag ganz anders aus. Die wirtschaftliche Ineffizienz des Systems ging vor allem auf Kosten der Frauen, speziell derjenigen mit Haushalt und Kindern. Der typische Arbeitstag einer berufstätigen Mutter sah etwa so aus: Um fünf Uhr morgens weckte sie die Kinder, machte sie für den Kindergarten oder die Schule fertig und brachte sie dorthin. Die Einrichtungen der Volksbildung hatten einen speziellen Frühhort eingerichtet, wo man die Kinder schon ab sechs Uhr abgegeben konnte. Dann ging es mit einer ungeheizten und überfüllten Straßen- oder S-Bahn zur Arbeit. Nach Feierabend, also gegen 17 Uhr, holten die Mütter die übermüdeten und nervösen Kinder aus den »Einrichtungen« ab, erledigten auf dem Nachhauseweg die oft mit »Rennereien« und langem Anstehen verbundenen Einkäufe und hatten dann gerade noch Zeit für das Abendbrot. Nach dem »Sandmännchen« steckten sie die Kinder ins Bett und erledigten die wichtigsten Arbeiten im Haushalt. Entgegen allen anderslautenden Bekundungen beteiligten sich die Ehemänner an dieser Alltagsmühle nur am Rande. Eine Untersuchung aus dem Jahre 1972 machte deutlich, daß in 54 Prozent der Ehen die Haushaltsführung allein und in weiteren 34,5 Prozent überwiegend der Frau oblag. Bei den Männern betrug das entsprechende Verhältnis 0,4 und ein Prozent. Danach blieben noch 10,1 Prozent übrig, welche die Arbeit offenbar gerecht aufteilten. Im Hinblick auf die Kindererziehung sahen die Zahlen ganz ähnlich aus. In 43,3 Prozent der Fälle lag sie allein und in weiteren 41,8 Prozent überwiegend bei der Mutter. Lediglich 12,7 Prozent der Familien gaben an, die Kinder gemeinsam zu erziehen[273]. Erst gegen Ende der achtziger Jahre schien sich diese traditionelle Arbeitsteilung zu verschieben. Jedenfalls deuten darauf Umfragen hin, die der »Sozialreport« 1990 veröffentlicht hat.

Tabelle 11: Tätigkeiten, die in den Familien von Frauen und Männern überwiegend gemeinsam oder abwechselnd ausgeführt werden. 1988 in Prozent

Tätigkeiten	nach Angaben der Frauen	nach Angaben der Männer
Wochenendeinkauf	61	60
Tägliche Einkäufe	44	56
Geschirr spülen	51	55
Abtrocknen	44	51
Wege zu Dienstleistungseinrichtungen	44	51
Zubereiten der Mahlzeiten	36	38
Saubermachen	31	32

Die Frauen wehrten sich gegen diesen Zustand auf ihre Art. Nach Möglichkeit machten sie wichtige Erledigungen während der Arbeitszeit oder in einer »erweiterten« Mittagspause«: Friseur und andere Dienstleistungseinrichtungen, Arztbesuche, Organisation von Reparaturen oder Amtsgänge. Auch ihr Krankenstand war immer sehr hoch. Obwohl die meisten Betriebe in diesem Fall kein Geld zahlten, nutzten sie den kleinsten Schnupfen der notorisch anfälligen Krippen- und Kindergartenkinder, um sich selbst krankschreiben zu lassen. Selbst in den vorgeschriebenen Sprechstunden klemmten an den Bürotüren oft handgeschriebene Zettel mit der Botschaft, daß die Mitarbeiterin krank, wegen Krankheit des Kindes verhindert oder einfach »außer Haus« sei. Natürlich konnte es niemand der Kollegin vom Wohnungsamt verdenken, daß sie sich während der Arbeitszeit auf die Jagd nach Kinderschuhen begab oder zum hundersten Mal ins Möbelkaufhaus schaute, um direkt bei Anlieferung eines der seltenen Stücke zu erwischen. Auch bei bereits laufenden Bestellungen war es durchaus sinnvoll, sich gelegentlich durch einen Besuch in Erinnerung zu bringen, zumal die dort für Vormerkungen zuständigen Kolleginnen wiederum nur sporadisch ihren Platz einnahmen. So konnte es leicht geschehen, daß die Mitarbeiterin des Wohnungsamtes erfolglos durchs Möbelkaufhaus irrte, während die des Möbelkaufhauses ärgerlich vor der verschlossenen Tür des Wohnungsamtes stand. Die Frauen lebten in ständigem Spagat zwischen Beruf und Familie. Daraus resultierte das Gefühl, weder der einen noch der anderen Anforderung zu genügen.

4. Das Land der glücklichen Babys

Die DDR war ihrem Selbstverständnis nach ein kinder- und familienfreundliches Land. Glücklich strahlende »Muttis« mit gesunden Babys auf dem Arm gehörten zu den beliebtesten Bildern der sozialistischen Propaganda. Das alte Fruchtbarkeitsmotiv, das in der Ikonographie vieler Kulturen und Religionen eine zentrale Stellung einnimmt, signalisierte mütterliche Liebe, die Geborgenheit des heimischen Herdes und Friede auf Erden. Die gezielte Bevölkerungspolitik blieb in der Tat nicht ohne Erfolge, obwohl die Geburtenentwicklung ungleichmäßig und insgesamt abwärts verlief. Zwischen 1950 und 1955 sowie zwischen 1959 und 1965 sind zwei »Geburtengipfel« festzustellen, wie sie in der nachfolgenden Zeit nicht wieder erreicht werden konnten. Nach 1965 begann ein Absinken der Geburtenrate auf die bis zum Ende der DDR niedrigste Ziffer von 10,5 Lebendgeborenen je 1 000 der Bevölkerung im Jahre 1974. Danach stieg sie kurzzeitig wieder an und erreichte mit 14,6 Lebendgeborenen im Jahre 1980 ihren Höhepunkt, um sich von da an kontinuierlich negativ zu entwickeln.

Trotz einer tiefgreifenden Änderung des Sozialverhaltens, das auch den Wunsch nach Kindern beeinflußte, blieben die eingeleiteten sozialpolitischen Maßnahmen nicht ohne demographische Auswirkung. Die »Fruchtbarkeitsziffer«, das heißt die Zahl der Lebendgeborenen eines Jahres je 1 000 Frauen im fertilen Alter (15 bis 45 Jahre), stieg unter dem Eindruck der dafür geschaffenen Gratifikationen deutlich an[274]. Tendenziell gebaren die Frauen relativ jung, die Mehrzahl zwischen dem 20. und 25. Lebensjahr. Dies hing mit der allgemeinen Orientierung auf eine Vereinbarkeit von Kindern und Beruf zusammen. Trotzdem deutete sich in den achtziger Jahren eine Verschiebung des Durchschnittsalters der Mütter an. Während es bei der Geburt des ersten Kindes im Zeitraum von 1970 bis 1989 um ein Jahr und beim zweiten um vier Monate gestiegen war, betrug es im letzten Jahr der DDR beim ersten Kind 22,9, beim zweiten 26,3 und beim dritten 29,3 Jahre. Dagegen verstärkte sich interessanterweise in den achtziger Jahren der Trend zum Zweit-, Dritt- und sogar Viertkind. Dabei handelte es sich um ein in anderen Industriestaaten nicht zu beobachtendes Spezifikum der DDR. Über seine Ursachen kann man nur spekulieren. Wahrscheinlich hängt es mit dem Rückzug ins »private Glück« zusammen oder auch mit der Tatsache, daß wirtschaftliche Erwägungen – etwa die künftige Finanzierung der Ausbildung – bei der Entscheidung für mehrere Kinder kaum eine Rolle spielten.

Tabelle 12: Lebendgeborene[275]

Jahr	Lebendgeborene	
	insgesamt	je 1 000 der Bevölkerung
1950	303 866	16,5
1955	293 280	16,3
1960	292 985	17,0
1965	281 058	16,5
1970	236 929	13,9
1975	181 798	10,8
1980	245 132	14,6
1985	277 648	13,7
1988	215 734	12,9
1989	198 922	12,0

Tabelle 13: Entwicklung der Lebendgeborenenfolge 1955 bis 1989[276] in Prozent

Jahr	Geborene insgesamt	davon als . . . Kinder der Mutter			
		1. Kind	2. Kind	3. Kind	weiteres Kind
1955	100	40,9	29,6	15,1	14,4
1960	100	41,2	27,7	15,1	16,0
1965	100	37,3	29,5	15,4	17,8
1970	100	44,3	28,8	14,1	12,8
1975	100	58,6	30,7	6,3	4,4
1980	100	53,9	35,5	7,4	3,2
1985	100	48,5	37,0	10,6	3,9
1989	100	49,5	37,9	11,4	4,8

Um die Frauen im Arbeitsprozeß zu halten, traf die SED-Führung im Laufe der Zeit eine ganze Reihe sozialpolitischer Regelungen. Dazu gehörte vor allem die Möglichkeit zum Schwangerschaftsabbruch sowie die annähernd hundertprozentige Versorgung mit Krippen-, Hort- und Kindergartenplätzen, denn die DDR gehörte zu den Ländern mit der höchsten Tages-, Jahres- und Lebensarbeitszeit. Seit 1968 betrug die einheitlich festgelegte wöchentliche Arbeitszeit 43¾ Stunden. Mütter mit zwei und mehr Kindern arbeiteten ohne Lohnminderung nur 40 Stunden. Daneben galten folgende weitere Erleichterungen:

- 23 Arbeitstage Grundurlaub für vollbeschäftigte Mütter, zu deren Haushalt drei und mehr Kinder bis zu 16 Jahre oder ein schwerstbeschädigtes Kind gehörten;
- 22 Arbeitstage Grundurlaub für vollbeschäftigte Mütter im Mehrschichtsystem, wenn zu ihrem Haushalt zwei Kinder bis zu 16 Jahren gehörten;
- 25 Arbeitstage Grundurlaub für vollbeschäftigte Mütter im Mehrschichtsystem, wenn zu ihrem Haushalt drei und mehr Kinder gehörten;
- bezahlter Schwangerschafts- une Wochenurlaub von insgesamt 26 Woche bei voller Entlohnung;
- bezahlte Freistellung bis zu einem Jahr nach der Geburt des ersten oder zweiten Kindes sowie von 18 Monaten nach der Geburt des dritten oder jedes weiteren Kindes mit bis zu 90 Prozent des Nettolohns;
- bezahlte Freistellung zur Pflege kranker Kinder in Höhe des Krankengeldes der Eltern, differenziert nach Kinderzahl, so bei zwei Kindern für sechs Wochen.

Einen beliebten Kompromiß stellte die Teilzeitarbeit dar, die sich zwischen 20 und 40 Wochenstunden bewegen konnte. 1989 nahmen 27 Prozent aller berufstätigen Frauen diese Möglichkeit wahr, wobei sich die meisten für 25 bis 35 Wochenstunden entschieden.

Die wichtigste Folge der hohen Frauenerwerbsquote bestand in der fast durchgängigen Betreuung der Kinder in öffentlichen Einrichtungen. Dies verstärkte das Erziehungsmonopol des Staates. Ob die aus ihm resultierende Nivellierung der Fähigkeiten und Begabungen einen positiven Impuls in Richtung auf mehr Chancengleichheit bedeutete oder im Gegenteil zur Minderung der Kreativität und Leistungsfähigkeit führte, ist nicht entschieden. Die psychosozialen und medizinischen Fragen im Zusammenhang mit der weitgehenden Betreuung außerhalb der Familie blieben allerdings auch in der DDR nicht unumstritten. Aus durchsichtigen ökonomischen und ideologischen Gründen bagatellisierte die offizielle Seite die nur allzu offensichtlichen Probleme. Zum Auftakt des X. Bundeskongresses des Demokratischen Frauenbundes Deutschlands (DFD) im Februar 1975 erkärte die Direktorin des Instituts für Hygiene des Kinder- und Jugendalters in einem Interview, umfangreiche Untersuchungen hätten ergeben, daß die Berufstätigkeit der Mütter die Entwicklung ihrer Kinder in keiner Weise behindere. Krippenkinder zeigten keine verhaltensmäßigen Differenzen gegenüber Familienkindern, und »geistige Unterschiede« seien »infolge der modernen Erziehungspläne« ebenfalls überwunden worden[277]. Interne Studien brachten etwas andere Ergebnisse und stellten bei Kindern in sogenannten Wochenkrippen ein Zurückbleiben in der intellektuellen Entwicklung fest[278]. Dagegen hieß es wiederum in dem 1978 vom Wissenschaftlichen Rat für Soziologische Forschung in der DDR herausgegebenen Buch »Schichtarbeit und Lebensweise: »Mit der Unterbringung der Kinder in einer Wocheneinrichtung haben die Eltern die Gewißheit, daß ihre Kinder gut versorgt werden und einen gleichmäßigen Tagesablauf haben. Bedenken hinsichtlich einer optimalen geistigen und körperlichen Entwicklung der in Wochenkrippen betreuten Kinder mögen vielleicht teilweise noch berechtigt sein, lassen sich aber keineswegs verallgemeinern. Durch die ständige Qualifizierung der pädagogischen Arbeit in den Wochenkrippen ist – aus der Sicht des gesamten Krippenalters gesehen – eine Benachteiligung dieser Kinder im Vergleich zu Tageskrippenkindern praktisch kaum bzw. gar nicht vorhanden.«[279] Doch diese Beschönigungen glaubten offenbar nicht einmal ihre Urheber. Da auch die Parteiführung gesunde und leistungsfähige Kinder wünschte, reduzierte sie die Wochenkrippenbetreuung, deren Umfang dann von zehn Prozent im Jahre 1984 auf drei Prozent im Jahre 1989 sank.

Der Anteil der Kinder, die eine normale Krippe besuchten, stieg dagegen kontinuierlich an, erreichte 1986 einen Höchststand von 81,1 Prozent und lag drei Jahre später immer noch bei 80,2 Prozent. Noch mehr Kinder besuchten den Kindergarten, dessen Betreuungsrate durchgängig deutlich über 90 Prozent lag und 1989 mit 95,1 Prozent den Höchststand erreichte. Von der ersten bis zur vierten Klasse nutzten etwa 80 Prozent den Schulhort. Alle diese Einrichtungen unterlagen den gleichen Gesetzmäßigkeiten der sozialistischen Wirtschaft wie die übrigen Bereiche. Die Kolleginnen – selbst oft Mütter mehrerer Kinder – waren häufig abwesend und trugen dazu bei, daß die Errungenschaften der sozialistischen Gemeinschaftserziehung auf dem Papier stehenblieben. Die pädagogisch überfrachteten Programme fielen den Fehlzeiten zum Opfer, man steckte die Kinder in große Gruppen, und die Betreuung bestand schließlich nur noch aus einer notdürftigen Beaufsichtigung. Die Diskrepanz zwischen Theorie und Praxis entschärfte freilich auch die Versuche einer politischen Indoktrination.

Vornamen im Sozialismus

Ähnlich den demographischen Kurven widerspiegelt auch Vornamenstatistik politische und kulturelle Wandlungen einer Gesellschaft. Am deutlichsten wird dies wohl bei den vielen kleinen Adolfs, die bis 1945 das Licht der Welt erblickten, oder auch bei den häufigen Entlehnungen aus der germanischen Sagenwelt, die während des Nationalsozialismus ihren Höhepunkt erreichten. Doch in der DDR hat es im Gegensatz zum NS-Staat – trotz des Bestehens zweier entsprechender Beratungsstellen – keine bewußt gesteuerte »Vornamen-Politik« gegeben[280]. Die eine residierte bei der Sektion Theoretische und angewandte Sprachwissenschaft der Karl-Marx-Universität in Leipzig, die andere beim Zentralinstitut für Sprachwissenschaft der Akademie der Wissenschaften in Ost-Berlin. Sie berieten Eltern, die sich an sie wandten, und erteilten Genehmigungen für ausgefallene, meist exotische Vornamen. »Bestehen Zweifel, ob die von den Eltern gewünschte Form dem Wesen nach ein Vorname ist oder ob die gewünschte Schreibung die richtige ist, so wird das Standesamt entweder selbst Erkundigungen einziehen oder die Eltern an die dafür zuständige Beratungsstelle verweisen«, erläuterte der einschlägige Gesetzestext[281]. Insgesamt orientierte sich die Namengebung wesentlich mehr an westlichen Moden und Hitparaden als an russischen Vorbildern. Noch ungehemmter als in der Bundesrepublik flossen internationale Namen ein, die durch Schlagertitel, Filmschauspieler oder Sportler Popularität erlangt hatten. Hinzu kamen die weit mehr als im westlichen Teil Deutschlands gewählten englischen Namen wie Mandy, Peggy, Ronny und Mike oder Maik, französische wie René und Marcel und italienische wie Silvio und Mario. Vielleicht spielte hier unbewußt das nicht zu befriedigende Fernweh eine Rolle. Eine weitere Besonderheit bestand in der Beliebtheit niederdeutscher und nordischer Mädchennamen wie Heike, Silke, Anke und Kerstin Anfang der siebziger Jahre sowie seit Beginn der achtziger Jahre einiger traditioneller

Vornamen wie Robert, Martin, Paul und Franziska. Am erfolgreichsten behauptete sich, wenn man alle Schreibvarianten zusammenfaßt, Kathrin: 24 Jahre lang (von 1962 bis 1985) gehörte sie zu den ersten zehn und belegte dabei dreizehnmal den ersten Platz. Die einzig unmittelbar feststellbare Reaktion auf politische Ereignisse bestand darin, daß mit dem Abtritt Ulbrichts und Honeckers auch die guten alten Walter und Erich keine Beachtung mehr fanden. Im übrigen kann man erstaunlich viele Gemeinsamkeiten zwischen Ost und West beobachten: In der zweiten Nachkriegsgeneration erlebten die christlich-biblischen Männernamen in ihrer deutschen Form wie Thomas, Michael, Stefan, Andreas, Matthias, Johannes und Sebastian eine eindeutige Renaissance. Bei den Mädchen dominierten neben den Modenamen wie Nadine und Nicole die traditionellen Elisabeth, Johanna und Katharina.

5. Die Rentner

Die sozial am stärksten benachteiligte Gruppe der DDR-Gesellschaft bildeten die etwa 2,8 Millionen Rentner. Die bis Dezember 1989 gültigen Mindestrenten betrugen, bezogen auf die Dauer der beruflichen Tätigkeit:

Tabelle 14: Rentenansprüche nach Dauer der beruflichen Tätigkeit

Rente in Mark	berufliche Tätigkeit in Jahren	Rente in Mark	berufliche Tätigkeit in Jahren
300	unter 15 Jahre	340	30 bis unter 35 Jahre
310	15 bis unter 20 Jahre	350	35 bis unter 40 Jahre
320	20 bis unter 25 Jahre	360	40 bis unter 45 Jahre
330	25 bis unter 30 Jahre	370	45 und mehr Jahre

5,7 Prozent aller Altersrentner erhielten den Mindestsatz, der sich für 12,8 Prozent vor dem Dezember 1989 auf 300 Mark belief. Dabei handelte es sich fast ausschließlich um Frauen, die weniger als 15 Jahre in einem Beschäftigungsverhältnis gestanden hatten, also in der Regel Hausfrauen mit mehreren Kindern. Einzahlungen in die Freiwillige Zusatzrentenversicherung (FZR) erhöhten die Bezüge geringfügig. Einige Personengruppen waren durch Zusatzleistungen oder Sonderregelungen etwas bis bedeutend besser gestellt:

- Mitarbeiter des Gesundheitswesens sowie ehemalige Postangestellte maximal 150 Mark zusätzlich;
- Angehörige der bewaffneten Organe durchschnittlich insgesamt 1 000 Mark, konkret abhängig von Dienstgrad und -stellung;
- Verfolgte des Naziregimes (VdN) insgesamt 1 400 oder 1 700 Mark.

Der Durchschnitt aller Renten betrug 380,17 Mark, eine Summe, die trotz niedriger Mieten und gestützter Preise ein Leben am Rande des Elends bedeutete. An die viel teureren Industrieprodukte jeglicher Art einschließlich Kleidung und Schuhe war überhaupt nicht oder nur selten zu denken.

Daran konnten auch die sozialpolitischen Maßnahmen im Kern nichts ändern. Dies belegt ein Vergleich zwischen der Entwicklung des Bruttodurchschnittseinkommens und der Durchschnittsrente.

Tabelle 15: Vergleich Durchschnittsaltersrente/Durchschnittslohn der Arbeiter und Angestellten[282]
in Mark der DDR

Jahr	Durchschnitts-bruttoeinkommen	Durchschnitts-altersrente	Differenz
1950	311	90,70	220,30
1960	588	152,66	405,34
1980	1 030	342,51	687,49
1988	1 280	380,94	899,06

Das Verhältnis zwischen dem Durchschnittseinkommen und den Durchschnittsrenten hat sich, wie man der Aufstellung entnehmen kann, ständig zuungunsten letzterer verschoben. Die Ursache dafür lag in einer streng ökonomistisch orientierten Sozialpolitik. Die SED-Führung brauchte gesunde und leistungsfähige Arbeiter, Spezialisten und Soldaten sowie Mütter, die neue Arbeiter, Spezialisten und Soldaten gebären konnten. Rentner stellten in ihren Augen Abfallprodukte der Leistungsgesellschaft dar, die sich zudem kaum wehren konnten. Die anderen Bevölkerungsgruppen mußten dagegen bei Laune gehalten werden, da sonst Unzufriedenheit, Leistungsverweigerung und ein Steigen der Ausreisanträge drohten. Rentner durften in den Westen gehen, wenn sie wollten. Den zynischen gesetzlichen Regelungen über Besuche und ständige Ausreise zufolge hatten sie Anspruch auf eine bestimmte Anzahl von Tagen außer Landes und – ausgenommen sogenannte Geheimnisträger – auch bei Anträgen auf ständige Ausreise kaum Schwierigkeiten. Der Volksmund sprach ironisch von der mit dem Eintritt ins Rentenalter erlangten »Reisemündigkeit«. Neben den in der Regel aus zuverlässigen Genossen bestehenden privilegierten Reisekadern waren also die Rentner die einzigen Sendboten der DDR. Sie bevölkerten die – immer noch so bezeichneten – Interzonenzüge zwischen den beiden deutschen Staaten. In Berlin sah man sie Tag für Tag scharenweise zur Ausreisehalle am Bahnhof Friedrichstraße pilgern, wo sie in langen Warteschlangen standen, aufgeregt den blauen Reisepaß mit dem goldgeprägten Staats-Wappen in den Händen haltend.

6. Wohnungsprobleme und Städtebau

Die Wohnungssituation

Wohnungsprobleme waren im DDR-Alltag stets das »Thema Nummer eins« – etwa so wie seit der Wende Arbeitslosigkeit und Jobsuche. Der Erwerb einer Wohnung führte oft zu regelrechten Abenteuergeschichten. Sie berichteten vom Kampf mit den Ämtern, von Eingaben und Briefen an Honecker, von Husarenstückchen, Gebäudebesetzungen, Suchanzeigen, dubiosen Geschäftemachern, Ringtauschaktionen, miesen Tricks und erlaubten kleinen Kniffen. Es gab wie auch auf anderen Gebieten der Mangelwirtschaft natürlich Privilegien und regelrechte Besorgungskünstler, die trotzdem mit mehreren Wohnungen jonglierten, aber den Normalfall bildeten die täglichen Schwierigkeiten in zu kleinen und mangelhaft ausgestatteten Räumen. Dennoch ist die in den achtziger Jahre erreichte beträchtliche Vergrößerung des Wohnungsbestandes nicht zu bestreiten.

Tabelle 16: Wohnungsbestand und Wohnfläche je Einwohner[283]

	1961	1971	1981	1989
Wohnungen gesamt in Millionen	5,507	6,057	6,562	7,002
Wohnfläche/Einwohner in Quatratmeter	165,8	20,6	24,9	27,6

Die Wohnverhältnisse blieben, gemessen am bundesdeutschen Standard, schlecht. Die Wohnfläche betrug im Durchschnitt 65 gegenüber 85 Quadratmetern. Pro Kopf standen durchschnittlich 27 gegenüber 35 Quadratmetern zur Verfügung standen[284]. Mit einem Versorgungsgrad von 430 Wohnungen je 1 000 Einwohner lag die DDR im internationalen Vergleich allerdings unter den führenden Ländern. Auch bezüglich des Ausstattungsgrads hatten sich schon seit den siebziger Jahren wesentliche Verbesserungen ergeben. Basierend auf den offiziellen Statistiken gab das Institut für Wohnungs- und Gesellschaftsbau der Bauakademie 1989 folgende Übersicht:

Tabelle 17: Wohnungsbestand nach Ausstattungsmerkmalen[285]
in Prozent

	1961	1971	1981	1989
Bad bzw. Dusche	22	39	68	82
Innentoilette	33	36	60	76
Warmwasser	–	26	64	82
Telefon	–	8	12	16

Dennoch war der Ost-West-Unterschied auch bei der Ausstattung mit Sanitäreinrichtungen gravierend, und der Vergleich ergibt folgendes Bild:

Tabelle 18: Ausstattung mit Sanitäreinrichtungen im Vergleich zwischen DDR und Bundesrepublik[286]
in Prozent

	OST	WEST
Bad/Dusche	80	99
Innen-WC	73	98
Anschluß an Kanalisation	72	93
Anschluß an Kläranlage	58	89

Danach besaß noch fast ein Drittel der Wohnungen mit zu Recht verrufene Außentoiletten, die man nur über das Treppenhaus erreichen konnte und die häufig mehrere Mietparteien nutzten. Auch in der Art der Beheizung unterschied sich die DDR deutlich von der Bundesrepublik. Nach den Datenerhebungen heizten 46 Prozent der Wohnungen dezentral und mit Kohle. Die Auslieferer schütteten den Kunden die Braunkohlenbriketts, die sie dann aufwendig in den Keller und schließlich von dort in Eimern täglich ohne Aufzug zum Ofen transportieren mußten, einfach vor die Haustür. Gebündelte Kohle gab es lediglich in Berlin. Elektrische Heizkörper waren wegen ihres hohen Energieaufwands im Einzelhandel nicht erhältlich und nur im Intershop oder im Ausland zu erwerben. Großer Beliebtheit erfreuten sich deshalb die über die Sowjetunion zu beziehenden Ölradiatoren.

Trotz der schlechten Ausgangslage ist festzustellen, daß der Wohnungsmangel in der DDR zum Teil künstlich erzeugt war. Hier wirkte die gleiche Kausalkette von sozial motivierten Billigpreisen, Verschwendung, Mangel, Bürokratie, Mißbrauch und Anarchie wie in anderen Sektoren der Volkswirtschaft. Vor allem in den Städten fiel die Überalterung der Bausubstanz ins Auge. Die Altbauten, an denen man nach den Bombenangriffen nur die notwendigsten Reparaturen vorgenommen hatte, befanden sich durchweg in beklagenswertem Zustand. An vielen konnte man noch die Splittereinschläge, Emailleschilder aus der Vorkriegszeit mit Einschußlöchern und die nach unten weisenden weißen Pfeile mit den Buchstaben LSR – was, wie die älteren Bewohner zu berichten wußten, Luftschutzraum bedeutete – bewundern. Nach einer Aufstellung des Instituts für Ökonomie der Bauakademie der DDR ergab sich 1989 folgende Altersstruktur des Wohngebäudebestands[287]:

- 29,9 Prozent der Mehrfamilienhäuser und 48,3 Prozent der Ein- und Zweifamilienhäuser vor 1918;
- weitere 13,7 Prozent der Mehrfamilienhäuser und 30 Prozent der Ein- und Zweifamilienhäuser zwischen 1919 und 1945;
- 9,6 Prozent Eigenheime 1945 bis 1960;
- acht Prozent der Mehrfamilienhäuser zwischen 1956 und 1960;
- weitere 12,1 Prozent 1961 bis 1970, neben einigen repräsentativen Bauten meist Wohnungen sehr kleinen Zuschnitts mit Ofenheizung;
- 2,5 Prozent Eigenheime zwischen 1961 und 1970;
- 17,6 Prozent der Mehrfamilienhäuser 1971 bis 1980;
- vier Prozent Eigenheime von 1971 bis 1980;
- immerhin 19,6 Prozent der Mehrfamilienhäser seit 1981mit häufiger Vernachlässigung der Qualität gegenüber der Quantität;
- 5,7 Prozent Eigenheime seit 1981.

Nach anderen Angaben vom April 1990 stammten 34 Prozent der Wohnungen aus der Zeit vor 1919 und weitere 19 Prozent aus der Zeit vor 1945. Das bedeutet, daß 47 Prozent, also weniger als die Hälfte, nach dem Zweiten Weltkrieg gebaut wurden. Der Soziologe Alphons Silbermann kam bei seinen auf der DDR-Statistik basierenden Erhebungen sogar nur auf 42 Prozent. Wer nun auch immer im einzelnen recht hat, die Statistik liefert ein eindeutiges Gesamtergebnis. Unter Aufbietung aller volkswirtschaftlichen Ressourcen errichtete man Plattensiedlungen und vernachlässigte sträflich sowohl die Pflege der alten Häuser als auch den Eigenheimbau. Etwa 4,75 Millionen Wohnungen befanden sich in Mehrfamilienhäusern (68 Prozent) und ca. 2,28 Millionen in Ein- und Zweifamilienhäusern (32 Prozent)[288]. Trotz des hohen Anteils staatlichen Wohnungsbaus lag fast die Hälfte – nämlich rund 41 Prozent – aller Wohnungen in Privathand. Die Mehrfamilienhäuser gehörten zu 54 Prozent dem Staat, zu 20,6 Prozent Privatpersonen und zu 25 Prozent Genossenschaften, hauptsächlich den Arbeiter-Wohnungs-Genossenschaften (AWG). Die Ein- und Zweifamilienhäuser waren dagegen fast ausschließlich – nämlich zu 84,4 Prozent – Privatbesitz.

Die durchgängig sehr geringen Mieten legte der Staat unabhängig von der Eigentumsform fest. Je Quadratmeter Wohnfläche bewegten sie sich in Abhängigkeit vom Ausstattungsgrad zwischen 0,80 und 1,25 Mark pro Monat. Hinzu kamen 0,40 Mark für Fernwärme- oder Zentralheizungsanschluß. Für eine kleinere Altbauwohnung betrug die Miete also nur 30 bis 40, für die begehrten Vollkomfort-Wohnungen mit mehreren Zimmern kaum über 200 Mark. Im Durchschnitt machte 1989 ihr Anteil am Haushaltseinkommen 2,4 Prozent gegenüber 4,1 Prozent – bei wesentlich niedrigerem Lohnniveau – im Jahre 1960 aus. Die über Jahrzehnte festgeschriebenen Mieten hatten katastrophale Folgen. Sie boten keinen Anreiz, nicht ausreichend genutzten Wohnraum aufzugeben, und machten eine Instandhaltung der Häuser unmöglich. Im staatlichen Bereich waren Mehrausgaben von 16 Milliarden Mark notwendig, um die dringendsten Dienstleistungen und Reparaturen auszuführen. Doch solche Summen bedeuteten reine Zahlenspielerei, da es nicht wirklich um Geld ging. In der Alltagspraxis führte die Diskrepanz zwischen Mieten und Aufwendungen dazu, daß Renovierungen und Sanierungen vom Verwaltungsweg abhingen. Die Mieter der Kommunalen Wohnungsverwaltung (KWV) entwikkelten sich deshalb zu handwerklichen Universal-Fachleuten, führten die Arbeiten selbst aus und ließen sie sich zu einem geringen Teil als Volkswirtschaftliche Masseninitiative (VMI) entgelten. Die zweite Möglichkeit bestand darin, auf dem florierenden Schwarzmarkt die Materialien und Reparaturleistungen zu besorgen. Während sich bei KWV-Häusern gelegentlich doch Handwerksbrigaden in Bewegung setzten, sah die Situation im privaten Bereich weit schlimmer aus. Viele Besitzer sahen sich aufgrund dieser Situation veranlaßt, ihre Mietshäuser an die Gemeinden sehr billig zu veräußern oder sogar zu verschenken. Die KWV dagegen verkaufte ihre Eigenheime gern und oft zu extrem niedrigen Preisen an Privatpersonen, die sich in der Lage und bereit fanden, die Unwägbarkeiten eines Ausbaus auf sich zu nehmen. Allerdings blieb in solchen Fällen der Grund und Boden »Eigentum des Volkes«, und der Besitzer erhielt lediglich eine Urkunde über das dauernde Recht der Nutzung.

Wohnungssuche

Trotz aller Neubaumaßnahmen schienen zumindest in den Augen der Wohnungssuchenden die Situation immer schlimmer und die Wartezeiten eher länger als kürzer zu werden. Auf den Ämtern herrschte eine nervöse und gereizte Stimmung. Diesbezügliche Eingaben nahmen zu, und immer mehr Bürger stellten Ausreiseanträge mit der Begründung, sie warteten seit Jahren auf eine Wohnung. Die staatlich festgeschriebenen Mieten und Immobilienpreise erzeugten ein künstliches Unterangebot und machten administrative Verteilungsmaßnahmen zur Steuerung des Mangels erforderlich. Es entstanden Schwarzmarktstrukturen mit einem komplizierten außerökonomischen Privilegierungssystem, die ihrerseits wieder das Unterangebot und die Bürokratie stärkten. Der Wohnraum entwickelte sich wie andere Mangelwaren zum Tauschobjekt, das durch Geld nicht aufzuwiegen war. Man spekulierte mit ihm, gab ihn an Freunde und Bekannte weiter und dachte dabei sogar an künftige Generationen. Im übrigen bestand kein vernünftiger Grund, für ein paar Mark weniger die erheblichen Kosten und Mißhelligkeiten eines Umzugs in Kauf zu nehmen oder gar unterzuvermieten. Eine chronische Unterbelegung begleitete deswegen die grassierende Wohnungsnot. Alle Versuche, dagegen mit administrativen Mitteln vorzugehen, scheiterten. Aus all diesen Gründen erwies sich das aufwendige Wohnungsbauprogramm als Faß ohne Boden. Um auf lange Anmeldefristen pochen zu können, stellten viele DDR-Bürger Anträge, für die kein akuter Bedarf bestand. Ende 1989 beliefen sie sich auf die phantastische Zahl von 800 000 unerledigten Vorgängen.

Zuständig für die Wohnungsvergabe war grundsätzlich die Abteilung Wohnungswirtschaft bei den Räten der Kreise oder Stadtbezirke, landläufig Wohnungsämter genannt. Ihre Tätigkeit unterstützten ehrenamtlich tätige Wohnungskommissionen, bei denen man zunächst seinen Anspruch anmelden mußte. Sie überprüften die Berechtigung, setzten gegebenfalls einen Hausbesuch an und füllten schließlich einen Wohnungsantrag an den Rat des Kreises oder des Stadtbezirks aus. Dieser Vorgang hatte zunächst rein theoretische Bedeutung. Ohne ständige Nachfrage, Drängen, Drohungen oder Einsatz von Beziehungen bestand kaum eine Chance auf Zuweisung einer Wohnung. Dies führte zu einer eigenen Subkultur der Wohnungssuche. Es war eine beliebte Freizeittätigkeit, durch die alten Viertel der Städte zu ziehen, Leerstände aufzuspüren und sie in der Hoffnung, davon zu profitieren, dem Wohnungsamt zu melden. Andere besetzten die Räume kurzerhand, bauten neue Schlösser ein und schufen so vollendete Tatsachen. Eine weitere Möglichkeit stellte der Wohnungstausch dar. Auf den Anzeigenseiten der Zeitungen und in speziellen Schaukästen veröffentlichten die Interessenten Annoncen, die meistens auf den Versuch eines Zusammenzugs zwecks gemeinsamen Lebens abzielten. Sie boten zwei Wohnungen gegen eine größere und spekulierten auf einen der vielen Scheidungsfälle. Oder sie wollten ihre Vollkomfort-Wohnung gegen eine geräumigere Altbauwohnung tauschen. Die höchste Kunst bestand im Ringtausch mit mehreren Partnern. Eines der vielen Probleme ergab sich daraus, daß man nicht nur alle Umzüge an einem Tag bewerkstelligen mußte, sondern auch erst danach die total abgenutzten Räumlichkeiten renovieren konnte. Dies war nur unter Mithilfe der gesamten Verwandtschaft, der Arbeitsbrigade oder der Seminargruppe zu bewältigen. Umzüge in der DDR gestalteten sich so zu wirklichen Kollektiverlebnissen.

Das Wohnungsbauprogramm

Die Parteiführung erkannte das Wohnungsproblem als eine der drängenden sozialen Fragen, beschloß, Abhilfe zu schaffen, und verabschiedete das Wohnungsbauprogramm auf der 10. Tagung des Zentralkomitees im Oktober 1973. Sie setzte sich zum Ziel, bis 1990 »das Wohnungsproblem als soziales Problem« zu lösen und zwischen 1976 und 1990 etwa 2,8 bis drei Millionen Wohnungen mit den dazugehörigen Versorgungseinrichtungen zu errichten. Der Slogan »Nicht jedem eine Wohnung, sondern jedem seine Wohnung« machte die Runde. Im März 1975 begannen in Marzahn die Vermessungsarbeiten. Zweieinhalb Jahre später erfolgte am 9. Dezember 1977 die erste feierliche Schlüsselübergabe. Eine junge Familie erhielt eine Zwei-Raum-Vollkomfort-Wohnung in der Marchwitzastraße 41[289]. In den Randbezirken der großen Städte entstanden nach und nach gigantische Betonburgen im industriellen Fertigungsbau wie Marzahn, Hellersdorf und Ahrensfelde im Nordosten Berlins, Halle-Neustadt im Westen der Chemie-Metropole und Lütten-Klein bei Rostock. Sie sind zum wahrscheinlich noch lange bleibenden Symbol der Honecker-Ära geworden Die totale Normierung unterbrachen nur notdürftig einige unterschiedliche Kombinationen. Auch die DDR-Bürger waren sich in der Beurteilung der architektonischen und städtebaulichen Gräßlichkeit der neuen Siedlungen weitgehend einig und nannten die Wohnblocks »Arbeiterschließfächer« oder »Schnarchsilos«. Andererseits begehrten sie die Wohnungen heiß, die einen günstigen Preis und guten Standard – Badezimmer, Zentralheizung, Telefonleitung – hatten. Letztere stellte einen wichtigen Schritt in dem oft jahrzehntelangen Kampf um einen geschalteten Anschluß dar. Auch der Ärger mit Handwerkern hielt sich in Grenzen, und die Maße der Zimmer entsprachen den genormten Schrankwänden. Ausreichend Parkplätze waren direkt vor der Tür, Kaufhalle, Kinderkrippe, Schule und ärztliche Versorgung meist in der Nähe.

Die Standardisierung des Lebens, die provinzielle Enge, aber auch die soziale Geborgenheit und die rührend anheimelnden Versuche, ein privates Glück jenseits der Politik wohnlich auszugestalten, fanden in den »Vollkomfort-Wohnungen« des Typs WBS 70 ihren idealtypischen Ausdruck. Wer Glück hatte, besaß einen kleinen Balkon und machte seine vier oder fünf Quadratmeter zum bevorzugten Feld individuellen Schöpferdrangs. Hier waren der Phantasie keine Grenzen gesetzt. Die Mieter verzierten die Wände mit Walt-Disney-Figuren oder anderen Gemälden, befestigten an der Decke Eisenketten, an denen sie Blumenschalen aufhängen konnten, oder brachten Holzvertäfelungen mit Wagenrädern oder Zaumzeug an. Besonderer Beliebtheit erfreuten sich Fachwerk-Imitationen, die dem Beton nicht nur die erstrebte unverkennbar persönliche Note verliehen, sondern auch von der persönlichen Leistungsfähigkeit des Besitzers zeugten. Das Wohnen in der »Platte« wurde so zum eigentlichen Signum des DDR-Lebens. Die vollständige Konzentration auf den Bau menschenfeindlicher Betonsilos schuf neue Probleme. Die zunehmende Unbewohnbarkeit der Städte empfanden die Menschen sehr stark, und gerade in den kleineren Städten, aber auch in Leipzig regte sich Widerstand gegen die Vernachlässigung der historischen Zentren und die rücksichtslose Abrißpolitik. Hier fand die Forderung nach Bürgerbeteiligung ihre ersten Anknüpfungspunkte und Themen. So war es auch kein Zufall, daß diese Fragen im Herbst 1989 und an den lokalen Runden Tischen Anfang 1990 eine wichtige Rolle spielten. Oft bildeten Abrißstopps in den Innenstädten oder das Einfrieren von Prestigeobjekten wie des neuen Kulturhauses in Erfurt die ersten Maßnahmen der Wendezeit.

Kapitel II: Wirtschaftspolitik der SED

1. Die Grundlagen der sozialistischen Ökonomie

Die Geheimnisse der Planwirtschaft

Mehr noch als bei anderen Themen aus der Geschichte der DDR gilt bei der Behandlung der Ökonomie das geflügelte Wort des römischen Komödiendichters Juvenal, daß es schwer sei, keine Satire schreiben. Gelegentlich sprach man im Westen von der Starrheit des planwirtschaftlichen Systems. Dies war, bezogen auf die Alltagspraxis und deren Protagonisten, mehr als ungerecht. Die sozialistische Wirtschaft glich vielmehr einem bunten Jahrmarktsbudenzauber mit Seiltänzern, Jongleuren, Entfesselungskünstlern, Gauklern und Taschenspielern jeglicher Art. Es gab einen Plan, trotzdem regierte die Improvisation. Es existierte eine Theorie der politischen Ökonomie, die als einer der »drei Bestandteile« der »einzig wissenschaftlichen Weltanschauung« an jeder Hochschule oder Universität gelehrt wurde. Wohlausgestattete Institute entwickelten darüber hinaus Strategien für die sozialistische Wirtschaftsführung. Doch kein Mensch nahm diese Ausarbeitungen ernst.

Es herrschten strenge Gesetze, die aber nur von Fall zu Fall galten. Die Bürokratie erließ zahllose Anordnungen und Weisungen, deren strikte Einhaltung die Volkswirtschaft binnen kurzem ruiniert hätte, aber es gab ungeschriebene Regeln, die niemand ungestraft verletzte. Obwohl ein riesiger Apparat mit all seinen Schwerfälligkeiten regierte, wurde bisweilen vollkommen unbürokratisch an ihm vorbei gehandelt. Nichts galt so, wie es auf dem Papier stand: Weder Theorie, Gesetze, Unterordnungsverhältnisse noch gar Planziffern und Statistik. Trotzdem nahmen sie die Funktionäre ungeheuer wichtig, berauschten sich an den gefälschten Zahlenkolonnen und an fremd klingenden Schlagworten, die geheimnisvoll wie Zauberformeln klangen und sangen wie kleine Kinder im dunklen Wald das Hohelied der Mikroelektronik. Der Ein-Megabit-Speicherchip sollte Erlösung bringen, so wie zu Ulbrichts Zeiten die kybernetischen Modelle oder die Chemisierung der Ökonomie.

Nach der Wende führte eine Gruppe von Sozialwissenschaftler ausführliche Interviews mit zehn herausragenden Wirtschaftsfachleuten der DDR und veröffentlichte sie als Buch[290]. Wie ein roter Faden ziehen sich durch die Gespräche Begriffe wie Fiktion, Improvisation, Chaos, Schizophrenie, Doppelregentschaft, Quadratur des Kreises. Günter Mittag beendete seine Ausführung mit der philosophischen Bemerkung: »Die Dialektik im eigentlichen Sinne ist die Erforschung der Widersprüche im Wesen der Dinge selbst, und damit hatte ich immer zu tun und habe es nicht geschafft.«[291] Ein weiterer Widerspruch tat sich hier und in ähnlich gelagerten Erinnerungen auf. Alle – und ganz besonders Gerhard Schürer – betonten die Allmacht der Parteiinstanzen. Günter Mittags diktatorisches Hineinregieren in die Wirtschaftsangelegenheiten beklagten sie noch im Rückblick und lasteten ihm einen guten Teil der Verantwortung für das Scheitern der DDR an. Er selbst urteilte im Hinblick auf die Grundsatzentscheidungen allerdings so: »Mein Einfluß darauf war gleich Null . . . so war die Lage.«[292] Dies beruhte nicht auf Gedächtnisschwund oder entsprach der Verteidigungsstrategie. Auch die mit der Ökonomie befaßten Entscheidungsträger bildeten weitgehend nur eine Schauspieltruppe, die in einem Stück mitspielte, das andere geschrieben und inszeniert hatten. Ihre Autos, Sommerhäuser, Westreisen und anderen Privilegien kostümierten lediglich ihre Ohnmacht. Welche Blendkraft dennoch der schöne Schein ausübte, belegt die Tatsache, daß ausländische Beobachter noch kurz vor dem Zusammenbruch von der Zuverlässigkeit und Stabilität schwärmten und im Juli 1989 ein größerer Artikel im »Tagesspiegel« beträchtliches Aufsehen erregte, der erstmals Informationen über die Krise der DDR-Wirtschaft und unterdrückte Reformdiskussionen veröffentlichte[293].

Das Ende der DDR trug alle Züge eines betrügerischen Bankrotts. Jahrelang hatte man über seine Verhältnisse gelebt, Bilanzen gefälscht, Geldgeber hintergangen, den Scheinwohlstand mit immer neuen Schulden bezahlt. Und als das Schwindelunternehmen zu platzen drohte, versuchte man sich klammheimlich aus dem Staube zu machen. Das »Jahr der großen Utopien«, wie einige die letzten zwölf Monate verklärend genannt hatten, bestand vor allem aus großen Betrügereien und Unterschlagungen. Millionen versickerten spurlos, Immobilien wechselten unter der Hand den Eigentümer, Genossenschaften gingen in Privatbesitz über. Das »letzte Gefecht« der Weltrevolution, das man einst am Lagerfeuer zur Klampfe besungen hatte, tobte um Wochenendhäuser, Devisenkonten, Genossenschaftsanteile. Auf unerwartete Weise bestätigte sich die These von Karl Marx, daß die entscheidenden Triebkräfte der Geschichte ökomomischer Natur seien.

Das Primat der Politik

In der sozialistischen Ökonomie galt das uneingeschränkte Primat der Politik. Daraus ergab sich die Möglichkeit, auch in diesem Bereich aus rein politischen und ideologischen Motiven weitreichende Entscheidungen zu treffen und mit allen Mitteln durchzusetzen. Die Kollektivierung der Landwirtschaft, die Übernahme sowjetischer »Errungenschaften« wie des Rinderoffenstalls oder die letzten Verstaatlichungen im Jahre 1972 sind Beispiele hierfür. Im Grunde resultierte auch das überzogene und nicht finanzierbare Sozialprogramm aus der einseitigen Gewichtung politischer Vorgaben. Vor allem aber lag der Schwerpunkt auf der inneren und äußeren Sicherheit. In der Hierarchie der »Organe« stand die Staatssicherheit an erster Stelle, gefolgt von der Nationalen Volksarmee und dem Ministerium des Innern. Wenn überall die »Bilanzen und Kapazitäten« knapp waren, sie hatten immer genug Kapazitäten zur Verfügung. Die formal zuständigen regionalen und lokalen Instanzen – also die Räte der Kreise, Städte und Gemeinden – hatten kaum Einspruchsmöglichkeiten, wenn über die Partei entsprechende Anforderungen kamen. Dringend benötigte Materialien und personelle Ressourcen wurden ohne Rücksicht abgezogen und für die Bedürfnisse der »Organe« eingesetzt. Während der normale

Eigenheimbauer – also jeder unterhalb der Politbüroebene – für einen Schornstein nur winzige Mengen gebrannter Steine erhielt, auf diese noch lange warten, Bittgänge unternehmen und Schmiergelder zahlen mußte, verwendete die Staatssicherheit für die weithin sichtbaren gigantischen Fassaden ihrer unweit der Ausfallstraße Richtung Osten gelegenen Berliner Bezirksverwaltung rote Klinker. Kaum ein Taxifahrer schenkte sich beim Vorüberfahren seinen bissigen Kommentar. Aber auch die vielen kleinen »Dienstobjekte«, die das Land zwischen Fichtelgebirge und Rügen überzogen, erkannte man allen Regeln der Konspiration zum Trotz an ihrem vergleichsweise guten baulichen Zustand, an den frisch gestrichenen Fassaden und mit Ziegeln gedeckten Dächern, ganz besonders an Gehwegplatten, gußeisernen Gartenleuchten, Ziersteinen und anderen im Handel kaum erhältlichen Mangelprodukten.

Primat der Politik hieß aber auch Zuständigkeit der Verwaltung für alle wirtschaftlichen Angelegenheiten. Sie betraf nicht nur die zentralen Entscheidungen des Politbüros oder des Ministerrats, sondern reichte hinunter bis in Kleinigkeiten örtlicher Versorgung. Über die Errichtung oder Schließung einer Verkaufseinrichtung entschied die Abteilung Handel und Versorgung im Rat der Stadt oder des Kreises unter Hinzuziehung der Abteilung Bauwesen, die Bilanzen und Kapazitäten entsprechend dem Jahresplan stellte. Diese Pläne standen freilich zunächst nur auf dem Papier und mußten des öfteren gegen andere Interessen durchgesetzt werden. Druck von unten erwies sich dabei durchaus nicht als sinnlos. Wenn er aus Beschwerden und Eingaben der Bürger, vielleicht sogar »negativen Diskussionen«, Drohungen der Wahlverweigerung und ähnlichem bestand, konnte er die gewünschte Schaffung einer neuen Verkaufseinrichtung durchaus befördern. Dann entfaltete die SED Aktivitäten und erteilte über die Kreis- oder gar Bezirksleitung Weisung auf der »Parteistrecke«. Aus dem Plan machte sie nun ein »Kampfziel« und stellte es unter »Parteikontrolle«. Und wenn es Gegenstimmen gab, die für einen anderen Einsatz der wertvollen Kapazitäten plädierten, brachte sie diese mit dem Hinweis zum Schweigen, die Eröffnung bis zur Volkswahl oder bis zum soundsovielten Parteitag sei eine »politische Frage«. In der Tat ging es stets weniger um wirtschaftliche Überlegungen als um die Durchsetzung eines Gesellschaftsmodells und seine Stabilisierung.

In den innerparteilichen Diskussionen der kommunistischen Parteien seit Stalins Zeiten galt Voluntarismus als einer der Standardvorwürfe. Er bezeichnete den irrigen Glauben, allein durch den Willen, unter mangelhafter Berücksichtigung der objektiven Gesetze der historischen Entwicklung die Geschichte ändern zu können, und fand immer seine Berechtigung. Man könnte ihn auch durch den Begriff des Fiktionalismus ersetzen. Die Vermischung ökonomischer und politischer Macht, insbesondere in den Händen einiger weniger – zudem fachlich inkompetenter – Personen öffneten ihm alle Schleusen. Hinzu kam, daß er sich neben der Produktion auch verhängnisvoll auf die Distribution auswirkte. Entscheidungsträger und Betroffene sahen die auftretenden Probleme sehr stark unter dem Aspekt der Verteilung, die eine omnipotente Verwaltung mehr oder weniger gut regeln könne. Folgerichtig machten die Bürger »die da oben« für alles verantwortlich, eine verinnerlichte Einstellung, die viele nach der Wende auf das marktwirtschaftliche System übertragen haben.

Teufelskreis der Mangelwirtschaft

Obwohl die Bäckerläden in der ehemaligen DDR sechs Jahre nach der Wende mit großen Aufschriften »Hier gibt es sie – die Ostschrippe« warben, besaß die Qualität des Referenzprodukts mehr nostalgischen Charakter, als daß sie dem realen Erinnerungsvermögen entsprang. Dieses profane Lebensmittel bietet sich freilich geradezu an, um wichtige Mechanismen der sozialistischen Planwirtschaft zu verdeutlichen. In Großbetrieben hergestellte und meist nicht sehr schmackhafte Brötchen kosteten ebenso fünf Pfennige wie die echte Bäckerschrippe. Letztere wurde also weit unter dem Selbstkostenpreis verkauft und von den Bäckern deswegen nur sehr unwillig angeboten. Während sie sich, wie auch Brot, im Rahmen der staatlichen Planauflagen bewegte, brachten frei produzierte Kuchen und Torten Gewinn.

Bereits vor Öffnung bildeten sich vor den Bäckereien lange Schlangen, die am Wochenende oft ungeahnte Ausmaße annahmen und zu gut und gerne einer Stunde Wartezeit führten. Wegen des gesetzlich verordneten Festpreises fiel der Einkauf dann aber sehr großzügig aus. Mit 100 Schrippen für fünf Mark kam die Familie übers Wochenende gut aus, und wenn montags ein oder zwei Dutzend hart gewordener Restexemplare in den Müll wanderten, spielte das auch keine Rolle. Die Gerüchte wollten nicht verstummen, daß die Leute sogar ihre Karnickel und Schweine mit den subventionierten Backwaren fütterten. Eine Analyse des MfS aus dem Jahre 1989 zitierte einen Leserbrief an das »Neue Deutschland«, der die Situation sehr anschaulich schilderte: »Vor der Bäckerei unseres Dorfes mußte ich an einem feuchtnebligen Herbsttag 1988 ein paar Minuten warten. Plötzlich kam eine junge Frau mit ihrem achtjährigen Sohn aus dem Laden, beide auf den Armen aufgetürmte warme Brote. Beide kippten die Brote in den Hänger des vor dem Laden parkenden Pkw. Der Junge rannte noch einmal in den Laden und holte noch ein paar Brote heraus, warf sie mit Schwung in den Hänger und sprang zur Mutter ins Auto. Beide waren fröhlich und fuhren mit 10 bis 15 Broten davon. Ich kenne die Familie, sie züchtet Biber ... Andere holen das Brot für Kaninchen, Hühner und Schweine.«[294]

Mangel und Verschwendung führten zu verständlichen, aber ungesetzlichen Rationierungen durch die Verkäufer. In den Randgebieten Berlins bevorzugten sie an den Sommerwochenenden die Einheimischen und bedienten sie außerhalb der Reihe. Teilweise gab es sogar getrennte Schlangen. Meckernden Laubenpiepern bedeuteten sie, die Schrippen, Brote und Kuchenrationen für die Vorzugskunden seien »bestellte Ware«. Wenn die Gäste dann stur blieben und darauf beharrten, sich für das nächste Wochenende auch vormerken zu lassen, drohte die Situation gelegentlich zu explodieren. Der allgemeine Unwille der Einheimischen gegen die versorgungsmäßig ohnehin privilegierten Berliner machte sich Luft und mündete gelegentlich in die Drohung, alles wegzukaufen und durch unerlaubtes Rasensprengen den Wasserdruck so weit sinken lassen, daß die Klospülung der Datsche nicht mehr funktionierte. Wenn spätestens nach einer Stunde in jeder Beziehung gähnende Leere herrschte, nutzten die Verkäufer die reichlich bis zum gesetzlichen Ladenschluß verbleibende Zeit, um die letzten Krümel aus den Regalen zu wischen.

Am Anfang der Ursachenkette für die alltäglichen Schwierigkeiten standen die überalterte Technologie und die durch sie bedingten hohen Produktionskosten. Die aus Sorge um die politische Stabilität für Produkte des Grundbedarfs eingeführten Festpreise bewirkten dann sowohl einen permanenten Mangel an Waren und Dienstleistungen als auch eine ungeheure Verschwendung von Ressourcen und Arbeitskraft. Bürokratische Mechanismen der Verteilung sollten die Defizite ausgleichen, konnten gelegentlich die Probleme kurzfristig lösen, verursachten aber langfristig eine Beschleunigung des Teufelskreises der Mangelwirtschaft. Dieses Versagen führte wiederum zur Bildung von grauen Märkten, einer Verdrängung der Ware-Geld-Beziehung zugunsten einer Art Tauschwirtschaft und zur Einführung von Devisen als faktischer Zweitwährung. Da die Produzenten für ihr Einkommen keine angemessenen Gegenwerte erhielten, reduzierten sie ihre Leistungsbereitschaft und begaben sich, wie man in der DDR bemerkte, in einen »permanenten Bummelstreik«. Der verbreitete Unwillen gegen die politische Führung verhinderte schließlich jede vernünftige Wirtschaftsreform, deren Voraussetzung in einer substantiellen Änderung der Preispolitik bestanden hätte. Statt dessen flossen die für die wissenschaftliche und technologische Innovation notwendigen Mittel in den privaten Konsum. So entpuppte sich die Ökonomie als die eigentliche Schwachstelle des Systems.

Die Mitteilungen über die Versorgungslage erinnerten denn auch in Wortwahl und Satzbau an Frontberichterstattung. »Die Versorgung mit Waren des täglichen Bedarfs wird insgesamt gewährleistet«, hieß es in einem Bericht der SED-Bezirksleitung Berlin vom November 1987[295]. Das Wörtchen »insgesamt« bedeutete eine Einschränkung und verwies auf tatsächliche Einbrüche in der »Versorgungsfront«, denn gleich im Anschluß wurden angeblich beseitigte »zeitweilige Angebotslücken« genannt. Probleme gab es mit »Hart- und Schnittkäse«, aber auch das Angebot an Reis, Speiseöl, Knäckebrot, Kakaoerzeugnissen, Wein, Sekt, Marmelade und Konfitüre, WC-Sitzen, Zahnbürsten, Schnürsenkeln, Kinderhosen und Dosenöffnern ließ zu wünschen übrig. Dabei warf die »Fest- und Jahresendversorgung« ihre Schatten voraus, das heißt, das Weihnachtsfest stand vor der Tür. Wegen der »Lebkuchenversorgung« kündigte der Bericht eine Sonderaktion an. »Auch bei Haarspray werden die eingeleiteten Maßnahmen zu einem besseren Angebot führen. Konzentriert wird am Aufbau der Bestände im Großhandel gearbeitet, um per Jahresende die erforderlichen Endbestände für eine stabile Versorgung auch unter schlechten Witterungsbedingungen zu erreichen.«[296]

Sogar tiefergehende wirtschaftspolitische Gedanken kamen zur Sprache: »Die Erfahrungen besagen, daß bei Artikeln, wo zeitweilig Lücken im Angebot auftraten, längere Zeit trotz erhöhtem Warenfonds die verstärkten Abkäufe anhalten und dadurch keine Stabilität im Angebot erreicht wird.«[297] Das war gut beobachtet. Natürlich treibt jeder Mangel die Nachfrage in die Höhe. Und dies führte zu dem bekannten Phänomen, daß die Läden leer und die Vorratskammern und Kühltruhen voll waren. Man erwarb nicht, was man brauchte, sondern was es gab. Die DDR-Bürger kauften ständig ein, und da die Geschäfte nicht immer Plastebeutel vorrätig hatten, trug jeder eine zusammengefaltete Tasche mit sich herum. In einem der vielen »Versorgungswitze« traf jemand einen Bekannten, der einen Sarg auf dem Handwagen hinter sich herzog. Mit beileidsgesenkter Stimme fragte er, ob ein

Trauerfall die Familie getroffen habe. »Nein, nein«, wehrte jener ab, »Särge gab's gerade.«

Erich Honecker hat die DDR mit der Geste des treusorgenden Hausvaters regiert und damit auch im Westen viel Lob geerntet. Doch hinter der Fassade verbarg sich eine zynische und verantwortungslose Katastrophenpolitik. Die DDR hat permanent über ihre Verhältnisse gelebt und die Mittel für notwendige Investitionen in den Konsumtionsfonds verlagert. Immer neue Kredite hielten das betriebswirtschaftlich ineffiziente System am Laufen. Eine der drei ökonomischen Säulen bildete »das Postulat einer wachstumsbetonten Außenwirtschaftsstrategie, die kreditfinanzierte technologieintensive Westimporte« vorsah. »In der zweiten Hälfte der siebziger Jahre sollte dann die aufgelaufene Verschuldung mittels einer Exportoffensive getilgt werden.«[298] Das war gut geplant, beruhte jedoch auf vollkommen illusorischen Voraussetzungen.

Am Ende des Fünfjahrplanzeitraums, also um 1980, hatte die DDR hohe Schulden, und trotz Dumpingpreisen wartete niemand auf dem Weltmarkt auf die Produkte aus den Volkseigenen Betrieben. Schließlich verringerte sich der Investitionsfonds zugunsten des Konsumtionsanteils zwischen 1970 und 1987 von 29 auf 21,5 Prozent, wobei die für das Wohnungsbauprogramm benötigten Mittel besonders dramatisch die Akkumulation im produzierenden Bereich beeinflußten. Die Ausgaben für Wissenschaft und Technik stiegen zwar ständig an, ihr ökonomischer Gegenwert sank jedoch kontinuierlich. Während hier eine Mark 1971 immerhin einen Nutzeffekt von 1,58 Mark erzielte, waren es 1987 nur noch 77 Pfennige. Diese Zahlen stammen aus offiziellen, wenngleich teilweise internen fachbezogenen Erhebungen.

Im Rückblick neigten Wirtschaftshistoriker und die einstmals verantwortlichen Funktionäre dazu, die Unabwendbarkeit der ökonomischen Katastrophe sehr früh anzusetzen. Gerhard Schürer betonte: »Ich habe schon 1972 in einer Politbürositzung, als der Kurs der Einheit von Wirtschafts- und Sozialpolitik beraten wurde und das große sozialpolitische Programm ausgearbeitet war, gesagt, daß dieses Programm nicht zu finanzieren ist.«[299] 1977 habe er erneut versucht, die Notbremse zu ziehen, und in einem Papier an das Politbüro aufgezeigt, » . . . daß die Schulden mächtig gestiegen sind und daß wir so nicht weitermachen können«[300]. Honecker zeigte jedoch keine Einsicht. »Ende 1978 war der Schuldenberg schon so hoch, daß wir immer neue Kredite aufnehmen mußten, um die Zinsen zu bezahlen . . . eigentlich war die Zahlungsbilanz schon seit 1978 überspannt.«[301] Offenbar gab es vor dem Hintergrund des Traumas des 17. Juni 1953 in Verbindung mit den Arbeiterunruhen in Polen kein Entrinnen aus dem Teufelskreis. Der SED-Führung saß permanent die Angst vor der eigenen Bevölkerung und ihren Konsumwünschen im Nacken. Schürer und andere mögen tatsächlich frühzeitig auf die Gefahren der Verschuldungspolitik hingewiesen haben, eine realistische Alternative zu Honeckers Strategie des »Fortwurstelns« auf Kosten der Substanz hatten aber auch sie nicht zu bieten.

2. Die ökonomische Entwicklung der DDR in den siebziger und achtziger Jahren

Wirtschaftliche Lage der frühen siebziger Jahre

Die Ausgangslage der Honecker-Ära war trotz aller berechtigten Kritik an Ulbrichts Wirtschaftspolitik so schlecht nicht. Zwischen 1969 und 1973 betrug die Steigerung der Arbeitsproduktivität 23 Prozent, um sich dann allerdings von 1973 bis 1977 auf 20, von 1977 bis 1981 auf 16 und von 1981 bis 1985 auf 17 Prozent zu reduzieren. Hinzu kam, daß der bisher kontinuierlich zurückgegangene Anteil der Werktätigen an der Gesamtbevölkerung im genannten Zeitraum von vier Jahren um zwei bis drei Prozent zugenommen hatte. Jetzt begann eine Neuorientierung, die Abschied nahm von der Konzeption der »führenden Industriezweige«, statt dessen eine »planmäßig proportionale Entwicklung der Volkswirtschaft« anstrebte und vor allem die Bedürfnisse der Bevölkerung in den Planungen stärker berücksichtigen wollte. Im Gegensatz zu den fünfziger und sechziger Jahren, in denen, hauptsächlich durch die häufigen Kampagnen, ein permanenter Ausnahmezustand geherrscht hatte, stand die von Normalität, Vernunft und Pragmatismus gekennzeichnete »Ankunft im Alltag« im Vordergrund. Dementsprechend verkündete Erich Honecker 1971 auf dem VIII. Parteitag der SED als neue »Hauptaufgabe« die weitere »Erhöhung des materiellen und kulturellen Lebensniveaus des Volkes auf der Grundlage eines hohen Entwicklungstempos der sozialistischen Produktion, die Erhöhung der Effektivität, des wissenschaftlich-technischen Fortschritts und des Wachstums der Arbeitsproduktivität«.

Das Kernstück des sozialpolitischen Programms bestand aus einer planmäßigen Steigerung der Realeinkommen und damit der Konsumquote, einer Anhebung der Mindestlöhne und Mindestrenten, einer Produktionssteigerung von Konsumgütern sowie einem Ausbau des Dienstleistungssystems, des Bildungswesens, der Kindergärten, des Gesundheitswesens und der Erholungseinrichtungen. Die dadurch erhoffte verbesserte Arbeitsmotivation sollte die Arbeitsproduktivität erhöhen und so die immensen Aufwendungen für die Sozialpolitik ermöglichen. Ausgehend vom Jahre 1970 entwickelten sich die wesentlichen volkswirtschaftlichen Eckdaten bis 1975 fast parallel: Es stiegen das produzierte Nationaleinkommen um 30, das im Inland verfügbare Nationaleinkommen um 27, die Nettogeldeinnahmen der Bevölkerung um 27, ihr Realeinkommen um 30 und das Akkumulationsvolumen allerdings nur um 18 Prozent. Letzteres spiegelte den rigorosen Schnitt, den der neue Plan ganz bewußt zur Beseitigung der früher entstandenen Disproportionen vorgesehen hatte. Während sich die Realeinkommen weiter positiv entwickelten, sank die Akkumulationsrate in den folgenden Jahren sogar unter den Stand von 1970[302].

Die Vernichtung der Privatwirtschaft – Anfang vom Ende der DDR?

Schon seit längerem verfolgte die Parteiführung den Aufschwung der rund 11 400 rein privat oder mit staatlicher Beteiligung geführten Betriebe mit bis zu 500 Beschäftigten, die vor allem Konsumgüter für den »Bevölkerungsbedarf« herstellten, mit großem Unbehagen. Ihr Gesamtanteil an der Konsumgüterproduktion betrug etwa 40 Prozent. In der Textilindustrie erwirtschafteten sie bei einem Beschäftigtenanteil von knapp einem Drittel ungefähr 25, in der Leder-, Schuh- und Rauchwarenindustrie 30 und in der Bekleidungs- und Näherzeugnisindustrie sogar über 40 Prozent. Überdies produzierten sie in aller Welt begehrte devisenbringende Exportgüter wie Musikinstrumente, erzgebirgisches Kunstgewerbe oder Zierfische. Obwohl die SED die Handwerker und kleinen Unternehmer aus ideologischen Gründen mit überzogenen Steuern ausgeplündert, sozial benachteiligt und teilweise regelrecht diskriminiert hatte, war eine Art Kleinbourgeoisie entstanden, die durch den unmittelbaren Zugriff auf Mangelwaren über wirtschaftliche Potenzen verfügte. Nicht nur Genossen vertraten die Meinung, ihr Lebensstil passe nicht in eine sozialistische Gesellschaft. Hinzu kam die Auffassung der Wirtschaftsfunktionäre, daß es in ihrem Zuständigkeitsbereich kaum größere Investitionen und technologische Innovationen, zu geringe Einbindung in das Gesamtwirtschaftssystem und keine ausreichende Unterordnung unter die Planvorgaben gebe. Jetzt war die Stunde der Abrechnung gekommen, wobei man über die genauen Motive nach wie vor nur rätseln kann[303].

Auf Beschluß des ZK wurde im ersten Halbjahr 1972 ein erheblicher Teil auf dem Wege des Kaufs in sogenanntes Volkseigentum überführt. Für die Besitzer gab es keine Möglichkeit, sich dem oder der willkürlichen Preisbindung zu widersetzen. Von Februar bis Mai liquidierte man 2 568 Privat- und rund 5 600 halbstaatliche Betriebe, wandelte 1 700 Produktionsgenossenschaften des Handwerks (PGH) mit etwa 114 000 Mitgliedern und Kandidaten in »Volkseigene Betriebe« um und verschob sie damit planungsmäßig, wirtschafts- und arbeitsrechtlich sowie statistisch vom Handwerk in die Bereiche »Industrie« oder »Bauindustrie«[304]. Ende 1972 war der »volkseigene Sektor« um das Produktivvermögen und die Beschäftigten von rund 10 850 Klein- und Mittelbetrieben bereichert, und die Zahl der VEBs erhöhte sich kurzfristig um über 8 000. Es blieb nur ein kleiner privater Rest in Handwerk, Einzelhandel und Gastronomie, der sich Ende der achtziger Jahre auf rund 2 000 Betriebe mit 182 000 Beschäftigten einschließlich der mithelfenden Familienangehörigen belief. Dies entsprach 2,1 Prozent der Werktätigen. Gewissermaßen »en passant« entledigte man sich einiger ärgerlicher Relikte der frühen Jahre wie der privaten Verlage, Buchhandlungen und Antiquariate. Der Vernichtungsfeldzug sprach jeder wirtschaftlichen Rationalität Hohn, betraf er doch gerade den Sektor, der relativ gut funktionierte. Die SED begründete ihn mit der »gesetzmäßigen Weiterentwicklung der sozialistischen Produktionsverhältnisse«, und der Vorsitzende der LDPD, Manfred Gerlach, konstatierte auf dem 11. Parteitag seiner Partei im Februar 1972: »Die Einkommen dieser Unternehmer seien unter Verletzung des sozialistischen Eigentumsprinzips auf Kosten der Gesellschaft gewachsen.«[305]

Das zielte auf die Mobilisierung von Sozialneid, war aber von der Sache her nicht ganz falsch. Auch die privaten und halbstaatlichen Betriebe gediehen nur im Treibhaus der Planwirtschaft. Ihnen fehlten der Konkurrenzdruck und der Zwang, aber natürlich auch die Möglichkeit zur technischen Innovation. Die ehemaligen Besitzer erhielten eine mehr als magere Entschädigung, die sie zudem noch versteuern mußten. Der Rest floß auf ein Konto, von dem sie nach einer längeren Auszahlungssperre pro Jahr in der Regel 5 000 Mark abheben durften[306]. Manche erhielten die Position des Betriebsleiters, andere gingen in Rente oder in den Westen. Im Stile eines Musterschülers übermittelte Erich Honecker am 13. Juli 1972 den Vollzug der Maßnahme nach Moskau: »Lieber Genosse Leonid Iljitsch! Mit Freude können wir immer wieder feststellen, daß Du trotz Deiner großen Arbeitsleistung als Generalsekretär des Zentralkomitees der KPdSU der Entwicklung des Sozialismus in der Deutschen Demokratischen Republik stets eine große Aufmerksamkeit widmest. Es ist mir angenehm, Dir im Auftrage des Politbüros des Zentralkomitees unserer Partei mitzuteilen, daß in diesen Tagen ... die nach dem VIII. Parteitag eingeleitete Umwandlung der Betriebe mit staatlicher Beteiligung, Privatbetriebe und industriell produzierender Genossenschaften des Handwerks in volkseigene Betriebe mit Erfolg abgeschlossen werden konnte. Mit kommunistischem Gruß gez. E. Honecker.«[307]

Preissteigerungen auf dem Weltmarkt

Am 18. Juni 1975 übergab das Ministerium für Außenhandel der UdSSR seinem Pendant in der DDR eine formelle Note und teilte darin mit, daß die Preise für Erdöl- und Erdgaslieferungen verändert werden müßten[308]. Ersterer solle pro Tonne von 14 auf 35 Rubel steigen, letzterer von 14,25 auf 31 Rubel pro 1 000 Kubikmeter. »Die zusätzlichen Belastungen für 1976 würden weitere 725 Millionen Mark betragen«, schrieb daraufhin Werner Jarowinsky mit dem Unterton der Verzweiflung an Erich Honecker. Die internationale Erdölkrise versetzte dem ehrgeizigen Sozialprogramm den Todesstoß.

Bereits im April 1975 hatte ein Artikel des Hauptabteilungsleiters im Ministerium für Handel und Versorgung, Heinz Bernhardt, einiges Aufsehen erregt. Er erschien in dem sonst wenig beachteten Fachblatt »Der Handel«, trug den unspektakulären Titel »Sortimentskonzeptionen – wichtige Instrumente für die sozialistische Verbraucherpreispolitik«[309] und führte aus: »Mit den wachsenden Geldeinnahmen der Bevölkerung steigen die Ansprüche an das Warenangebot ... Dabei steigt der Bedarf an hochwertigen Konsumgütern, die zur mittleren und oberen Preisgruppe gehören.«[310] Dahinter verbarg sich folgende Preispolitik: Die Erzeuger erhöhten zwar nicht die Preise, lieferten aber neue Produkte in anderer Verpackung oder mit verändertem Namen, die angeblich eine bessere Qualität hatten und deswegen auch mehr kosteten. Die billigeren Varianten verschwanden dann nach und nach vom Markt. Der Deutschlandfunk und einige westliche Zeitungen griffen das Thema auf, so daß Honecker von dem Vorgang Kenntnis erhalten mußte[311]. Der Generalsekretär erregte sich allerdings nicht über die schleichende Preiserhöhung, sondern über die Ausführungen Bernhardts. Es hat sich ».. . gezeigt, daß es unzweckmäßig und überflüssig ist, in derartigen Artikeln näher auf detailliertere Fragen der Durchsetzung der Prinzipien unserer Preispolitik einzugehen«.[312] Damit war das Problem zur Geheimsache erklärt und auf typische SED-Weise gelöst.

Im Laufe des Jahres 1977 kam es zu erheblicher Unruhe und Gerüchten wegen diverser Baumwollerzeugnisse. Offiziell wurden die Preissteigerungen bestritten, in internen Papieren aber ohne weiteres zugeben. In einem Bericht an die Parteiführung hieß es dazu: »Gegenüber den abgeschlossenen Verträgen wurden mit Übergabe der Verträge und den ersten Warenlieferungen an den Großhandel folgende Preisveränderungen sichtbar«:

Tabelle 19: Ursprüngliche Endverbraucherpreise (EVP) und Preisneufestlegungen bei Vertragsübergabe[313] in Mark der DDR

Artikel	Ursprünglicher EVP während des Vertragsabschlusses	Preisfestlegung bei Übergabe der Verträge
Tischdecke	10,00	18,50
Tischdecke	13,50	21,50
Tischdecke	14,00	28,00
Tischdecke	19,00	25,00
Damennachthemd	26,00	43,00
Damennachthemd	28,00	41,00
Damennachthemd	26,00	29,00
Kinderregenmantel	6,20	11,50
Kinderregenmantel	6,80	11,50
Kinderregenmantel	6,20	12,40

Diese »Veränderungen« lösten Hamsterkäufe aus, die der Partei erhebliche Sorge bereiteten. »Im Sortiment der Haushaltswäsche erfolgt durch die Bevölkerung im Bezirk Dresden insbesondere seit dem 12. 9. 77 sprunghaft ein verstärkter Abkauf an Bettwäsche-Garnituren. Darüber hinaus stieg die Nachfrage ebenfalls in den Sortimenten Bettlaken, Geschirrtücher, Frottierhandtücher und Untertrikotagen«, hieß es[314], und dann folgten einige bezeichnende Beispiele: »Das Konsument-Warenhaus Dresden ... erzielte am 15. 9. 77 im Sortiment Haushaltswäsche einen Warenumsatz von 31,0 TM gegenüber einem Plan von 11,0 TM ... Im Angebot befindet sich gegenwärtig noch ein Dessin Bettwäsche. Bettwäsche weiß ist ausverkauft. Bettlaken werden täglich durchschnittlich 400 Stück verkauft, bei einer geplanten Halbjahresmenge von 9 000 Stück. Spitzenforderungen von einzelnen Kunden liegen bei 8 Bettwäschegarnituren und 30 Bettlaken.«[315] Entsprechende Reaktionen traten bei Zucker, Mehl, Kakao-Erzeugnissen und Zigaretten ein.

Einrichtung der Exquisit- und Delikatläden

Die kurze Zeit später installierten Exquisit- und Delikat-Läden erhoben die schleichenden Preiserhöhung zum System. Am 12. Oktober 1977 faßte das Politbüro einen Beschluß zur »Entwicklung der Versorgung der Bevölkerung mit Exquisit- und Delikaterzeugnissen«[316]. Acht Tage später folgte der Ministerrat mit der Veränderung des Planentwurfs für 1978. Im ersten Halbjahr 1978 sollten demnach 30 bis 35 Exquisit- und im zweiten Quartal 25 bis 30 Delikat-Verkaufsstellen eröffnet werden. »Dabei werden z. B. in Berlin, Leipzig und Magdeburg leistungsfähige Modehäuser und in Leipzig, Dresden, Rostock u. a. Städten Schuhsalons geschaffen.

Ausgehend von den Erfahrungen in Berlin werden große Feinkosthäuser vor allem in Halle, Leipzig, Dresden, Magdeburg und Erfurt eingerichtet.« Aufschlußreich ist eine Tabelle aus dem Jahre 1979 über den Anteil der Exquisit-Läden am Gesamtumsatz des Einzelhandels.

Tabelle 20: Relationskennziffer von Umsatz- und Verkaufsraumfläche Exquisit in Prozent

Bezirk	Anteil Warenfonds Exquisit am Warenfonds Textil/Bekleidung gesamt	Anteil an Verkaufsfläche Textil/Bekleidung
Berlin	18,88	7,89
Cottbus	4,47	2,38
Dresden	6,61	1,93
Erfurt	5,75	2,57
Frankfurt/O.	5,94	3,98
Gera	7,02	3,10
Halle	6,09	2,58
Karl-Marx-Stadt	4,82	1,04
Leipzig	8,82	2,22
Magdeburg	6,88	3,10
Neubrandenburg	3,64	3,36
Potsdam	5,23	2,56
Rostock	6,68	5,86
Schwerin	5,14	2,83
Suhl	4,72	3,93
DDR gesamt	7,46	2,73

Die Exquisit- und Delikat-Läden führten sowohl Importwaren aus dem Nichtsozialistischen Wirtschaftsgebiet (NSW) als auch DDR-Produkte zu deutlich überhöhten Preisen. Wirtschaftlich machte das durchaus Sinn, denn die Tatsache, daß ausreichend Kunden die Bereitschaft zeigten, sich trotz der unverschämten Beutelschneiderei gelegentlich eine Büchse Preiselbeeren oder ein Glas eingelegter Gewürzgurken zu leisten, bewies, daß objektiv ein Kaufkraftüberhang bestand. Psychologisch und politisch wirkte es allerdings destabilisierend, denn den Rentnern, die in den Westen reisen durften, entging es nicht, daß beispielsweise Ananas-Stückchen, die dort für eine D-Mark angeboten wurden, hier acht DDR-Mark kosteten, während die Führung gleichzeitig öffentlich behauptete, der von ihr verordnete Eins zu Eins-Umtauschkurs entspreche der realen Kaufkraft.

Die »Kaffeekrise«

Der Teufelskreis von steigenden Weltmarktpreisen, Mangelerscheinungen auf dem Binnenmarkt und wachsender Unzufriedenheit der Bevölkerung zeigte sich am deutlichsten in der »Kaffeekrise« des Jahres 1977[317]. Im Juni und Juli faßte das

Politbüro eine Reihe einschneidender Beschlüsse, die auch die Versorgung betrafen. Erstmals lag ihm am 28. Juni ein Entwurf »zur Produktion und der Versorgung mit Kaffee- und Kakaoerzeugnissen« vor, in dem es um die Reduzierung der Rohkaffeeimporte aus dem Devisenausland ging. Zwischen 1972 und 1975 mußte die DDR jährlich durchschnittlich 150 Millionen Valutamark aufbringen. Ende 1976 stiegen die Kaffeepreise auf dem Weltmarkt dramatisch an, so daß der Import von 53 307 Tonnen 1977 die Schmerzgrenze von 667,2 Millionen Valutamark überschritt. Der Außenhandelsspezialist Alexander Schalck-Golodkowski schlug dem zuständigen ZK-Sekretär Günter Mittag eine Radikalkur vor. »Alle bisher in der DDR produzierten und angebotenen Sorten Röstkaffee werden ab 1. 7. 1977 nicht mehr produziert«, erklärte die genannte Vorlage lapidar[318]. Das Angebot sollte nur noch aus einer Sorte auf dem Niveau von »Rondo« zu 120 Mark pro Kilo und ab 1. Juli aus einem Mischkaffee »aus 50 % Röstkaffee und 50 % Surrogaten« bestehen. »Auf eine Kontingentierung beim Verkauf von Röstkaffee im Einzelhandel ist zu verzichten, da eingeschätzt werden kann, daß durch die Erhöhung des Kaffeepreises um ca. 100 % ein Rückgang des Kaffeeverbrauches um ca. 25–30 % zu erwarten ist. Weiterhin ist damit zu rechnen, daß durch diese Maßnahmen eine Zunahme der Versorgung der DDR-Bevölkerung durch andere Quellen, wie z. B. durch grenzüberschreitenden Päckchen- und Paketverkehr und beim Abkauf im Intershop ... erfolgen wird ... In Betrieben, Verwaltungen, Institutionen usw. sowie für Repräsentationszwecke ist der Verbrauch von Kaffee generell zu untersagen.«[319]

Doch offenbar gingen die Pläne noch weiter. Politbüromitglied Albert Norden warnte in einem Schreiben an Honecker: »Es ist für mich einfach unvorstellbar, daß wir den Ausschank von Bohnenkaffee in den Gaststätten völlig einstellen wollen, zukünftig nur noch etwa 20 Prozent der jetzigen Menge an Bohnenkaffee angeboten werden soll. Noch dazu als Mischkaffee, bei dem – wie es in der Vorlage heißt – wir weder Erfahrung über die Produktion noch über den Geschmack und die Verbrauchsentwicklung haben ... Ich befürchte, die Durchführung der ... Maßnahme wird auf kein Verständnis stoßen, große Unzufriedenheit auslösen.«[320] Trotzdem kam es zu Präzisierungen, die Mittag und Lamberz dem im Urlaub weilenden Generalsekretär mitteilten. Ab 1. August sollten alle Behörden und Einrichtungen, die Armee, Betriebskantinen sowie Gaststätten der Preisstufe III und II nur noch einen neuen Mischkaffee anbieten, der aus 51 Prozent Röstkaffee, jeweils fünf Prozent Zichorie, getrockneten Zuckerrübenschnitzeln und Spelzanteilen sowie 34 Prozent Roggen/Gersten-Gemisch bestand. Der Einzelhandel sollte sich künftig vor allem auf die teureren Sorten »Mona«, »Rondo« und »Mokka-Fix Gold« beschränken und die anderen vom Markt nehmen[321]. Am 26. Juli beschloß das Politbüro die neue »Versorgungsrichtlinie für Kaffee«. Die Mixtur stieß jedoch auf einhellige Ablehnung. »Erichs Krönung«, wie sie der Volksmund in Anlehnung an einen durch das Westfernsehen populären Werbeslogan nannte, war nicht nur ungenießbar, sondern ruinierte vor allem die Kaffeemaschinen in Großküchen und Gaststätten. Unwillen machte sich breit. Seit Jahren hatte man nicht mehr so offen »gemeckert«. Eine Welle von Eingaben überschwemmte die Behörden, denn der Kaffee-Entzug zielte auf den Kern der Lebenskultur. Die Kaffeerunde bedeutete das zentrale Medium der spezifischen DDR-Gemütlichkeit oder – sozial präziser – der Büro-Kommunikation, vergleichbar dem gemeinsamen Bier und der Kneipenbesuche der

Brigade eines Produktionsbetriebs. Sie stellte jene für die DDR so identitätsstiftende Eintracht der kleinen Leute her. Die SED-Führung hatte dies alles unterschätzt und startete wenig erfolgreiche Versuche, die Mischung zu ändern. Es blieb ihr schließlich nichts anderes übrig, als eilig mit Äthiopien, Angola, den Philippinen, Brasilien, Kolumbien, Indien und Vietnam gegen Fertigprodukte Rohkaffee zu tauschen. 1978 entspannte sich die Situation auf dem Weltmarkt wieder, so daß erleichtert gemeldet werden konnte: »Im Ergebnis der eingeleiteten Maßnahmen, vielfältigen Initiativen und Anstrengungen aller beteiligten Organe, höherer Disziplin und besserer Wahrnehmung der Verantwortlichkeiten hat sich die Versorgung der Bevölkerung mit Kaffee normalisiert.«[322] In diesem Jahr importierte man mit einem Aufwand von 470 Millionen Valuta-Mark fast 500 000 Tonnen Rohkaffee, dessen Verkauf im Einzelhandel 3,3 Milliarden Mark erzielte. Damit nahm er wertmäßig eine der wichtigsten Positionen ein. Im Vergleich dazu betrug der Einzelhandelsumsatz bei Möbeln 3,7 Milliarden und bei Schuhen 1,8 Milliarden Mark.

Gestattungsproduktion

Für viel Unwillen sorgte auch die sogenannte Gestattungsproduktion, insbesondere der Firma »Salamander«, die unter ihrem eigenen Markenzeichen im Inland Schuhe produzierte. Westliche Unternehmen nutzten das niedrige Lohnniveau und die »heimliche Mitgliedschaft« der DDR in der Europäischen Gemeinschaft und stellten dafür einen Teil ihrer Waren für DDR-Währung auf dem Binnenmarkt zur Verfügung. Diese wurden dann zu hohen Preisen in den neugeschaffenen Ladenketten verkauft. Dadurch verstärkte sich die »Versorgungshierarchie« innerhalb der DDR. An erster Stelle stand stets die Hauptstadt Ost-Berlin. Es folgten das Messezentrum Leipzig, dann die anderen Bezirkshauptstädte mit einer gewissen Bevorzugung der »Grenzbezirke« Rostock, Schwerin, Magdeburg, Erfurt und Suhl sowie der Berliner Umlandbezirke Potsdam und Frankfurt/Oder. Schon in den Kreisstädten war die Versorgung deutlich schlechter, gänzlich trostlos sah es schließlich in den kleinen Städten und Gemeinden aus. Dieser Zustand machte ständige Einkaufsfahrten notwendig. Am Sonnabend stieg man ins Auto oder in die Eisenbahn, stellte sich in die Schlangen und kehrte schwer bepackt zurück. Pendler kauften nach Möglichkeit in Ost-Berlin ein und drängelten sich dann mit vollen Einkaufstaschen in die S-Bahn. Bekannte und Verwandte, die in der Hauptstadt oder in den Bezirksstädten arbeiteten oder studierten, erhielten den Auftrag, am Wochenende Papierwindeln, Honig, Waschmittel der Marke »Spee« und vieles andere mehr mitzubringen. Zum Ende der DDR wurde die Sortimentsliste immer länger. Ihren Höhepunkt erlebte die Bevorzugung Ost-Berlins 1987 mit der 750-Jahr-Feier.

Ein Versuch der Gegensteuerung bestand darin, den Export von Industriegütern, sogar zu ausgesprochenen Dumpingpreisen, zu verstärken. Als politisch brisant erwies sich diese wirtschaftlich vollkommen vernünftige Offensive angesichts der Notwendigkeit, dem Binnenmarkt wichtige Produkte zu entziehen und dadurch den Mangel weiter zu verschärfen. Ein internes Papier an Erich Honecker stellte dazu eindeutig fest: »Bekanntlich sind auch die Importpreise solcher für die Konsumgüterproduktion wichtigen Rohstoffe und Materialien stark gestiegen, darunter vor allem bei Holz, Baumwolle, Leder, Häuten, Spanplatten. Das zwingt uns, künftig in wachsendem Ausgleich dafür, zur Entlastung der Zahlungsbilanz, mehr Konsumgüter zu exportieren. Es wäre kein Ausweg, auf diese im Plan vorgesehenen Exporte zugunsten der inneren Versorgung zu verzichten.«[323] Es folgte eine Liste, die Auskunft gab über das Verhältnis zwischen Warenbereitstellung für die Bevölkerung und Exportvolumen. Danach betrug die Relation bei Haushaltsporzellan 170 zu 242 Millionen Stück und bei Spiegelreflexkameras 77 000 zu 293 000 Stück. In anderen Bereichen sah sie ausgewogener oder für den Bürger sogar positiv aus. Von Waschmaschinen der DDR-Produktion blieben 375 000 im Lande und nur 90 656 gingen in den Export.

3. Schuldenkrise

Die DDR stand 1989 kurz vor der Zahlungsunfähigkeit. Erst als die politische Katastrophe nicht mehr aufzuhalten war, folgte der Offenbarungseid. Am 24. Oktober 1989 gab der neugewählte Generalsekretär der SED, Egon Krenz, bei Gerhard Schürer eine Untersuchung in Auftrag, um dem Politbüro eine Woche später ein »ungeschminktes Bild« geben zu können. Die »Analyse der ökonomischen Lage der DDR mit Schlußfolgerungen« wurde zum Abgesang der einst so stolzen und selbstbewußten DDR-Wirtschaft[324]. »Allein ein Stoppen der Verschuldung würde im Jahr 1990 eine Senkung des Lebensstandards um 25 bis 30 % erfordern und die DDR unregierbar machen. Selbst wenn das der Bevölkerung zugemutet würde, ist das erforderliche exportfähige Endprodukt in dieser Größenordnung nicht aufzubringen.«[325] Die Autoren hatten weiter errechnet, daß man zur Aufrechterhaltung der Zahlungsfähigkeit für die Zeit zwischen 1990 und 1995 Exportüberschüsse von insgesamt 44 Milliarden Valuta-Mark erzielen müsse, und kamen zu dem niederschmetternden Ergebnis: »Für einen solchen Exportüberschuß bestehen unter den jetzigen Bedingungen keine realen Voraussetzungen.«[326] Unmittelbar vor seiner Flucht in den Westen, am 2. Dezember 1989, teilte Schalck-Golodkowski dem Vorsitzenden der Parteikontrollkommission, Werner Eberlein, in einer Art Abschiedsbrief mit, daß die Zahlungsunfähigkeit der DDR voraussichtlich Ende des Jahres oder Anfang 1990 eintreten werde[327]. Wie konnte es zu einem solchen Niedergang kommen? Auch hierauf gibt das bereits zitierte Papier eine eindeutige Antwort: »Es wurde mehr verbraucht, als aus eigener Produktion erwirtschaftet wurde zu Lasten der Verschuldung im NSW, die sich von 2 Milliarden VM 1979 auf 49 Milliarden 1989 erhöht hat. Das bedeutet, daß die Sozialpolitik seit dem VIII. Parteitag nicht in vollem Umfang auf eigenen Leistungen beruhte, sondern zu einer wachsenden Verschuldung im NSW führte.«[328] Es erstaunt, daß auch den westlichen Beobachtern die Dramatik der Situation entgangen ist. Maria Haendcke-Hoppe-Arndt schrieb dazu: »Die tatsächliche Verschuldung der DDR war für Fachleute die größte Überraschung nach der Wende. Hier war über Jahre ein großer Bluff gelungen.«[329]

Honeckers Wirtschaftsstrategie der frühen siebziger Jahre basierte auf dem einfachen Rezept, durch Kredite den Import moderner Technologie zu finanzieren. Deren Einsatz sollte dann eine Exportoffensive auf dem Weltmarkt und in der zweiten Hälfte des Jahrzehnts die Tilgung der Schulden ermöglichen. Am Ende des von 1976 bis 1980 reichenden Fünfjahrplans waren diese Vorstellungen restlos gescheitert. Die DDR mußte immer größere Mengen Fertigprodukte exportieren, um Futtergetreide und Konsumgüter aus dem Westen einführen zu können. Statt zu sinken, hatten sich die Devisenschulden verdoppelt. Zudem ging auch die Ölpreisexplosion seit 1973 nicht spurlos am RGW vorüber und führte zu Verbindlichkeiten bei der Sowjetunion. »Ende 1978 war der Schuldenberg schon so hoch, daß wir immer neue Kredite aufnehmen mußten, um die Zinsen bezahlen zu können«, bilanzierte Gerhard Schürer im Rückblick[330]. Wie die anderen sozialistischen Staaten hatte auch die DDR der Westhandel auf der Grundlage vorwiegend kreditfinanzierter Importe ausgeweitet. Die Deckungsquote bewegte sich dabei – ohne Berücksichtigung der Bundesrepublik Deutschland – zwischen 0,96 (1974) und 0,68 (1979). Allein im Zeitraum 1975 bis 1981 belief sich das kumulierte Handelsbilanzdefizit gegenüber den OECD-Staaten (ohne BRD) auf 4,1 Milliarden DM bei einem jährlichen Westexporterlös (ohne BRD) in Höhe von 3,1 Milliarden DM. Die statistisch nachgewiesene Nettodevisenverschuldung stieg von 4,5 Milliarden DM 1971 auf 26,0 Milliarden DM im Jahre 1981. Ihr stand 1981 nur ein Westexporterlös (einschließlich innerdeutscher Handel) von elf Milliarden DM gegenüber. Die DDR hat die in frei konvertierbarer Währung aufgenommenen Kredite nur teilweise zur Finanzierung von industriellen Investitionen und damit zum Aufbau einer exportorientierten Industrie verwendet. Hinzu kamen Importe vor allem von Getreide und Futtermitteln, um die Lücken des eigenen Anbaus auszugleichen und ihre negativen Auswirkungen auf die Tierhaltung zu begrenzen. Allein 1980 belief sich ihr Wert auf 15 bis 20 Prozent der gesamten Westexporterlöse.

Schon 1982 war die DDR gezwungen, zur Begleichung der Altschulden neue Kredite aufzunehmen, zu einem Zeitpunkt, an dem aufgrund der restriktiven amerikanischen Geldpolitik die Zinsen auf dem internationalen Geldmarkt sprunghaft anstiegen. Sie erreichten Rekordmarken von 20 Prozent und führten dazu, daß die DDR keine Liquidität mehr besaß. Die westlichen Banken reagierten, aufgeschreckt durch die Zahlungsunfähigkeit Polens und Rumäniens mit einem Kreditstopp. Obwohl das eine wachsende Abhängigkeit vom »imperialistischen Hauptfeind« bedeutete, wandte sich die DDR in dieser Situation hilfesuchend an die Bundesrepublik, gegenüber deren Banken sich die Verschuldung etwas günstiger darstellte. Am Zustandekommen des ersten, völlig überraschenden Milliardenkredits im Jahre 1983 waren Alexander Schalck-Golodkowski und auf westdeutscher Seite Franz Josef Strauß und Josef März maßgeblich beteiligt. Die Verhandlungen selbst führten wie üblich die beteiligten Banken. Dieser und ein weiterer 1984 gewährter Kredit beliefen sich auf insgesamt 1,95 Milliarden DM und erlangten ihre Bedeutung nicht nur wegen ihres Umfangs, sondern auch im Hinblick auf die Wiederherstellung der internationalen Reputation der DDR. Die Bundesregierung versah beide mit einer Garantie, die sie dazu verpflichtete, bei Zinsverzug sofort die fälligen Jahresraten zu übernehmen. Im Gegenzug verpfändete die DDR als Sicherheit ihren vertraglichen Anspruch auf Zahlung der Transitpauschale.

In dem auf Euromittel zurückgreifenden Konsortium waren Landesbanken unter Führung der Bayerischen Landesbank und Geschäftsbanken mit der Deutschen Bank an der Spitze vertreten. Die Verzinsung lag um einen Prozentpunkt über der marktüblichen Luxemburger Rate. Die Laufzeit betrug jeweils fünf Jahre, wobei pro Halbjahr ein Zehntel der Kreditsumme fällig wurde. Vor dem Hintergrund der nahenden Insolvenz konnte man diese Konditionen als sehr günstig bezeichnen. Die Gelder wurden nicht unmittelbar zum Kauf von Waren verwendet, sondern auf westliche Konten überwiesen, um die Bonität der DDR zu stützen. Dennoch bedeutete dieser Erfolg nur eine Galgenfrist. Der XI. und letzte Parteitag der SED im April 1986 forderte, alle Kräfte darauf zu konzentrieren, die »ökonomische Unangreifbarkeit der DDR weiter zu festigen«, doch längst hatte sich eine Lawine gelöst, die alle Maßnahmen der Führung zunichte machte. Durch den neuerlichen Zusammenbruch der Erdölpreise seit der Jahreswende 1985/86 büßte die DDR allein 1986 rund 1,5 Milliarden US-Dollar an Devisenerlösen ein. Nun folgte sie nur noch dem Grundsatz »Liquidität geht vor Rentabilität« und ließ Alexander Schalck-Golodkowski Potjomkinsche Dörfer in die finanzpolitische Landschaft zaubern.

4. Das »Koko-Imperium«

Die Verantwortlichen für den Zusammenbruch des DDR-Sozialismus waren gleichzeitig diejenigen, die ihn am besten überstanden. Als Symbol kann Dr. Alexander Schalck-Golodkowski dienen, ein schwergewichtiger Mann mit listig funkelnden Schweinsäuglein und vulgärem Berliner Jargon, dem die Rolle des bösen Buben im gesamtdeutschen Gaunerstück geradezu auf den Leib geschnitten schien. Der Finanzjongleur und Stasi-Mann fungierte als Verwalter jenes Schattenreiches, das seit Dezember 1989 als »Bereich Kommerzielle Koordinierung« unter der gängigen Abkürzung »Koko« unselige Berühmtheit erlangt hat. Dieses Imperium auf das reale Maß zu reduzieren, fällt angesichts der systematischen Vernebelungstaktik auf der einen und seiner Dämonisierung auf der anderen Seite nicht ganz leicht. Es wurde 1966 als Teil des Ministeriums für Außenhandel der DDR mit der Aufgabe gebildet, »außerhalb des Staatsplanes« eine »maximale Erwirtschaftung ausländischer Valuten« zu erreichen[331]. Der zunächst noch kleine Sektor entwickelte sich unter der Leitung von Schalck-Golodkowski in den siebziger und achtziger Jahren zu einem eng mit dem MfS verflochtenen Unternehmenskomplex, der eine wirtschaftliche, rechtliche und politische Sonderstellung einnahm. Ende 1976 löste man ihn aus dem Ministerium für Außenhandel heraus und unterstellte ihn unter Beibehaltung der offiziellen Bezeichnung als selbständigen Dienstbereich unmittelbar dem Sekretär des Zentralkomitees für Wirtschaftsfragen, Günter Mittag. Dadurch hatte sein Leiter direkten Zugang zu Erich Honecker und nahm eine Schlüsselfunktion in den innerdeutschen Verhandlungen ein. Aus seiner Doppelrolle als hauptamtlicher Devisenbeschaffer und vertrauensvoller Gesprächspartner beider Seiten ergab sich eine erhebliche persönliche Machtstellung. Der Untersuchungsbericht des Deutschen Bundestages formulierte das so: »Bemerkenswert ist in diesem Zusammenhang, wie konsequent Dr. Schalck-Golodkowski den Bereich Kommerzielle Koordinierung gegen jegliche Kontrolle und Einflußnahme von außen abschottete und gleichzeitig seine eigene Machtfülle ausbaute.«[332]

Seit 1983 befand sich Schalck-Golodkowski sowohl persönlich als auch dienstlich in einem direkten Unterstellungsverhältnis zum Minister für Staatssicherheit, Erich Mielke. Er war seit 1960 als IM registriert und ab 1966 Offizier im besonderen Einsatz (OibE), eine Funktion, die der Überwachung zentraler Aufgaben in Wirtschaft, Verwaltung, Wissenschaft und Medien diente. Auch andere führende Mitarbeiter betätigten sich als OibEs oder IMs. Sie übernahmen neben ihrer finanzwirtschaftlichen Tätigkeit auch Aufträge der Auslandsspionage. So ergab sich eine hochgradige Verflechtung zwischen MfS und Koko-Imperium. Laut erwähntem Untersuchungsbericht existierte eine mindestens einmal täglich benutzte direkt geschaltete Telefonleitung zwischen beiden Häusern, und Mielke genehmigte sogar die Urlaubsreisen Schalck-Golodkowskis und stellte ihm Privatflugzeuge und Ferienhäuser zur Verfügung. Besonders eng gestaltete sich die Zusammenarbeit mit dem Sektor Wissenschaft und Technik (SWT) der Hauptverwaltung Aufklärung (HVA), hinter dem sich die intensive Industrie- und Wirtschaftsspionage der DDR verbarg. Dabei ging es unter anderem um die Umgehung der westlichen Embargobestimmungen für Erzeugnisse der Hochtechnologie. Mittels teilweise im westlichen Ausland angesiedelter Tarnfirmen wurden die vom MfS benötigte Technologie (Funkaufklärung, Überwachung, Computer) besorgt und »fälschungssichere« Ausweise der Bundesrepublik mit Tiefdruckmaschinen produziert.

Eine weitere Aufgabe des Bereichs Koko bestand in der Versorgung des Objekts »Waldsiedlung« in Wandlitz mit westlichen Konsumgütern. Die nötigen Devisen stellte er dem dafür zuständigen Unternehmen »Letex« zur Verfügung. Es handelte sich zunächst nur um bescheiden anmutende Beträge von jährlich ein bis zwei Millionen DM, aber seit Mitte der achtziger Jahre stiegen sie auf mehr als sechs Millionen und erreichten für den Zeitraum von 1980 bis 1989 insgesamt rund 62,8 Millionen DM. Auch Sonderwünsche der Politbüromitglieder wie Jagdwaffen und Zielfernrohre erfüllte Schalck-Golodkowskis Abteilung und beging damit einige der wenigen nachweisbaren »Straftaten« im Sinne des Einigungsvertrags, da sie für ganz Deutschland geltende alliierte Bestimmungen verletzten.

Kunst- und Antikhandel

Eine besonders dubiose Rolle spielte die zum Bereich Koko gehörende »Kunst und Antiquitäten GmbH«, indem sie in enger Zusammenarbeit mit dem MfS, der Zollverwaltung und der Staatsanwaltschaft jahrelang die planmäßige Enteignung von Kunst- und Antiquitätenbesitzern betrieb und konfiszierte Sammlungen und Einzelstücke in den Westen verkaufte. Ihr Ziel war nicht allein die Erwirtschaftung von Devisen, sondern auch die ideologisch begründete Liquidierung des Privateigentums und damit bürgerlicher Relikte in der DDR. Der 1982 gebildeten Abteilung VII/13 des MfS oblag es, einschlägige Informationen zu beschaffen, dann gegen die betroffenen Personen Steuer- und andere Strafverfahren einzuleiten, um schließlich dem Bereich Koko den Zugriff auf die Objekte zu ermöglichen. Unter den von ihr eingesetzten IMs befanden sich auch Mitarbeiter der »Kunst- und Antiquitäten GmbH« und des Antikhandels Pirna, die sich als Aufkäufer das Vertrauen der Sammler erschlichen, um sie dann wegen angeblicher oder tatsächlicher Vergehen anzuzeigen. Das weitere Verfahren kann gut ein konkretes Beispiel illustrieren: 1996 rehabilitierte das Brandenburgische Oberlandesgericht den inzwischen 74 Jahre alten Kunstsammler, Restaurator und ehrenamtlichen Kreisdenkmalpfleger Werner Schwarz aus Rathenow in allen Punkten, für die ihn einst DDR-Gerichte verurteilt hatten, um seine Sammlungen beschlagnahmen zu können[333]. Nach den ihm vorliegenden Informationen hatte die Volkspolizei bereits im November 1979 die Ermittlungen aufgenommen und die Devise ausgegeben: »Es wird angestrebt, dem S. strafbare Handlungen nachzuweisen«. Am 8. Dezember 1981 wurde Schwarz wegen des Verdachts der Steuerhinterziehung verhaftet. Eine Woche später ließ das Finanzamt Rathenow die auf zwei Millionen Mark geschätzten Sammlungen zur Sicherung einer Steuerforderung in derselben Höhe beschlagnahmen und in die Lagerräume der »Kunst- und Antiquitäten GmbH« bringen. Im März 1982 setzte man die Steuernachforderung auf 1,9 Millionen Mark mit der Begründung fest, für das vom Beschuldigten eingeleitete Beschwerdeverfahren habe man eine Gebühr von etwa 100 000 Mark einbehalten, und machte damit den Weg zur Verwertung der Objekte frei. Anschließend verurteilte das Bezirksgericht Potsdam in einem Steuerverfahren Schwarz zu einer Freiheitsstrafe von fünf Jahren und sechs Monaten sowie zu einer weiteren Geldbuße von 100 000 Mark und konfiszierte zu ihrer Vollstrekkung das verbliebene Hausgrundstück. Nach drei Jahren kaufte die Bundesregierung ihn frei, so daß sich die DDR noch einmal an dem vollkommen Mittellosen bereichern konnte.

Auch bei normalen Ausreisen besaß der legalisierte Kunstraub eine wichtige Funktion. Die Antragsteller mußten Listen mit allen Büchern, Kunstgegenständen und Antiquitäten einreichen, auf deren Grundlage die Prüfer des MfS selbst geringfügige Werte als »nationales Kulturerbe« klassifizierten und enteigneten. Schon im Vorfeld deklarierte wertvolle Gegenstände konnten andererseits auch zur Beschleunigung des Verfahrens führen, da sie weitere Nachforschungen unnötig machten und den sofortigen Zugriff erlaubten. Die Praktiken der DDR erinnerten viele Zeitgenossen an die des nationalsozialistischen Systems gegenüber zur Emigration bereiten Juden in der Zeit bis 1939.

Waffenhandel

Im Jahre 1981 verfügten Erich Honecker und der ZK-Sekretär für Wirtschaft, Günter Mittag, die Gründung der IMES-Export GmbH, um mit ihr das Devisenaufkommen im Bereich des Handels mit Waffen und Kriegsgerät zu erhöhen. In Kavelstorf, in der Nähe des Rostocker Hafens, wurde ein Zwischenlager eingerichtet, in dem sich Waffen, Munition, Sprengmittel und andere Rüstungsgüter aus heimischer und ausländischer Produktion sowie ausgemusterte Bestände der NVA, des MfS und des MdI befanden. Sie sollten in das Nichtsozialistische Wirtschaftsgebiet und den internationalen Waffenhandel gehen. Das als Betriebsschutz ausgewiesene Wachpersonal bestand aus MfS-Angehörigen, und auch die Rechtsträgerschaft lag seit 1986 bei der Staatssicherheit. Auf der Kundenliste standen vor allem Staaten und Organisationen aus der Dritten Welt. Bei der Lieferung an terroristische Vereinigungen nutzte die HVA ihre geheimdienstlichen Verbindungen für kommerzielle Zwecke. Politische

Erwägungen spielten bei allen Geschäften offenbar eine untergeordnete Rolle. Während des irakisch-iranischen Konflikts beispielsweise erhielten beide Seiten Kriegsmaterial. Die DDR fungierte auch als Zwischenhändler im Auftrag von Rüstungsbeschränkungen unterworfenen Ländern. So kaufte sie über eine finnische Tarnfirma schwedischen Sprengstoff, deklarierte ihn gegenüber dem schwedischen Zoll als Jagdmunition, Bolzenschuß- und Viehbetäubungskartuschen, transportierte ihn dann auf dem Seeweg direkt in die DDR und leitete ihn schließlich an den Iran weiter. Diese Praxis blieb Stockholm nicht gänzlich verborgen, und nachdem ein kleiner Teil der Lieferung beschlagnahmt worden war, protestierte Ost-Berlin offiziell und versicherte erneut, die Treibsätze seien für zivile Zwecke bestimmt. Währenddessen besorgte man die fehlenden Mengen in Belgien. Aufgrund ihrer Aktivitäten arbeitete die IMES-Export GmbH eng mit der NVA zusammen, insbesondere mit dem Stellvertreter des Ministers und Chef Technik und Bewaffnung, dem sie Rüstungsgüter sowohl für den Eigenbedarf als auch zum Weiterverkauf beschaffte.

Müllimporte

Die Lagerung von Müll aus der Bundesrepublik auf Deponien der DDR gegen Devisen wurde erstmalig langfristig 1975 vereinbart. Es ging um die Abnahme von Abfall aus West-Berlin und seine Lagerung im Bezirk Potsdam. Die entsprechende Regelung trat am 1. Januar 1975 in Kraft und hatte eine Laufzeit von 20 Jahren. Als Vertragspartner fungierten die von der DDR beauftragte Bergbau-Handel GmbH und das mehrheitlich in Senatsbesitz befindliche Unternehmen Berlin-Consult GmbH. Die Deponien sollten zwischen 1975 und 1984 insgesamt 18 Millionen Kubikmeter Bodenaushub, 33 Millionen Kubikmeter Bauschutt und 35 Millionen Tonnen Siedlungsabfälle (Hausmüll, Sonderabfälle der Industrie und Schadstoffe aller Art) aufnehmen. West-Berlin konnte die vereinbarte Menge nicht liefern und leistete Ausgleichszahlungen von mehreren 100 Millionen DM. Deshalb trat 1985 eine drastisch reduzierte Vereinbarung in Kraft. Für die DDR übernahm jetzt die zum Koko-Bereich gehörende Firma Intrac den Vertragspart. Nachdem das Politbüro die ausbaufähigen kommerziellen Möglichkeiten des Müllimports aus der BRD erkannt hatte, stimmte es am 30. Januar 1979 der Errichtung einer Großdeponie für Abfall aus dem Raum Hamburg/Lübeck zu, die nahe des Städtchens Schönberg an der innerdeutschen Grenze liegen sollte. Für diesen Zweck mußten die Übergangsstelle erweitert und die Zufahrtsstraßen ausgebaut werden. Schon im Juli desselben Jahres fand der erste Transport von Müllflugasche, Salzen und Schlacke von Hamburg nach Schönberg statt. Die offizielle Inbetriebnahme erfolgte 1981. Für die 1993 in verschiedenen Medien aufgestellte Behauptung, daß 1982 41 Fässer des in Seveso ausgetretenen hochtoxischen Dioxins dorthin gelangt seien, fand die Untersuchungskommission des Bundestages keinen Beweis. Gleichwohl räumte sie ein, daß die Bundesrepublik Giftstoffe in der DDR entsorgt habe[334]. Von 1975 bis 1989 verdiente Ost-Berlin am Müllgeschäft insgesamt 1,2 Milliarden DM und investierte davon nach Angaben des Bonner Umweltministeriums 40 Millionen in den Umweltschutz.

Umgehungsgeschäfte

Schalck-Golodkowski hat vor dem Untersuchungsausschuß des Bundestages eingeräumt, daß im Außenhandel der DDR sogenannte Dreiecks- oder Umgehungsgeschäfte allgemein üblich waren[335]. Ihr denkbar einfaches Grundprinzip bestand darin, im Rahmen des innerdeutschen Handels umdeklarierte Waren ausländischen Ursprungs aus der DDR in die Bundesrepublik zu liefern, Zölle und Einfuhrumsatzsteuern zu hinterziehen und zusätzlich, teilweise illegal eine Umsatzsteuerrückvergütung in Anspruch zu nehmen. Bevorzugt verwendete die DDR für diese Transaktionen fernöstliche Textilien, deren Einfuhr in die Europäische Gemeinschaft in Verbindung mit bestimmten Abnahmegarantien quotiert war. Die Billighersteller wie Taiwan, China und die Philippinen verfügten jedoch über beträchtliche Überkapazitäten, die auf die europäischen Importeure einen beträchtlichen Reiz ausübten, da ihr Preis noch einmal rund ein Drittel unter dem normalen lag. Hier trat nun die DDR als Zwischenhändler auf, deklarierte die Kleidung unter Ausnutzung ihrer »heimlichen Mitgliedschaft« in der EG als einheimische Produktion und verkaufte sie in der BRD. Die in diesem Geschäft aktiven Firmen gehörten wenigstens teilweise zum »Bereich Kommerzielle Koordinierung«. Seit Dezember 1977 brachten Lastkraftwagen der Spedition Deutrans mehrere hunderttausend koreanische Hemden von Rotterdam und Hamburg über die DDR in die Bundesrepublik, um sie dort zu Dumpingpreisen abzusetzten. Damit hatte Ost-Berlin den Bogen überspannt. Im April 1978 wurden 175 000 Hemden beschlagnahmt, die Sache gelangte an die Öffentlichkeit und erregte auch in der DDR beträchtlichen Unwillen. Seit Anfang der achtziger Jahre agierte die DDR auf dem Gebiet des Zollbetruges deshalb zurückhaltender, wobei sie allerdings den Zigarettenschmuggel nach dem beschriebenen Grundmuster offenbar noch bis einschließlich 1983 betrieb.

Verkauf von Blutprodukten

Gegen Ende der achtziger Jahre begann der »Bereich Kommerzielle Koordinierung« mit dem Verkauf von Blutkonserven aus der DDR und bediente sich dabei der Berliner Import-Export-Gesellschaft mbH (BIEG). Diese schloß in den Jahren 1987 und 1988 Verträge mit dem Unternehmen Humedia aus Bayern über die Lieferung von Blutplasma in die BRD und den Ankauf von sogenannten Waschgeräten zur Blutbearbeitung. Für die Etikettierung der Blutprodukte trafen sie eine besondere Vereinbarung, die offensichtlich ihre Herkunft verschleiern sollte. Darüber hinaus sah man vor, die Geschäftsaktivitäten auf diesem Gebiet auszuweiten und zu ihrer Realisierung moderne Technologien zur Aufbereitung der Blutspenden zu beziehen. Die Voraussetzungen für die Blutgewinnung waren in der DDR insofern günstig, als staatliche Kampagnen in Betrieben und öffentlichen Einrichtungen zu unentgeltlichen Blutspenden aufriefen und sie teils als humanitäre Pflicht, teils als Akt der internationalen Solidarität deklarierten. Letztere veranlaßte so manchen DDR-Bürger, sich neben der monatlichen »Solispende« von einem Prozent des

Gehalts zu regelmäßigen Blutspenden zu verpflichten, um den Kampf der Völker gegen den Imperialismus zu unterstützen. Ab Februar 1988 begannen die Lieferungen mit wöchentlich 200 Beuteln zu jeweils 250 Milliliter, wobei ein Beutel 61 DM kostete. Die »Blutgeschäfte« gelangten bereits im selben Jahr an die Öffentlichkeit, führten zum Selbstmord des Geschäftsführers der Humedia und wurden trotzdem bis 1990 fortgesetzt.

Finanzierung der DKP

Die Geschäfte des Koko-Imperiums hatten teilweise aber auch eine rein politische Stoßrichtung. Dies traf insbesondere auf die finanzielle Unterstützung der Deutschen Kommunistischen Partei (DKP) und der Sozialistischen Einheitspartei Westberlins (SEW) zu, die in einem Maße an der Leine Ost-Berlins hingen, wie es vor 1989 selbst die kritischsten Beobachter nicht auszusprechen gewagt hätten. Da die DDR auf dem Gebiet der Bundesrepublik offiziell keine wirtschaftlichen Aktivitäten entfalten durfte, unterhielt sie ein umfangreiches Netz von Tarnfirmen unter DKP-Regie, deren Steuerung der ZK-Abteilung für Verkehr oblag. Es handelte sich dabei um Wirtschaftsunternehmen wie Speditionen, Reiseagenturen und Handelsfirmen für Presseerzeugnisse und Verlage, die von den Vorzugsbedingungen des Ost-West-Geschäfts profitierten. Sie sollten im wesentlichen Devisen für die DDR erwirtschaften, aber auch DKP-Mitgliedern Verdienstmöglichkeiten bereitstellen. Letztere beruhten zum Teil auf Scheinarbeitsverhältnissen mit tatsächlich weitgehend oder ausschließlich als Funktionäre der Partei tätigen Personen. Das Bundesamt für Verfassungsschutz wies 1982 insgesamt 50 derartiger Beschäftigungen nach[336]. Als illustratives Beispiel für diese Geschäftspraktiken kann die Plambeck & Co, Druck- und Verlagserzeugnisse GmbH, Neuss, dienen. Sie stellte die kommunistische Tageszeitung »Unsere Zeit« (UZ) her, deren Aufgabe darin bestand, die BRD-Bevölkerung zu beeinflussen, und die nur Verluste einfuhr. Die Defizite wurden allerdings durch innerbetriebliche Quersubventionierungen, insbesondere durch den Druck von Hochglanz-Messemagazinen mit lukrativen Anzeigen westlicher Firmen für die DDR ausgeglichen. Da sich die annoncierenden Unternehmen Startvorteile bei Vertragsverhandlungen mit der DDR versprachen, waren sie sogar bereit, die überzogenen Geldforderungen der Plambeck GmbH zu erfüllen.

Menschenhandel

Zwischen 1964 und 1989 kaufte die Bundesregierung insgesamt 33 755 politische Häftlinge frei und bezahlte dafür die gigantische Summe von 3 436 900 755,13 DM[337]. Der Menschenhandel bedeutete einen der lukrativsten Posten in der Bilanz des SED-Staates und gleichzeitig eine Art politischer Giftmüllentsorgung[338]. Jeder politische Häftling war im Falle seiner Entlassung in die DDR ein potentieller Unruhefaktor. Im Westen dagegen wollte kaum jemand seine Geschichten hören, und schnell drohte er in die Rolle des unverbesserlichen Kalten Kriegers zu geraten.

Zudem konnte man ihn moralisch diskreditieren und sozusagen als Heuchler entlarven, als angeblichen »Freiheitshelden«, dem es im Grund nur um das westliche Wohlleben ging. Auf der anderen Seite stellte der allzu großzügige Häftlingsverkauf für die SED-Führung auch ein Risiko dar. Die Aussicht, nach ein oder zwei »Knastjahren« in die Bundesrepublik zu kommen, senkte die Hemmschwelle für aufsässiges Verhalten. Es kursierten sogar Geschichten über Personen, die sich an der Grenze festnehmen ließen, um über diesen »Umweg« ausreisen zu können. Ebenso kolportierte man, daß die Strafverfolgungsbehörden sich zunehmend unwilliger zeigten, als Zulieferbetrieb für den DDR-Außenhandel zu fungieren. In den Akten finden sich solche Bedenken freilich nicht. Ein derartig schamloser Handel mit Landeskindern steht in der Geschichte fast einmalig da. Er läßt sich lediglich mit dem Soldatenverkauf im 18. Jahrhundert vergleichen, der bereits unter den Zeitgenossen Widerwillen hervorgerufen hatte. Insgesamt hat sich die DDR durch diese Praxis selbst als inhumanes, zynisches und verbrecherisches System entlarvt.

5. Die ökologische Krise als »Geheime Verschlußsache«

Offiziell gab es in der DDR kein Waldsterben, keine Luftverschmutzung, keinen Atommüll. In der Kitschpostkarten-Welt des real existierenden Sozialismus waren die Wiesen grün, der Himmel blau, und die Quellen sprudelten so kristallklar wie in einem Heimatfilm der fünfziger Jahre. Selbst nach der Katastrophe von Tschernobyl im April 1986 bagatellisierten die DDR-Medien die Gefahren und bezeichneten westliche Meldungen als Störmanöver gegen die sowjetische Friedenspolitik. »Wir sind ein sauberer Staat«, hatte Erich Honecker schon 1965 in übertragenem Sinne angemerkt. Die Aussage ließ sich aber auch ganz wörtlich verstehen. Die Natur mußte so intakt, so rein und so harmonisch zu sein wie die Familie, die Arbeitswelt oder die zwischenmenschlichen Beziehungen. Die Wirklichkeit freilich sah ganz anders aus, denn die Versuchung, ökonomische Gewinne auf Kosten der Umwelt zu erzielen, ist überall dort übermächtig, wo vielleicht sogar vorhandene strenge Gesetze ohne Kontrolle einer kritischen Öffentlichkeit bleiben. Da die SED ökonomische und politische Macht in sich vereinigte, konnte sie jeden Hinweis auf Umweltsünden als »staatsfeindlich« einstufen und unabhängige Ökologie-Gruppen kriminalisieren und mundtot machen. Umweltdaten behandelte sie als Staatsgeheimnis und schönte offizielle Statistiken. Das fehlende oder unterdrückte Problembewußtsein hatte verheerende Folgen.Vermeintlich ökonomische Sachzwänge, eine aus dem 19. Jahrhundert stammende ungebrochen fortschrittsgläubige Weltsicht und der allgemeine Hang, alle negativen Aspekte unter den Teppich zu kehren, führten schließlich zu einem beispiellosen Raubbau an den natürlichen Ressourcen[339]. Obwohl der Bedarf an Umweltschutzmaßnahmen wegen der jahrzehntelangen Vernachlässigung des Infrastrukturbereichs ständig zunahm, verhinderte die Mißwirtschaft die Bereitstellung der zur Sanierung erforderlichen Mittel. So prägte eine extrem hohe Belastung der Luft, der Gewässer und des Bodens mit Schadstoffen die Umweltbedingungen in der DDR.

Luftverschmutzung

Die in der gesamten sozialistischen Ökonomie als Steuerungsinstrument fehlenden Marktpreise machten sich ganz besonders im Energiebereich, der die einheimischen und importierten Ressourcen völlig ineffizient nutzte, negativ bemerkbar. Dies galt nicht nur für die industriellen Produktionsanlagen, sondern auch im öffentlichen und privaten Wohnumfeld, wo aufgrund kaum vorhandener Regelungsmechanismen und Wärmedämmvorrichtungen ein erheblicher Energieanteil wirkungslos verpuffte und die Verbraucher keine Abhilfe forderten, weil sie die Energie fast zum Nulltarif erhielten. Die zur Deckung des weit überhöhten Energiebedarfs fast ausschließlich verwendete stark schwefelhaltige Rohbraunkohle war in hohem Maße für die Luftverschmutzung verantwortlich. Absolut betrachtet wurden jährlich 329 Millionen Tonnen Braunkohle mit einem Schwefelgehalt von drei bis vier Prozent verfeuert. Das völlige Fehlen entsprechender Filtereinrichtungen führte, bezogen auf alle Energieträger, zum Ausstoß von etwa fünf Millionen Tonnen Schwefeldioxid und 2,2 Millionen Tonnen Staub pro Jahr. Die drei- bis viermal so große Bundesrepublik schleuderte im Vergleich dazu von ersterem lediglich ein Fünftel in die Luft. Damit lag die DDR weltweit an der Spitze der Pro-Kopf-Belastung. Auch bezüglich der Kohlendioxid-Emissionen spielte sie eine führende Rolle. Hier war die Belastung insgesamt doppelt so hoch wie in der Bundesrepublik, bezogen auf eine Einheit Bruttoinlandsprodukt betrug sie sogar das Dreieinhalbfache. Von ihren 16,4 Millionen Einwohnern lebten 1989 etwa sechs Millionen in Gebieten mit Schwefeldioxid-Emissionen oberhalb der zulässigen Grenzwerte und rund 4,3 Millionen in solchen mit entsprechenden Staubniederschlägen.

Wasser und Abwasser

Bei der Abwasserentsorgung stellte sich die Lage ähnlich katastrophal dar. Nur drei Prozent der Wasserläufe und ein Prozent der stehenden Gewässer waren ökologisch noch vollkommen intakt. Selbst mit aufwendigster Technologie konnte man 42 Prozent der ersteren und 24 Prozent der letzteren für die Trinkwassergewinnung nicht mehr nutzen. In weiten Bereichen erfüllten beide nicht einmal mehr die Qualitätsanforderungen für Brauch- und Bewässerungswasser. Die Hauptursache dafür lag in den Direkteinleitungen, die meistens ohne jegliche Reinigung erfolgten, oder in der mangelnden Leistungsfähigkeit der wenigen vorhandenen Kläranlagen. Das galt in besonderem Maße für die Industriegebiete. Von den an über 800 000 Standorten pro Jahr anfallenden vier Milliarden Kubikmetern Industrieabwässer wurden etwa 95 Prozent überhaupt nicht oder nur unzureichend behandelt. Diese Abwässer gelangten über die Flüsse ins Meer, hauptsächlich in die Ostsee. Über die Elbe hatte die DDR aber auch einen erheblichen Anteil an der Verschmutzung der Nordsee. Bezüglich der Wohnbevölkerung sah die Situation kaum besser aus. Im Vergleich zur Bundesrepublik mit 90 Prozent waren in der DDR 1990 nur 36 Prozent der Bevölkerung an biologische Kläranlagen angeschlossen, wobei man berücksichtigen muß, daß ein Teil von ihnen überhaupt nicht funktionierte. Im Hinblick auf den Zugang zur Kanalisation betrug das Verhältnis im selben Jahr 92 zu 77 Prozent. Von den vorhandenen 36 000 Kilometern öffentlicher Abwasserkanäle wiesen 60 bis 70 Prozent bauliche Schäden auf; etwa 800 Kilometer waren in hohem Maße funktionsgefährdet und dringend sanierungsbedürftig. Auch die Grundwasserbeschaffenheit hatte sich insbesondere in industriellen Ballungsräumen und in Gebieten mit intensiver Landwirtschaft, gekennzeichnet durch hohe Nitratbelastung vor allem in Sachsen und Thüringen, ständig verschlechtert.

Bergbau

Die DDR nahm während ihres vierzigjährigen Bestehens rund 120 000 Hektar für den Braunkohlenabbau in Anspruch und rekultivierte davon lediglich 50 Prozent, zum Teil mit erheblichen ökologischen Mängeln. Die andere Hälfte blieb teilweise als eine Art Mondlandschaft ohne jegliche Vegetation zurück. Insbesondere der Wasserhaushalt der Flußeinzugsgebiete von Spree, Schwarzer Elster und Neiße im Lausitzer Revier sowie von Mulde, Weißer Elster, Pleiße, Saale und Bode im Mitteldeutschen Revier bleibt noch immer durch den über Jahrzehnte hinweg ohne Rücksicht auf die Umwelt durchgeführten Tagebau nachhaltig gestört. In Sachsen, Sachsen-Anhalt und Thüringen wurden bereits seit dem frühen Mittelalter Erz- und Mineralstoffbergbau mit teilweise hoher lokaler Intensität betrieben. Dabei gelangten große Mengen von Bergbauabraum mit überdurchschnittlichem Gehalt an natürlichen Radionukliden und Schwermetallen in die Biosphäre. Eine selbst in diesem toxischen Umfeld einzigartige Stellung nahm der seit 1946 erheblich ausgeweitete und erst Ende 1990 aufgegebene Uranbergbau in Wismut ein.

Abfallentsorgung

Von den rund 11 000 Standorten für Hausmüllablagerungen besaßen nur 120 den Status einer geordneten Deponie, weitere 1 000 galten als kontrollierte Ablagerungen, und die restlichen wurden als wilde Müllkippen ohne Beachtung der vorgeschriebenen Standards betrieben. Die Versäumnisse bei der umweltgerechten Entsorgung von Haus-, Gewerbe- und Industriemüll sowie der fahrlässige Umgang mit umweltgefährdenden Stoffen verursachten eine Vielzahl gravierender Boden- und Grundwasserkontaminationen. Diese Situation verschärfte sich noch dadurch, daß eine große Menge ehemaliger Braunkohlentagebaue und Kalibergwerke, die sich aus geologischer Sicht kaum zur Abfallablagerung eigneten, ohne jede Sicherungsmaßnahme als Endlagerstätten genutzt wurden. Sehr oft kamen die abgelagerten Stoffe bereits unmittelbar mit dem Grundwasser in Berührung. Auf dem gesamten Gebiet der ehemaligen DDR registrierte man nach 1990 etwa 70 000 Altlastenverdachtsflächen. Allein in der Region Halle/Leipzig ergaben die Ermittlungen, daß von 5 048 solcher Flächen 553 ein hohes, 2 299 ein mittleres und 1 637 ein niedriges Gefährdungspotential aufwiesen.

Kapitel III: Alltag in der DDR

1. »Sie werden plaziert!« oder Die heimliche Herrschaft der Verwalter des Mangels

Der marxistisch-leninistischen Theorie zufolge herrschte im Sozialismus die Arbeiterklasse im Bündnis mit den Genossenschaftsbauern und den anderen werktätigen Klassen und Schichten. Artikel 1 der Verfassung der DDR wies der SED in diesem Beziehungsgeflecht die führende Rolle zu, wobei es sich nach Auffassung vieler Kritiker tatsächlich nur um eine Clique von Polit-Bürokraten handelte. Im Alltag dominierte dagegen eine heterogene soziale Gruppe, die man als »Verwalter des Mangels« bezeichnen könnte. Zu ihr gehörte jeder, der über die Vergabe irgendeiner knappen Ware oder Dienstleistung verfügte, vornehmlich also Handwerker, Kellner, Verkäufer, aber auch Mitarbeiter der Verwaltung oder Postangestellte. ». . . die Macht«, schrieb Karl Marx, »die jedes Individuum über die Tätigkeit der anderen oder über die gesellschaftlichen Reichtümer ausübt, besteht in ihm als dem Eigner von Tauschwerten, von Geld. Es trägt seine gesellschaftliche Macht, wie seinen Zusammenhang in der Tasche mit sich. Die Tätigkeit, welches immer ihre individuelle Erscheinungsform, und das Produkt der Tätigkeit, welches immer seine besondere Beschaffenheit, ist der Tauschwert, d. h. ein Allgemeines, worin alle Individualität, Eigenheit negiert und ausgelöscht ist.«[340] Die Verwalter des Mangels im Sozialismus – und hier bedarf diese Theorie der Ergänzung – übten über den Tauschwert eine Art außerökonomische Macht aus, die mit der politischen nicht nur nicht identisch war, sondern ihren wirtschaftlichen Prämissen und Intentionen sogar zuwider lief. Angesichts eines Überangebots an Waren und Dienstleistungen ist der Kunde König, bei permanentem Mangel dagegen der Anbieter. Neben der in ihrem Wesen ebenfalls illegitimen, doch fest etablierten politischen Hierarchie gab es deshalb in der DDR eine unsichtbare Gesellschaftspyramide, in der Oberkellner in Nobelrestaurants oder Inhaber von Fliesenlegerfirmen durchaus über den mittleren Repräsentanten des SED-Apparates rangieren konnten. Die Auswüchse der »Verteilungsmacht« wurden zwar immer wieder öffentlich kritisiert und gelegentlich mit administrativen Mitteln bekämpft, doch verstärkte jede staatliche Reglementierung der Distribution auf längere Sicht den Mangel und damit den Einfluß seiner Verwalter.

Die gastronomischen Einrichtungen beherrschten die »Gaststättenkollektive«. Das führte zu seltsamen Bräuchen, die mit der deutschen Einheit verschwunden und deswegen überliefernswert sind. Den Eingangsbereich der Restaurants zierte in der Regel ein Schild mit dem Hinweis: »Sie werden plaziert«. Der Gast hatte davor innezuhalten und zu warten, bis ein Kellner kam und ihm einen Platz zuwies. Dieses Ritual galt auch dann, wenn genügend freie Kapazitäten zur Verfügung standen. Es empfahl sich nicht, gegen die ausdrückliche Anweisung großspurig den Gastraum zu betreten und selbständig einen Tisch zu belegen, denn dann konnte es geschehen, daß der Kellner den Unbotmäßigen mit Bemerkungen wie »Sie können wohl nicht lesen?« oder »Was bilden Sie sich denn ein, wer Sie sind?« zurückscheuchte. Doch damit nicht genug. Wer derart unangenehm aufgefallen war, mußte mit »erzieherischen Maßnahmen« rechnen und extra lange warten. Rebellisches Aufbegehren barg sogar das Risiko des Lokalverweises in sich, und das Verlangen nach dem theoretisch überall vorhandenen Beschwerdebuch »Der Gast hat das Wort« rief nicht selten blanken Hohn hervor. Ein weiteres Beispiel für die Macht der »Verwalter des Mangels« lieferten die Taxifahrer. Vor dem Bahnhof Friedrichstraße konnte man tagtäglich folgendes Schauspiel beobachten: Das Taxi hielt vor der – meist recht langen – Schlange. Der Chauffeur steckte seinen Kopf aus dem Fenster und schnauzte: »Weißensee!« oder »Köpenick!« Wollte einer der Wartenden dorthin fahren, sprang er – um anderen Aspiranten zuvorzukommen – so flink als möglich heran und kletterte in das Auto. Weil der Taxifahrer über Funk oder aufgrund einer Vorbestellung schon eine weite Strecke übernommen hatte, beförderte er Kunden nur zu diesem Ziel und ließ sich so die Anfahrt doppelt bezahlen. Empörte Hinweise auf längere Wartezeiten und Einhaltung der Reihenfolge quittierte er schlagfertig mit Kostproben des berühmten Berliner Humors.

Aber auch dieser Angebotslücke nahm sich die Schattenwirtschaft an und entwickelte – sehr zum Ärger der Kollegen von VEB Taxi und nicht gerade zur Freude der Polizei – die Subkultur des »Schwarztaxifahrens«. Glückliche Besitzer eines PKW, die ihr Gehalt aufbessern wollten, schwärmten allnächtlich aus, um illegale Fuhren zu übernehmen. Sie chauffierten ihr Automobil im Schrittempo an den Warteschlangen der Taxihaltepunkte vorbei und hielten wie zufällig einige Meter weiter. Findige Interessenten stürzten sofort herbei, sprangen in den startenden Wagen und handelten während der Fahrt den Preis aus. Das Risiko trugen beide Seiten gleichermaßen. Der Kraftfahrzeuginhaber riskierte, von heimtückischen Kunden überhaupt kein Geld oder nicht in der gewünschten Höhe zu erhalten und gar angezeigt zu werden, der Fahrgast setzte sich der Gefahr unverschämter Tarife und Belästigungen aus. Ein anderer überliefernswerter Brauch bestand in der seltsamen Bestimmung, daß DDR-Bürger in ihrem Wohnort kein Hotelzimmer mieten durften. Ob dies aus Sorge um die öffentliche Moral geschah oder zur Entlastung der knappen Kapazitäten, bleibt eines der vielen wohl nicht mehr zu lüftenden Geheimnisse. Es war ohnehin ein seltener Glücksfall, ohne wochenlange Voranmeldung eine Übernachtungsmöglichkeit zu erhalten. Die Kollegen an der Rezeption nahmen die Ausfüllung der Anmeldeformulare sehr ernst, verglichen die eingetragenen Angaben mit dem Personalausweis und wiesen Gäste zurück, die keine entsprechende Berechtigung besaßen. Unverheiratete – oder nicht miteinander verheiratete – Paare ließen sie entweder gar nicht ein oder schrieben ihnen die Buchung von zwei Einzelzimmern vor. Dafür existierte zwar keine gesetzliche Grundlage, doch konnte man sich glücklich schätzen, überhaupt einen Raum zu bekommen, und verzichtete auf Widerspruch angesichts der Gefahr, zur Kenntnis nehmen zu müssen, das Hotel sei »ausgebucht«. Trinkgelder spielten in diesem Zusammenhang natürlich eine wichtige Rolle und gingen fließend in Schmiergelder und Bestechung über. Falsch wäre allerdings die Annahme, das Diktat der Verteiler sei ein rein ökonomisches »Herrschafts- und Knechtschaftsverhältnis« gewesen. Bei Handwerkern und anderen Dienstleistungsberufen spielte nicht allein die Höhe der finanziellen Sonderzuwendungen und die Versorgung mit Bier, Kaffee und Kuchen eine Rolle, sondern auch die »seelische Betreuung«. Bei Reparaturarbeiten in der Wohnung mußte sich der Kunde als Handlanger einsetzen und wie ein »Stift« belehren lassen und über die Witze der gestandenen Handwerksleute auch dann noch lachen, wenn sie auf seine Kosten gingen.

Ein anderes Phänomen könnte man als »Negativwerbung« bezeichnen. Während die Werbung seit dem Entstehen der Ware-Geld-Beziehung dem Zwecke dient, Kauflustige anzulocken, bestand eine ihrer Varianten in der DDR darin, Kundschaft fernzuhalten oder das Personal vor lästigen Fragen zu schützen. Schon am Eingang von Verkaufseinrichtungen oder Gaststätten verkündeten Schilder, was es alles nicht gab, oder wiesen auf zusätzliche Schließungen hin. »Keine Jeans«, »Keine Kutten«, »Keine Kord-Hosen«, »Kein Außer-Haus-Verkauf«, »Kein warmes Mittagessen«, »Kein Kaffee und Kuchen«, »Geschlossene Gesellschaft« oder der Hinweis, daß der Laden wegen Krankheit, Wasserrohrbruch, Havarie oder ganz allgemein »aus technischen Gründen« geschlossen sei, bilden nur eine kleine Auswahl dieser spezifischen Subkultur handgeschriebener Mitteilungen. Sie zeichneten sich durch inhaltliche Vielfalt und nicht immer ganz korrekte Orthographie und Grammatik aus. Außerdem bemühten sich die Verkäufer, die Öffnungszeiten so weit wie möglich zu reduzieren. Obwohl die Einrichtungen des Einzelhandels in Ost-Berlin im allgemeinen von zehn bis 13 sowie von 15 bis 19 Uhr und außerhalb der Hauptstadt jeweils um eine Stunde nach vorn verschoben in Betrieb sein sollten, hielt sich niemand daran: Man öffnete vormittags mehrere Minuten später und schloß abends um einiges früher. Bestenfalls eine Viertelstunde vor Ladenschluß versperrte ein mißmutiger Mitarbeiter den Eingang und wies die letzten Käufer mit unfreundlichen Bemerkungen ab. Das Zivil-Gesetzbuch der DDR (ZGB) führte zwar wie das Bürgerliche Gesetzbuch (BGB) dazu aus, daß jeder Kunde, der bis zum Ladenschluß das Geschäft betrat, noch das Recht auf Bedienung hatte, doch herrschte in diesem wie in anderen Punkten ein abweichendes Gewohnheitsrecht.

2. Die Kleinanzeige als Reich der Freiheit

Die Anzeigenseiten stellten in der DDR den interessantesten Teil der sozialistischen Tagespresse dar. Sozusagen durch ihre Hintertür hielt das aus dem redaktionellen Teil getilgte reale Leben wieder Einzug. Die genormten Floskeln und Kurzwörter bildeten bald schon ein eigenes Signalsystem, das sich nur dem Kenner offenbarte. Selbst unter den Lesern, die weder die Absicht hatten, einen »Trabant« zu kaufen, noch die Wohnung zu tauschen oder Damenbekanntschaften zu schließen, gab es Enthusiasten, die regelmäßig die Annoncen voller Spannung studierten. Da wurde mit Autos, Wohnungen, Ersatzteilen, Baumaschinen und Häusern jongliert, daß den braven Bürger Schwindel erfaßte. Neben der alltäglichen Welt des kleinen Mannes existierte noch eine zweite voller Wunderdinge wie Tiefkühltruhen, Betonmischer, Trabi-Schonbezüge und Hängerkupplungen. Natürlich blieb dieses Treiben dem wachsamen Auge der Obrigkeit nicht verborgen. Im Jahre 1980 überprüfte das Sekretariat der SED-Bezirksleitung Berlin »den Mißbrauch von Inseraten zur Begehung von Straftaten«, wertete zu diesem Zweck 1 320 innerhalb einer Woche in Tageszeitungen veröffentlichte Anzeigen aus und zählte folgende »Straftatenkomplexe« auf[341]:

- Auf- und Weiterverkauf von PKWs zu erheblichen Überpreisen;
- Verkauf von abgezweigten oder entwendeten Waren durch Angestellte der Handelseinrichtungen;
- Verkauf von unter Verletzung der Zollbestimmungen aus dem Ausland eingeführten Waren;
- Auf- und Weiterverkauf von Antiquitäten zu Überpreisen.

Unter den »im Handel begrenzt im Angebot befindlichen Konsumgütern« gab es 23 Bungalows mit der Kennzeichnung »unaufgestellt« sowie 18 Tiefkühltruhen, 25 Bohrmaschinen, zehn Betonmischer, 20 Hängerkupplungen und Abgasanlagen für PKWs, allesamt als »ungebraucht« gekennzeichnet. »Bei den unter der Rubrik ›Automarkt‹ ... annoncierten Angeboten ist überwiegend der rechtswidrige und spekulative Charakter von Preisforderungen erkennbar«, hieß es weiter in dem Bericht. »Die in den Annoncen geforderten Preise stehen im Widerspruch zu den für die Preisbildung bei gebrauchten Kraftfahrzeugen gültigen Rechtsvorschriften. Die Praxis bestätigt, daß darüber hinaus der dann zwischen Verkäufer und Käufer ausgehandelte Preis noch darüber liegt. Überpreisforderungen sind besonders in Annoncen über den Verkauf von PKWs des Typs ›Trabant‹ enthalten, treten jedoch auch bei Importfahrzeugen in Erscheinung. Charakteristisch ist dabei, daß differenziert für Fahrzeuge, die bis zu 15 Jahre alt sind und Laufleistungen von über 50 000 km aufweisen, überwiegend 80–110 % der Neupreise angegeben sind.«[342]

Abschließend wurden noch einige besonders schwerwiegende Einzelfälle aufgelistet: »Der beschäftigungslose Gerd G. erzielte von Oktober 1975 bis November 1978 durch den spekulativen Handel mit PKW, wertintensiven Konsumgütern sowie mit anderen Gegenständen in einem Umfang von 1,9 Mio. Mark einen persönlichen Gewinn von 379 TM. Allein bei 44 PKW wurden unter Verletzung von Preisbestimmungen in einer Höhe von 16 TM bis zu 20 TM über den EVP für den jeweiligen PKW gefordert und von den Interessenten gezahlt. Einen bestimmten Teil der An- und Verkäufe von PKW und Industriewaren wickelte er über Zeitungsannoncen ab. Allein 1978 ließ er in der Zeitung ›Neue Zeit‹ 70 Inserate veröffentlichen ... Der stellvertretende Verkaufsstellenleiter für Heimwerkererzeugnisse in der Berliner Markthalle Martin R. zweigte unter Mißbrauch seiner Funktion und unter Mithilfe seiner Ehefrau von 1977 bis 1979 41 Bohrmaschinen und 87 Zusatzgeräte, 3 Betonmischer, 4 Rasenmäher, 5 Kompressoren und anderes im Gesamtwert von 40 TM ab und entwendete außerdem in 20 weiteren Fällen derartige Erzeugnisse im Werte von 6,8 TM. Der spekulative Verkauf der Erzeugnisse erfolgte zum großen Teil zu erheblichen Überpreisen über Annoncen ... Ein Diplom-Sportlehrer aus der Hauptstadt kaufte 1978/1979 von Bürgern der VR Polen 454 Lederjacken für ca. 268 TM auf, die ungesetzlich in die DDR eingeführt worden waren, und verkaufte sie meist über Annoncen an Bürger der DDR weiter. Der spekulative Gewinn betrug 44 TM. Über 100 Lederjacken wurden bei ihm beschlagnahmt ...«[343]

3. Das Automobil als liebstes Kind des DDR-Deutschen

Auch in der DDR träumte man vor allem vom eigenen Wagen. Als im September 1989 ein gerade über Ungarn in die Freiheit entkommener DDR-Bürger vor laufender Kamera nach den Gründen seiner Flucht befragt, antwortete, er möchte endlich ein »anständiges Auto fahren und keinen Wartburg oder Trabant mehr«, fand das offenbar niemand lächerlich. Doch selbst einen dieser beiden Typen zu bekommen, war ein schwieriges Unterfangen. Neben der Wohnungssuche, der Jagd nach Baumaterialien und den üblichen Versorgungsschwierigkeiten bildete der Kauf oder die Bestellung eines Kraftfahrzeugs stets ein wichtiges Gesprächsthema. Dabei hatte auch die DDR alle Weichen auf eine Automobilgesellschaft westlichen Zuschnitts gestellt und niemals wenigstens ansatzweise den Versuch zu einer Alternative unternommen. Die oft zitierte Bemerkung Robert Havemanns, sie solle, statt dauernd den Kapitalismus überholen zu wollen, endlich in eine andere Richtung laufen, traf den Kern des Problems, doch diesem Wunsch kamen weder die politische Führung noch die Bevölkerungsmehrheit nach. In diesem Punkt herrschte tatsächlich die vielbeschworene Einheit zwischen Volk und Partei.

Mit Stichtag 30. September 1988 waren insgesamt 7,5 Millionen Kraftfahrzeuge zugelassen, darunter 3,7 Millionen PKW[344], die in den folgenden zwölf Monaten noch um 200 000 zunahmen[345]. Rund 95,2 Prozent von ihnen (3,6 Millionen) befanden sich nach internen, für die Parteiführung bestimmten Angaben des Ministeriums des Inneren, die in der offiziellen Statistik nicht auftauchten, in Privatbesitz[346].

Tabelle 21: Private PKW nach Fahrzeugtypen

PKW-Typ	Anzahl	Herkunftsland
Trabant P 50/60	104 000	DDR
Trabant P 601	1 800 000	DDR
Wartburg 311/312	101 000	DDR
Wartburg 353	505 000	DDR
Lada	329 000	Polen
Škoda	303 000	ČSSR
Moskwitsch	127 000	UdSSR
Dacia	68 000	Rumänien
Saporoschez	56 000	UdSSR
Polski-Fiat	34 000	Polen
VW Golf	22 000	BRD
Wolga	19 000	UdSSR
Mazda	11 000	Japan
Zastava	5 000	Jugoslawien
Citroën	2 500	Frankreich
Volvo	1 000	Schweden

Der Renner auf den Straßen der DDR war also ohne Zweifel der legendäre »Trabi«, Kult- und Haßobjekt zugleich, vielfach bespöttelt, mit Kosenamen bedacht, Gegenstand unzähliger Witze, vor allem aber verwoben mit der Kulturgeschichte dieses Landes. Der Wartburg, gewissermaßen sein eleganter große Bruder, hatte einen wesentlich höheren Preis und noch längere Wartezeiten. Wer ihn fuhr, gehörte zur arrivierten Oberschicht. Die anderen Marken lagen im wesentlichen außerhalb der Reichweite des Durchschnittsbürgers. Die durchaus erschwinglichen sowjetischen und polnischen Typen besaßen den Nachteil, daß sich die Lieferung von Ersatzteilen und der Service noch schwieriger gestalteten als bei den eigenen. Die raren westlichen Kraftfahrzeuge tauchten im freien Handel gar nicht auf, sondern wurden von Parteiinstanzen oder Betrieben an verdiente Mitarbeiter verkauft.

Tabelle 22: Wartezeiten beim PKW-Erwerb
in Jahren

PKW-Typ	Wartezeit	
	kürzeste	längste
Trabant Limousine	12,5	14
Trabant Uni	13,5	15
Wartburg Limousine	14,0	16
Wartburg Tourist	14,5	16,5
Škoda	15,0	16,5
Lada 21013	14,5	16,5
Lada 2105	15,5	17
Lada 2107	15,5	17
Dacia	13,5	16

Wie die Tabelle ausweist, stellte das entscheidende Problem also nicht der Kaufpreis dar, sondern die zwischen zwölfeinhalb und 17 Jahren liegende Wartezeit. Sie führte zu dem seltsamen Mißverhältnis, daß gebrauchte Autos mehr als Neuwagen kosteten. Unter Kennern galt die Faustregel: doppelter Neupreis minus 1 000 Mark pro Nutzungsjahr. Gegen den sich schwunghaft entwickelnden Schwarzhandel erwiesen sich die Behörden als vollkommen hilflos. Die Verhältnisse nahmen derartig groteske Formen an, daß sie auch den Führungsetagen der SED Sorgen bereiteten. Der Innenminister, Armeegeneral Friedrich Dickel, bemerkte dazu in der bereits genannten Analyse für die Parteiführung resignierend, es müsse klar sein, ». . . daß eine generelle Lösung des Problems . . . nur erfolgreich sein kann, wenn das Angebot und die Nachfrage nach PKW übereinstimmen. Die gegenwärtige Situation zeigt, daß Bürger, die die Absicht haben, einen PKW zu veräußern, immer mit der allgemeinen Erscheinung des Zahlens von Überpreisen konfrontiert werden und sich mit dieser Praxis, die bedingt ist durch die langen Wartenzeiten auf Neu-PKW, einverstanden erklären. Unter diesen Bedingungen ist es außerordentlich schwierig und zum Teil unmöglich, durch die Deutsche Volkspolizei auf die im gegenseitigen Einvernehmen der Bürger erfolgende Preisgestaltung Einfluß zu nehmen. Die Praxis zeigt, daß den Zulassungstellen der Deutschen Volkspolizei in der Regel Kaufverträge vorgelegt werden, in denen der angegebene Preis des Fahrzeuges nicht mit dem tatsächlich gezahlten übereinstimmt . . . Nach gründlicher Einschätzung wird aus der Sicht des MdI der Standpunkt vertreten, daß keine gesetzliche Regelung geschaffen werden kann, die eine Veränderung des gegenwärtigen Zustandes herbeiführt.«[347] Egon Krenz reichte den deprimierenden Sachstand an Honecker weiter und ergänzte: »Die Einschätzung verdeutlicht, daß es kaum möglich sein wird, mit administrativen Mitteln wirksam den spekulativen Handel zu unterbinden. Durch die sich ständig verlängernden Wartezeiten bei PKW aus der Neuproduktion sind Bürger in zunehmendem Maße bereit, für den Erwerb eines gebrauchten Fahrzeuges Überpreise zu zahlen.«[348] Trotzdem versuchte die SED-Führung noch einmal, das Problem mit einer Strafverschärfung in den Griff zu bekommen. Außerdem wollte sie staatlich kontrollierte Gebrauchtmärkte einrichten. Bis zum baldigen Ende der DDR änderten diese Maßnahmen allerdings nichts mehr an der deprimierenden Situation.

4. Leben in der DDR

Die Menschen verwendeten viel Liebe und Zeit auf die Gestaltung ihrer Wohnung. Gegen Ende der sechziger Jahre war die Nostalgie-Welle mit elementarer Gewalt über die DDR hereingebrochen. Nicht das Heimweh nach einer bestimmten Kulturrichtung der Vergangenheit hatte sie ausgelöst, sondern die Reaktion auf unterschiedliche Phänomene der ökonomischen und gesellschaftlichen Entwicklung. Die politisch herrschende Kultur war von Symbolen und Metaphern des Fortschritts wie ökonomische Effektivität, Rationalisierung und Normierung geprägt. Diese Weltsicht fand ihren adäquaten gestalterischen Ausdruck in den Wohnblocks der Neubaugebiete, in den überall gleichen »Freßwürfeln« und Kombinierten Kindereinrichtungen. Hier trafen sich die vermeintlichen und tatsächlichen Sachzwänge der technischen Revolution mit den Kontrollmechanismen einer totalitären Gesellschaft. Die billige, effektive, genormte und uniforme Gegenwart rief mentale Abwehrreaktionen auf den Plan, die eine antimoderne Grundstimmung erzeugten. Danach waren Leuchtstoffröhren konformistisch, Petroleumfunzeln dagegen schick, Plastemöbel seelenlos, Omas Plüschsofa aber individualistisch. Den Stuck an der Decke, der noch wenige Jahre zuvor erbarmungslos dem Stemmeisen zum Opfer gefallen wäre, restaurierte man nun liebevoll, holte alte Küchenschränke vom Müll, schliff sie ab und beizte sie und wertete Messingbratpfannen als Prunkstücke jeder Küche. So manche Wohnung verwandelte sich geradezu in eine Gerümpelkammer. Die zweite Ursache der Nostalgiewelle war eminent praktischer Natur. Das Angebot an Einrichtungsgegenständen gestaltete sich derartig erbärmlich, daß gerade junge Leute versuchen mußten, für ihre erste Wohnungseinrichtung gebrauchte Möbel vom Sperrmüll oder aus dem Altwarenhandel zu verwenden. Grüppchen- oder paarweise unternahmen sie Pilgerfahren zu den in der Zeitung annoncierten Wohnungsauflösungen und fuhren dabei mit dem Trabi häufig kreuz und quer durch die DDR. Selbst Porzellaneierbecher mit bunten Abziehbildern, Senfgläser aus der Vorkriegszeit, Löffelchen und Blumenständer erlangten plötzlich wieder hohen Wert. In Abrißhäusern – und nicht nur dort – wurden alte Emaille-Schilder, hölzernes Schnitzwerk vom Treppengeländer, die sogenannten »stummen Portiers«, und andere interessante Überreste abmontiert. Echte Antik-Marder trugen stets Schraubenzieher und Stemmeisen in der Jackentasche.

Das in den Volkseigenen Betrieben gestaltete Design paßte sich mit der planwirtschaftlich bedingten Verzögerung von etwa einem Jahrzehnt der allgemeinen Mode an. Blümchentapeten und Biedermeiermotive in Pastellfarben dominierten seit den achtziger Jahren. Als beliebtester Maler galt Carl Spitzweg. Seine liebenswürdigen, kauzigen Gestalten wie »Der Kakteenzüchter« oder »Der Bücherfreund« trafen den Geschmack der Zeit. Die Reproduktionen des VEB E. A. Seemann Verlags Leipzig hingen in vielen Hotels und Gaststätten der gehobenen Preisklasse, aber auch in Privatwohnungen auf goldglänzenden Blümchentapeten. Den quasioffiziellen Stil der DDR prägten die Foyers der Interhotels mit ihren schweren, wuchtigen Sitzgruppen, Stehlampen mit Messingfuß, Orientteppichen sowie Schrankwänden mit lackierten Holzimitationen. Der letzte Schick gehobener Wohnraumgestaltung waren bis zum Boden hängende weiße Stores oder sogenannte Wolkenstores. Über ihnen hingen schwere Gardinen aus dunklen Stoffen, verziert mit Quasten, Troddeln, applizierten Bordüren und Volants, die sich auf Holzstangen mit – allerdings nur im Intershop erhältlichen – Messingringen bewegten.

Auch die ideologischen Vorgaben für die Stadtgestaltung änderten sich im Laufe der siebziger und achtziger Jahre. Neben den gigantischen aus dem Boden gestampften Betonwüsten am Rande der Großstädte bemühte man sich jetzt um die Restaurierung alter Gebäude und rühmte in der Presse die Gemütlichkeit des »Kiezes«, den Schlachter um die Ecke. Doch die Baukapazitäten reichten nur noch für einige Renommier-Objekte wie das Nikolai-Viertel in Ost-Berlin. Es gehört zu den vergessenen Kuriositäten der DDR-Geschichte, daß sich der erste offene politische Protest in den achtziger Jahren an einem rein städtebaulichen Problem entzündete. Es ging dabei um die Sprengung der Gasometer am östlichen Berliner S-Bahn-Ring[349]. Die beiden dem Collosseum in Rom nachempfundenen riesigen Klinkerbauwerke aus dem 19. Jahrhundert sollten, entgegen anderslautenden Vorstellungen, sie zu Kulturzentren auszubauen, den Plattensiedlungen des neuen Ernst-Thälmann-Viertels weichen. Zudem hatte das an zentraler Stelle geplante Denkmal des KPD-Führers Priorität gegenüber den Bedenken der Anwohner und Kunsthistoriker. Es ging das Gerücht, sein Schöpfer, der sowjetische Bildhauer Lew Kerbel, habe persönlich bei Honecker interveniert, um die störende Kulisse beseitigen zu lassen. Wie dem auch sei, der Staat blieb stur und ordnete die Sprengung an. Es gab deswegen nicht gerade einen Aufruhr am Prenzlauer Berg, doch einige hundert Personen versammelten sich am 28. Juli 1984 zum stummen Protest auf der S-Bahnbrücke Prenzlauer Allee, und die massive Polizeipräsenz verlieh dem Vorgang eine bedrohliche Note.

Besucher aus der Bundesrepublik fühlten sich in der DDR oft in die Vergangenheit versetzt. Sie konnten ihren Kindern eine Dampflok zeigen, die wirklich »töff . . . töff« machte und eine Straßenbahn, die noch richtig bimmelte. Türklingeln und Telefone schrillten, statt ein zart-melodisches »Klingklong« von sich zu geben. Wenn man am Fernseher die Lautstärke verstellen oder den Kanal wechseln wollte, mußte man sich noch erheben und unter Kraftaufwand am Knopf drehen. Aus den Schornsteinen stieg tatsächlich schwarzer Rauch in den Winterhimmel, und an kalten Tagen legte sich der anheimelnde Geruch von Kohlequalm über die Städte. Nach dem Essen spülte man das Geschirr in heißem Abwaschwasser und trocknete es mit einem karierten Geschirrhandtuch ab. Dabei konnte man wunderbare philosophische Gespräche führen. Das Leben in der DDR war voller kleiner Abenteuer. Der Versuch, eine Telefonzelle zu benutzen oder ein Taxi zu bestellen, eine Fahrt mit der Reichsbahn – überall gab es Unwägbarkeiten, die den grauen Alltag spannend machten. Man mußte findig sein, die kleinen und großen Tricks kennen, Beziehungen pflegen, sich auskennen. Geld spielte nur eine untergeordnete Rolle – jedenfalls war es nicht alles. Dies erinnerte so traulich an die Kindheit in der Nachkriegszeit oder in den fünfziger Jahren. Der Alltag erschien dem Außenstehenden liebenswert altmodisch, anheimelnd deutsch und biedermeierlich gemütlich. Über dem Land lag der Duft von selbstgebackenem Pflaumenkuchen, ewigen Kaffeekränzchen und miefiger Gemütlichkeit. Jeder gestaltete sich seine eigene Welt, kämpfte weniger um die Befreiung der Menschheit als für die Begrünung des Hinterhofes oder den Bau eines Buddelkastens. Nicht mehr die großen Weltentwürfe standen zur Debatte, sondern die kleinen, dafür mit großer Ernsthaftigkeit behandelten Dinge des Lebens. Politische oder ideologische Grundsatzdiskussionen vom Zaune zu brechen wirkte unmodern und irgendwie degoutant. Die ideologischen Kontroversen um Perestrojka, Glasnost und Demokratisierung spielten sich seit 1985 eher in der Partei ab als in den intellektuellen Zirkeln und kirchlichen Friedensgruppen. Letztere diskutierten statt dessen über Gewalt in der Familie, Erziehung zur Mitmenschlichkeit und die Gleichberechtigung homosexueller Paare.

Kapitel IV: Der Zeitgeist

1. Der Mauerstaat als Reich der Poesie

Der Zeitgeist ist als Kategorie eher im Feuilleton als in der seriösen Literatur zu Hause. Dabei erfreut er sich durchaus reputierlicher Herkunft. Von Hegel in die wissenschaftliche Nomenklatur eingeführt, haben sich ernsthafte Wissenschaftler wie Karl Mannheim um ihn bemüht. Doch er entzieht sich allen exakten Festlegungen, denn er existiert nicht losgelöst von den politischen und ökonomischen Verhältnissen, ohne mit ihnen identisch zu sein. Der Zeitgeist umfaßt schwer zu definierende untergründige Stimmungslagen. Seine Beschreibung ist deshalb immer subjektiv, und notgedrungen greift der Autor in die Vorratskiste der Metaphern und Analogien. In den Gesprächen der DDR-Bürger über sich selbst und ihren Staat spielten literarische Vergleiche stets eine große Rolle, denn es wurde viel gelesen und über Bücher geredet in dem von der Welt abgesonderten Mauerstaat. Vielen Zeitgenossen galt die DDR schlichtweg als »kafkaesk«. So meinte Heiner Müller in der Gedächtnisrede für seinen Freund, den Philosophen Wolfgang Heise, dieser habe »Kafkas Literatur als Realität erlebt« [350]. Wolf Biermann nannte im Nachruf auf Heiner Müller die Umstände, die zu dessen Widerruf der Unterschrift unter dem Protest gegen seine Ausbürgerung geführt hatten, »komisch kafkaesk«[351], und Stefan Heym bezeichnete den gesamten Vorgang als »Ausgeburt der Phantasie eines neuen Kafka«[352].

Das beklemmende Gefühl, wehrlos einer unsichtbaren und unberechenbaren Macht ausgeliefert zu sein, kannten viele DDR-Bürger nur allzu gut. Besonders »Der Prozeß« schien ihnen oft als Vorausahnung totalitärer Herrschaftspraxis. Bei aller gebotenen Vorsicht gegenüber kurzschlüssigen Analogien ist kaum zu bestreiten, daß sich bereits die Verhaftungsszene auf den ersten Seiten des Romans wie eine Geschichte aus dem Umfeld des MfS liest. Abgesehen von einigen zeitbedingten Details könnte sie die Verhaltensmuster von Stasi-Mitarbeitern in ähnlichen Situationen beschreiben. Interessanter noch ist die Geschichte des Opfers. K. redete sich ein, er ginge leichten Herzens mit den Wächtern, weil er sich nichts vorzuwerfen habe. Doch längst schon hatte er sich der unbekannten Macht innerlich unterworfen und begonnen, sein Leben nach einer Schuld zu durchsuchen. Obwohl die Legitimation des Tribunals vielen Zweifeln unterlag und es niemals den Gegenstand der Anklage formulierte, gab es für K. kein Entrinnen aus dem Labyrinth der Instanzen. Am Ende identifizierte er sich mit seinen Henkern und bedauerte sein Unvermögen, sich selbst mit dem Fallbeil den Kopf abzuschlagen. Obwohl Schauprozesse dieser Art der DDR erspart blieben, wurden die Leser an die Angeklagten der Moskauer Prozesse erinnert, die zwölf Jahre nach Kafkas Tod dem Volksgericht für das Todesurteil dankten. Doch die vorausgegangenen Rituale von Kritik und Selbstkritik hatten die Gründergeneration der DDR bis über deren Ende hinaus geprägt.

Auch das Vokabular aus George Orwells »1984« vom »Auge des Großen Bruders« bis zum »Zwiedenk« bemühte man häufig und verwendete es geradezu als Geheimcode. Wer mit einer ironisch-wissenden Bemerkung über die »Neusprache« das Zentralorgan der SED aus der Hand legte oder einen Kollegen abfällig als »doppelt plus Gutdenk« bezeichnete, signalisierte dem Gegenüber sowohl oppositionelle Haltung als auch literarische Beschlagenheit, kurzum, er offenbarte sich nicht ohne koketten Stolz als »Schlechtdenk«. Während der britische Schriftsteller die Realität auf den rein politischen Aspekt beschränkte, sah Milan Kundera den größeren Zusammenhang und bemerkte nach dem Zusammenbruch des realen Sozialismus: »Ich weigere mich, diese Reduktion mit dem Vorwand zu entschuldigen, daß sie als Propaganda im Kampf gegen das Übel des Totalitarismus nützlich war. Denn dieses Übel ist gerade die Reduktion des Lebens auf Politik . . . So ist Orwells Roman entgegen seinen Absichten, selbst Teil des totalitären Geistes . . . Er reduziert das Leben einer verhaßten Gesellschaft auf eine simple Aufzählung ihrer Verbrechen . . .«[353]

So versagte angesichts der Beschreibung der komplexeren DDR-Lebenswirklichkeit, die eben nicht nur aus Terror, Propaganda und Elend bestand, der für die Kritik des Totalitarismus angemessene Begriffsapparat, was wiederum Kundera folgendermaßen kommentierte: »Wenn ich, ein oder zwei Jahre nach dem Ende des Kommunismus, mit Tschechen spreche, höre ich in den Reden von allen und von jedem diese zum Ritual gewordene Redensart . . . ›nach vierzig Jahren kommunistischen Schreckens‹ oder ›die schrecklichen vierzig Jahre‹ . . . Wenn sie alle von vierzig schrecklichen Jahren sprechen, bedeutet dies, daß sie die Erinnerung an ihr eigenes Leben ›orwellisiert‹ haben, das auf diese Weise in ihrem Gedächtnis und ihrem Kopf a posteriori entwertet oder sogar geradezu annulliert worden ist.«[354] Andere fanden in Robert Musils ironischer Beschreibung des untergegangenen »Kakaniens« Parallelen zu dem artifiziellen und absurden Staatskunstwerk DDR. Auch Alfred Kubins morbide Traumstadt »Perle« erinnerte in ihrer Unwirklichkeit viele an den ostdeutschen Mauerstaat. Wolfgang Rüddenklau schrieb in seinen Erinnerungen an den Knast: »Sogar Alfred Kubins ›Andere Seite‹, wahrhaftig kein einfaches Buch und eine unbeabsichtigte Karikatur auf die DDR, habe ich an mehreren Abenden nach dem Lichtlöschen erzählt.«[355]

Für all diese literarischen Analogien sprachen gute Gründe, doch gab es einen Dichter, dessen Werke die DDR-Situation wie in einem Spiegel vorwegnahmen, nämlich E. T. A. Hoffmann. Bereits Mitte der siebziger Jahre entstand eine inoffizielle oder bestenfalls halboffizielle »Romantik-Welle«, in deren Gefolge dann erst die kulturpolitischen Instanzen diese Stilepoche vorsichtig aufwerteten. Dabei handelte es sich um weit mehr als nur um eine intellektuelle Mode. Die subtile, aber dennoch deutliche Form der Abkehr von den gewissermaßen »meta-ideologischen« Paradigmen der Staatsideologie – Optimismus, Lebensfreude, Gesundheit, Kraft, Gemeinschaftssinn und Volkstümlichkeit – signalisierte, daß man sich nicht länger dem Bewertungsmaßstab für Kunst und Literatur unterwerfen wollte, der die geschaffenen Gestalten lediglich nach ihrer Vorbildfunktion beurteilte. Als erste wandelte Christa Wolf mit ihrer 1970 verfaßten Erzählung »Neue Lebensansichten eines Katers« auf den Spuren des Hoffmann'schen Murr[356]. Die Geschichte wimmelte von Spitzen gegen den naiven Fortschrittsglauben der sechziger Jahre und überschritt gleichzeitig mit dem Rückgriff auf die Romantik die engen Grenzen des doktrinären Realismusbegriffs der Ulbrichtzeit. Kater, die lesen und schreiben konnten, hätten in den Blütezeiten des Sozialistischen Realismus Schwierigkeiten mit der Zensur bekommen. Anna Seghers bot gar den Dichter selbst auf und ließ ihn in einem Prager Kaffeehaus zu Zeiten Thomas G. Masaryks mit Nikolai Gogol und Franz Kafka über Wirklichkeit, Realismus und Phantasie disputieren[357]. Franz Fühmann formulierte in seinem damals vielbeachteten Essay: ». . . was Hoffmann erzählt und voll Grausen erzählt, ist doch nichts anderes als die Verknäulung des Einzelmenschen in Umstände, die er nicht geschaffen, sein Hineingestelltsein in Zustände, die er nicht verschuldet, sein Beladensein mit Bürden, unter denen er ächzt, doch die abzuwerfen und abzuschütteln eben nicht in seinem Belieben liegt, es sei denn in der Illusion.«[358] Der Schriftsteller verknüpfte seine Version der Entfremdungstheorie mit einer Art Kapitalismus-Kritik, schlug den Bogen – natürlich nicht ganz unberechtigt – hin zu Karl Marx, und verschaffte damit dem bislang verkannten Dichter die Eintrittskarte ins »Nationale Kulturerbe der DDR«. Natürlich war es reiner Zufall, daß der 200. Geburtstag mit der Einbürgerung E. T. A. Hoffmanns und die Ausbürgerung Wolf Biermanns in dasselbe Jahr fielen. Dennoch bestand zwischen beiden Ereignissen insofern ein innerer Zusammenhang, als sich nach dem Abklingen der Aufregung um den Liedermacher in der intellektuellen Szene ein Rückzug in private und scheinbar unpolitische Sphären vollzog. Die Atmosphäre dieser friedvollen und zugleich grausigen Provinzidylle war bereits in den Erzählungen und Märchen des Kammergerichtsrats auf einer anderen Zeitebene enthalten.

Der Dichter existierte als »Doppeltgänger«, wie die damals übliche Schreibweise lautete. Tagsüber saß er über seinen Akten, seit 1819 gar als Mitglied der »Königlich-preußischen Immediat-Untersuchungskommission zur Verfolgung demagogischer Umtriebe«. Abends im Weinkeller sprühte er vor witzigen Einfällen und Ironie, die auch seine Vorgesetzten nicht verschonten. Seine Gestalten waren zerrissen zwischen der Poesie und der philiströsen, beklemmenden Alltagswirklicheit. Hinter der prosaischen Oberfläche der Dinge lebten und wirkten verborgene, auf geheimnisvolle Weise mit der Realität verwobene Welten. »Chronischen Dualismus« nannte das der Scharlatan in der »Prinzessin Brambilla«, eine ». . . Krankheit, . . . die wohl die seltsamste und zugleich gefährlichste genannt werden darf, die es gibt«. Nichts war so oder zumindest nicht allein, wie es auf den ersten Blick erschien. Ein Geheimer Kanzleisekretär konnte gleichzeitig ein mächtiger Geisterfürst aus dem Reich Atlantis sein, ein braves Bürgertöchterlein eine smaragdgrüne Schlange mit goldener Krone. Der italienische Barometerhändler Coppola verdichtete sich mit dem alten Advokaten Coppelius zur grausigen Doppelgestalt des »Sandmanns«, und die zauberhafte Olimpia war lediglich eine »Automate«.

Ebenso besaß in der DDR jeder mindestens zwei Gesichter. Der »chronische Dualismus« betraf jedoch nicht nur die Individuen, sondern auch die Gesellschaft und das gesamte Land. Es gab eine gespaltene Öffentlichkeit, eine »offizielle« und eine »inoffizielle« Meinung, ungeschriebene Gesetze, die jeder einhielt, und ein »formales« Recht, das niemand beachtete. Die Spaltung des Bewußtseins spiegelte sich in der Teilung Deutschlands und Berlins wider. Wenn es spätestens gegen Mitternacht in den Straßen um den Alexanderplatz gespenstisch still wurde, hörte man unterirdisch Züge der S-Bahn und der U-Bahn rumpeln, wo seit dem 13. August 1961 eigentlich keine – zumindest für den Normalbürger zugängliche – Linien mehr existierten[359]. Die West-Berliner nannten die im Halbdunkel liegenden leeren Bahnsteige »Geisterbahnhöfe«, und die Ost-Berliner vergaßen sie allmählich ganz. Zuerst hatte man die Eingänge zugemauert, dann verschwanden die überirdischen Gitter und Aufbauten, und schließlich bedeckte Pflaster oder Asphalt die Schächte. Doch wie das im Meer versunkene Vineta lebte die alte Stadt Berlin im Untergrund weiter[360]. Nur läuteten hier nicht wie am Greifswalder Bodden zur Geisterstunde die Glocken, sondern man vernahm aus der Tiefe das Rumpeln der Züge.

E. T. A. Hoffmann gehörte zu den ersten, die schilderten, wie dunkle Mächte die menschliche Seele beherrschten. Eine der damaligen Modeströmungen war der Mesmerismus, die von Franz Anton Mesmer begründete Lehre von den heilenden und zerstörerischen Kräften des »animalischen Magnetismus«. Wunderdoktoren mit hypnotischen Fähigkeiten machten sich ihn zu eigen, zogen durch die Salons und zeigten ihre Künste. Sie offenbarten die Relativität der menschlichen Willensfreiheit und damit auch die Gefahren des Mißbrauchs charismatischer Kräfte und bewegten die Zeitgenossen außerordentlich. Erstmals erblickte man die »Nachtseiten der Natur«, wie ein populärer Buchtitel Gotthilf Heinrich Schuberts lautete, und es gab Gründe genug zu erschauern. Desgleichen verarbeitete Hoffmann die Erfahrung des Ich-Verlusts und der hybriden Macht-Lust. In seiner Erzählung »Der Magnetiseur« schilderte er, was im Innern einer Person vorgeht, wenn sie unter den Einfluß eines »fremden geistigen Prinzips« gerät, das etwas zum Leben erweckt, was »tief in unserer Seele reglos schlummert«. Er versuchte die bestürzende Erfahrung nachzuvollziehen, wenn uns aus der »Tiefe« jenes fremde Ich anblickt, wenn wir das Gefühl haben müssen, von ihm »besetzt« zu sein, und wenn das Bewußtsein des eigenen Ego keinen Halt mehr findet. Die Opfer erfahren den Magnetismus als Identitätsverlust unter der psychodynamischen Gewalt einer totalen Macht, die sie allerdings auch als anziehend empfinden. Der Erzähler schildert seine erste Begegnung mit dem geheimnisvollen Major als Zögling einer Ritterakademie. »Es war als würde ich von einem höheren Wesen gezwungen, treu an dem Mann zu halten, als würde der Augenblick des Aufhörens meiner Liebe auch der Augenblick des Untergangs sein.«[361] Dem »durchdringenden Blick« des Magnetiseurs bleibt nichts verborgen, und das Opfer wird durchsichtig. »Ich bin dein Gott«, sagt der Major, »der dein Innerstes durchschaut, und alles, was du darin jemals verborgen hast oder verbergen willst, liegt hell und klar vor mir. Damit du aber nicht wagst, an meiner Macht über dich, du Erdenwurm, zu zweifeln, will ich auf eine sichtbarliche Weise in die geheimste Werkstatt deiner Gedanken eindringen.«[362] Die heimliche Lust an der Auslieferung an einen Führer, die magische Kraft der totalitären Gedankenpolizei findet sich hier vorausgeahnt. »Dies gänzliche Aufgeben des eigenen Ichs, diese trostlose Abhängigkeit von einem fremden geistigen Prinzip, ja diese durch das fremde Prinzip allein bedingte Existenz erfüllt mich mit Grausen und Entsetzen«, ließ Hoffmann einen seiner Serapionsbrüder in den reflektierenden Passagen der Rahmenhandlung sagen[363].

Dasselbe »Grausen und Entsetzen« befällt den Betrachter an der Jahrtausendwende angesichts des Stasi-Systems der DDR. Man mag dabei an die Simulationen der Stasi denken, an IMs und OibEs, an Geheimdienstspiele und Zersetzung. Die Lust am Verrat konnten weder Betroffene noch Außenstehende fassen. Auch die ertappten Spitzel gebärdeten sich nach den Enthüllungen wie plötzlich erwachte Schlafwandler, die im Dämmerzustand der Hypnose ihre Identität verloren hatten und nun ohne jegliches Gefühl von Schuld und Verantwortung vor der unfaßbaren Schamlosigkeit ihres Tuns standen. Sogar die reisenden Geisterseher waren nur durch schicksalhaftes Verhängnis ausgelieferte Werkzeuge höllischer Mächte. Alban gibt sich als Mitglied einer »unsichtbaren Kirche« zu erkennen, die den geheimen Schatz ihrer Herrschaftstechniken verhüllt. Er ist besessen vom Eros der Macht. »Es ist die unbedingte Herrschaft über das geistige Prinzip des Lebens, die wir . . . erzwingen . . . Das unterjochte fremde Geistige [kann] nur in uns existieren, und mit seiner Kraft uns nähren und stärken.«[364] Hier taucht geistesgeschichtlich das Motiv der Legitimation von Macht durch sich selbst, durch die Freude an der Unterdrückung, durch den Eros der Gewalt auf. Der zentrale Aspekt der Albanschen Philosophie besteht in der radikalen Säkularisierung der Macht. »Alle Existenz ist Kampf und geht aus dem Kampfe hervor. In einem fortsteigenden Klimax wird dem Mächtigeren der Sieg zuteil, und mit dem unterjochten Vasallen vermehrt er seine Kraft . . . Das Streben nach Herrschaft ist das Streben nach dem Göttlichen und das Gefühl der Macht steigert in dem Verhältnis seiner Stärke den Grad der Seligkeit.«[365]

»Einen Angstschrei in zehn Bänden« hatte schon Heinrich Heine das Werk E. T. A. Hoffmanns genannt. Doch der Mensch in seinen Erzählungen war nicht wehrlos. Gegen die Mächte der Finsternis stand die Allmacht der Liebe und der Schönheit. Die Poesie führte zum lautlosen Aufstand gegen das Böse. Für alle Machthaber ist dieses Aufbegehren gleichzeitig gefährlich und harmlos: ersteres, weil es die Seelen der Menschen ihrer Herrschaft entzieht, letzteres, weil die Phantasmagorien aus dem Geisterreich der Dichtung in der Regel nicht den Gebrauch von Dolchen und Bomben hervorrufen. Selbst »Der Sandmann«, in dem das existenzielle Grauen am deutlichsten wird, endet versöhnlich. Die Ironie gegenüber der braven Bürgerwelt ist nicht ohne heimliche Zuneigung, die Distanz zur politischen Obrigkeit der Restaurationszeit unverkennbar. Doch Hoffmann wollte die Verhältnisse weder ändern noch gar umstürzen. Er entfloh ihnen in die Zauberwelt der Poesie und damit notgedrungen in den »chronischen Dualismus«. Auch während der Restauration gab es Aufrührer wider die Obrigkeit – man denke an Karl Ludwig Sand, Georg Büchner oder die kläglich gescheiterten »Frankfurter Wachenstürmer« des Jahres 1833 –, die freilich mehr an der Gleichgültigkeit des bürgerlichen Publikums als an den Schrecknissen von Kerker und Verfolgung litten. Das innere Spannungsgefüge der Biedermeierzeit fand seine seltsam geisterhafte Wiederauferstehung im Mauerstaat. Die Balance zwischen Fiktion und Realität, das mystifizierende Halbdunkel des Geheimhaltungsstaats, das Doppelbödige und Unwirkliche der politischen Umstände, die Zerissenheit der Inviduen und kollektive Schizophrenie bestimmten das »hoffmanneske« Leben in der DDR.

2. »Es geht seinen Gang« oder Die »kommode« Diktatur der SED

War die DDR ein brodelnder Kessel des Unwillens, den nur ein allgegenwärtiger Repressionsapparat am Überkochen hinderte, oder hatte sich eine große Mehrheit der Bevölkerung eigentlich mit den Verhältnissen arrangiert? Beide Standpunkte spielen in den politischen und wissenschaftlichen Diskussionen eine Rolle und haben gute Argumente für sich. Der gigantische Aufwand, mit dem die SED-Führung die Menschen bespitzelte, und ihre hysterische Reaktion auf die leiseste Kritik sprechen dafür, daß sie sich auf einem Vulkan wähnte, der jeden Tag ausbrechen konnte. Die Sperranlagen rund um die DDR scheinen ein Beleg dafür, daß ein beträchtlicher Teil der Bevölkerung lieber heute als morgen dem Arbeiter- und Bauernstaat den Rücken gekehrt hätte. Dennoch ist nicht zu leugnen, daß die DDR jahrelang ein fast idyllisches Bild bot. Man schien sich den kleinen Alltagswidrigkeiten zum Trotz ganz gut eingerichtet sowie Kritik und Widerspruch einzelnen Prominenten oder kleinen Gruppen überlassen zu haben, die ihrerseits die DDR und den Sozialismus nicht abschaffen, sondern zu verbessern trachteten. Im kollektiven Gedächtnis wollen sich diese Bilder immer weniger zusammenfügen. In öffentlichen Diskussionen entsteht der Eindruck, als sprächen Menschen miteinander, die in unterschiedlichen Staaten gelebt haben. Die einen denken an Mauer, Stacheldraht, Todesstreifen und Stasi-Knast, an die stupiden Rituale der kollektiven Erniedrigung und die unerträglich dumme SED-Propaganda. Die anderen erinnern sich an ein Land ohne Arbeitslosigkeit, Obdachlose, Asylbewerber, Ausländer, Rauschgiftsüchtige und Bettler – ganz allgemein an Geborgenheit, Ruhe, Ordnung und Sauberkeit. Es wäre sicher zu einfach, die Wahrheit in der sprichwörtlichen Mitte zu suchen. Vielmehr scheint es sich hier um ein nicht ganz leicht zu erklärendes dialektisches Bedingungsgefüge zu handeln.

Auch Günter de Bruyn versuchte in seinem nachdenklichen und klugen Lebensbericht »Vierzig Jahre« diesen Widerspruch zu interpretieren und schrieb, er habe bei vielen Menschen »... eine Resignation«, beobachtet, »die zur Bejahung des Bestehenden neigte, ein bequemes Eingewöhnen in die Zwangslage gestattete und Gedanken an Veränderungen verbot. Verglichen mit Ulbrichts Zeiten waren die materiellen Lebensverhältnisse besser, die Überwachungsmethoden zwar perfekter, aber doch leiser geworden. Die Beherrschten hatten gelernt, sich in Genügsamkeit zu bescheiden, und auch die Herrschenden begannen, sich mit dem Volk abzufinden. Sie verkündeten zwar weiter die unantastbare Lehre, weil ihre Legitimation einzig darauf beruhte, sahen aber von ihren kühnen politischen Zielen weitgehend ab. Von Ordnung und Wohlstand war mehr als vom Vorwärtsschreiten und Siegen die Rede. Begeisterung wurde nur noch von jenen verlangt, die aufsteigen wollten, bei den anderen genügte schon Unterordnung. Die wirksamste Agitationsvokabel wurde Geborgenheit. Es gab eine Art Stillhalteabkommen zwischen oben und unten. Wer die bestehende Machtkonstellation anerkannte und ihre Regeln befolgte, wurde weitgehend in Ruhe gelassen. Die wenigen Kritiker aus den eigenen Reihen, die, wie später Wolf Biermann und Rudolf Bahro, revolutionäre Fernziele vermißten und einzuklagen versuchten, wurden mundtot gemacht oder ausgewiesen, und breite Schichten waren, auch wenn sie Sympathie mit den Störenfrieden empfanden, mit der Regierung der Meinung, daß die Ruhe das Wichtigste war. Unbotmäßige Gedanken wurden bald auch im engen Kreis kaum noch geäußert. Aus Verbot wurde Konvention.«[366] Es gibt geflügelte Worte, die den Nerv ihrer Zeit treffen, dadurch populär und regelrecht zum Signum eines bestimmten historischen Abschnitts werden. Wohl kaum eines charakterisiert die Honecker-Ära treffender als die typisch sächsische Wendung »Es geht seinen Gang«. Erich Loest hat sie mit dem Gespür des echten Volksschriftstellers zum Titel eines Romans gemacht und darin bemerkt: »Es geht seinen Gang sagten die Leute, wenn sie ausdrücken wollten, daß es bei der Besorgung eines Autoreifens, eines Sacks Zement, eines Kasten guten Bieres und eines Klempners zwar nicht kalkulierbare Schwierigkeiten geben werde, aber irgendwie werde man es schon hinkriegen.«[367] Im Rückblick auf die Zeit seiner Arbeit an dem Roman und von sich selbst in der dritten Person schreibend fand er damals, ». . . in diesem Satz liege auch Hoffnung, man werde sich trotz aller Last und Mühen zu einem erträglichen Sozialismus durchwursteln. L. wollte Heiterkeit und Kraft, Gelassenheit und Findigkeit heraushören . . .«[368]

Die DDR-spezifische Abwandlung »Es geht seinen sozialistischen Gang« griff Biermann auf und verlieh ihr durch seinen berühmten Kölner Auftritt im November 1976 neue Popularität. Er sang dort die »Legende vom sozialistischen Gang« und erklärte das geflügelte Wort dem westlichen Publikum so: »Das wird von den Funktionären oft bierernst gesagt. Das wird aber auch in etwas drolliger Weise gesagt . . . wenn einer zu einem Arbeiter sagt, der einen Kipper fährt, wo Mörtel mit transportiert wird: ›Hör mal zu, ich brauche für meine Datsche ein bißchen Mörtel, ja für eine Senkgrube oder was.‹ Da sagt er: ›Ja, ich fahre mal 'ne Biege über Grünau‹. Und dann haut er die drei, vier Tonnen eben raus. Und dann sagt der Arbeiter auch: ›Ja, Kumpel, das geht seinen sozialistischen Gang . . .‹«[369] Das Kölner Konzert flimmerte nach Biermanns Ausbürgerung durch Hunderttausende Wohnzimmer der DDR, und gerade die Bemerkung über die »klauenden Arbeiter« nahm die SED-Propaganda als einen ihrer Angriffspunkte auf. Der Liedermacher habe die Arbeiterklasse beleidigt, auf deren Kosten er gelebt habe, hieß es im »Neuen Deutschland«. Nachdem auch die – in der DDR freilich nur unter großen Gefahren als Tonbandversion verbreitete – Schallplattenaufnahme unter dem Titel »Das geht sein' sozialistischen Gang« erschienen war[370], verlor die Redensart ihre schwebende Doppeldeutigkeit zwischen Ernsthaftigkeit und Ironie, zwischen lähmender Fortwurstelei und Improvisationskunst, zwischen der Fügsamkeit des kleinen Mannes und seiner bauernschlauen Gewitztheit. Von nun an brachte man sie mit der eindeutigen Kritik Biermanns in Verbindung.

In der DDR herrschte notorischer Arbeitskräftemangel. »Keine Leute, keine Leute«, war das sprichwörtliche Klagelied aller »staatlichen Leiter«. Natürlich übte nicht jeder seinen Traumberuf aus, doch insgesamt gab es eine nahezu absolute Vollbeschäftigung. Weder existierten Arbeitsämter im westlichen Sinne noch gesetzliche Regelungen über Arbeitslosigkeit. An vielen Betriebstoren hingen Tafeln mit der Überschrift »Wir suchen aus der nichtberufstätigen Bevölkerung«, und dann folgte eine Aufzählung der freien Stellen. Die Faustregel besagte: je geringer die Qualifikation desto begehrter die Bewerber. Akademiker dagegen hatten oft Schwierigkeiten, eine ihrer Ausbildung entsprechende Tätigkeit zu finden, und mußten dann »unter Wert« beschäftigt werden. Dies führte zu merkwürdigen Disproportionen bei der Bezahlung. Produktionsarbeiter verdienten im selben Betrieb häufig mehr als Mitarbeiter mit Hoch- und Fachschulabschluß. Darunter litten sowohl Leistungsmotivation als auch Arbeitsdisziplin. Dieser Mangel führte jedoch kaum zu disziplinarischen oder gar rechtlichen Konsequenzen. Selbst schwerwiegende Verstöße, notorische Bummelei und Diebstähle wurden in der Regel nur mit geringfügigen Strafen geahndet.

In den Betrieben herrschten paradiesische Sitten und Gebräuche, und die am niedrigsten qualifizierten Kollegen bis hin zu den ungelernten hatten am meisten davon: Ein Nickerchen während der Arbeitszeit konnte man niemandem ernsthaft verübeln; eine halbe Stunde vor Schichtschluß bereits in Richtung Dusche zu verschwinden, gehörte zum guten Ton; zum Feierabend wollte man mindestens schon am Werktor sein; das zu Hause oder auf der Datsche benötigte Werkzeug oder Material steckte man in die Tasche und witzelte dabei, dies sei doch Volkseigentum, von dem sich jeder seinen Teil mitnehmen könne. Alkohol wurde besonders in der Nachtschicht in erheblichen Mengen konsumiert, und kein Ingenieur durfte es wagen, wegen solcher Kleinigkeiten einem Hilfsarbeiter zu nahe zu treten. Der konnte nämlich jederzeit »in den Sack hauen« und als begehrte Kraft den Betrieb wechseln. Es gehörte zu den seltsamen Widersprüchen des Alltags, daß die absonderliche Theorie von der führenden Rolle der Arbeiterklasse in der DDR auf eine verquere Art Realität geworden ist. Selbst wenn Arbeiter, wie durchaus üblich, auf die »roten Bonzen« und »Kommunistenschweine« schimpften, nahm das niemand sonderlich ernst. Die SED-Führung betrachtete sie gewissermaßen als heilige Kuh, belästigte sie kaum mit Versammlungen, freiwilligen Sonderschichten, Aufmärschen und berücksichtigte statt dessen soweit irgend möglich ihre sozialen Anliegen.

Die Losung von der sozialistischen Menschengemeinschaft hatte die Partei schon Anfang der siebziger Jahre aus dem Verkehr gezogen. Lediglich in der ironischen Paraphrasierung als sozialistische Wartegemeinschaft lebte sie im Sprachgebrauch weiter, und doch erwies sich keine andere Propagandathese als lebenskräftiger. Nicht im Hinblick auf die Worthülse, sondern bezogen auf den Inhalt vertritt nämlich noch immer ein beträchtlicher Teil der in der DDR sozialisierten Menschen die Meinung, daß trotz aller Schattenseiten das dortige Leben »menschlicher« gewesen sei. Es habe mehr Kollegialität, Zusammenhalt im Freundes- und Bekanntenkreis sowie Hilfe in der Nachbarschaft gegeben. Wie alle Legenden besitzt auch diese einen rationalen Kern. Die DDR war tatsächlich das Land der Freundschaften. Freunde, Kollegen – oder Arbeitskollegen, wie man gern sagte – Kumpels, Bekannte und Verwandte bildeten einen wichtigen Teil der Überlebensstrategien. Da sich der Alltag zudem in einem relativ kleinen und hermetisch abgeschotteten Land abspielte, überdauerten die unterschiedlichen privaten Verbindungen lange Zeit. Vor diesem Hintergrund löst sich der Widerspruch zwischen schlichter Gemütlichkeit und totalitärem Anspruch auf, denn die Gartenzwergidylle der DDR und ihre politische Friedhofsruhe bedingten einander. Insofern war – wie Günter Grass anläßlich der Diskussionen um seinen Roman »Ein weites Feld« im Spiegel-Interview meinte[371] – die DDR tatsächlich eine »kommode Diktatur«. Die sauber geharkten Todesstreifen an der deutsch-deutschen Grenze und die gepflegten Vorgärten bildeten keinen Widerspruch, sondern zwei Seiten desselben Systems. Das Kleinbürgerglück, das so viele westliche Beobachter bewunderten, existierte nicht neben, sondern als ein Teil der totalitären Herrschaft.

3. Sozialistisches Biedermeier als Lebensform der achtziger Jahre

Kein Abschnitt der DDR-Geschichte entzieht sich so sehr den einfachen Formeln wie die letzten drei bis vier Jahre vor ihrem Ende. Nichts wäre verlockender, als ihn als Vorbereitungszeit des Umbruchs zu beschreiben – als Kessel, in dem der Druck steigt, bis er explodiert. Doch der reale Befund sieht anders aus. Die Diktatur verlor in der zweiten Hälfte der achtziger Jahre allmählich ihren Schrecken und präsentierte sich merkwürdig müde und resignativ. Sie erregte weniger Haß als früher, und auch die »führenden Persönlichkeiten« der SED erweckten vor allem Überdruß und eine allgemeine Spottlust, die teilweise in Mitleid überging. Aber daraus entstand kein Gefühl der Befreiung oder gar gesellschaftliche Dynamik. Als in den turbulenten Versammlungen zwischen dem Rücktritt Honeckers und der Wiedervereinigung alte Männer aufstanden, denen damals noch nicht der Vorteil des Freikaufs in die Bundesrepublik zuteil geworden war, und, das SED-System anklagend, von ihren Jahren in den Zuchthäusern erzählten, erschienen sie gerade jüngeren DDR-Bürgern wie Gespenster einer fernen Vergangenheit. Biermann hat diese, in die friedliche und fröhliche Wendezeit mündende Stimmung erneut auf eine prägnante Formel gebracht, als er sang: »Nicht Rache, nein Rente«.

Ein diffuses Dämmerlicht lag über dem sterbenden Staatswesen. Manche, zumal westliche Beobachter haben diese Lethargie als Stabilität mißdeutet. Aber auch innerhalb der DDR hofften viele, es könne ewig so weitergehen wie bisher, denn nicht nur die Funktionsträger des Systems hatten sich gut eingerichtet. Die Zeichen standen im gesamten kommunistischen Machtbereich auf Untergang, und niemand wollte es wirklich glauben. Die bedrückende Windstille im geistigen Leben hatte sehr konkrete Ursachen. Die sozialistische Utopie war tot, und der real existierende Kapitalismus übte gerade auf jene, die psychisch unter der Bedrückung in der DDR litten, wenig Anziehungskraft aus. All dies schuf den seltsam unwirklichen Seelenzustand, der über die Wende hinaus fortwirkte – das Gefühl des Abschieds ohne Aufbruch. »Es war wie ein endloser Herbst«, resümierte der Lyriker Uwe Kolbe, »ein Herbst, der nicht enden wollte.«[372]

4. Die »Szene« oder Die Kultur der negativen Freiheit

Robert Musil bemerkte über Österreich-Ungarn: »Es war der Staat, der sich selbst irgendwie nur noch mitmachte, man war negativ frei darin, ständig im Gefühl der unzureichenden Gründe der eigenen Existenz und von der großen Phantasie des Nichtgeschehenen oder doch nicht unwiderruflich Geschehenen.«[373] Damit traf er auch das Lebensgefühl in der DDR. Die bürgerliche Gesellschaft besitzt eindeutige

Maßstäbe für Erfolg und Mißerfolg – die Gehaltsstufe, das Bankkonto, die Automarke, die gute Adresse und andere materielle Errungenschaften – und liefert damit zureichende Gründe für das Dasein des in ihr lebenden Individuums. Dagegen war die DDR das Land der unzureichenden Gründe für die eigene Existenz. In ihr galt Erfolg als Ausdruck eines »schleimigen Charakters«. Der Aufsteiger wurde verachtet und belächelt. Die Parteimitgliedschaft bedeutete gleichzeitig das Ticket für eine Karriere und die Aufgabe eines Stücks jener »negativen Freiheit«, denn die »Genossen« setzten sich freiwillig einer permamenten inneren und äußeren Unterdrückung aus. Mit jeder Karrierestufe stieg das Maß an Selbsterniedrigung und kontrollierter Schizophrenie. Selbst in mittleren Positionen der Hierarchie fanden sich fast ausschließlich seelische Wracks. Nicht, daß Karriere, Geld, Aufstieg und Sozialprestige überhaupt keine Rolle gespielt hätten. Aber es gab die Möglichkeit, dies alles zu ignorieren. Auf den Spielwiesen individueller Scheinfreiheit tummelten sich die ewigen Kinder, und als im Herbst 1989 ihre Stunde kam, waren sie, die sich bisher im Zustand der Verweigerung befunden hatten, selbst erschrocken. Gerade die auf der absurden Unernsthaftigkeit der Lebensumstände beruhende Situation haben viele DDR-Schriftsteller vor und nach der Wende zu schildern versucht.

Es wimmelte von Lyrikern, die noch nie ein Gedicht veröffentlicht hatten, von Malern, deren Bilder in keiner Ausstellung hingen, von Philosophen, deren Gedanken im Verborgenen blühten, weil kein Verlag sie publizieren wollte. Ihrem Ruhm in der Szene tat dies keinen Abbruch – im Gegenteil. Es war ein Ausweis von Qualität, nirgends gedruckt zu sein, da die Zensur in ihren Augen nur Schwachsinn und Lügen passieren ließ. Die unveröffentlichten – und selbst die ungeschriebenen – Bücher besaßen deshalb einen hohen geistigen Wert. Die eiserne Klammer der Repression hielt diejenigen Lyriker, Philosophen und Lebenskünstler zusammen, die sich der oben definierten »negativen Freiheit« verschrieben hatten. Sie bewirkte auch hier eine diffuse Nestwärme der Gemeinsamkeit, eine Solidarität ohne praktische Folgen. Keiner hielt sich für gescheitert, weil er im dritten Hinterhof mit Kohlenheizung, Außenklo und einfachen Fenstern wohnte. Niemand protzte mit einem Auto oder teuren Reisen. Es gab keine Konkurrenz und keinen Kampf um Drittmittel oder Stipendien. Die DDR war das Land der erfundenen Leben. In ihr existierte die ganze Welt noch einmal spiegelverkehrt. Hier durfte jeder Dichter, Maler oder Philosoph sein. Die Gescheiterten waren die bewunderten Helden und die Arrivierten die armseligen Versager. Das funktionierte natürlich nur bis zum Zusammenbruch der DDR, denn von nun an fragte die bürgerliche Welt nach Zertifikaten, Titeln, Veröffentlichungslisten und Leitungserfahrungen. Das Erwachen war bitter, gelegentlich grausam. Die einen fanden den Weg ins bürgerliche Berufsleben, die anderen blieben im Schmollwinkel sitzen und machten weiter die Gesellschaft für ihr Scheitern verantwortlich, indem sie an die Stelle der stalinistischen Diktatur den bösen Kapitalismus setzten. Im Februar 1996 wandte sich der »telegraph«, das Nachfolgeorgan der legendären »Umweltblätter«, mit einer Notausgabe an das Publikum. Der Herausgeber Wolfgang Rüddenklau artikulierte dort noch einmal seine Perspektive auf den Einigungsprozeß: »Wir hielten unsere Botschaft, die Gegnerschaft gegen Herrschaft, ob nun nach kapitalistischem oder stalinistischem Schema, unsere spezifische Erfahrung mit der SED und die daraus resultierende Sehnsucht nach einer Gesellschaft von unten für unverzichtbar.«[374]

Schon während des Untergangs der DDR entstanden Geschichten, Legenden und Mythen. Jeder schuf sich seine eigene Geschichte, der Einzelne, die Gruppe und schließlich ein ganzes Land, um mit der Gegenwart fertig zu werden. Auch der Mythos vom »Prenzlberg« entwickelte sich mit größerem zeitlichen Abstand weiter und entwarf ein farbenfrohes Bild der Untergrund-Szene, die dort angeblich geblüht hatte. Er handelt von feuchten und vergammelten, bis an die Decke mit Büchern vollgestopft Wohnungen, von verräucherten Kneipen, in denen das Bier 50 Pfennige kostete und ein Kaffee inklusive Trinkgeld eine Mark und von endlosen Diskussionen in den Küchen, wo man mit Blick auf den Hinterhof und ein winziges Quadrat Himmel die Welt interpretierte. Die Gespräche fanden deshalb immer in den Küchen statt, weil im einzigen Zimmer die Kinder schliefen. Der Mythos kennt auch wilde Feten, die bis in den frühen Morgen dauerten, poetische Sommermorgen in der Großstadt nach einer durchzechten oder durchliebten Nacht oder das gemeinsame Frühstück in dem schmuddeligen Schnell-Imbiß an der Ecke Stargarder Straße. Schließlich verweist er auf Dichterlesungen in der Studentengemeinde in der Invalidenstraße, auf private Kunstausstellungen, auf Diskussionsrunden auf dem Dachboden der Zionsgemeinde in der Griebenowstraße und auf die 193 Kerzen auf der großen Freitreppe vor der Gethsemanekirche im Oktober 1989. Doch nicht nur im Berliner Stadtbezirk Prenzlauer Berg etablierte sich in den achtziger Jahren eine Subkultur, die sich den Hierarchien und Mechanismen des DDR-Systems weitgehend verweigerte. Auch die verfallenen Abrißviertel der Dresdener Neustadt, im Leipziger Osten oder im Hallenser Stadtteil Giebichenstein avancierten zu Biotopen freibestimmten Lebens.

Wie sehen die Protagonisten heute ihre damalige Situation? »Kunst war eine Möglichkeit um auszusteigen«, meinte eine der Beteiligten im Interview[375], ». . . so wie ich manchmal denke, die ganze DDR war eine Kunst-Inszenierung, und jeder, der darin gelebt hat, war ein Künstler. So kann man es auch sehen. Das war für mich ein absolut absurdes Theater. Alles war absurd. Jeder Schritt war ja absurd.« Ein anderer vertrat die Auffassung: »Wir wollten einfach unsere Art von alternativem Leben und von Rebellion zeigen. Rebellion jetzt aber nicht so gemeint, daß wir die Pflastersteine aus den Straßen reißen. Das war ja gar nicht möglich, . . . daß wir eine andere Art von Leben versuchen.« Ein dritter definierte die alternative Szene so: »Es sind einfach Leute gewesen, die hatten keine Chance gekriegt, korrupt zu werden . . . Den größtmöglichen Spaß an den Dingen zu haben, das ist eigentlich die Idee gewesen.« Alle Gesprächspartner lieferten recht ehrliche Beschreibungen und Einschätzungen. Es ging ihnen nicht um Opposition oder Verbesserung der Gesellschaft, sondern um eine apolitische, anarchische Revolte gegen vorgeprägte Lebensmuster, deren Konkretisierung völlig subjektiven Kategorien unterlag. Vergleichbar den kleinen Diskussionszirkeln und Kaffeehaus-Cliquen, schufen sich junge Künstler eine kulturelle Ersatzöffentlichkeit. Sie forderten den Staat und seine Instanzen nicht heraus, sondern ignorierten ihn und traten den langen Marsch durch die Institutionen erst gar nicht an. Doch der radikale Impuls der Verweigerung spaltete die gesamte Kulturszene. Viele Angehörige der älteren und mittleren Schriftsteller-Generation, selbst die ausgereisten und davongejagten, hatten ihr Leben lang an der DDR gelitten, wollten sie verbessern verändern, demokratisieren.

Die Jüngeren teilten weder die bitteren Erfahrungen noch die hochfliegenden Hoffnungen. Sie befanden sich auf einer mentalen Ausreise, der oft auch die reale Ausreise folgte, und praktizierten damit zugleich die radikalste Form der Verneinung und eine totale Kapitulation. Obwohl der hohe Gestus ein leicht durchschaubarer Selbstbetrug war, bedeutete er vielleicht doch die beste Form des Widerstehens. Ein Rilke-Wort schien als unsichtbares Motto über den selbstgenügsamen Abenden und Nächten in den Hinterhofwohnungen zu schweben: »Wer spricht von Siegen? Überstehen ist alles.«

Gerhard Gäbler

Sechster Teil
Elemente der Krise

Kapitel I: Die kritischen Intellektuellen und die SED

1. »Wenn sich Macht und Geist vereinen ...«

Die »Kunst gehört dem Volke« war eines der Schlagworte der frühen DDR. In der politischen Ikonographie jener Jahre begegnete man oft dem »lesenden Arbeiter«, der in seinen rauhen Händen liebevoll, wenn auch noch etwas unbeholfen ein Buch hielt. Im Innenhof der Ost-Berliner Staatsbibliothek stand ein solcher, in Bronze gegossen. Obwohl ein wirklicher Arbeiter schon aufgrund ihrer benutzerfeindlichen Öffnungszeiten und Ausleihpraktiken größte Schwierigkeiten gehabt hätte – Belletristik gab es beispielsweise nur gegen den Nachweis des wissenschaftlichen Nutzungszwecks –, diesem Bild zu entsprechen, war das Ziel, das Volk an die Schätze der Kultur heranzuführen, sehr ernst gemeint und führte zu umfangreichen Folgerungen. Wollte eine Brigade die Auszeichnung »Kollektiv der sozialistischen Arbeit« erringen und die entsprechende Prämie kassieren, kam sie an einem Theaterbesuch mit anschließender Diskussion oder wenigstens einem Museumsbesuch nicht vorbei. In den Großbetrieben gab es Bibliotheken und Buchverkaufsstellen, in denen der Interessent wegen der verhältnismäßig geringen Nachfrage manche literarische Kostbarkeit ergattern konnte. Die besondere Fürsorge galt dem »Nationalen Erbe«. Bis zum Ende der DDR bot der Aufbau Verlag die hochsubventionierte Reihe »Bibliothek deutscher Klassiker« an. Nur fünf Mark pro Band kosteten die ausgewählten Werke der wichtigsten deutschen Dichter in buntem Leineneinband und auf gutem Papier. Der »neue Mensch« oder, wie er in den siebziger und achtziger Jahren lieber hieß, die »allseitig gebildete sozialistische Persönlichkeit« war nicht nur sportlich, fröhlich und gesund – sie stürmte auch die Höhen der nationalen Kultur und eroberte sich die Reichtümer der Weltkultur. »Schriftsteller sind die Ingenieure der Seele«, hatte Stalin gesagt, und auch nach dem Verschwinden von »Stalin-Worten« aus dem gängigen Zitatenschatz der SED-Funktionäre blieb dieser Ausspruch ein Schlüssel zum Verständnis sozialistischer Kulturpolitik[376]. In seinem Roman »Das Leben ist anderswo« brachte Milan Kundera 1973 den Zusammenhang zwischen Macht und Geist auf den Punkt und erklärte die unterschiedliche Wirkung der Belletristik folgendermaßen: »Die Mauer, hinter der die Menschen eingekerkert wurden, war ganz aus Versen gebaut, und entlang dieser Mauer wurde getanzt ... Es sei eine Zeit schlechter Lyrik gewesen? Nicht so ganz! Ein Romancier, der mit den blinden Augen des Konformismus über jene Zeit schrieb, schuf Lügenwerke, die bereits bei ihrer Geburt tot waren. Ein Lyriker jedoch, der mit jener Zeit genauso blind verschmolzen war, hinterließ oft schöne Gedichte. Weil im magischen Feld der Poesie ... jede Behauptung zur Wahrheit wird, falls die Kraft eines Erlebnisses dahintersteht. Und die Lyriker lebten ihre Erlebnisse, bis sich Gefühle in Dunst verwandelten und sich ein Regenbogen über den Himmel spannte, ein wunderbarer Regenbogen über den Gefängnissen.«[377]

Was Künstler, Intellektuelle und Schriftsteller auch immer taten, sagten, schrieben oder schufen – es war niemals gleichgültig. Selbst wenn sie in Widerspruch zum Regime gerieten – und sogar gerade dann – bedeuteten sie den Herrschenden viel, die sie sie auf ihre Weise mit Privilegien ausstatteten – mit Wanzen unterm Bett, dezenten Bewachern und Schnüfflern jeder Art. Wolf Biermann hat diese Ambivalenz in seiner Stasi-Ballade trefflich besungen. Das erklärt, warum der kulturpolitische Kurs der Partei oft eine Signalwirkung hatte, die weit über die eigentliche Bedeutung des Gegenstands hinausging. Ob ein Theaterstück das Licht der Welt erblickte oder vom Spielplan verschwand, ob ein Roman oder ein Gedicht gedruckt oder jahrelang von einem Schreibtisch zum nächsten geschoben wurde, was darüber die Zeitungen schrieben oder gar das ZK verkündete – es ging um hochbrisante politische Fragen. Diese seltsame Hochschätzung von Kunst und Literatur wirkte zweifach. Auf der einen Seite existierte in der DDR eine intellektuelle Unfreiheit, die alles in den Schatten stellte, was man in Deutschland seit den Karlsbader Beschlüssen von 1819 für möglich gehalten hätte. Auf der anderen Seite schenkte die Obrigkeit den Kunstwerken und ihren Schöpfern eine schon fast rührende Aufmerksamkeit.

2. Der Traum vom demokratischen Sozialismus oder Die Immanenz der Häresie

In nahezu jeder Diskussion über die DDR wurde mit hochgradig nebulösen Kategorien operiert. Vom Traum des demokratischen Sozialismus war da die Rede, von den verlorenen Hoffnungen und Illusionen eines Glaubens. Das verwendete Vokabular erinnerte eher an ein pietistisches Damenkränzchen als an den politischen Diskurs über die Struktur eines Staatswesens, und doch hat es in den damaligen Auseinandersetzungen eine zentrale Rolle gespielt. In diesem Zusammenhang ist auch die seltsame Wortschöpfung »real existierender Sozialismus« zu verstehen. Die SED führte sie in den sechziger Jahre ein und verlieh ihr als Definition des bestehenden Gesellschaftssystems für längere Zeit fast offiziellen Charakter. Die Formel stellte ein ebenso seltsames wie denkwürdiges Produkt politischer Sprachregelung dar, denn niemand käme auf die Idee, sich an einen »real existierenden« Tisch zu setzen oder in eine »real existierende« Straßenbahn zu steigen. Der besondere Hinweis auf die reale Existenz ist nur dort sinnvoll, wo sie ständig bestritten oder in Frage gestellt wird. Ihm haftet etwas Defensives, teilweise sogar Resignatives an, und er verrät eine permanente Verteidigungshaltung gegenüber der Utopie, dem Traum, der Illusion, letztendlich auch gegenüber dem eigenen theoretischen Anspruch. Die Staatsmacht sah sich in der DDR als mäßig erfolgreicher, aber alt und müde gewordener Vater, dem seine Kinder die Ideale der eigenen Jugend vorhalten, und in der Tat manifestierte sich der Streit zwischen den Anhängern des utopischen und des »real existierenden« Sozialismus oft genug in einem Generationskonflikt. Nicht ganz selten rebellierten gerade Söhne und Töchter aus altkommunistischen Familien gegen die verkrustete Herrschaft der Väter.

Hauptsächlich waren es systemimmanente Kritiker, die den Sozialismus nicht zur Ruhe kommen ließen. So wie die mittelalterlichen Häretiker und Reformatoren meist Kleriker waren, kamen die kommunistischen Ketzer oft aus dem inneren Zirkel der Macht. Am Anfang stand eine Glaubenskrise, am Ende der totale Bruch mit der institutionalisierten Kirche, den aber nur wenige vollzogen und der zumindest einen Rest von Trauer und Melancholie hinterließ. Nicht zufällig kamen die von den kritischen Geistern immer wieder in Richtung Modernisierung und Demokratisierung unternommenen Versuche oft in poetischen Metaphern der wechselnden Jahreszeiten zum Ausdruck. Der Romantitel »Tauwetter« bezeichnete nach Stalins Tod einen gesamten Zeitabschnitt. Als 1956 in Polen Władysław Gomułka die Macht übernahm, sprach man vom »Frühling im Oktober«, und im Jahre 1968 lieh ein regelmäßig stattfindendes Musikfestival, der »Prager Frühling«, der Aufbruchphase einen einprägsamen Namen. Die Herrschenden in den sozialistischen Staaten befanden sich in einem unlösbaren Dilemma. Sie standen vor der Alternative, entweder durch den Mangel an Demokratie und Freiheit den Verfall des Systems in Kauf zu nehmen oder durch liberale Zugeständnisse den Machtverlust zu riskieren. Die pragmatische Variante war ein »Sowohl-als-auch«, eine Schaukelpolitik, eben jener Pendelschlag, der die Menschen immer erneut in die Illusion stürzte, der alte Menschheitstraum von einer gerechten Gesellschaft ließe sich auf der Basis der kommunistischen Parteiherrschaft verwirklichen.

In der DDR wirkte dieser Zwang besonders unvermittelt, denn das Fehlen einer inneren Legitimation machte sie besonders schwach. Im Gegensatz zu den Nationalstaaten gründete sich ihre Existenz allein auf Ideologie. Deshalb bedeuteten ihre Krisen immer auch »Krisen der Ideologie«. Die »Deutsche Demokratische Republik ist eine Utopie gewesen«, schrieb Hans Mayer in seinem »Turm von Babel«. Das heißt aber auch, daß sie nicht »wirklich« war, im Sinne der Hegelschen Einheit von Wirklichkeit und Notwendigkeit. Sie ruhte als Luftgebilde auf einer abstrakten Idee aus schönen Worten. Diesen Zusammenhang vor Augen, formulierten einige kritische Intellektuelle erstmals im Jahre 1956 deutlich die Idee einer Synthese aus Demokratie und Sozialismus. Die Greifkommandos der Staatssicherheit beendeten die theoretische Debatte mit Gewalt, ehe sie wirklich begonnen hatte, und ersparten ihr damit auch die Mühen des Abstiegs in die Niederungen der Praxis. Die Schwachstelle des Gedankengebäudes bestand nämlich schon damals in der Forderung, sowohl freie Wahlen durchzuführen, als auch den Sozialismus beizubehalten. Daß eine demokratische Abstimmung mit großer Wahrscheinlichkeit das Ende des sowjetischen Satellitenregimes und gleichzeitig damit der oktroyierten Gesellschaftsform bedeuten mußte, konnten oder wollten die Reformer nicht sehen. In den frühen sechziger Jahren begannen neue Experimente. Walter Ulbricht verkündete das Neue Ökonomische System der Planung und Leitung (NÖSPL). Das Zeitalter der großen Worte und vielen kleinen Abkürzungen hatte Einzug gehalten. Professor Robert Havemann hielt im überfüllten Marx-Engels-Auditorium der Humboldt-Universität seine Vorlesungen über »Philosophische Probleme der Naturwissenschaften«, Wolf Biermann sang in einem umgebauten Kinosaal in der Belforter Straße seine frechen Lieder. Dann kam mit dem 11. Plenum des ZK der SED im Dezember 1965 eine neue Eiszeit. Zweieinhalb Jahre später rollten die Panzer gegen die tschechische Reformpolitik. Mit Honeckers Machtantritt flogen wieder einige jener Schwalben durch die Lüfte, die bekanntlich noch keinen Sommer machen. Die Haare wurden länger und die Röcke kürzer, ohne daß dies die Tugendwächter der Partei noch aufzubringen vermochte. Einige Werke gelangten vom Schreibtisch der Lektoren unter die Ladentische der Buchhändler. Mit der Biermann-Ausbürgerung im November 1976 endete auch dieser kulturpolitische Honigmond. Schließlich erschien der Hoffnungsträger Gorbatschow. Als der Generalsekretär der Kommunistischen Partei der Sowjetunion verkündete, »Der Sozialismus braucht die Demokratie wie die Luft zum Atmen«, sprach er vielen Menschen aus der Seele. Andere wiederum empfanden die großen Worte wie einen verdorrten Blumenstrauß vom letzten Jahr. Trotzdem war der Aufbruch in den Revolutionsherbst ohne jeden Zweifel reformsozialistisch motiviert, doch als die Idee die Massen ergriff, wandelte sie sich gründlich und richtete sich gegen ihre Urheber, die am Ende einsam und hilflos in der politischen Landschaft standen. Es geschah genau das, was die Dogmatiker der SED immer verkündet hatten: Es gab keinen »dritten Weg« zwischen Sozialismus und Kapitalismus. Die »bürgerliche Freiheit« bedeutete die Aufgabe des Sozialismus. Der Klassenfeind hielt Einzug und wollte, ganz wie von der Propaganda seit Jahren vorausgesagt, die enteigneten Betriebe zurückhaben.

3. Kulturpolitik nach dem VIII. Parteitag der SED

Auf dem VIII. Parteitag der SED im Juni 1971 hatten Kunst, Literatur und Ideologie zunächst keine nennenswert Rolle gespielt[378]. Die einschlägigen Äußerungen unterschieden sich in ihrer Formelhaftigkeit selbst unter der scharfen Lupe westlicher und östlicher Exegeten kaum von den bisher üblichen Wendungen. Und doch sollte gerade die Kulturpolitik wieder zum Indikator politischer Veränderungen werden. Die Herausgeber einer 1976 von der Staatssicherheit unterdrückten literarischen Anthologie äußerten sich 20 Jahre später in ihrem Vorwort zu der verspäteten Edition folgendermaßen über die frühen siebziger Jahre: ». . . das war eine Zeit, die das Land DDR, schien es uns, grundlegend veränderte. Nach sechs bleiernen Jahren, die dem berüchtigten 11. Plenum im Dezember 1965 gefolgt waren, konnte man so etwas wie einen Aufbruch spüren. Die Signale hatte der 8. Parteitag gesetzt, der schroffe Wechsel von Ulbricht zu Honecker, die Welle der völkerrechtlichen Anerkennung, die neuen Botschaften und die Büros der Presse-Korrespondenten. In der Literatur trat eine neue Generation an die Öffentlichkeit und wurde begleitet von dem Satz, den der neue erste Mann im Staat gesprochen hatte: daß es in der Literatur keine Tabus geben dürfe, wenn die Autoren von sozialistischem Standpunkt ausgingen.«[379] Nicht während des VIII. Parteitages, sondern erst auf dem 4. Plenum des ZK der SED fielen die mehrdeutigen Worte Erich Honeckers: »Wenn man von der festen Position des Sozialismus ausgeht, kann es meines Erachtens auf dem Gebiet von Kunst und Literatur keine Tabus geben. Das betrifft sowohl die Fragen der inhaltlichen Gestaltung als auch des Stils . . .«[380] Sie signalisierten eine kulturpolitische Lockerung, verbunden mit einer wichtigen Einschränkung, die der gestrenge Familienvater seinen Kindern verkündete: »Wenn ihr artig und vernünftig seid, dürft ihr ohne dauernde Aufsicht im Sandkasten spielen.« Immerhin bedeutete dies das Eingeständnis, daß es bisher Tabus gegeben hatte; sie sollten nun nicht mehr existieren. Gleichsam zur Bestätigung des neuen Kurses erschienen 1972 und 1973 einige Bücher von DDR-Schriftstellern, die bisher entweder auf Eis gelegen hatten oder nur im Westen erschienen waren, darunter drei Romane Stefan Heyms, nämlich die »Die Schmähschrift«, »Lassalle« und »Der König David Bericht«. Besonders letzterer wimmelte von Anspielungen auf die parteihörige Geschichtsschreibung und machte den Autor richtig populär. Auch Hermann Kants »Impressum« erblickte nach mehrjähriger Wartezeit das Licht der Welt. Die erregte Leserschaft suchte nach den anstößigen Stellen und fand nur einige hochgradig verschwommene Passagen über den 17. Juni 1953, die, obwohl sie eigentlich den offiziellen SED-Standpunkt widerspiegelten, der Kulturadministration unter Ulbricht schon zuviel zugemutet hatten.

Zur Spielwiese der Liberalisierung entwickelte sich die Zeitschrift »Sinn und Form«, in der plötzlich wieder echte Debatten stattfanden. Wolfgang Harich erregte sich über Heiner Müllers »Macbeth«-Bearbeitung, und Adolf Endler zog über das Werk eines Literaturprofessors her. Selbst wenn die erörterten Themen zum Teil reichlich abgehoben schienen, so bedeutete es doch viel, daß es überhaupt veröffentlichte Meinungen gab, die nicht automatisch dem Standpunkt der Partei entsprachen. Wer das Grundprinzip öffentlicher Diskussion – wenn auch nur auf entlegenem Felde – akzeptiert, stellt damit allerdings auch unausgesprochen seinen Anspruch auf die einzige Wahrheit zur Disposition. Es war deshalb lediglich eine Frage der Zeit, wann der Liberalisierungsprozeß an seine Grenzen stoßen würde. Immerhin geschahen zunächst noch drei kleine Wunder der Zensur. Ulrich Plenzdorfs »Neue Leiden des jungen W.« erschienen ebenfalls in »Sinn und Form«. Die Erzählung übertrug Goethes Werther-Stoff in den DDR-Alltag und schilderte, wie der jugendliche Individualist Edgar Wibeau an den gesellschaftlichen Umständen zerbricht. Der Widerstand des Titelhelden war nicht politisch im engeren Sinne, trotzdem rührte sein Aufbegehren und Scheitern an den Grundfesten der kulturpolitischen Doktrin und rief Gegenstimmen auf den Plan. Doch im Unterschied zu früheren Zeiten führte eine solche Kritik nicht mehr sofort zu Verboten. Volker Brauns »Paul Bauch« war der andere bekannte Anarcho-Held der DDR-Bühne.

Das 11. Plenum des ZK der SED hatte das Stück im Dezember 1965 verdammt. Nun wurde es gedruckt und gespielt. 1975 erschien schließlich – wiederum in »Sinn und Form« – von demselben Autor die »Unvollendete Geschichte«, die realistische und nüchterne Schilderung einer Liebesbeziehung zwischen einer Tochter aus Funktionärskreisen und einem Bauarbeiter. Erstmals thematisierte sie die Tätigkeit des Ministeriums für Staatssicherheit, die wegen eines falschen Verdachts in das Leben der jungen Menschen eingreift und es zu zerstören droht. Als Buch konnte diese DDR-Version des Shakespeareschen Romeo-und-Julia-Stoffes zunächst nur in der Bundesrepublik und erst 1988 in der DDR erscheinen.

Die kulturpolitische Atmosphäre Mitte der siebziger Jahre war vorsichtig abwartend. Kein Lektor, Dramaturg oder staatlicher Entscheidungsträger konnte wissen, an welchem Punkt die Toleranz der SED-Führung ins Gegenteil umschlagen würde. Auf der 6. Tagung des Zentralkomitees der SED am 6. Juli 1972 meinte denn auch sein für Ideologie zuständiger Sekretär Kurt Hager: »Wenn wir uns entscheiden für die Weite und Vielfalt aller Möglichkeiten des sozialistischen Realismus, für einen großen Spielraum des schöpferischen Suchens in dieser Richtung aussprechen, so schließt das jede Konzession an bürgerliche Ideologie und imperialistische Kunstauffassung aus.«[381] Diesen Satz hatte das »Neue Deutschland« bei der Veröffentlichung der Rede durch Fettdruck hervorgehoben und damit die Alternative gelassen, ihn als Bekräftigung des neuen Kurses oder als Warnung zu verstehen. Unter den gegebenen Umständen erhielt ein Lyrik-Bändchen Reiner Kunzes besonderes politisches Gewicht. Mit dem Reclam-Heft »brief mit blauem siegel« druckte man wieder einen Schriftsteller, gegen den man 1968 ein Verdikt und damit ein faktisches Veröffentlichungsverbot ausgesprochen hatte. Das Verfahren beruhte auf einem Kompromiß. Einiges wurde publiziert, anderes blieb in der Schublade, und politisches Wohlverhalten galt als Preis für das begehrte Entgegenkommen. Unter denjenigen, die sich kompromißlos gegenüber allen Versuchen zeigten, sich als liberales Feigenblättchen mißbrauchen zu lassen, ragte vor allem Wolf Biermann hervor, und an ihm sollte sich schließlich der lange erwartete Konflikt entzünden.

4. Singebewegung und »Festival des politischen Liedes«

Seit 1970 fand regelmäßig das »Festival des politischen Liedes« statt, zu dem Gruppen aus der ganzen Welt anreisten. Was freilich durch den Spalt der internationalen Öffnung hineinströmte, war ideologisch gefiltert und gesiebt. DKP-Liedermacher wie Dieter Süverkrüp traten auf und vor allem linke Gruppen aus der Dritten Welt. Jedes Jahr in den Winterferien reisten Tausende von Schülern, Lehrlingen und Studenten nach Ost-Berlin und stellten sich eine Nacht oder länger in die Kälte, um eine der begehrten Karten zu ergattern. Die neben der bereits behandelten Ersatzöffentlichkeit bestehende Ersatzprotestkultur bediente sich mit offizieller Duldung zwar der Posen und Accessoires westlicher Protestbewegungen, doch reckten die angehenden Akademiker aus dem Osten nicht schlechter die Arme zum proletarischen Gruß als ihre Kommilitonen aus Heidelberg oder Freiburg im Breisgau. Solange sie sich nicht direkt gegen die SED-Herrschaft richteten, galten ein bißchen »linke Abweichung« und »revolutionäre Ungeduld« als läßliche Sünden. Manche junge Leute hefteten sich ein rotes Sternchen an die schwarze Baskenmütze oder an die verwaschen grüne Kutte. Diese Emaille-Plaketten und die zur Schau gestellten Plakate kamen ebenso aus dem Westen wie die krausen Ideen von der Weltrevolution. Gegen den schmutzigen Krieg der USA in Vietnam, gegen die Einkerkerung von Angela Davis, gegen den faschistischen Militärputsch in Chile oder gegen das Obristenregime in Athen konnte man nun ganz locker und spontan protestieren. Und wenn dann der Song »Griechische Inseln« von Mikis Theodorakis erklang, schlugen die Herzen unter den Blauhemden höher: »Wer kann die Lieder der Freiheit verbieten? Keine Gewalt, kein Befehl, kein Gericht. Denn das Volk wird sie immer behüten. Und zum Schweigen bringt man sie nicht.« So mancher wird die Zweischneidigkeit dieser Revolutionsromantik wohl empfunden und während der vom erhobenen Publikum mitgesungenen Anklage lateinamerikanischer Gruppen gegen die Panzer auf der Plaza Moneda in Santiago de Chile heimlich an die sowjetischen Panzer auf dem Wenzelsplatz in Prag fünf Jahre zuvor gedacht haben.

Wolf Biermann stand mit seinen Liedern über »Commandante Che« oder den »Kameramann von Santiago« dieser Denkungsart im Grunde so fern nicht. Dagegen verhielt sich der an der Spitze der Singebewegung agierende Oktoberclub staatstreu bis zum Masochismus. »Alles auf die Straße! Rot ist der Mai. Alles auf die Straße! Vietnam ist frei«, sangen seine jungen Barden, nachdem am 1. Mai 1975 die kommunistischen Truppen Saigon besetzt hatten, und die DDR-Sender spielten den Ohrwurm bis zum Überdruß. Die Grenzen waren fließend und dauernden Veränderungen unterworfen. Eine seltsame Mischkultur aus westlicher Protesthaltung, reformsozialistischem Dissidententum und Unterwerfung unter den SED-Staat entstand in den siebziger Jahren. Sie entsprach sicherlich nur dem Lebensgefühl einer Minderheit, die es aber tatsächlich gegeben hat. Für die einen bedeutete sie vor allem Selbstbetrug, um den vorgeblich »langen Marsch durch die Institutionen« antreten zu können, der regelmäßig in der Anpassung endete. Die anderen betrachteten sie als Ersatzprotestkultur, die zu kritischer Distanz zum Staat und seiner Ideologie überging und in einigen Fällen in der bewußten Opposition endete.

5. Die Biermann-Ausbürgerung und ihre Folgen

Am Nachmittag des 16. November 1976 verbreitete die amtliche Nachrichtenagentur ADN folgende Meldung: »Die zuständigen Behörden der DDR haben Wolf Biermann, der 1953 aus Hamburg in die DDR übersiedelte, das Recht auf weiteren Aufenthalt in der Deutschen Demokratischen Republik entzogen. Die Entscheidung wurde auf Grund des ›Gesetzes über die Staatsbürgerschaft der Deutschen Demokratischen Republik – Staatsbürgerschaftgesetz – vom 20. Februar 1967‹, Paragraph 13, nach dem Bürgern wegen grober Verletzung der staatsbürgerlichen Pflichten die Staatsbürgerschaft der DDR aberkannt werden kann, gefaßt. Biermann befindet sich gerade in der Bundesrepublik Deutschland. Mit seinem feindseligen Auftreten gegenüber der Deutschen Demokratischen Republik hat er sich selbst den Boden für die Gewährung der Staatsbürgerschaft der DDR entzogen. Sein persönliches Eigentum wird ihm – soweit es sich in der DDR befindet – zugestellt.«[382] Die Abendnachrichten der »Aktuellen Kamera« und die Sender des Staatlichen Rundfunks verlasen diese Pressemitteilung im Wortlaut, aber unkommentiert. Ebenso erschien sie am nächsten Tag in den Zeitungen der DDR.

Biermann hatte an der Humboldt-Universität Ökonomie und Philosophie studiert und sich seit jenen Tagen zum fortdauernden Ärgernis für die SED-Funktionäre entwickelt. Mit dem Selbstbewußtsein des wirklich großen Künstlers verschmähte er die üblichen kleinen und großen Kompromisse und sang unbeeindruckt von obrigkeitlichen Restriktionen seine frechen Lieder. Seine Wohnung in der Chausseestraße 131 in Ost-Berlin wurde zum legendären Treffpunkt einer großen Anhängerschar. Im Westen erschienene Schallplatten und Tonbandmitschnitte machten ihn in der ganzen DDR bekannt. Die Tatsache, daß er sich stets als Marxist und Kommunist bekannte, die Bundesrepublik heftig kritisierte und ihn auch manch einflußreiches Mitglied des Kultur-Establishments förderte, ließ ihn in den Augen der SED-Führung besonders gefährlich erscheinen. Man konnte Biermann nicht domestizieren und mußte ihm entweder gestatten, seine Lieder öffentlich zu singen, oder sie ganz verbieten. So wurde sein Fall zur Nagelprobe für Honeckers halbherzige Liberalisierungspolitik. Ob die Partei die mit der Ausbürgerung verbundenen Risiken überhaupt in ihr Kalkül einbezog, scheint eher fraglich. Ihre Beweggründe blieben auch nach Öffnung der Archive im Dunkeln. Fest steht nur, daß sie dem Liedermacher bereits 1974 offiziell die Ausreise angeboten hatte. Obwohl man ihn ganz offensichtlich loswerden wollte, konnte er im selben Jahr von einer aus privaten Gründen nach Hamburg unternommenen Reise ohne Schwierigkeiten zurückkehren. Es ist nicht erwiesen, daß sein – weiter unten beschriebener – Auftritt in der Nikolaikirche zu Prenzlau im September 1976 den Ausschlag für den Ausbürgerungsbeschluß gegeben hat, doch signalisierte er wohl, daß der aufsässige Barde nicht länger isoliert werden konnte.

Nachdem Biermann sich auf Einladung der IG-Metall am 13. November 1976 erneut in die Bundesrepublik begeben hatte, sang er zum Auftakt seiner Tournee in der Kölner Sporthalle vor ungefähr 7 000 Zuschauern. Der WDR-Hörfunk übertrug das Konzert live und das Dritte Programm des WDR-Fernsehens einen Zusammenschnitt[383]. Am folgenden Dienstag, dem 16. November, tagte das Politbüro. Als Punkt vier war nachträglich in die Tagesordnung eingefügt worden: »Aberkennung der Staatsbürgerschaft für Wolf Biermann. Berichterstatter Erich Honecker.«[384] Dazu gehörte als Anlage die zitierte Pressemitteilung, eine inhaltlich identische kurze »Erklärung der zuständigen Grenzorgane gegenüber Wolf Biermann« und ein verschlüsseltes Fernschreiben an die ersten Sekretäre der SED-Bezirksleitungen, das nur die lapidare Feststellung enthielt, daß Biermann die Staatsbürgerschaft aberkannt worden sei und ADN diese Tatsache am selben Tag veröffentlichen werde[385]. Eine Diskussion hat das Politbüro offensichtlich nicht geführt, denn daß die Entscheidung bereits vor Antritt der Reise gefallen war, ist – obwohl nicht nachweisbar – doch anzunehmen.

In den westlichen Medien bildete, wie von der Parteiführung wohl nicht anders erwartet, der Vorgang die Spitzenmeldung. Vollkommen überraschend kam freilich die Reaktion einer Reihe von Schriftstellerkollegen aus der DDR. Bereits am

17. November 1976, um 14.30 Uhr, gab Stephan Hermlin im Gebäude des »Neuen Deutschlands« eine Erklärung von 13 bekannten Künstlern ab und teilte gleichzeitig mit, die französische Presseagentur AFP werde sie ab 18 Uhr verbreiten.

Ihr Wortlaut wirkt aus heutiger Sicht eher moderat, doch überschritt die Schaffung einer politischen Gegenöffentlichkeit die von der SED-Führung gesetzte Toleranzschwelle. Niemals vorher hatte es in der DDR einen öffentlichen Protest einer größeren Gruppe von bekannten Intellektuellen gegen eine staatliche Maßnahme gegeben. Zunächst löste die Erklärung Protestbriefe und eine Flut weiterer Solidarisierungen mit Biermann aus. Außerdem tauchten Flugblätter auf, und es kam zu Verhaftungen. Doch die befürchtete Welle der Repression blieb aus. Die Partei praktizierte eine geschickte Taktik der Schadensbegrenzung. Zunächst differenzierte sie zwischen prominenten Protestlern, die sie höflich und vorsichtig ersuchte, von ihrem Standpunkt abzurücken, und unbedeutenderen DDR-Bürgern, die sie – wie Sigmar Faust – wegen des gleichen Vergehens verhaften und für Jahre ins Gefängnis stecken ließ. Dann begann die Welle der Ausreisen. Eva-Maria Hagen, frühere Ehefrau Biermanns, und ihre Tochter, die in der DDR schon durchaus angesehene Sängerin Nina Hagen, machten den Anfang. Kurz darauf folgte der Schriftsteller Thomas Brasch. Obwohl auch schon vorher einzelne Künstler die DDR legal in Richtung Westen verlassen hatten, entwickelte sich nun der Exodus zur Massenerscheinung und sollte bis zum Ende zum Ende des Staates nicht mehr abreißen.

Der eigentliche Anlaß des Protests war schnell vergessen. Biermann blieb in der Bundesrepublik, die Fronde der Schriftsteller zerfiel, ehe sie politische Wirkung erzielen konnte, und jeder ging jetzt seinen eigenen Weg. Viele führte er außer Landes, andere in die Isolation, dritte in einen wankelmütigen Opportunismus. Das Zerbrechen jeder Gemeinsamkeit konnte der SED-Führung nur recht sein, half es doch, die Geburt von »Märtyrern« zu verhindern. Im Rückblick wertete auch Günter de Bruyn die Vorgänge in diesem Sinne: »Die Protestierer, oder besser: Petitionisten verstanden sich in der Mehrzahl weder als Opposition noch als Gruppe. Sie hatten sich zu diesem einen Zweck zusammengefunden, ohne die Absicht, Auftakt zu einer Bewegung zu sein. Was die Individualisten verband, war die Ablehnung des Ausbürgerungsaktes, nicht die des Regimes. Die Staatsführung hatte es deshalb leicht, die Gruppe, die keine war. aufzulösen. Sie brauchte den Individualisten nur ihre individuellen Interessen vor Augen zu führen, indem sie individuell vorging und kollektive Bestrafungen vermied. Durch differenzierte Behandlung machte sie die sowieso bestehenden Differenzen in Ansichten, Absichten und Bevorzugungen deutlich, so daß keine erneute Gemeinsamkeit durch Strafen oder Benachteiligung entstand. Als die Sanktionen beendet waren, saßen die einen, die Unbekannten, in Gefängnissen, oder sie hatten beruflich und finanziell Nachteile erlitten; die mehr oder weniger Prominenten aber hatten zum größten Teil lediglich ihre Ehrenämter verloren und wurden, soweit sie der Partei angehörten, von dieser für das gleiche Vergehen in unterschiedlicher Weise bestraft. Es gab Rügen, strenge Rügen, Streichungen und Ausschlüsse für die Genossen, aber keine Auschlüsse aus den Künstlerverbänden. Hier wurden die Bösewichter lediglich aus den Vorständen entfernt.«[386] Nach 1989 stand gelegentlich die Behauptung im Raum, die Biermann-Ausbürgerung sei der Anfang vom Ende der DDR gewesen. So sah es auch die Einleitung zu einer diesbezüglichen Dokumentation: »Von heute aus betrachtet stellt sich das Jahr der Biermann-Ausbürgerung als das erste der dreizehn letzten Jahre der DDR dar.«[387] Will man nicht überhaupt von 40 »letzten Jahren« sprechen, so ist diese Einordnung wohl im Kern falsch. Tatsächlich wirkte die Protesterklärung vom 17. November 1976 wie ein Gongschlag, der die Gesellschaft aus ihrer lethargischen und resignativen Stille schreckte. Doch der Initialzündung folgte keine Explosion. Sie hatten die Protagonisten auch gar nicht beabsichtigt. Stefan Heym schilderte in seinen Tagebüchern sehr ehrlich, daß ihn die Anrufe und Solidaritätsbekundungen aus allen Teilen der Bevölkepung eher belästigten. Er wollte kein Volkstribun sein, sondern sehnte sich an seinen Schreibtisch zurück. Wie er war die gesamte etablierte Schriftsteller-Elite nicht bereit oder nicht in der Lage, die Funktion eines öffentlichen Sprachrohrs des Bürgeraufbegehrens zu übernehmen, zumal ihr das Zuckerbrot des Westreise-Privilegs winkte.

6. Literatur und Politik nach 1976

Nach der Demonstration von Härte und Unnachgiebigkeit auf der einen sowie taktischem Kalkül und Pragmatismus auf der anderen Seite charakterisierte diese widersprüchliche Verbindung die Kulturpolitik der folgenden Jahre. Hinzu kam, daß die einzelnen Entscheidungen vor allem das Bestreben kennzeichnete, Ärger und eine schlechte Presse im Westen zu vermeiden. Die Verantwortlichen gingen davon aus, daß nach ihrer Ankunft in der Bundesrepublik allmählich Ruhe um die Unruhestifter einkehren würde. Dieses Ergebnis trat kurzfristig meist ein, auf längere Sicht wirkte es aber verheerend auf die Gesellschaft der DDR und untergrub damit auch die Herrschaft der SED. Parallelen zur Einheit von Sozial- und Wirtschaftspolitik drängten sich geradezu auf. Die Liste der ausgereisten Schriftsteller ist lang und eindrucksvoll. Reiner Kunze, Sarah Kirsch, Klaus Schlesinger, Hans Joachim Schädlich, Günter Kunert, Erich Loest dürften wohl zu den bekanntesten gehören[388]. Insgesamt etwa 100 Literaten, Komponisten, Schauspieler und andere Künstler jeden Bekanntheitsgrads kehrten der DDR den Rücken. Die einen blieben aufgrund eines Antrags für immer im Westen, andere kaufte Bonn aus dem Gefängnis frei, und einige wie Jurek Becker, Monika Maron und die bereits genannten Erich Loest und Günter Kunert lebten mit Dauer-Visa fortan als DDR-Bürger in der Bundesrepublik. Ein wirkliches DDR-Exil konnte es trotz Biermanns gegenteiliger Bekundungen in der Bundesrepublik freilich nicht geben. Die Biographien der Betroffenen entwickelten sich vielmehr wieder gesamtdeutsch.

Seit dem November 1976 gingen nicht nur Schriftsteller in den Westen, sondern auch einzelne Werke, die in der DDR keinerlei Chance auf Veröffentlichung besaßen. Einige mutige Literaten gaben, ohne die Obrigkeit zu fragen, ihre Manuskripte in die Bundesrepublik. Gert Neumanns »Die Schuld der Worte« und sein Roman »Elf Uhr«, Wolfgang Hilbigs »abwesenheit« und sein Erzählband »unter dem neumond« sowie Monika Marons »Flugasche« erschienen in der »collection fischer« des S. Fischer Verlags in Frankfurt am Main, Frank-Wolf Matthies' Gedichtbändchen »Morgen« bei Rowohlt in Reinbek. Über diesen Umweg entstand eine Art DDR-Samisdat. Niemand mußte wie in Moskau oder Prag ganze Romane mit der Schreibmaschine abtippen. Die Taschenbücher der genannten und einiger anderer Verlage kamen, aller Schnüffelei der Zollorgane zum Trotz, wenigstens in kleiner Stückzahl zurück. Weitere Informationen lieferten die Medien. Das »3. Strafrechtsänderungsgesetz vom 1. August 1979« sollte dem einen Riegel vorschieben. Es enthielt eine Reihe von »Gummivorschriften«, die jeden Kontakt mit westlichen Journalisten oder anderen öffentlichkeitswirksamen Personen und Institutionen mit Sanktionen belegten. Paragraph 99 definierte die sogenannte »Landesverräterische Nachrichtenübermittlung« und führte aus: »Wer der Geheimhaltung nicht unterliegende Nachrichten zum Nachteil der DDR an . . . einen Geheimdienst oder . . . ausländische Organisationen sowie deren Helfer übergibt, für diese sammelt oder ihnen zugänglich macht, wird mit Freiheitsstrafen von zwei bis zwölf Jahren bestraft.« Damit konnte man jedes Gespräch mit einem westlichen Journalisten, jede Veröffentlichung in der Bundesrepublik und selbst das Sammeln von Zeitungsartikeln aus der DDR-Presse erfassen. Außerdem nannte die Novellierung die »Ungesetzliche Verbindungsaufnahme« (§ 219) und die »Beeinträchtigung der Tätigkeit staatlicher Organe« (§ 214). Während erstere Hilferufe an bundesdeutsche Einrichtungen mit Sanktionen belegte, richtete sich letztere hauptsächlich gegen unentwegte Eingabenverfasser oder Ausreiseantragsteller.

Selbst zwischen der sich seit den späten siebziger Jahren formierenden Öko- und Friedensbewegung im Umfeld der Kirche und den wenigen verbliebenen literarischen Abweichlern gab es kaum fruchtbare Verbindungen. Obwohl letztere durchaus zu den meist in Gemeindehäusern stattfindenden Veranstaltungen kamen, waren sie niemals Kristallisationspunkte oder gar die Gallionsfiguren der neuen Opposition. Wer zu Autorenlesungen ständig durch die Mauer schlüpfen durfte, sich mit dem Paß der DDR in der Tasche in die weite Welt aufmachte, in Ost und West gut verdiente, der gehörte irgendwie »nicht mehr dazu«. Die Reise-Exoten der Kulturszene hatten objektiv andere Probleme als der Normalbürger und waren auch deshalb im eigenen Lande zur politischen Wirkungslosigkeit verdammt. Wie sie sich zum jeweiligen Kurs der SED oder zur Rückkehr in ihre Heimat stellten, erschien fast schon gleichgültig. Mit dem Leben im DDR-Käfig hatte dies nichts mehr zu tun.

Dieser Zustand offenbarte sich im November 1987 auf schmerzhafte Weise, als nicht ein einziger der als systemkritisch bekannten Delegierten des in Ost-Berlin tagenden X. Schriftsteller-Kongresses den Weg zur Zionskirche fand, wo junge Leute eine Mahnwache gegen die Verhaftung einiger ihrer Freunde organisiert hatten. Obwohl inzwischen auch die DDR-Presse ausführlich die Vorgänge aus ihrer Sicht dargelegt und den gemeingefährlichen Vorwurf der »nachrichtendienstlichen Steuerung« erhoben hatte, blieb ihr offener Brief unbeantwortet. Lediglich Hermann Kant ließ sich im »Neuen Deutschland« in hämischem Ton über die Öko-Gruppen aus, als er in Anspielung auf die Gewölbe der Zionsgemeinde, in denen die nächtlichen Verhaftungen stattgefunden hatten, behauptete, niemand, der sich für die Umwelt einsetze, müsse in der DDR »in den Keller gehen«[389]. Er stieß im Kollegenkreis auf keinen Widerspruch. Eine rühmliche Ausnahme bildete in anderem Zusammenhang der Lyriker Uwe Kolbe, der freilich nicht zu den Hätschelkindern der sozialistischen Staatskultur zählte. Auf dem Höhepunkt des Aufbegehrens gegen Festnahmen während der Liebknecht-Luxemburg-Demonstration im Januar 1988 trat er in der Gethsemanekirche mit einem mutigen Aufruf zur Solidarität an die Öffentlichkeit.

Er setzte sich damit der Kritik der »kirchenleitenden Persönlichkeiten« aus, geschützt durch seinen Reisepaß, also unter geringem persönlichem Risiko, Öl ins Feuer der Protestbewegung gegossen zu haben. Der Beifall der Anwesenden zeigte allerdings, daß sie sich noch mehr an derartiger Unterstützung gewünscht hätten.

Erst im Herbst 1989 entstand für einen kurzen historischen Moment eine Art Bündnis zwischen der aus dem kirchlichen Raum kommenden Demokratiebewegung und den prominenten kritischen Intellektuellen. Am Abend des 28. Oktober fand in der Erlöserkirche in Berlin-Lichtenberg eine Protestveranstaltung gegen das gewaltsame Vorgehen der Sicherheitskräfte gegen Demonstranten statt. Unter dem Titel »Wider den Schlaf der Vernunft« hatten 70 Schriftsteller zu einem »öffentlichen Nachdenken« aufgerufen, unter ihnen jetzt auch Christa Wolf, Stefan Heym, Heiner Müller, Christoph Hein und Stephan Hermlin. Einige nahmen sogar an dem Treffen teil. Christa Wolf forderte die Einrichtung einer Untersuchungskommission über die Vorfälle am 7. und 8. Oktober, und Stephan Hermlin mahnte die Demonstranten, bei künftigen Aktionen Zurückhaltung gegenüber der Polizei zu üben. Am selben Abend las Walter Janka im Deutschen Theater aus seinen Erinnerungen »Schwierigkeiten mit der Wahrheit«. Zehn Tage nach dem Sturz Erich Honeckers und angesichts der Massenkundgebungen im ganzen Land kam dieser Einstieg in die politische Bewegung zu spät, um noch Wirkung auszuüben. Schon kurze Zeit später, nach dem Fall der Mauer, tat sich ein unüberbrückbarer Gegensatz auf zwischen denjenigen, welche die Abschaffung der DDR und die deutsche Vereinigung wollten, und denjenigen, die eine Verbesserung des Sozialismus anstrebten. Viele Intellektuelle fanden sich zwischen diesen beiden Fronten wieder. Das bekannteste Dokument der Übergangsphase ist der Aufruf »Für unser Land« vom 28. November 1989[390]. Das im Zentralorgan der SED veröffentlichte Papier distanzierte sich eingangs von den »vom Stalinismus geprägten Strukturen« und begrüßte die gewaltfreien Demonstrationen, die einen »Prozeß der revolutionären Erneuerung« erzwungen hätten. Dann wies es auf die Alternative hin, entweder die »Eigenständigkeit der DDR« mit einer »solidarischen Gesellschaft« oder den »Ausverkauf unserer moralischen und politischen Werte« zu wählen, durch den »über kurz oder lang die Deutsche Demokratische Republik durch die Bundesrepublik vereinnahmt wird«. Christa Wolf, Stefan Heym und andere Erstunterzeichner, denen bald auch Egon Krenz folgte, konnten sich die Vereinigung der beiden deutschen Staaten nicht anders als Wiedergeburt des großdeutschen Nationalismus vorstellen, und in der bunten Warenwelt des Kapitalismus sahen sie nur stumpfsinniges Profitstreben und menschenfeindliche Konkurrenz. Trotz dieser zweifelhaften Einschätzungen, die wesentlich auf ihrer vorteilhaften Position als »Wanderer zwischen den Welten« beruhten, bleibt der Wert ihrer Werke als echte Lebens- und Orientierungshilfe für die DDR-Leser unbestritten. Nicht zuletzt deshalb, weil sie von der veröffentlichten Meinung vernachlässigte oder sogar tabuisierte Themen aufgegriffen haben. Heyms schon genannter »König David Bericht« (1972) kritisierte die Geschichtsklitterung der SED; Wolfs »Kindheitsmuster« (1976) behandelte auf neuartige Weise die Mitschuld der kleinen Leute an den Verbrechen des Nationalsozialismus, »Kassandra« (1983) thematisierte erstmals die vom Feminismus aufgeworfene Frage nach dem Zusammenhang von Männerherrschaft und Krieg, und ihr Roman »Störfall« (1987) widmete sich den Risiken der Atomenergie am Beispiel der Katastrophe von Tschernobyl.

Kapitel II: Kirche, Staat und Opposition

1. Die Kirchen in der DDR

Die Stellung der Kirchen in der DDR kennzeichnete ein elementarer Zwiespalt. Obwohl sie als Institutionen weitgehend an den Rand einer säkularisierten Gesellschaft gedrängt worden waren, befanden sich ihre Gebäude doch zentral in allen Städten und Dörfern. Wenigstens an den Sonntagen standen die Kirchentüren offen, und wer sie durchschritt, betrat eine fremde Welt. Während draußen in der Hitze der Verkehr lärmte, war es hier kühl und still. Im Gegensatz zu den allgegenwärtigen Symbolen der DDR gab es drinnen andere Zeichen und Bilder, deren Bedeutung die Schule nicht mehr lehrte und die Neugier erregten. Auf den Büchertischen im Vorraum lagen sonst im Buchhandel nicht erhältliche Schriften, und in den Schaukästen hingen Hinweise auf Veranstaltungen der Gemeinde, die fremd und geheimnisvoll klangen. Die Kirchen wirkten wie Orte, die die Zeit überdauert hatten, wie Museen oder Architekturdenkmale, und der SED wäre es recht gewesen, wenn die Menschen sie nur als solche wahrgenommen hätten. Doch lange vor den Mahnwachen an den Türen und den stürmischen Protestveranstaltungen in den überfüllten Schiffen der Kirchen, war jedermann klar, daß hier die Allmacht des Staates endete.

Die SED hatte es als Gegenspieler vor allem mit dem Bund der evangelischen Kirchen in der DDR mit 1989 5,1 Millionen Mitgliedern zu tun. Das entsprach einem Anteil von ungefähr 30 Prozent der Gesamtbevölkerung. In den acht Gliedkirchen bestanden 7 385 Gemeinden mit 4 704 Pfarrstellen, von denen 684, gleich 14,5 Prozent, vakant waren. Auf einen Geistlichen entfielen durchschnittlich 1 300 Gemeindemitglieder[391]. Diese Zahlen dokumentieren einerseits das beträchtliche Gewicht der evangelischen Kirchen. Auf der anderen Seite sprechen sie vom massiven Säkularisierungsdruck in der DDR, wenn man bedenkt, daß der Bevölkerungsanteil der evangelischen Christen 1950 noch 80,4 Prozent betragen und sich dann innerhalb einer Generation auf weniger als ein Drittel verringert hat. Noch deutlicher kam diese Tendenz in den bis Mitte der achtziger Jahre stetig abnehmenden Taufen, Eheschließungen, Konfirmationen und Bestattungen zum Ausdruck. Den Gottesdienst besuchten nach 1981 und 1986 vorgenommenen offiziellen Schätzungen 1,8 Millionen Gläubige. Wesentlich nachteiliger wirkte sich allerdings die Tatsache aus, daß lediglich etwas mehr als die Hälfte der Mitglieder die ohnehin lächerlich geringe Kirchensteuer entrichtete. Da sie nicht der Staat erhob, stellte sie faktisch eine freiwillige Spende dar, die bestenfalls höflich angemahnt wurde, um nicht weitere Austritte zu provozieren. Die territoriale Gliederung des Bundes der evangelischen Kirchen mit insgesamt acht Gliedkirchen ergab sich aus den Länder- und Provinzgrenzen der Zeit vor 1945. An seiner Spitze stand die periodisch tagende Konferenz der Kirchenleitungen mit einem Sekretariat als ständiger Einrichtung, das seit 1969 der Jurist Manfred Stolpe führte.

Die katholische Kirche verfügte nur im Eichsfeld, in der Oberlausitz und in einigen großen Städten über einen traditionellen Anhang, der 6,1 Prozent der Gesamtbevölkerung ausmachte. Er war nach 1945 durch die Aussiedlungen aus den Ostgebieten zunächst gestiegen, lag 1950 bei elf Prozent und ging dann bis 1989 um fast die Hälfte zurück. 1988 verfügten die Katholiken über 834 Pfarr- und Seelsorgestellen. Insgesamt waren in der DDR 959 Welt- und 109 Ordenspriester tätig. Damit entfielen durchschnittlich 1 030 Gläubige auf einen Priester. Die katholische Kirche befand sich zwischen Atheisten und Protestanten in einer Art doppelter Diaspora und verhielt sich ganz anders als ihre Schwester in Polen. In den gesellschaftlichen Auseinandersetzungen spielte sie kaum eine Rolle und stellte deshalb für die SED keinen ernstzunehmenden Gegner dar. Andererseits bewiesen ihre Gemeinden gegenüber dem staatlich betriebenen Säkularisierungsdruck mehr inneren Zusammenhalt als die evangelischen. Konrad Weiß' Diktum von der DDR als »gottloser Gesellschaft« mag übertrieben sein, doch spricht die Entwicklung nach 1989 für sich[392]. Der Wegfall des äußeren Drucks bewirkte nicht etwa einen Aufschwung des kirchlichen Lebens. Die Frage, ob sie an Gott glaubten, beantworteten 1996 im Gegensatz zu 51 Prozent der Westdeutschen nur noch 20 Prozent der ehemaligen DDR-Bürger positiv. Allerdings ging auch in der Alt-Bundesrepublik der statistisch erfaßte Glaube kontinuierlich zurück[393].

Die Kirchenpolitik der SED prägte von Beginn an die sowjetische Grunderfahrung, daß jede offene Verfolgung die christliche Gemeinschaft nur stärkte. Die Besatzungsmacht garantierte 1945 sofort – wie dann auch die DDR-Verfassung von 1949 – die Freiheit der Religionsausübung[394], und zum Erstaunen vieler Deutscher konnten schon bald nach Ende der Kampfhandlungen wieder Gottesdienste stattfinden. Hinzu kam das Bestreben, die Christen in den sogenannten antifaschistisch-demokratischen Neuaufbau einzubinden. Der kirchliche Landbesitz blieb über die Bodenreform hinaus wie eine Reihe weiterer Reservatsrechte bis zum Ende der DDR bestehen. So verfügten die Protestanten über eine eigene Nachrichtenagentur, fünf Wochenblätter mit einer Gesamtauflage von 157 000 Exemplaren und zwei Verlage – die Evangelische Verlagsanstalt in Berlin (EVA) und die Evangelische Hauptbibelgesellschaft in Altenburg. Letztere gaben jährlich bis zu 200 Titel meist theologischen und kirchengeschichtlichen Inhalts sowie 40 000 Bibeln heraus, die wiederum eigene Buchhandlungen vertrieben. Es gehört zu den Merkwürdigkeiten der DDR, daß neben den Parteitagsbroschüren des Dietz Verlags die Heilige Schrift als vielleicht einzige Publikation immer vorrätig war. Außerdem existierten konfessionelle Schulen und andere Bildungseinrichtungen. All dies änderte freilich nichts an der grundsätzlichen Ablehnung durch die Obrigkeit. Anfang 1953 entschloß sich die SED zu einem verschärften Vorgehen gegen die »Junge Gemeinde« und entfernte, begleitet von einer wüsten Hetzkampagne, christliche Oberschüler und Studenten von den staatlichen Bildungseinrichtungen. Im Vorfeld des 17. Juni 1953 erklärte sie diese Maßnahme für falsch und nahm sie zurück. Die Kirchenpolitik der kommenden Jahre folgte dann einer Doppelstrategie. Einerseits vermied sie offene Repression, setzte eher auf die fortschreitende Modernisierung und Säkularisierung der Gesellschaft und versuchte den allgemeinen Trend durch sanften Druck und selektive Einschüchterung zu fördern. Andererseits reagierte sie bösartig auf jegliche Einflußnahme der Kirche auf Jugend, Erziehung und Volksbildung. Am 22. August 1961 erklärte Walter Ulbricht im Politbüro: »Die ›Junge Gemeinde‹ in Berlin gehört zu den ärgsten konterrevolutionären Kräften. Heute beginnt gegen eine ihrer Gruppen ein Prozeß in Berlin. Die ›Junge Gemeinde‹ ist schlimmer als die jungen Sozialdemokraten ... Von ihnen geht die West-CDU-Propaganda aus. Sie sind Anhänger der NATO und des Klerikalismus. Sozialdemokratische Funktionäre sind oft feige, aber die von der ›Jungen Gemeinde‹ sind fanatisch. Sie sterben für Gott und Adenauer und sind bereit, Verbrechen zu begehen.«[395]

Diese in Kreisen der SED-Funktionäre übliche Sprache des unversöhnlichen Hasses vertiefte den auf beiden Seiten der weltanschaulichen Konfliktlinie vorhandenen Widerspruch. »Zwischen dem Christentum und dem Stalinismus bestehen unversöhnliche Gegensätze«, schrieb 1953 Czesław Miłosz in seiner großartigen Analyse »Verführtes Denken«, und fuhr dann fort: »Das Christentum beruht auf dem Begriff des individuellen Verdienstes und der individuellen Schuld. Der Neue Glaube ersetzt diesen Begriff durch den neuen des geschichtlichen Verdienstes und der geschichtlichen Schuld. Der Christ, der individuelle Verdienstlichkeiten und Schuld verwirft, leugnet damit auch die Bedeutung der Tat Christi, und Gott, auf den er sich noch beruft, verwandelt sich allmählich in Geschichte. Wenn er dagegen eine individuelle Schuld und Verdienstlichkeit anerkennt, kann er dann gleichgültig die Leiden jener menschlichen Wesen mitansehen, deren einziges Verbrechen darin besteht, daß sie dem Vollzug der ›historischen Prozesse‹ im Wege standen?«[396] Dennoch fehlte es nicht an Versuchen, den Konflikt zu überwinden. Selbst Theologieprofessoren wie Emil Fuchs oder Hanfried Müller verkündeten von der Kanzel herab, daß die urchristliche Gemeinde in ihrem innersten Wesen kommunistisch gewesen sei, weil sie das Eigentum abgelehnt habe, daß der Sozialismus von allen Gesellschaftsordnungen den Vorstellungen der Bergpredigt am nächsten komme, und insbesondere, daß im Kampf um den Weltfrieden Christen und Marxisten an einem Strang ziehen müßten. Allerdings blieb die Kluft unüberbrückbar, selbst wenn sich die Kirche, wie oft von ihr gefordert, auf rein seelsorgerische und karitative Aufgaben beschränkt hätte. »Es gibt keine ideologische Koexistenz« lautete eine der beliebtesten Floskeln der SED-Propagandisten, als seit Ende der sechziger Jahre die politische Koexistenz zwischen Ost und West auf der Tagesordnung stand. Das bezog sich weniger auf die Kirche an sich als auf ihr Liebäugeln mit Vorstellungen eines »Wandels durch Annäherung«.

Allein durch ihre Existenz untergruben die Kirchen das ideologische Wahrheitsmonopol, forderten die Staatsmacht an ihrer empfindlichsten Stelle heraus und wurden damit, ob sie es wollten oder nicht, zur »offenen Tür« in einer geschlossenen Gesellschaft, hinter der die Macht der SED nur sehr eingeschränkt galt. Hier konnte es keine Kompromisse geben. Die Wurzel des Protestantismus lag in der freien Gewissensentscheidung Martin Luthers gegen jegliche weltliche und geistliche Autorität. Diese Tradition mag insgesamt verschüttet gewesen sein, sie lebte aber bei einer Minderheit in dem Streben nach geistiger Unabhängigkeit, ethischen Prinzipien und Zivilcourage in den Zeiten der Diktatur weiter. Der Aufbruch des Herbstes 1989 war – wie von einigen seiner Protagonisten so bezeichnet – gewiß keine »protestantische Revolution«, aber ohne die evangelische Kirche wäre er in dieser Form undenkbar gewesen.

2. »Kirche im Sozialismus«

Die Politik der SED-Führung, sowohl die Gläubigen durch ein Mindestmaß an Akzeptanz in die sozialistische Gesellschaft zu integrieren als auch den Einfluß der Kirche endgültig zurückzudrängen, hatte in den frühen siebziger Jahren ihre erfolgreichste Zeit. Stille hatte sich um die Kirche ausgebreitet. Sie war geduldet, soweit es um Seelsorge ging, brauchbar in ihrer karitativen und diakonischen Arbeit, die sich in 130 Heimen und über 50, das staatliche Gesundheitswesen erheblich entlastenden Krankenhäusern abspielte, und nützlich als liberales Feigenblatt gegenüber der Weltöffentlichkeit. Sie selbst bezeichnete diesen Zustand als »Kirche im Sozialismus«, eine Formulierung, die auf die Entschließung der Eisenacher Bundessynode von 1971 zurückgeht. Dort hieß es: »Eine Zeugnis- und Dienstgemeinschaft von Kirchen in der Deutschen Demokratischen Republik wird ihren Ort genau zu bedenken haben: In dieser so geprägten Gesellschaft, nicht neben ihr, nicht gegen sie. Sie wird die Freiheit ihres Zeugnisses und Dienstes bewahren müssen. Denn sie ist durch ihren Auftrag allein an den gebunden, der als der menschgewordene Gott zur Rettung seiner Kreatur zu uns kam.« Und an anderer Stelle lautete die Definition noch prägnanter: »Wir wollen nicht Kirche neben, nicht gegen, sondern Kirche im Sozialismus sein.«[397] In den folgenden 18 Jahren bildeten sich im wesentlichen vier Interpretationsmuster dieses Grundsatzes heraus.

Das erste sah in ihm eine reine Loyalitätsbekundung, eine Kapitulation vor dem Herrschaftsanspruch des Staates. Es gab in der Tat zahlreiche Äußerungen führender Kirchenvertreter, die kaum eine andere Deutung zuließen. Ihre Anhänger beriefen sich oft auf die in der Verfassung verankerte Trennung von Kirche und Staat und leiteten aus ihr eine Ablehnung jeglicher Einmischung in die Belange der Öffentlichkeit ab. Sie verspürten darin weniger einen Verzicht als vielmehr die Möglichkeit, Freiheit im spirituellen Sinne zu gewinnen. Das zweite verstand die Formel »Kirche im Sozialismus« ganz im Gegenteil als Absage an die Unterordnung unter den SED-Staat, als Weigerung, Kirche für den Sozialismus zu sein. Diese Meinung vertrat beispielsweise im Rückblick Manfred Stolpe, und sie beinhaltete demnach » . . . eine Absage an die Vereinnahmung durch den Staat, aber auch eine Absage an den Kampf gegen den Staat. Das war vor allem der Anspruch auf ungehinderte Tätigkeit der Kirche auch in einer sozialistischen Gesellschaft.«[398] Das dritte interpretierte den Grundsatz als Aufforderung, nicht abseits zu stehen bei den Bemühungen um einen menschlichen und demokratischen Sozialismus. Vielen Menschen, auch Christen, erschien nämlich trotz aller Ablehnung der realsozialistischen Diktatur der real existierende Kapitalismus nicht erstrebenswert und keineswegs christlicher als die Gesellschaft der DDR. Sozialismus bildete im damaligen Verständnis noch eine weite Klammer, die alle Träume von einer glücklicheren Welt zusammenhalten konnte.

Der bekannte Erfurter Theologe Heino Falcke rief 1972 während der Bundessynode in Dresden folgerichtig dazu auf, aus der politischen Abstinenz herauszutreten und in der Gesellschaft mitzuarbeiten, »in der engagierten Hoffnung auf einen verbesserlichen Sozialismus«[399]. Dies bedeutete vier Jahre nach dem gewaltsamen Ende des Prager Frühlings keine Anbiederung an den Staat, sondern eine gefährliche Herausforderung. Das vierte Interpretationsmuster bestand schließlich nur aus einer – gewissermaßen rein geographischen – Ortsbestimmung. So wie die politischen Mächte der Welt ging eben auch die Kirche von der Existenz der DDR und ihrer Gesellschaftsordnung aus und richtete sich darauf ein, unter den gegebenen Bedingungen die Botschaft des Evangeliums zu verkünden. Diese pragmatische Auffassung ließ wiederum alles Weitere offen, und gerade ihre Mehrdeutigkeit war nach Bischof Albrecht Schönherr ein »Grund, daß sie sich so schnell durchsetzte und lange Zeit unumstritten im Gebrauch war. Sie hatte die Funktion einer Integrationsformel innerhalb der Kirche; sie vermochte auseinanderdriftende Gruppierungen zu verbinden. Durch sie war es aber auch möglich, eine Brücke über den tiefen Graben der Ideologien zu schlagen.«[400]

In der Kirche formierte sich in bescheidenem Rahmen schnell eine Gegenöffentlichkeit. Gerade die Jungen Gemeinden boten einen Schutzraum gegen die Allmacht des Staates. Allein diese Tatsache war von höchster Brisanz, obwohl man immer wieder betonte, keine politische Opposition sein zu wollen. Hier fanden Lesungen mit von der Obrigkeit nicht wohlgelittenen Schriftstellern statt, hier stellten Künstler aus, die den Vorgaben des Sozialistischen Realismus nicht entsprechen wollten, und hier wurde über in FDJ und Staatsbürgerkundeunterricht unerwünschte Themen diskutiert. Viele junge Menschen erfuhren über die Begegnung mit dem Christentum überhaupt erst, daß es eine Alternative zur Staatsideologie gab. Pastoren und Gemeindekirchenräte sahen das alles mit gemischten Gefühlen. Auf der einen Seite bescherte ihnen eine Veranstaltung über Wehrdienstverweigerung oder der Auftritt eines kritischen Liedermachers – zu Zeiten, da oft nur ein halbes Dutzend alter Leute den normalen Sonntagsgottesdienst besuchte – brechend volle Häuser. Auf der anderen Seite scheuten die Amtsträger und so manche Gemeinde den Konflikt, weil sie vor allem der Verkündung des Evangeliums und nicht politischen Versammlungen dienen wollten. Für die SED wurde die Kirche in dem Augenblick gefährlich, als Kritiker aus ihrem eigenen ideologischen Umfeld begannen, die dortigen Freiräume und Strukturen zu nutzen. Ein solches Signal ging von Wolf Biermanns erstem öffentlichen Konzert nach elf Jahren Auftrittsverbot im September 1976 in der Nikolaikirche zu Prenzlau aus, über das er selbst schrieb: »Eine riesige schöne alte Kirche ohne Kirchturm . . . und gerammelt voll mit jungen Leuten . . . Das Ganze lief als Gottesdienst. Auf diese Weise ersparten sich die Kirchenleute die polizeiliche Anmeldepflicht und brauchten für meinen Auftritt nicht um eine Genehmigung nachzusuchen.«[401] Es deutete sich eine Koalition junger Christen und nachdenklicher Marxisten an, und so sprach Biermann bei dieser Gelegenheit denn auch von einer Kirche, die » . . . eine christlich-kommunistische Kritik an unseren Verhältnissen übt und so eine Position einnimmt, die wirklich fortschrittlich und aufbauend ist«. In einem »Brief an seine Mutter«, der einige Tage später im Westen gedruckt und vom SFB gesendet wurde, fügte er hinzu: »Ich weiß nicht, ob meine Genossen im ZK, Abteilung Kirchenfragen, entzückt über eine solche rote Kirche wären.«[402]

Auch die »Kirche im Sozialismus« konnte die – in ihrer Intensität und in ihren Methoden variable – Benachteiligung und Zurücksetzung christlicher Jugendlicher in den Schulen und Universitäten nicht verhindern. Vor allem war es für christliche Schüler schwer, Zugang zur Erweiterten Oberschule (EOS) zu erhalten. Da höchstens zehn Prozent eines Jahrgangs den Weg zum Abitur beschreiten konnten und stets viel mehr Bewerbungen vorlagen, verlangten die Zulassungskommissionen nicht nur hervorragende Zensuren, sondern auch »gesellschaftliche Tätigkeit« und »klare politische Positionen«. Vor dem Studium befanden sich noch einmal dieselben Hürden. Dennoch waren sie nicht so hoch, daß nicht bisweilen jemandem ihre Überwindung gelang. Gerade Kinder aus Pfarrhäusern bewegten sich in einem merkwürdigen Spannungsfeld, das Markus Meckel in einem Beitrag mit dem Begriffspaar »Geborgenheit und Wagnis« gekennzeichnet hat[403]. Ihnen begegnete man mit großem Mißtrauen, doch gleichzeitig faßten sie die Schulleitungen in der Regel mit Samthandschuhen an, weil sie sich außerstande sahen, alle taktischen Wendungen der Kirchenpolitik zu durchschauen und angemessen umzusetzen. Insgesamt existierte in der DDR allerdings ein Bildungsprivileg der Systemtreuen und Angepaßten. Nach 1989 sollte sich dieses Erbe als das am schwersten zu überwindende herausstellen.

3. Die Selbstverbrennung des Pfarrers Brüsewitz

Am 18. August 1976 warf ein dramatischer Vorfall ein Schlaglicht auf die bedrükkende Situation der Christen in der DDR[404]. Am Morgen verabschiedete sich Pfarrer Oskar Brüsewitz aus dem Dörfchen Rippicha von seiner Frau und seinen beiden Töchtern, denen an seinem Verhalten nichts Ungewöhnliches aufgefallen war, außer daß er im Garten einige langstielige Rosen geschnitten und den Frühstückstisch damit geschmückt hatte. Nach dem gemeinsamen Essen bat er eine Tochter, ihm auf dem Klavier sein Lieblingsstück vorzuspielen. Dann fuhr er mit seinem Wartburg-Kombi in die Kreisstadt Zeitz. In der zentral gelegenen Fußgängerzone vor der Michaeliskirche stellte er zwei auf Holz gespannte Leinwandtransparente mit folgender Botschaft auf: »Funkspruch an alle ... Funkspruch an alle ... Die Kirche in der D.D.R. klagt den Kommunismus an! wegen Unterdrückung in Schulen an Kindern und Jugendlichen.«[405] Als sich einige Neugierige versammelt hatten, holte Brüsewitz aus dem Auto eine Milchkanne voll Benzin, überschüttete sich damit und entzündete ein Streichholz. Eine zwei bis drei Meter hohe Stichflamme schoß empor, und der weite Talar brannte wie eine Fackel. Laut schreiend lief der Pfarrer an den zurückweichenden Menschen vorbei über den Marktplatz. Ein NVA-Soldat und ein Busfahrer brachten ihn zum Stehen und versuchten, mit einer Decke die Flammen zu löschen. Währenddessen entfernte der herbeigeeilte CDU-Kreissekretär mit Hilfe von zwei Polizisten die Plakate vor der Kirchentür. Schließlich trafen auch die Feuerwehr und ein Rettungswagen ein. Brüsewitz wurde zunächst in das Kreiskrankenhaus und von dort auf die Intensivstation des Bezirkskrankenhauses Halle-Dölau gebracht, wo er am 22. August an den Folgen der Verbrennungen starb, ohne seine Familie noch einmal gesehen zu haben.

Sofort hatten die Sicherheitsorgane und die Kirchenleitungen hinter den Kulissen hektische Aktivitäten entwickelt, um die politische Dimension des Falles zu verschleiern. Schon am Nachmittag des 18. August eilten Staatssekretär Hans Seigewasser und Oberkonsistorialrat Manfred Stolpe gemeinsam nach Magdeburg, um Schadensbegrenzung zu betreiben. Trotzdem gelang es nicht, die Verbreitung der Meldung über den Vorgang in den westlichen Medien zu verhindern. Die staatliche Seite befürchtete insbesondere bei der Beerdigung des Opfers öffentlichkeitswirksame Aktionen. Doch dank einer »einheitlichen stabsmäßigen Führung« und kirchlichen Entgegenkommens gelang am 26. August eine Beerdigung »ohne Zwischenfall, Störung und Provokationen«. Das kirchliche Stillhalten wurde allerdings nicht belohnt. Im Zentralorgan der SED erschien am 31. August unter dem Titel »Du sollst nicht falsch Zeugnis reden« ein mit A. Z. gezeichneter Beitrag, der Brüsewitz als geisteskrank und pervers hinstellte[406]. Er habe sein Pferd vor den Trabant gespannt, und als das Tier verendet war, »versuchte er vergebens, zur Verbrennung seines toten Gauls das Krematorium in Anspruch zu nehmen«. Beim Fußballspielen mit Kindern seiner Gemeinde habe er »weniger angehabt . . . als eine Unterhose«. Ein ähnlich ausgerichteter Kommentar ohne Autorenhinweis erschien am selben Tag in der »Neuen Zeit«, dem Organ der CDU[407]. Er zitierte ausführlich kirchliche Persönlichkeiten, die angeblich der Frage nachgegangen waren, ob der Pfarrer »eigentlich seine fünf Sinne beieinander« gehabt hatte. Die konkreten Vorwürfe milderte er allerdings leicht ab, indem er vom Fußballspiel »in Unterhosen« berichtete. Einen Tag später druckten verschiedene Bezirkszeitungen den ND-Artikel ungekürzt nach. Mit dem brutalen Zynismus erwies sich die Parteiführung zweifellos einen schlechten Dienst, zumal sich herumsprach, daß der in Stil und Wortwahl an den »Stürmer« erinnernde Beitrag von Günther Kertzscher, einem der ehemaligen Nazis in der Journalistenzunft der DDR, stammte[408]. Die Empörung war so allgemein, daß sich ihr selbst die Evangelischen Kirchenleitungen nicht entziehen konnten. Am 11. September 1976 verabschiedete ihre Konferenz einen acht Tage später von allen Kanzeln zu verlesenden »Brief an die Gemeinden«[409]. In ihm räumten sie immerhin ein, daß durch »die Tat von Bruder Brüsewitz . . . unüberhörbar Fragen laut geworden [sind], die unter uns nicht ausgetragen worden sind«[410]. Das Unbehagen in den Gemeinden – auch an dem leisetreterischen Verhalten ihrer Führung – war nicht mehr zu übersehen. Der DDR drohte ein neuer Kirchenkampf, den die SED-Führung ebensowenig wollte wie die Kirchenleitungen. Doch der Opfertod hatte einen Stein ins Rollen gebracht, den auf Dauer keiner mehr aufhalten konnte.

4. Das Spitzengespräch vom 6. März 1978

Am 6. März 1978 fand die erste und einzige Begegnung Erich Honeckers mit dem Vorstand des Kirchenbundes statt. In den folgenden Jahren bezog man sich immer wieder auf dieses Datum, und die beiderseitigen Beteuerungen, es bleibe bei den »Grundsätzen vom 6. März«, sollte in den sich häufenden Krisensituationen der achtziger Jahre einen Kurs der »vertrauensvollen Zusammenarbeit« beschwören. Während des Treffens waren kein Vertrag unterzeichnet, nicht einmal ein Kommuniqué erlassen, sondern lediglich einige sehr praktische Dinge geregelt worden. Sie betrafen die Altersversorgung der Pfarrer, die Pachtzahlungen für von Landwirtschaftlichen Produktionsgenossenschaften genutztes kirchliches Ackerland, Erleichterungen für konfessionelle Kindergärten und die Möglichkeit, monatlich jeweils eine Stunde Sendezeit in Fernsehen und Hörfunk zu beanspruchen[411]. Das war viel und wenig zugleich. Der Leipziger Theologieprofessor Kurt Nowak berichtete: »Die kircheninterne Fama will wissen, daß Bischof Schönherr nach der Begegnung im Staatsratsgebäude in seinen bescheidenen Dienstsitz eilte, sämtliche Türen aufriß und den Mitarbeitern das frohlockende Wort zuwarf: ›Sieg! Sieg!‹ Ob erfunden oder wahr, die Episode drückt die ungeheure Erleichterung der kirchlichen Seite, ihr Auf- und Ausatmen nach langen Jahren der Verkrampfung und Mißverständnisse aus. Die Begegnung vom 6. März am runden Tisch des Staatsratsvorsitzenden verbürgte der evangelischen Kirche in der DDR Entfaltungsmöglichkeiten von neuer Qualität. Sie nahm vielen Christen das bedrückende Empfinden, Bürger zweiter Klasse zu sein.«[412]

Immerhin erkannte der Staat öffentlich die Kirche als eine Art gleichberechtigten Verhandlungspartner an, und die Pressemitteilung enthielt die Passage: »Das Verhältnis von Staat und Kirche ist so gut, wie es der einzelne christliche Bürger in seiner gesellschaftlichen Situation vor Ort erfährt.«[413] Dies bedeutete, daß der Burgfrieden nicht auf Kosten der einfachen Gläubigen ging. Die Formel war nicht rechtlich einklagbar, bot aber dem Einzelnen gegenüber den Behörden die Chance, sich auf die offizielle Kirchenpolitik der Parteiführung zu berufen. Wie bei jedem Kompromiß fällt es schwer, selbst im historischen Rückblick Vor- und Nachteile abzuwägen. In erster Linie stellte die Einigung auf dem kleinsten gemeinsamen Nenner wohl einen notwendigen Baustein der Ost-West-Entspannung dar. Im Zeichen des KSZE-Prozesses brauchte die SED Ruhe im eigenen Land. Die Kirche versprach sich davon einen größeren Handlungsspielraum, verbunden mit der Zusicherung, daß ihre Mitglieder anerkannt und gleichberechtigt im Sozialismus leben dürften, wenn sie Loyalität übten und nicht als fünfte Kolonne des Westens galten. Man darf schließlich nicht außer acht lassen, wie die realen Kräfteverhältnisse ausgesehen haben. Sie führten dazu, daß die Christen in der DDR schon das kleinste Entgegenkommen als Erfolg werteten. Die Partei aber nahm weder jetzt noch später eine grundsätzliche Neuorientierung ihrer Kirchenpolitik vor. Sie verstand wie die Staatssicherheit unter der »Linie des 6. März 1978«, daß die domestizierte Kirchenleitung im Entspannungsprozeß gute Dienste leistete und gleichzeitig die Unruhestifter in ihren eigenen Reihen zur Raison brachte.

5. Die Opposition im Freiraum der Kirche

Gegen Ende der siebziger Jahre entstand ein labiles Dreiecksverhältnis zwischen Kirche, Staat und jenen kleinen, aber aktiven Gruppierungen, die sich im Rahmen der Gemeindearbeit mit Friedens-, Umwelt- und Menschenrechtsfragen beschäftigten. Keiner der Partner war in sich homogen, und alle drei unterlagen strukturell vergleichbaren internen Spannungen, die wiederum die komplizierten Balanceakte in den Außenbeziehungen bestimmten. Die Partei- und Staatsführung mußte die Hardliner im eigenen Apparat davon überzeugen, daß die stillen Methoden der Problembereinigung am besten wirkten. In Verhandlungen mit der Kirche, aber auch mit bundesdeutschen Stellen deutete sie oft genug an, daß sie unter

Druck stünde und deswegen weitere Zugeständnisse nicht gewähren könne. So erschienen Erich Honecker und sein Staatssekretär für Kirchenfragen, Klaus Gysi, oft als diejenigen, die »Schlimmeres verhüteteten«. Ähnlich agierten die Kirchenleitungen. Gegenüber der Obrigkeit traten sie als ehrliche Makler auf, deren Glaubwürdigkeit mangelndes Entgegenkommen gefährdete. Den Gruppen wiederum drohten sie, nur so lange ihre Vermittler- und Schutzfunktion ausüben zu können, wie sie Vernunft und Augenmaß wahrten. Diese schließlich standen unter dem Druck einer sich seit 1987 radikalisierenden Basis vor allem Ausreisewilliger, die auf medienträchtige Aktionen zur Durchsetzung ihrer Forderungen drängten. Letztere setzten die mühsam aufgebauten Gruppenstrukturen rücksichtslos einer Konfrontation mit der Staatsmacht aus, verschafften aber damit der buntscheckigen Opposition Dynamik und die Aufmerksamkeit der Öffentlichkeit. Sowohl die internen Auseinandersetzungen als auch die zwischen den drei Konfliktparteien funktionierten nur über die Vermittlung der bundesdeutschen Medien, denn allein ihre Meldungen und Berichte machten die wenigen diesbezüglich in der DDR verbreiteten Informationen verständlich. Zugespitzt könnte man sagen, daß innerhalb der DDR lediglich das »stattfand«, was die westlichen Zeitungen und Sender berichteten. Gegen ihren Willen wurde die Bundesrepublik also indirekt zum vierten Partner im Kräftespiel und beeinflußte das Verhalten der drei anderen stark.

Kapitel III: Der »Neue Kalte Krieg« und die DDR-Gesellschaft der achtziger Jahre

1. Die Weltpolitik im Schatten der atomaren Bedrohung

Die Wende von den siebziger zu den achtziger Jahren stand weltpolitisch unter einem schlechten Stern. Drei miteinander in Verbindung stehende Probleme spielten hierbei eine Rolle: Der Afghanistan-Krieg, die beide Bündnissysteme betreffende Aufrüstung mit Mittelstreckenwaffen in Europa und die schon ausführlich behandelte Krise in Polen. In den letzten Dezembertagen des Jahres 1979 hatte Moskaus Armee in die verworrenen inneren Auseinandersetzungen Afghanistans eingegriffen, und am 23. Januar 1980 erklärte der amerikanische Präsident Carter in ungewöhnlich scharfer Form: »Jetzt hat die Sowjetunion einen radikalen und aggressiven neuen Schritt unternommen. Sie setzt ihre große militärische Macht gegen ein verhältnismäßig schutzloses Land ein. Die Implikationen der sowjetischen Invasion in Afghanistan könnten die ernsthafteste Bedrohung des Weltfriedens seit dem Zweiten Weltkrieg darstellen.«[414] Fast zeitgleich faßte die NATO am 12. Dezember 1979 angesichts der sowjetischen Aufrüstung mit Mittelstreckenraketen, die unter der amerikanischen Bezeichnung SS-20 bekannt wurden, ihren umstrittenen Doppelbeschluß. Er besagte, daß sie bis Ende 1983 insgesamt 572 Marschflugkörper und Pershing II Raketen mit nuklearen Sprengköpfen in Westeuropa stationieren wolle, wenn Moskau nicht bereit sei, das von ihm gegen den Geist des SALT-Abkommens geschaffene Potential abzubauen. Diese Entscheidung betraf in elementarer Weise die Deutschen beiderseits der Blockgrenzen, wo sich eine in der Weltgeschichte wohl einmalige Konzentration von Vernichtungswaffen aller Art befand. Die Mittelstreckenraketen mit ihren niedrigen Vorwarnzeiten rückten einen Erstschlag wieder in den Bereich des Denkbaren, und es schien klar, daß Bundesrepublik und DDR im Konfliktfall als Schlachtfeld eines atomaren Vernichtungskriegs dienen würden.

Daraus ergab sich eine Art negative Schicksalsgemeinschaft, deren Aufgabe darin bestehen mußte, eine besondere Verantwortung für den Erhalt des Friedens zu übernehmen. Diese Konstellation und die entsprechenden Schlagworte der Friedensbewegung erinnerten an die Kampagnen der fünfziger Jahre, nur daß sich jetzt die weltpolitischen Rahmenbedingungen aufgrund der bereits geschlossenen politischen und militärischen Verträge geändert hatten. Unter der Gefahr des Scheiterns der Entspannung bildeten sich in ganz Deutschland pazifistische und neutralistische Strömungen, deren sich die staatliche Politik bediente. Obwohl die Friedensbewegung im Westen der SED-Führung hochwillkommen war, stellten ihre Parolen eine Bedrohung dar. Auf der einen Seite entsprach die Anti-Raketen-Kampagne der Interessenlage des Ostens, dessen Ziel darin bestand, die Stationierung der amerikanischen Flugkörper zu verhindern und zugleich die sowjetischen SS-20 in möglichst großer Zahl aufzustellen. Auf der anderen Seite provozierte sie in der DDR einen gefährlichen Nachahmungseffekt: Kirchliche Gruppen griffen die pazifistischen Losungen und Rituale auf und stellten ausdrücklich die militärischen Optionen beider Blöcke in Frage. Im Schatten der internationalen Nachrüstungsdebatte entwickelte sich eine unabhängige Friedensbewegung, die erstmals in einer beschränkten Öffentlichkeit Meinungen äußerte und sogar zu Papier brachte, die den offiziellen Sprachregelungen zuwiderliefen. Sie bildete die Keimzelle der späteren Oppositionsgruppen und lieh der friedlichen Herbstrevolution die Gesten und Symbole, ihre Lieder und Ideen. Rein polizeitechnisch hätte die Staatsmacht sie Anfang der achtziger Jahre natürlich im Keime ersticken können. Sie wollte sich aber nicht mehr der Gefahr aussetzen, einen massiven politischen Gesichtsverlust zu erleiden, und setzte deswegen auf ihr Spitzelsystem, auf Unterwanderung, Zersetzung und Psycho-Terror.

Die Bundesregierung unter Helmut Schmidt sah sich dagegen mit einer vor allem moralisch argumentierenden Friedensbewegung konfrontiert, die meistens den Eindruck vermittelte, allein die amerikanischen Raketen seien gefährlich, während die Sowjetarmee lediglich Spielzeugwaffen besitze. Diese Stimmung hatte auch weite Teile der SPD erfaßt und zwang die sozial-liberale Koalition zur Rücksichtnahme, die vor der Schwierigkeit stand, gleichzeitig gegenüber dem Osten Härte demonstrieren zu müssen. Wegen der geschilderten Gemengelage bewegten sich die deutsch-deutschen Beziehungen auf einem schmalen Grat zwischen dem gemeinsamen Interesse am Spannungsabbau und der grundsätzlich bejahten Einbindung in das jeweilige Bündnissystem. Hinzu kam, daß beide Seiten den Eindruck einer heimlichen Kumpanei vermeiden wollten und mußten.

2. Die Militarisierung der DDR-Gesellschaft

Nur schwer kann man sich einen Staat vorstellen, der im tiefsten Frieden stärker militarisiert war als die DDR. Es mag sein, daß die preußischen Traditionen noch fortwirkten, doch die entscheidende Rolle spielte hierbei die strategische Position der DDR im Rahmen des Warschauer Paktes. Im Jargon der NVA-Offiziere hieß bezeichnenderweise alles, was sich außerhalb der Kasernenmauern befand, »ziviler Sektor«: Wirtschaft, Familienpolitik, Volksbildung, Sport und Gesundheitswesen orientierten sich an den militärischen Erfordernissen. Ende der siebziger Jahre verstärkte sich dieser Trend und fand am 1. September 1978 seinen sichtbarsten Ausdruck in der Einführung der »Wehrerziehung« als obligatorisches Unterrichtsfach in den neunten und zehnten Klassen der Polytechnischen Oberschule[415]. Die Grundsatzdirektive des Ministeriums für Volksbildung legte im Einvernehmen mit dem Minister für Nationale Verteidigung den Unterricht zu »Fragen der sozialistischen Landesverteidigung« auf jeweils vier Doppelstunden fest. Hinzu kamen zwölf Ausbildungstage in der Klasse 9 zu jeweils acht Stunden im Lager für die Jungen beziehungsweise der Lehrgang »Zivilverteidigung« für alle Mädchen sowie für diejenigen Jungen, die nicht an der Wehrausbildung im Lager teilnehmen konnten, im Umfang von zwölf Lehrgangstagen zu jeweils sechs Stunden. Außerdem wurden drei Tage der »Wehrbereitschaft« durchgeführt. Das Ziel des Maßnahmenkatalogs bestand darin, »die Mädchen und Jungen mit ausgewählten Grundkenntnissen der Landesverteidigung vertraut machen und ihre Wehrbereitschaft fördern«. Ab Mai 1981 fand der Wehrkundeunterricht auch in der Klasse 11 statt[416]. Im Grunde war dies alles nichts Neues. Schon seit den frühen fünfziger Jahren veranstalteten die Schulen Schießübungen mit Luftdruck- oder Kleinkalibergewehren, Geländespiele, Exerzierübungen und Werbeveranstaltungen für die NVA durch. Während aber bisher ihre Durchführung bei der Pionierorganisation, der FDJ oder der GST gelegen hatte und deshalb durchaus die Möglichkeit bestand, sich der Teilnahme zu entziehen, demonstrierte der Staat nun seine Macht und zwang auch noch die letzten Außenseiter in die grauen Uniformen der Zivilverteidigung.

Selbst in den Kindergärten, die einheitlichen Bildungs- und Erziehungsplänen folgten, stand die Wehrerziehung auf dem Programm. In der mittleren Gruppe, also bei den Vier- bis Fünfjährigen, sah sie unter der Rubrik »Bekanntmachen mit dem gesellschaftlichen Leben« auch das Thema »Von den Menschen, die unsere Heimat schützen«[417] vor und führte aus: »Die Beziehungen der Kinder zu den bewaffneten Streitkräften werden vertieft. Sie sammeln Bilder und unterhalten sich mit den Erziehern darüber; stellen nach Möglichkeit zu einem Angehörigen der bewaffneten Organe freundschaftliche Beziehungen her.«[418] Der Plan für die Sechs- bis Siebenjährigen baute diesen Programmpunkt aus: »Die Kenntnisse der Kinder über die Soldaten unserer Nationalen Volksarmee werden erweitert. Die bestehenden freundschaftlichen Beziehungen der Kinder zu diesen Menschen werden gepflegt. Durch diese engen Beziehungen der Kinder zu einzelnen Angehörigen der bewaffneten Organe werden bei den Kindern die Gefühle der Liebe und Zuneigung zu ihnen entwickelt. Sie wissen, unsere Soldaten sind auch Arbeiter. Sie schützen die Menschen und deren Arbeit und wachen darüber, daß wir fröhlich spielen können ...«[419]

Zur Ehrenrettung vieler Kindergärtnerinnen sei gesagt, daß sie die Anweisungen oft nicht ernst nahmen oder sogar bewußt unterliefen. Schwerwiegender als die oben angedeutete Veränderung ihrer Organisationsstruktur an den Schulen war die Tatsache, daß sich die Wehrerziehung nicht auf das Unterrichtsfach »Wehrkunde« beschränken, sondern ein durchgängiges pädagogisches Prinzip der klassenmäßigen sozialistischen Erziehung bilden sollte. In den Lesebüchern standen Geschichten über die tapferen Krieger der NVA und der Sowjetarmee, in Musik sang man nicht nur die traditionellen Lieder der Arbeiterbewegung, sondern auch Soldatenmärsche, in Kunst enthielt der Lehrplan das Motiv Verteidigungsbereitschaft, nach dem die Kinder Panzer und Kanonen malen mußten. Sogar der Physiklehrer sollte das Prinzip der Federspannung anhand der »überlegenen Waffentechnik der sozialistischen Armeen« erklären[420].

Ob diese Übersättigung zu echter Begeisterung für den künftigen Waffendienst oder eher zu Überdruß und Ablehnung führte, bleibe dahingestellt. Jedenfalls hielten sich Interesse und Desinteresse an der vormilitärischen Ausbildung nach den zu DDR-Zeiten durchgeführten Umfragen ungefähr die Waage. Das Ergebnis lautete, daß 49 Prozent der Schüler der neunten und zehnten Klasse »mit Interesse« am Wehrkundeunterricht teilgenommen hatten, 43 Prozent »ohne Interesse« und acht

Prozent gar nicht[421]. Zumindest Abiturienten unterlagen massivem Druck, eine freiwillige Verpflichtungserklärung für den dreijährigen Dienst in der NVA zu unterschreiben oder sich für die Offizierslaufbahn zu bewerben, denn die Schulen mußten eine bestimmte Erfolgsquote vorweisen. Diese Zwangslage führte oft zu unverhüllten Drohungen durch Schulleitung und FDJ, Jugendliche vom Abitur auszuschließen oder mit schlechten Beurteilungen den Weg zur Universität zu verbauen, wenn sie dem »Wunsch« nicht nachkamen. Nicht alle waren so »abgebrüht«, sich zunächst zu verpflichten und später zu widerrufen oder ein ärztliches Attest einzureichen.

Der Zugriff militärischer Dienststellen auf die Schulen hatte Anfang der achtziger Jahren solche Formen angenommen, daß sich sogar Margot Honecker genötigt sah, mit einem Bericht beim Zentralkomitee der SED Einspruch zu erheben[422]. 1982 stieg – bei gleichzeitiger Abnahme der betreffenden Jahrgangsstärken – die staatliche Auflage zur Gewinnung von Berufsoffiziersbewerbern unter den Abiturienten von jährlich 530 auf 3 730. »Durch ein perfektioniertes System von Maßnahmeplänen, kurzfristigen Berichterstattungen, Rapporten, Kontrollen usw. wird eine kampagnehafte Arbeit hervorgerufen«, klagte die Ministerin für Volksbildung und nannte einige Beispiele: »An der IV. Oberschule Pirna-Sonnenstein mußten alle Klassenleiter eine gesonderte Konzeption zur militärischen Nachwuchsgewinnung beim Direktor verteidigen. Dort wurde festgelegt, daß zur Kontrolle der Klassen 1–6 (!) monatlich eine Berichterstattung der Klassenleiter vor der Schulparteiorganisation bzw. dem stellv. Direktor und für die Klassen 7–10 eine 14tägige Berichterstattung der Klassenleiter vor der Schulparteiorganisation und dem Direktor erfolgt. Wie die Zahl gleichartiger Berichterstattungen vergrößert wird, zeigt das Beispiel des Stadtbezirksschulrates von Dresden-Nord, der jeden Montag vor der Arbeitsgruppe beim Stadtbezirksbürgermeister berichtet, jeden Dienstag eine Beratung der Arbeitsgruppe beim Stadtbezirksschulrat durchführt, monatlich bei der Beratung der Kontrollgruppe der Stadtbezirksparteileitung der Partei und dem Stadtschulrat zu berichten hat.«[423] Dann wies Margot Honecker auf einen weiteren wichtigen Punkt hin: »Durch die Vielzahl der Berichterstattungen, Kontrollen und Anleitungen werden die für die militärische Nachwuchsgewinnung verantwortlichen Genossen von der lebendigen und konkreten Arbeit mit geeigneten Schülern und deren Eltern abgehalten. Durch die genannten Maßnahmen werden vor allem Direktoren und Lehrer unter einen Ergebnisdruck gesetzt, der zur Folge hat, daß nicht immer geeignete Schüler gewonnen werden, die politisch, leistungsmäßig, charakterlich und physisch den Anforderungen an einen militärischen Beruf gerecht werden, was sich auch daran zeigt, daß z. B. in jedem Jahr von der EOS solche Bewerber relegiert werden mußten und in Einzelfällen Karrieristen Vorschub geleistet wurde, die die Möglichkeit nutzten, um auf diesem Wege zur EOS zu gelangen.«[424]

Trotz dieser sehr deutlichen Warnungen vor der Gefahr, opportunistisches Verhalten im Hinblick auf den Zugang zu Erweiterter Oberschule und Universität zu fördern, erhöhten sich die Vorgaben ständig weiter. In einer statistischen Übersicht aus dem Jahre 1986 hieß es, daß ». . . entsprechend der staatlichen Aufgabenstellung . . . 4 530 Jugendliche als Berufsoffiziersbewerber zu gewinnen« sind[425], obwohl sich, wie unten zu sehen, der »Erfüllungsstand« in letzter Zeit positiv entwickelt hatte.

Tabelle 23: Erfüllungsstand des Ministeriums für Volksbildung für Bewerbungen zum Berufsoffizier[426]

Jahr	Gesamterfüllung	Verhältnis zur Aufgabenstellung in Prozent
1982	4 491	99,1
1983	4 463	98,5
1984	4 674	103,2
1985	4 715	104,1

Offenbar gab es genügend junge Leute, die sich dem Druck beugten, die einer wichtigen Unwägbarkeit in ihrer Lebensplanung entgehen wollten oder denen die Laufbahn als Berufsoffizier wirklich attraktiv erschien, denn Bezahlung und Sozialleistungen waren nicht schlecht. Weniger gut stand es, wie die folgende Tabelle ausweist, um die Berufsunteroffiziersbewerber, deren Dienstzeit in der Regel zwölf Jahre betrug.

Tabelle 24: Erfüllungsstand des Ministeriums für Volksbildung für Bewerbungen zum Berufsunteroffizier[427]

Jahr	staatliche Aufgabe	Erfüllung	in Prozent
1982	6 470	4 462	69,0
1983	6 470	5 057	78,2
1984	6 470	5 654	87,4
1985	6 470	6 014	93,0

Zum Aspekt der sinkenden Jahrgangsstärken führte der bereits zitierte Bericht des Ministeriums für Volksbildung an das Zentralkomitee aus: »Außer den 11 000 Jugendlichen, die als Nachwuchskader für militärische Berufe vorzubereiten sind, besteht nach Aussage der Genossen des Ministeriums für Nationale Verteidigung zugleich die Notwendigkeit, jährlich ca. 24 000 Jugendliche für eine längere Dienstzeit als Soldaten, Unteroffiziere bzw. Offiziere auf Zeit zu gewinnen. Das Problem besteht darin, daß zur Erfüllung dieser Aufgabenstellung in den kommenden Jahren – bedingt durch die demographische Entwicklung – zahlenmäßig weniger Schüler pro Jahrgang zur Verfügung stehen.«[428] Es folgte eine Aufstellung mit dem Ergebnis, daß die Zahl der männlichen Abgänger der zehnten Klassen im Jahre 1990 nur noch 74,5 Prozent derjenigen von 1985 erreichen würde, und schließlich hieß es zusammenfassend: »Diese Übersicht macht deutlich, daß entsprechend der gegenwärtigen Aufgabenstellung von den Absolventenjahrgängen 1988–1991 fast jeder zweite Junge für einen militärischen Beruf oder eine längere Dienstzeit zu gewinnen ist.«[429]

Bereits lange vor Einführung der Wehrkunde an den Schulen existierten für die Universitäten ähnliche Vorgaben. Alle Studenten mußten einen vierwöchigen Lehrgang in einem Ausbildungslager besuchen, und ohne das entsprechende Zertifikat konnten sie ihr Studium nicht ordnungsgemäß abschließen. Darüber hinaus absolvierten ihre »gedienten« Kommilitonen eine Art Offiziersausbildung und die »ungedienten« eine militärische Grundausbildung. Die Frauen sowie die aus gesundheitlichen Gründen untauglichen Männer leisteten einen Lehrgang in der

Zivilverteidigung ab. Das Ziel bestand darin, daß sich möglichst alle Studenten »freiwillig« als Reserveoffiziersanwärter (ROA) verpflichteten. Wer die Unterschrift verweigerte, riskierte die Relegation, zumindest aber den Verdacht »mangelnder politischer Überzeugung«. Da die Vergabe der Arbeitsplätze in den Händen sogenannter Absolventenkommissionen lag, in denen nichts an FDJ und Partei vorbeiging, konnte jede weltanschaulich negative Beurteilung den weiteren beruflichen Werdegang stark beeinträchtigen. Die Betriebe, Behörden und wissenschaftlichen Einrichtungen schließlich ergänzten im Zeichen der »Friedenspolitik« der achtziger Jahre die schon immer von ihnen durchgeführten militärischen und der Zivilverteidigung dienenden Übungen durch Maßnahmen, die nach offiziellen Bekundungen den Schutz gegen Naturkatastrophen verbessern sollten.

3. »Schwerter zu Pflugscharen« – Die unabhängige Friedensbewegung der DDR

Die Entstehung der Friedensgruppen

1980 verkündeten der Bund der Evangelischen Kirchen in der DDR und die der Arbeitsgemeinschaft Christlicher Kirchen der DDR angehörenden Freikirchen für den Herbst desselben Jahres eine Friedensdekade. Sie sollte mit einem Bittgottesdienst am 9. November beginnen und zehn Tage später, am Buß- und Bettag, mit einer »Friedensminute« enden, zu der um 13 Uhr im ganzen Land die Glocken läuteten. Ihre Losung lautete »Frieden schaffen ohne Waffen«, anschaulich gemacht durch ein zugkräftiges Symbol. Auf einem kreisrunden, von dem Bibelspruch »Schwerter zu Pflugscharen (Micha 4,3)« umgebenen Bild schwingt eine kräftige Heroengestalt einen mächtigen Hammer, um ein Schwert zur Pflugschar umzuschmieden. Es handelte sich dabei um die stilisierte Übernahme einer Bronzeplastik des sowjetischen Künstlers Jewgenij W. Wutschetitsch, die 1959 als offizielles Geschenk der UdSSR an die UNO überreicht und in New York am East River aufgestellt worden war[430]. Die SED-Führung reagierte nervös und verordnete dem ganzen Land an jedem Mittwoch um 13 Uhr eine Minute lang »Sirenenprobe«. Die Friedensdekade fand nun alljährlich statt und entwickelte sich aufgrund des staatlichen Vorgehens zum vielbeachteten Politikum. Vor allem der im kirchlichen Rahmen hergestellte und verbreitete Aufnäher aus Vliesstoff erregte Anstoß[431]. Die Polizei begann Jagd auf junge Leute zu machen, die sich das Symbol der Gewaltlosigkeit auf Kleidungsstücke oder Taschen genäht hatten, rissen es bisweilen gewaltsam ab oder schnitten es mit der Schere heraus. Schulleitungen versuchten unter Berufung auf ihr Hausrecht, das Tragen der Aufnäher zu verbieten. All diese Maßnahmen verstärkten jedoch nur die Argumentationsnot der Obrigkeit. Ein offizielles Verbot des Bibelzitats und des sowjetischen Kunstwerks schien nicht denkbar. Das administrative Vorgehen ohne juristische Rückendeckung wiederum verstärkte die Attraktivität der unerwünschten Abbildung. Trotzdem erklärten die Kirchenleitungen, um unnötige Konfrontationen zu vermeiden, Anfang 1982, sie könnten seine Träger nicht schützen, und rieten zum Verzicht auf den Aufnäher.

Außerdem forderten sie die Gemeinden auf, ihn nicht mehr zu vertreiben und sein Symbol nur noch auf kirchlichen Veranstaltungen zu verwenden.

Der Berliner Appell des Pfarrers Rainer Eppelmann und des bekannten Systemkritikers Professor Robert Havemann vom 25. Januar 1982 machte eine breitere Öffentlichkeit mit der gesamten Problemlage vertraut[432]. Presse und Sendeanstalten der Bundesrepublik griffen ihn auf, und das führte zur Verhaftung Eppelmanns. Am 13. Februar 1982 versammelten sich ungefähr 6 000 meist junge Leute in der Frauenkirche im Zentrum Dresdens. Die als »Friedensforum« deklarierte Veranstaltung fand zum Gedenken an die Zerstörung der Stadt vor 37 Jahren statt. In Verbindung mit dem Berliner Appell erregte sie landesweite Aufmerksamkeit und fand eine intensive Berichterstattung in den Westmedien. Damit löste sich die christliche Friedensbewegung zum ersten Mal aus ihrem engen Umfeld und wurde ein wichtiger Faktor in der politischen Auseinandersetzung.

Die »Gruppen« oder Die Begegnung der dritten Art – Versuch eines idealtypischen Porträts

Zum Zwecke der Hebung der Volksfrömmigkeit waren Ende des 19. Jahrhunderts unter der Schirmherrschaft der Kaiserin Auguste Viktoria – wegen ihres frommen Eifers auch »Kirchenguste« genannt – in den stürmisch wachsenden Wohnvierteln im Osten und Norden Berlins zahlreiche großzügig dimensionierte Kirchenbauten entstanden. Soweit sie den Bombenkrieg überlebt hatten, zierten sie seitdem unbeachtet und selten genutzt die Stadtlandschaft. Doch mit Beginn der achtziger Jahre erwachten diese architektonischen Relikte der Wilhelminischen Epoche aus ihrem Dornröschenschlaf und bildeten zunehmend eine eigene lebendige Topographie innerhalb der »Hauptstadt der DDR«. Teile einer säkular erzogenen Generation pilgerte zur Golgatha-Gemeinde, weil dort ein Liedermacher auftrat, traf sich an der Zionskirche mitten im Stadtbezirk Prenzlauer Berg, weil im nahegelegenen Gemeindehaus in der Griebenowstraße eine Diskussion oder eine Dichterlesung stattfand, besuchte die Blues-Messen in der Gethsemane-Kirche nahe der Schönhauser Allee oder in der Samariter-Kirche in Friedrichshain und lernte auf diesem Umweg die Orte der Passionsgeschichte kennen.

Immer wieder fanden nun Veranstaltungen statt, für die selbst die drei- bis viertausend Menschen fassenden Bauten kaum noch ausreichten. Junge Leute saßen in den Gängen und rund um den Altar, und selbst die Emporen füllten sie bis zum letzten Platz. Man muß es als historischen Glücksfall bezeichnen, daß es diese Räumlichkeiten gab, denn die staatlichen oder kommunalen blieben der Opposition noch bis in den Winter 1989 hinein verschlossen. Hier in den Kirchen waren weder polizeiliche Voranmeldungen nötig noch staatliche Einflußnahmen auf die Inhalte der angebotenen Themen möglich. Wenn Gemeindekirchenrat und Pfarrer ihr Einverständnis erklärten, konnte man kurzfristig Informations-Andachten, Fürbitten oder Mahnwachen ansetzen, denen regelmäßig Zeichen vorausgingen, die Kundige wohl zu deuten wußten. Zuerst traten paarweise sportliche und ordentlich frisierte junge Männer in der Umgebung der betroffenen Gebäude auf. Sie trugen Nylonkutten und kokette Gelenktäschchen, in denen sich – wie man munkelte – die

Sprechfunkgeräte befanden, standen betont unauffällig in Hausfluren und musterten aufmerksam die Vorübergehenden oder saßen in Personenkraftwagen vom Typ »Wartburg« oder »Lada« und beobachteten das Leben und Treiben auf der Straße. Gelegentlich tauchten Mannschaftswagen mit grün uniformierten Bereitschaftspolizisten und Hunden auf. Um den potentiellen Ort der »öffentlichkeitswirksamen Aktion« – wie es in der Stasi-Sprache hieß – zog sich ein unsichtbarer Ring, der die Aufmerksamkeit all derjenigen auf sich zog, die von dem geplanten Treffen bisher noch nichts wußten. Dann näherten sich grüppchenweise oder einzeln die erwarteten »feindlich-negativen Kräfte« und strebten der einladend geöffneten Kirchentür zu. Sie bevorzugten das Sechziger-Jahre-Outfit – lange Haare, Bärte, Nikkelbrille, Stirnband, verwaschene Jeans, grüne Kutten, malerische Tücher und Umhängetaschen aus Jute, die Damen mit flatterigen langen Kleidern in Schwarz – und pflegten sich zur Begrüßung zu umarmen und flüchtige Küßchen auszutauschen. Die Stasi faßte sie als Jugendliche mit »feindlich-dekadentem Äußeren« zusammen. Vielleicht hatten ihre Eckensteher dabei das Lehrmaterial VVS 001-19/79 I der Juristischen Hochschule Potsdam-Eiche im Kopf, das die »Politische Untergrundtätigkeit« folgendermaßen definierte: »[Sie] ist eine der gefährlichsten Erscheinungsformen der subversiven Tätigkeit. Sie ist durch konzentrierten Einsatz der politisch-ideologischen Diversion inspirierte und von den imperialistischen Zentren, Organisationen und Kräften organisierte Suche, Sammlung und Zusammenführung von feindlich negativen Kräften zur Schaffung einer personellen Basis im Innern der DDR, die in Durchsetzung feindlicher politisch-ideologischer Plattformen unter Anwendung konspirativer Mittel und Methoden langfristig orientierend gegen die DDR mit dem Ziel kämpfen, in der sozialistischen Gesellschaft sozialismusfeindliche Positionen zu schaffen, Bürger der DDR gegen den Sozialismus aufzuwiegeln, feindliche Handlungen zu aktivieren, um damit den Prozeß konterrevolutionärer Veränderungen zur letztlichen Beseitigung der Arbeiter- und Bauern-Macht in Gang zu setzen.«[433]

Trotz ihres bewußt zur Schau getragenen »Andersseins« konnten die Kirchenbesucher eine gewisse Bravheit kaum verleugnen. Sozial gesehen entstammten sie meist den kleinbürgerlichen Mittelschichten. Ihr Kern war christlich geprägt und zum Teil aus sächsischen, thüringischen oder mecklenburgischen Pfarrhäusern in die Großstadt gekommen. Bei den Frauen dominierten Katechetinnen, Kindergärtnerinnen, Buchhändlerinnen, Krankenpflegerinnen und bei den Männern ebenfalls die nicht-akademischen »Weißkittel-Berufe«. Daneben gab es Friedhofsgärtner, Kulissenschieber, Aushilfskellner und ähnliche Übergangsexistenzen, die allerdings oft eine bürgerliche Karriere abgebrochen hatten. Originär proletarische Typen traten selten auf, Akademiker ohne Ausreiseantrag nur vereinzelt. Das Altersspektrum reichte vom Teenager bis zum Rentner, doch insgesamt fiel dem Beobachter eine gewisse Überrepräsentanz der Enddreißiger ins Auge. Weder die Kirchengruppen noch das MfS führten eine Statistik. Die wenigen vorhandenen Schätzungen stimmten allerdings mit dem gewonnenen Eindruck überein, und so berichtete denn auch ein Informant über eine Veranstaltung in der Lichtenberger Erlöserkirche im Februar 1988: »Es waren 600 Personen anwesend . . . 40 % unter 30 Jahre, 50 % 30 bis 40 Jahre, 10 % über 50 Jahre.«[434] Die Stasi hat für die Dreißig- bis Vierzigjährigen in ihren Akten den hübschen, sonst wohl gänzlich unüblichen Begriff »Jungerwachsene« gewählt und damit weniger eine konkrete Altersgruppe als vielmehr den Typus des junggebliebenen Erwachsenen erfassen wollen. Jedenfalls wäre die Vorstellung falsch, es hätte sich bei der Opposition der achtziger Jahre um eine ausgesprochene Jugendbewegung gehandelt. Gelegentlich bezeichnete man die Wendeereignisse auch als die Revolution der Vierzigjährigen, also derjenigen, die in etwa mit der Republik geboren waren. Während sie die Oberschule besuchten, rebellierten ihre Altersgenossen zwischen Paris und Prag gegen das Establishment und die fremden Besatzer. Auf den damals noch schwarz-weißen Bildschirmen sahen sie die Bilder der brennenden Barrikaden auf den Champs Elysées, von den Straßenschlachten rund um das Springerhochhaus in West-Berlin und mit den Panzern auf dem Wenzelsplatz. Auch sie wären gern dabei gewesen, als unter so mancher FDJ-Bluse ein aufrührerisches Herz klopfte. Doch das Leben spielte sich immer anderswo ab. Im Westradio hörten sie die elegischen Songs der Woodstock-Generation, und über dem Bett hing ein Poster von Che Guevara. So hatten sie sich eine heimliche Sehnsucht nach Unruhe, einen diffusen Rest Utopie, eine romantische Hoffnung auf eine bessere Welt bewahrt. Kurz bevor sie Gefahr liefen, als lächerliche Figuren zu enden, begann mit zwanzig Jahren Verspätung endlich ihre Erhebung. Habermas hat die Ereignisse des Jahres 1989 die »nachvollziehende Revolution« genannt und damit die Vollendung der bürgerlichen Revolution von 1789 gemeint. Der Begriff traf aber auch die Seelenlage zahlreicher Vierzigjähriger in der DDR, die in diesen Monaten viel nachholen wollten und mußten.

Auf den alten Fotos fallen der heilige Ernst und die sanfte Entschlossenheit der Kirchenbesucher auf. Es fehlte das Grell-Provozierende der westlichen Demo-Kultur. Niemand randalierte, niemand war »vermummt«, kaum jemand trug Schilder, Fahnen oder Symbole vor sich her. Äußerlich wirkten die Aufmärsche wenig bedrohlich. Die sportlich straffen Angehörigen der Sicherheitskräfte sahen das sicherlich anders. Abgerichtet auf struppige Bärte, lange Haare und ungeputzte Schuhe hielten sie einzelne Passanten an und forderten sie mit den unfreiwillig doppelsinnigen Worten »Weisen Sie sich aus!« auf, ihre Personaldokumente vorzuzeigen. Den »PA«, wie das kleine blaue Büchlein im Amtsdeutsch hieß, mußte jeder DDR-Bürger laut Gesetz stets bei sich zu führen und auf Verlangen präsentieren. Sorgfältig durchblätterten ihn dann die uniformierten oder zivilen Sicherheitskräfte und murmelten beim Lesen wie die ABC-Schützen vor sich hin, was zu dem Gerücht führte, sie trügen kleine Aufnahmegeräte bei sich, um die enthaltenen Angaben festzuhalten. Doch es handelte sich wohl mehr um eine Geste der Einschüchterung, die sie durch mit drohendem Unterton vorgebrachte Fragen nach dem Woher und Wohin ergänzten. Wer sich bei dieser Prozedur renitent zeigte oder keinen Personalausweis bei sich trug, wurde der »Personenfeststellung zugeführt«. Das konnte einige Stunden dauern und entbehrte nicht des abenteuerlichen Reizes. Unangenehmer wirkten Mitteilungen an die Schule oder die Arbeitsstelle, die weitere Schwierigkeiten nach sich ziehen konnten. Die Veranstaltungsbesucher begegneten den aggressiven Kontrolleuren nach Möglichkeit betont friedlich, ging es ihnen doch um den Abbau von Feindbildern und die Überwindung von Haß, und schlossen sie in ihre Fürbitte ein. »Gott möge ihren Geist erleuchten«, betete die Gemeinde nicht nur ironisch. Auch ansonsten wenig bibelfeste Zeitgenossen führten damals gerne die »Ethik der Bergpredigt« im Munde. Der dort verkündigte moralische Rigorismus erschien ihnen als einzige Alternative zu der Spirale von Gewalt und Gegengewalt, die damals die Menschheit mit der nuklearen Katastrophe bedrohte. Was auf die Weltpolitik zutraf, sollte auch für die DDR gelten. Sie betrachteten die stets gegenwärtigen Stasi-Leute als Brüder und versuchten sogar gelegentlich, ihnen eine Blume ans Revers zu heften. Auf die ostentative Freundlichkeit reagierten die Sicherheitskräfte verunsichert und humorlos. Nur selten richtete ein Volkspolizist ein väterlich mahnendes Wort an die ideologisch fehlgeleiteten jungen und nicht mehr ganz so jungen DDR-Bürger.

Auf den Straßen im Umkreis der Kirchen trafen Vertreter zweier einander völlig fremder Kulturen aufeinander, denn die im Rahmen der Gemeinden durchgeführten Veranstaltungen ereigneten sich auf einer Art von Insel. Draußen standen Stasi-Mitarbeiter, um zu kontrollieren, einzuschüchtern, Einzelne herauszugreifen und mitzuschleppen, doch ihre Allmacht endete an der Kirchentür. Hinter ihr konnten sie nur noch registrieren und das gesammelte Material gegebenenfalls später verwenden. Als im November 1987 vor der Zionskirche eine Mahnwache mit Kerzen aufzog, versuchte die Staatsmacht, die Protestierer auf den Innenraum zu beschränken, wo ihre Aktion weniger »öffentlichkeitswirksam« – so der im MfS gebrauchte Ausdruck – gewesen wäre. Da allerdings ein bestimmter Paragraph des Zivilgesetzbuches der DDR besagte, daß das Hausrecht einen Streifen von einem Meter rund um die Gebäudemauer einschloß, zogen die Kerzenträger in entsprechendem Abstand eine virtuelle Linie auf dem Pflaster, hüteten sich, den Fuß darüber zu setzen, und die Aufpasser befolgten den Befehl, keinesfalls jenseits dieser Grenze tätig zu werden. Trotzdem darf das politische Gewicht, das die Oppositionsgruppen für einen kurzen historischen Moment erlangten, nicht darüber hinwegtäuschen, daß sie bis in den Spätsommer 1989 hinein über keinen nennenswerten Anhang verfügten. Sie bewegten sich am Rande des normalen Alltags. Die große Mehrheit der Bevölkerung beachtete ihre Aktivitäten kaum und erfuhr von ihnen nur über die sehr zurückhaltende und distanzierte Berichterstattung der westlichen Medien. Teilweise reagierte die Umwelt sogar ausgesprochen feindselig, denn die mutigen Aktionen stellten nicht nur die Staatsmacht in Frage, sondern ungewollt auch das angepaßte Spießerdasein des Durchschnittsbürgers. Schnell einigte man sich darauf, daß dies »alles Spinner und Verrückte« seien, die sich im übrigen in penetranter Wichtigtuerei ins Scheinwerferlicht des bundesrepublikanischen Fernsehens drängten. Als einzig vernünftig nachvollziehbaren Grund für ihre Tätigkeit konnte man sich das Bestreben vorstellen, schnell »nach drüben« zu kommen und sich dort als »Berufs-Verfolgter« aufzuspielen. Hinzu kam natürlich auch die Vermutung, die Gruppen seien sowohl vom MfS als auch von westlichen Geheimdiensten unterwandert, und sogar eine latente Feindseligkeit gegenüber der Kirche spielte bei der Distanzierung eine Rolle.

Auch unter den Intellektuellen der DDR, die sich selbst als kritische Geister empfanden, herrschte nahezu übergreifend eine negative Meinung über die Kirchengruppen. Sie vermißten dort den theoretischen Anspruch des politischen Entwurfs, die höheren Weihen dialektischer Welterkenntnis, die akademische Feinheit der Argumentation. Die wackligen Konstruktionen der individuellen Lebenslügen ließen sich am sichersten vor Erschütterungen bewahren, wenn man die Arbeit der anderen ironisch abwertete. Wer mochte schon einen zwar mäßig bezahlten, aber sicheren und bequemen Job in einer wissenschaftlichen Institution riskieren, indem er sich zu den Schmuddelkindern der Gesellschaft gesellte? Die Rituale der Abgrenzung funktionierten freilich beiderseitig. Wenn ein vereinzelter »Normalbürger« den Weg in die Gemeinden fand, fühlte er sich oft deplaciert, denn er wurde sofort mit einem betont antibürgerlichen Ambiente konfrontiert. Die Luft bestand entgegen allen Bekenntnissen zur »Bewahrung der Schöpfung« weitgehend aus Zigarettendunst, aus den Lautsprecherboxen dröhnte Musik neuerer Geschmacksrichtung, und der Geist der Rebellion manifestierte sich vor allem im Unwillen gegen den Abwasch und das Ausleeren der als Aschenbecher dienenden Konservendosen.

»Die Opposition in der DDR war eine kleine Opposition«, schrieb Reinhard Schult, einer der Protagonisten der Bewegung in einer Art Abschiedsbrief aus dem Jahre 1995, und weiter: »Fast kannte jeder jeden. Die Hoffnung, das SED-Regime zu stürzen, hatte niemand von uns. Es ging um etwas mehr Luft in dieser miefigen DDR, um etwas mehr Bewegungsfreiheit in der Zwangsjacke. Wir waren eine verschwindende Minderheit – ohne Rückhalt in der Bevölkerung wie etwa die Solidarność in Polen.«[435] Ähnlich beurteilte das eine Analyse der zuständigen Abteilung XX der Bezirksverwaltung des MfS, die für 1986, bezogen auf Ost-Berlin, von 18 »Friedens- und Ökologiekreisen mit ca. 350 Mitgliedern« sprach[436]. Hinzu kam ein Sympathisantenumfeld von vielleicht zehnfacher Größe, also drei- bis sechstausend Personen. Selbst bei großzügigster Rechnung handelte es sich dabei statistisch gesehen um einen zu vernachlässigenden Anteil von weniger als einem halben Promille der hauptstädtischen Gesamtbevölkerung. Zwei oder drei Dutzend Aktivisten trugen die Opposition über Jahre hinweg. Prominente Künstler, Schriftsteller oder Wissenschaftler fehlten, wie schon gesagt, gänzlich, obwohl sie kaum ein persönliches Risiko getragen hätten. Obwohl man sich untereinander kannte, beim Singen einander an den Händen faßte und das brüderliche und schwesterliche Du vorherrschte, blühten hinter der Fassade der Friedfertigkeit – von den Stasi-Spitzeln kräftig geschürt, aber nicht verursacht – doktrinäres Gezänk, Eifersüchteleien und Führungsstreit. Die lange innere Emigration blieb nicht ohne Auswirkungen auf die psycho-soziale Befindlichkeit und führte zu den bekannten Symptomen der isolierten Kleingruppe. Das individuelle Aufbegehren ist inmitten einer Umwelt des alltäglichen Opportunismus der biographische Ausnahmezustand, für den die wenigen Oppositionellen einen ausgesprochen hohen Preis zahlten. Er bestand – jedenfalls für alle außerhalb des kirchlichen Dienstes Beschäftigten – im Verzicht auf bürgerliche Normalität, berufliches Fortkommen, familiäre Unbeschwertheit. Nach der Wende wurden die Folgen dieses Verzichts schmerzhaft deutlich.

Reaktionen des Staates

Der Staat versuchte den unter dem Dach der Kirche operierenden Gruppen den Wind aus den Segeln zu nehmen, indem er selbst eine eigene »unabhängige Friedensbewegung« schuf. Am 13. und 14. Dezember 1981 – just an dem Tag, als in Polen das Kriegsrecht verhängt und für Bundeskanzler Schmidt in Güstrow eine Geisterstadt der fröhlichen Menschen inszeniert wurde – trafen sich in der

»Hauptstadt der DDR« fast einhundert Schriftsteller aus europäischen Ländern. Die sogenannte »Berliner Begegnung zur Friedensförderung« fand in einem streng abgeschirmten, lichtlosen Saal im Hotel Stadt Berlin statt. Die Sterilität des Tagungsortes entsprach der gesamten Atmosphäre. Während das Militär in Polen den Schriftstellerverband verbot, Intellektuelle verhaften und zusammen mit Gewerkschaftsfunktionären in vorbereitete Internierungslager verbringen ließ, pflegte man dort zwischen Blumenkörbchen und Fruchtschalen das zarte Pflänzlein des Friedensdialogs. Christa Wolf nannte die Diskussion über Krieg und Frieden »eine Männerangelegenheit«, und obwohl solche Floskeln neu und für DDR-Verhältnisse ungewöhnlich waren, störten sie niemanden ernsthaft. Volker Braun und Günter de Bruyn äußerten sich kritisch, und der aus West-Berlin angereiste Jurek Becker forderte gar eine unabhängige Friedensdemonstration in der DDR. Doch davon ließ sich Stefan Heym nicht verblüffen und verkündete, er selbst wolle eine solche Manifestation initiieren. Der Altmeister marxistischer Dialektik, Jürgen Kuczynski, bot ein klassisches Beispiel für einen Zirkelschluß, als er meinte, Friedensdemonstrationen in der DDR könnten immer nur Manifestationen für die Regierung sein, da diese bekanntlich eine konsequente Friedenspolitik verfolge. »Liest man die Diskussionsbeiträge vom Jahresende 1981 aus dem Abstand von über einem Jahrzehnt«, vermerkte der Literaturhistoriker Manfred Jäger, »fallen gerade bei bedeutenden Autoren die letztlich unpolitischen Literarisierungen, die Ausweichmanöver auf. Die Subjektivität ... schlägt um in Unverbindlichkeit.«[437] Das Protokoll der Veranstaltung wurde parallel in Ost und West gedruckt[438], doch konnte man die DDR-Ausgabe im Buchhandel nicht erhalten; sie diente nur zur Versorgung der westlichen Teilnehmer.

Am 22. und 23. April 1983 gab es mit der jetzt in der Akademie der Künste in Berlin (West) abgehaltenen »2. Berliner Begegnung« eine Neuauflage. Inzwischen wehte allerdings ein etwas rauherer Wind. Einige emigrierte DDR-Schriftsteller wie Jürgen Fuchs, Sarah Kirsch und Hans Joachim Schädlich verweigerten ihre Teilnahme, falls nicht auch über die Kriminalisierung der Friedensgruppen gesprochen würde, denn inzwischen hatten die DDR-Behörden begonnen, mit juristischen Mitteln gegen sie vorzugehen. Die Ereignisse kulminierten in der thüringischen Universitätsstadt Jena. Der Fall des in der dortigen Szene tätigen Aktivisten Roland Jahn erregte viel Aufsehen[439]. Er war am 1. September 1982 festgenommen und nach fünf Monaten Isolationshaft zu einem Jahr und zehn Monaten Freiheitsentzug verurteilt worden. Im Januar 1983 erfolgte die Verhaftung eines Dutzend weiterer Friedensaktivisten, doch schon einen Monat später entließ man sie nach Protesten westlicher Persönlichkeiten gemeinsam mit Jahn. Der »Friedenskreis« – wie sich die Gruppe nun nannte – betrachtete das als Ermutigung und meldete für den 18. März – dem Jahrestag der Bombardierung – eine Schweigeminute auf dem zentralen Platz Jenas an. Trotz Verbots fand die Aktion einen Tag später statt. Kurze Zeit darauf erhielten alle Teilnehmer, soweit sie Ausreiseanträge gestellt hatten, die Genehmigung zum Verlassen der DDR. Jahn, der zwar in der Haft auch diesen Schritt unternommen, ihn aber nach seiner vorzeitigen Entlassung widerrufen hatte, wurde nun mit Handschellen gefesselt in ein verschlossenes Schlafwagenabteil gesetzt und gegen seinen Willen abgeschoben. Damit betrat die SED-Führung Neuland und ließ Ungutes für die Zukunft ahnen.

Sie selbst ging dazu über, »unabhängige« Demonstrationen organisieren zu lassen, und teilte erstmals 1982 den erstaunten Studenten der Humboldt-Universität mit, sie sollten im lockeren Outfit, also ohne FDJ-Hemd und Parteiabzeichen, in losen Gruppen und mit selbstgemalten Plakaten zu diesem Zwecke erscheinen. Während bisher nach Vorschrift immer uniformierte Zehner- und Hundertergruppen angetreten waren, um dem zuständigen FDJ-Funktionär die Anwesenheitskontrolle und die Ausgabe der vorgefertigten Winkelemente zu erleichtern, gelang es jetzt dank der hervorragenden Disziplin, den Eindruck vollkommener Spontaneität zu erwecken. Gleichzeitig entwickelte sich die Kirche zum bevorzugten Objekt der Observation, Unterwanderung und Zersetzung. Eines der zentralen Paradoxa der DDR-Gesellschaft bestand sicherlich in dem Mißverhältnis zwischen der Schwäche der organisierten Opposition und dem gigantischen Aufwand an Überwachung.

Nach der Wende konnte man häufig hören und lesen, das Spitzelsystem habe paranoide Züge getragen. In der Realität bildete es freilich einen Grundpfeiler des SED-Staats, und er fühlte sich von den aufziehenden Gewitterwolken in seiner Existenz bedroht. Die Stasi erkannte die Gefahr mit großer Klarheit und versuchte, die Vorgänge unter Aufsicht zu halten. In einer entsprechenden Untersuchung stellte sie fest: »Bei den relativ perfekten Kontrollmöglichkeiten des beruflichen, gesellschaftlichen und auch privaten Lebens bietet sich die Kirche als sogenannter ›Freiraum‹ im geistigen und räumlichen Sinne regelrecht an.«[440] Da man, wie bereits erwähnt, einen Kirchenkampf im Stile der fünfziger Jahre und das Entstehen eines Sammelbeckens von Opposition und Unzufriedenheit vermeiden wollte, differenzierte man zwischen »realistischen Kräften« und »Exponenten des politischen Untergrundes«. Erstere wollte man stärken, letztere isolieren und insgesamt durch Plazierung von Vertrauensleuten des MfS an entscheidenden Stellen den kirchlichen Apparat im Auge behalten und, wenn möglich, in seinem Sinne beeinflussen.

Die Kirche im Brennpunkt der Ereignisse

Das Spektrum der Verhaltensmuster innerhalb des Bundes der evangelischen Kirchen orientierte sich an den schon vorgeführten vier unterschiedlichen Interpretationen der Formel »Kirche im Sozialismus« und reichte bis in den Wendeherbst 1989 hinein von einer engagierten Unterstützung der Oppositionsgruppen über eine leisetreterische und loyalistische Haltung bis zur offenen Anbiederung an das SED-System. In ihrer großen Mehrheit schienen die Amtsträger mit dem relativ guten Verhältnis zur Obrigkeit durchaus zufrieden. Im Brennpunkt des sensiblen Dreiecks Staat – Kirche – Opposition befanden sich Personen wie Manfred Stolpe. Sie trieben eine Art Geheimdiplomatie mit dem Ziel der Stabilisierung der Situation. Dazu gehörte auch, daß sie versuchten, jedem Partner das Gefühl zu vermitteln, auf seiner Seite zu stehen. Diese Taktik kann man gut anhand der Akten des MfS nachvollziehen. In der Zusammenfassung eines Gesprächs zwischen Stolpe, Bischof Werner Krusche und dem »Stellvertreter Inneres« von Berlin, dem Genossen Hoffmann, vom 9. Dezember 1988 kam sie sehr offen zum Ausdruck. Obwohl solche Schriftstücke natürlich auch Denkweise und Terminologie ihrer Verfassser widerspiegeln, kam es bei ihnen vor allem auf sachliche und inhaltliche Genauigkeit an. Insofern dürften an ihrem eigentlichen Tatsachengehalt in der Regel kaum Zweifel bestehen. Zunächst ist interessant, daß die Unterredung auf Wunsch Stolpes zustande kam: »Dieser hatte angeregt, die kirchliche ›Strategie‹ gegenüber den ›Gruppen‹ darzulegen«[441] »›Wir sind eine Kirche mit reformatorischem Erbe, administrative Möglichkeiten sind da sehr begrenzt‹. Aus diesem Grunde, so erklärte Stolpe, sei es die ›Strategie der Kirchenleitung‹, zunehmend ›einzubeziehen, zu integrieren und damit Einfluß auszuüben‹. Die Leute sind nun einmal da, ›sie machen nicht nur Ihnen Probleme, sondern auch uns‹. Es komme darauf an, diese Probleme richtig zu ›kanalisieren‹, nur so könne man ihr Anwachsen verhindern.«[442]

Werner Krusche setzte hinzu: »Im letzten Jahr habe die Kirchenleitung eine Menge Kraft investiert, um auf die ›Gruppen‹ einzuwirken. ›Wir haben manches Schlimme machen müssen, um Schlimmeres zu verhindern‹ ... In Bezug auf die ›Gruppen‹, erklärte Krusche, machte die Kirche oft genug ›nur gute Miene zum bösen Spiel‹. Sie sei in der Situation, auf den ›fahrenden Zug aufzuspringen‹ und es nie bis zur Lokomotive zu schaffen.«[443] Man darf hier nicht verschweigen, daß diese beiden und auch andere in ähnlichen Situationen gegenüber den kirchlichen Gremien und den Oppositionellen umgekehrt argumentierten: sie hätten gegenüber den Staatsorganen »gute Miene zum bösen Spiel gemacht«, und nur wenn die »Gruppen« sich vernünftig verhielten und auf weitere Aktionen verzichteten, könne man beim Staat etwas Positives erreichen.

Dagegen öffnete nur eine deutliche Minderheit der Pfarrer bewußt und gezielt den Oppositionsgruppen ihre Kirchen. Eine von Mielke persönlich unterzeichnete ausführliche Analyse der Staatssicherheit vom September 1988 nannte in diesem Zusammenhang neben den Bischöfen Gottfried Forck (Berlin-Brandenburg) und Christoph Stier (Mecklenburg-Vorpommern) insgesamt 27 Amtsträger, die »... in besonders massiver Form gesellschaftliche Verhältnisse in der DDR angreifen und maßgeblich an der Organisierung feindlich-negativer Aktivitäten beteiligt sind«[444]. Die Liste war sicherlich nicht vollständig, denn allein für Ost-Berlin müßte man noch etwa ein weiteres halbes Dutzend Pfarrer erwähnen, die aktiv die Opposition unterstützten. Dennoch ergab sie ein realistisches Bild von den wahren Größenverhältnissen. So formulierte die Untersuchung denn auch etwas euphemistisch, doch im Kern wohl zutreffend: »Die Mehrzahl der kirchenleitenden Kräfte und Amtsträger bekundeten intern und offiziell die Bereitschaft, an der Linie des 6. März 1978 festzuhalten und das Verhältnis der Kirchen zum Staat im Sinne der dort getroffenen Vereinbarungen zu regeln. (Der größte Teil der Christen in der DDR ist fest integriert in der sozialistischen Gesellschaftsordnung und unterstützt durch engagiertes Wirken die Politik von Partei und Regierung. Insbesondere bringen christliche Bürger ihre zustimmende Haltung zur Politik der DDR im Kampf für Frieden, Entspannung und Verständigung zum Ausdruck. Das widerspiegelt sich u. a. in schriftlichen Bekundungen, die dem Staatssekretariat für Kirchenfragen vorliegen.) Maßgeblich beeinflußt durch die Vorgänge im Bereich der Evangelischen Kirche Berlin-Brandenburg und die daraufhin realisierten staatlichen Maßnahmen stoßen der Mißbrauch der Kirchen für provokatorisch-demonstrative Aktionen ... zunehmend auf Widerspruch bis Ablehnung. Das widerspiegelt sich sowohl in dem Bemühen einer wachsenden Zahl von Kirchenvertretern, den staatlichen Erwartungshaltungen hinsichtlich der Wahrung des religiösen Charakters von kirchlichen Veranstaltungen und der Einschränkung bzw. Unterbindung von staatsfeindlichen Aktivitäten unter dem Dach der Kirche zu entsprechen, als auch in den verstärkten innerkirchlichen Auseinandersetzungen bezüglich der Haltung zu den im Bereich der Kirchen agierenden unterschiedlichen Gruppierungen und Gruppen.«[445] Vollkommen zu Recht konstatierte das MfS auf kirchlicher Seite ». . . eine gewisse Konzeptionslosigkeit und ein ständiges Taktieren«[446]. Staatlicherseits überwiege allerdings die Zufriedenheit: »Unter dem Einfluß progressiver bzw. realistischer Kräfte wurden Bestrebungen zur offenen Konfrontation mit dem Staat abgebaut. In diesem Sinne haben zahlreiche kirchenleitende Kräfte vor allem nach den Vorgängen am 17. Januar 1988 Anstrengungen zur Beruhigung der Lage und zur Versachlichung der Beziehungen gegenüber dem Staat unternommen.«[447]

Bis in die Oktobertage des Jahres 1989 blieb die Haltung der Kirchenführungen gespalten und schwankend. Ein Bericht des Ministeriums für Staatssicherheit an zehn ausgewählte Politbüromitglieder sowie an die Leiter der zuständigen Hauptverwaltung XX und der Abteilung XX/4 offenbarte den Differenzierungsprozeß an einem bezeichnenden Beispiel: Am 6. und 7. Oktober 1989 trafen sich – mit Ausnahme Horst Gienkes aus Greifswald und Johannes Hempels aus Dresden – alle Bischöfe und Leiter der kirchlichen Verwaltungseinrichtungen in Ost-Berlin. Die Beratung fand also zu einem Zeitpunkt statt, als die politische Krise längst mit Händen zu greifen war. Der Bericht des Magdeburger Bischofs Christoph Demke enthielt viele kluge und richtige Dinge. Unter anderem meinte er, »die gegenwärtige Situation habe psychopathische Züge. Die Enttäuschung, daß sich Erwartungen, die Gorbatschow geweckt habe, in der DDR nicht erfüllen, werde immer größer. Es entstehe bei den Menschen eine Ängstigung durch die Unberechenbarkeit der Zukunft. Verstärkt werde dies durch die Sprachlosigkeit der Führung in der DDR, ein verstärktes Übungsprogramm der Kampfgruppen, Hinweise auf China und das pausenlose Trommeln der Westmedien. Diese Stimmung müsse zur Gewalt führen. Gebraucht werde dringend die politische Diskussion, trotz der Demonstrationen.« Dann fügte er eine Bemerkung an, die auf die Schwierigkeit politischer Prognosen hinwies: »Für diese Diskussionen würden in den nächsten 5 bis 10 Jahren nur die etablierten Organisationen, die Blockparteien und die Nationale Front zur Verfügung stehen. Diese müßten Gesprächspartner der Kirche bleiben . . .«[448]

Dann diskutierten die Teilnehmer das Problem, ob sie dem offiziellen Staatsempfang zum 40. Jahrestag der Republik beiwohnen sollten oder nicht. Ein Antrag, den bereits die 5. Synode in Eisenach mehrheitlich abgewiesen hatte, wollte den Beschluß der 126. Tagung der Konferenz der Evangelischen Kirchenleitungen vom 1. bis 2. September 1989 revidieren, der die Frage positiv beantwortet hatte. Jetzt stimmten elf Repräsentanten dafür, acht dagegen, und zwei enthielten sich. Das bedeutete, daß die Kirche dem Festakt demonstrativ fernbleiben sollte. Einer der beiden Bischöfe begründete seine Minderheitsmeinung damit, »der Empfang sollte genutzt werden, um führenden Vertretern die Position, die Kirche wolle kein ›Neues Forum‹, mitzuteilen«[449]. Sie stieß allerdings auf den vehementen Widerspruch des größeren Teils der Anwesenden. »Für die Nichtteilnahme am Empfang sprachen sich insbesondere die Bischöfe Forck und Stier, Oberkirchenrat Große und Pfarrer Passauer aus. Als ›Argumente‹ führten sie an, bei Teilnahme könne fälschlicherweise der Eindruck entstehen, die Kirchen hätten engen Kontakt zum Staat (Forck); man müsse die Straßenschlachten in Dresden und die Abgrenzung zur ČSSR berücksichtigen (Stier); man könne keine Einheitlichkeit demonstrieren in einer Zeit, in der die ›Aufbruchsstimmung‹ nicht nur in der Kirche, sondern unter der gesamten Bevölkerung der DDR eine neue Qualität erreicht habe (Passauer); wer für Sachgespräche nicht akzeptabel sei, könne auch nicht zum Empfang gehen (Große).«[450] Nach dem knappen Votum fand eine außerordentliche Sitzung des Vorstandes der Konferenz der Kirchenleitungen (KKL) statt. »Im Ergebnis dieser Tagung beantragte der Vorstand, diesen Beschluß aufzuheben.«[451] Er erklärte, er »fühle sich von diesem Beschluß bedrängt, da er nicht durchführbar sei. Er müsse ständig vom Staat etwas erbitten, man könne ihn nicht vor den Kopf stoßen; Absage und Bitte um Gespräche gleichzeitig seien nicht zu vereinbaren.«[452] Die Argumente für die Rücknahme der Revision lauteten: »... bei Nichtteilnahme werde die Auffassung des Staates bestärkt, die Kirche sei gegen den Staat. ›Es ist nicht möglich zu erklären: Ich beleidige Sie, aber ich möchte mit Ihnen ein Gespräch führen‹ ... der Staat müsse bei Nichtteilnahme der Delegation der evangelischen Kirchen den Eindruck haben, daß diese jetzt auf der Seite des Klassenfeindes stünden.«[453] Doch ein Teil der Diskutanten blieb bei seiner Meinung. »Ihre ablehnende Haltung bekräftigten erneut Bischof Forck, Oberkirchenrat Große, Oberkirchenratspräsident Müller/Schwerin und Oberlandeskirchenrat Schlichter/Dresden. Sie erklärten übereinstimmend, die Kirche sollte mit der Nichtteilnahme dem Staat ihren Unwillen über die ständige Praxis zentraler Stellen bekunden, z. B. gegebene Zusagen über Sachgespräche wieder abzusagen. Außerdem habe die Rede des Staatsratsvorsitzenden am 6. 10. 1989 ›kein Fünkchen Hoffnung gegeben‹ ... Im Ergebnis der nach dieser Diskussion erfolgten Abstimmung wurde der Antrag des Vorstandes der KKL mit 9 Zustimmungen, 6 Gegenstimmen und 5 Stimmenthaltungen angenommen.«[454]

Es sollte kein Zweifel daran bestehen, daß die Haltung beider Seiten ehrenwert war. Es gab damals sicher gute Gründe, das Wohlwollen der SED-Führung nicht zu verspielen. Wenn die Befürworter geahnt hätten, daß Honecker schon elf Tage später stürzen würde, hätten sie es vielleicht doch vermieden, sich in den Festtrubel zu stürzen, um mit ihm, Mielke und Stoph das Sektglas auf das Wohl der Republik zu erheben. Die geschilderte Zwiespältigkeit ändert auch nichts daran, daß ohne die Freiräume der Kirche die friedliche Erhebung in dieser Form nicht stattgefunden hätte. Als der festliche Empfang im Palast der Republik noch dauerte, brannten die mahnenden Kerzen vor dem neugotischen Backsteinbau der Gethsemanekirche, wohin am späten Abend auch Bischof Forck kam und sich vermittelnd zwischen die prügelnde Polizei und die jungen Leute zu stellen. Gegen Mitternacht begannen die Glocken Sturm zu läuten. Ihr Ton bildete zusammen mit den Schreien und Pfiffen der empörten Demonstranten den eigenwilligen akustischen Hintergrund zu dem brutalen Vorgehen von Mielkes Eingreifkommandos, die sich bemühten, die Schönhauser Allee freizuräumen. Genau in diesem Augenblick verließ die Demokratiebewegung die Kirche, um den politischen Raum zu betreten.

4. Die »West«-Grünen und die Friedensbewegung der DDR

Unter allen bundesdeutschen Parteien spielten allein die Grünen eine praktische und aktive Rolle in dem sensiblen Dreieck Staat – Kirche – Opposition, weil die politischen Zielvorstellungen der ökologisch und pazifistisch orientierten Gruppen in der DDR ihnen am nächsten kamen. Die SPD dagegen war manisch auf die SED fixiert und hoffte, über sie allmähliche Wandlungen und Verbesserungen bewirken zu können. Sogar die Wiedergründung der Sozialdemokratie in der DDR am 7. Oktober 1989 im Pfarrhaus zu Schwante nach 33 Jahren der Verfolgung stiftete im Erich-Ollenhauer-Haus in Bonn eher Verwirrung als Freude. Der Spielraum von CDU, CSU und F.D.P gestaltete sich noch enger und beschränkte sich in Richtung DDR-Opposition auf gelegentliche Höflichkeitsbesuche bei Pfarrer Rainer Eppelmann. Deshalb verdient es das Wirken der Grünen, im gegebenen Zusammenhang exemplarisch dargestellt zu werden.

Die Grünen und die Honecker-Führung

Die SED befand sich gegenüber den Grünen in einem unlösbaren Zwiespalt. Auf der einen Seite schienen ihr gewisse Forderungen und Grundsätze – besonders in der Sicherheits- und Deutschlandpolitik – entgegenzukommen. Auf der anderen Seite unterhielten nur die Grünen im allgemeinen und einzelne ihrer prominenten Mitglieder intensive Kontakte zur unabhängigen Friedensbewegung. Sie verschafften den »Gruppen« eine gefährliche Öffentlichkeitswirksamkeit und besaßen gegenüber den Organisationen und Einrichtungen, die sich traditionell der Pflege der Verbindungen zur DDR verschrieben hatten, wie etwa die »Internationale Gesellschaft für Menschenrechte« oder die »Arbeitsgemeinschaft 13. August«, den Vorteil, daß man sie nicht so ohne weiteres als »Kalte Krieger« oder Agenten des BRD-Imperialismus diffamieren konnte. Dieses Dilemma durchzieht alle einschlägigen Dokumente. Das MfS versuchte gelegentlich, die positiven und negativen Aspekte hinsichtlich der Grünen gegeneinander aufzuwiegen, und führte in einem vor dem am 31. Oktober 1983 geplanten Treffen mit Honecker gefertigten Papier aus: »Nach vorliegenden aktuellen Angaben planen die Vertreter der Grünen mit ihrem Aufenthalt in der DDR Aktivitäten, die einerseits positiv zu werten sind (besonders das vorgesehene Gespräch mit Gen. Honecker über Fragen des Friedenskampfes im Westen und ihrer Rolle als parlamentarische und außerparlamentarische Opposition in der BRD), anderseits jedoch negativ eingeschätzt werden müssen. Es ist mit einem Doppelspiel zu rechnen, mit dem offensichtlich negative politische Wirkungen ausgelöst werden sollen: Förderung und Unterstützung feindlich-negativer Kräfte in der DDR; Ermunterung derartiger Kräfte zu weiteren Aktivitäten im Sinne einer ›inneren politischen Opposition‹ bzw. politischer Untergrundtätigkeit.«[455]

In den Jahren seit 1983 entwickelten viele grüne Politiker eine intensive Reisetätigkeit in die DDR. Sie nahmen an Friedens- und Menschenrechtsseminaren, an kirchlichen Veranstaltungen oder an privaten Treffen Oppositioneller teil. Für die

Monate Januar 1985 bis Februar 1986 erstellte das MfS eine Art Reisekalender, der über die einzelnen Schritte Auskunft gab[456]. Der Zielkonflikt bei der Behandlung der Grünen manifestierte sich in einer terminologischen Differenzierung zwischen angeblich »antikommunistischen« Kräften und Personen und denjenigen, die auf »realistischen Positionen« standen. Obwohl man letztere politisch unterstützen wollte, existieren keine Belege für eine entsprechende geheimdienstliche Einflußnahme.

Demonstration auf dem Alexanderplatz am 12. Mai 1983

Am 12. Mai 1983, gegen 11.50 Uhr entrollten fünf prominente Mitglieder der Grünen im Zentrum der »Hauptstadt der DDR«, an der Weltzeituhr auf dem Alexanderplatz, zwei Transparente. Ihre Größe betrug 2,30 × 1,35 Meter, und die Aufschriften lauteten: »Die Grünen – Schwerter zu Pflugscharen« und »Die Grünen – Jetzt anfangen: Abrüstung in Ost + West«. Nach drei bis vier Minuten griffen die stets einsatzbereiten Kräfte der Volkspolizei ein, entfernten die Plakate und nahmen die Demonstranten fest. Auf dem Alexanderplatz herrschte zu dieser Tageszeit »reger Personenverkehr«[457]. Es kam zu einer Menschenansammlung, die sich nach »Zuführung der demonstrativ Aufgetretenen« wieder zerstreute[458]. Offenbar war es zu spontanen Beifallsbekundungen gekommen. Petra Kelly, Gerd Bastian, Roland Vogt, Lucas Beckmann und Gabriele Potthast brachte man mit dem Funkstreifenwagen zum Präsidium der Volkspolizei und stellte ihre Personalien fest. Zunächst verhörte sie ein Major der Volkspolizei, dann ein Mitarbeiter des MfS, der sich als Beauftragter des Ost-Berliner Polizeipräsidenten ausgab. Letzterer führte das Gespräch in einer »ruhigen, sachlichen und höflichen Form . . . Den BRD-Bürgern wurde erklärt, daß die DDR mit Aufmerksamkeit ihren Kampf in der BRD verfolgt. Sie wurden mit den besten Wünschen für ihre weitere Tätigkeit und ihren Kampf gegen die Hochrüstung in der BRD mit Handschlag verabschiedet. Auf ihre Bitte wurden sie mit PKW der Volkspolizei zu ihrem Kraftfahrzeug, welches auf dem Mittelstreifen der Karl-Marx-Allee geparkt war, gefahren. Anschließend fuhren sie zum Gebäude des Staatsrates der DDR, das sie nach Einholung von Auskünften durch diensttuende Posten gegen 14.56 betraten. Dort übergaben sie dem Leiter der öffentlichen Sprechstunde des Staatsrates eine Erklärung . . . mit der Bitte, diese dem Vorsitzenden des Staatsrates der DDR zuzuleiten. Danach verließ die Gruppe über die Grenzübergangstelle Heinrich-Heine-Straße die Hauptstadt der DDR.«[459] Der SPD-Abgeordnete Freimut Duve, der, um gegen die Verhaftung der Grünen zu protestieren, am Grenzkontrollpunkt erschien, kam zu spät. Ihm konnte mitgeteilt werden, daß sich die fünf Personen bereits wieder in West-Berlin befanden.

Gespräch mit Erich Honecker am 31. Oktober 1983

Ebenfalls am Alexanderplatz hatten Anhänger der unabhängigen Friedensbewegung »fünf Minuten vor zwölf« ein symbolisches »Massensterben« geplant.

Durch umfangreiche Sperrmaßnahmen gelang es aber bereits im Vorfeld, alle Beteiligten festzunehmen. Daß dies ohne Aufsehen geschah, schien deshalb besonders wichtig, weil sich gerade ein erstes Treffen zwischen Petra Kelly, Otto Schily, Gerd Bastian, Lucas Beckmann, Dirk Schneider, Antje Vollmer, Gustine Johannsen und Erich Honecker ankündigte. In der Bundesrepublik spitzte sich die Entscheidung über die sogenannte Nachrüstung zu, und die DDR wollte trotz aller genannten Vorbehalte einen potentiellen Verbündeten im Kampf gegen die NATO-Pläne gewinnen. Das bereits zitierte Papier des MfS gab Auskunft über die möglichen Absichten und Strategien der Gesprächspartner[460]: »Nach internen Hinweisen beabsichtigt die Delegation, einen Forderungskatalog zu übergeben, in dessen Mittelpunkt Fragen der sogenannten unabhängigen Friedensbewegung und der Raketenstationierung/Abrüstung stehen sollen. Konkret: Forderung nach Betätigungsmöglichkeiten der sogenannten unabhängigen Friedensbewegung in der DDR. Mit folgenden weiteren politischen Forderungen muß gerechnet werden:

- ›Einstellung des Häftlingsfreikaufs‹,
- Ermöglichung von Fahrradreisen von der BRD nach Westberlin bzw. in die DDR,
- Vereinbarung von Städtepartnerschaften zwischen der DDR und der BRD.

... Es kann erwartet werden, daß, wie Petra KELLY am 25. 5. 1983 gegenüber DPA erklärte, im Gespräch mit Genossen Honecker ›die Festnahme und die Ausweisung von Mitgliedern der inoffiziellen DDR-Friedensbewegung‹ eine Rolle spielen wird. KELLY deutete weiter an, die Grünen würden vorschlagen, ›Vertreter dieser Gruppierungen‹ zu einem Treffen hinzuzuziehen. Nach einem internen Hinweis vertritt SCHILY die Auffassung, daß es unbedingt zu einem Gespräch mit DDR-Kirchenvertretern kommen müßte.«[461] Dieselbe interne Quelle ließ verlauten, daß in der Zeit vom 20. bis 22. Oktober 1983 Dirk Schneider, Antje Vollmer und Uwe Tietz in Ost-Berlin mit dem Leiter der Ständigen Vertretung der Bundesrepublik, Hans-Otto Bräutigam, Pfarrer Rainer Eppelmann und anderen Vertretern der unabhängigen Friedensbewegung »Sondierungsgespräche« führen wollten. Als besonderen Störfaktor wertete sie Aktivitäten ehemaliger, den Grünen nahestehender DDR-Bürger und nannte immer wieder den Namen Roland Jahn. »Nach internen Angaben waren Vertreter der Grünen bemüht, Vertreter der sogenannten unabhängigen Friedensbewegung in der DDR zur Teilnahme an der Aktionswoche in der BRD einzuladen. – Maoistische Kräfte der Alternativen Liste Westberlin hatten versucht, Vertreter dieser ›Bewegung‹ als Sprecher auf der Großkundgebung am 22. 10. 1983 vor dem Schöneberger Rathaus zu gewinnen.«[462] Es folgte eine Aufzählung einzelner Kontakte. Sorgen bereitete vor allem Gabriele Potthast, die verschiedentlich durch spektakuläre Aktionen hervorgetreten war, so auf dem Wenzelsplatz in Prag, wo sie am 22. Juni 1983 am Rande der »Weltversammlung Frieden und Leben« Flugblätter verteilt und versucht hatte, gemeinsam mit der Charta 77 eine Pressekonferenz zu veranstalten. Sie verfügte über Verbindungen zu DDR-Grünen und wollte unter anderem Carlo Jordan treffen.

Nach Abschluß des Treffens mit Honecker kam es am Abend des 31. Oktober 1983 vor dem Gebäude des Staatsrates auf dem Marx-Engels-Platz zu folgendem Vorfall[463]: Trotz der vom MfS registrierten vorhergehenden Meinungsverschiedenheiten über den Sinn einer solchen Demonstration entfalteten nun alle Mitglieder

der Delegation drei Transparente, auf denen zu lesen stand: »Einseitig abrüsten statt beiderseitig aufrüsten«, »Laßt den Frieden frei«, »Schwerter zu Pflugscharen«. Dirk Schneider zeigte ein Schild mit der Aufschrift »Persönlicher Friedensvertrag« mit folgenden, wörtlich zitierten Unterpunkten:

1. Ich verpflichte mich, gegenseitige Gewaltanwendung auszuschließen
2. Ich verpflichte mich, uns gegenseitig nicht als Feinde zu betrachten und das Feindbild abzubauen
3. Ich verpflichte mich, in unserem Land für den Beginn der einseitigen Abrüstung einzutreten

Die am Ort des Geschehens anwesenden Korrespondenten und Fernsehteams transportierten den Vorfall in die Öffentlichkeit. Die normale DDR-Bevölkerung hatte kaum Gelegenheit, ihn zur Kenntnis zu nehmen, obwohl die Delegation anschließend mitsamt ihren Plakaten und den Journalisten zum Internationalen Pressezentrum zog. »Es wurde jeweils nur eine geringe Öffentlichkeitswirkung erzielt«, vermerkte der Stasi-Bericht lapidar[464]. Der Hauptgrund lag wahrscheinlich darin, daß sich in die durchquerten Stadtviertel zu so später Stunde kaum ein Zufallspassant verirrte. Gegen 20 Uhr fand dann der Besuch im Büro Rainer Eppelmanns statt, an dem auch etwa 25 Personen aus der DDR teilnahmen. Zwei von ihnen, deren Namen in dem Dokument geschwärzt wurden, »richteten heftige Angriffe gegen die Staats- und Rechtsordnung der DDR. Es gäbe keine politische Moral. Man müsse das System abschaffen. Von der Basis aus müsse eine Bewegung der Verweigerung beschleunigt werden. Aktivitäten zu einer politischen Erneuerung müßten beginnen. Man erwarte von den Grünen einen stärkeren Einfluß auf innenpolitische Fragen der DDR. Es gehe um mehr Freiheitsrechte, freie Meinungsäußerung und Reisemöglichkeiten zwischen beiden deutschen Staaten.«[465] Zum Abschluß des Abends trafen sich Otto Schily und Antje Vollmer mit Bischof Forck, Präses Manfred Becker und Konsistorialpräsident Stolpe und erklärten ihnen, »daß sie in erster Linie zur ›unabhängigen Friedensbewegung in der DDR‹ gekommen seien und von der Kirche erwarten, diese Bewegung zu stärken«[466]. Die Begegnung mit Erich Honecker fand eine breite Resonanz in Ost und West. Die DDR-Zeitungen feierten sie als Erfolg der Friedenspolitik, ohne freilich die ihr folgende Aktion zu erwähnen.

Das Verhältnis zu Partei, Staat und Opposition bis zum Herbst 1989

Aus dem Jahre 1984 stammt eine längere Analyse des MfS über das Verhältnis der Grünen und der Alternativen Liste (AL) zu den unter dem Dach der Kirche arbeitenden Friedens- und Umweltgruppen, die besorgt feststellte, daß sich »... zunehmend jene Kräfte durch[setzen], die für eine offene Einmischung in die inneren Angelegenheiten der DDR und anderer sozialistischer Länder, für die subversive Einwirkung sowie für die Unterstützung und Förderung hier [in der DDR, d.Verf.] wirkenden feindlich-negativen und anderer oppositioneller Kräfte eintreten«[467]. Dennoch bestand in den Augen der Stasi noch Hoffnung auf Besserung der Lage. Am 29. Oktober 1986 erließ Erich Mielke einen speziellen Befehl zur Kontrolle der Einreise von Mitgliedern der Grünen und der Westberliner AL[468]. Er wies das operative Leitzentrum der Hauptabteilung VI an, ihnen mit gültigen Papieren (Visum oder Berechtigungsschein) die Einreise zu gestatten und von ihr und »den dabei getroffenen Feststellungen« unverzüglich die territorial zuständigen oder erfassenden Diensteinheiten zu informieren. Weitergegeben werden sollten die Personalien, die »eingesetzten Transportmittel«, Angaben über eventuelle Mitreisende, die Reiseziele und die Aufenthaltsdauer. Wörtlich hieß es dann: »Die territorial zuständigen bzw. die erfassenden Diensteinheiten haben zu sichern, daß die Aktivitäten dieser Personen unter operativer Kontrolle gehalten und ihre Verbindungen überprüft werden. Die erfassenden Diensteinheiten haben eine Abstimmung der erforderlichen Kontroll- und Überwachungsmaßnahmen mit den territorial zuständigen Diensteinheiten vorzunehmen. Im Ergebnis der Kontroll- und Überwachungsmaßnahmen haben die zuständigen Diensteinheiten Einreisesperren bzw. Fahndungen zur Durchführung von operativen Kontroll- und Überwachungsmaßnahmen oder andere politisch-operative Maßnahmen einzuleiten.«[469]

Anfang September 1986 besuchte die Fraktion der Grünen die Volkskammer der DDR. Zu diesem Anlaß fertigte die Staatssicherheit ein Papier, das unter anderem ausführte: »Interne Einschätzungen ... bestätigen, daß die Grünen eine doppelgleisige und widersprüchliche Politik gegenüber der DDR betreiben ... ihr Verhältnis zur DDR [sei] von folgenden drei Prämissen bestimmt: Sie wollten den Dialog auf staatlicher und gesellschaftlicher Ebene. Zugleich gäben sie ihre Kontakte und Freundschaften mit Vertretern der unabhängigen Friedens- und Ökologiebewegung in der DDR nicht auf und bestünden auf Möglichkeiten ihrer Wahrnehmung. Zu diesem Zweck müßten die Einreiseverweigerungen aufgehoben werden.«[470] Obwohl die Gespräche mit hohen SED-Funktionären wohl zufriedenstellend verliefen, verspürten die Grünen im nachhinein offenbar ein gewisses Unbehagen, hauptsächlich das Problem der politischen Gefangenen nicht deutlich genug zum Ausdruck gebracht zu haben. »Gerade weil sich die Delegationsmitglieder von Anfang an zum Verzicht auf spektakuläre Aktionen in der DDR entschieden hatten, hätten sie sich im Vorfeld der Reise überlegen müssen, wie sie sich trotzdem der Gefahr einseitiger Instrumentalisierung durch die DDR entziehen und ihre intern geäußerten Differenzen und Kritiken auch nach außen optisch deutlich machen können.«[471] In der Folgezeit verstärkten sich die Klagen des MfS über die Dominanz antikommunistischer Positionen bei den Grünen. Während noch 1987 von ihrer »doppelgleisigen Politik« die Rede war, die sowohl auf eine völkerrechtliche Anerkennung der DDR als auch auf eine »Unterstützung oppositioneller Kräfte in der DDR« ziele[472], hieß es im Mai 1988 bereits: »Antikommunistische Kreise der Grünen forcieren in letzter Zeit ihre Aktivitäten gegen die UdSSR, die DDR und andere sozialistische Staaten.«[473]

Im Hinblick auf die Westberliner AL sah die Einschätzung günstiger aus. Verschiedene Lageberichte lobten die »realistischen Kräfte«, die sich bereit fanden, unter Umgehung der »Gruppen« mit den Vertretern des Staates zu verhandeln. Anläßlich der 750-Jahr-Feier Berlins weilte beispielsweise eine Delegation der Alternativen Liste im Ostteil der Stadt, und die Auswertung erbrachte folgendes Ergebnis: »Der Vorsitzende der AL-Fraktion des Westberliner Abgeordnetenhauses Wolfgang Wieland und die stellvertretende Fraktionsvorsitzende Gabriele Vonnekold äußerten sich übereinstimmend zufrieden über die protokollarische Behandlung und Betreuung während ihres DDR-Aufenthaltes anläßlich des Staatsaktes zur 750-Jahr-Feier Berlins. Wieland bekundete sein starkes Interesse an der Fortsetzung des Dialoges mit der DDR ... Wieland halte es bei einem pragmatischen Herangehen für möglich, dem zu erwartenden Vorwurf aus AL-Kreisen zu begegnen, die Aufnahme offizieller Beziehungen zur Volkskammer wäre eine Anerkennung der Drei-Staaten-Theorie der DDR.«[474] Trotz dieser Anbiederung trafen sich am 28. Juni 1989 die neue Vorsitzende der AL-Fraktion des Abgeordnetenhauses, Heidemarie Bischoff-Pflanz, und ihr Stellvertreter, Dr. Albert Staatz, mit einem Kreis von DDR-Oppositionellen in einer Ostberliner Privatwohnung[475].

Die ambivalente Situation verdeutlichte ein Gespräch in der Umwelt-Bibliothek am 13. Juli 1989, in dem es vordergründig um die Luftverschmutzung in Berlin, ansonsten aber auch um übergreifende politische Aspekte ging[476]. Der obligatorische Spitzel meldete: »Auf gezielte Fragestellungen, weshalb der Regierende Bürgermeister von Berlin (West) und weitere Westberliner Politiker Einladungen zum Besuch der ›Umweltbibliothek‹ bisher nicht gefolgt seien, wurde seitens der AL-Vertreter darauf verwiesen, daß sich der Senat von Westberlin gegenwärtig in einer komplizierten Lage befinde. Primär müssen Kontakte zu den offiziellen Stellen in der DDR aufgenommen werden. Separate Verhandlungen mit ›autonomen Gruppen‹ in der DDR würden einer ›Anerkennung des Alleinvertretungsanspruches des Senats von Westberlin für ganz Berlin‹ gleichkommen. Das wolle die AL jedoch keinesfalls. Daraus erwüchsen auch Probleme der AL bei der Gestaltung der Zusammenarbeit mit derartigen Gruppen in der DDR.«[477]

5. Die Botschaftsaktion am 4. November 1983

Die unabhängige Friedensbewegung fühlte sich durch das Treffen der Grünen mit Erich Honecker soweit indirekt gestärkt, daß sie nun mit einer eigenen größeren Aktion an die Öffentlichkeit treten wollte. Über diese Absicht und den geplanten Zeitpunkt hatte die Delegation den Generalsekretär schon informiert. Zwei Gruppen sollten unter Mitführung je eines Globus mit einem Durchmesser von etwa einem Meter und der Aufschrift »So sieht die Erde noch aus« um 13 Uhr vom Treffpunkt Bahnhof Friedrichstraße zu den nahegelegenen Botschaften der UdSSR und der USA marschieren, um dort gleichlautende Petitionen zu übergeben. Das MfS kannte die Einzelheiten, wußte allerdings nicht, wo sich die aufblasbaren, aus West-Berlin eingeführten Erdkugeln befanden[478]. Angeblich hatten die Teilnehmer vor, sich die von der FDJ verbreiteten Aufnäher mit einer rot durchkreuzten schwarzen Rakete auf gelbem Grund zu besorgen und die Aufschrift »Frieden schaffen ohne NATO-Waffen« zu entfernen. »Das sollte als äußeres Erkennungszeichen benutzt werden«, wie die Stasi schrieb[479]. Ansonsten legten sich die Demonstranten darauf fest, »... jegliche Handlung zu unterlassen die zu einem Eingreifen der Sicherheitsorgane führen können«[480].

Der Inhalt der Petition war erstmals auf einer Zusammenkunft am 1. November in der Wohnung Bärbel Bohleys beraten worden, an der neben Kelly, Bastian, Vollmer und Beckmann etwa 40 weitere Personen teilnahmen. In den folgenden

Tagen fanden mehrere Erörterungen über ihren genauen Wortlaut statt. Die Kirche wollte die Aktion nur unterstützen, »... wenn jegliches Spektakel vermieden werde und alle Einzelheiten vorher mit der Kirchenleitung abgesprochen und von ihr sanktioniert seien«, wie sich die Oberkirchenrätin Christa Lewek vernehmen ließ[481]. Manfred Stolpe sprach sich grundsätzlich dagegen aus und brachte »... zum Ausdruck, daß sich die Kirche nicht schützend vor solche Aktionen stellen will, da es nicht in der Absicht der Kirche liege, auf Konfrontationskurs mit dem Staat zu gehen. Es gäbe gegenwärtig schon genügend Reibereien zwischen Staat und Kirche ... Stolpe unterbreitete den Vorschlag, die Teilnehmerzahl der Delegationen, die die Petitionen in den Botschaften überreichen, auf je fünf Personen aus der BRD, den USA, Italiens, den Niederlanden und der DDR zu begrenzen.«[482] Er konnte sich jedoch nicht durchsetzen, und Beckmann hoffte dagegen, »... möglichst viele Personen aus der DDR für die Teilnahme zu gewinnen. Er könne sich vorstellen, daß sich evtl. 1 000 DDR-Bürger an der Aktion beteiligen würden«[483].

Am 2. oder 3. November versuchte der Leiter der »Westabteilung« im ZK der SED und späteres Politbüromitglied Herbert Häber Gerd Bastian dazu zu bewegen, den gesamten Plan fallen zu lassen[484]. Obwohl letzterer nach anderen Quellen wegen seiner Reise nach Großbritannien nicht teilnehmen wollte und auch seinen Parteifreunden dasselbe empfohlen hatte, beabsichtigten die Grünen, sich gegen neun Uhr in West-Berlin zu treffen, um dann auf getrennten Wegen in den Ostteil einzureisen. Beckmann, den die Stasi als den Hauptinitiator betrachtete, vertrat die Meinung, die DDR-Behörden würden es nicht wagen, ihnen die Einreise zu verweigern. Gleichzeitig entwickelte – auf Druck der SED – die Kirche Aktivitäten. Forck unterbreitete den Kompromißvorschlag, die Petition einige Tage später – »nach Beruhigung der Lage« – selbst zu übergeben. Ein Mitglied der Grünen könne ihn dabei begleiten. Um jeden Preis müsse man jedenfalls eine offene Straßendemonstration verhindern.

Stolpe ging wohl davon aus, daß auch solche Leute wie Eppelmann den Standpunkt der Kirchenleitung respektieren würden: »Die Kirche (vertreten durch STOLPE) werde die Grünen vom genannten Standpunkt informieren und sie bitten, von geplanten Aktionen abzusehen.«[485] Er unterrichtete die Staatsorgane laufend über die Absichten der Organisatoren, so daß sie mit flankierenden polizeilichen Maßnahmen das Ganze ohne allzu großes Aufsehen abwürgen konnten. Das MfS verfügte am Morgen des 4. November die Sperrung aller Einreisen von prominenten Mitgliedern und Sympathisanten der Grünen und der Alternativen Liste sowie »maoistischer, linksextremistischer Organisationen, Gruppen und Kräfte, einschließlich Personen aus anderen westlichen Ländern, von denen bereits in der Vergangenheit Aktivitäten im Zusammenhang mit der sogenannten unabhängigen Friedensbewegung in der DDR bekannt wurden«[486]. In der Nacht vom 3. auf den 4. November setzte man insgesamt 118 DDR-Bürger auf unterschiedliche Weise fest; zum Teil durch vorläufige Festnahmen, zum Teil mit Hilfe von Blockierungen, einer rechtlich nicht vorgesehenen Form der Bewegungseinschränkung zum Beispiel durch Besuche von Sicherheitskräften in der eigenen Wohnung. Weitere 260 Personen hinderte man an der Anreise oder erteilte ihnen die Auflage, ihren Wohnort nicht zu verlassen.

Trotzdem fanden sich zur vereinbarten Zeit ungefähr 25 bis 30 Demonstranten vor der Buchhandlung am Bahnhof Friedrichstraße ein, wo sie der Stadtjugendpfarrer Martin-Michael Passauer empfing und aufforderte, den abgeschirmten Bereich zu verlassen und es zu keinen Konfrontationen kommen zu lassen. Nachdem sich die Versammlung ohne weitere Vorkommnisse aufgelöst hatte, konnte die Stasi nun die Abrückenden einzeln abfangen, ihre Personalien feststellen, sie befragen und 17 von ihnen im »Handlungsraum zuführen«. An den Grenzübergangsstellen wurden insgesamt 49 Personen zurückgewiesen, unter ihnen Lucas Beckmann und Gabriele Potthast. Die grüne Bundestagsabgeordnete Waltraud Schoppe griff die Polizei in der Nähe des Bahnhofs Friedrichstraße auf und schickte sie nach West-Berlin zurück.

Die SED-Führung hatte eine für sie sehr kritische Situation gemeistert, indem sie es vermied, entweder vor laufenden westlichen Kameras und unter Anwesenheit politischer Prominenz aus der Bundesrepublik zu brutaler Gewalt greifen oder eine nicht genehmigte Demonstration dulden zu müssen. Innerhalb der Fraktion der Grünen führte der Fehlschlag zu von der Stasi aufmerksam registrierten erheblichen Spannungen. Schneider und Schily beabsichtigten zu verhindern, daß sich Beckmann, dem sie die Verantwortung in die Schuhe schoben, als »Deutschland-Politiker« profiliere[487]. »Nach ihrer Darstellung lasse BECKMANN keine andere als seine eigene Meinung gelten, und er halte sich nicht an gemeinsam gefaßte Beschlüsse. SCHILY bedauerte, daß durch das Auftreten der Grünen in der DDR vieles in Scherben gegangen sei, was nun wieder mühsam aufgebaut werden müsse. Er selbst wolle in gutem Einvernehmen mit der DDR in Kontakt bleiben.« Am Abend des 4. November versammelte sich im Gemeindehaus Pankow der dortige Friedenskreis, der die Ereignisse nicht unbedingt als Niederlage empfand. Der Saal war brechend voll, selbst in der Tür und auf der Treppe standen Menschen. Die festgenommenen und einige Stunden später wieder auf freien Fuß gesetzten Männer und Frauen berichteten recht freimütig über ihre Behandlung und bezeichneten sie durchgehend als korrekt. Mehrere Redner bekannten sich demonstrativ zur Teilnahme an ähnlichen zukünftigen Aktionen und verdeutlichten mit dieser – angesichts der gerade gemachten Stasi-Erfahrung – durchaus unüblichen Verhaltensweise, daß der Kreis derjenigen, die sich nicht mehr einschüchtern ließen, langsam aber stetig wuchs.

6. Resignation und Neubeginn der Menschenrechtsbewegung im Zeichen der Perestrojka

Am 10. März 1986 hielt der Stasi-Chef von Berlin vor der Bezirkseinsatzleitung (BEL) ein Referat über »feindliche Untergrundtätigkeit« in seinem Zuständigkeitsbereich und führte aus: »Die ›Friedens- und Ökologiekreise‹ weisen insgesamt sinkende Mitgliedezahlen auf. Bei einigen Personen zeigten sich deutlich Resignationserscheinungen. Die Tätigkeit einer Reihe von ›Friedens- und Ökologiekreisen‹ ist seit längerem von Konzeptionslosigkeit und weitgehender Inaktivität in der Öffentlichkeit gekennzeichnet. Einige der zur Zeit existierenden Kreise befinden sich im Prozeß der Auflösung ... Die öffentliche Wirksamkeit von Veranstaltungen feindlich-negativer Kreise ist zurückgegangen. Die Teilnehmerzahlen bei solchen Aktivitäten des Jahres 1985, wie die ›Bluesmesse‹ und die ›Friedenswerkstatt‹ in der Lichtenberger Erlöserkirche bzw. Veranstaltungen zur ›Friedensdekade‹ im November, waren teilweise niedriger als in den vergangenen Jahren. Vielfach zeigen sich die Organisatoren über die erreichte Wirkung enttäuscht.«[488] Obwohl dann auch Hinweise auf die Gefährlichkeit der feindlichen Aktivitäten sowie auf die Kontakte zu Friedensgruppen in anderen sozialistischen Ländern und zu westlichen Korrespondenten folgten, zeigte sich der Generaloberst optimistisch, daß es – vor allem mit Hilfe der Kirchenleitungen – gelingen werde, die Opposition im Zaume zu halten. Es sollen ». . . alle Möglichkeiten genutzt werden, in vertrauensvollen Gesprächen mit leitenden Personen der evangelischen Kirche den Differenzierungsprozeß fortzusetzen und die kirchlichen Kräfte verstärkt in den Disziplinierungsprozeß der Organisatoren politischer Untergrundtätigkeit im Kirchenbereich einzubeziehen«[489].

In der Tat schien die unabhängige Friedensbewegung Anfang 1986 in ihren Zielen gescheitert, die Euphorie des Aufbruchs vorbei. Die Resignation im Westen färbte unmerklich auf sie ab, obwohl es in der DDR doch um ganz andere Probleme ging. Allerdings hatten die »Gruppen« den Boden für künftige Oppositionsbewegungen bereitet. Ereignisse, die man nicht für möglich gehalten hätte, ließen sich nicht mehr so einfach wegwischen und bewirkten im Windschatten der sowjetischen Perestrojka eine neue Dynamik. Den Höhe- und zugleich Endpunkt dieser Zwischenphase bildete der »Olof-Palme-Friedensmarsch für einen atomwaffenfreien Korridor in Europa« im September 1987. Unter Berufung auf den ermordeten schwedischen Ministerpräsidenten veranstalteten Atomwaffengegner einen Marsch quer durch Europa, der auch durch die DDR führen sollte. Die offiziellen Instanzen wie der Friedensrat beteiligten sich gern, weil sein Ziel den außenpolitischen Erklärungen Moskaus entsprach. Erstmals duldeten sie jetzt aber eine Beteiligung unabhängiger Friedensgruppen, die unter anderem in Ost-Berlin einen »Pilgerweg« organisierten, der in der Nacht vom 5. auf den 6. September durch die Stadtbezirke Mitte und Prenzlauer Berg führte. Er begann an der Zionskirche, ging dann zur Segenskirche, weiter zur Eliaskirche und endete in der Gethsemanekirche mit einem Abschlußgottesdienst. Die Demonstranten führten Kerzen und Transparente mit sich, auf denen zu lesen stand: »Keine Feindbilder in der Schule und im Kindergarten«, »Gorbatschow – Demokratie – Frieden«, »Friedenskunde statt Wehrkunde«, »Für einen zivilen Ersatzdienst« und »Mehr Kultur im politischen Streitgespräch«. Solche Losungen wirken aus der Rückschau eher harmlos. Unter den Verhältnissen der DDR bedeutete es eine Sensation, daß die anwesenden Volkspolizisten nicht sofort eingriffen und zu Verhaftungen schritten, sondern den Zug bis zur Gethsemanekirche begleiteten und sogar die Straßen für den Verkehr sperrten. Die angesichts des bevorstehenden Staatsbesuchs Erich Honeckers in der Bundesrepublik Deutschland zur Schau getragene Toleranz sollte allerdings nicht lange währen. Bereits Ende November 1987 war die Schonzeit für die Friedensgruppen vorbei.

Kapitel IV: Die Mauer und die Ausreiseproblematik

1. Die Staatsgrenze

Die Mauer bedeutete eine existentielle Grundtatsache des Lebens in der DDR. Das Bewußtsein, im Käfig zu leben und ihn nach menschlichen Ermessen niemals verlassen zu können, prägte den Alltag, die Mentalität der Bürger und ihr Verhältnis zur Staatsmacht. Die Sperranlagen absorbierten einen guten Teil der Phantasie und der Kreativität der Untertanen. Die einen suchten nach Möglichkeiten, sie zu überwinden, die anderen dachten über Maßnahmen nach, das zu unterbinden, während die Mehrheit versuchte, sich im Gefängnis häuslich einzurichten. Insgesamt bildete die »Staatsgrenze der DDR« eine eiserne Klammer, die das labile System mit Gewalt zusammenhielt. Die Mauer war überall und insofern kein Bauwerk, sondern ein Zustand, der sich auch im öffentlichen und privaten Bereich gewissermaßen als Absperrungsneurose spiegelte. Trotz der niedrigen Kriminalitätsrate sicherte man Zäune und Mäuerchen gern mit Stacheldraht, einbetonierten Glasscherben und gußeisernen Toren. Dort, wo der Architekt schon allein wegen der vorgeschriebenen Fluchtwege fünf breite Flügeltüren hatte einbauen lassen, fand man garantiert vier fest verriegelt. Zusätzlich gespannte Schnüre und Kettchen sollten unerwünschte Gäste am Eindringen hindern. Vor allem aber wiesen Schilder auf alles Verbotene hin. Eine DDR-typische Erscheinung waren darüber hinaus unzählige Kontrolleure jeglicher Art: permanent unfreundliche Pförtner, abweisende Betriebsschutzmitarbeiter, inkompetente, aber streng blickende Polizisten oder andere Mitarbeiter, die allesamt Dienstausweise oder andere Zertifikate verlangten. Sie notierten Namen und Adressen und fragten telefonisch an, ob der Besucher erwünscht sei und erwartet werde. Selbst eine Institution wie die Humboldt-Universität beschützten sie rund um die Uhr und verwehrten neugierigen Besuchern, besonders aus dem Westen, die »eben nur mal schauen wollten«, konsequent den Zugang. Ohne Passierschein lief hier für »Fremde« nichts.

Das System der Grenzsicherung unterlag dem gleichen Widerspruch wie die gesamte innere Sicherheit. Beide wurden im Laufe der siebziger und achtziger Jahre entgegen dem äußeren Anschein einer vorsichtigen Liberalisierung massiv ausgebaut. Die Rücksichtnahme auf die Reputation im Westen bewirkte lediglich eine Verfeinerung und damit größere Wirksamkeit der Methoden. Anfang 1970 begann der Aufbau von Geräten des Typs SM 70, die bei Berührung der Kontaktdrähte scharfkantige Projektile verschossen und starke innere Verletzungen hervorriefen, an denen das Opfer verblutete. Ende der siebziger Jahre betrug ihre Zahl 35 000, hinzu kamen Minenfelder und andere Tötungsanlagen. Allerdings ereigneten sich in dieser Zeitspanne auch mehrere spektakuläre Zwischenfälle. Ein ehemaliger DDR-Häftling hatte die Absicht, eine der Selbstschußanlagen abzumontieren und vor der

Ständigen Vertretung Ost-Berlins in Bonn am Fahnenmast hochzuziehen. Nachdem vom MfS in seine Gruppe eingeschleußte Spitzel den Plan verraten hatten, erschoß ein bereits wartendes Exekutionskommando der Staatssicherheit in der Nacht vom 30. April zum 1. Mai 1976 Michael Gartenschläger an der innerdeutschen Grenze bei Uelzen[490]. Aufsehen erregte auch der Fall des »Doppelmörders« Werner Weinhold, den die DDR meinte propagandistisch ausschlachten zu können[491]. Der Grenzsoldat hatte auf seiner Flucht zwei Kameraden erschossen, und nun forderte sie seine Auslieferung. Ein Gericht in der Bundesrepublik verurteilte ihn schließlich wegen Totschlags zu fünfeinhalb Jahren Freiheitsentzug. Besonders peinlich war ein Vorfall an der Grenzübergangsstelle Marienborn. Dort erschoß ein Soldat »irrtümlich« einen italienischen Lastkraftwagenfahrer auf dem Weg zur Zollbaracke. Der Tod des KPI-Mitglieds fiel in die Zeit der Olympiade in Montreal und provozierte den üblen Scherz, die DDR erhielte eine zusätzliche Medaille für »Schnellfeuer auf laufende Ziele«.

Da wegen des KSZE-Prozesses Interesse daran bestand, die Fälle brutaler Gewalt zu minimieren, ohne die abschreckende Wirkung auf potentielle Flüchtlinge zu verringern, legte man insbesondere Wert auf die Vorfeldsicherung[492]. Das tiefgestaffelte System von Kontrollen und Sicherungen sollte es ermöglichen, Grenzverletzer bereits frühzeitig dingfest zu machen und auf den Schußwaffengebrauch weitgehend zu verzichten. Danach erreichten nur etwa 20 Prozent der Fluchtwilligen überhaupt das Sperrgebiet. Hinzu kam, daß sich die automatischen Geräte und Minenfelder technisch nicht bewährt hatten, da Tiere sie immer wieder auslösten und dann elend in den Sicherungsanlagen verbluteten. So konnte Erich Honecker getrost am 5. Oktober 1983 im Österreichischen Fernsehen ihren Abbau verkünden. Bis 30. November 1984 verschwanden etwa 60 000 Selbstschußanlagen und bis Ende 1985 auch die Bodenminen. Damit war die innerdeutsche Grenze sozusagen kosmetisch geliftet, und der Westen feierte den Generalsekretär als Politiker der Vernunft und des guten Willens.

2. Freigang aus dem Staatsknast – Das Reisekadersystem

In der »geschlossenen Gesellschaft« der DDR gab es, abgesehen von den rein materiellen Bevorzugungen, ein kompliziertes System kleiner und großer Privilegien. Ihr höchstes und schönstes Gut bestand in dem Recht, sie wenigstens zeitweise verlassen zu dürfen. Das Zauberwort lautete »Reisekader« und meinte nicht die Gesamtheit des Kaderbestands, sondern den einzelnen Inhaber des Westreiseprivilegs. Der psychologische und praktische Wert dieses Status läßt sich kaum hoch genug veranschlagen, denn er bedeutete in den Augen der Obrigkeit, was auch den konkreten Vorgesetzten und die Betriebsleitung einschloß, politische und moralische Zuverlässigkeit, fachlich hervorragende Qualität und Vertrauenswürdigkeit. Oft war er geradezu die Bedingung für die Einstellung in eine bestimmte Position, so wie die Fahrerlaubnis oder andere spezielle Fähigkeiten. Während der Verwandten- und Bekanntenkreis ansonsten SED-Karrieristen bisweilen verachtete, beneidete er die Reisekader als wichtige Persönlichkeiten. Selbst wenn sie nur die Bundesrepublik oder West-Berlin besucht hatten, umgab sie ein Hauch internationalen Flairs. Sie wußten von Dingen zu berichten, von denen Durchschnittsbürger nur träumen konnten. Hinzu kamen zwei weitere Vorteile. Wer Zugang zu den westlichen Informationssystemen hatte – und wenn es nur die landläufigen Bibliotheken waren –, besaß gegenüber den Kollegen einen deutlichen Informationsvorsprung. Wer gar zu internationalen Konferenzen fahren, Kontakte mit westlichen Kollegen knüpfen, ausländische Bücher und Zeitschriften erhalten durfte, dem standen alle Karrieremöglichkeiten offen. Diese drei miteinander verwobenen Aspekte ergaben eine Art Synergie-Effekt, denn wer einmal zu dem erlauchten Kreis gehörte, konnte immer wieder schon bestehende Kontakte ausbauen und neue knüpfen.

Die Partei benötigte nicht nur ausgewählte und ausgebildete Kader, die ihren Staat im Ausland diplomatisch, handelspolitisch, sportlich oder wissenschaftlich vertraten, sondern nutzte die Vergabe des Freigang-Privilegs auch zur dauerhaften Disziplinierung aller Führungskräfte, Akademiemitglieder und Universitätsangehörigen. Sie gewährte das Vorrecht als Gnade und konnte es jederzeit ohne Begründung wieder entziehen. Negative politische Meinungsäußerungen, Eheprobleme, Disziplinarverstöße oder gar kriminelle Delikte führten fast zwangsläufig zur zeitweiligen oder dauerhaften Aufhebung des Reisekaderstatus. Dies band – wie manches andere – die mit dem Privileg Bedachten an ihre Obrigkeit, denn sein Verlust schien weitaus schlimmer, als es nie besessen zu haben, und führte zu der perversen Situation, daß gerade diejenigen, für die sich die Sperranlagen ein wenig geöffnet hatten, zu den eifrigsten Verteidigern des Mauerstaats gehörten. Zudem waren die meist aus Opportunismus abgegebenen abfälligen Urteile der »Kenner des Westens« bestens dazu geeignet, interne Kritiker ins Abseits zu stellen. Schließlich dienten die Reisekader dem MfS als wertvolle nachrichtendienstliche Zuträger, was allerdings nicht bedeutet, daß sie ausnahmslos Stasi-Mitarbeiter gewesen sind.

3. Die Republikflucht

In den fünfziger Jahren sagte man »türmen«, später »abhauen« oder auf gut sächsisch »rübermachen«. Im Westen sprach man etwas pathetisch von »Flucht« und »Zonen- oder DDR-Flüchtlingen«. Die SED bevorzugte bis 1961 das unfreiwillig doppeldeutige Kompositum »Republikflucht« und ersetzte es dann im offiziellen Gebrauch durch »ungesetzliches Verlassen der DDR«[493]. Das Strafgesetzbuch kannte den »ungesetzlichen Grenzübertritt« und beschrieb ihn so umfassend, daß auch der Übertritt von einem Drittland in die Bundesrepublik oder in einen anderen Staat sowie die Nichtrückkehr von einer genehmigten Reise den Straftatbestand erfüllten[494]. Keiner der genannten Begriffe erfaßte die mentalen Konsequenzen dieser existentiellen und in aller Regel unwiderruflichen Entscheidung, denn sie bedeutete ja nicht einfach die Änderung des Wohnsitzes. Der Flüchtling brach alle Brücken hinter sich ab, nahm bewußt in Kauf, Eltern, Freunde und Verwandte auf unabsehbare Zeit nicht mehr wiederzusehen, stürzte sie außerdem oft in berufliche Schwierigkeiten, und ließ sein Eigentum zurück. Für manchen wog ebenfalls schwer das Zurücklassen der Heimat, der vertrauten Umgebung und auch der Hoffnung auf eine sozialistische Utopie, für die er Benachteiligungen oder gar den Aufenthalt im Gefängnis hingenommen hatte. Besonders Intellektuelle fühlten sich selbst Jahre nach ihrer Übersiedlung in den Westen immer noch als DDR-Bürger im Exil. Die Frage »Gehen oder Bleiben« hat wohl niemand auf eine bessere Formel gebracht als Wolf Biermann. Kurz vor seiner Ausbürgerung wählte er in einem Gedicht die Spiegelung des Himmels im Wasser zur Metapher für die zerrissenen Biographien in dem geteilten Land und endete mit den Worten: »Ich möchte am liebsten weg sein. Und bliebe am liebsten hier.«[495]

Die Jahreszusammenfassung 1988 gab bekannt, daß die »Versuche des Grenzdurchbruchs in Richtung BRD, BERLIN (WEST) und Offenes Meer« gegenüber dem Vorjahr von 1 221 auf 1 688 gestiegen seien und damit den Höchststand seit 1974 erreicht hätten. 94 Prozent der Flüchtlinge scheiterten, und 115 gelang es, »das System der Grenzsichererung . . . zu durchbrechen«[496].

Bis fast zum letzten Tag des SED-Regimes wurde an der Mauer scharf geschossen. Am 5. Februar 1989 stellten Soldaten den zwanzigjährigen Flughafen-Kellner Chris Gueffroy und erschossen ihn aus nächster Nähe, obwohl er auf Anruf stehengeblieben war[497]. Sein Freund überlebte schwerverletzt den Versuch, die DDR zu verlassen. Doch entgegen allgemeiner Auffassung war dies nicht das letzte Opfer der innerdeutschen Grenze. Am 8. März 1989 stürzte in Berlin ein Mann mit seinem selbstgebastelten Fesselballon ab und starb[498]. Laut einer 1995 erstellten Dokumentation der »Arbeitsgemeinschaft 13. August« ertranken im Laufe des Jahres 1989 insgesamt sechs Menschen bei Fluchtversuchen in der Ostsee, der letzte am 6. Juli 1989. An der bulgarischen Grenze wurde einen Tag später ein zwanzigjähriger DDR-Bürger erschossen. An der tschechoslowakischen Westgrenze fanden noch 1989 drei Menschen den Tod, an der ungarischen zwei, und am 30. Oktober 1989 schließlich ertrank ein Mann in der Oder, als er nach Warschau gelangen wollte, um sich dort in die bundesdeutsche Botschaft zu begeben[499]. Insgesamt listete die Dokumentation 825 Opfer auf, wesentlich mehr als die Zahl bisheriger Schätzungen, die einen großen Teil der gescheiterten Versuche, über die Ostsee oder über Drittländer zu entkommen, nicht berücksichtigt hatten[500]. Auch die strafrechtliche Verfolgung der »Republikflucht« ließ in den siebziger und achtziger Jahren keine Milderung erkennen. Ein mit den Rehabilitierungen beschäftigter bundesdeutscher Richter hat 289 vom Bezirksgericht Potsdam ergangene Urteile systematisch ausgewertet und festgestellt, daß sie in 95 Prozent der Fälle auf Freiheitsentzug erkannten[501]. Das Strafmaß betrug durchschnittlich 16,1 Monate. Selbst 1989 hat es noch 30 Verurteilungen mit 25 Haftstrafen ausgesprochen, wobei das durchschnittliche Strafmaß nur geringfügig unter dem der vergangenen drei Jahrzehnte lag. Der Autor dieser Analyse kam zu dem zutreffenden Schluß, daß die Richterschaft dem Unrechtssystem bis zum letzten Tag treu gedient hat.

4. Die Bewegung der Antragsteller

Die Mauer wurde in den siebziger und achtziger Jahren technisch immer perfekter und politisch immer brüchiger. Die DDR-Bürger empfanden die Praxis des totalen Reiseverbots angesichts von Entspannung und internationaler Anerkennung zunehmend als anachronistisch. Deshalb versuchten sie nun, auf legalem Weg ihr Land zu verlassen. Obwohl im Westen schon seit 1973 Einzelfälle bekannt geworden waren, machte der Begriff des Ausreiseantrags – also eine entsprechende Eingabe an die Behörden – erst in den späten siebziger Jahren die Runde. Zwar teilte die zuständige Behörde auf Nachfrage stets mit, daß es derartige Vorgänge bei ihr nicht gebe, doch erfuhr man häufiger von Bekannten und Kollegen, die »über Antrag rüber sind«. Die seltsame Ambivalenz zwischen absolutem Verbot und faktischer Gewährung spiegelte sich in der internen Sprachregelung des Machtapparats. Er bezeichnete die Ausreiseanträge als »rechtswidrige Übersiedlungsersuche« und gab ihnen trotzdem zehntausendfach statt. Die Aussicht, ohne die Zwischenstation Knast in den Westen zu gelangen, war zu verlockend, als daß sie nicht eine starke Sogwirkung erzeugt hätte. Mit sinkendem Risiko entwickelten sich die »Antragsteller« Anfang der achtziger Jahre zur Massenbewegung.

Tabelle 25: Entwicklung der Anträge auf Ausreise und ihre Gewährung[502]

Jahr	Antragsteller	Erstantragsteller	Rücknahme	Ausreisende
1977	–	8 400	800	3 500
1978	–	5 400	700	4 900
1979	–	7 700	4 300	5 400
1980	21 500	9 800	4 700	4 400
1981	23 000	12 300	5 000	9 200
1982	24 900	13 500	6 500	7 800
1983	30 400	14 800	5 600	6 700
1984	50 600	57 600	17 300	29 800
1985	53 000	27 300	11 300	17 400
1986	78 000	50 600	10 800	16 000
1987	105 100	43 200	12 800	7 600
1988	113 500	42 400	11 700	25 300
1989 (bis 30. 6.)	125 400	23 000	1 400	34 600

Der entscheidende Besuch bei der »Abteilung Inneres« beim Rat des Kreises oder beim Stadtbezirk veränderte schlagartig die gesamte Lebenssituation. Der »Antrag auf Entlassung aus der Staatsbürgerschaft der DDR« machte den Bürger zu einem Rechtssubjekt eigener Art. Oft mußte er den Betrieb verlassen und fand Beschäftigung nur noch als Hilfsarbeiter. Mancher versuchte im kirchlichen Dienst unterzukommen und übernahm gerne die Aufgabe eines Friedhofsgärtners. Es begann eine Wartezeit, deren Dauer niemand kannte und die von »sofort« bis zu zehn Jahren und mehr reichte. Die Umwelt reagierte mit einer Mischung aus Neid und Bewunderung, gepaart mit Zustimmung oder Ablehnung. In jedem Falle aber gehörte der Antragsteller nicht mehr zur »sozialistischen Wartegemeinschaft«. Er war aus der Reihe der Braven, Bescheidenen, Angepaßten ausgebrochen. Er trug zwar ein erhöhtes Risiko, aber seine Verhaltensweise beinhaltete auch etwas Unverschämtes und Unsolidarisches. Die meisten DDR-typischen Gesprächsthemen wie Wohnungssuche, Trabi-Anmeldung oder Ersatzteile interessierten ihn nur noch aus nostalgischen Gründen. Unbeteiligt saß er daneben, wenn die anderen den Ostsee-Urlaub für das nächste Jahr planten oder über Baumaterialien für die Laube fachsimpelten. Er war zum Fremdling im eigenen Lande geworden, fast schon eine Art Westbesuch. Selbst die politischen Verhältnisse gingen ihn eigentlich nichts mehr an. Er hatte kapituliert und glaubte nicht mehr an irgendeine Verbesserung. Antragsteller kannten nur noch ein Thema, nämlich die Beschleunigung ihrer Ausreise. Insofern lag es nahe, daß sie sich sammelten, ihre Erfahrungen austauschten und über geeignete Aktionen nachdachten.

Die gleiche Ambivalenz bestimmte auch die Reaktionen der Staatsmacht. Auf der einen Seite wollte sie den Druck durch vorsichtiges Nachgeben verringern, auf der anderen Seite glaubte sie immer wieder zu repressiven Maßnahmen greifen zu müssen, um der Bewegung Herr zu werden oder sie wenigstens einzudämmen. In den Stasi-Akten spielte die Gefahr der »Rückverbindung«, also der briefliche oder telefonische Kontakt der frisch Ausgereisten zu Verwandten, Bekannten und Kollegen in der DDR eine große Rolle. Vollkommen zu Recht fürchtete das MfS sie weit mehr als »normale« Begegnungen mit der Bundesrepublik. Die klassischen »Westverwandten« waren in der Regel sehr weit weggerückt, lebten auf ihrem eigenen Planeten und interessierten sich herzlich wenig für die Angehörigen im anderen Teil Deutschlands. Wenn dagegen ein Freund oder ehemaliger Kollege plötzlich aus dem Westen anrief, so riß er ein imaginäres Loch in die Mauer und ließ die Frage zurück: Warum der und nicht ich? Die knallbunte Postkarte aus einem exotischen Urlaubsort empfanden viele als Tropfen, der das Faß zum Überlaufen brachte. Die Aussicht, dem Staatsknast irgendwann den Rücken kehren zu können, machte die Menschen selbstbewußter. Deswegen mußten die Behörden die Antragsteller drangsalieren und vor allem ihre Entscheidungsprozesse unberechenbar gestalten. Hinzu kamen selektive Verhaftungen und Urteile wegen Kontakten zu »gegen die DDR gerichteten Einrichtungen«. Gleichzeitig bedeutete die Abschiebung in den Westen die bequemste Form der politischen Neutralisierung und des Druckausgleichs im Kessel allgemeiner Unzufriedenheit. Bekannten Regimekritikern bot man unverhohlen das Verlassen ihres Staates an oder gewährte ihnen bereits nach wenigen Tagen die Ausreise, um die Normalbürger jahrelang kämpfen mußten.

Diese Willkür provozierte wiederum bisher kaum gekannte Strategien des zivilen Ungehorsams. Die Antragsteller schlossen sich zusammen, nutzten Gottesdienste und Veranstaltungen der sich formierenden Opposition, um auf sich aufmerksam zu machen, drangen in Botschaften ein, schmückten ihre PKWs mit weißem, bei Hochzeiten üblichem Schleier oder hefteten an die Heckscheibe ein großes »A«, das man jetzt nicht als »Anfänger«, sondern als »Ausreiseantragsteller« lesen sollte. Allein schon die Formen des Protests zeugten davon, daß die Bewegung neue soziale Kreise erreicht hatte. Die langhaarigen Schmuddelkinder aus den Kellern der Gemeindehäuser fuhren keine Autos, die sie hätten mit weißen Bändern verzieren oder kennzeichnen können. Die Antragsteller – Handwerker, Ärzte, Ingenieure und Wissenschaftler – entdeckten zum Teil plötzlich die Kirche wieder, die sie aus Gründen der Opportunität schon als Oberschüler verlassen hatten. Nun fuhren sie mit den Wagen der gehobenen DDR-Mittelklasse vor, um sich unter das Publikum zu mischen und durch lautstarken Protest aufzufallen. Sie wollten gesehen, notiert und als »staatsgefährdend« abgeschoben werden. Während der verwirrenden Ereignisse im Januar 1988 nutzte die Obrigkeit diese Widersprüche geschickt aus. Sie handhabte die Genehmigung von Auslandsaufenthalten in dringenden Familienangelegenheiten, selbst zu festlichen Anlässen bei Verwandten zweiten Grades plötzlich großzügiger, bot Touristen-Besuche in Ländern wie Finnland an und erweiterte auch den Kreis der Reisekader. Allerdings durften Ehe- und andere Paare grundsätzlich nicht zusammen fahren. Psychologisch erzielte die Mini-Liberalisierung allerdings das Gegenteil der erhofften Wirkung. Der gelegentliche Freigang machte den Menschen die Absurdität ihrer Situation vollends bewußt. Viele »ideologisch ungefestigte« DDR-Bürger wurden erstmals mit dem Alltag im Westen konfrontiert und fanden den »verfaulenden Kapitalismus« gar nicht so übel.

Botschaftsflüchtlinge

Am 20. Januar 1984 erschienen sechs DDR-Bürger in der Bibliothek der US-Botschaft in Ost-Berlin und erklärten ihrem erstaunten Leiter: »Wir bitten um politisches Asyl in den Vereinigten Staaten von Amerika.« Den herbeigeeilten Botschaftsangehörigen erklärten sie, sie wollten das Gebäude nicht vor Erfüllung ihrer Forderung verlassen und mittlerweile in einen unbefristeten Hungerstreik treten. Ihr Anführer, ein achtundzwanzigjähriger Kunststudent, hatte vorher bereits einen westlichen Korrespondenten über die Aktion informiert, und schon bald lief die Nachricht über die Ticker der internationalen Agenturen. Es handelte sich nicht um den ersten Versuch, über eine Botschaft die Ausreise zu erwirken, jetzt aber setzten die Petenten ganz bewußt auf den Druck der öffentlichen Meinung. Schlaglichtartig war eine Schwachstelle im Sicherheitssystem des Mauer-Staates offenbar geworden. Mit einigem Geschick konnte jeder die Anwesenheit westlicher Journalisten und die Existenz diplomatischer Vertretungen dazu nutzen, die allmächtige SED-Führung in die Enge zu treiben und unter Ausnutzung ihrer Furcht vor internationalem Gesichtsverlust zu erpressen. Alle Beteiligten reagierten entsprechend hektisch. Wolfgang Vogel wurde aus dem Urlaub in Österreich geholt, um die Verhandlungen zu führen. Er bot den Besetzern an, wenn sie ohne großes Aufsehen die Botschaft verließen, wolle er sich als Gegenleistung für eine kurzfristige Genehmigung ihrer Ausreiseanträge einsetzen. Nachdem er deswegen den zuständigen Mitarbeiter des MfS angerufen und dieser ihm lapidar mitgeteilt hatte, »Die sollen noch heute nach West-Berlin ausreisen«, wandte er sich direkt an das Zentralkomitee und bat um ein Gespräch mit dem Generalsekretär, der sich wenig später am Telefon meldete. »Das könnte eine Kettenreaktion zur Folge haben«, gab Vogel zu bedenken, doch Honecker unterbrach ihn: »Ich glaube, Sie haben mich nicht verstanden. Ich möchte, daß die vor Mitternacht in West-Berlin sind.« Der Chefunterhändler begab sich daraufhin zur Ständigen Vertretung der Bundesrepublik und eröffnete ihrem Leiter die Sachlage. Bräutigam sei blaß geworden, berichtete er später, und habe gesagt: »Um Gottes Willen! Haben Sie überlegt, was nun passieren wird? Bald habe ich hier das Haus voll.«[503]

In der Tat war nun der kritische Punkt überschritten. Am 24. Februar 1984 drangen 25 Personen in die bundesdeutsche Botschaft in Prag ein. Unter ihnen befand sich eine Verwandte Willi Stophs. Obwohl das Büro des Ministerpräsidenten im »Neuen Deutschland« erklären ließ, er habe schon lange keinen Kontakt mehr zu seiner Nichte besessen, war der Skandal perfekt. Wieder gab die DDR nach. Die Besetzer verließen ebenfalls gegen die Zusicherung einer wohlwollenden Prüfung ihrer Ausreiseanträge das Palais Lobkowitz, fuhren in ihre Heimat zurück und konnten dort in Ruhe ihre Sachen packen. Am 1. März traf die Stoph-Nichte nebst Familie und allem Eigentum im Aufnahmelager der BRD ein. Unterdessen traten Bräutigams Befürchtungen auch in Ost-Berlin ein. In der Hannoverschen Straße drängelten sich die Besucher, schliefen in den Büroräumen. Der normale Arbeitsbetrieb brach zusammen. Am 22. Juni wurde das Innere der Ständigen Vertretung geschlossen, und Neuankömmlinge mußten auf dem Steinfußboden der Eingangshalle kampieren. Die Volkspolizei versuchte, im Vorfeld Besucher vom Betreten des Gebäudes abzuhalten. Seine Umgebung wimmelte von uniformierten und zivilen Sicherheitskräften. Nachdem ein Selbstverbrennungsversuch am 26. Juni 1984 die Brisanz der Situation signalisiert hatte, wurde einen Tag später die Vertretung ganz geschlossen. Dort hielten sich 59 DDR-Bürger auf, darunter 15 Kinder. Auch in diesem Fall gab Honecker einer kurzfristigen und schnellen Lösung den Vorzug und verschärfte damit auf längere Sicht das Problem. Alle Personen – unter ihnen ein Deserteur der NVA – verließen nach und nach das Gebäude und durften wenig später ausreisen.

Es konnte also nicht verwundern, daß bereits im Oktober wieder 140 Menschen den Freskensaal des Palais Lobkowitz füllten. Inzwischen war der geplante Besuch des Generalsekretärs in Bonn geplatzt, und die SED-Führung sah endlich die Zeit gekommen, Härte zu demonstrieren. Lediglich Straffreiheit wollte sie jetzt zubilligen. Trotzdem ließen sich die Besetzer bis Januar 1985 schrittweise zur Rückkehr in ihre Heimat bewegen. In Zukunft sollte stille Diplomatie zur Lösung des Problems beitragen. Die Botschaftsmitarbeiter sollten die Flüchtlinge davon informieren, daß ihre Namen an das Büro des Rechtsanwalts Vogel weitergereicht und dort ihre Anträge unterstützt würden. Als Ergebnis dieses Verfahrens entschwanden die Ausreisewilligen vorläufig aus den Schlagzeilen. Doch die relative Entspannung währte nur etwas mehr als drei Jahre.

Am 14. März 1988 kam es während der Leipziger Frühjahrsmesse zu einer Demonstration. Im Anschluß an das Friedensgebet in der Nikolaikirche sammelten sich nach Angaben des MfS 100 bis 120 Personen und zogen durch die Innenstadt zur Thomaskirche, ». . . wo sie sich auf dem Vorplatz der Kirche an den Händen faßten und einen Kreis bildeten. Anschließend ging diese Gruppierung, aufgelöst in kleinere Gruppen, zur Nikolaikirche zurück, wobei auf dem Markt nochmals kurzzeitig eine Kreisbildung erfolgte.«[504] Ein Politikum wurde der Vorgang durch die wegen der Messe zahlreich anwesenden Kamerateams vor allem aus der Bundesrepublik. »Westliche Korrespondenten verfolgten das Geschehen vor, während und nach dem sogenannten Friedensgebet . . . Die Korrespondenten begleiteten z. T. die vorgenannte Personenbewegung in der Innenstadt.«[505] Am 3. April ereignete sich ähnliches in Dresden. Auf dem Theaterplatz ». . . kam es zu einer Zusammenrottung von zunächst ca. 100 Personen, darunter Familien mit Kindern. Aufforderungen durch uniformierte Angehörige der Deutschen Volkspolizei mit Unterstützung gesellschaftlicher Kräfte . . . zum Verlassen kamen die versammelten Personen nicht nach. Daraufhin erfolgte die Zuführung von 32 Personen, die auf ihrer Oberbekleidung jeweils eine Plakette mit einem ›A‹ trugen. In der weiteren Folge bewegte sich die Ansammlung, die insgesamt 150 Personen erreicht hatte, in losen größeren Gruppierungen über die Georgij-Dimitroff-Brücke, an der Bezirksbehörde der Deutschen Volkspolizei vorbei in Richtung Dr.-Friedrichs-Brücke ins Stadtzentrum, wobei unter Einsatz eines Lautsprecherwagens erneut die Aufforderung zur Auflösung ausgesprochen wurde. . . Insgesamt erfolgte die Zuführung von 53 Personen.« Eine Woche später entstand – wiederum im Zentrum Dresdens – ein weiterer Auflauf von 150 bis 200 »Übersiedlungsersuchenden«[506]. Obwohl sie nichts anderes taten, als schweigend auf dem Altmarkt zu stehen, zerstreuten Volkspolizei und »gesellschaftliche Kräfte« die Ansammlung und nahmen 29 von ihnen vorläufig fest.

Die Antragsteller und die »Gruppen«

Die Ausreisewilligen störten, wie schon angedeutet, massiv das labile Gleichgewicht in dem Dreiecksverhältnis zwischen Staat, Kirche und sich formierender Opposition. Sie besuchten sowohl normale Gottesdienste als auch Veranstaltungen der »Gruppen« und bildeten dort ein stärkendes und belebendes Element. Sie zielten auf Provokation, gingen persönliche Risiken ein, hatten innerlich mit dem Staat gebrochen und glaubten nicht mehr an seine Reformfähigkeit. Auf der anderen Seite verfolgten sie vollkommen egoistische Ziele, waren unzuverlässig und dadurch keine dauerhaften Partner. Die Mitglieder der Kirchengruppen empfanden ihr Verhalten als Mißbrauch des eigenen Strebens nach friedlicher und evolutionärer Veränderung. Auch im Aussehen unterschieden sich die Antragsteller von den Friedensstreitern. Die Damen erschienen fein gemacht und die Herren im Anzug. Den obligatorischen religiösen Teil der Treffen ließen sie teils amüsiert, teils verächtlich über sich ergehen. Beim Beten und Singen grinsten sie verlegen, und man spürte, daß sie nur auf die Gelegenheit warteten, durch starke Sprüche aufzufallen. Die »Gruppen« fühlten sich sowohl mißbraucht als auch öffentlich diskreditiert. Andererseits konnten und wollten sie niemandem das Recht auf freie Ausreise verweigern und besaßen praktisch auch keine Handhabe, jemanden nur wegen seines Wunsches, das Land zu verlassen, vor die Tür zu setzen.

Trotz des gespannten Verhältnisses brachte im Spätsommer 1989 vor allem die Ausreisebewegung, die im selben Jahr insgesamt 50 000 Genehmigungen erstritt, den Stein ins Rollen. Die Massenflucht über Ungarn, die Bilder aus der Botschaft in Prag, die mit Flüchtlingen quer durch die DDR fahrenden Züge – all dies offenbarte die tiefe gesellschaftliche Krise der DDR. Gerade jene, die gingen, weil sie keine Hoffnung mehr auf eine Wendung zum Besseren hatten, führten die Wende herbei. Sie setzten einen Prozeß in Gang, der die, die bleiben wollten, zur Stellungnahme veranlaßte. Als dem allwöchentlichen »Wir wollen raus«-Sprechchor auf dem Hof der Leipziger Nikolaikirche ein anderer mit »Wir bleiben hier« antwortete, signalisierte das die offene Kampfansage an die SED-Herrschaft.

Gerhard Gäbler, 1989

Leipzig, Ring, 16. Oktober 1989.

Siebter Teil
Der Weg in den Zusammenbruch

Kapitel I: Die Perestrojka und die DDR

1. Das Ende der Breschnjew-Ära

In den Büros und Dienststellen der DDR gab es immer etwas zu feiern. Ganz gleich ob Frauentag, Jahresendprämie oder Advent: den kirchlichen wie auch den staatlichen Festkreis des Jahres zelebrierte man liebevoll, servierte spätestens nach dem Mittagessen Kaffee nebst selbstgebackenem Kuchen und holte die Likörflaschen aus dem Kühlschrank. So geschah es auch am 11. November 1982. Entsprechend dem Anlaß stand schon überall der Sekt kalt, um pünktlich um 11.11 Uhr die Faschingszeit gebührend einzuleiten. Doch die Vorfreude auf das närrische Treiben wurde jäh getrübt. Seit dem frühen Vormittag verbreiteten die Nachrichtenagenturen die Meldung, daß der Generalsekretär der Kommunistischen Partei der Sowjetunion, Genosse Leonid Iljitsch Breschnjew, am Vortage verstorben sei. Wenigstens die Mitarbeiter der Amtsstuben der Partei und ihr nahestehender Einrichtungen mußten anläßlich des schweren Verlusts für die fortschrittliche Menschheit gedämpftere Töne anschlagen, diesmal auf Pappnasen verzichten und den Krim-Sekt schweigend trinken. Wie später die Unterlagen des Staatssicherheitsdiensts enthüllten, entstand im Radio der DDR großer Ärger, weil es, als der immer ein klein wenig schnellere »Gegner« die TASS-Meldung bereits durchgegeben hatte, immer noch den bekannten Karnevalsschlager »Heute hau'n wir auf die Pauke« spielte[507]. Kurz darauf stellte auch der »demokratische Rundfunk« sein Programm um und brachte Klaviermusik von Peter Iljitsch Tschaikowski. Vielleicht ahnten an diesem traurigen Novembertag manche, daß jetzt auch für die DDR die Schicksalsstunde schlug. In der zwei Jahrzehnte währenden Regierungszeit Breschnjews hatte sich eine lähmende Agonie über das Sowjetimperium gelegt, die man in den späten achtziger Jahren selbst in Moskau als »Periode der Stagnation« bezeichnete. Die Zeit floß bleiern dahin, ohne daß sich eine Wendung zum Besseren abzeichnete. Das Ausmaß der kommenden Krise lag zwar im Ungewissen, doch wer seine fünf Sinne beieinander hatte, konnte ihr Herannahen schwerlich übersehen.

2. Der Beginn der Perestrojka und die DDR-Gesellschaft

Mit dem Machtantritt Michail Sergejewitsch Gorbatschows wandelte sich zumindest der innenpolitische Spielraum der Ostblockstaaten. Die SED-Führung nutzte ihn zur Verhinderung jeglicher Reformen. Allerdings bleibt festzuhalten, daß dieser Kurs aus ihrer Perspektive klarsichtig, illusionslos und realistisch war. Im Unterschied zu den vielen ehrlichen »Gorbi-Fans« erkannte sie mit sicherem Instinkt die drohenden Gefahren. Das sozialistische Haus war längst zu baufällig geworden, um noch ernsthaft einen Umbau – nichts anderes bedeutet »Perestrojka« – in Angriff nehmen zu können. Manchmal halten nur noch Tapeten ein altes Gebäude zusammen. Wenn man sie abreißt, löst sich der Putz von den Wänden, feuchte Mauerstellen, wurmstichige Balken, Schwamm und andere Schäden kommen zum Vorschein, die Renovierung allein nicht mehr beheben kann. Ihr Wechsel ist also sowohl bei der Wohnungsmodernisierung als auch in der Politik der kritische Punkt. Viele Revolutionen der Weltgeschichte haben mit dem Versuch des Umbaus begonnen und mit dem Zusammenbruch des traditionellen Gesellschaftsgebäudes geendet. So rief Ludwig XVI. im Mai 1789 die Generalstände zusammen, um seine zerrütteten Staatsfinanzen wieder flott zu machen. Zehn Wochen danach stürmte der Mob die Bastille, und rund vier Jahre später endete der französische König mit seiner Gemahlin unter der Guillotine. Der verknöcherten Parteiführung standen weniger diese historischen Zusammenhänge als vielmehr ihre traumatischen Erinnerungen an die Ereignisse des 17. Juni 1953 vor Augen.

Jedenfalls nannte Kurt Hager das richtige Stichwort, als er Anfang April 1987 gegenüber dem »Stern« meinte: »Würden Sie, nebenbei gesagt, wenn Ihr Nachbar seine Wohnung tapeziert, sich verpflichtet fühlen, Ihre Wohnung ebenfalls neu zu tapezieren?«[508] Den Wortlaut des Interviews druckte auch das »Neue Deutschland« ab und löste damit unter der Bevölkerung – insbesondere bei vielen SED-Mitgliedern – helle Empörung aus[509]. Eine Flut von Briefen, von denen sich eine Auswahl im Parteiarchiv befindet, erreichte das Zentralkomitee. »Du und die Genossen des Politbüros sollen wissen, daß wesentliche Auffassungen zu innenpolitischen Fragen, wie sie im ›Stern‹-Interview erkennbar sind . . . unter den Genossen unserer Grundorganisation außerordentliches Befremden und Fragen ausgelöst haben«, schrieb die Parteigruppe des Staatsschauspiels Dresden und fuhr im Hinblick auf die Perestrojka fort: »Diesen revolutionären Prozeß als ›Tapetenwechsel‹ zu charakterisieren, ist nach unserer Auffassung nicht nur absolut verfehlt, sondern auch desorientierend.«[510] Dieser Tonfall im Umgang mit den »Genossen der Parteiführung«, verbunden mit der kollektiven Formulierung eines Widerspruchs, war alles andere als üblich und im Grunde offene Rebellion gegen die »Prinzipien des demokratischen Zentralismus«. Insgesamt herrschte in den Reaktionen eine Mischung aus einer vom Ideal des demokratischen Sozialismus inspirierten Pro-Perestrojka-Argumentation und solchen Stimmen vor, die »einfach nur« Reformen und

Freiheit, in marxistischer Terminologie also »bürgerliche Demokratie« forderten. Die Ärztin R. H. aus Wernigerode schrieb an Kurt Hager: »Ihr selbstzufriedener Ton und Ihr selbstzufriedenes Lächeln sind nicht angebracht, angesichts der voranschreitenden Mißwirtschaft. Auch wir brauchen Demokratie und Reformen! Und ein Staat, welcher mit Strafgesetzen seine Bürger festhalten muß, beantwortet die Frage nach der Wertigkeit seines Systems selbst klar und deutlich.«[511] Die selben Briefe hätten dem Absender nur wenige Zeit zuvor unliebsamen Besuch beschert. Unter normalen Umständen wären Parteiausschlüsse und Abschiebungen zur Bewährung in der Produktion, wenn nicht gar Verhaftungen fällig gewesen. Doch es herrschten keine gewöhnlichen Verhältnisse mehr, und die Welt geriet aus den Fugen.

Während bisher die Haltung zum Großen Bruder stets der letzte Gradmesser für die »richtige ideologische Einstellung« gewesen war, die wiederum mit über den künftigen Lebensweg entschied, erhielt nun die oft gebrauchte Parole »Von der Sowjetunion lernen, heißt siegen lernen« einen ironischen Beigeschmack. Schüler und Studenten genossen die Hilflosigkeit der Staatsbürgerkundelehrer und Parteipropagandisten, wenn sie diese mit kritischen Äußerungen aus der sowjetischen Presse konfrontierten. Jugendliche trugen Gorbi-Stickers und Perestrojka-T-Shirts und freuten sich über die gelungene Provokation, die ihnen die Obrigkeit schwerlich verbieten konnte. Es kam sogar zu einem kleinen, allerdings nur sehr kurzfristigen Wunder. Die sonst immer als lästige Pflichtübung betrachteten Russisch-Kurse erfreuten sich plötzlich ungewöhnlicher Beliebtheit. Mit Eifer übersetzte man, um nicht ausschließlich auf die deutschsprachigen Publikationen aus der Sowjetunion angewiesen zu sein, die »Prawda« und andere Zeitungen und trieb so manchen Funktionär mit einschlägigen Zitaten in die Enge. Eine Analyse des Ministeriums für Staatssicherheit »Über einige beachtenswerte Aspekte der Reaktion der Bevölkerung auf Veröffentlichungen in den Medien der DDR über Entwicklungstendenzen in sozialistischen Staaten« vom 2. März 1989 beschäftigte sich mit diesen Aspekten und führte aus: »In zunehmendem Maße wird die Auffassung vertreten, daß sich die inneren Entwicklungsprobleme der sozialistischen Länder, vor allem auf ökonomischem Gebiet, nachhaltig negativ auf die internationale Ausstrahlungskraft des Sozialismus insgesamt auswirken ... Vorliegenden Hinweisen zufolge werden diesbezügliche Probleme von Studenten an Hoch- und Fachschulen in zunehmendem Maße auch im Rahmen des marxistisch-leninistischen Grundlagenstudiums aufgeworfen, wobei nach Meinung der Lehrkräfte diese Fragen immer zwingender gestellt werden. Vielfach wird dabei auch die grundsätzliche Forderung nach mehr Raum für ›offene Sozialismusdiskussionen‹ erhoben und die Auffassung vertreten, daß nur ›über den wissenschaftlichen Meinungsstreit wirksame, den Sozialismus insgesamt voranbringende Lösungen erreichbar‹ seien. In nicht geringem Umfang schätzen Studenten ein, daß Lehrkräfte einem Meinungsstreit zu den aufgeworfenen Problemen und Fragen ausweichen, sich z. T. in Allgemeinplätze flüchten. Vielfach wird ihnen die Fähigkeit abgesprochen, überzeugend argumentieren zu können.«[512]

Es wäre freilich grundfalsch, die damals weit verbreitete Berufung auf die Politik Gorbatschows lediglich als Provokation oder taktisches Kalkül zu betrachten. Für einen kurzen historischen Moment stellte die UdSSR für viele Menschen in der DDR das Reich der Freiheit und der Hoffnung dar. Dies trifft natürlich besonders auf die Intellektuellen zu, zumal auf solche, die der SED angehörten und immer noch eine demokratische Transformation des sozialistischen Systems herbeisehnten. Ein interner Bericht des MfS aus dem Jahre 1989 wies auf das starke Interesse an den Vorgängen in der Sowjetunion mit den Worten hin: »Generell werden alle Veröffentlichungen in den Medien von breiten Bevölkerungskreisen mit Aufmerksamkeit verfolgt und sind Anlaß für vielfältige und differenzierte Meinungsäußerungen. Die Auffassungen reichen dabei von Zustimmung zum Umgestaltungsprozeß in der UdSSR . . . bis hin zu Zweifeln und Skepsis hinsichtlich der erfolgreichen Umsetzung der Politik der Umgestaltung.«[513] Dann schilderte er die Reaktionen auf die Abrechnung mit dem Stalinismus, die ein Jahr zuvor auch den Anlaß für das »Sputnik«-Verbot geliefert hatte, und meinte abschließend unter Berufung auf sogenannte »progressive Kräfte«, also treue SED-Mitglieder: »Es sei ihrer Meinung nach offenkundig, daß sich diese negative Betrachtungsweise der bisherigen gesellschaftlichen Entwicklung auch deprimierend auf das Sowjetvolk auswirke und Vertrauensverluste zur Politik der KPdSU nach sich ziehe. Davon würden auch politisch und ideologisch destabilisierende Wirkungen in anderen sozialistischen Ländern ausgehen.«[514]

3. Das »Sputnik«-Verbot

Als im März 1985 endlich aus dem Osten ein frischer Wind zu wehen begann, gingen deutschsprachige sowjetische Publikationsorgane von Hand zu Hand. Insbesondere das ansprechend aufgemachte, dem amerikanischen »Readers Digest« nachempfundene und für das Ausland bestimmte Monatsheft »Sputnik« bereitete den Parteifunktionären Sorge. Es erschien seit 1967, und seine Auflage betrug in den achtziger Jahren insgesamt etwa eine Million Exemplare, davon 180 000 in deutsch. In der DDR kaufte man angesichts der Trostlosigkeit der heimischen Presselandschaft die hübsch illustrierte Mischung aus Reiseberichten, Kochrezepten und Kulturbeiträgen bereits vor Beginn der Perestrojka gern. Während des Reformkurses war der »Sputnik« fast so begehrt wie das wegen seiner Nacktfotos beliebte »Magazin«. Hier fanden die Leser Berichte über die politischen und gesellschaftlichen Veränderungen in der UdSSR, über die schrittweise Rehabilitierung einst verfemter Künstler und Schriftsteller, über die Enthüllungen der Verbrechen Stalins. Eine spannendere Lektüre konnte man sich kaum vorstellen, und jeder Besitzer eines Abonnements des Postzeitungsvertriebs durfte sich glücklich schätzen, an der Quelle neuer Informationen zu sitzen. Am 19. November 1988 brachte das »Neue Deutschland« in seiner Wochenendausgabe eine winzige Meldung unter der lapidaren Überschrift »Mitteilung der Pressestelle des Ministeriums für Post- und Fernmeldewesen«[515], in der es hieß, die Zeitschrift »Sputnik« sei ». . . von der Postzeitungsliste gestrichen worden. Sie bringt keinen Beitrag, der der Festigung der deutsch-sowjetischen Freundschaft dient, statt dessen verzerrende Beiträge zur Geschichte«[516]. Den Anlaß bildeten zwei Beiträge im Oktoberheft, die Parallelen zwischen Hitler und Stalin gezogen hatten.

Die große Erregung über diese Maßnahme wirkt in der Rückschau möglicherweise unverständlich, vielleicht sogar befremdlich angesichts der Tatsache, daß Verbote von Druckschriften in der DDR selbstverständlich waren und ohne irgendwelches Aufheben praktiziert wurden. Bereits vor dem 19. November 1988 hatten die Behörden die Auslieferung des ebenfalls für das Ausland bestimmten fremdsprachigen sowjetischen Periodikums »Neue Zeit« stillschweigend unterbunden, deren inkriminierte Nummern ein Theaterstück des bekannten Dramatikers Michail Schatrow abgedruckt hatten. Auch Publikationen anderer sozialistischer Staaten hatte die Zensur schon beschlagnahmt oder nicht ausgeliefert, wie die »Prager Volkszeitung« nach dem gewaltsamen Ende des tschechoslowakischen Reformkurses im August 1968. Doch erst die kraftmeierische Pose des öffentlich verkündeten Verbots einer Publikation aus der UdSSR, verbunden mit der duckmäuserischen Verlogenheit der äußeren Form seiner Bekanntmachung, löste den Proteststurm aus. Über die Behauptung, der Postminister trüge die Verantwortung für die Absetzung des »Sputnik« von der Liste des Postzeitungsvertriebs, konnte jeder, der die Machtstrukturen des SED-Staates kannte, nur lachen. Tatsächlich bestätigte der damals formal zuständige Minister, der CDU-Politiker Rudolph Schulze, nach der Wende, von seiner Entscheidung erst aus dem »Neuen Deutschland« erfahren zu haben. Die ganze Affäre hatte noch ein satirisches Nachspiel. Da die Bezahlung des Abonnements quartalsweise erfolgte, erhielt Mitte Dezember jeder Bezieher des »Sputnik« für die nicht gelieferten Hefte eine Rücküberweisung von insgeamt vier Mark und über diese Summe einen schriftlichen Bescheid des zuständigen Postfernmeldeamts[517]. Es handelte sich hier um ein typisches Beispiel für die in der DDR vorherrschende Verbindung von despotischer Willkür und bürokratischer Detailbesessenheit.

4. Perestrojka und Opposition

Durch das große Interesse der Bevölkerung rückten die Auswirkungen der sowjetischen Reformen verstärkt in das Fadenkreuz der Stasi-Observation. Eine von Erich Mielke persönlich unterzeichnete, für ausgewählte Persönlichkeiten der Parteispitze bestimmte Zusammenfassung besonderer Vorkommnisse anläßlich der Kommunalwahlen vom 7. Mai 1989 hielt insgesamt elf Einzelfälle für erwähnenswert, darunter das Verteilen von »Hetzblättern diskriminierenden Inhalts«, »Hetzlosungen an Häuserwänden« und eine anonyme Bombendrohung. Als letzten erwähnte er die »Ablage mehrerer Broschüren des Verlages der Presseagentur ›Nowosti‹ mit dem Titel ›Gesetzeskraft statt Beamtenmacht‹ im Vorraum eines Wahllokals in der Hauptstadt der DDR, Berlin«[518]. Solche Vorfälle verdeutlichten die ganze Absurdität einer Situation, wie sie bereits im Zusammenhang mit der Luxemburg-Liebknecht-Demonstration zum Ausdruck gekommen war. Schon allein die öffentliche Präsentation Gorbatschows galt als »feindlich-negative« Tätigkeit und fand ihren Niederschlag in den Akten des MfS. Sogar am 1. Mai 1989 wiederholte sich das makabre Schauspiel, daß Stasi-Mitarbeiter Bilder des Generalsekretärs der KPdSU abrissen, während nicht weit entfernt die offiziellen Parolen dem »unverbrüchlichen Bruderbund mit der Sowjetunion« huldigten. Bezeichnenderweise besaßen die Oppositionsgruppen keine antisowjetische oder antikommunistische Einstellung und beherbergten die meisten Gorbi-Fans. In den Kellerräumen der Berliner Zions-Gemeinde, wo auch seit September 1986 die Umwelt-Bibliothek ihr Domizil gefunden hatte, konnte man selbst nach ihrem Verbot noch die begehrten bunten »Sputnik«-Heftchen lesen und im Dachgeschoß Videoaufzeichnungen der von der Zensur inkriminierten sowjetischen Filme anschauen. Die halblegal hergestellten und vertriebenen Zeitschriften der Opposition brachten oft und gerne auch Übersetzungen aus dem Russischen sowie viele Meldungen und Kommentare zur Situation in den anderen sozialistischen Staaten[519].

Am 21. Oktober 1989, drei Tage nach dem Sturz Erich Honeckers und knapp drei Wochen vor dem Fall der Mauer, brachte Erich Mielke das Verhältnis zum Großen Bruder auf die ebenso einfache wie klarsichtige Formel »Ohne Sowjetunion gab und gibt es keine DDR«[520] und führte dann weiter aus: »Auf der 9. Tagung des Zentralkomitees wurde von der realen Lage ausgegangen – auch wenn das nicht so klar ausgesprochen wurde – daß die DDR sich in einer Welt entwickelt, wie sie heute ist, nicht wie wir sie uns wünschen. Alles was wir tun und was wir vorhaben, muß sich unter Beachtung der Entwicklungen in den anderen sozialistischen Ländern, besonders in der Sowjetunion . . . vollziehen. Davon können wir uns nicht abkapseln. Und schon gar nicht können wir uns leisten, auf Distanz zur Sowjetunion zu gehen.«[521] Angesichts der herrschenden Umstände war dies deutlich genug. Seine Rede hielt Mielke vor im Protokoll namentlich aufgeführten 74 Generalen und Obersten seines Ministeriums. Offenbar wollte er ganz deutlich vor der Illusion warnen, sie könnten gegen den Willen Moskaus mit Gewalt die zerfallende Ordnung des SED-Staates retten. Er sprach mehrmals von »Besonnenheit« und »politischer Klugheit«, ohne allerdings einen Weg zu zeigen, wie sie der täglich wachsenden politischen Unruhe im Lande Herr werden wollten. Der Minister schloß seine Ausführungen mit den düsteren Worten: »Das ändert nichts daran, daß wir manche Entwicklung auch mit Sorge verfolgen.«[522] Was ihn und seine Getreuen mit Angst erfüllte, bedeutete für die Opposition und viele andere Menschen in der DDR eine gewaltige, im Grunde sogar die einzige Hoffnung, daß nämlich die Moskauer Führung unter Gorbatschow selbst dem weitestgehenden Demokratisierungsprozeß in ihrem Machtbereich keine Hindernisse mehr in den Weg legen würde.

Kapitel II: Aktionen der Opposition

1. Die »Zionskirchen-Affäre« im November 1987

Die Zionskirche im Berliner Stadtbezirk Mitte gehört zu den bereits erwähnten neugotischen Klinkerbauten aus der Wilhelminischen Zeit. Das einige Schritte entfernte Gemeindehaus beherbergte in seinem notdürftig renovierten Heizungskeller die in selbstgebastelten Holzregalen untergebrachte Umwelt-Bibliothek. Hier druckte ein Kreis engagierter Leute auch die »Umweltblätter« und den »Grenzfall«, die beide schließlich den Stein des Anstoßes ins Rollen brachten. Nachdem sie im Vorfeld des Honecker-Besuchs in Bonn etwas mehr Spielraum erhalten und sich einige Monate in Sicherheit gewiegt hatten, stürmten in der Nacht vom 24. zum 25. November 1987 ungefähr 20 Stasi-Mitarbeiter ohne jede Vorwarnung mit dem Befehl »Hände hoch, Maschinen aus!« die Räume. Sie holten Pfarrer Hans Simon aus dem Bett, überreichten ihm ein Protokoll der beschlagnahmten Gegenstände und brachten dann die Aktivisten der Umwelt-Bibliothek ins Polizeipräsidium, einige später ins Untersuchungsgefängnis des Ministeriums für Staatssicherheit. Doch die Zeiten, in denen man ohne Widerstand willkürlich Andersdenkende verhaften konnte, waren vorbei. Am Nachmittag des 25. November versammelten sich ungefähr 200 Freunde und Bekannte der Verhafteten in der Zionskirche und beschlossen, eine Mahnwache vor ihrem Portal einzurichten. Die Teilnehmer der ersten Mahnwache, unter ihnen der Stadtjugendpfarrer, wurden »zugeführt«, aber es dauerte nicht lange, bis andere mit Kerzen in den Händen vor dem Gotteshaus standen. Ein Großaufgebot an Sicherheitskräften riegelte den Zionskirchplatz ab, doch inzwischen hatten die westlichen Medien sich des Themas angenommen. Überall in der DDR kam es zu vielfältigen Solidaritätsbekundungen. Als sich die Affäre zur Lawine zu entwickeln drohte, gab die Obrigkeit nach und ließ am Morgen des 28. November die beiden letzten Verhafteten frei. Die »Aktion Falle«, so der Deckname für die mitternächtliche Überraschungsaktion, wurde zur bis dahin schwersten Niederlage der Staatssicherheit. Eine kleine Gruppe engagierter Anhänger der Friedensbewegung hatte es geschafft, unter geschickter Ausnutzung der westlichen Medien und der Kirche die allmächtige Partei und ihre Vasallen in die Knie zu zwingen.

2. Die »Januarereignisse« von 1988

Nach diesem Erfolg erhielt die Umwelt-Bibliothek immer stärkeren Zulauf, darunter nicht wenige Antragsteller, die einen eigenen Arbeitskreis bildeten. Die sogenannte »Arbeitsgemeinschaft Staatsbürgerschaftsrecht« traf sich erstmals am

9. Januar 1988 und löste zum Teil verwirrende Vorgänge aus, die als die »Januar-Ereignisse von '88« in die Geschichte eingehen sollten[523].

Im Laufe der Veranstaltung rief Regina Templin, Ehefrau des bekannten Bürgerrechtlers Wolfgang Templin, die – laut Stasi-Bericht – etwa 150 Anwesenden zur Teilnahme an der alljährlich stattfindenden Liebknecht-Luxemburg-Kampfdemonstration auf[524]. Rosa Luxemburg nahm im kommunistischen Pantheon einen geachteten, wenn auch nicht ganz unumstrittenen Platz ein. Bereits 1918 hatte sie heftige Kritik an den Methoden der Bolschewiki zu Papier gebracht, die erst nach ihrem Tode unter dem Titel »Die russische Revolution« veröffentlicht wurde. Dort findet sich auch ihr berühmter Satz: »Freiheit ist immer Freiheit des anders Denkenden«. In den Ohren der SED-Führung klang er nach blanker Häresie, und es hatte viele Verrenkungen gekostet, bis die kleine Schrift versteckt in einer akademischen Werkausgabe in der DDR erscheinen durfte[525]. Wolf Biermanns Auftritt am 13. November 1976 in Köln, wo er von »Rosas roter Demokratie« gesungen und einige ihrer Aussagen zitiert hatte, und seine wiederholte Ausstrahlung in Fernsehen und Rundfunk verschafften der Revolutionärin neue Popularität. An diesem Widerspruch wollten Bürgerrechtler und Ausreisewillige ihren Protest festmachen und mit Worten der Geehrten die Feier ad absurdum führen. »Als gemeinsamer Treffpunkt dieser sogenannten Gegendemonstration wurde für 9.00 Uhr der Platz vor dem Haus für Sport und Freizeit, Frankfurter Tor, vereinbart.«[526] Von dort sollte es, so der Informant, gemeinsam zum Stellplatz des Prenzlauer Bergs gehen, um dann am Umzug teilzunehmen. »Die Transparente sollen u. a. die Aufschriften tragen: ›Freiheit ist immer die Freiheit der Andersdenkenden‹; ›Wer sich nicht bewegt, spürt die Fesseln nicht‹; ›Der einzige Weg zur Wiedergeburt ist die breiteste Demokratie‹. Möglich sei auch, so Regina TEMPLIN, daß Parolen zu ›Ausreise‹ und ›Reisefreiheit‹ mitgeführt werden. Ferner beabsichtigt der operativ bekannte Wolfgang TEMPLIN, großformatige Bilder von ›Opfern des Stalinismus‹ (z. B. Trotzki) zu beschaffen und diese zur Kampfdemonstration zu tragen.«[527] Ob die Teilnehmer im Ernst glaubten, am 17. Januar mit solchen Schildern ohne Reaktion der Stasi auch nur drei Schritte über die Frankfurter Allee laufen zu können, bleibt unklar. Ein Spitzel ging jedenfalls davon aus: »Internen Hinweisen zufolge rechne man mit einer zahlenmäßig starken Beteiligung und werde versuchen, auch noch Personen aus anderen ›Basisgruppen‹ für diese Aktion zu gewinnen.«[528] IM »Ingrid« behauptete das Gegenteil: »Man rechnet damit, daß kurze Zeit nach dem Sichtbarmachen [der Transparente] die Sicherheitskräfte einschreiten würden und es auch zu Verhaftungen kommen wird, man verspricht sich jedoch eine gewisse Öffentlichkeitswirksamkeit.«[529]

Wie dem auch sei, die Sicherheitskräfte gingen nach eigenen Angaben gut vorbereitet in die Auseinandersetzung mit den »feindlich-negativen Kräften«: »Zur Unterbindung der Provokation sind folgende Maßnahmen vorgesehen ... Da es sich bei den Personen, die sich an der organisierten Provokation beteiligen wollen, vorwiegend um Übersiedlungsersuchende (über 100 Personen) handelt, ist geplant, im Vorfeld unter Federführung des Bereiches Inneres der Hauptstadt mit den bekannt gewordenen Personen vorbeugende Gespräche zu führen. In den Gesprächen wird ihnen deutlich gemacht, daß es sich bei ihrem Vorhaben um eine Provokation handelt und im Falle ihrer Teilnahme sie mit rechtlichen Konsequenzen zu rechnen haben ... Mit den vorgesehenen Maßnahmen soll eine Verunsicherung unter diesen Personen und eine Abstandsnahme von der geplanten Provokation erreicht werden.«[530] Den verabredeten Treffpunkt am »Haus des Sports« wollte man weiträumig und unter erheblichem Personalaufwand absperren: »Es wird vorgeschlagen, 300 gesellschaftliche Kräfte, darunter eine Reserve von 80 bis 100 Personen, zum Einsatz zu bringen, die mit einer großen Anzahl von Sichtelementen auszurüsten sind. Diese gesellschaftlichen Kräfte werden am Einsatzort durch Mitarbeiter der Bezirksverwaltung für Staatssicherheit Berlin und dafür verantwortliche Genossen der Bezirksleitung Berlin der SED auf die Personen der Gruppierung hingelenkt.«[531] Sofern sie sich nicht eines besseren belehren ließen, plante das MfS die sofortige Festnahme aller Gegendemonstranten: » In Realisierung der Maßnahmen sind folgende Handlungsvarianten vorgesehen:

- Personen, die trotz Vorbeugungsgesprächen und Belehrungen am Sammlungsort erscheinen und durch Vorzeigen von Transparenten oder anderen Sichtelementen provokatorisch in Erscheinung treten, sind sofort durch die Schutz- und Sicherheitsorgane zuzuführen.
- Personen, die sich am Sammlungsort einfinden, nicht sofort provokativ in Erscheinung treten und sich zur Teilnahme an der Demonstration begeben, sind durch Kräfte der Sicherheitsorgane und maximalem (sic!) Einsatz gesellschaftlicher Kräfte ständig unter Kontrolle (Flankieren, Einkreisen, Durchsetzen) zu stellen. Treten sie im Verlaufe der Demonstration mit Sichtelementen, die versteckt am Körper getragen wurden, provokatorisch in Erscheinung, sind sie im Zusammenwirken der Kräfte zu isolieren und den Ordnungskräften an der Strecke zur Zuführung zu übergeben.
- Durch den verstärkten Kräfteeinsatz an den Schleusen sind weitere konzentrierte und unterstützende Maßnahmen zur Verhinderung von Provokationen wirksam zu machen. (Es werden 5 derartige Filtrierungsstellen entlang der Demonstrationsstrecke eingerichtet.)
- Bei nicht zu verhindernden provokativen Handlungen vor allem im Bereich der Gedenkstätte ist durch massierten Einsatz der begleitenden gesellschaftlichen Kräfte, die entsprechende Sichtelemente mit sich führen, eine Abdeckung der provokativen Losungen sicherzustellen. Provokatorisch in Erscheinung getretene Personen werden nach Verlassen der Gedenkstätte an einem geeigneten Ort durch die Schutz- und Sicherheitsorgane zugeführt.

... Zur vorbeugenden Verhinderung von provokativen Handlungen in allen Marschblöcken sind durch die SED-Kreisleitungen im Zusammenwirken mit der VPI und den Kreisdienststellen des MfS eine angemessene Anzahl von Genossen aus den BPO und WPO (je 20–30 pro Kreisorganisation) über die vorgesehene Provokation in Kenntnis zu setzen. Diese Genossen sind zu beauftragen, durch hohe Wachsamkeit bereits in den Stellräumen und während der Demonstration auf Provokationen von Einzelpersonen zu achten und bei Feststellung gemeinsam mit den eingesetzten Sicherungskräften die Provokation entsprechend den unter Punkt 3. genannten Handlungsvarianten zu verhindern. Sie sind ebenfalls mit einer angemessenen Anzahl von Sichtelementen auszurüsten.«[532]

Den unvermeidbaren Zusammenstoß zwischen der Staatsmacht und dem Häuflein Oppositioneller schilderte das Verlaufsprotokoll dann folgendermaßen: »In der

Zeit von ca. 8.45 bis ca. 10.20 Uhr wurde, wie erwartet, die politisch-operative Lage im Abschnitt 1 brisant. Es erschienen Personen, welche dem politischen Untergrund bzw. negativen Personenkreisen zuzuordnen waren, vereinzelt und in kleinen Gruppen. Es wurden systematisch alle Reserven in den Sicherungsabschnitt 1 eingeführt und Gruppen 1:4 aus anderen Sicherungsabschnitten umdisloziert. Die eingesetzten Kräfte handelten entschlossen und führten alle identifizierten und verdächtigen Personen zu. Dabei wurden die o. g. ARD- und ZDF-Teams an Fernsehaufnahmen durch Verdeckung gehindert. Allerdings konnten sie nicht an Tonaufzeichnungen gehindert werden. Ein Teil der zugeführten Personen machte durch laute Rufe wie: ›Sieh, mein Kind, das ist Freiheit und Demokratie!‹ u. ä. auf sich aufmerksam. Sie waren aber durch Sicherungskräfte und gesellschaftliche Kräfte verdeckt. Einem Teil der negativen Personen, welche durch ordentliche Kleidung usw. nicht sofort als solche erkennbar waren, gelang es, während die meisten Sicherungskräfte mit Zuführungen beschäftigt waren, in den Bereich U-Bahneingang Frankfurter Tor vor dem Haus für Sport und Freizeit auszuweichen und nach einigen Minuten in die Frankfurter Allee zu entkommen. Dort versuchten sie, in Richtung Proskauer Straße zu gelangen. Den daraufhin eingesetzten Kräften der Arbeitsgruppe des Ministers und Sicherungskräften aus dem Abschnitt 6 gelang es, diese etwa 25 Personen, gemeinsam mit den gesellschaftlichen Kräften der Partei handelnd, in den Durchgang Frankfurter Allee/Hinterland Liebigstraße auf Höhe des Wirtschaftswarenladens zu drängen und dort beiderseits einzukeilen. Dort wurden die Kontrollmaßnahmen durchgeführt. Diese Gruppe mußte mit einem Lkw der VP gemeinsam zugeführt werden, da die eigenen 40 Zuführungsfahrzeuge mit Zugeführten unterwegs waren. Einzelne Personen, darunter Frauen, wurden mit über die VP angeforderten neun Funkstreifenwagen zugeführt.«[533] Ein zentrales Problem bestand darin, daß die westlichen Medien die Ereignisse intensiv beobachteten und begleiteten. Ihm galt denn auch die gesamte Aufmerksamkeit: »Diese Maßnahmen konnten von den ZDF- und ARD-Teams nicht gefilmt werden . . . Im Hinterland des Abschnittes 1 arbeitete der Mitarbeiter des ARD-Hörfunks . . . mit besonders raffinierten Mitteln und Methoden. Er hatte Tontechnik mit einer Mütze verdeckt und hielt sich ca. 30 Minuten unerkannt in der unmittelbaren Nähe des Zuführungspunktes der VP (Lkw) in der Liebigstraße auf. Als dies durch die Sicherungskräfte bemerkt worden ist, wurde er nach einer Kontrolle aus dem Abschnitt verwiesen . . .«[534] Trotz aller Vorsichtsmaßnahmen bildeten die Vorgänge am Frankfurter Tor bereits im Laufe des Tages die Spitzenmeldung in allen Rundfunk- und Fernsehnachrichten der Bundesrepublik.

Die Opposition griff eingedenk ihres Erfolgs im vergangenen November die Idee einer Mahnwache oder ähnlicher Protestaktionen wieder auf. Am 18 Januar fand eine Zusammenkunft in der Umwelt-Bibliothek statt, zwei Tage später begannen die täglichen Fürbitten für die Inhaftierten im Gemeindehaus der Eliaskirche, am 21. Januar versammelten sich rund 100 Aktivisten in der Andreas-Markus-Gemeinde, worüber Rechtsanwalt Wolfgang Schnur alias IM »Torsten« detailliert berichtete, und am 22. Januar feierten 350 Personen in der Auferstehungskirche die Freilassung von Herbert Mißlitz als ersten Erfolg. Die Staatsmacht wiederum bemühte sich, durch partielles Entgegenkommen die Einrichtung einer Mahnwache zu verhindern, denn sie beabsichtigte nun den großen Schlag gegen die Dissidenten-

Bewegung, und ließ in den Morgenstunden des 25. Januar weitere Verhaftungen vornehmen. Am Abend führten etwa 350 Menschen in Berlin-Friedrichsfelde eine »Solidaritätsandacht« und einen Tag später 600 Besucher einen Gottesdienst in der Samariterkirche im Stadtbezirk Friedrichshain durch[535]. Das »Neue Deutschland« goß zusätzlich Öl ins Feuer, indem es am 26. Januar einen sensationell aufgemachten Bericht über die »landesverräterische Tätigkeit« Freya Kliers und Stephan Krawczyks veröffentlichte. Am 27. Januar versammelten sich gegenüber dem Stadtbezirksgericht Berlin-Lichtenberg auf den Treppenstufen der Glaubenskirche am Roedeliusplatz etwa 80 Personen. Nach der Urteilsverkündung gegen Vera Wollenberger wegen »Zusammenrottung« begaben sie sich in das Gotteshaus, wo Knud Wollenberger unter anderem über den Prozeßverlauf informierte. Zivile Sicherheitskräfte hatten die Straßen weiträumig abgesperrt und verlangten den Passanten Ausweise ab. Am Abend veranstaltete die Galiläakirche einen Bittgottesdienst mit mehr als 500, einen Tag darauf die Paul-Gerhard-Kirche eine »Solidaritätsandacht« mit ungefähr 800 Teilnehmern. Während 300 Sympathisanten auf der gegenüberliegenden Straßenseite warteten, sprach das Stadtbezirksgericht am Vormittag des 29. Januar neue Haftstrafen gegen Mitarbeiter der Umwelt-Bibliothek aus. Am Abend gab es in der Erlöserkirche ein Solidaritätskonzert mit 1 000 Besuchern. Lutz Rathenow verlas eine von zehn jungen Schriftstellern unterzeichnete Erklärung, und von der Empore flatterten Flugblätter. Am 30. Januar fanden sich schon 1 500 Menschen in der Gethsemanekirche zusammen.

Im Laufe einer Andacht am 1. Februar in der Bartholomäuskirche am Königstor legte ein junger Mann einen mit Stacheldraht umflochtenen Strauß roter Nelken vor aller Augen auf den Altar und erhielt lang anhaltenden Beifall. Manchem mochte der Atem gestockt haben, denn wieder war eine unsichtbare Grenze überschritten worden. Einzelne, durch keinerlei Prominenz oder Berufstätigkeit bei der Kirche geschützt, fanden den Mut, aus der anonymen Menge herauszutreten und die Staatsmacht des Terrorismus zu bezichtigen. Trotz dieser ungeheuren Herausforderung verloren die Greiftrupps des MfS den Übeltäter nach der Veranstaltung aus den Augen. Laut Aktenlage blieb er, der keiner der bekannten Gruppen angehörte, zunächst unerkannt und konnte erst am nächsten Tag festgenommen werden, als er durch »provokatorische Äußerungen gegenüber Genossen der Volkspolizei« auffiel. Die Öffentlichkeit erfuhr nichts von dem Fall, der in Haftbefehl und Ermittlungsverfahren mündete[536]. Am 4. Februar fand in der Gethsemanekirche die bisher größte Versammlung statt. Im Schiff, auf der Empore, in den Gängen, selbst im Vorraum drängten sich die Menschen. Die Stasi will 2 000 Besucher gezählt haben, wahrscheinlich waren es mehr. Pastorin Ruth Misselwitz versuchte, die Enttäuschung wegen der mittlerweile erfolgten Ausreise Stephan Krawczyks und Freya Kliers mit den Worten zu bekämpfen: »Wir haben viel gelernt in diesen Tagen. Wir haben gelernt, daß es keine Helden gibt und wir uns nicht so sehr auf einzelne Personen verlassen sollten.«[537] Zum ersten Mal drohte die Situation außer Kontrolle zu geraten. Der Lyriker Uwe Kolbe verlas eine scharf formulierte Erklärung. Nach fast jedem Satz gab es rasenden Beifall, den auch die Protokollanten der Stasi sorgfältig vermerkten. Es war überdeutlich, daß die Anwesenden den konfliktscheuen Kurs der Kirchenleitung satt hatten. Offenbar unangemeldet ging ein nicht mehr ganz junger Mann mit Gitarre ans dicht umlagerte Mikrophon und sang, zwölf Jahre nach der Ausbürgerung, das bekannte Biermann-Lied »Du, laß dich nicht verhärten in dieser harten Zeit« wieder vor größerem Publikum. Auch diesem Tabubruch stand die Staatsmacht im Grunde hilflos gegenüber und wagte es nicht mehr, offen gegen ihn vorzugehen. Dann wurden die nächsten Termine verkündet, und zum Abschluß faßten sich alle an den Händen und intonierten das »Lied vom weichen Wasser«. Sie fühlten, daß die Dinge einer Entscheidung entgegentrieben. Noch ein oder zwei Abende – und keine Kirche könnte die Protestierenden mehr fassen. Geradezu zwangsläufig schien der Weg auf die Straße vorgezeichnet.

Die politischen Forderungen nehmen sich im Rückblick bescheiden aus. Selbst die schärfsten Attacken mahnten lediglich eine Änderung der SED-Diktatur an. An ihre vollständige Abschaffung wagte 21 Monate vor ihrem Ende noch niemand zu denken. Auch wenn die Teilnehmerzahlen im Vergleich zur Gesamtbevölkerung gering waren, läßt sich doch die befreiende und mobilisierende Wirkung der Veranstaltungen kaum überschätzen. Jahrzehntelang konnte man abweichende politische Meinungen in der DDR bestenfalls flüstern. Bisher blieb jeder mit seinen Fragen, seiner Wut und Enttäuschung allein. Nun kam dies alles an die Öffentlichkeit und nährte die Hoffnung auf Veränderbarkeit der Welt. An den skizzierten Abenden des Januar 1988 lag ein Hauch offener Rebellion in der Luft, und die Fieberkurve stieg von Tag zu Tag. Hätten die Inhaftierten noch etwas länger ausgeharrt, wäre der Obrigkeit kaum etwas anderes übrig geblieben, als sie auf freien Fuß zu setzten. In dieser prekären Situation gelang der gemeinsamen Geheimdiplomatie von Kirchenleitung, Staat und MfS ein Meisterstück der Intrige. Alle drei ließen die Untersuchungsgefangenen über die große Solidarität im Lande vollkommen im unklaren, spielten sie gegeneinander aus und drängten sie mit und ohne Drohungen zur Ausreise. Natürlich hatte Jürgen Fuchs recht, als er damals schrieb: »Auf den sechs Quadratmetern Stasi-Zelle gibt es keine Freiheit der Entscheidung«.[538] Trotzdem wirkte die Nachricht von der bevorstehenden Ausreise wie eine kalte Dusche, die Demokratiebewegung verlor für einen Augenblick ihre Dynamik, und es setzten gegenseitige Schuldzuweisungen und doktrinäre Streitereien ein.

Mit Stolz konnte also ein Stasi-Bericht vom 16. Februar vermerken: »Insgesamt kann eingeschätzt werden, daß nach den letzten Haftentlassungen vom 9. und 11. 2. 1988 sowie der Absetzung der Fürbittengottesdienste ab 5. 2. 1988 in der Mehrzahl der Gruppierungen eine desolate Situation eingetreten ist. Vor allem gibt es große Unsicherheit hinsichtlich des weiteren Vorgehens.«[539] Im Zusammenhang mit einer Analyse der einzelnen Gruppen meinte er dann bezüglich der »Initiative Frieden und Menschenrechte« (IFM): »Bei den in der DDR verbliebenen Mitgliedern ist Enttäuschung und Ratlosigkeit vorherrschend. Die Enttäuschung betrifft sowohl die Haltung der in die BRD gegangenen Mitglieder als auch die Haltung der Kirchenleitung. Durch die rasche ›Kapitulation‹ der Inhaftierten wird ein Schwund an ›Glaubwürdigkeit‹ befürchtet ...«[540] Diese Lagebeurteilung dürfte den Tatsachen entsprochen haben. Vor allem gelang es, die Bürgerrechtler in die Nähe der auf Ausreise Drängenden zu stellen und damit ihre Motive zu diskreditieren. Das »gesunde Volksempfinden« reagierte wie gewünscht und wurde von der Stasi in ihren Stimmungsberichten aufmerksam registriert: »... Unverständnis lösten Mitteilungen aus, daß sich z. B. die Vera Wollenberger mit einem DDR-Reisepaß zu einem Studienaufenthalt nach England begeben kann. In den Augen von Werktätigen aus verschiedenen Bereichen ... sei diesen Personen als Strafe für ihre feindlich-negativen Handlungen somit eine Auszeichnung zuteil geworden. Diese ›Tatsache‹ betrachten einige Pädagogen als einen Hohn in Anbetracht dessen, daß beispielsweise Englischlehrer keinerlei Möglichkeiten hätten, ihre Sprachkenntnisse und -fähigkeiten durch einen Studienaufenthalt in England zu vervollkommnen ... Arbeiter des Kombinats Schienenfahrzeugbau stellten fest, daß Oppositionelle und Feinde, die die Gesetze der DDR verletzt haben, ein Dauervisum erhalten können, aber DDR-Bürgern, die in bestimmten verantwortungsvollen Funktionen tätig sind, schon eine Reise zu Verwandten in die BRD verwehrt bleibe.«[541] Die Staatsmacht konnte einen Punktsieg verbuchen, der allerdings keines ihrer Probleme löste.

3. Auseinandersetzungen um die Kirchenzeitungen

Es gab in der DDR zwei katholische und fünf evangelische Wochenblätter. Während erstere weitgehend unpolitisch waren, öffneten sich letztere seit dem im März 1978 geschlossenen Burgfrieden zunehmend auch gesellschaftlichen Fragen. Anfang 1987 übernahmen Gerhard Thomas und Bettina Röder die Redaktion der Zeitschrift »Die Kirche«, die in einer Auflage von etwas mehr als 40 000 Exemplaren mit Beilagen für die Kirchenregionen Berlin, Anhalt, Greifswald und Görlitz erschien. Gemeinsam mit einem verjüngten Autorenkreis versuchten sie vorsichtig, das Themenspektrum zu erweitern, und wurden erstaunlicherweise fast ein Jahr nicht ernsthaft behindert. Schritt für Schritt weiteten sie die gewonnenen Freiräume aus. Im Herbst 1987 zum Beispiel brachte »Die Kirche« als einziges Publikationsorgan der DDR eine positive Rezension des georgischen Films »Die Reue« von Tschengis Abuladse, der zu jenen sowjetischen Kunstwerken gehörte, welche die Zensur für unzumutbar erklärt und aus den Kinos zurückgezogen hatte. Die rüde Abkanzlung durch das »Neue Deutschland« und die »Junge Welt« trug ihm nur weitere Popularität ein. Da ihn wenig später das ZDF ausstrahlte, konnte man ihn – bei vorhandener Technik – aufzeichnen oder kopieren und dann mit anschließender Diskussion in kirchlichen Veranstaltungen zeigen.

Als »Die Kirche« im Zusammenhang mit den »Januarereignissen« ausführlich über die Solidaritätsveranstaltungen berichtete und die Staatsorgane kritisierte, sah die SED-Führung die Schmerzgrenze überschritten und praktizierte erstmals die klassische Form der Nachzensur. Dem mehrstufigen Verfahren, das mit der »Schere im Kopf« des Redakteurs begann und mit der Genehmigung durch das Presseamt des Ministerrats endete, unterlagen in ähnlicher Form die christlichen Druckerzeugnisse. »Es war üblich, daß nach dem Andruck beim Chefredakteur das Telefon klingelte und ihm vom Presseamt ›Empfehlungen‹ zu einzelnen Beiträgen gegeben wurden«, erinnerte sich Konrad Weiß aus seiner Praxis als Autor[542]. Die Osterausgabe der »Kirche« von 1988 überraschte mit einer bis dahin nicht erblickten Neuheit. Sie erschien mit weißen Flecken, und an drei Stellen ersetzten Pünktchen in Klammern die aus zwei Berichten über die Synoden in Schwerin und Dresden »herausempfohlenen« Absätze, weil die Redaktion sich entschlossen hatte, diese Zensurmaßnahme ihren Lesern kenntlich zu machen. Die folgenden Nummern mußten auf eine von Konrad Weiß verfaßte Würdigung Stefan Heyms anläßlich seines 75. Geburtstags »verzichten«. Die Entwicklung erreichte ihren Höhepunkt, als die Ausgaben 16 und 17 – übrigens gemeinsam mit der »Potsdamer Kirche« – wegen der in ihnen enthaltenen Informationen über die Synode von Berlin-Brandenburg überhaupt nicht erscheinen durften.

Am 10. Oktober 1988 fand im Petrisaal des Konsistoriums der Evangelischen Kirche von Berlin-Brandenburg in der Neuen Grünstraße eine als »Leserdiskussion« deklarierte und stürmisch verlaufende Versammlung statt. Anschließend versuchten etwa 200 Teilnehmer, gemeinsam zum Presseamt zu ziehen, um dort eine Petition zu übergeben. Damit war für die Sicherheitskräfte der Tatbestand der unerlaubten Gruppenbildung erfüllt. Schon nach wenigen Metern nahm die Polizei 78 von ihnen vor laufenden Kameras des Westfernsehens unter dem Vorwurf der »Zusammenrottung« fest und verfrachtete sie auf Lastkraftwagen. Aufgrund der Publizität und weil sich unter ihnen auch Kirchenangestellte befanden, setzte man die Verhafteten nach einer »strengen Belehrung« allerdings rasch wieder auf freien Fuß. Die genau zwei Wochen später an gleicher Stelle durchgeführte Veranstaltung stürzte Obrigkeit und Kirchenleitung ob der gemachten Erfahrungen in Unruhe. In ihrem Vorfeld führte letztere deshalb Disziplinierungsgespräche mit potentiellen Teilnehmern, und Staatssekretär Kurt Löffler übermittelte Konsistorialpräsident Stolpe am 19. Oktober die »staatliche Erwartungshaltung bezüglich seiner Einflußnahme auf die Unterbindung der geplanten Provokation«[543]. Am 24. Oktober schien rund um das Konsistorium Belagerungszustand zu herrschen. Es wimmelte in weitem Umkreis von uniformierten und zivilen Sicherheitskräften. Volkspolizei hatte in den Seitenstraßen Lastkraftwagen sowie andere Fahrzeuge aufgefahren und kontrollierte und befragte Passanten. Dennoch drangen ungefähr 260 Personen, darunter laut MfS-Bericht rund 130 »Ausreiseersuchende«, bis zum Petrisaal vor und brachten dort ihren Unwillen über die Zensurpraxis und die leisetreterische Politik der Kirchenleitung zum Ausdruck[544].

4. Radio Glasnost

Für die Medien der Bundesrepublik bildete die DDR-Opposition – ob aus Desinteresse oder vielmehr aus Furcht vor dem Vorwurf der Einmischung in die inneren Angelegenheiten – ein ausgesprochenes Randthema. Wenn sie darüber berichteten, dann sehr zurückhaltend, teilweise sogar abwertend und hämisch, jedenfalls nie mit konkreten Hinweisen auf geplante Aktionen. In diese Lücke sprang seit 1987 »Radio Glasnost«. Zwar hatte es bereits vorher den Versuch gegeben, von einem Dachboden im Stadtbezirk Prenzlauer Berg ein einstündiges Rundfunkprogramm auszustrahlen, doch konnte man den »Schwarzen Kanal«, wie er sich selbst in Anspielung auf das Machwerk Karl-Eduard von Schnitzlers nannte, nur in unmittelbarer Umgebung empfangen. Das sonst so dichte Netz der Staatssicherheit versagte hier übrigens, und das MfS ging davon aus, daß die Sendung aus West-Berlin gekommen sei[545]. Am 22. Juli 1987 meldete sich auf der UKW-Frequenz der linksalternativen Station »Radio 100« erstmals »Radio Glasnost« mit einer Pilotsendung[546]. Jeden letzten Montag im Monat sollte es ein einstündiges Programm geben, dessen Inhalt Oppositionsgruppen aus der DDR gestalteten. Der 31. August 1987 brachte dann Berichte vom Kirchentag in Ost-Berlin, Musik, ein Interview mit Jürgen Fuchs und andere Beiträge[547]. Die beiden ehemaligen DDR-Bürger Rüdiger Rosenthal und Roland Jahn nutzten ihre noch immer bestehenden Verbindungen zur Beschaffung aktuellen Materials. Neben ausführlichen Informationen über die oben geschilderten laufenden Ereignisse und Auseinandersetzungen mit der Staatsmacht gab »Radio Glasnost« regelmäßig zu erwartende Veranstaltungen bekannt. Es nahm damit zahlreichen Menschen, die in dem Gefühl lebten, »endlich etwas tun zu müssen«, aber keinerlei Kontakte zu den einzelnen Gruppen besaßen, die »Schwellenangst« und eröffnete ihnen die Möglichkeit, sich am Protest zu beteiligen. Seine Sendungen konnte man einer Karte des MfS zufolge im gesamten Stadtgebiet und in unmittelbarer Umgebung Berlins in Stereo, in einem Umkreis von etwa 70 Kilometern in Mono und bis zu 120 Kilometern in eingeschränkter Qualität empfangen[548]. Nach Erkenntnissen der gleichen Quelle wurden die Beiträge auch auf Tonbandkassetten mitgeschnitten und weiter verbreitet.

Zu wirklicher Popularität verhalf »Radio Glasnost« freilich erst eine Medienkampagne der DDR. Am 2. Februar 1988 erschien im »Neuen Deutschland« unter dem Titel »Dichtung und Wahrheit« ein ungezeichneter Kommentar, der »Haßtiraden gegen die DDR« anprangerte[549]. Für große Heiterkeit sorgte die Formulierung, der Sender solle lieber über ». . . jene armen Kinder« aus West-Berlin berichten, »die bei schlechtem Wetter, ohne Strümpfe und ohne Schuhe, mit kalten Füßen und ohne Frühstück zur Schule gehen müssen«[550]. Sowjetische Zeitungen reagierten mit weiteren Artikeln, die wiederum übersetzt in der DDR-Presse erschienen[551]. So war für dauernde Reklame gesorgt. Im Vorfeld der Feierlichkeiten zum 1. Mai verlor die Stasi die Nerven und aktivierte in einzelnen Bereichen bereits Ende März und am 25. April ganz massiv Störsender[552]. Das widersprach eindeutig international gültigen Abmachungen der »Fernmelde-Union«, die für die Vergabe der Frequenzen verantwortlich zeichnete. Im Rahmen des 27. und letzten Programms meldete sich im Herbst 1989 der Reporter live aus Leipzig, um über die Montagsdemo zu berichten. Damit hatte »Radio Glasnost« den Höhepunkt und zugleich auch das Ende seiner Entwicklung erreicht. Jetzt endlich betrachteten auch die westlichen Medien die im Umbruch befindliche DDR als ihr selbstverständliches Objekt.

5. Der Januar 1989

Ein Jahr nach den Vorfällen vom Januar 1988 hatten die Sicherheitskräfte gut vorgesorgt. Die Postenketten waren noch dichter als gewöhnlich, die Stasi-Mitarbeiter und die auf die vorbeiziehenden Menschen gerichteten verborgenen Kameras noch zahlreicher. In Ost-Berlin ging alles gut. Am folgenden Montag konnte Erich Mielke seinem Generalsekretär melden: »Die Kampfdemonstration anläßlich des 70. Jahrestages der Ermordung von Karl Liebknecht und Rosa Luxemburg in Berlin ist – bis auf nachfolgende Vorkommnisse – ohne Störungen verlaufen. Gegen 10.15 versuchten 2 weibliche Personen (29 und 30 Jahre alt, Antragsteller auf ständige Ausreise, ohne Arbeitsrechtsverhältnis) ... auf der Lichtenberger Brücke in den Demonstrationszug einzudringen und ein Transparent (Größe 2 m × 1 m, weißes Tuch), versehen mit dem Text »Perestroika und Glasnost auch bei uns« (Buchstaben ca. 15–20 cm) zu enthüllen. Durch das sofortige Eingreifen der Sicherungskräfte wurde diese Provokation verhindert ... Gegen 9.00 Uhr trat der K. L. aus Berlin (35, freiberuflicher Dolmetscher, Kandidat des Schriftstellerverbandes) ... im Bereich Frankfurter Allee/Ecke Rathausstraße mit einem Plakat (Größe 50 × 70 cm), eine Seite beklebt mit einem Bild Rosa Luxemburgs, die andere Seite mit einem Bild Michail Gorbatschows, auf. Am Stellplatz zeichnete er mittels eines roten Farbstiftes das Symbol eines ›Sputnik‹.«[553] Der Staat hatte hier erneut seine Fähigkeit unter Beweis gestellt, durch ein massives Sicherheitsaufgebot jeden Protest im Keim zu ersticken.

Doch in Leipzig versammelten sich 150 bis 200 Menschen vor dem Untergrundmessehaus auf dem Alten Markt im Zentrum der Stadt. In einer von Mielke unterzeichneten Information der Zentralen Auswertungs- und Informationsgruppe (ZAIG) stand, sie »rotteten sich ... zusammen«[554]. Weiter hieß es dann: »Durch eine männliche Person wurde ein vorbereiteter Text verlesen, in dem zur Teilnahme an dem in Hetzflugblättern angekündigten Schweigemarsch aufgerufen wurde. Danach setzte sich die Personengruppierung in Richtung Neues Rathaus in Bewegung ... Da die Teilnehmer den wiederholten Aufforderungen der Deutschen Volkspolizei nach Auflösung des Marsches nicht Folge leisteten, erfolgte durch die Schutz- und Sicherheitsorgane die Zuführung von insgesamt 53 Personen.«[555] Obwohl ein auch hier eingesetztes Riesenaufgebot an Polizei und Stasi den geplanten Schweigemarsch nach wenigen Minuten aufgelöst hatte, brachte er dem Staat eine schwere Niederlage bei, denn der offene Widerspruch selbst einer kleinen Minderheit – oft sogar nur eines Einzelnen – verkehrt die Wirkung des kollektiven Unterwerfungsrituals in ihr Gegenteil. Aus jedem Steinchen kann eine Lawine werden, die das scheinbar so festgefügte System zum Einsturz bringt.

6. Die Kommunalwahlen im Mai 1989

Die schwelende politische Krise erreichte mit den Kommunalwahlen vom 7. Mai 1989 eine neue Dimension. Ein Bericht des Ministeriums für Staatssicherheit vom 19. Mai 1989 über »Maßnahmen zur Zurückweisung und Unterbindung feindlicher, oppositioneller und anderer negativer Kräfte zur Diskreditierung der Ergebnisse der Kommunalwahlen vom 7. Mai 1889« illustriert diese Tatsache sehr deutlich[556]: »Auf der Grundlage von am Wahltag durchgeführten sogenannten ›Kontrollen‹ bzw. der ›Überwachung‹ der Wahlhandlung und der Stimmenauszählung in Wahllokalen, beabsichtigen innere Feinde den ›Nachweis‹ einer angeblichen Fälschung von Wahlergebnissen in ausgewählten Wahlbezirken zu führen. Dabei ist ein stabsmäßig organisiertes und koordiniertes Vorgehen feindlicher, oppositioneller Kräfte ... zu erkennen.«[557]

Die Formulierung »stabsmäßiges und koordiniertes Vorgehen« bedeutete vielleicht zuviel der Ehre, aber tatsächlich gelang es Mitgliedern kirchlicher Basisgruppen, der Staatsmacht eine schwere Niederlage zuzufügen. Ihr Vorgehen schilderte die obengenannte Analyse recht zutreffend folgendermaßen: »Internen Hinweisen aus allen Bezirken der DDR zufolge wurden insbesondere Mitglieder sogenannter kirchlicher Basisgruppen und Antragsteller auf ständige Ausreise erkannt, die sich zur ›Kontrolle‹ bzw. ›Überwachung‹ der Wahlhandlung und Stimmenauszählung in Wahllokalen befanden. Bezogen auf die Hauptstadt wurden derartige Personen festgestellt in Berlin-Prenzlauer Berg in 64 Wahllokalen, in Berlin-Friedrichshain in 44 Wahllokalen, in Berlin-Mitte in 23 Wahllokalen. Die Personen machten sich in der Regel Aufzeichnungen über die durch die Wahlvorstände verkündeten Wahlergebnisse, zum Teil in vorgefertigten Formblättern. In Einzelfällen warfen sie den Wahlvorständen Wahlmanipulation vor und verlangten, persönlich die Gegenstimmen auszählen zu dürfen. Derartige Provokationen wurden durch die Wahlvorstände zurückgewiesen, woraufhin die Personen kommentarlos die entsprechenden Wahllokale verließen. Wie bisher streng intern bekannt wurde, sollten die Ergebnisse dieser ›Kontrolle‹ zumindest im Bereich der Evangelisch-Lutherischen Landeskirche in Berlin-Brandenburg zentral ausgewertet werden. Ersten Hinweisen zufolge fand, organisiert von der sog. Basisgruppe ›Kirche von unten‹, am 7. Mai 1989 ab 18.00 in der Berliner Elisabeth-Kirche eine sog. Wahlparty statt, an der zu unterschiedlichen Zeiten insgesamt ca. 270 Personen (alles Mitglieder von verschiedenen ›kirchlichen Basisgruppen‹ aus der Hauptstadt) und 9 in der DDR akkreditierte Korrespondenten aus der BRD teilnahmen ... Bei diesem Treffen erfolgte eine erste ›Auswertung‹ der Ergebnisse der Kommunalwahlen. Durch die jeweils ankommenden Personen wurden ›Erlebnisberichte‹ gegeben und vorgefertigte Formulare mit Feststellungen zur Stimmenauszählung in einzelnen Wahllokalen übergeben, die in zentrale Übersichten übertragen wurden. Anwesende bekannte Kräfte des politischen Untergrundes versuchten, die Wahlergebnisse als manipuliert darzustellen und verfaßten ein dementprechendes Flugblatt, das auf einem in den Kirchenräumen stationierten Ormig-Vervielfältigungsgerät in ca. 500 Exemplaren vervielfältigt wurde.«[558]

In der Tat lieferten die von unabhängigen Beobachtern durchgeführten Gegenkontrollen erstaunliche Resultate. Sie ließen in den vier in Augenschein genommenen Ost-Berliner Stadtbezirken – zu den vom MfS genannten drei Bezirken kamen noch einige Wahllokale aus Weißensee – eine Tendenz von zehn bis 20 Prozent Gegenstimmen erkennen. Irgendwo auf dem Weg zwischen den Wahllokalen, wo die Helfer unter den wachsamen Augen der »Kräfte des politischen Untergrundes« korrekt bilanziert hatten, und den zentralen Auszählungsstellen verschwanden dann die unerwünschten Zettel. Als gegen Mitternacht Egon Krenz, der Vorsitzende der Zentralen Wahlkommission, im Fernsehen das offizielle Endergebnis von 98,89 Prozent verkündete, brach im überfüllten und verräucherten Gemeindesaal der Elisabethkirche angesichts des offenbaren Schwindels ironischer Jubel aus. Der anwesende Korrespondent der »Süddeutschen Zeitung« mißdeutete die Stimmung als »Katzenjammer«. Diese Formulierung griff einige Tage später prompt das »Neue Deutschland« auf[559] und schrieb in einem zynischen Kommentar unter anderem: »Einige in der DDR akkreditierte Korrespondenten von Zeitungen,

Rundfunk- und Fernsehsendern aus der BRD haben ... bei uns am Sonntag eine ›Wahlparty‹ veranstaltet. Sie haben dort offenbar im Kreise einiger ihrer in der DDR ansässigen Zuträger ihre Erlebnisse und Erfahrungen bei unseren Kommunalwahlen zum besten gegeben ... Die Party wurde allerdings eine große Enttäuschung ... So geht es eben Leuten, die ihre Fieberträume für Realität halten.«[560] Obwohl das Zentralorgan die ganze Aktion den westlichen Medien in die Schuhe schob, verhielten sich diese ausgesprochen zurückhaltend, benutzten immer nur die Floskel »angebliche Wahlfälschungen« und paßten sich damit unbewußt den Stasi-Berichten an. In Wirklichkeit mußte jedem klar sein, daß dies die letzte »99-Prozent-Volkswahl« in der Geschichte der DDR gewesen war.

Aber die SED-Führung wollte sich aus den bereits ausführlich dargelegten Gründen nicht mit einem Zuspruch von nur 80 oder gar 70 Prozent der Bevölkerung zufrieden geben, und sie wertete die etwa zehn Prozent in Leipzig und Ost-Berlin ermittelten Gegenstimmen als schwere Niederlage. Die Oppositionsgruppen riefen nun für jeden siebenten des Monats zu einer Protestkundgebung im Gedenken an die Wahlfälschung auf. An diesem Tag füllte sich nun der Alexanderplatz mit auffallend unauffälligen jungen Männern in Nylonanoraks. In den Nebenstraßen standen Mannschaftswagen und Wasserwerfer. Es dauerte jeweils nur einige Minuten, um die regelmäßig um 17 Uhr erscheinenden Protestler wegzuschleppen. Trotzdem wurden es jedesmal mehr, und als zum fünften Mal die Aktion stattfand, fiel sie auf den 7. Oktober, den Jahrestag der Republik. Jetzt versammelten sich Hunderte rund um die Weltzeituhr. Selbst wenn es keineswegs in der Absicht vieler Demonstranten lag, dies war der Anfang vom Ende der DDR.

7. Der »Himmlische Friede«

Im Vorfeld der Oktoberereignisse spielten noch einige weitere Faktoren eine wesentliche Rolle. Zunächst waren da die Ereignisse in China, das nach der verordneten Begeisterung für Mao Tse-tungs revolutionären Kurs der fünfziger Jahre in den zwei Jahrzehnten der Kulturrevolution und des Schismas zwischen Moskau und Peking außerhalb des Gesichtskreises der Öffentlichkeit gelegen hatte[561]. Als aber in den ersten Junitagen des Jahres 1989 täglich die Fernsehbilder von den friedlichen Demonstrationen auf dem Platz des Himmlischen Friedens über den Bildschirm des heimischen Fernsehers flimmerten, sahen viele Menschen in der DDR einen Zusammenhang mit ihrer eigenen Situation, ging es doch bei aller Unterschiedlichkeit der Bedingungen in beiden Ländern um Freiheit und Demokratie. Um so größer war der Schock, als am 4. Juni 1989 die Panzer rollten, als die von Studenten errichtete Freiheitsstatue umstürzte und friedliche Demonstranten im Kugelhagel starben. Ältere Zuschauer erinnerten sich wahrscheinlich an den 17. Juni 1953, an den Volksaufstand in Ungarn 1956 oder an den Einmarsch der Warschauer-Pakt-Truppen in die Tschechoslowakei, wo Männer und Frauen in ohnmächtigem Zorn die bloßen Fäuste gegen Panzer sowjetischer Bauart reckten, und befürchteten eine »chinesische Lösung« auch für die DDR. Die Honecker-Führung tat alles, um entsprechende Gerüchte zu nähren.

Am 4. Juni 1989 erschien das »Neue Deutschland« mit der Schlagzeile »Volksbefreiungsarmee Chinas schlug konterrevolutionären Aufruhr nieder«. In dem dazugehörigen Artikel hieß es unter Berufung auf das chinesische Fernsehen: »Während ihres Einmarsches in Richtung Stadtzentrum habe eine Anzahl von Personen in Verkennung der wahren Situation versucht, die Soldaten bei der Ausführung ihres Befehls zu behindern. Es habe Tote und Verletzte gegeben. Die Aufrührer hätten den Sturz der sozialistischen Ordnung beabsichtigt. Die seit einem Monat in der chinesischen Hauptstadt herrschenden Unruhen hätten sich zu einem konterrevolutionären Aufruhr entwickelt ... In dem Fernsehbericht wurde besonders hervorgehoben, daß die Gewalttaten der Aufrührer in der Zeit zwischen drei und vier Uhr morgens nur ein Teil ihrer Aktionen gewesen seien. Doch hätten sie dabei ihre ganze Grausamkeit und Brutalität gezeigt. Mit diesen Handlungen seien ihre vorgeblich patriotische Haltung, ihr Wunsch nach Demokratie, Freiheit und Menschenrechten Lügen gestraft worden.«[562] In den Massenmedien der DDR setzte in den folgenden Tagen eine intensive Kampagne ein, die demokratische Studentenbewegung als konterrevolutionär zu diffamieren und ihre gewaltsame Niederschlagung als notwendige und richtige Maßnahme der Staatsmacht darzustellen. Das Fernsehen strahlte zur besten Sendezeit, von einer der bekanntesten Ansagerinnen eingesprochen, mehrfach einen chinesischen Progagandafilm aus, der durch drastische Aufnahmen verbrannter Leichen die Gewalttätigkeit der Aufrührer belegen sollte.

Dies alles ging selbst nach DDR-Maßstäben weit über das notwendige und übliche Maß hinaus, zumal sich die offizielle sowjetische Berichterstattung wesentlich zurückhaltender gab. Die Bevölkerung faßte – wie wohl auch beabsichtigt – diese Art der Propaganda allgemein als Warnung auf. Am 8. Juni verabschiedete die Volkskammer eine Erklärung, die volles Verständnis für das brutale Vorgehen zum Ausdruck brachte: China habe sich gezwungen gesehen, nach Ausschreitungen verfassungsfeindlicher Elemente Ordnung und Sicherheit wiederherzustellen. Dabei habe es bedauerlicherweise Tote und Verwundete gegeben. Die DDR betrachte die Ereignisse als innere Angelegenheit der Volksrepublik und wende sich gegen jede Einmischung von außen. Abschließend übermittelte sie solidarische Grüße an den chinesischen Volkskongreß[563]. Egon Krenz reiste gar nach Peking und ließ sich gemeinsam mit der dortigen Parteiführung fotografieren und filmen. Das war ein demonstratives Signal an Moskau, daß Ost-Berlin sich dahin umorientieren könne, wo man den Sozialismus wirksam zu verteidigen wisse.

In dieser Situation gewann die Solidarität vieler Menschen in der DDR mit der Demokratiebewegung im Reich der Mitte um so größere Bedeutung. In vielen Kirchen fanden große Protestveranstaltungen statt, so in der Berliner Samariterkirche, wo Tausende eine Resolution gegen das Massaker auf dem Platz des Himmlischen Friedens, aber auch gegen die einseitige Berichterstattung der DDR-Medien unterzeichneten. Einige Demonstranten wollten sogar zur chinesischen Botschaft ziehen, um dort eine Protestnote zu übergeben, doch die bereitstehenden Sicherheitskräfte hinderten sie daran. Wieder einmal mußte die SED-Führung fürchten, daß sich der Protest aus den Kirchen auf die Straße verlagern und innerhalb kurzer Zeit potenzieren könnte. Noch blieb die Opposition relativ ruhig, verfolgte aber gespannt die mittlerweile in einigen Staaten des sowjetischen Machtbereichs eingetretenen Entwicklungen. Es war nicht zu übersehen, daß die sozialistische Welt in Bewegung geriet: In Polen fanden am 4. Juni 1989 die ersten zumindest halbdemokratischen Wahlen statt, die mit einer katastrophalen Niederlage der noch immer regierenden Kommunisten endeten. In Ungarn demonstrierten am Nationalfeiertag Hunderttausende friedlich für Freiheit und Demokratie. In Prag kam es am 21. August anläßlich des »Jubiläums« zum Einmarsch von 1968 wie schon im Vorjahr zu heftigen Auseinandersetzungen mit der Polizei. Die Zeit der Friedhofsruhe schien endgültig vorbei.

8. Der Gründungsaufruf des Neuen Forums

Anfang September 1989, auf dem Höhepunkt der Ausreisewelle, meldete sich erstmals in der Geschichte der DDR eine politische Opposition offen zu Wort, trat aus dem sowohl schützenden als auch einengenden Bereich der Kirche heraus und bekannte sich unmißverständlich zu ihrer Rolle. An den Schwarzen Brettern vieler Gemeinden hing ein Papier mit der Überschrift »Aufbruch 89 – Neues Forum«[564] und verkündete folgendes:

»In unserem Lande ist die Kommunikation zwischen Staat und Gesellschaft offensichtlich gestört. Belege dafür sind die weitverbreitete Verdrossenheit bis hin zum Rückzug in die private Nische oder zur massenhaften Auswanderung. Fluchtbewegungen dieses Ausmaßes sind anderswo durch Not, Hunger und Gewalt verursacht. Davon kann bei uns keine Rede sein. Die gestörte Beziehung zwischen Staat und Gesellschaft lähmt die schöpferischen Potenzen unserer Gesellschaft und behindert die Lösung der anstehenden lokalen und globalen Aufgaben. Wir verzetteln uns in übelgelaunter Passivität und hätten doch Wichtigeres zu tun für unser Leben, unser Land und die Menschheit. In Staat und Wirtschaft funktioniert der Interessenausgleich zwischen den Gruppen und Schichten nur mangelhaft. Auch die Kommunikation über die Situation und die Interessenlage ist gehemmt ... Um all diese Widersprüche zu erkennen, Meinungen und Argumente dazu anzuhören und zu bewerten, allgemeine von Sonderinteressen zu unterscheiden, bedarf es eines demokratischen Dialogs über die Aufgaben des Rechtsstaates, der Wirtschaft und der Kultur. Über diese Fragen müssen wir in aller Öffentlichkeit, gemeinsam und im ganzen Land nachdenken und miteinander sprechen. Von der Bereitschaft und dem Wollen dazu wird es abhängen, ob wir in absehbarer Zeit Wege aus der gegenwärtigen krisenhaften Situation finden. Es kommt in der jetzigen gesellschaftlichen Entwicklung darauf an,

- daß eine größere Anzahl von Menschen am gesellschaftlichen Reformprozeß mitwirkt,
- daß die vielfältigen Einzel- und Gruppenaktivitäten zu einem Gesamthandeln finden.

Wir bilden deshalb eine politische Plattform FÜR DIE GANZE DDR, die es den Menschen aus allen Berufen, Lebenskreisen, Parteien und Gruppen möglich macht, sich an der Diskussion und Bearbeitung lebenswichtiger Gesellschaftsprobleme in diesem Land zu beteiligen. Für eine solche übergreifende Initiative wählten wir den Namen NEUES FORUM ... Allen Bestrebungen, denen das NEUE FORUM Ausdruck und Stimme verleihen will, liegt der Wunsch nach Gerechtigkeit, Demokratie und Frieden sowie Schutz und Bewahrung der Natur zugrunde. Es ist dieser Impuls, den wir bei der kommenden Umgestaltung der Gesellschaft in allen Bereichen lebensvoll erfüllt wissen wollen. Wir rufen alle Bürger und Bürgerinnen der DDR, die an der Umgestaltung unserer Gesellschaft mitwirken wollen, auf, Mitglied des NEUEN FORUM zu werden. Die Zeit ist reif.«

Die insgesamt 30 Unterschriften stammten sowohl von bekannten Oppositionellen als auch von bisher nicht öffentlich hervorgetretenen Personen. Bei der Lektüre des Textes fällt sein hoher Allgemeinheitsgrad auf. Weder enthielt er ein Bekenntnis zum Sozialismus – was Christa Wolf und Stephan Hermlin noch Ende des Monats als Begründung anführten, dem Aufruf nicht beizutreten – noch sprach er sich eindeutig für eine andere soziale Ordnung aus. Er bekannte sich nicht zum Fortbestand der DDR und forderte trotzdem nicht die deutsche Einheit. Alle wichtigen Fragen wollte er im Rahmen eines künftigen gesamtgesellschaftlichen Dialogs beantworten. Genau diese Offenheit verlieh dem Neuen Forum seine enorme Durchschlagkraft. Bei den Erstunterzeichnern klingelten Tag und Nacht die Telefone, immer mehr Menschen solidarisierten sich und überschritten die unsichtbare Grenze zwischen Angst und Engagement, die sie jahrzehntelang sorgfältig beachtet hatten, und mit jeder Unterschrift sank das persönliche Risiko. Es dauerte nicht lange, bis der Aufruf ohne Geheimniskrämerei in Betrieben und wissenschaftlichen Instituten kursierte und an öffentlichen Anschlagbrettern erschien. Am 19. September meldete sich das Neue Forum bei der zuständigen Abteilung des Ministeriums des Innern in elf Bezirken der DDR offiziell an. Zwei Tage später informierte die Nachrichtenagentur ADN über die Ablehnung der Zulassung mit der Begründung: »Ziele und Anliegen der beantragten Vereinigung widersprechen der Verfassung der Deutschen Demokratischen Republik und stellen eine staatsfeindliche Plattform dar.«[565] Doch die Flut war längst nicht mehr aufzuhalten. Zum Zeitpunkt des Verbots, das ohnehin viele nicht mehr ernst nahmen, hatten bereits etwa dreitausend Bürger den Gründungsaufruf unterzeichnet. Die Sprecher des Neuen Forums erklärten am 22. September die Entscheidung aus ihrer Sicht praktisch für nichtig und gaben bekannt: »Mit der in dieser Begründung enthaltenen Behauptung der ›Staatsfeindlichkeit‹ des NEUEN FORUM sollte der breiten Zustimmung entgegengewirkt werden, die dem Aufruf des NEUEN FORUM in diesen Tagen zuteil wurde. Obwohl die diesbezügliche Absicht klar erkennbar ist, hat der ganze Vorgang dennoch unserer politischen Kultur unnötigen Schaden zugefügt ... Wir haben die entstandene Rechtslage geprüft und sind zu dem Entschluß gekommen, die Tätigkeit des NEUEN FORUM als politische Bürgerinitiative fortzusetzen. Die Absicht einer zukünftigen Anmeldung als Vereinigung erhalten wir aufrecht ... Wir danken allen Unterzeichnern unseres Gründungsaufrufes für das erwiesene Vertrauen und geben der Hoffnung Ausdruck, daß es uns gemeinsam mit der Bürgerinitiative NEUES FORUM gelingt, einen effektiven Beitrag für die Gesundung der gesellschaftlichen Verhältnisse in der DDR zu leisten. Die Zeit ist reif für selbstbestimmtes politisches Handeln.«[566]

Gleichzeitig organisierten sich weitere Gruppierungen, zu deren bekanntesten der Demokratische Aufbruch (DA), Demokratie Jetzt (DJ) und die Sozialdemokratische Partei in der DDR (SDP) zählten. Hinzu kamen bereits existierende Zusammenschlüsse wie die »Initiative Frieden und Menschenrechte« (IFM). Die Ursachen für diese Zersplitterung sind schwer nachvollziehbar. Ihr Hauptgrund lag wohl in persönlichen Streitigkeiten in den Führungszirkeln der Opposition, die oft Jahre zurückreichten. Tiefgreifende ideologische oder politische Differenzen spielten jedenfalls keine Rolle. Alle Sammlungsbewegungen vereinigten unter ihrem Dach ein breites Meinungsspektrum. Ohnehin steckten die programmatischen Diskussionen noch in den Anfängen, und für den Moment reichte der Grundkonsens aus, der sich mit den Formeln Demokratie, Menschenrechte und freie Wahlen leicht bestimmen ließ. Es blieb also oft dem Zufall überlassen, welcher Organisation man sich anschloß.

In den Wochen von Anfang Oktober bis November 1989 fanden sich in vielen Städten und Dörfern Menschen zusammen, um gemeinsam über die anstehenden Probleme zu reden – ganz so, wie es der zitierte Gründungsaufruf gefordert hatte. Sehr oft konstituierten sie sich als Basisgruppe des Neuen Forums und nahmen mit ähnlichen Interessengemeinschaften in den Nachbarorten Kontakt auf. Anlaufadressen bildeten noch immer die Pfarrhäuser, die einzigen frei zugänglichen Kommunikationsmöglichkeiten die Schwarzen Bretter vor den Kirchen, und in der Regel fanden die Zusammenkünfte nach wie vor in gemeindlichen Einrichtungen statt. Neben den genannten übergreifenden Themen behandelten die neugebildeten Gruppen bevorzugt lokale oder regionale Probleme und kümmerten sich damit erstmals unaufgefordert um die eigenen Angelegenheiten. Die örtlichen Behörden reagierten auf die ungewohnte Herausforderung zunächst feindselig und mit dem rasanten Machtverfall der SED zunehmend verwirrter.

9. Der Westen und die DDR-Opposition

Nichts illustriert eine historische Situation besser als die aus der Zeit geborenen Irrtümer. Weder die führenden Oppositionellen noch die westlichen Politiker rechneten im Herbst 1989 mit einem Zusammenbruch der DDR. Ihr Ziel bestand vielmehr in allmählichen Reformen, möglichst unter bewährter Führung der SED. Nur die Naiven, die Außenseiter, die politischen Träumer und Romantiker kündigten den Zusammenbruch des morschen Altbaus an, während sich die professionellen Analytiker des Geschehens, die Weitblickenden und dialektisch Geschulten aller Couleur als blind erwiesen, so gut ihre Gründe auch immer gewesen sein mögen. Ein Beispiel dafür bietet das Treffen von Vertretern des Neuen Forums und der SDP mit dem Regierenden Bürgermeister von West-Berlin am 29. Oktober 1989 in der Atelierwohnung Bärbel Bohleys. Die exakte Protokollführung der anwesenden Stasi-Spitzel vorausgesetzt, betonte Walter Momper, ». . . es gäbe gegenwärtig keine Kraft, die die SED ablösen könnte. Demzufolge stehe der Artikel 1 der Verfassung der DDR nicht zur Disposition, wäre die SED bereit, die Macht zu teilen, würde sie sich als kommunistische Partei aufgeben. Auf das Problem der Wiedervereinigung eingehend erklärte Momper, daß die Belebung dieses Gedankens durch die BRD ›eine der größten Heucheleien‹ darstelle.«[567] Niemand sollte wegen dieses Irrtums den Stab über den SPD-Politiker brechen. So wie er hat wohl die übergroße Mehrheit der bundesdeutschen Bevölkerung gedacht. Trotzdem fiel zehn Tage später die Mauer, und auch Artikel 1 der Verfassung konnte das SED-Regime nicht retten.

Aber auch die meisten Anhänger der Opposition zeichneten sich durch ein zögerliches und kompromißbereites Auftreten aus. So äußerte Bärbel Bohley im selben Zusammenhang, »... grundsätzlich sei die führende Rolle der SED nicht abzulehnen; sie müsse lediglich so gestaltet werden, daß sie erkennbar und sichtbar sei und allen diene. Zur Stellung des ›Neuen Forum‹ vertrat sie den Standpunkt, daß es sich auflösen würde, wenn in der DDR eine Wende und Entwicklung eintrete, die den Auffassungen der Sympathisanten des ›Neuen Forum‹ entspräche. Möglichkeiten der aktiven Mitarbeit würden vorhandene Parteien und Organisationen bieten.«[568] Dennoch hat eine ausgesprochene Reformbewegung den Anstoß zur Revolution gegeben. Sie erhielt eine zunehmende Eigendynamik, die niemand mehr steuern konnte. Deswegen war es auch fast gleichgültig, ob die an der Spitze der neuen Organisationen stehenden Personen als ehemalige Inoffizielle Mitarbeiter des MfS gewirkt hatten oder nicht. Hätten sie sich dem Radikalisierungsprozeß in Richtung auf deutsche Einheit und Abschaffung des Sozialismus entgegengestellt, so hätte man sie beiseite geschoben.

Die jahrelang in Deutschland wirksame große Koalition der Stabilisierer vereinigte so gegensätzliche Persönlichkeiten wie Franz Josef Strauß und Alexander Schalck-Golodkowski. Sie reichte von der Bundesregierung bis zur Führung der SED mit der evangelischen Kirche in der DDR als wichtigem Scharnier, für dessen lautlose Bewegung Männer wie Manfred Stolpe oder Rechtsanwalt Wolfgang Vogel sorgten. Ihr Streben orientierte sich an Stabilität und Sicherheit, und um sie zu erreichen, mußten sie mit den Mächtigen reden, sogar ihr Vertrauen gewinnen und Problemfälle aus der Welt schaffen. Ihre gedanklichen Prämissen waren klug und dumm zugleich, ihre Ziele so ehrenwert wie verwerflich, ihre Methoden am Rande der Legalität sowohl effizient als auch ungenügend. Schließlich ist der Status quo, den sie erhalten wollten, mit ihrer unfreiwillig gewährten Unterstützung doch wie ein Kartenhaus zusammengebrochen. In Anlehnung an die von Hegel entdeckte »List der Vernunft« entwickelten sich die »Stabilisierer« zu den Totengräbern des von ihnen unterstützten Systems.

Auch die Entspannungsexperten der SPD hatten keinen bewußten Anteil am Ende des Sozialismus, obwohl die SED-Führung ihren Kurs seit den Tagen der Neuen Ostpolitik immer wieder als »Aggression auf Filzlatschen« bezeichnete. Im Zusammenhang mit dem Prager Frühling sprach sie oft und gerne von der »schleichenden Konterrevolution«, die Agentenzentralen des Westens betrieben, und gegen die »Ideologie des dritten Weges« und die sogenannte Konvergenztheorie feuerte sie aus allen Rohren des Propagandakriegs. Die SPD wies bekanntlich solche Vorwürfe weit von sich und betonte die Lauterkeit der eigenen Absichten. Trotzdem hat nichts die Existenz der DDR stärker untergraben als die Entschärfung der Ost-West-Konfrontation. Die Strategie des »Wandels durch Annäherung« erwies sich langfristig als sehr erfolgreich. Allerdings kam auch bei ihren Vordenkern und Ausführenden keine rechte Freude auf, als das unterstellte Ergebnis endlich eingetreten war. Niemand hätte mehr Grund zum Triumph über den Zusammbruch der realsozialistischen Ordnung besessen als die seit Jahrzehnten von den Kommunisten verleumdete und beschimpfte Sozialdemokratie.

Kapitel III: Der Machtverfall der SED-Führung

1. Die Partei in der Krise

Es wäre eine vollkommen falsche Annahme, in der DDR hätte eine klare Polarisierung zwischen den Mitgliedern der SED und dem Rest der Bevölkerung bestanden. Die seit dem Frühjahr 1985 eintretende gesellschaftliche Unruhe machte sich vielmehr zunächst am deutlichsten innerhalb der Staatspartei selbst bemerkbar. Deutlich lassen sich zwei widerstreitende Grundrichtungen unterscheiden. Während die eine ihre Hoffnung auf Gorbatschow setzte, sich über das Verbot sowjetischer Filme und Zeitschriften erregte und der altersstarren Führungsriege um Erich Honecker ein baldiges Ende wünschte, fürchtete die andere, deren Treue zu Moskau den Grundstein ihrer Überzeugung bildete, der neue Kurs werde den Sozialismus in eine tiefe Krise stürzen. Beide zeichneten sich allerdings dadurch aus, daß sie ihre Interessen nicht strukturierten und organisierten, sondern still und bescheiden auf Veränderungen von oben hofften. Die ganze Hilflosigkeit der internen Opposition zeigte sich in dem damals häufig zitierten Schlagwort von der »biologischen Lösung« der Krise. Dies war nicht nur zynisch, sondern auch kurzsichtig, zumal der greise Generalsekretär sich mit der gleichen Inbrunst an die Macht klammerte wie zwanzig Jahre zuvor Walter Ulbricht. Selbst wenn eine auf die DDR übertragene Perestrojka-Politik Erfolg gebracht hätte, so gab es in der zweiten Hälfte der achtziger Jahre doch weit und breit keinen »deutschen Gorbatschow«, der sie hätte in die Wege leiten können.

Der Altmeister marxistischer Wirtschaftsgeschichte, Jürgen Kuczynski, trat 1985 mit einem Büchlein unter dem Titel »Dialog mit meinem Urenkel« vor das Publikum, das er selbst nach der Wende stolz »die kritischste Schau und Analyse unserer Verhältnisse, die je in Buchform in der DDR veröffentlicht wurde«, nannte[569]. In der Tat handelte es sich wohl eher um ein Fliegenhusten, dessen Echo nur aufgrund der Friedhofsstille wie ein Donnerschlag widerhallte. Schon im Vorfeld hatten Auseinandersetzungen um das Erscheinen der Studie stattgefunden. Kurt Hager persönlich formulierte seine Bedenken, und nach anderthalb Stunden erklärte der einbestellte Autor, daß er »mit allen Einwänden einverstanden sei und entsprechende Änderungen vornehmen werde«[570]. Der »Dialog« eröffnete eine Diskussion, die sich freilich ängstlich in ganz engen Grenzen hielt. Als Beispiel kann dafür ein Brief Manfred von Ardennes an Kuczynski dienen, dessen Kopie schließlich auch auf dem Schreibtisch Honeckers landete und in dem der renommierte Naturwissenschaftler meinte: »Ich war beglückt, zu lesen, daß Sie eine öffentliche konstruktive Kritik befürworten und fordern. Das sozialistische System bedarf dieser Kritik zur Optimierung seiner Wirtschaft deswegen, weil bei ihm das stimulierende Konkurrenzprinzip des Kapitalismus fehlt. Ich glaube, daß die Zeit reif ist, um bei uns die Methoden der öffentlichen Kritik einzuführen, sofern man sie auf die Basis unserer Wirtschaft beschränkt.«[571] Hier zeigte sich das ganze Dilemma der »Gorbatschowianer«. Obwohl die gesellschaftliche Notwendigkeit von Meinungsstreit und Kritik unübersehbar war, sollten die Debatten konstruktiv und nicht »feindlich-negativ« sein, sich im Rahmen des Systems bewegen und nicht die Macht in Frage stellen. Dieser unlösbare Widerspruch diktierte nicht nur die Kraftlosigkeit der Reformanhänger, sondern unterstützte auch das Argument der Dogmatiker, Glasnost und Perestrojka führten ohnehin nur zur Konterrevolution.

Am 22. September 1989 schickte Erich Mielke an elf Mitglieder des Politbüros, unter denen sich Erich Honecker nicht befand, eine Analyse seines Ministeriums unter dem Titel »Hinweise auf beachtenswerte Reaktionen von Mitgliedern und Funktionären der SED zu einigen aktuelleren Aspekten der Lage in der DDR und zum innerparteilichen Leben«. Das am 11. September datierte Material besaß selbst für DDR-Verhältnisse einige Brisanz, denn während die Stasi alle Bereiche der Gesellschaft infiltriert hatte, blieben der Parteiapparat und speziell seine hauptamtlichen Funktionäre wegen des Primats der Partei prinzipiell ausgespart. Es signalisierte, daß der SED-Führung der Boden unter den Füßen zu brennen begann, und legte folgendes dar: »Vorliegenden Informationen zufolge äußern sich zahlreiche, vor allem langjährige Parteimitglieder, sehr besorgt über die gegenwärtige allgemeine Stimmungslage unter großen Teilen der Werktätigen, besonders in den Betrieben, teilweise verbunden mit ernsten Befürchtungen hinsichtlich der weiteren Erhaltung der politischen Stabilität der DDR. Sie begründen diese Haltung insbesondere mit solchen persönlich getroffenen Feststellungen im Arbeits-, Wohn- und Freizeitbereich wie

- der erheblichen Zunahme von durch Unwillen und Unzufriedenheit gekennzeichneten, in immer aggressiverem Ton geführten Diskussionen im Zusammenhang mit der Versorgungslage und der Lage im Dienstleistungsbereich, der Lohn-Preis-Politik, der materiell-technischen Sicherstellung der Produktion,
- zunehmenden Erscheinungen von Passivität und Gleichgültigkeit unter Werktätigen gegenüber dem politischen und gesellschaftlichen Leben in der DDR insgesamt und im Territorium,
- dem weiteren Rückgang von Arbeitsdisziplin und Leistungsbereitschaft,
- der erheblichen Zunahme von Erscheinungen des Spekulantentums und der Korruption.

Die Praxis zeige, daß auch zahlreiche Parteimitglieder mit derartigen Auffassungen und Verhaltensweisen in Erscheinung treten und sich damit kaum noch von Parteilosen unterscheiden. In diesem Zusammenhang wiesen Mitglieder und Funktionäre der SED wiederholt darauf hin, daß Diskussionsinhalte von Werktätigen zu den vorgenannten Problemen in wachsendem Maße die Tendenz erkennen lassen, die Partei- und Staatsführung für die entstandene Lage verantwortlich zu machen, ihr, vor allem unter dem Hinweis auf die altersmäßige Zusammensetzung, die Fähigkeit abzusprechen, die vielfältigen Probleme zu lösen. Unter Bezugnahme auf Feststellungen über die Stimmungslage unter den Werktätigen, auf den drastischen Anstieg der Ausreisebestrebungen bzw. die ›Massenfluchten‹ von DDR-Bürgern in die BRD und nach Westberlin, aber auch unter Hinweis auf die sich häufenden Austritte bzw. angekündigten Austrittserklärungen aus der SED, schlußfolgern SED-Mitglieder und andere progressive Kräfte, es zeichne sich ein wachsender Vertrauensschwund zwischen Volk und Partei ab. Als Hauptgründe für Austritte aus der

Partei (Hinweise auf eine erhebliche Zunahme von Parteiaustritten, besonders aus dem Bereich der materiellen Produktion, liegen aus allen Bezirken der DDR und der Hauptstadt der DDR, Berlin, vor) würden insbesondere angegeben:
- Nichteinverständnis mit der Um- und Durchsetzung der ökonomischen Politik der Partei ...
- mangelndes Vertrauen in die Parteiführung (Hauptargument: Die Parteiführung wolle die Probleme nicht wahrhaben; sie habe sich von der Basis gelöst);
- Ablehnung der Informationspolitik der Partei ...

Mitglieder und Funktionäre der SED ... üben zum Teil scharfe Kritik an der Arbeit übergeordneter Parteileitungen sowie am Inhalt und Verlauf von Mitgliederversammlungen ... Es werde an den Problemen vorbeigeredet. Auf konkrete Fragen gebe es keine Antwort bzw. kritische Diskussionen würden mit dem Hinweis auf Parteidisziplin ›abgewürgt‹. Wer auf Parteiversammlungen die vorhandenen Probleme anspreche und klare Antworten verlange, werde sehr schnell als Nörgler abgestempelt. Hauptamtliche Parteifunktionäre wirkten in ihrer Argumentation ›hilflos‹; sie würden teilweise unbequemen Fragen ausweichen. Auf den Parteiveranstaltungen werde das Vermitteln von überzeugenden Argumenten und Hintergrundinformationen vermißt. Es gebe erhebliche Informationsdefizite in der Partei. Dies sei der Grund dafür, daß viele Parteimitglieder resignierten, da sie sich mit ihren Problemen allein gelassen fühlten. Hochschullehrer (SED-Mitglieder) erklären, mit wachsendem Unbehagen in Vorlesungen und Seminare zu gehen, da Studenten immer häufiger politisch sensible Themenbereiche ansprechen und dazu Fragen stellen, auf die sie keine überzeugenden Antworten geben könnten, ohne Grundpositionen der Partei in Frage zu stellen ... Darüber hinaus mangele es ihren Ansichten zufolge den DDR-Massenmedien an Objektivität bei der Darstellung innenpolitischer Probleme. Es werde das Bild einer ›heilen Welt‹ des Sozialismus in der DDR vermittelt, das teilweise in krassem Widerspruch zur Wirklichkeit stehe.«[572]

Das hier entworfene, fast rührende Bild von Hilflosigkeit, politischer und menschlicher Orientierungslosigkeit und lähmenden Zweifeln an der Richtigkeit des Kurses der Partei entsprach genau der Realität und erklärt ihren nur wenige Wochen später einsetzenden Machtverfall. Es bleibt die Frage, ob es denn auf die drängenden Probleme und die überall hervorgehobenen fehlenden Perspektiven kein Echo der erweiterten Parteispitze gab. Selbst wenn man Honecker und seinen Getreuen ihr hohes Alter zugute hält, in dem es wohl schwerfiel, noch einmal umzudenken, blieb doch die Garde der jüngeren und eigentlich mit genügend Intelligenz ausgestatteten Funktionäre von der mittleren Ebene aufwärts. Die normale Reaktion auf eine Zustandsbeschreibung wie in Mielkes Bericht vom 22. September wäre doch gewesen, sein Amt zur Verfügung zu stellen und sich, wenn auch nur aus Gründen des politischen Überlebens, der Opposition anzuschließen. Aber weder die reichlich vorhandenen Erinnerungen der gestürzten SED-Größen noch die Akten des MfS enthalten entsprechende Hinweise. Die erschütternde Antwort lautet, daß sich nirgendwo im Apparat Widerstand regte. Der wichtigste Grund dafür lag in der Tatsache, daß beim überwiegenden Teil der Funktionäre im Laufe der Jahre alle für eine Gesellschaftsveränderung notwendigen Eigenschaften wie Kreativität, Phantasie, Risikobereitschaft, Initiative, Zivilcourage und Verantwortungsbewußtsein verkümmerten, weil sie – zumindest tendenziell – Hinderungsgründe für die angestrebte Karriere darstellten. Wer sich mit der Macht zu tief einließ, verkam auch geistig und charakterlich, und wer schließlich in den Chefetagen saß, war das Resultat einer langen und systematischen Negativauslese. So ist der reale Sozialismus nicht Opfer einer großen Verschwörung oder feindlicher Machenschaften geworden, sondern an seinen eigenen Strukturen zugrunde gegangen.

2. Die gescheiterte »Geheim-Glasnost« der SED-Führung

Kurz vor Toresschluß begannen noch zögerliche und halbherzige Versuche, die restriktive Veröffentlichungspraxis etwas zu lockern. Selbst der »Zensur-Minister« – wie Erich Loest den dafür zuständigen Vertreter des Ministers für Kultur, Klaus Höpcke, aus guten Gründen genannt hat – stellte intern derartige Überlegungen an. Am 1. Juli 1988 schickte er einen angeblich mit seinem Vorgesetzten Hans-Joachim Hoffmann und der zuständigen Abteilungsleiterin Ursula Ragwitz abgestimmten »Entwurf zur Veränderung der Druckgenehmigungspraxis« an Klaus Hager und bat um dessen Zustimmung[573]. An die Stelle der bisherigen Willkür sollte ein gestrafftes und geregeltes Verfahren treten, ein in der Tat großer Fortschritt. Doch gleichzeitig beruhigte Höpcke den obersten Ideologiewächter: »[Wir] beabsichtigen ... nicht, die Druckgenehmigungsgrundsätze irgendwo in schriftlicher Form zu veröffentlichen. Vielmehr halten wir es für zweckmäßig, darüber die Verlagsdirektoren detailliert mündlich zu unterrichten und die nötigen Informationen auch den Drukkereileitern zukommen zu lassen. Die Schriftstelleröffentlichkeit könnte am zweckmäßigsten im Verlauf der für Ende September anberaumten Vorstandssitzung ... mit der veränderten Handhabung der Druckgenehmigung vertraut gemacht werden (in knapper Form, stelle ich mir vor, also evtl. zwei oder drei Sätze in meinem Diskussionsbeitrag).«[574] Die Mini-Perestrojka sollte also im Verborgenen wirken und auch erst ab 1. Januar 1989 in Kraft treten. Doch Hager hielt selbst das noch für zu forsch, schlug in seinem Antwortschreiben vor, lediglich von einer neuen »Auslegung des bestehenden Verfahrens« zu sprechen und überhaupt keinen Termin zu nennen und warnte noch einmal ernsthaft: »Grundbedingung dieses Verfahrens ist selbstverständlich, daß keine der Grundsätze unseres Staates und unserer Gesellschaft widersprechende Literatur veröffentlicht wird.«[575]

Anfang 1989 hatte es erste Spannungen zwischen beiden gegeben. Hager erregte sich in einem Schreiben an den Kulturminister über die Rede Höpckes zur Eröffnung der Leipziger Buchmesse, in der er den anwesenden Vertretern kapitalistischer Unternehmen einen »Grundkurs über die Übel des Kapitalismus und die Vorzüge des Sozialismus dargeboten« habe[576], und rügte: »Ich ... halte es für erforderlich, daß Reden bei öffentlichen Auftritten leitender Genossen des Ministeriums für Kultur im Kollektiv der Leitung besprochen und bestätigt werden und nicht jeder Stellvertreter von sich aus, ohne Bestätigung durch den Minister Verlautbarungen von sich gibt. In dieser Hinsicht sollte eine straffe Ordnung im Ministerium eingeführt werden.«[577] Doch die geforderte Disziplin verfiel in den kommenden Monaten immer mehr, im Oktober 1989 erfolgte der endgültige Kurswechsel, und die große Zeit der Wendehälse begann. Bisher verbotene Bücher und unterdrückte Textpassagen wollte man schnell veröffentlichen, um der Bevölkerung echten Veränderungswillen vorzugaukeln und vielleicht noch einen Rest der Macht zu retten. In einem Brief an Hager vom 1. November 1989 regte Höpcke deshalb an, folgende Titel zusätzlich in den »Editionsplan« aufzunehmen: Jürgen Kuczynski »Dialog mit meinem Urenkel«, einschließlich bisher gestrichener Abschnitte; Rudi Strahl »Das Blaue vom Himmel«; Stefan Heym »Schwarzenberg«; Monika Maron »Flugasche«; Gabriele Eckart »Havelobst-Reportage«; Lutz Rathenow »Zärtlich kreist die Faust« und Anatoli Rybakow »Die Kinder vom Arbat«[578]. Schon einen Tag darauf reagierte der Empfänger wütend und führte unter anderem aus: »Dein Vorschlag vom 1. 11. 89, bestimmte Bücher in den Editionsplan aufzunehmen, muß meines Erachtens dem Sekretariat des ZK vorgelegt werden ... Es erstaunt mich, daß Du den Vorschlag über die Herausgabe des Romans ›Schwarzenberg‹ von Stefan Heym sowie Monika Marons ›Flugasche‹ machst. Der stellvertretende Kulturminister, Klaus Höpcke, hat das Erscheinen dieser Bände bereits in seinem Gespräch mit Harald Wessel (siehe Neues Deutschland vom 28./29. Oktober 89) angekündigt. Offenbar gilt für ihn keine Ordnung mehr, aber mir ist nicht bekannt, daß solche Entscheidungen ohne vorherige Beratung und Beschlußfassung bekanntgegeben werden dürfen.«[579] Genau eine Woche später stürmten die Ost-Berliner einfach so die Mauer und konnten sich von da an in den westlichen Buchhandlungen und Bibliotheken diese und alle anderen Titel besorgen, ohne das Einverständnis Hagers und Höpckes einholen zu müssen.

Kapitel IV: Das Ende der SED-Herrschaft

1. Der Oktober 1989

Am 7. Oktober 1989 feierte die Deutsche Demokratische Republik in Ost-Berlin ihren 40. Geburtstag. Am Vorabend waren 10 000 jubelnde Blauhemden an Erich Honecker und seinen Mannen vorbeigezogen, am Vormittag paradierte die Nationale Volksarmee in der Karl-Marx-Allee, und am Nachmittag fand schließlich ein großes Volksfest statt. Wie in jedem Jahr waren im Zentrum Bockwurstbuden und Verkaufsstände aufgebaut, rund um den Alexanderplatz traten Popstars und Blaskapellen auf, und für den mit Konsumgütern nicht gerade verwöhnten DDR-Bürger gab es ein kleines »Bonbon«, Jeans-Hemden westlicher Herkunft oder Zwiebelmuster-Geschirr aus der volkseigenen Produktion. Bei schönem Herbstwetter eilten die Familien herbei, die Väter tranken ein Bier, die Kinder bekleckerten sich mit Ketchup und Softeis, und die Mütter reihten sich unterdessen in die lange Schlange vor der Bekleidungs-Boutique ein. Die Musik, die, von »international bekannten Musikformationen« dargeboten, aus den Lautsprechern dröhnte, verbreitete exotisches Flair. Die Menschen sollten sich freuen, gut einkaufen, sich amüsieren und anschließend in ihre Neubauwohnungen am Stadtrand zurückkehren.

Doch die Idylle hatte in diesem Jahr etwas Gespenstisches. Obwohl es 1969 und 1977 schwere Krawalle gegeben und man am »Tag der Republik« Ordnung und Sicherheit schon immer groß geschrieben hatte, wurden die Vorkehrungen jetzt noch verstärkt. Verborgene Fernsehkameras observierten den gesamten Alexanderplatz, die Befehlszentralen von Stasi und Partei waren rund um die Uhr besetzt, die Polizeibereitschaften in Basdorf und das Wachregiment Feliks Dzierzinski des MfS standen zusätzlich bereit, Polizisten in Uniform und Zivil, Angehörige des MfS, »Gesellschaftliche Mitarbeiter Sicherheit« und andere zuverlässige Genossen mischten sich unter das Volk und lauschten im Bierzelt seiner Stimme. Sie sollten im Notfall »richtig diskutieren« und Störer oder eingeschleuste Elemente dingfest machen. Trotzdem mußten die alten Herren des Politbüros den 7. Oktober fürchten wie niemals zuvor. Auf ihn fiel nicht nur die seit dem 7. Juni monatlich abgehaltene Kundgebung anläßlich der Aufdeckung der Fälschungen bei den Kommunalwahlen vom 7. Mai 1989, sondern insgesamt hatte sich die Situation in den letzten vier Wochen dramatisch zugespitzt. Die Massenflucht über Ungarn, die jetzt tausendfache Besetzung der bundesrepublikanischen Botschaft in Prag, die Krawalle rund um den Dresdner Hauptbahnhof am 3. und 4. Oktober und insbesondere die Demonstrationen nach dem Montagsgebet in der Leipziger Nikolaikirche ließen die Fieberkurve in bisher unerreichte Höhen steigen. Die Stimmung war dementsprechend gereizt und nervös. Im Umkreis der Weltzeituhr drängten sich Menschen, die auf irgend etwas warteten und nicht wußten, was ihr Nebenmann beabsichtigte. Die einen wollten Bockwurst, Bier und Blasmusik, andere für Perestrojka und Glasnost demonstrieren und dritte aus dienstlichen Gründen für Ruhe und Ordnung sorgen.

Irgendwo in der Menge tauchte das bekannt mürrische Gesicht des ARD-Korrespondenten Horst Hano auf, dessen Schritte neben ihm postierte junge Männer kontrollierten, um im Notfall durch Rempeleien das Aufnahmeteam zu behindern.

Aus den Lautsprechern drangen Schlager: »Tanze Samba mit mir ... Samba, Samba, die ganze Nacht ... Tanze Samba mit mir, weil die Samba uns glücklich macht.« Doch niemand befand sich auf der inmitten der Budenstadt errichteten Tanzfläche. Gegen 17 Uhr wurde die Nervosität unerträglich. Irgendwo entstand Tumult und Gedränge. Zwei Männer in Nylonanoraks schleppten mit geübtem Polizeigriff einen vor Angst leichenblassen Jugendlichen davon. Die Menge stob auseinander, aus sicherer Entfernung ertönten Pfiffe und Buhrufe, dann skandierte eine Gruppe neben der Weltzeituhr »Freiheit ... Freiheit ... Freiheit!«, und einige dutzend Hände erhoben sich zum Siegeszeichen. Während die Musik noch lauter dröhnte, überfluteten die Scheinwerfer der ARD die Szenerie mit ihrem weißen Licht und verstärkten den Eindruck des Unwirklichen. Weitere Besucher scharten sich um die Weltzeituhr, und immer mehr Arme bewegten sich im Takt des Sprechchores. Das Unfaßbare war Wirklichkeit geworden: eine staatsfeindliche Demonstration mitten im Zentrum der sozialistischen Hauptstadt, und noch dazu am 40. Jahrestag der Republik.

Auf den Monitoren des »Operativen Fernsehens« verfolgten Offiziere der Volkspolizei das Geschehen, erhielten aber keinen Befehl zum Eingreifen. Ihre Untergebenen nahmen zwar mehr oder weniger willkürlich Einzelne fest, doch der Großeinsatz erfolgte nicht. Die Sicherheitskräfte schienen wie gelähmt, denn nur einige hundert Meter weiter, im Palast der Republik, zelebrierte die Führungsspitze der SED mit ihren Gästen den offiziellen Galaempfang. Während das Volk sich anschickte, sie zum Teufel zu jagen, plauderte sie beim Horsd'oeuvre über die Perspektiven der Entspannungspolitik. Noch einmal kamen sie alle zusammen, Erich Honecker und Erich Mielke, Willi Stoph und Egon Krenz, Vertreter der Bruderparteien, Diplomaten aus aller Welt und »kirchenleitende Persönlichkeiten« der DDR. Neben den kulinarischen Genüssen gab es auch künstlerische Einlagen. »Vor dem zartfarbenen, wie ein großes Aquarell mit Blüten geschmückten Prospekt hatte das Ballett der Deutschen Staatsoper Aufstellung genommen«, schrieb das »Neue Deutschland« am folgenden Montag. Nach der getanzten Polonaise aus »Schwanensee« von Tschaikowski kam der »Wach auf«-Chor aus Richard Wagners »Meistersingern«, und den Abschluß bildete eine von Händels »Feuerwerksmusik« untermalte Laserschau. Insgesamt also »festliche und frohe Stunden, die den Gästen aus dem In- und Ausland auch einen Eindruck von der künstlerischen Leistungskraft unseres Landes vermittelten«[580].

Der prominenteste und wichtigste Gast dieses Abends war zweifellos Gorbatschow. Vor allem ihm zuliebe wollte man wenigstens noch einige Stunden die brüchigen Fassaden des Potjomkinschen Dorfes DDR aufrechterhalten und das unangenehme Schauspiel von Straßenschlachten vermeiden. Deshalb wagte es auch Generalleutnant Wolfgang Schwanitz als Chef des Einsatzstabes nicht, eine größere Räumungsaktion auf dem Alexanderplatz anzuordnen, und begab sich zunächst von seiner Befehlszentrale im nahegelegenen »Haus des Lehrers« zum Ort des Geschehens, um sich einen Überblick zu verschaffen. Gegen 17.20 Uhr setzten sich ungefähr 300 meist junge Leute in Bewegung. Polizei, Sicherheitskräfte in Zivil und westliche Kamerateams eskortieren sie auffällig und sorgten für weiteren Zustrom. An der Spreebrücke vor dem »Palast der Republik« war die Menge auf etwa 3 000 Personen angewachsen. Sie verteilte sich längs des Ufers, rief nach »Gorbi« und skandierte auch die aus Leipzig bekannten Losungen »Wir sind das Volk« und »Keine Gewalt«. Erich Mielke ließ sein Sektglas stehen und eilte hinunter, um sich mit eigenen Augen von dem Skandal zu überzeugen. Über das Verhalten der anderen Gäste ist wenig bekannt; allerdings behaupteten später sowohl Egon Krenz als auch Günter Schabowski, durch die Fensterscheiben die Menschenansammlung beobachtet zu haben, die dann Richtung Prenzlauer Berg abzog. Als Gorbatschow mit seiner Delegation das Festbankett verlassen hatte, um zum Flughafen zu fahren, soll Mielke mit den Worten »Jetzt ist Schluß mit dem Humanismus« den Sicherheitskräften den Einsatzbefehl gegeben haben. Neben dem Haus des Allgemeinen Deutschen Nachrichtendienstes Hans-Beimler-Straße/Ecke Mollstraße betätigten sich Anti-Terror-Einheiten des MfS nach dem später veröffentlichten Untersuchungsbericht[581] folgendermaßen: »Mit unglaublicher Härte werden einzelne Demonstranten wie wahllos aus der Menge herausgegriffen und von bis zu acht zivilen MfS-Angehörigen zusammengeschlagen ... Volkspolizisten und MfS-Mitarbeiter prügeln viele der Festgenommenen auf die Transportfahrzeuge, obwohl keine Gegenwehr erfolgt. Bevorzugt richtet sich die Brutalität gegen Frauen, um männliche Demonstranten zum gewaltsamen Handeln gegen die Sicherheitskräfte zu provozieren. Die Regie des Geschehens liegt zu diesem Zeitpunkt schon gänzlich bei den Offizieren des MfS. Dem Beispiel der MfS-Kräfte folgend, mißhandeln Volkspolizisten zugeführte Demonstranten vor und in den LKW. Unter den Demonstranten befinden sich zahlreiche Lockspitzel des MfS, die Angehörige der Volkspolizei provozieren und aggressiv auftreten.«[582] Gegen 20.30 Uhr riegelten die Sicherheitskräfte den Bereich rund um die Gethsemanekirche hermetisch ab, wo um 18 Uhr eine Fürbitt-Andacht begonnen hatte. Als die Teilnehmer das Gotteshaus verließen, standen sie einem riesigen Polizeiaufgebot gegenüber. Bis in die späten Abendstunden ereigneten sich immer wieder Übergriffe und Verhaftungen. Sogenannte FDJ-Ordnungsgruppen hinderten einzelne, vom Alexanderplatz kommende Gruppen von Demonstranten mit Sperrketten daran, die Gethsemanekirche zu erreichen. Währenddessen wurden die mit den hohen Gästen besetzten Staatslimousinen, die normalerweise die von den Unruhen betroffenen Stadtviertel durchfahren hätten, weiträumig umgeleitet.

Am Abend des 8. Oktober schien sich das Szenario des Vortages zu wiederholen. An der regelmäßig um 18 Uhr für die Inhaftierten durchgeführten Andacht in der Gethsemanekirche nahmen drei- bis viertausend Menschen teil. Hier lag seit dem 2. Oktober das Zentrum der demokratischen Bewegung in Ost-Berlin. Über der Eingangstür stand auf einem großen Stofftransparent das Bibelwort »Wachet und betet«, darunter »Mahnwache für die Inhaftierten«. Auf den davorliegenden Stufen brannten dauernd unzählige Kerzen. Im Gemeindebüro hatte man ein »Kontakttelefon« eingerichtet, wo aus der ganzen DDR Mitteilungen über Solidaritätsaktionen, Festnahmen und Schnellgerichtsurteile einliefen. Im Kirchenschiff befand sich ein permanentes Diskussionsforum. Überall an den Wänden hingen Zettel, Aufrufe der verschiedenen Gruppierungen, Listen mit Kontaktadressen, Informationen über die laufenden Ereignisse, Protestresolutionen. Auf Matratzen rund um den Altar lagerten die Mitglieder der Mahnwache. Einige hatten sich zum Hungerstreik entschlossen, andere vertraten die Meinung, daß sie gerade jetzt ihre sieben Sinne beieinanderhalten sollten. Wie berechtigt ihre Sorgen waren, zeigte sich nur wenige Minuten später. Als die ersten Besucher in größeren Gruppen das Gotteshaus verließen, gellten Pfiffe durch die Nacht. Im Laufschritt näherten sich Polizisten und drängten sie zurück. Möglicherweise hätten jetzt die meisten lieber friedlich den Nachhauseweg angetreten, doch Absperrungen hinderten sie daran. Auch auf der anderen Seite sammelten sich Menschen. Alle verständigten sich durch Sprechchöre, skandierten die bereits aus Leipzig bekannten Losungen und riefen den Ordnungshütern »Volkspolizei – steh dem Volke bei!« sowie »Zieht euch um und schließt euch an!« zu. Insgesamt war die Stimmung bei den Demonstranten friedlich, fast fröhlich. Besonders Frauen versuchten, mit den Sicherheitskräften zu diskutierten. Inzwischen war der Verkehr in der gesamten Umgebung zusammengebrochen. Vom Stadtzentrum aus rückten Rollkommandos mit einer Art Schneeschieber an der Spitze heran. Offenbar handelte es sich bei diesen Spezialfahrzeugen um eine nun zu erprobende Neuentwicklung. Dann begann die gewaltsame Räumung der Schönhauser Allee. Wieder kam es zu zahllosen Festnahmen. An den sogenannten Zuführungspunkten herrschte eine unglaubliche Brutalität. Für viele Beteiligte und Augenzeugen brach in dieser Nacht die letzte Illusion über den Charakter des sozialistischen Staates zusammen. Obwohl die späteren Untersuchungsberichte des öfteren behaupteten, die Sicherheitskräfte seien übermüdet und nervös gewesen, gleichen sich die Bilder aus verschiedenen Städten aber so stark, daß man mit großer Wahrscheinlichkeit davon ausgehen kann, daß die Offiziere in den Befehlszentralen eine bürgerkriegsähnliche Situation provozieren wollten. Ihr Ziel bestand wohl darin, den ganzen »Spuk« mit einer konzertierten Aktion zu beenden.

Dennoch brachte die Nacht vom 9. zum 10. Oktober die Wende. In Leipzig hatte die Obrigkeit im Vorfeld der Montagsdemonstration ein gewaltiges Aufgebot unter Einschluß des Militärs mit schwerem Gerät zusammengezogen. Die Stadt schwirrte von Gerüchten, und man munkelte von einer »chinesischen Lösung«. Der Gedanke, die SED-Führung könnte versuchen, auf dem Leipziger Ring ein Blutbad anzurichten, schien absurd und grotesk; doch wer durfte da wirklich sicher sein? Auch die Mauer quer durch Berlin existierte seit 28 Jahren, und der Einsatz der Truppen des Warschauer Paktes gegen die tschechischen Reformer im August 1968 hatte trotz seiner politisch verhängnisvollen Auswirkungen stattgefunden. Wenn – wie es im Jargon des Marxismus-Leninismus hieß – die »Machtfrage gestellt war«, schien jedes Mittel recht. Aber der 9. Oktober 1989 verlief friedlich, weil die Parteispitze am Vormittag ganz offenbar die endgültige Weisung erteilt hatte, eine Eskalation der Ereignisse zu vermeiden. Von diesem Datum an begann ein neues und zugleich das letzte Kapitel in der Geschichte der DDR. Die totalitäre Diktatur existierte praktisch nicht mehr. Der Sieg der Demokratie und die Einheit Deutschlands waren nur noch eine Frage der Zeit. Alles, was nun folgte, die Absetzung Honeckers am 18. Oktober, die Öffnung der Mauer am 9. November, die Installierung des Runden Tisches am 7. Dezember, die am 4. Dezember einsetzende Stasi-Auflösung und schließlich die ersten demokratischen Wahlen am 18. März 1990, resultierte aus der von den Demonstranten Anfang Oktober 1989 erzwungenen Preisgabe des SED-Machtmonopols. Es war das Ergebnis einer breiten demokratischen Volksbewegung, der größten nach den Revolutionen von 1848 und 1918 sowie dem Aufstand vom 17. Juni 1953.

Trotz der für jedermann erkennbaren Niederlage registrierte das Ministerium für Staatssicherheit weiterhin eifrig alle »feindlich-negativen Erscheinungen«, meldete der Parteispitze alle »bedeutsamen Einzelvorkommnisse« und schrieb so unfreiwillig die Chronik des eigenen Untergangs. Für die Woche vom 9. bis 15. Oktober 1989 bilanzierten die Buchhalter in den geheimen Kanzleien in ihrer unnachahmlichen Sprache: »Festzustellen ist, daß die im Berichtszeitraum erfolgten Personenansammlungen überwiegend den Charakter von Handlungen im Sinne des gewaltfreien Widerstandes trugen. Neben den bekannten großen Aktivitäten dieser Art in der Öffentlichkeit in Leipzig (9. Oktober, ca. 70 000 Personen), Dresden (9. Oktober, ca. 22 000 Personen) und Plauen/Karl-Marx-Stadt (14. Oktober, ca. 10 000 Personen) sowie den bekannten, an Umfang kleineren, insbesondere in verschiedenen kirchlichen Einrichtungen in der Hauptstadt (Gethsemane- bzw. Erlöserkirche), Magdeburg (9. Oktober, Magdeburger Dom, ca. 4 100 Personen), Halle (10. Oktober, Schloßkirche Wittenberg, ca. 1 100 Personen), Jena/Gera (11. bzw. 15. Oktober, Stadtkirche, ca. 1 200 bzw. 2 200 Personen), Halberstadt/ Magdeburg (11. Oktober, Martini-Kirche, ca. 1 000 Personen), Rostock Stadt (13. Oktober, Johannis- und Lutherkirche, insgesamt ca. 5 000 Personen), Erfurt (13. Oktober, Augustinerkloster, ca. 850 Personen) sowie Suhl (15. Oktober, Evangelische Kirche, ca. 1 800 Personen) wurden weitere derartige Handlungen aus dem Bezirk Karl-Marx-Stadt sowie der Hauptstadt bekannt, die auf Massenwirksamkeit abzielten.«[583] Dann zählten sie, nach Bezirken gegliedert, eine Reihe von »Vorkommnissen« in kleineren Orten auf. So nahmen am 11. Oktober in dem Städtchen Markneukirchen rund 800 Menschen an einer Demonstration »für Reformen in der DDR« teil, darunter »Arbeiter des VEB Musima«. Zwei Tage später zogen 400 bis 500 Personen durch die Innenstadt von Klingenthal im Erzgebirge. Anschließend begaben sie sich in die Kirche, »wo danach eine Veranstaltung feindlich-negativen Charakters stattfand«[584]. Außerdem meldeten sie die Verhaftung und Verurteilung eines Unteroffiziers der NVA, der sich am 7. Oktober während seines Urlaubs an einer »nicht genehmigten Demonstration« in Karl-Marx-Stadt beteiligt hatte[585].

In der Woche vom 23. bis 30. Oktober zählte die Stasi über 130 Demonstrationen mit etwa einer halben Million Mitwirkenden: »Territoriale Schwerpunkte waren die Bezirksstädte Leipzig (150 000), Dresden (3 große Demonstrationen mit insgesamt 74 000 Teilnehmern), Rostock (2 mit je 10 000), Neubrandenburg (15 000) und Berlin (2 bedeutsame Demonstrationen mit insgesamt 17 000 Teilnehmern) sowie die Kreisstädte Plauen (30 000) und Güstrow (12 000). Zunehmend finden Demonstrationen auch in Kreis- und anderen Städten mit Teilnehmerzahlen zwischen 50 und mehreren Tausend statt (vor allem in den Bezirken Karl-Marx-Stadt, Gera, Erfurt).«[586] Hunderttausende gingen im Oktober und November 1989 in bewundernswerter Disziplin auf die Straße. Im Stadtzentrum von Leipzig ging nicht eine Fensterscheibe zu Bruch. Den ernsten und erklärten Willen zur Gewaltlosigkeit mußte sogar das MfS anerkennen und zugeben, daß es den Organisatoren der »nichtgenehmigten Demonstrationen« gelinge, »unter Alkoholeinfluß stehende jugendliche Personen« zu neutralisieren. Lediglich einzelne Fälle seien bekannt, in denen man sich »in Erwartung von Polizeieinsätzen mit Schlagwaffen« ausgerüstet habe. Wenn trotzdem gelegentlich pseudoradikale Schreihälse oder Stasi-Provokateure versuchten, die Stimmung anzuheizen, brachten sie die Umstehenden schnell zur Vernunft. Oft stellten sich Mitglieder des Neuen Forums mit dem Gemeindepfarrer an der Spitze schützend vor die Einrichtungen von Stasi und SED, um Übergriffe zu verhindern, denn nichts wäre manchen Entscheidungsträgern des Regimes willkommener gewesen als aus dem Protest geborene Gewaltakte.

2. Der 4. November

Ost-Berlin bildete im Oktober 1989 das Schlußlicht der Demokratiebewegung. Das hing sowohl mit der Konzentration der Machtzentralen als auch mit der jahrelangen Bevorzugung in allen Bereichen der Versorgung und des Bauwesens zusammen. Den Beschwernissen des sozialistischen Alltags waren die Bewohner der Hauptstadt nur in gemilderter Form ausgesetzt. Wie ausführlich geschildert, verfügte die Opposition auch hier über eine aktive Anhängerschaft, doch ihr Funke sprang erst mit einigen Wochen Verspätung auf die breite Bevölkerung über. Das Potential der Demonstrationen vom 7. und 8. Oktober beschränkte sich noch ausschließlich auf das Umfeld der Sympathisanten. Das galt auch für die Umzüge, die Ende des Monats von der Gethsemanekirche im Prenzlauer Berg ausgingen. Am 24. Oktober marschierten einige tausend Menschen zum Alexanderplatz, doch die Bewohner der Umgegend blieben eher Zuschauer, als sich spontan anzuschließen. Die Größe der Stadt und die Gesichtslosigkeit des praktisch unbewohnten Zentrums mögen dabei eine Rolle gespielt haben. Am 28. Oktober protestierten in der überfüllten Erlöserkirche bekannte Schriftsteller gegen das gewaltsame Vorgehen der Sicherheitsorgane am 7. und 8. Oktober.

Erst mit der Massenveranstaltung am 4. November auf dem Alexanderplatz trat die Demokratiebewegung aus dem Schatten der Kirche heraus. Zum ersten und letzten Mal trafen sich an diesem Tag ihre beiden Hauptträger – die kritischen Intellektuellen, die meistens der SED angehörten und teilweise noch an ihre Erneuerung glaubten, und die im Rahmen der Kirche agierenden Gruppen. Die vor einer halben Million Besuchern gehaltenen Reden verdeutlichten ebenso wie die Reaktionen des Publikums die bevorstehende Trennung. Der 4. November brachte vielbejubelte Gemeinplätze. Bis hin zu Markus Wolf waren sich alle darüber einig, was sie nicht mehr wollten. Wie es allerdings weitergehen sollte mit der DDR und dem Sozialismus, blieb in der Schwebe. Die kommenden Alltagsprobleme sprach überhaupt nur Heiner Müller an, und er wurde ausgepfiffen, als er die Gründung unabhängiger Gewerkschaften vorschlug. Auch die Beiträge Günter Schabowskis und Markus Wolfs quittierte man mit Pfiffen und Buh-Rufen. Das lag freilich mehr daran, daß sie für das alte Regime standen, als daß sie die Idee einer eigenständigen DDR verkündeten. Unter den Versammelten dürften sich die Anhänger der beiden genannten Hauptrichtungen in etwa die Waage gehalten haben. Die Wirkungen der Massenveranstaltung, die noch die direkte Fernsehübertragung potenzierte, beschleunigten jedoch eindeutig den Zerfall der DDR. Die Kräfte der Beharrung blieben vollkommen desorientiert zurück, und die Volksbewegung für bürgerliche

Demokratie, Marktwirtschaft und nationale Einheit gewann auch in der Hauptstadt an Schwungkraft. Der Versuch einiger SED-Funktionäre, heimlich in die Lokomotive der Revolution zu klettern, kräftig die Pfeife zu betätigen und das rasende Fahrzeug dann allmählich zum Stehen zu bringen, war fein ausgedacht, aber praktisch nicht mehr durchführbar.

3. Der Fall der Mauer

Am 9. November 1989 um 18.57 Uhr versetzte Günter Schabowski im Pressezentrum in der Mohrenstraße vor laufenden Fernsehkameras der SED-Herrschaft den Gnadenstoß[587]. Am Ende einer Routinesitzung erkundigte sich der italienische Korrespondent Riccardo Ehrmann nach dem Entwurf für das Reisegesetz. In seinen Papieren wühlend teilte das Politbüromitglied mit, das Gremium habe beschlossen, »... heute ... äh ... eine Regelung zu treffen, die es jedem Bürger der DDR möglich macht ... äh ... über Grenzübergangspunkte der DDR ... äh ... auszureisen«. Darauf tauchte aus dem Auditorium die Frage auf: »Ab wann tritt das in Kraft? Ab sofort?« Schabowski kratzte sich am Kopf, ordnete weiter seine Unterlagen, setzte sich die Brille auf und sagte: »Also, Genossen, mir ist das hier also mitgeteilt worden: ... Privatreisen nach dem Ausland können ohne Vorliegen von Voraussetzungen – Reiseanlässe und Verwandtschaftsverhältnisse – beantragt werden.« Dann machte er weitere Ausführungen zur Beantragung von Pässen, und jemand hakte nach: »Wann tritt das in Kraft?« Schabowski blätterte in seinen Papieren und teilte schließlich mit: »Das tritt nach meiner Kenntnis ... ist das sofort, unverzüglich.« In das folgende aufgeregte Stimmengewirr hinein murmelte er zweimal resigniert: »Ich habe nichts Gegenteiliges gehört«, um noch einmal präzisierend zu wiederholen: »Ja, ich habe nichts Gegenteiliges gehört. Ich drücke mich nur so vorsichtig aus, weil ich nun in dieser Frage nicht, also, ständig auf dem laufenden bin, sondern kurz, bevor ich rüber kam, diese Information in die Hand gedrückt bekam.« »Herr Schabowski, was wird mit der Berliner Mauer jetzt geschehen?«, fragte ein ausländischer Journalist. Das Politbüromitglied wies darauf hin, es sei 19 Uhr und die Pressekonferenz damit abgeschlossen, gab dann müde noch einige vage Formulierungen von sich und endete mit der Bemerkung: »Und ... äh ... sicherlich wird die Debatte über diese Frage ... äh ... positiv beeinflußt werden können, wenn sich auch die BRD und wenn sich die NATO zu Abrüstungsschritten entschließt und sie durchsetzt, so oder ähnlich wie die DDR das und andere sozialistische Staaten schon mit bestimmten Vorleistungen getan haben. Herzlichen Dank!«

Jetzt begann die Nacht der Nächte. »Mal gucken, was los ist«, meinten die Ost-Berliner nach den ersten verwirrenden Nachrichten des Fernsehens und pilgerten in Scharen zu den Grenzübergangsstellen, wo sich 28 Jahre lang für den Normalbürger das Ende der Welt befand. Die Posten dort kannten keine diesbezügliche Regelung. Als die Menge bedrohlich anwuchs, gingen die Schlagbäume hoch. Gegen 21.20 Uhr passierten die ersten DDR-Bürger mit einem Stempel im Ausweis die Bornholmer Brücke. Obwohl sie anfangs noch fürchteten, wegen der Kennzeichnung vielleicht nicht mehr zurückkehren zu dürfen, entwickelte sich immer mehr Druck. Schließlich öffneten zwischen 23 Uhr und Mitternacht alle innerstädtischen Kontrollpunkte ihre Sperren, und die Menschen strömten hindurch. Die Revolution, die mit Kerzen vor den Kirchentüren begonnen hatte, endete mit dem Tanz auf dem Kudamm. Innerhalb von fünf Wochen hatte sich ohne einen Schuß die Welt vollkommen geändert, und die folgenden elf Monate bis zum Vollzug der deutschen Einheit waren, wenn auch nicht ohne Turbulenzen und Spannungen, nur noch der Vollzug dessen, was man ohnehin nicht länger aufhalten konnte.

Warum aber befiel in jener fröhlichen Nacht und in den Tagen danach so manchen DDR-Bürger ein Gefühl der Beklommenheit ? Warum vermutete man angesichts der plötzlichen Grenzöffnung gar einen »Staatsstreich« der SED-Führung? Welche Überlegungen führten zu der auf den ersten Blick widersinnigen Meinung, der Mauerfall sei »zu früh« gekommen? Die sensationelle Meldung platzte mitten in eine Aufbruchsstimmung hinein. Die Dämme brachen, ehe die Flut ihre ganze Gewalt erreicht hatte. Jetzt entstand im Zuge der zweifellos größten Volksbewegung des Wendeherbstes – der Pilgerfahrt in den Westen – eine neue Erfahrung von Entmündigung und Fremdbestimmung. Schon um das Begrüßungsgeld abzuholen, mußten sich die Menschen wieder in Schlangen einreihen und brav warten, bis ihnen der Sparkassenmitarbeiter ein Stempelchen in den Ausweis gedrückt hatte, das verhindern sollte, daß sie den Hunderter mehrmals abholten. Es begannen der D-Mark-Rummel, der Ausverkauf des Ostens und die große Abwicklung, welche die Demokratiebewegung gleich mit erfaßte. Statt um den Freiheitsbaum tanzten die Menschen nun um das Goldene Kalb der Wohlstandsgesellschaft und vollzogen damit die unausweichliche Logik der bürgerlichen Revolution nach. Den inneren Konflikt zwischen der Diktatur der Tugend und der aufkeimenden Herrschaft des Eigennutzes, der Frankreich 1793/94 erschüttert hatte, trugen sie seit 1989 im Schnelldurchlauf aus. Das entsprach dem Lauf der Geschichte und war dennoch schmerzhaft. Intuitiv erahnten viele während des Mauerfalls diese Entwicklung. So beschränkte sich ihr erster Gedanke nicht auf überschäumende Freude, sondern schloß ein Gefühl des Abschieds von einer eben erst geborenen Hoffnung mit ein.

Siegfried Wittenburg, 1989

Epilog
Die Dialektik des Untergangs

1. Die DDR in der deutschen Geschichte

Seit 1962 konnten Einwohner und Besucher Ost-Berlins jeden Mittwoch ab 14.30 Uhr ein grandioses Schauspiel bewundern. Das Wachregiment »Friedrich Engels« zog von seiner Kaserne am Bahnhof Friedrichstraße zu der Unter den Linden gelegenen Neuen Wache. Vor dem klassizistischen Bauwerk, in dem ein schwarzer Granitblock und seit 1969 eine ewige Flamme im geschliffenen Glasprisma an die Opfer von »Krieg und Militarismus« erinnerten, stand eine Ehrenwache der Nationalen Volksarmee. Einmal wöchentlich sowie zu Feiertagen und Staatsbesuchen fand hier das militärische Zeremoniell der »Großen Wachablösung« statt. Stiefel knallten über das Pflaster, zackige Kommandorufe ertönten, die blanken Bajonette der Karabiner blitzten in der Sonne, die Militärkapelle spielte Marschmusik – Preußens Gloria schien auferstanden mitten im Herzen der Hauptstadt der sozialistischen DDR. Bei schönem Wetter fanden sich zahlreiche Zuschauer aus West-Berlin und aller Herren Länder ein. Die alliierten Soldaten fuhren eigens in Bussen zu dem Ereignis und fotografieren eifrig. Es schien, als hätten sie endlich jenes Deutschland gefunden, das ihren Vorstellungen entsprach. »Das ist ja wie bei Adolf«, knurrten manche ältere Mitbürger angesichts des Stechschritts und der in Schnitt und Farbe an die Wehrmacht erinnernden Uniformen. Jüngere Menschen klassifizierten den Auftritt oft schlichtweg als »faschistoid«. Ohnehin fühlten sich die meisten Besucher schon seit ihrer Ankunft durch den schroffen Befehlston und die strengen Blicke der Grenz- und Zollbeamten unangenehm berührt. Noch lange über das Ende des »ersten deutschen Friedensstaates« hinaus blieb ihnen diese Atmosphäre der Einschüchterung und Bedrohung als bleibender Eindruck erhalten. Doch auch sonst erinnerte vieles an längst vergangene Tage. Alte deutsche Tugenden schienen hier ihren Wert behalten zu haben: Ruhe, Ordnung, Sicherheit, Sauberkeit und Pflichterfüllung. In der DDR lungerten vor den Bahnhöfen keine Rauschgiftsüchtigen und Bettler herum, im Straßenbild sah man keine Obdachlosen, Prostitution existierte nur in den Devisenhotels, und insgesamt lag die Kriminalitätsrate deutlich niedriger als im Westen. Jeder konnte aber auch die ununterbrochene Massenmobilisierung, die Fahnen und Losungen auf den Straßen, die dauernden Kampagnen und Umzüge, die Allgegenwart der Polizei und die Militarisierung der Gesellschaft beobachten. Der Vergleich zwischen NS- und SED-Staat lag einfach zu nahe, als daß man ihn – besonders bei politischen Kommentaren – nicht ständig in die Debatte geworfen hätte. Schon seit den frühen fünfziger Jahren zeigte der Augenschein, ohne auf die Analysen Hannah Arendts zurückgreifen zu müssen, frappierende Übereinstimmungen: Den Führerkult, die uniformierten Massen der Maiparaden, die nächtlichen Fackelzüge, den bellenden und geifernden Ton der Propagandareden. Doch auch innerhalb der DDR nannten Übelwollende die Genossen hinter ihrem Rücken hämisch »PGs«, bezeichneten die für die Beflaggung am 1. Mai und andere Maßnahmen verantwortlichen Vorsitzenden der Hausgemeinschaftsleitungen als »Blockwarte« und beschimpften die Jungpioniere in ihren weißen Blusen und blauen Halstüchern als »Pimpfe«. Die sogenannte Totalitarismusdoktrin ist also nicht in der dünnen Luft soziologischer, politikwissenschaftlicher und historischer Seminare entstanden, sondern Produkt politischer Alltagserfahrungen[588].

Die Gleichsetzung mit der Hitler-Diktatur bedeutete für die SED und ihre Anhängerschaft stets die schlimmste aller möglichen Verleumdungen, weil sie sich selbst aus ihren antifaschistischen Ursprüngen legitimierte und gegenüber der Bundesrepublik abgrenzte, die sich als Rechtsnachfolgerin des Deutschen Reiches betrachtete. Aber nicht deswegen ist der stets verführerische Vorwurf, auch wenn er die moralische Ebene gut zu treffen scheint, im Kern wenig tragfähig, sondern wegen der völlig unterschiedlichen ökonomischen, politischen und ideologischen Strukturen beider Systeme:

- Die Ökonomie blieb von 1933 bis 1945 trotz aller antikapitalistischen Rhetorik und einiger kriegsbedingter Reglementierungen überwiegend privat organisiert. Dagegen beruhte die DDR auf einer ideologisch motivierten fundamentalen und radikal durchgeführten Änderung des gesamten Wirtschafts- und Sozialsystems nach sowjetischen Vorbild.
- Die Herrschaft des »Führers« basierte auf einem Bündnis mit den alten Eliten. Ernstzunehmende Historiker bezeichneten sie als »Polykratie« und Hitler sogar als »schwachen Diktator«. Dagegen dominierte die SED den Staat wesentlich stärker als die NSDAP, und die Konzentration der Macht auf ganz wenige Personen erreichte ein kaum noch zu überbietendes Maß. Obwohl sich der Nationalsozialismus nie auf eine absolute Mehrheit der Wählerschaft berufen konnte, fand das von ihm geschaffene System bis weit in den Krieg hinein breite Zustimmung. Die »Heimholung« des Saarlandes, der »Anschluß« Österreichs, die Besetzung des sogenannten Sudetenlandes, die Zerschlagung Polens und der schnelle Sieg über Frankreich lösten sogar Begeisterung aus. Das SED-Regime lehnten dagegen weite Teile der eigenen Bevölkerung ab. Die Führung gab zwar ständig vor, im Namen des Volkes zu handeln, die Probe aufs Exempel scheute sie freilich – und dies aus guten Gründen. Die einzigen freien Wahlen, nämlich die in Berlin im Oktober 1946, endeten trotz der vorhergegangenen Einverleibung der SPD mit einer Katastrophe für die künftige Staatspartei. Hinzu kommt, daß das Deutsche Reich in jeder Beziehung eine Großmacht, die DDR jedoch von Anfang bis Ende ein Anhängsel der Sowjetunion war.
- Während das »Dritte Reich« unter gewaltigen Opfern aller kriegführenden Parteien und von den eigenen Soldaten bis zur letzten Minute erbittert verteidigt der

Vernichtung anheimfiel, brach die DDR im tiefsten Frieden fast widerstandslos zusammen. Außerdem hat sie keinen Krieg vom Zaun gebrochen, und bei ihrer einzigen Aggressionshandlung im August 1968 mußten ihre Verbände in den Bereitstellungsräumen bleiben und sich auf die Sicherung der in die Tschechoslowakei einmarschierenden Truppen des Warschauer Pakts beschränken. Schließlich – und das ist der entscheidende Punkt – gab es in der DDR weder rassisch motivierte und begründete Verfolgungen noch industriell organisierten Massenmord.

Aufgrund dieser strukturellen Unterschiede, die eine für beide sinnvolle Verwendung der Totalitarismustheorie unmöglich machen, drängt sich der Versuch auf, die Ähnlichkeiten mit dem aus der Antike stammenden Begriff der Diktatur als Abgrenzung gegenüber der neuzeitlichen Demokratie zu fassen. Ihrem Selbstverständnis nach war die DDR – zumindest in ihren Anfängen – eine Diktatur des Proletariats und nach westlicher Einschätzung ein Unrechtsstaat ohne Gewaltenteilung, einklagbare Grundrechte, Freiheit des Wortes, der Meinung und des Gewissens, konkurrierende Parteien und freie Wahlen. Es fragt sich aber auch hier, ob die in der historischen und politischen Auseinandersetzung gebrauchten Erklärungsmuster wie Unrechtsstaat, Diktatur, Despotie oder Tyrannis dazu taugen, die komplexe Wirklichkeit zu erklären. Insbesondere das vielbenutzte Wort von den »beiden deutschen Diktaturen« suggeriert eine Zweiteilung der deutschen Geschichte im 20. Jahrhundert in einen positiven, weil demokratischen und rechtsstaatlichen, und einen negativen, weil diktatorischen Abschnitt. Es übersieht, daß beide aus dem »Dritten Reich« auf unterschiedliche Weise hervorgegangenen Staaten sich stark aufeinander bezogen, und sein undialektischer Dualismus erinnert an die in der DDR leidenschaftlich geführten »Erbe-und-Traditions-Diskussionen«. Das Bild von den siamesischen Zwilligen, von denen der eine nach Osten und der andere nach Westen schaute, die aber doch nicht voneinander loskamen, erscheint hier angemessen. Beide grenzten sich voneinander ab, benötigten aber diesen Akt geradezu, um sich selbst und ihren Standort in der Geschichte zu definieren.

Die Bundesrepublik änderte unter alliierter Regie die politischen Strukturen, errichtete ein konsequent demokratisches und pluralistisches Staatswesen, schleppte aber ungleich mehr personelle Altlasten mit. Die DDR dagegen brach radikal mit der Nazi-Vergangenheit und führte sie mit ihren Verhaltensmustern, Denkweisen sowie Herrschafts- und Propagandamethoden gleichzeitig fort. Dauernd verwies sie auf die Beseitigung der ökonomischen und sozialen Ursachen des Faschismus, auf die Enteignung der Junker sowie der Nazi- und Kriegsverbrecher, auf die Entfernung der alten Nazis aus Verwaltung, Justiz und Schuldienst. Insgesamt stellte sie in den Augen der SED das Ergebnis des guten Erbes und der fortschrittlichen Traditionen innerhalb der deutschen Geschichte dar: Vom in den vierziger Jahren des 19. Jahrhunderts beginnenden Kampf der Arbeiterklasse über den Bund der Kommunisten, die Eisenacher Partei und die linken Sozialdemokraten, den Spartakusbund und die 1919 gegründete Kommunistische Partei bis zum Widerstandskampf gegen Hitler und die antifaschistisch-demokratische Umwälzung führte ein direkter Weg zur DDR. Tausende von historischen Darstellungen, Propagandabroschüren, Kinder- und Schulbüchern, Lehrplänen, Spiel-

und Dokumentarfilmen sowie belletristischen Werken verbreiteten diesen Kontinuitätsanspruch. Die Schüler der Unterstufe hörten Erzählungen aus dem antifaschistischen Widerstand, auf dem Programm der Jugendstunden stand in Vorbereitung auf die Jugendweihe der Besuch von KZ-Gedenkstätten, und Treffen mit Veteranen und die Vorführung der DEFA-Filme über den Kampf gegen den Nationalsozialismus gehörten zu den Pflichtveranstaltungen. Lieder, Gedichte und andere Texte stilisierten insbesondere den 1945 in Buchenwald ermordeten KPD-Vorsitzenden Ernst Thälmann zur Ikone[589].

Diese strikte Trennung in Gut und Böse hatte vor allem zur Folge, daß die Mitschuld breiter Bevölkerungskreise an den in der NS-Zeit begangenen Verbrechen weitgehend unter den Teppich gekehrt wurden. Der Faschismus bedeutete nach marxistisch-leninistischer Lesart die Herrschaft des Großkapitals. Nachdem die sozialistische Sowjetunion ihn niedergerungen und mit Hilfe der deutschen Kommunisten eine neue Ordnung aufgebaut hatte, fand sich die große Mehrheit der Arbeiter, Bauern und anderen Werktätigen unversehens auf der Seite der Sieger wieder. Die SED hatte nie ein Problem damit, den »Tag der Befreiung« am 8. Mai 1945 feierlich zu begehen. Die Aufbaugeneration des neuen Staates bestand aus Hitlerjungen und Flakhelfern, die nicht lange nach Kriegsende ins Blauhemd der FDJ schlüpften. Sie lernte nun im Schnellkurs den »Kurzen Lehrgang«, verfügte damit über die einzig wissenschaftliche Weltanschauung und begann, auf der Karriereleiter nach oben zu klettern. Doch die DDR setzte sich mit ihrem antifaschistischen Charakter nicht nur gegen die jüngste deutsche Vergangenheit ab, sondern auch gegen die Bundesrepublik. So empfindlich sie auf jeden Vergleich mit dem Nationalsozialismus reagierte, so freizügig nutzte sie selbst den Faschismus-Vorwurf als Instrument im politischen Kampf. Die Enthüllungen über angebliche oder tatsächliche Nazigrößen und Kriegsverbrecher in hohen Positionen des Weststaates gehörten zu ihrem propagandistischen Alltagsgeschäft. Teilweise waren diese Vorwürfe berechtigt, teilweise beruhten sie auf Fälschungen aus den Desinformationsabteilungen des MfS. Trotz der Konzentration auf Personen ging es niemals allein um sie, denn die SED betrachtete die Gesellschaftsordnung der Bonner Republik wegen ihrer ökonomischen Basis lediglich als eine Spielart desselben Monopolkapitalismus, der zwei Weltkriege vom Zaun gebrochen hatte und nun den dritten vorbereitete.

In den siebziger und achtziger Jahren blieb die Faschismus-Keule weitgehend im propagandistischen Arsenal. Allerdings mußten die Beziehungen zu Franco-Spanien, den griechischen Obristen, der Pinochet-Diktatur in Chile, dem Apartheidregime in Südafrika und anderen Ländern der Dritten Welt oft herhalten, um mögliche Gefahren an die Wand zu malen. Sogar gegen Israel wurde der Vorwurf des Rassismus erhoben und die Wiedergutmachung der Bundesrepublik als heimliche Hilfe für die Speerspitze des Imperialismus im Nahen Osten bezeichnet. Trotz der insgesamt gedämpfteren Tonlage, wenn Bonn die Forderung nach einer einigen deutschen Nation erhob, folgte jetzt sofort die Etikettierung als »großdeutsch« oder »pangermanisch«, ein Denkmuster, das im Spätherbst und Winter 1989/90 seine Wiederbelebung fand. Solange die Medien noch unter der einheitlichen Regie der Parteiführung standen, häuften sich im ganzen Lande angeblich Hakenkreuzschmierereien und andere rechtsradikale Exzesse. Mit dieser Kampagne wollte man die Überleitung von Teilen des MfS in ein »Amt für Nationale Sicherheit« und einen »Verfassungsschutz« begründen. Ihren Höhe- und Endpunkt erreichte sie mit der Schändung des sowjetischen Ehrenmals in Berlin-Treptow. Am 28. Dezember 1989 beschmierten unbekannte Täter acht Steinsarkophage und den Sockel der Krypta mit orthographisch nicht ganz korrekten Inschriften wie »Besatzer raus« oder »Sprengt das letzte Völkergefänis – Sprengt die UDSSR«. Niemals wurden die Teilnehmer dieser nächtlichen Aktion dingfest gemacht, doch die Frage nach ihrem politischen Nutzen legte die Urheberschaft oder zumindest das Mitwissen der Staatssicherheit nahe. Während eines gespenstischen Auftritts im Treptower Park forderten am 3. Januar 1990 Redner der SED/PDS, unter ihnen Gregor Gysi, die Einrichtung eines Verfassungsschutzes, und die angetretenen Massen jubelten wie zu alten Zeiten. Erst der Sturm auf die Stasi-Zentrale in Berlin-Lichtenberg am 15. Januar 1990 und der Protest des Runden Tisches bereitete diesem Spuk ein Ende. Noch in den folgenden Monaten versuchte die entmachtete SED-Elite allerdings, ihrer Herrschaft unter Berufung auf den antifaschistischen Charakter der DDR einen Anschein von Legitimität zu geben. Auch im Geschichtsbild der PDS blieb die Legende von den guten Anfängen ein wichtiges Grundmuster[590].

In der Bundesrepublik der Adenauer-Zeit herrschte eine weitgehende Kontinuität der sozialen Eliten und der Besitzverhältnisse. Aus der historischen Rückschau mag man dies als Ergebnis politischer Weisheit bezeichnen, obwohl viele Angehörige der ersten Nachkriegsgeneration eine durchaus andere Meinung vertraten. Im Laufe der sechziger Jahre ging die Entwicklung der beiden deutschen Staaten weiter auseinander. Im Westen vollzog sich ein ganz wesentlich von der »unbewältigten Vergangenheit« der Väter und Mütter geprägter kultureller Bruch. Im Aufbegehren nahmen die Nachkommen einen Akt der Aneignung ihrer Geschichte vor. Die Bundesrepublik wurde moderner, aufgeklärter, europäischer, leistete damit der Ost- und Entspannungspolitik Vorschub und machte sie – gerade weil sie vom nationalen Pathos Abschied genommen und im Grunde die Spaltung akzeptiert hatte – für den Osten akzeptabler. In den achtziger Jahren konnte ihr selbst eine böswillige und demagogische Propaganda kaum noch glaubhaft jenen ungeheuren Revanchismus unterstellen, wie das die DDR, aber auch Polen und die Tschechoslowakei bis in die siebziger Jahre hinein getan hatten. Die nationale Selbstvergessenheit der Westdeutschen ebnete so der Wiedervereinigung den Weg.

Die DDR dagegen behielt die autoritären Strukturen der fünfziger Jahre fast ungebrochen bei. Widerspruch integrierte sie nicht und machte ihn dadurch für das Gemeinwesen fruchtbar, sondern erstickte ihn gewaltsam oder drängte ihn im besten Falle in Randbereiche ab. In ihrer stickigen Luft hielten sich jener Untertanengeist, militaristische Kraftmeierei und provinzielle Enge, die immer wieder Vergleiche mit der NS-Zeit provozierten. Der Mangel an Freiheit führte allen guten und richtigen Beschwörungen des antifaschistischen Geistes zum Trotz zu einem Staatswesen, das seinem erklärten Gegenteil manchmal wie ein Spiegelbild glich. Dennoch läßt sich die Behauptung, die Volksbildung der DDR habe die glatzköpfigen Gewalttäter geprägt, die seit 1990 durch ausländerfeindliche Exzesse auf sich aufmerksam machten, nicht aufrechterhalten. Unbestreitbar dürfte sein, daß die Desorientierung und die sozialen Brüche der Wendezeit, gepaart mit den genannten Erfahrungen für die erste Neonazi-Welle eine wichtige Rolle gespielt haben. Die immer jüngeren Hitler-Fans der späten neunziger Jahre dagegen besuchten gerade den Kindergarten, als die DDR zusammenbrach. Sie sind in ihrem Erscheinungsbild längst so »gesamtdeutsch« und in gewisser Weise »international« wie die meisten anderen sozialen und politischen Phänomene nach der Wende. Die Bevölkerung der DDR hat 1989 den Wunsch nach der Einheit ohne nationales Getöse auf die Tagesordnung der Weltpolitik gesetzt und damit ihre Verwirklichung vorangetrieben. Niemand konnte sich diesen Prozeß anders als im Einklang mit den europäischen Nachbarn und den für Gesamtdeutschland verantwortlichen Mächten vorstellen. Der antitotalitäre Konsens, den Jürgen Habermas in den gesellschaftlichen Nachwende-Diskurs eingeführt hat, beruhte bei aller Unterschiedlichkeit der Sichtweisen auf die DDR und den Sozialismus dennoch auf einer Gemeinsamkeit des Antifaschismus. Auf verschiedenen Wegen haben die Deutschen in Ost und West schließlich das gleiche Ziel erreicht.

2. Anfang und Ende des »dritten Weges«

Das 20. Jahrhundert präsentiert sich in der Rückschau wie ein Siegeslauf der parlamentarischen Demokratie und der Marktwirtschaft. Es hat jedoch auch Momente gegeben, in denen ein nur sehr enger Spielraum zwischen Faschismus und Kommunismus bestand. Die westlichen Demokratien erschienen schwach und unentschlossen, heftige Krisen schüttelten ihre Wirtschaft, ihre liberale Ordnung hielten viele Zeitgenossen lediglich für eine Tarnung der Herrschaft der Reichen und ihr politisches System für kaum mehr als ein Kasperletheater. Auch in den rund 40 Jahren des Kalten Krieges war das Erscheinungsbild des Westens selbst für jene, die nicht gedankenlos alle Parteilosungen nachplapperten, häufig mehr als angekratzt. Die Konfliktherde wechselten, das Anschauungsmaterial blieb das gleiche: brennende Hütten, weinende Kinder, ermordete Freiheitskämpfer. Die Älteren erinnerten sich an die Kolonialkriege in Indochina und Algerien, das englisch-französische Suez-Abenteuer im Jahre 1956, die Konflikte im Kongo, die Schweinebucht-Invasion und manches andere. In den Schulklassen der DDR hingen Weltkarten mit vielen kleinen Flämmchen, die Aggressionen des Imperialismus gegen »fortschrittliche Befreiungsbewegungen« bezeichneten. Dann kam der »schmutzige Krieg der Amerikaner gegen das heldenhafte vietnamesische Volk«. Diese unschönen Ereignisse lieferten stets die Holzhammerargumente gegen jegliche Kritik im Innern. Wer sich über die Widrigkeiten des Alltags beklagte, erhielt zur Antwort, daß angesichts der »sich ständig weiter verschärfenden weltpolitischen Situation und des dadurch notwendigen Friedenskampfes« Konsumwünsche eben zurückstehen müßten. Wer gar größere Freiheiten einforderte, den fragte man mit drohendem Unterton und deutlichem Hinweis auf den Abwurf amerikanischer Napalmbomben auf »friedliche vietnamesische Dörfer«, ob dies die erstrebte Freiheit sei. Natürlich gab es auch in der DDR jene »schweigende Mehrheit« der politisch Indifferenten. Sie schwieg nicht nur, weil ihr der Staat keine Artikulationsmöglichkeiten einräumte und in ihrem Namen sprach, sondern auch, weil sie sich wohl dabei befand. Gerade junge Menschen, Intellektuelle, Studenten und andere dem Tagesgeschehen aufgeschlossene Kreise gerieten zwischen die Fronten der internationalen Konflikte. In den achtziger Jahren riefen die NATO-Nachrüstung, die Neutronenbombe und die Pläne der USA für ein weltraumgestütztes Raketenabwehrsystem einen ähnlichen emotionalen Abwehrmechanismus hervor. Gut und Böse schienen auf der Erde keineswegs so eindeutig verteilt, wie es die Retrospektive suggeriert.

Trotz aller Schwierigkeiten, sie zu belegen, sei die Behauptung gewagt, daß die meisten, die das SED-System innerlich ablehnten, mit ihren Sympathien eher auf seiten derjenigen standen, die – je nach Alter – gegen die Ermordung Lumumbas, den Krieg in Vietnam und die Raketenstationierung auf die Straße zogen oder sich auf ihre Art mit der Obrigkeit anlegten. Die kritischen Geister in der DDR – und zwar die mutigen wie die ängstlichen – sympathisierten zumindest seit den sechziger Jahren in ihrer großen Mehrheit keineswegs mit Marktwirtschaft und »bürgerlicher« Demokratie. Ihre Schlagworte und Symbole lieferten vielmehr die antiautoritäre Linke, der Eurokommunismus und in den achtziger Jahren vor allem die Ökologie- und Friedensbewegung. SED und Staatssicherheit hielten das für verbrecherisch genug, genauer gesagt sogar für besonders heimtückisch und perfide. Sie fühlten sich von den linken Kritikern eher herausgefordert und bedroht als von nationalen oder konservativen Strömungen. Auch in den intensiv in die DDR zurückstrahlenden westlichen Medien kamen erklärte Kommunisten wie Wolf Biermann oder Robert Havemann weit ausführlicher zu Wort als solche Leute, die den Sozialismus durch den Kapitalismus ersetzten wollten. Man mag dies in der Rückschau als Irrtum bedauern, dennoch bleibt es ein Stück deutscher Geistesgeschichte.

Das Sowjetimperium und die ihm zugrunde liegende Ideologie starben im Herbst 1989. Danach beerdigte das Feuilleton auch die gesamte Utopie, übersah dabei allerdings, daß sie zur Überwindung der Realität einen erheblichen Teil beigetragen hat. 1989 fand der Aufstand der Träumer und Romantiker statt. Mehr Utopie als in den turbulenten Wendemonaten kann man sich kaum vorstellen. Der Traum von einer sozial gerechten Welt ist so tot oder so lebendig wie seit dreitausend Jahren und wird mit jeder Generation neu geboren. Allerdings gibt es einiges zu bedenken. Die deutsche Linke lähmt sich gegenwärtig selbst mit ihrer Unfähigkeit, radikal mit der Vergangenheit abzurechnen. Statt einer Neubesinnung sucht sie halb widerstrebend, halb hinangezogen das Bündnis mit den Lemuren des SED-Systems. Am Ende des Jahrhunderts sind die klassischen Ausprägungen des rechten und linken Totalitarismus unwiderruflich gescheitert. Die vielgeschmähte westliche Gesellschaft, die Synthese aus freier Marktwirtschaft, parlamentarischer Demokratie und liberalem Rechtsstaat ging als strahlende Siegerin aus dem seit der Oktoberrevolution von 1917 und dem Machtantritt der Nationalsozialisten 1933 geführten Kampf hervor. Im Winter 1989 begingen die Menschen in der DDR auf ihre Weise den 200. Jahrestag der Französischen Revolution. Ihre Bastillen waren die Stasi-Zentralen von der Leipziger »Runden Ecke« bis zum Hauptquartier in der Ost-Berliner Ruschestraße, die sie aber ohne Blutvergießen und sinnlose Exzesse eroberten. Ihre politischen Ziele blieben jedoch die gleichen. Es ging ihnen um Freiheit, Gleichheit und Brüderlichkeit – wohlgemerkt im rechtlichen, nicht im sozialen Sinne. Habermas sprach zu Recht von einer »nachvollziehenden Revolution«, die seit dem Wendeherbst mit einiger Verspätung den »Normalzustand« der

Geschichte wieder herstellte. Doch damit ist die Entwicklung nicht zu Ende. Die Revolutionäre von 1989 sind in eine Welt voller uneingelöster Versprechungen hineingestolpert. Der »dritte Weg« verlor sich unversehens unter den Füßen der Wanderer, wie es manchmal geschieht, wenn man ohne Karte und Hinweisschilder durch fremde Gegenden zieht. Aber vielleicht kennzeichnet gerade dies die Richtung des vielgeschmähten und vielbeschworenen »dritten Weges« – quer zu den Systemen und Ideologien, immer der Nase nach dem Horizont entgegen.

3. Der Einzelne im System der Unterdrückung

Setzte sich die DDR-Bevölkerung aus angepaßten Untertanen und Mitläufern, gar willigen Vollstreckern zusammen, oder bestand in ihr ein breiter Widerwille gegen das SED-Regime, heimliche Verweigerung, hinhaltender Widerstand und passive Resistenz? Meinungsumfragen westlichen Standards stehen der Forschung hier leider nicht zur Verfügung, die internen Analysen der SED sind aufgrund falscher Prämissen nicht brauchbar, und das MfS hielt sich in seinen Berichten an die Parteiführung im Hinblick auf genauere Quantifizierungen von erkennbaren Tendenzen zurück. Dieser Mangel zwingt zu einem dialektischen »Einerseits/Andererseits«, das aber in letzter Konsequenz der Realität näher kommen dürfte als scheinbar exakte Zahlenreihen. Die Grenzen zwischen den Meinungen und Verhaltensweisen liefen nämlich quer durch die einzelnen Menschen. Das Leben in der DDR bildete einen permanenten Drahtseilakt zwischen notwendiger Anpassung und gebotener Distanz. Auf der einen Seite übte die Obrigkeit Druck aus und versuchte, durch kleinere und größere Vergünstigungen ihre Untertanen an sich zu binden. Auf der anderen Seite gebot es häufig die Selbsterhaltung, sich den ständigen Anforderungen des Staates und der Massenorganisationen zu entziehen. Die Bandbreite bewegte sich zwischen den fundamentalen und in der Regel unwiderruflichen Entscheidungen wie dem Eintritt in die SED oder einer Verpflichtung für die bewaffneten Organe und dem täglichen Katz-und-Maus-Spiel, bestimmten Anforderungen je nach Opportunität nachzukommen.

Der allgemeinen Aufforderung beispielsweise, zur Kampfdemonstration am 1. Mai pünktlich auf dem Stellplatz zu erscheinen, konnte man widerspruchslos folgen, den freien Tag opfern und statt dessen, ausgerüstet mit einem Winkelement an den auf der Tribüne versammelten führenden Persönlichkeiten vorbeiziehen. Das brachte einen »Pluspunkt« beim Klassenlehrer, Seminarleiter oder FDJ-Sekretär. Man konnte aber auch dem Aufmarsch fernbleiben, ohne schweres Ungemach befürchten zu müssen. Allerdings war es für das schulische oder berufliche Fortkommen nicht gerade günstig, häufig durch Abwesenheit aufzufallen. Also wählten die meisten irgendeinen in der Mitte liegenden Kompromiß, eine Ausrede, eine kleine Schwindelei, eine Halbheit, eben jenes inkonsequente, den Alltag der DDR bestimmende »So tun, als ob«. Dagegen schien die kompromißlose Verweigerung aller Bekenntnisse zu Staat und Partei praktisch nicht durchführbar, wollte man nicht ein Leben auf der untersten Stufe der sozialen Leiter führen. Genauso unmöglich war allerdings die vorbehaltlose Erfüllung aller Anforderungen, denn die Obrigkeit besaß ein »einnehmendes Wesen«. Gerade ihren treuesten Anhängern bürdete sie immer neue Funktionen und Verantwortung auf. Das hatte zur Folge, daß niemand sich ihr weder wirklich entziehen noch ohne Einschränkung willfährig sein konnte. Selbst treue Parteimitglieder, Offiziere der bewaffneten Organe, Funktionäre und Mitarbeiter staatstragender Behörden können im Rückblick mit mehr oder weniger Berechtigung für sich in Anspruch nehmen, irgendwann einmal »Schlimmeres verhütet«, im Konflikt mit der Partei gestanden oder zumindest manche Maßnahme nur mit »ideologischen Bauchschmerzen« durchgeführt zu haben. Alle waren gleichzeitig Mitläufer und im Widerstand.

Allerdings gab es auch solche, die eine individuelle Grenze zogen, die sie nicht überschreiten wollten. Viele junge Männer erreichten sie im Zusammenhang mit dem Ansinnen, statt der gesetzlich vorgeschriebenen 18 Monate in der NVA einen freiwilligen Dienst von drei Jahren zu leisten, andere beim gewünschten Eintritt in die SED oder bei der geforderten Übernahme von Funktionen, und sehr viele verweigerten dem MfS die Mitarbeit. Das unterschiedliche Verhalten spielte sich auf mindestens drei Ebenen ab. Am Anfang stand die pragmatische Entscheidung, sich vom Staat nicht »auffressen« zu lassen, es folgte eine allgemeine politische Abstinenz, und das Ende bildete die bewußte politische Verweigerung. In jedem Falle mußte man Vorteile und Risiken genau abwägen. Sachliche Gründe, bedenkenloser Opportunismus, Selbsttäuschung und Distanz bestimmten als unentwirrbares Knäuel die Entscheidungen innerhalb jeder DDR-Biographie. Je mehr Bildungschancen und beruflichen Aufstieg der Einzelne erwartete, desto größer wurde der Anpassungsdruck. An einem bestimmten Punkt der Karriere verlor dieser Mechanismus bei einigen Berufsgruppen seine Wirkung. Mit einem bekannten Künstler oder einem renommierten Wissenschaftler konnte man natürlich nicht mehr so umspringen wie mit einem Studenten, der um seinen Platz an der Universität bangte. Besonders der kirchliche Dienst und das Pfarramt boten Möglichkeiten eines »Lebens in der Wahrheit«. Andere fanden als Krankenpfleger, Gärtner oder in der Kinderbetreuung ein erfülltes Leben.

Von der Kinderkrippe bis zur Universität wirkte das »einheitliche sozialistische Erziehungssystem«, das einen »neuen Menschen« proklamierte, geprägt von den »zehn Geboten der sozialistischen Moral«. Obwohl es dauernd Verantwortung predigte, herrschte die organisierte Verantwortungslosigkeit. Die schon bei den Jungen Pionieren häufig gebrauchten ethischen Normen Ehrlichkeit, Aufrichtigkeit, Mut zur Kritik und Selbstkritik waren keineswegs nur Fassade. Trotzdem bestand das Lebenselement der Diktatur weitgehend aus Opportunismus. Aus diesen Widersprüchen resultierten überall anzutreffende Spannungen. Die Notwendigkeit grundsätzlicher Entscheidungen gehörte zum Alltag und schuf einen Menschentyp, der nach der Vereinigung auf den mit allen Wassern gewaschenen Westler oft seltsam lebensfremd und einfach, manchmal auch starrsinnig und verbohrt wirkte. Die Ursachen für die altmodische Lebenshaltung liegen auf der Hand: Wahrheit und Lüge, Freiheit und Unterdrückung, der alptraumartig zwischen Wirklichkeit und Simulation changierende Dualismus stellten in der DDR keine leeren Begriffe, sondern Alltagsprobleme dar. Die jeweils doppelt vorhandene Meinung, Sprache, Öffentlichkeit und Gesetzlichkeit in einem Teilstaat mit seiner geteilten Hauptstadt rief eine überall spürbare Bewußtseinsspaltung hervor, die dennoch nicht verhinderte, daß in sich geschlossene Persönlichkeiten entstanden. So wie die äußere Unterdrückung innere Freiheit schuf, brachte die zur Staatsdoktin erhobene Lüge einen naiven und unreflektierten Wahrheitsbegriff hervor. Die Andersdenkenden und Andersfühlenden erkannten sich mit dem ausgeprägten Instinkt gejagter Tiere an winzigen Gesten und an der Art zu sprechen oder zu lächeln. Die DDR besaß keine Nischen. Ihre Gesellschaft war bis in den letzten Winkel ausgeleuchtet. Aber es hat die Gemeinschaft der Einzelgänger, das Kollektiv der Individualisten, den Bund der Wehrlosen gegeben. Dieses Netzwerk bot freilich keinen wirklichen Schutz und war mit Spitzeln durchsetzt. All die Superklugen und Distanzierten, die sich intellektuell und moralisch überlegen wähnten, all die Aussteiger und Seiltänzer: Die Stasi hat sie aufgespießt wie zappelnde kleine Insenkten, fein säuberlich auf Karteikarten registriert und in ihren endlosen Schubkästen und Aktenregalen einsortiert.

4. Die Stasi und die Wende

Bereits im Februar 1990 kursierten unter Journalisten anonyme Briefe, in denen ehemalige Stasi-Angehörige Decknamen und Registriernummern früherer Inoffizieller Mitarbeiter nannten, die nun eine prominente Rolle im öffentlichen Leben der DDR spielten. Es dauerte nicht lange, bis die erste Bombe platzte. Kurz vor den Volkskammerwahlen am 18. März wurde der Mitgründer des Demokratischen Aufbruchs, Rechtsanwalt Manfred Schnur, enttarnt. Dann ging es Schlag auf Schlag:
- »Manfred« alias Ibrahim Böhme, erster Sprecher der Sozialdemokratischen Partei, überführt;
- Ministerpräsident Lothar de Maizière im Zwielicht;
- erste Gerüchte über Verstrickungen des Konsistorialpräsidenten Manfred Stolpe.

Ein Hexenkessel immer neuer Enthüllungen tat sich auf. Erst jetzt offenbarte sich, in welchem Maße das Spitzelunwesen des SED-Regimes die Gesellschaft vergiftet hatte. Die Aufdeckung der Zusammenarbeit des MfS mit Kirchenleuten, die sich durch kritisches Engagement hervorgetan hatten, mit führenden Oppositionellen, mit bekannten Strafverteidigern und anderen wichtigen Persönlichkeiten führte zwangsläufig zu der Frage, ob nicht die gesamte Opposition unterwandert gewesen sei. Besonders rätselhaft erschien die Rolle, die Leute wie Böhme und Schnur während der Wende gespielt haben. Im Rückblick mag der lautlose Zusammenbruch der DDR tatsächlich wie eine perfekt inszenierte Verschwörung wirken. So dauerte es auch nicht lange, bis die ganz ernsthaft gemeinte Theorie auftauchte, unter Leitung des KGB und mit wohlwollender Duldung der westlichen Dienste hätten führende Mitglieder der SED, des MfS und der Oppositionsgruppen in trauter Eintracht die DDR beseitigt und die Konkursmasse in das vereinigte Deutschland eingebracht.

Derartige Ansichten speisen sich aus einem tiefverwurzelten Glauben an das Wirken geheimnisvoller Kräfte. Sie spiegeln individuelle und kollektive Ohnmachtserlebnisse, insbesondere die jahrhundertealte Erfahrung des »kleinen Mannes«, hilflos dem Willen der Mächtigen ausgesetzt zu sein. Sogar das blind wirkende

Schicksal von Kriegen, Seuchen, Hungersnöten, Wirtschaftskrisen findet in Verschwörungstheorien seine Erklärung. Die Fäden dieses Puppenspiels zogen je nach Bedarf Jesuiten, Juden, Freimaurer, Illuminaten, Bolschewisten, Terroristen, die CIA oder neuerdings die Stasi. Wer daran glaubt, ist schwer vom Gegenteil zu überzeugen und betrachtet das vollständige Fehlen von aktenkundigen Belegen als zusätzlichen Beweis für die Perfektion der Durchführung. Doch wie erklärt man nun den starken Einfluß der Inoffiziellen Mitarbeiter? In erster Linie ging er auf die jahrzehntelange, mit deutscher Gründlichkeit betriebene Infiltration der gesamten Gesellschaft zurück. Im Zentrum der Bemühungen standen naturgemäß die Oppositionszirkel, in denen das MfS mit einem grotesken personellen Aufwand Observation und Zersetzung betrieb. Sogar die Stasi registrierte die absurde Tatsache, daß die vielen Spitzel das Objekt ihrer Tätigkeit faktisch stärkten, und sprach sie in ihren heute in den Akten nachzulesenden Analysen der »politischen Untergrundtätigkeit« (PUT) auch deutlich aus. Hinzu kam der Umstand, daß die IMs sich in ihrem der Tarnung dienenden Pflichteifer durch Zuverlässigkeit, Pünktlichkeit und Fleiß auszeichneten. Um das Vertrauen der anderen zu erringen, drängten sie oft auf eine Verstärkung der Aktivitäten und Verschärfung der politischen Gangart, während die »echten« Oppositionellen zur Vorsicht mahnten. So entsprach es durchaus der Logik, daß die »herrenlos« werdenden Spitzel im Herbst 1989 nach oben schossen. Sie handelten nicht auf Befehl des verwirrten und verunsicherten MfS-Apparats, sondern lediglich mit schweigender Duldung ihrer Führungsoffiziere. Die führenden Männer in Partei und MfS hofften bis in die zweite Januarwoche des Jahres 1990 hinein, durch den realen Einfluß der SED-Kader in Wirtschaft, Verwaltung und Wissenschaft, der nicht zuletzt auf ihrem Vorsprung in Sachwissen, Qualifikation und Leitungserfahrung beruhte, über demokratische Wahlen hinaus wenigstens einen Teil ihrer Macht zu erhalten. Für diese Pläne waren die IMs an der Spitze der Opposition geradezu unbezahlbar. In den Köpfen spukte als Partner einer Linkskoalition möglicherweise die von Ibrahim Böhme geführte Sozialdemokratische Partei.

Am 21. Oktober 1989 entwarf Erich Mielke vor der versammelten Stasi-Generalität das entsprechende Programm und verkündete unter anderem: »Wir stehen vor dem Erfordernis, unsere operativen Kräfte, Mittel und Methoden rasch auf die sich auf dem Gebiet der feindlichen, oppositionellen Zusammenschlüsse und Gruppierungen vollziehenden Sammlungs- und Polarisierungsprozesse einzustellen. Es sind neue Überlegungen anzustellen, wie wir mit den vorhandenen operativen Kräften in die in jüngster Zeit entstandenen Gruppierungen eindringen und diese gründlich aufklären können, dort so Fuß fassen, daß wir die Kontrolle über sie behalten. Hierbei sollten wir unter anderem die Tatsache nutzen, daß sich diese Gruppierungen – sie verstehen sich ja als Sammelbecken – weitgehend geöffnet haben und ihre Arbeitsweise zur Zeit praktisch keinen konspirativen Charakter trägt. Das muß genutzt werden, verstärkt auch solche IM einzubauen, die Einfluß auf die Richtung des Vorgehens solcher Gruppierungen ausüben können.«[591]

Was der Minister an zentraler Stelle angeordnet hatte, führten seine Gefolgsleute offenbar noch schnell und präzise aus. Der Leiter der Bezirksverwaltung Dresden des MfS, Horst Böhm, schrieb am 30. November in einer internen Lageeinschätzung: »Es ist gelungen, in den neuen Sammlungsbewegungen ca. 80–100 IM sowohl in Führungspositionen als auch als Mitglieder einzubauen, um über diesen Weg die Bearbeitung verfassungsfeindlicher Aktivitäten zu forcieren und vor allem rechtzeitig zu erkennen.«[592] Immerhin erklärten sich zu diesem Zeitpunkt nach seiner Aussage noch »80 bis 85 % des bisher vorhandenen IM-Bestandes ... zur weiteren Zusammenarbeit bereit«[593]. Diese neuartigen Überlegungen zielten aber nicht, wie oftmals behauptet, auf die Beseitigung der SED-Führung ab. Außerdem kamen sie erstens zu spät, zweitens wurde ihre Verwirklichung nicht entschlossen genug in Angriff genommen, und drittens erfolgten sie nicht im Rahmen klarer politischer Konzepte. Die angeblich so genialen Verschwörer liefen ständig den Ereignissen hinterher. Erst als der von greisenhaftem Starrsinn befallene Erich Honecker sich längst zum allgemeinen Gespött entwickelt hatte, entschlossen sie sich, ihn zu stürzen. Als die sozialistischen Reformideen endgültig auf dem Müllhaufen der gescheiterten Ideologien gelandet waren, erblickte ein klägliches und halbherziges »Sozialismuspapier« das Licht der Welt, das Vertrauensleute der Stasi an der Humboldt-Universität ausgearbeitet hatten. Die Gebrüder Brie qualifizierten sich dadurch zwar für manche Westlinken zum Gesprächspartner, aber die Häresien von vorgestern lockten innerhalb der DDR keinen Hund mehr hinter dem Ofen vor. Nachdem das Volk mit riesigen Demonstrationen die politische Wachablösung erzwungen hatte, verkündete Egon Krenz, »die Wende sei von der Partei eingeleitet worden«. Doch nicht einmal mehr die eigenen Leute nahmen ihrem ehemaligen Sicherheitschef die Bekenntnisse zum »gesellschaftlichen Dialog« ab. Als Protestierende die ersten Bezirksverwaltungen des MfS besetzt hatten, schickte die Stasi-Führung ihre Spitzel vor, damit sie in den neugebildeten Bürgerkomitees wichtige Posten einnähmen, und während die Massen in Dresden und Leipzig die Straßen in ein Meer von schwarz-rot-goldenen Fahnen verwandelten, sprach Hans Modrow wie ein begossener Pudel auf einmal gequält von »Deutschland, einig Vaterland«. Es mag schon sein, daß etliche Stasi-Offiziere und SED-Funktionäre schlaue Finanztransaktionen eingefädelt oder auf dunklen Wegen ein Häuschen im Grünen erworben haben, ihre politische Rolle freilich war damit beendet. Die Ironie der Geschichte besteht darin, daß die Selbstabschaffungstheorie auf eine vertrackt dialektische Weise doch wieder die Realität spiegelt, denn selbstverständlich hat der aufgeblähte, ineffiziente und teure Sicherheitsapparat der DDR mehr geschadet als alle Oppositionsgruppen zusammen. Diesen Befund mag schließlich in vergleichender Absicht ein gegen Ende des Zweiten Weltkriegs entstandener Witz illustrieren: Als die amerikanischen Truppen den Führerbunker in Berlin erreichen, tritt Adolf Hitler heraus, nimmt sein Bärtchen ab und meldet: »Lieutenant Smith vom CIC. Deutschland befehlsgemäß zerstört.« In diesem – aber eben nur in diesem satirischen – Sinne stimmt es, daß die Stasi den Untergang der DDR inszeniert hat.

5. Ende und Verklärung der DDR-Opposition

Die Entwicklung der politischen Opposition von kleinen isolierten Gruppen zu einer demokratischen Massenbewegung verlief mit schwindelerregender Schnelligkeit. Im Grunde vollzog sie sich innerhalb weniger Tage. Den Gründern des Neuen

Forums schwebte im September 1989 eine Art Gegenstück zur tschechoslowakischen »Charta 77« vor, also eine Diskussionsplattform bekannter Dissidenten und einfacher Bürger, die eine Brücke zur Staatsmacht schlagen sollte. Kaum vier Wochen später skandierten die Massen in Leipzig und anderswo auf den Straßen: »Neues Forum zulassen«. Die Opposition besaß einen Namen, auch einige prominente Köpfe, aber weder Organisation und Infrastruktur noch – vor allem – ein politisches Programm. Der Verzicht auf jegliche Programmatik, der noch am 9. September auf der Zusammenkunft des Gründungskreises in Katja Havemanns Haus in Grünheide ein kluger Schachzug gewesen war, entpuppte sich einen Monat später als die zentrale Schwäche. Auch die anderen Vereinigungen stellten weder Geheimorganisationen noch Leninsche Kaderparteien auf dem Sprung zur Macht dar. Eben noch ohne Massenanhang, vom Normalbürger eher belächelt und auch im Westen außerhalb der linksalternativen Szene kaum beachtet, hatten sie nun plötzlich wie einst die Krieger des Josua am siebten Tag der Belagerung durch Posaunenschall die Mauern von Jericho zum Einsturz gebracht.

Es könnte nahe liegen, die DDR-Opposition sozusagen als Trittbrettfahrer des welthistorischen Prozesses zu bezeichnen, denn die staats- und machtgläubige Geschichtsschreibung sträubt sich gegen die Vorstellung, ein paar hundert Schmuddelkinder aus den Kellern der Gemeindehäuser und ein gutes Dutzend evangelischer Pastoren hätten die waffenstarrende Diktatur überwunden. Und doch hat es sich so und nicht anders abgespielt. Die Politiker und Diplomaten, die Analytiker der Nachrichtendienste, die Sozialwissenschaftler und Politologen, die neunmalklugen Pseudo-Reformer aus den SED-Instituten, sie alle lagen mit ihren Planungen und Vorstellungen neben der Realität. Den kühnsten von ihnen schwebte eine Art DDR-Perestrojka vor, die unter Beibehaltung des Einflusses der Partei und der von ihr gewährten persönlichen Privilegierungen das System modernisieren und allmählich an den Westen annähern sollte. Die Träumer und Romantiker haben ihnen allerdings die Suppe versalzen. Ohne die tief in Verhandlungen mit der SED verstrickte SPD zu fragen, gründeten sie im Pfarrhaus zu Schwante ihre eigene Sozialdemokratie.

Die Kraft der Schwachen, die Unüberwindlichkeit der Ohnmächtigen und Gewaltlosen, das weiche Wasser, das den Stein formt, all diese Metaphern haben christliche Theologie und die aus ihr erwachsenen Predigten oft beschworen. In der Geschichtswissenschaft freilich bestand allein der geniale Außenseiter Egon Friedell auf der »... Erkenntnis, daß das Bleibende und Fortwirkende, das im wahren Sinne Historische immer von einigen wenigen Personen getan worden ist, die ihrer Zeit als unwesentliche und überflüssige, ja schädliche Grübler erschienen und die uns in demselben Licht erscheinen würden, wenn sie heute lebten: von einigen Phantasten und Sonderlingen, deren Wirkungssphäre sich völlig abseits von dem befand, was ihre Zeitgenossen für beachtenswert und zentral hielten; und daß umgekehrt all dieses Wichtige, das so viel Glanz und Geschrei verbreitete, heute versunken, dem Fluch der Vergessenheit oder gar der Verachtung und Lächerlichkeit anheimgefallen ist. Kurzum, wir werden die Lehre empfangen, daß alles Große unnützlich und nichts Nützliches groß ist und daß die wahre Welthistorie in der Geschichte einiger weltfremder Träumereien, Visionen und Hirngespinste besteht.«[594] Rein polizeitaktisch hätte man bis zum 9. Oktober 1989 die Demokratiebewegung zerschlagen können. »Wir haben die Waffen zu früh abgegeben. Die Plüschheinis von der Friedensbewegung wären beim ersten Schuß auseinandergelaufen«, meinte ein Stasi-Mann nach der Wende[595]. Damit hatte er wahrscheinlich recht. Kaum jemand verspürte den Drang, mit bloßen Händen gegen Panzer anzugehen. Ohne die Entspannungspolitik und den Umbruch in der Sowjetunion wäre die Opposition nicht zum Zuge gekommen. Aber umgekehrt hätte ohne sie die Moskauer Perestrojka nicht automatisch das Ende des Staatssozialismus in der DDR eingeleitet.

6. Die Lehren der Geschichte

Die Zeitspanne zwischen 1971 und 1989 bestimmte eine Reihe gegenläufiger Tendenzen, die nicht allein auf einer diffenzierten, von unterschiedlichen biographischen oder politischen Perspektiven geprägten Wahrnehmung beruhte, sondern eher die innere Widersprüchlichkeit der DDR-Gesellschaft zum Ausdruck brachte. Waren es die besten Jahre der DDR oder die schlimmsten? War es eine Zeit der Agonie oder eine allmähliche Vorbereitung auf den Aufbruch von 1989? Handelte es sich um einen unabwendbaren Weg in die wirtschaftliche und politische Katastrophe, oder gab es Alternativen? Wenn sie existierten, wann und aus welchen Gründen versäumte man sie?

Zunächst fällt auf, daß es sich insgesamt um zwei stille und friedliche Jahrzehnte handelte. Bereits in diesem Befund liegt eine gewisse Ambivalenz, denn trotz der scheinbaren Ruhe wuchsen die inneren Spannungen. »Glücklich sind die Völker, deren Annalen langweilig sind«, soll Baron de Montesquieu gesagt haben. Jedenfalls leitete Thomas Carlyle seine Geschichte der Französischen Revolution mit dieser Halbwahrheit ein und unterschlug die andere Seite der Medaille, denn die Gundlage des oberflächlichen Glücks bildeten politische und wirtschaftliche Zustände, die zur Katastrophe führen mußten. Wie im vorrevolutionären Frankreich bewirkte der allzulange währende Stillstand auch in der DDR eine Art historischen Problemstau. Es wäre falsch, die innere Festigkeit des SED-Regimes bestreiten zu wollen, auch wenn es am Ende wie ein Kartenhaus zusammenstürzte. Stabilität und Instabilität stellten eine dialektische Einheit dar. Der DDR-Sozialismus ist nicht an seinen Fehlern, sondern an seiner Vollendung gescheitert. Wie könnte man sonst erklären, daß ein derartig geschlossenes, militärisch durchorganisiertes und bis in den letzten Winkel der Gesellschaft kontrolliertes Staatswesen innerhalb weniger Wochen fast widerstandslos auseinanderbrach? Wo blieben die mehreren hunderttausend hauptamtlichen und inoffiziellen Mitarbeiter der Staatssicherheit, die Kampfgruppen der Arbeiterklasse, die Funktionäre der SED und der Massenorganisationen? Jahrzehntelang hatten sie den »Ernstfall« geprobt, atomsichere Führungsbunker und Lager für 85 000 Oppositionelle standen bereit, jetzt mußten sie nur noch die jedes Detail berücksichtigenden Alarmpläne aus der Schublade ziehen. Eines hatten sie jedoch nicht vorgesehen – die Möglichkeit selbständiger Entscheidungen. Zu lange hatte man den Menschen Eigeninitiative, Verantwortungsbewußtsein und Risikobereitschaft ausgetrieben und ihnen so den Willen genommen, den Sozialismus zu verteidigen. Weit eher wirkten der noch bestehende Privatsektor, die geduldete Feierabendarbeit und der gänzlich illegale Handel mit knappen Gütern dem Untergang entgegen.

Noch deutlicher trat die eigenartige Dialektik von Stabilisierung und Destabilisierung in der Außen- und Deutschlandpolitik zutage. Mit jedem Abkommen verlor der Kalte Krieg an Schärfe. Die völkerrechtliche Annerkennung, die Aufnahme diplomatischer Beziehungen zu vielen Staaten der Welt, der Eintritt in die UNO, die Gleichberechtigung mit der Bundesrepublik stärkten die Souveränität der DDR. Die entsprechend gefeierten Erfolge untergruben aber gleichzeitig ihre Existenzgrundlage. Die SED-Führung erstrebte die Normalisierung der Lage in Europa und hatte doch nichts mehr zu fürchten als ihre Verwirklichung. Der deutsche Halbstaat mit dem Unruheherd West-Berlin in der Mitte war historisch absurd und konnte nur in einer auf Konfrontation beruhenden inernationalen Situation überleben. Mit dem Ost-West-Gegensatz mußte auch er von der politischen Bühne verschwinden. Deshalb betrieb er eine Schaukelpolitik, indem er die Entspannung begrüßte und gleichzeitig die ideologische Koexistenz bekämpfte. Auf die Dauer konnte dies nicht gelingen. Als schließlich die Feindbilder und Bedrohungsängste verblaßten, lokkerte sich langsam, aber unaufhaltsam die Klammer, die den Staat zusammenhielt.

Obwohl in der DDR keine Öffentlichkeit, kein gesellschaftlicher Diskurs, keine allgemein zugänglichen Meinungsumfragen existierten, war ihre Führung gezwungen, die in der Bevölkerung vorherrschenden Stimmungen und Ansichten zur Kenntnis zu nehmen und nach Möglichkeit zu berücksichtigen. Dem dienten die entsprechenden Berichte des MfS, sozusagen als Spiegelbilder täglicher Plebiszite. Ein wesentlicher Wunsch mußte jedoch unerfüllt bleiben, nämlich der nach Aufgabe der Macht. Insofern handelte es sich immer um eine heimliche Abstimmung ohne jegliche Chance der Abwahl. Trotz des allgemeinen Stillstands fand durchaus vielfältige Bewegung statt. Seit 1971 gab es eine kulturpolitische Lockerung, mehr Toleranz, größere Freiheit im Alltag, vor allem mehr materiellen Wohlstand. Bezahlt wurde dies alles mit erhöhter Kontrolle, stärkerer Disziplinierung und mit dem Ausbau des gesamten Sicherheitsapparats. Auch innerhalb der DDR wirkte eine Art »Wandel durch Annäherung«. Der Kalte Krieg zwischen Obrigkeit und Untertanen machte einer mehr oder weniger friedlichen Koexistenz Platz, die durch erfolgreiche Schritte der Stabilisierung zu längerfristiger Destabilisierung führte. Je entspannter beispielsweise das Verhältnis zur Kirche wurde, desto mehr verringerte sich der Bewegungsspielraum gegenüber den oppositionellen Gruppen, die unter ihrem Schutzmantel agierten. Angesichts dieses Widerspruchs blieb auch hier nur die Option der – wie wir gesehen haben – letztlich für die Staatsmacht tödlichen systematischen Unterwanderung.

Der Untergang der DDR war Teil eines welthistorischen Vorgangs. Die sozialistische Diktatur hat sich als schwach und hilflos erwiesen. Keines der Probleme der modernen Gesellschaft hat der Sozialismus besser gelöst als Marktwirtschaft und Demokratie. Nach sieben Jahrzehnten Terror, Lüge und wirtschaftlicher Katastrophen stahlen sich die Protagonisten davon wie kleine Ganoven. Zurückgeblieben ist eine Landschaft seelischer, ökonomischer und ökologischer Verwüstungen sowie ein Heer greinender Mitläufer. Die seltsame Hilflosigkeit des furchteinflößenden Monstrums staatlicher Allmacht bestimmte auch den Gang der Ereignisse in der DDR. So wie die Sphinx der griechischen Sage verlor es seine Kraft, als sein Rätsel gelöst war. Müde und traurig schleppte es sich zum Abgrund und stürzte hinunter. Das berühmte Rätsel der Sphinx war so banal wie das innere Geheimnis der Diktatur. Sie hat sich so leicht besiegen lassen, daß sich die erstaunte Nachwelt fragt, ob denn alles mit rechten Dingen zugegangen sei. Erstaunt steht Ödipus vor einem neuem Rätsel.

Jahrzehntelang hielt die kritische Intelligenzija dem Untier den Spiegel vor die Nase, damit es ob der eigenen Häßlichkeit erschauere und sich aus eigenem Antrieb zum Besseren wandle, doch es folgte nicht und mußte wohl getötet werden. Der lenkende und leitende Weltgeist bewies allerdings einen ausgeprägten Sinn für ironische Pointen. Er hat den Kommunisten keinen düster-dramatischen Abgang gegönnt. Die Lieder, Filme und Lesebuchtexte der DDR kolportierten Geschichten vom heldenhaften Tod auf der Barrikade, am Galgen oder in offener Feldschlacht. Das reale Ende ereignete sich wesentlich prosaischer und entbehrte nicht der lächerlichen Züge. Niemand mußte mit einem letzten heiligen Schwur auf den Lippen sterben. Vielmehr wurde der Sozialismus in Coca-Cola ersäuft und mit Haribo-Gummibärchen gesteinigt. Das »letzte Gefecht«, dessen Kommen der feierliche Sang der Internationale so oft beschworen hatte, ging um die Devisenkonten bei ausländischen Banken, um Immobilienschiebungen und die Altersrenten der SED-Funktionsträger. Selbst die Drachentöter überraschte soviel Hilflosigkeit. Es beleidigte sie fast, in welchem Maße sich die Herrschenden dem Endkampf entzogen, denn Lanzelot ohne Drachen gerät ebenfalls leicht zur lächerlichen Figur.

Die Vorstellung ist aus, das Licht verlöscht, und ein paar mürrische Bühnenarbeiter räumen die Pappkulissen ab. Wo eben noch Stürme der Leidenschaften tobten, liegen im fahlen Rampenlicht ein paar schäbige Requisiten. Die Schauspieler sind längst in der Garderobe verschwunden, um sich eilig abzuschminken und in ihre Alltagskleider zu schlüpfen. Sie verlassen das Haus durch den Bühneneingang und eilen unerkannt an den letzten Zuschauern vorbei. Gab man nun eine Posse oder eine Tragödie? Die Moral des Stücks jedenfalls war einfach und für jedermann leicht verständlich. Sie lautet, daß die Doktrin der Freiheit nicht wichtiger sein kann als die konkrete Freiheit des Individuums, daß die Gleichheit keinesfalls das Recht auf Ungleichheit beseitigen und die Brüderlichkeit sich niemals gegen den Bruder richten darf.

Anhang

Verzeichnis der Anmerkungen

Verwendete Abkürzungen:

- BStU – Bundesbeauftragter für die Unterlagen des Staatssicherheitsdienstes der ehemaligen DDR
- DA – Deutschland Archiv
- Materialien der Enquete-Kommission – Materialien der Enquete-Kommission »Aufarbeitung von Geschichte und Folgen der SED-Diktatur in Deutschland« (12. Wahlperiode des Deutschen Bundestages) hrsg. vom Deutschen Bundestag, 9 Bde. in 18 Teilbänden, Baden-Baden/Frankfurt a. M. 1995
- SAPMO-BArch – Stiftung Archiv der Parteien und Massenorganisationen der DDR im Bundesarchiv
- ZfG – Zeitschrift für Geschichtswissenschaft
- ZPA – Zentrales Parteiarchiv [der SED]

1 Walter Schmidt, Das Zwei-Nationen-Konzept der SED und sein Scheitern. Nationendiskussion in der DDR in den 70er und 80er Jahren (hefte zur ddr-geschichte. 38), Berlin 1996, S. 46.
2 Sozialreport Neue Bundesländer, I. Quartal 1995, hrsg. vom Sozialwissenschaftlichen Forschungszentrum Berlin-Brandenburg e. V., S. 9.
3 Frankfurter Allgemeine Zeitung, 18. 12. 1996.
4 Schmidt (Anm. 1), S. 47.
5 Jorge Luis Borges, Erzählungen, Bd. 1 (Gesammelte Werke. 3/I), Hamburg 1981, S. 173–181.
6 Hermann Glaser, Kleine Kulturgeschichte der Bundesrepublik Deutschland. 1945–1989, München 1991, S. 25.
7 Wolf Biermann, Alle Lieder, Köln 1991, S. 421 f.
8 Wladimir Nabokov, Die Kunst des Lesens. Meisterwerke der russischen Literatur, Frankfurt a. M. 1984, S. 7.
9 Geschichte der Sozialistischen Einheitspartei Deutschlands. Abriß, Berlin (Ost) 1978, S. 6.
10 Ebd., S. 222 f.
11 Wörterbuch der Geschichte, Bd. 2, Berlin (Ost) 1983, S. 1013.
12 Milan Kundera, Die Kunst des Romans. Essay, Taschenbuchausg., Frankfurt a. M. 1989, S. 45.
13 Ebd., S. 13.
14 Milan Kundera, Abschiedswalzer, München/Wien 1989, S. 134.
15 George Orwell, 1984, Taschenbuchausg., Frankfurt a. M./Berlin 1992, S. 162.
16 Milan Kundera, Das Buch vom Lachen und Vergessen, Frankfurt a. M. 1980, S. 7.
17 Falco Werkentin, Politische Strafjustiz in der Ära Ulbricht (Forschungen zur DDR-Geschichte. 1), Berlin 1995, S. 268.
18 Thomas Kramer, Das Mosaik-Fan-Buch. Die ersten 89 Hefte des »Mosaiks von Hannes Hegen«, 2. Aufl. Berlin 1993.
19 Lena Foellbach/Ingrid Kufferath, Schulfeierbuch, Leipzig o. J., S. 329.
20 Neues Deutschland, 20. 10. 1961.
21 Ebd.
22 Peter Hacks, Ausgewählte Dramen, Bd. 2, Berlin 1981, S. 156.
23 Das Stück entstand unmittelbar nach der ersten Bitterfelder Konferenz von 1958, die Peter Hacks anregte, eine Zeit im Bitterfelder Brikettwerk zu verbringen. Die erste Fassung des

Stücks erlebte 1959 eine Probeaufführung am Deutschen Theater in Berlin, die zweite realisierte 1960 das Theater der Bergarbeiter in Senftenberg, die zweite – hier zitierte – Überarbeitung hatte 1962 Premiere im Deutschen Theater. Bereits nach wenigen Aufführungen wurde das Stück abgesetzt und bis zum Ende der Ulbricht-Zeit nicht mehr gespielt oder gedruckt; vgl. Ernst Schuhmacher, DDR-Dramatik und 11. Plenum, in: Günter Agde, Kahlschlag. Das 11. Plenum des ZK der SED 1965. Studien und Dokumente, Berlin 1991, S. 93ff.

24 Vgl. Thomas Topfstedt, Städtbau in der DDR 1955–1971, Leipzig 1988; Verfallen und vergessen oder aufgehoben und geschützt? Architektur und Städtebau der DDR – Geschichte, Bedeutung, Umgang, Erhaltung (Schriftenreihe des deutschen Nationalkomitees für Denkmalschutz. 51), Bonn 1995.

25 Clemens Rosner (Hrsg.), Die Universitätskirche zu Leipzig. Dokumente einer Zerstörung, Leipzig 1992.

26 So schrieb das »Neue Deutschland« am 29. 12. 1969, es sei der »kälteste Dezember seit 1893«. Bezogen auf den gesamten Winter entspricht die damalige Wahrnehmung nicht ganz der meteorologischen Statistik. Nach der sogenannten Kältesummenrechnung rangierte der Winter 1969/70 an sechster Stelle seit 1900. Mit einer Kältesumme von 382 wurde er von den Wintern 1929/30 (505), 1939/40 (635), 1940/41 (437), 1946/47 (565) und 1962/63 (490) überboten. Die Kältesumme entspricht der Summe der negativen Tagesmitteltemperaturen im Zeitraum von November bis März. Den bisherigen Rekord seit Beginn der regelmäßigen Temperaturmessungen im Jahre 1766 erreichte der Winter 1829/30 mit einer Kältesumme von 791.

27 Neues Deutschland, 24. 12. 1969.

28 Neues Deutschland, 23. 12. 1969.

29 SAPMO-BArch, ZPA, DY 30/319790/1, Büro Jarowinsky, Information über die Versorgung mit Speisekartoffeln vom 13. 1. 1970.

30 Neues Deutschland, 23. 12. 1969.

31 Ebd.

32 SAPMO-BArch, ZPA, J IV 2/2-1300, Reinschriftenprotokoll Nr 40, Sitzung Politbüro vom 8.9.1970; J IV 2/2A-1463, Arbeitsprotokoll dazu.

33 Ebd., Anlage 1.

34 Ebd.

35 Ebd.

36 SAPMO-BArch, ZPA, vorl. SED 4165, Bl. 572.

37 Ebd.

38 Ebd.

39 In den Akten überliefert sind die Schreiben von Paul Verner, Hermann Axen, Werner Jarowinsky, Werner Lamberz, Günter Mittag, Albert Norden und Horst Sindermann. Erich Mückenberger ließ anrufen und erklärte sich ebenfalls gegen die Veröffentlichung des Schlußworts von Walter Ulbricht.

40 Ebd., Schreiben Horst Sindermann an Politbüro des ZK der SED vom 17. 12. 1970.

41 Neues Deutschland, 16. 12. 1970.

42 Neues Deutschland, 17. 12. 1970.

43 Das Dokument ist vollständig abgedruckt in: Peter Przybylski, Tatort Poltibüro. Die Akte Honecker, Berlin 1991, S. 297–303.

44 Ebd., S. 298.

45 Ebd., S. 299.

46 Ebd., S. 300.

47 Hans-Ulrich Klingler, Am Montag fiel der Hammer, in: Ulrich Plenzdorf/Klaus Schlesinger/Martin Stade, Berliner Geschichten. »Operativer Schwerpunkt Selbstverlag«. Eine Autoren-Anthologie: wie sie entstand und von der Stasi verhindert wurde, Frankfurt a. M. 1995, S. 100.

48 BStU, MfS, XV 6397/80, GMS »Werner«, Treffbericht vom 19. 6. 1971.

49 Ebd.

50 Dokumente zur Geschichte der SED. Bd. 3: 1971 bis 1986, Berlin 1986, S. 24.

51 SAPMO-BArch, ZPA, DY 30/42326, Schreiben Günter Hennig an Kurt Hager vom 5. 12. 1988.
52 Ebd., Schreiben Kurt Hager an Erich Honecker vom 5. 12. 1988.
53 Jürgen Kuczynski, Mein Genosse Honecker, in: Die Weltbühne, 26. Jg. (1971), H. 24 (15. 6.), S. 739 f.
54 SAPMO-BArch, ZPA, DY 30/31970/1, Büro Jarowinsky, Information Werner Jarowinsky an Erich Honecker über den Verkauf von Jeanshosen, o. D., Bl. 2.
55 Ebd., Bl. 2.
56 Ebd., Bl. 1.
57 Programm der Sozialistischen Einheitspartei Deutschlands, in: Dokumente zur Geschichte der SED, Bd. 3 (1971–1986), Berlin 1988, S. 151.
58 Ebd., S. 152.
59 Ebd., S. 110.
60 Ebd.
61 Gemeinsamer Beschluß des Zentralkomitees der SED, des Bundesvorstands des FDGB und des Ministerrats der DDR über die weitere planmäßige Verbesserung der Arbeits- und Lebensbedingungen der Werktätigen der DDR im Zeitraum 1976–1980 vom 27. Mai 1976, in: Dokumente der SED, Bd. XVI, Berlin (Ost) 1980, S. 257–263.
62 Gunnar Winkler, Geschichte der Sozialpolitik der DDR (1945–1985), Berlin (Ost) 1989, S. 196.
63 H. Püschel/R. Hoppe, Die Rentenversorgung der Arbeiter und Angestellten in der DDR, Berlin (Ost) 1986, S. 10 ff.
64 Theo Pirker/Rainer M. Lepsius/Rainer Weinert/Hans-Hermann Hertle, Der Plan als Befehl und Fiktion. Wirtschaftsführung in der DDR. Gespräche und Analysen, Opladen 1995. S. 79.
65 Ebd., S. 101.
66 Protokoll der Verhandlungen des XI. Parteitages der Sozialistischen Einheitspartei Deutschlands (17. bis 21. April 1986), Berlin (Ost) 1986, S. 92.
67 Hans-Jochen Gamm, Der Flüsterwitz im Dritten Reich. Mündliche Dokumente zur Lage der Deutschen während des Nationalsozialismus, Neuausg., München 1990, S. 95 ff.
68 Theo Sommer (Hrsg.), Reise ins andere Deutschland, Reinbek b. Hamburg 1986, S. 236.
69 Przybylski (Anm. 43), S. 283 f.
70 Ebd., S. 284.
71 Ebd., S. 287.
72 SAPMO-BArch, ZPA IV B 2/20/434.
73 Ebd.
74 Erich Honecker, Reden und Aufsätze, Bd. 1, Berlin (Ost) 1977, S. 502 f.
75 6. Tagung des ZK der SED, 6./7. Juli 1972. Aus dem Bericht des Politbüros an die 6. Tagung des ZK der SED. Berichterstatter: Genosse Werner Jarowinsky, Berlin (Ost) 1971, S. 38.
76 Ingo v. Münch/Ondolf Rojahn (Hrsg.), Dokumente des geteilten Deutschland, Bd. II. Quellentexte zur Rechtslage des Deutschen Reiches, der Bundesrepublik Deutschland und der Deutschen Demokratischen Republik, Stuttgart 1974, S. 302.
77 Ebd.
78 Ebd., S. 301.
79 SAPMO-BArch, J IV A 2/2.030/201, Bestand Erich Honecker, Monatsbericht der Bezirksleitung der SED Halle/Saale vom 23. 6. 1972, Bl. 2.
80 Ebd., S. 463 f. und 493.
81 Ebd., S. 467 und 495.
82 Meyers Neues Lexikon, 2. Aufl., 18 Bde., Leipzig 1971 ff.
83 Meyers Universal-Lexikon, 4 Bde., Leipzig 1978 ff., Bd. 1, S. 520.
84 Gesetzblatt der DDR 1980/I, S. 291.
85 Neues Deutschland, 14. 10. 1980.
86 Heiner Sauer/Hans-Otto Plumeyer, Der Salzgitter Report. Die zentrale Erfassungsstelle berichtet über Verbrechen im SED-Staat, Esslingen 1991.

87 SAPMO-BArch, ZPA, DY 30/IV 2/2035/58; vgl. Fred Oldenburg/Gerd-Rüdiger Stephan: Honecker kam nicht bis Bonn. Neue Quellen zum Konflikt zwischen Ost-Berlin und Moskau 1984, in: DA 8/95, S. 791–805.
88 Ebd.
89 Dokumentation in: DA 9/1984, S. 988–990.
90 Neues Deutschland, 30. 7. 1984.
91 SAPMO-BArch, ZPA, DY/J IV/962.
92 Die Welt, 23. 8. 1984.
93 Erich Honecker, Moabiter Notizen, Berlin 1994, S. 44 f.
94 Hinweise zu ersten Reaktionen der Bevölkerung der DDR im Zusammenhang mit dem angekündigten Besuch Erich Honeckers in der Bundesrepublik, in: Detlef Nakath/Gerd-Rüdiger Stephan (Hrsg.), Von Hubertusstock nach Bonn. Eine dokumentierte Geschichte der deutsch-deutschen Beziehungen auf höchster Ebene 1980–1987, Berlin 1995, Dok. 54, S. 321
95 So auch der Befund einer systematischen Erhebung von Hans-Jürgen Wensierski, Mit uns zieht die alte Zeit. Biographie und Lebenswelt junger Bürger im gesellschaftlichen Umbruch (Biographie und Gesellschaft. 21), Opladen 1994; andere Autoren kommen zu abweichenden Ergebnissen.
96 9. Tagung des ZK der SED, Rechenschaftsbericht des Politbüros, S. 34, Berlin (Ost) 1973.
97 Werner Lamberz, Referat auf der Konferenz des ZK der SED »Die weiteren Aufgaben der politischen Massenarbeit der Partei« am 25./26. Mai 1977. Berlin (Ost) 1977, S. 60.
98 SAPMO-BArch, ZPA, vorl. SED 31970, Büro Jarowinsky, Informationen zu Fragen des Außenhandels und der Versorgung an Erich Honecker, Information vom 28. 11. 1977 zum Verkaufsbeginn von Zwei-System-Farbfernsehgeräten.
99 Ebd.
100 Ebd.; bis Jahresende 1977 sollten in der DDR insgesamt 13 000 Farbfernsehgeräte verkauft werden, davon 4 600 in Berlin. Für 1978 war die Produktion von 70 000 Geräten vorgesehen.
101 Alle Angaben nach Peter Förster, Die deutsche Frage im Bewußtsein der Bevölkerung in beiden Teilen Deutschlands. Das Zusammengehörigkeitsgefühl der Deutschen. Einstellungen junger Menschen in der DDR., in: Materialien der Enquete-Kommission, Bd. V/2, S. 1212–1380, bes. S. 1225 ff.
102 Ebd.
103 BZ am Abend, 9.10.1989; derselbe Text erschien am 10. 10. 1989 im »Neuen Deutschland« und anderen Zeitungen der DDR.
104 Vgl. die als Faksimile abgedruckte Karte in: Peter Bley, Berliner S-Bahn, Düsseldorf 1993, S. 55.
105 Vgl. zum folgenden: Armin Volze, Die Devisengeschäfte der DDR. Genex und Intershop, in: DA 24 (1991), H. 11, S. 1145 ff.; Dieter Lösch/Peter Plötz, Die Bedeutung des Bereichs Kommerzielle Koordinierung für die Volkswirtschaft der DDR, (Gutachten im Auftrage des 12. Deutschen Bundestages, Untersuchungsausschuß »Kommerzielle Koordinierung«, 3. 2. 1994) in: Werkzeuge des SED-Regimes. Der Bereich Kommerzielle Koordinierung und Alexander Schalck-Golodkowski, S. 3–158.
106 Vgl. Hannsjörg F. Buck, Neues Devisenbewirtschaftungsgesetz. Wirtschaftlich kluge Einfälle, noch perfektere Kontrolle, in: DA 7 (1974), H. 4, S. 388 ff.
107 Neues Deutschland, 27. 8. 1977.
108 Neues Deutschland, 14. 12. 1978. Aus obiger Tabelle ist ersichtlich, daß diese Zahl zu niedrig angegeben wurde.
109 Meyers Neues Lexikon, 2. Aufl., 18 Bde., Leipzig 1972, Bd. 2, S. 569.
110 Der genaue Zeitpunkt der Einrichtung der ersten »Goldbroiler« ist schwer auszumachen und erfordert weitere Forschungsanstrengungen. Fest steht lediglich, daß 1961 in der Chausseestraße in Ost-Berlin die »Gockelbar« als eine Art Vorläufer des legendären »Goldbroiler« eröffnet wurde; 1968 haben in Ost-Berlin mehrere Gaststätten unter dem selben Namen existiert; vgl. Patrice Poutrous (Hrsg.), Wunderwirtschaft. DDR-Konsumkultur in den 60er Jahren, Köln/Weimar/Berlin 1996, S. 138–143.

111 Horst Dieter Schlosser, Die deutsche Sprache in der DDR zwischen Stalinismus und Krieg. Historische, politische und kommuniktive Bedingungen, Köln 1990, S. 9.
112 Wolfgang Thierse, »Sprich, damit ich dich sehe«. Betrachtungen zum Verhältnis von Sprache und Politik in der DDR-Vergangenheit, in: Joachim Born/Gerhard Stickel (Hrsg.), Deutsch als Verkehrssprache in Europa, Berlin/New York 1993, S. 115.
113 Renate Baudusch, Fremdheit und Vertrautheit. Sprachliche Verhaltensweisen in Deutschland vor und nach der Wende, in: Muttersprache. Vierteljahresschrift für deutsche Sprache, Jg. 105 (1995), H. 4, S. 302–314; Zitat S. 303.
114 Franz Loll, Bastelzwang und Softwareklau. Der Untergang der DDR aus der Sicht ihrer EDV-Berichterstattung, in: Die Zeit 39/95 (22. 9. 1995).
115 Der oder das Fakt ist nicht ausschließlich DDR-spezifisch gewesen; interessanterweise bietet jedoch auch der achtbändige Duden in der Ausgabe von 1993 unter »Fakt« zwei Belege von DDR-Schriftstellern und einen Beleg aus einer DDR-Zeitung.
116 Helmut Schönfeld, Heimatsprache, Proletendeutsch, Ossi-Sprache oder? Bewertung und Akzeptanz des Berlinerischen, in: Ruth Reiher/Rüdiger Läzer (Hrsg.), Von »Buschzulage« und »Ossinachweis«. Ost-West-Deutsch in der Diskussion, Berlin 1996, S. 70 ff.
117 Bodo Morshäuser, Der weiße Wannsee. Ein Rausch, Frankfurt a. M. 1993, S. 9.
118 Der Tagesspiegel, 10. 4. 1994.
119 Konrad Löw, . . .bis zum Verrat der Freiheit. Die Gesellschaft der Bundesrepublik und die »DDR«, München 1993; Jens Hacker, Deutsche Irrtümer. Schönfärber und Helfershelfer der SED-Diktatur im Westen, Berlin 1992.
120 Sommer (Anm. 68), S. 71.
121 Robert Musil, Der Mann ohne Eigenschaften, hrsg. v. Adolf Frisé, Taschenbuchausg. Reinbek b. Hamburg 1987, Bd. 1, S. 450 f.
122 Ebd., S. 451.
123 Gesetz über die Staaatsbürgerschaft der Deutschen Demokratischen Republik vom 20. 2. 1967, Gesetzblatt der DDR, I/67, S. 3.
124 Peter Hacks, Ascher gegen Jahn. Ein Freiheitskrieg, Berlin 1991, S. 76.
125 Ebd., S. 76.
126 Wilfried Loth, Stalins ungeliebtes Kind. Warum Moskau die DDR nicht wollte, Berlin 1994.
127 Neue Deutsche Literatur, 1. Jg. (1953), H. 4, S. 15 f.
128 Stephan Hermlin, in: Sinn und Form, 5. Jg. (1953), S. 11 f.
129 Mary Fulbrook, Wissenschaft und Moral. Zur neueren Geschichte der DDR, in: Geschichte und Gesellschaft 22. Jg. (1996), S. 458–471, Zitat S. 459; ganz ähnlich: dies.: Methodologische Überlegungen zu einer Gesellschaftsgeschichte der DDR, in: Richard Bessel/Ralph Jessen (Hrsg.), Die Grenzen der Diktatur. Staat und Gesellschaft in der DDR, Göttingen 1996, S. 274–297.
130 Samuil Marschak, Das Katzenhaus. Ein Märchen in Versen, Berlin (Ost) 1957 ff.
131 Michael Kubina/Manfred Wilke (Hrsg.), »Hart und kompromißlos durchgreifen«. Die SED contra Polen 1980/81. Geheimakten der SED-Führung über die Unterdrückung der polnischen Demokratiebewegung (Studien des Forschungsbverbundes SED-Staat an der Freien Universität Berlin), Berlin 1995, Dok. 1, S. 51 ff.
132 Ebd., Dok. 6, S. 83.
133 Ebd., Dok. 6, S. 74 f.
134 Ebd.
135 Ebd., Dok. 37, S. 224.
136 Ebd., Dok. 94, S. 391 f.
137 SAPMO-BArch, ZPA, DY 30/31970/1, Büro Jarowinsky, Werner Jarowinsky an Erich Honecker mit Anschreiben vom 1. 6. 1978, Bl. 1 f.
138 Ebd.
139 BStU, MfS-Rechtstelle, 211, Beschluß des Ministerrates der DDR 114/I.4/89, VVS b 2-900/89 vom 3. 11. 1989.
140 Ebd., Information zum Abkauf von Waren durch ausländische Bürger sowie zu weiteren Problemen mit der Gestaltung des ausländischen Tourismus in der DDR.

141 Ebd., Bl. 14 f.
142 Louis Fürnberg, Gesammelte Werke, Bd. 2, Berlin (Ost) 1965, S. 218–220.
143 Arthur Koestler, Sonnenfinsternis, Frankfurt a. M./Berlin/Wien 1979, S. 42 f.
144 Statut der Sozialistischen Einheitspartei Deutschlands, Berlin (Ost) 1976, S. 1.
145 Ebd., S. 5.
146 Mechthild Günther/Rainer Eckert/Stefan Wolle, »Klassenfeind gelungen einzudringen . . .«. Fallstudie zur Anatomie einer politischen Verfolgungskampagne am Beispiel der Sektion Geschichte der Humboldt-Universität zu Berlin in den Jahren 1968 bis 1972, in: Jahrbuch für historische Kommunismusforschung 1. Jg. (1993), S. 197–225.
147 Pirker u. a. (Anm. 64), S. 222.
148 Ebd.
149 Ebd.
150 Kleines politisches Wörterbuch, Berlin (Ost) 1977, S. 701.
151 Max Weber, Wirtschaft und Gesellschaft. Grundriß der vergleichenden Soziologie, 5. Aufl., Freiburg 1990, S. 124.
152 Ebd.
153 Ebd.
154 Die Anekdote wird ohne genaue Quellenangabe an verschiedenen Stellen erzählt, so auch bei Victor Serge, Leo Trotzki. Leben und Tod, Wien/München/Zürich 1978, S. 98.
155 Arthur Koestler, Der Yogi und der Kommissar, Esslingen 1950, S. 221.
156 Czesław Miłosz, Verführtes Denken, Taschenbuchausg., Frankfurt a. M. 1974 ff., S. 20 f.
157 Ebd., S. 21.
158 Fjodor Dostojewski, Die Brüder Karamasow (Gesammelte Werke in 20 Bänden), Berlin/Weimar 1986, Bd. 1, S. 406.
159 Ebd., S. 411.
160 Ebd., S. 421.
161 In dieser Fassung ist die nicht ganz deutlich artikulierte Äußerung Erich Mielkes im offiziellen Protokoll der Volkskammer wiedergegeben; vgl. Helmut Herles/Ewald Rose (Hrsg.), Parlaments-Szenen einer deutschen Revolution. Bundestag und Volkskammer im November 1989, Bonn 1990, S. 193.
162 Alf Lüdtke (Hrsg.), »Sicherheit« und »Wohlfahrt«. Polizei, Gesellschaft und Herrschaft im 19. und 20. Jahrhundert, Frankfurt a. M. 1992.
163 Dostojewski (Anm 158), S. 415.
164 Dialektischer und historischer Materialismus. Lehrbuch für das marxistisch-leninistische Grundstudium, Berlin 1976 ff, S. 13.
165 Konrad Löw, Der Mythos Marx und seine Macher. Wie aus Geschichten Geschichte wird, München 1996.
166 Volker Elis Pilgrim, Adieu Marx. Gewalt und Ausbeutung im Hause des Wortführers, Reinbek b. Hamburg 1990.
167 Die Anekdote erzählt Alfred Kantorowicz, Deutsches Tagebuch, Bd. 1, München 1959, S. 328.
168 Für die fünfziger Jahre stellen diesen Zusammenhang dar Ilko-Sascha Kowalczuk, Legitimation eines neuen Staates. Parteiarbeiter an der historischen Front. Geschichtswissenschaft in der SBZ/DDR 1945 bis 1961, Berlin 1997; Ulrich Neuhäußer-Wespy, Die SED und die Historie. Die Etablierung der marxistisch-leninistischen Geschichtswissenschaft der DDR in den fünfziger Jahren, Bonn 1996.
169 Ingrid Mittenzwei, Friedrich II., Berlin (Ost) 1978.
170 Entgegen der oft zu lesenden Angabe handelte es sich bei dem Platz des Reiterdenkmals nicht um den ursprünglichen, sondern um einen etwa fünfzig Meter entfernten Standort.
171 Harald Bluhm, Zu Ikonographie und Bedeutung von Darstellungen der Befreiungskriege 1813/14 in der Staatsrepräsentation der DDR, in: Parteiauftrag – Ein neues Deutschland. Bilder, Rituale und Symbole der frühen DDR, Buch zur Ausstellung des Deutschen Historischen Museums, hrsg. von Dieter Vorsteher, Berlin 1997.
172 Neues Deutschland, 27. 8. 1978.

173 Udo Rößling/Paul Ambros (Hrsg.), Reisen zu Luther. Erinnerungsstätten in der DDR, Leipzig 1983 ff.
174 Horst Dähn/Joachim Heise, Luther und die DDR. Der Reformator und das DDR-Fernsehen 1983, Berlin 1996.
175 R. Hölscher, Öffentlichkeit, in: Otto Brunner/Werner Conze/Reinhard Koselleck (Hrsg.), Geschichtliche Grundbegriffe, Bd. 4, Stuttgart 1978, S. 413–467.
176 Jürgen Habermas, Strukturwandel der Öffentlichkeit. Untersuchungen zu einer Kategorie der bürgerlichen Gesellschaft, Neuwied/Berlin 1961; ders., Theorie des kommunikativen Handelns, 2 Bde., Frankfurt a. M. 1981.
177 Ders., Strukturwandel der Öffentlichkeit (Anm. 176), Neuaufl., Frankfurt a.M. 1990, S. 47.
178 Irene Böhme, Die da drüben. Sieben Kapitel DDR, erw. Neuaufl., Berlin 1985, S. 51.
179 Armin Mitter/Stefan Wolle, »Ich liebe Euch doch alle!«. Befehle und Lageberichte des MfS (Januar bis November 1989), Berlin 1990.
180 Als aufgrund eines Ministerratsbeschlusses vom 1. 7. 1981 über die Reduzierung der »Kontigentliteratur« um zehn Prozent auch die Bezieher »ausländischer Fachzeitschriften« in die Kürzungsmaßnahme einbezogen werden sollten, wandte sich Kurt Hager in einem Schreiben vom 6. 8. 1981 an Günther Mittag. Eine später nachgereichte Liste vom 7. 5. 1981 enthält die erwähnten 98 Namen der Persönlichkeiten, die der Literaturbestelldienst für »leitende Mitarbeiter« beachten sollte; SAPMO-Barch, ZPA, DY 30339, Büro Hager.
181 Matthias Wagner, Zum Verschlußsachenwesen und zur Geheimhaltung im Staatsapparat der DDR, in: ZfG 44 (1996), H. 1, S. 41–48.
182 Ebd., S. 43.
183 BStU, MfS, HA XVIII, 6400, Einschätzung der politisch operativen Lage im Verantwortungsbereich der Abteilung 4 sowie zum Stand und zu den Ergebnissen der politisch-operativen Arbeit, Bl. 8.
184 Ebd.
185 Wagner (Anm. 181), S. 45.
186 Ebd.
187 Geflügelte Worte, Zitate, Sentenzen und Begriffe in ihrem geschichtlichen Zusammenhang, Leipzig 1981, Nr. 3440.
188 Wolfgang Rüddenklau, »Das brauchen wir für uns!«. Die Einführung der Computertechnik in der Ostberliner Oppositionsszene, in: Telegraph 1996, H. 6, S. 17–26.
189 Statistisches Jahrbuch für für Bundesrepublik Deutschland 1991, S. 414.
190 Statistisches Jahrbuch der Deutschen Demokratischen Republik 1989, S. 320.
191 Statistisches Jahrbuch für die Bundesrepublik Deutschland 1991, S. 414.
192 Für die Zeit bis 1971 stellen diese Zusammenhänge umfassend und detailliert dar: Simone Barck/Martina Langermann/Siegfried Lokatis, »Jedes Buch ein Abenteuer«. Zensur-System und literarische Öffentlichkeit in der DDR bis Ende der sechziger Jahre (Zeithistorische Studien. 9), Berlin 1997; interessante Details finden sich in dem Sammelband: Ernest Wichner/Herbert Wiesner, »Literaturentwicklungsprozess«. Die Zensur der Literatur in der DDR, Frankfurt a. M. 1993.
193 Erich Loest, Der vierte Zensor. Vom Entstehen und Sterben eines Romans in der DDR (Edition DA), Köln 1984.
194 SAPMO-BArch, ZPA, DY 30/IV B/2/1247, Schreiben Hoffman (Abteilungsleiter Kultur im ZK der SED) an Wansierski (Abteilung Sicherheitsfragen im ZK der SED) vom 23. 3. 1972 und Antwortschreiben vom 3. 4. 1972.
195 Klaus Mammach, Widerstand 1933 bis 1945. Geschichte des antifaschistischen Widerstandes im Inland und in der Emigration, Bd. 2, Berlin (Ost) 1987, S. 151.
196 SAPMO-BArch, ZPA, DY 30/42313, Büro Hager, Gutachten von Prof. Dr. Dieter Lange und Prof. Dr. Wolfgang Schuhmann vom 28.3.1985; Druckfreigabe von Prof. Dr. Helmut Bleiber (Stellvertretender Direktor des Zentralinstituts für Geschichte der Akademie der Wissenschaften der DDR) vom 12. 6. 1985.
197 Ebd., Schreiben Prof. Dr. Ernst Diehl an Kurt Hager vom 12. 5. 1987.
198 Ebd., Schreiben Kurt Hager an Erich Honecker vom 13. 5. 1987.

199 Neues Deutschland, 9. 9. 1987.
200 Gustave Flaubert, Salambo, Berlin (Ost) 1984, Nachwort von Christa Bevernis, S. 328 f.
201 Ebd., S. 332.
202 Wolfgang Kießling, In den Mühlen der großen Politik. Heinrich Mann, Paul Merker und die SED (hefte zur ddr-geschichte. 36), Berlin 1996.
203 Wolf Biermann, Alle Lieder, Köln 1991, S. 198 f.
204 Tadeusz Namowicz, Heinrich von Kleist in der DDR. Ein preußischer Dichter und die sozialistische Literaturgesellschaft, in: Kleist-Jahrbuch 1995, S. 150–166.
205 Franz Kafka, Erzählungen, Leipzig 1978.
206 Sigmund Freud, Trauer und Melancholie, hrsg. von Franz Fühmann und Dietrich Simon (Volk und Welt Spektrum. 171), Berlin (Ost) 1982.
207 Neues Deutschland, 27. 12. 1989.
208 Lexikon fremdsprachiger Schriftsteller von den Anfängen bis in die Gegenwart, 2. Aufl., 1981. Erst kurz vor der Wende erschien in der DDR von Czesław Miłosz ein erstes Buch, nämlich bei Gustav Kiepenheuer das politisch unverfängliche »Tal der Issa«.
209 Ebd., Bd. 2, S. 206 bzw. Bd. 3, S. 320.
210 Neues Deutschland, 1. 12. 1988.
211 Harry Thürk, Der Gaukler, Berlin (Ost) 1979.
212 Hans Mayer, Goethe. Ein Versuch über den Erfolg, Leipzig 1987.
213 Ernst Bloch, Freiheit und Ordnung. Abriß der Sozialutopien, 2. Aufl., Leipzig 1987.
214 SAPMO-BArch, ZPA, DY 30/42327, Büro Hager, Schreiben Ursula Ragwitz (Abteilung Kultur des ZK der SED an Kurt Hager vom 1. 6. 1989.
215 Gerd Hiersemann, Alte Bücher als Devisenqelle, in: Frankfurter Allgemeine Zeitung, 17. 5. 1996.
216 Jürgen Fuchs, Landschaften der Lüge, in: Spiegel 47/1991.
217 Klaus Behnke/Jürgen Fuchs (Hrsg.), Zersetzung der Seele. Psychologie und Psychatrie im Dienste der Stasi, Berlin 1995. Dort schildern verschiedene Beiträge den Mißbrauch von Kindern als Inoffizielle Mitarbeiter des MfS.
218 Stefan Heym, Der Winter unseres Mißvergnügens. Aus den Aufzeichnungen des OV Diversant, München 1996, S. 14.
219 BStU, MfS, AGM, GVS E 506/89; Ordnung 3/89 zur Nutzung ausgewählter Informationsspeicher des MfS durch die operativen Diensteinheiten des MfS (Speichernutzungsordnung des MfS); GVS E 507/89, Ordnung 4/89 zur Nutzung ausgewählter Informationsspeicher staatlicher und wirtschaftsleitende Organe, Kombinate, Betriebe und Einrichtungen sowie gesellschaftlicher Organisationen durch die operativen Diensteinheiten des MfS (Speichernutzungsordnung anderer Organe).
220 Archiv der Humboldt-Universität, Schriftwechsel Kreisleitung der FDJ, Rechenschaftsbericht der FDJ-GO Geschichte der Humboldt-Universität vom 13. 12. 1973.
221 Vgl. Sigmund Freud, Der Witz und seine Beziehung zum Unbewußten, in: Gesammelte Werke, Bd. 6, Frankfurt a. M. 1969; Lutz Röhrich, Der Witz. Figuren, Formen, Funktionen, Stuttgart 1977.
222 Helga und Klaus-Dieter Schlechte, Witze bis zur Wende. 40 Jahre politischer Witz in der DDR, 2. Aufl., München 1993; György Dalos, Proletarier aller Länder entschuldigt mich! Vom Ende des Ostblockwitzes, Bremen 1993; Alexander Mostowschtschikow (Hrsg.), Sender Jerewan antwortet.Witze in der Sowjetunion 1960–1990; Reinhard Wagner (Hrsg.), DDR-Witze. Walter schützt vor Torheit nicht. Erich währt am längsten, Berlin 1995; ders., DDR-Witze 2. Lieber von Sitte gemalt, als vom Sozialismus gezeichnet, Berlin 1997.
223 Nach der Errichtung des Reiterdenkmals Friedrichs II. Unter den Linden im Jahre 1851 kursierte in Berlin folgender Spottvers: »Lieber Friedrich, steig hernieder/Regiere Deine Preußen wieder/Laß in diesen schweren Zeiten den Friedrich Wilhelm oben reiten.« Aus der NS-Zeit sind die gleichen Verse, auf den »goldenen Reiter« in Dresden-Neustadt bezogen, überliefert: »Lieber August, steig hernieder/Regiere Deine Sachsen wieder/Laß in diesen schweren Zeiten lieber den Mutschmann (NS-Gauleiter von Sachsen) oben reiten.« Nach der Wiederaufstellung des Reiterdenkmals Friedrichs II. im Jahre 1980 wurden die Verse

erneut aktualisiert und mit dem Gerücht verbunden, an der Statue habe sich ein Schild mit der Aufschrift befunden: »Lieber Friedrich, steig hernieder/Regiere Deine Deutschen wieder/Laß in diesen schweren Zeiten lieber den Erich oben reiten.«

224 Wolf Biermann, Preußischer Ikarus. Lieder, Balladen, Gedichte, Prosa, München 1978, S. 218.

225 Adolf Endler, Tarzan am Prenzlauer Berg. Sudelblätter 1981–1983, Leipzig 1994, S. 117.

226 Sylvia Klötzer, Öffentlichkeit in der DDR? Die soziale Wirklichkeit im »Eulenspiegel«, in: Aus Politik und Zeitgeschichte. Beilage zum »Parlament« 46/1996, S. 28–37.

227 Jean-Noel Kapferer, Gerüchte. Das älteste Massenmedium der Welt, Leipzig 1996.

228 SAPMO-BArch, ZPA, DY 31970/2, Büro Jarowinsky, Information zu ausgewählten Preisproblemen und Abkauftendenzen, 22. 9. 1977, Bl. 1.

229 Ebd., Bl. 2.

230 Ebd., Bl. 5.

231 Ebd., Bl. 3.

232 SAPMO-BArch, ZPA, DY 31970/2, Büro Jarowinsky, Halbritter an Jarowinsky vom 29. 9. 1977, Bl. 2.

233 BStU, MfS, IM »Kurt«, Bericht vom 25. 5. 1972.

234 Endler (Anm. 225), S. 270.

235 Ebd., S. 22.

236 BStU, MfS, Bestand Mielke, Ordner 412, Information zur Charakterisierung Wolf Biermanns und seines feindlichen Wirkens, 25. 11. 1976.

237 Ebd., Bl. 5.

238 Ebd., Bl. 13.

239 Ebd.

240 Siegfried Reiprich, Der verhinderte Dialog. Meine politische Exmatrikulation. Eine Dokumentation (Schriftenreihe des Robert-Havemann-Archivs. 3), Berlin 1996, S. 116 f.

241 Behnke/Fuchs (Anm. 217).

242 Vgl. Stefan Wolle, Operativer Vorgang »Friedliche Herbstrevolution«. War die Wende des Jahres 1989 eine Verschwörung der Stasi?, in: Bernd Florath/Armin Mitter/Stefan Wolle (Hrsg.), Die Ohnmacht der Allmächtigen. Geheimdienste und politische Polizei in der modernen Gesellschaft, Berlin 1992, S. 234 ff.

243 Vgl. Stefan Wolle, »Die Stasi lebt«. Die mühsame Bewältigung der Stasi-Vergangenheit, in: Georg M. Hafner/Edmund Jacoby (Hrsg.), Neue Skandale der Republik, Reinbek b. Hamburg 1994, S. 13 ff.

244 BStU, Akte Bernd Florath, Bericht des IM »Wolfgang Schreiner« vom 26. 5. 1976; Florath war während dieser Zeit Student an der Sektion Geschichte der Humboldt-Universität und wurde 1976 wegen seines Protests gegen die Biermann-Ausbürgerung relegiert.

245 Siegfried Suckut (Hrsg.), Das Wörterbuch der Staatssicherheit. Definitionen zur »politisch-operativen Arbeit« (Analysen und Dokumente. Wissenschaftliche Reihe des Bundesbeauftragten für die Unterlagen des Staatssicherheitsdienstes der ehemaligen DDR), Berlin 1996, S. 34.

246 BStU, MfS, VVS 680/73, Protokoll der Einweisung der Repräsentanten der Partei- und Staatsführung und weiterer führender Genossen in den Gesamtplan der Maßnahmen zur Gewährleistung der Sicherheit während der X. Weltfestspiele durch den Minister für Staatssicherheit, 5. 7. 1973, Bl 8.

247 BStU, MfS, VVS 644/73, Plan der Maßnahmen zur Gewährleistung der Sicherheit während der X. Weltfestspiele, vom 25. 6. 1973.

248 BStU, MfS/BDL/Dok. 1813, Schußwaffengebrauchsbestimmung für die Kräfte des Zentralen Einsatzverbandes (ZEV) in der Durchführungsplanung der Aktion »Banner«, Juni 1973.

249 BStU, MfS, HA IX, 5353, 24. 7. 1973.

250 Ebd., Bl. 1.

251 Ebd., Bl. 2.

252 Ebd., Bl. 6.
253 BStU, MfS/GM, 1758, Standpunkte zum Verhalten gegenüber Provokationen oder anderen abweichenden Verhaltensweisen bei politischen Veranstaltungen, 12. 7. 1973, Bl. 2.
254 BStU, MfS/HA IX, Abschlußbericht zur Aktion »Banner«, 14. 8. 1973.
255 Frankfurter Allgemeine Zeitung, 8. 6. 1995.
256 Ebd.
257 Ebd.
258 Klaus Bölling, Die fernen Nachbarn. Erfahrungen in der DDR, Hamburg 1983; Heinrich Potthoff, Bonn und Ost-Berlin 1969–1982. Dialog auf höchster Ebene und vertrauliche Kanäle. Darstellung und Dokumente (Archiv für Sozialgeschichte. Beiheft 18), Bonn 1997.
259 Bölling (Anm. 258), S. 161 f.
260 Statistisches Jahrbuch '90 der Deutschen Demokratischen Republik, Berlin (Ost) 1990, S. 2; dies. Zahl in Gunnar Winkler (Hrsg.), Frauenreport '90, Berlin (Ost) 1990, S. 16; in: Ders., Sozialreport '90. Daten und Fakten zur sozialen Lage in der DDR, S. 11 findet sich für den 31. 12. 1989 die Zahl 16,3 Millionen, in der nebenstehenden Tabelle die Angabe: 16 433 000.
261 Winkler, Sozialreport (Anm. 260), S. 11.
262 Ebd.
263 Ebd.
264 Sendung am 27. 6. 1996, in: Info-Radio ORB/SFB, 5. 2. 1996.
265 Konrad Weller, Das Sexuelle in der deutsch-deutschen Vereinigung. Resümee und Ausblick, Leipzig 1991.
266 Winkler, Frauenreport (Anm. 260), S. 28.
267 Ebd., S. 42.
268 Ebd., S. 43.
269 Ebd., S. 63.
270 Studie Lohnanalyse. Zentrales Forschungsinstiut für Arbeit, Dresden 1989, S. 3.
271 Ebd., S. 9.
272 Gleichberechtigung von Frauen und Männern. Wirklichkeit und Einstellung der Bevölkerung. Ergebnisse der ersten vergleichenden Repräsentativumfrage zur Gleichberechtigung in Deutschland des Instituts für praxisorientierte Sozialforschung (IPOS), Februar 1992, in: Materialien zur Frauenbibliothek des Bundesministeriums für Frauen und Jugend 16/1992.
273 Vgl. Staat und Recht, H. 1/1972, S. 49 ff.
274 Winkler, Frauenreport (Anm. 260) S. 24.
275 Ebd., S. 25.
276 Ebd., S. 28.
277 Neue Zeit, 27. 2. 1975.
278 Einzelnachweise bei Gisela Helwig, Frauen im SED-Staat, in: Materialien der Enquete-Kommission, Bd. III, 2, S. 1232 ff.
279 Zitiert nach: ebd., S. 1235.
280 Bernd Kleinteich, Vornamen in der DDR. 1960–1990, Berlin 1992; das Buch enthält alphabetisch geordnete Vornamentabellen für die Jahrgänge von 1960 bis 1990 mit absoluten und relativen Häufigkeitsangaben; die 400 766 Einzeleintragungen erfassen nach einem statistischen Zufallsprinzip etwa sieben Prozent der im angegebenen Zeitraum vergebenen Namen; vgl. auch Horst Naumann/Gerhard Schlimpert/Johannes Schultheis, Vornamen heute, 3. Aufl., Leipzig 1988; dort weitere Literaturhinweise. Dieses Büchlein des Bibliographischen Instituts war ein häufig gebrauchter Ratgeber bei der Namenswahl in der DDR.
281 »Bestehen Zweifel, ob die von den Eltern gewünschte Form dem Wesen nach ein Vorname ist oder ob die gewünschte Schreibung die richtige ist, so wird das Standesamt entweder selbst Erkundigungen einziehen oder die Eltern an die dafür zuständigen Beratungsstellen verweisen«, hieß es in dem einschlägigen Gesetztestext, s. Durchführungsbestimmung zum Personenstandsgesetz vom 4. 12. 1981, § 12,3.
282 Winkler, Sozialreport (Anm. 260), S. 226.
283 Ebd., S. 158.

284 Hauptverband der Deutschen Bauindustrie: Sachverständigenrat, Schwerpunkt: Bestandsaufnahme DDR, in: iw-trends, Analysen, Dokumentation, Prognosen, 17. Jg., Nr. 2 (1990), S. V-3.
285 Untersuchungsberichte des Instituts für Städtebau und Architektur, Bauakademie der DDR, Berlin 1989, zitiert nach Winkler, Sozialreport (Anm. 260), S. 158.
286 Alphons Silbermann, Das Wohnerlebnis in Ostdeutschland. Eine soziologische Studie, Köln 1993, S. 47.
287 Nach Winkler, Sozialreport (Anm. 260), S. 162.
288 Alle Angaben nach Winkler, Sozialreport (Anm. 260), S. 160 f.
289 Berliner Zeitung, 26./27. 8. 1995.
290 Pirker u. a. (Anm. 64)
291 Ebd., S. 31.
292 Ebd., S. 20.
293 Ute Reinhart, Die verwaltete Krise, in: Tagesspiegel, 30.7.1989; dazu: Neues Deutschland, 3. 8. 1989; Tagesspiegel, 4. 8. 1989 u. a.
294 BStU, SDM 1964, Analyse der Leserbriefe zum Artikel »Sozialpolitik, Preise und Subvention« von Prof. Dr. Otto Reinhold in: Deutsches Deutschland, 14. Februar 1989.
295 SAPMO, ZPA, J IV A 2/2030/250, Information über einige Probleme aus dem Monatsbericht des Genossen Schabowski, Bezirksleitung Berlin, Bl. 8.
296 Ebd., Bl. 10.
297 Ebd.
298 Maria Haendcke-Hoppe-Arndt, Wer wußte was? Der ökonomische Niedergang der DDR, in: DA 6/1995, S. 588–602, Zitat S. 591; dass. auch in: Gisela Helwig (Hrsg.), Rückblicke auf die DDR. Festschrift für Ilse Spittmann-Rühe (Edition DA), Köln 1995.
299 Hans-Hermann Hertle, Der Weg in den Bankrott der DDR-Wirtschaft. Das Scheitern der »Einheit von Wirtschafts- und Sozialpolitik« am Beispiel der Schürer/Mittag-Kontroverse im Politbüro 1988, in: DA 2/1992, S. 127–145; Zitat S. 133.
300 Ebd., S. 133.
301 Ebd., S. 138.
302 Herbert Wolf, Hatte die DDR je eine Chance?, Hamburg 1991, S. 46 f.
303 Ausführlich mit Dokumenten vgl. Monika Kaiser, Knock out für den Mittelstand, Berlin 1990; Mit dem Schwergewicht auf der Entwicklung vor 1972 aber ausführlich und mit reichem Zahlenmaterial Hannsjörg F. Buck, Formen, Instrumente und Methoden zur Verdrängung, Einbeziehung und Liquidierung der Privatwirtschaft in der SBZ/DDR, in: Materialien der Enquete-Kommission, Bd. II, 2, S. 1070 ff.; hier vor allem S. 1139–1141.
304 Statistisches Jahrbuch der DDR 1972, S. 188; und ebd. 1973, S. 174.
305 11. Parteitag der LDPD. Protokoll des 11. Parteitages der LDPD (16.–19. 2. 1972) in Weimar, Bl. 473.
306 Vgl. Beschluß des Politbüros des ZK der SED vom 8. 2. 1972 sowie den ebenfalls geheimgehaltenen Beschluß des Ministerrates der DDR über Regelungen für Betriebe mit staatlicher Beteiligung und über die Stellung und Aufgaben des staatlichen Gesellschafters bei der schrittweisen Übernahme dieser Betriebe in Volkseigentum vom 16. 2. 1972; abgedruckt bei Kaiser (Anm. 303), S. 96 ff und 11 ff.
307 SAPMO-BArch, ZPA, J IV 2/202/477.
308 SAPMO-BArch, ZP, DY 30/31970//1, Büro Jarowinsky, Information Werner Jarowinsky an Erich Honecker über den Preis der Erdöl- und Erdgaslieferungen der UdSSR im Rahmen der Abkommen über Investitionsbeteiligungen, 26. 6. 1975; im Anhang auch die offizielle deutsche Übersetzung der beiden sowjetischen Noten.
309 Heinz Bernhardt, Sortimentskonzeptionen – wichtige Instrumente für die sozialistische Verbraucherpreispolitik, in: Der Handel 4/1975, S. 137–140.
310 Ebd., S. 138 f.
311 SAPMO-BArch, ZPA, DY 30/31970/1, Büro Jarowinsky, Werner Jarowinsky an Erich Honecker, Information zur Veröffentlichung in Publikationsorganen der BRD über die

Entwicklung der Einzelhandelspreise in der DDR, 24. 4. 1975; vgl. Tagesspiegel, 20. 4. 1975; Frankfurter Allgemeine Zeitung, 21. 4. 1975.

312 Ebd.

313 SAPMO-BArch, ZPA, DY 31870/2, Büro Jarowinsky, Information zu ausgewählten Preisproblemen und Abkauftendenzen, 22. 9. 1977, Bl. 1.

314 Ebd., Bl. 1.

315 Ebd., Bl. 2.

316 SAPMO-BArch, ZPA, DY 31976/2, Büro Jarowinsky, Information zu den Ergebnissen der weiteren Verbesserung mit Exquisit- und Delikaterzeugnissen, 16. 12. 1977, Bl. 2.

317 Vgl. Jochen Staadt, Eingaben. Die institutionelle Meckerkultur in der DDR. Goldbrokat, Kaffee-Mix, Ausreiseanträge und das Generalsekretärskonto, (Arbeitspapiere des Forschungsverbundes SED-Staat Nr. 24/1996).

318 SAPMO-BArch, ZPA, vorl. SED 26574/2, Büro Mittag, Konzeption zur Durchsetzung der Einsparung von Valutamitteln beim Import von Rohkaffee, 18. 4. 1977.

319 Ebd.

320 SAPMO-BArch, ZPA, IV B 2/2028/20, Büro Norden, Schreiben Albert Norden an Erich Honecker vom 28. 6. 1977.

321 SAPMO-BArch, ZPA, vorl. SED 26574, Büro Mittag, Schreiben Günter Mittag an Erich Honecker vom 6. 7. 1977.

322 SAPMO-BArch, ZPA, DY 30/31970/1, Büro Jarowinsky, Information zur Sicherung der Versorgung der Bevölkerung mit Röstkaffee im Jahre 1978, Bl. 1.

323 SAPMO-BArch, ZPA, DY 30/31970/1, Büro Jarowinsky, Information zu Preisen an Honekker o. D. [1979], Bl. 1.

324 Vollständiger Abdruck in: Das Parlament 38/94 (23. 9. 1994), S. 13 f.

325 Ebd.

326 Ebd.

327 Werkzeuge des SED-Regimes. Der Bereich Kommerzielle Koordinierung und Alexander Schalck-Golodkowski. Bericht des 1. Untersuchungsausschusses des 12. Deutschen Bundestages, in: Zur Sache 2/94, Anlageband 3, Dokument 749, S. 3225 f.

328 Ebd.

329 Haendcke-Hoppe-Arndt (Anm. 298), S. 590.

330 Hans-Hermann Hertle, Der Weg in den Bankrott der DDR-Wirtschaft, in: DA 2/1992, S. 138.

331 Koko-Untersuchungsausschuß, Textband (Anm. 327), S. 77.

332 Ebd., S. 103 f.

333 Frankfurter Allgemeine Zeitung, 3. 5. 1996.

334 Koko-Untersuchungsauschuß, Textband (Anm. 327), S. 220.

335 Ebd., S. 226.

336 Ebd., S. 280.

337 Angaben nach: Ludwig Geissel, Unterhändler der Menschlichkeit. Erinnerungen, Stuttgar 1991, S. 475; vgl. Craig R. Whitney, Advocatus Diaboli. Wolfgang Vogel. Anwalt zwischen Ost und West, Berlin 1993, S. 400; Norbert F. Pötzl, Basar der Spione. Die geheimen Missionen des DDR-Unterhändlers Wolfgang Vogel, Hamburg 1997.

338 Wolfgang Brinkschulte/Hans Jörgen Gerlach/Thomas Heise, Freikaufgewinnler. Die Mitverdiener im Westen, Berlin 1993.

339 Die Angaben im folgenden Kapitel nach dem Bericht des Bundesministeriums des Inneren: Materialien zur deutschen Einheit und zum Aufbau in den neuen Bundesländern, Drucksache des Deutschen Bundestages 13/2280 (8. 9. 1995), S. 93 f., 171 f. u. 203 ff.; vgl. Ulrich Petschow/Jürgen Meyerhoff/Claus Thomasberger, Umweltreport DDR. Bilanz einer Zerstörung, Kosten der Sanierung, Strategien für den ökologischen Umbau, Frankfurt a. M. 1990.

340 Karl Marx, Grundrisse der Kritik der politischen Ökonomie, in: Karl Marx/Friedrich Engels Werke, Bd. 42, Berlin (Ost) 1956, S. 183 f.

341 SAPMO-BArch, ZPA, DY 30, IV 2/2037/26, Schreiben Naumann an Joachim Herrmann vom 16. 4. 1980 und Information über Straftaten unter Ausnutzung von Zeitungsannoncen.
342 Ebd., Bl. 3.
343 Ebd., Anlage Bl. 1 f.
344 Statistisches Jahrbuch der DDR '89, Berlin (Ost) 1989, S. 219.
345 Statistisches Jahrbuch der DDR '90, Berlin (Ost) 1990, S. 252.
346 SAPMO-BArch, ZPA DY 30/IV 2/2.039/269, Büro Krenz, Lageeinschätzung zum spekulativen Handel mit gebrauchten PKW (MdI), Anschreiben Egon Krenz an Erich Honekker, 19. 1. 1989.
347 Ebd., Schreiben Friedrich Dickel an Egon Krenz, 3. 1. 1989, Bl 1 f.
348 Ebd. Schreiben Egon Krenz an Erich Honecker, 5. 1. 1989.
349 Vgl. Thomas Flierl, »Thälmann und Thälmann vor allen«. Ein Nationaldenkmal für die Hauptstadt der DDR, Berlin, in: Günter Feist/Eckhart Gillen/Beatrice Vierneisel (Hrsg.), Kunstdokumentation SBZ – DDR 1945–1990. Aufsätze, Berichte, Materialien, Köln 1996, S. 358–385, hier besonders S. 383; Gabi Dolff-Bonekämper, Kunstgeschichte als Zeitgeschichte – das Thälmanndenkmal in Berlin, in: Ruth Reiher/Rüdiger Läzer (Hrsg.), Von »Buschzulage« und »Ossi-Nachweis«. Ost-West-Deutsch in der Diskussion, Berlin 1996, S. 169–185.
350 In: Humboldt-Universität 2/1995 (16. 11. 1995).
351 Spiegel 2/1996.
352 Heym (Anm. 218), S. 68.
353 Milan Kundera, Verratene Vermächtnisse. Essay, Taschenbuchausg. Frankfurt a. M. 1996, S. 213.
354 Ebd., S. 213 f.
355 In: Telegraph 11–12/1995, S. 32.
356 Christa Wolf, Unter den Linden. Drei unwahrscheinliche Geschichten, Berlin/Weimar 1974, S. 61 ff.
357 Anna Seghers, Die Reisebegegnung, in: Sonderbare Geschichten, Berlin/Weimar 1973, separat Leipzig 1981.
358 Franz Fühmann, Ernst Theodor Amadeus Hoffmann. Rede in der Akademie der Künste, in: Essays, Gespräche, Aufsätze 1964-1981, Rostock 1981, S. 217–238, Zitat S. 227; der Vortrag wurde am 24. Januar 1976 in der Akademie der Künste der DDR anläßlich des 200. Geburtstages von E. T. A. Hoffmann gehalten. Der Text erschien zuerst 1976 in Heft 3 von »Sinn und Form« und wurde in leicht überarbeiteter Fassung 1979 in dem Band »Fräulein Veronika Paulmann aus der Pirnaer Vorstadt oder Etwas über das Schauerliche bei E. T. A. Hoffmann« gedruckt; vgl. auch die in dem Band wiedergegebenen Essays: Klein Zaches genannt Zinnober (Erstveröffentlichung in: Weimarer Beiträge 4/1978) sowie den Rundfunkvortrag: Ernst Theodor Amadeus Hoffmann (Erstveröffentlichung in: Neue Deutsche Literatur, 5/1976).
359 Vgl. Heinz Knobloch/Michael Richter/Thomas Wenzel, Geisterbahnhöfe, 3. Aufl., Berlin 1997.
360 Vgl. Dietmar und Ingmar Arnold, Dunkle Welten. Bunker, Tunnel und Gewölbe unter Berlin, Berlin 1997.
361 Ernst Theodor Amadeus Hoffmann, Fantasiestücke in Callots Manier (Gesammelte Werke in Einzelausgaben. 1), Berlin/Weimar 1976, S. 180.
362 Ebd., S. 181.
363 Ernst Theodor Amadeus Hoffmann, Die Serapionsbrüder (Gesammelte Werke in Einzelausgaben. 5), Berlin/Weimar 1978, S. 110.
364 Ebd., S. 211.
365 Ebd., S. 210 f.; vgl. Rüdiger Safranski, E. T. A. Hoffmann, Das Leben eines skeptischen Phantasten, Taschenbuchausg. Frankfurt a. M. 1987, S. 307.
366 Günter de Bruyn, Vierzig Jahre. Ein Lebensbericht, Frankfurt a. M. 1996, S. 185 f.
367 Erich Loest, Der vierte Zensor. Vom Entstehen und Sterben eines Romans in der DDR (Edition DA), Köln 1984, S. 8.

368 Ebd.
369 Dietmar Keller/Matthias Kirchner (Hrsg.), Biermann und kein Ende. Eine Dokumentation zur DDR-Kulturpolitik, Berlin 1991, S. 117.
370 Das geht sein' sozialistischen Gang, Doppel-LP. Livemitschnitt des Kölner Konzerts vom 13. 11. 1976, CBS Nr. 88224, 1977.
371 Zitiert nach: Heinrich Vormweg, Günter Grass (rowohlts monographien), Reinbek b. Hamburg 1996, S. 137.
372 Uwe Kolbe, Bilder aus einem Panoptikum. Geschichten und Grotesken, Frankfurt a. M. 1988, S. 79.
373 Musil (Anm. 121), Bd. 1, S. 35.
374 Wolfgang Rüddenklau: telegraph. Notausgabe [Februar 1996].
375 Claudia Petzold/Paul Kaiser, Born in the GDR – Boheme im Niemandsland. Einblicke in die DDR-Subkultur und ihre Quartiere, Rundfunkfeature, Deutschlandfunk, 2. 1. 1996.
376 Das Zitat von Stalin ist in dieser Form nicht nachweisbar, es wurde aber auch in offiziösen sowjetischen Darstellungen zitiert, so z. B. in: Abriß der Geschichte der russischen Sowjetliteratur, Berlin (Ost) 1954, S. 15.
377 Milan Kundera. Das Leben ist anderswo. München/Wien 1990, S. 229.
378 Manfred Jäger, Kultur und Politik in der DDR. 1945–1990 (Edition DA), Köln 1994, S. 139 ff.
379 Ulrich Plenzdorf/Klaus Schlesinger/Martin Stade, Berliner Geschichten. »Operativer Schwerpunkt Selbstverlag«. Eine Autoren-Anthologie: Wie sie entstand und von der Stasi verhindert wurde, Frankfurt a. M. 1995, S. 7.
380 Erich Honecker, Bericht des Politibüros, 4. Tagung des Zentralkomitees der SED vom 16./17. 12. 1971, Berlin (Ost) 1971, S. 22.
381 Kurt Hager, Zu Fragen der Kulturpolitik der SED; 6. Tagung des Zentralkomitees der SED vom 5./6. Juli 1972, Berlin (Ost) 1972, S. 35.
382 Neues Deutschland, 17. November 1976.
383 Eine wörtliche Widergabe des Konzerts findet sich in: Wolf Biermann, Nachlaß 1, Köln 1977; ders., Preußischer Ikarus, Köln 1978.
384 Roland Berbig u. a. (Hrsg.), In Sachen Biermann. Protokolle, Berichte und Briefe zu den Folgen einer Ausbürgerung (Forschungen zur DDR-Geschichte. 2), Berlin 1994, S. 68.
385 Ebd., S. 69.
386 de Bruyn (Anm. 366), S. 215 f..
387 Berbig u. a. (Anm. 384), S. 64.
388 Eine recht vollständige »Auflistung« findet sich bei Wolfgang Emmerich, Kleine Literaturgeschichte der DDR. Erw. Neuausg., Leipzig 1996, S. 256 ff.
389 Neues Deutschland, 30. 11. 1987.
390 Zitiert nach: Christa Wolf, Reden im Herbst, Berlin/Weimar 1990, S. 170 f.
391 Daten des Bundes der Evangelischen Kirchen in der DDR, hrsg. von der Konferenz der Evangelischen Kirchenleitung am 6./7. Oktober 1989.
392 Die Welt, 25. 10. 1995.
393 Der Spiegel 52/1996.
394 Gerhard Besier, Der SED-Staat und die Kirche. Der Weg in die Anpassung, München 1993, S. 23 ff.
395 Rudi Pahnke, Stichproben aus dem Zentralarchiv der FDJ (= epd-Dokumentation 10/17. 2. 1992), S. 67.
396 Czesław Miłosz, Verführtes Denken, Taschenbuchausg., Frankfurt a. M. 1974 ff., S. 205.
397 Rudolf Mau, Eingebunden in den Realsozialismus? Die Evangelische Kirche als Problem der SED, Göttingen 1994, S. 155 ff.
398 Manfred Stolpe, Schwieriger Aufbruch, Berlin 1992, S. 101.
399 Heino Falcke, Mit Gott Schritt halten, Berlin (Ost) 1986, S. 12 ff.
400 Albrecht Schönherr, . . .aber die Zeit war nicht verloren, Berlin 1993, S. 374.
401 Zitiert in Keller/Kirchner (Anm. 369), S. 79.
402 Der Brief wurde am 29. 9. 1976 im SFB gesendet.

403 Markus Meckel, Geborgenheit und Wagnis, in: Christoph Kleßmann (Hrsg.), Kinder der Opposition. Berichte aus Pfarrhäusern in der DDR, Gütersloh 1993, S. 95-108; an anderer Stelle schreibt derselbe zu Recht: »Der vom Verlag gewählte Titel suggeriert, als seien Pfarrerskinder in der DDR automatisch zur ›Opposition‹ disponiert gewesen, was in dieser Allgemeinheit nicht zutrifft.«; s. Markus Meckel/Martin Gutzeit, Opposition in der DDR. Zehn Jahre kirchliche Friedensarbeit. Kommentierte Quellentexte, Köln 1994, S. 31.

404 Helmut Müller-Enbergs/Heike Schmoll/Wolfgang Stock, Das Fanal. Das Opfer des Pfarrers Brüsewitz und die evangelische Kirche, Berlin/Frankfurt a.M. 1993; Harald Schultze u. a. (Hrsg.), Das Signal von Zeitz. Reaktionen der Kirche, des Staates und der Medien auf die Selbstverbrennung von Oskar Brüsewitz 1976. Eine Dokumentation, Leipzig 1992; Karl-Adolf Zech, Er traf den Nerv. Die Selbstverbrennung von Oskar Brüsewitz im August 1976 und die Folgen, in: DA 4/1996, S. 587–607.

405 Ein Foto des selbstgefertigten Plakates, dessen Text unterschiedlich wiedergegeben wurde, in: Signal von Zeitz (Anm. 404), Abb. 9.

406 Als Faksimile abgedruckt in: Signal von Zeitz (Anm. 404), S. 216 ff.

407 Ebd., S. 219 ff.

408 Günter Kertzscher war Mitglied der SA und der NSDAP. In sowjetischer Kriegsgefangenschaft schloß er sich dem »Nationalkomitee Freies Deutschland« an und kehrte 1945 in die Sowjetische Besatzungszone zurück, wo er der KPD beitrat. Von 1955 bis 1983 war er Redakteur im »Neuen Deutschland«.

409 Signal von Zeitz, Dok. 49, S. 249 ff.

410 Ebd., S. 250.

411 Neues Deutschland, 7. 3. 1978; vgl. auch die Schnellinformation des Sekretariats des BEK vom 7. 3. 1978 mit den Ergebnissen der Sachverhandlungen, dem Redetext von Bischof Schönherr sowie kirchlichen Kommentaren zu den Verhandlungen am 6. März 1978, zusammen mit den wichtigsten Texten zum Verhältnis von Staat und Kirche in der DDR veröffentlicht in: epd-Dokumentation 15/1978.

412 Kurt Nowak, Jenseits des mehrheitlichen Schweigens. Texte vom Juni bis Dezember des Jahres 1989 (pro vocation. 2), Berlin 1990, S. 28.

413 Diese Passage ist laut damaliger mündlicher Mitteilung von Stolpe auf kirchlichen Wunsch mit ausdrücklicher Zustimmung Honeckers in die Pressemitteilung aufgenommen worden; s. Reinhard Henkys, Die Kirche und der SED-Staat, in: Jürgen Weber, Der SED-Staat. Neues über eine vergangene Diktatur, München 1995, S. 226.

414 Christian Hacke, Von Kennedy bis Reagan. Grundzüge der amerikanischen Außenpolitik 1960–1984, Stuttgart 1984, S. 147 u. 179.

415 Eine ausführliche Darstellung mit Dokumenten, Bildmaterial und Zeitzeugen-Interviews in: In Linie angetreten. Die Volksbildung der DDR in ausgewählten Kapiteln (Geschichte, Struktur und Funktionsweise der DDR-Volksbildung. 2), hrsg. vom Ministerium für Bildung, Jugend und Sport des Landes Brandenburg, Berlin 1996; insbesondere S. 211 ff.

416 Ebd., S. 258 ff.

417 Bildungs- und Erziehungsplan für den Kindergarten. Regierung der Deutschen Demokratischen Republik/Ministerium für Volksbildung, Berlin (Ost) 1981, S. 105.

418 Ebd.

419 Ebd., S. 173.

420 Rahmenplan Physik, Ministerium für Volksbildung der DDR, Berlin (Ost) 1979, S. 151.

421 Nach: In Linie angetreten (Anm. 415), S. 263.

422 SAPMO-BArch, ZPA, IV 2/2039/201, Gewinnung des militärischen Berufsnachwuchses, Ministerium für Volksbildung/Hauptabteilung Oberschulen o.D., Bl. 1.

423 Ebd., Bl. 1.

424 Ebd., Bl. 2.

425 Ebd., Bl. 3.

426 Ebd., Bl. 4.

427 Ebd.

428 Ebd., Bl. 5.

429 Ebd., Bl. 6.
430 Martin-Michael Passauer, »Schwerter zu Pflugscharen«. Vision und ein umstrittenes Symbol, in: Horch & Guck 4. Jg. (1995), H. 3, S. 32–34; Nachdruck eines Interviews mit Ludwig Mehlhorn aus der innerkirchlich verbreiteten Flugschrift »Spuren«. Zur Geschichte der Friedensbewegung der DDR, 1988, in: ebd. S. 55–60.
431 Karl-Adolf Zech, Ein Abrüstungssymbol in der DDR und seine Folgen. Ein Betroffenenbericht zum Umgang von SED und Stasi mit dem biblisch-sowjetischen Symbol »Schwerter zu Pflugscharen« in den Jahren 1982/83 und dessen spätere Auswirkungen, in: Horch & Guck (Anm. 430), S. 16–31.
432 Text des Appells in: Friedensbewegung in der DDR. Texte 1978–1982, Hattingen 1982, S. 242 f.
433 BStU, MfS. JHS, VVS 001-19/79 I, Bl. 13.
434 BStU, MfS, BV Berlin, AKG, Information über Aktivitäten feindlich-negativer Personenkreise am 5. Februar 1988, 6. 2. 1988, Bl. 1.
435 Reinhard Schult, Von der Bürgerbewegung zur organisierten Verantwortungslosigkeit. Warum ich die Gruppe Neues Forum/Bürgerbewegung verlasse. Persönliche Erklärung vom 7. September 1995, als Pressemitteilung verbreitet; vgl. Neues Deutschland, 13. 9. 1995.
436 BStU, MfS, BV Berlin, Abt. XX, Information vom 15. 9. 1986 über aktuelle Erfahrungen und Erkenntnisse bei der Bekämpfung feindlich-negativer Kräfte und Gruppierungen politischer Untergrundtätigkeit in der Hauptstadt Berlin, Bl. 2.
437 Jäger (Anm. 378), S. 188.
438 Berliner Begegnung zur Friedensförderung. Protokolle des Schriftstellertreffens am 13./14. Dezember 1981.
439 Der Spiegel 25/20. 6. 1983 u. 26/27. 6. 1983.
440 BStU, MfS, JHS, Grundorientierungen für die politisch-operative Arbeit des MfS zur Aufdeckung, vorbeugenden Verhinderung und Bekämpfung der Versuche des Feindes zum Mißbrauch der Kirche für die Inspirierung und Organisierung politischer Untergrundtätigkeit und bei der Schaffung einer antisozialistischen Opposition in der DDR.
441 Reinhard Schult/Tina Krone (Hrsg.), »Seid Untertan der Obrigkeit«. Originaldokumente der Stasi-Kirchenabteilung XX/4, Berlin 1992, S. 126.
442 Ebd.
443 Ebd., S. 127.
444 BStU, ZIAG 411/88, Information vom 13. 9. 1988 über einige aktuelle Aspekte der Lage in der evangelischen Kirche in der DDR im Zusammenhang mit der Entwicklung des Verhältnisses Staat – Kirche, Bl. 1 ff.; besonders hervorgehoben werden Probst Furian (Zossen), Präses Becker (Berlin), Pfarrer Hoffmann (Berlin), Stadtjugendpfarrer Hülsemann (Berlin), Pfarrer Freimark (Kyritz), Pfarrer Gabriel (Gransee), Oberkirchenrat Große (Eisenach), Pfarrer Adolph (Neustadt), Pfarrer Tschiche (Samswegen), Pfarrer Schorlemmer (Wittenberg), Pfarrer Passauer (Sophienkirche Berlin), Pfarrer Hilse (Bekenntnisgemeinde Berlin), Pfarrer Widrat (Gethsemanekirche Berlin), Pfarrer Wonneberger (Nikolaikirche Leipzig), Pfarrer Käbisch (Zwickauer Dom), Pfarrer Große (Saalfeld), Pfarrer Eppelmann (Samaritergemeinde Berlin), Pfarrer Schneider (Andreas-Markus-Gemeinde Berlin), Jugenddiakon Frenzel (Erlösergemeinde Berlin), Sozialdiakon Pagel (Brandenburg), Jugenddiakon Töpfer (Meiningen), Pfarrer Richter (Erfurt), Pfarrer Schilling (Braunsdorf), Pfarrer Albani (Fraunstein), Pfarrer Bohley (Magdeburg), Pastor Meckel (Vipperow).
445 Ebd., Bl. 2.
446 Ebd., Bl. 4.
447 Ebd., Bl. 4 f.
448 Ebd., Bl. 2.
449 Ebd., Bl. 3.
450 Ebd.
451 Ebd., Bl. 4.
452 Ebd.
453 Ebd.

454 Ebd.
455 BStU, MfS, ZAIG, Hinweise zur bevorstehenden Reise einer Delegation der Grünen in die DDR, 31. 10. 1983, Bl. 1.
456 BStU, MfS, HA XX/AKG, Teilnehmer der Delegation der Fraktion der Grünen zum Besuch der DDR vom 24.–28. 3. 1986, 19. 3. 1986; dazu Anlage: Einreisen von Bundestagsabgeordneten der Grünen und anderen Führungskräften sowie Mitarbeitern in der Bundestagsfraktion der Grünen im Jahre 1985 und in den Monaten Januar/Februar 1986.
457 BStU, MfS, ZAIG, 3292, Information 176/83 vom 13. 5. 1983 über das demonstrative Auftreten von fünf führenden Vertretern der »Grünen« der BRD in der Hauptstadt der DDR, Berlin am 12. Mai 1983.
458 Ebd., Bl. 2.
459 Ebd., Bl. 9.
460 BStU, MfS, ZAIG, 5096, Politisch und politisch-operativ beachtenswerte Aspekte im Zusammenhang mit dem vorgesehenen Gespräch einer Delegation der Grünen (BRD) am 31. 10. 1983 mit Genossen Erich Honecker.
461 Ebd., Bl. 1 f.
462 Ebd., Bl. 5.
463 BStU, MfS, ZAIG, 5097, Hinweise zum Aufenthalt der Delegation der Grünen in der Hauptstadt der DDR am 31. 10. 1983 und auf weiterer von ihnen beabsichtigte Aktivitäten.
464 Ebd., Bl. 2.
465 Ebd., Bl. 3.
466 Ebd.
467 BStU, MfS, ZAIG, Zu gegen die DDR gerichtete Pläne, Absichten und Aktivitäten der Partei »Die GRÜNEN« in der BRD und der Alternativen Liste (AL) Westberlin, o. D. [1984].
468 BStU, MfS, Dokumentenstelle, Befehl des Ministers 56/86 vom 29. 10. 1986, Durchführung differenzeirter operativer Kontroll- und Überwachungsmaßnahmen zu Mitgliedern der Partei der Grünen und der Alternativen Liste/Westberlin während ihres Aufenthaltes auf dem Gebiet der DDR.
469 Ebd., Bl. 2.
470 BStU, MfS, ZAIG, Information 529/86 [o.D.], Einschätzung maßgeblicher Vertreter der Grünen zu den Ergebnissen der Reise einer Delegation der Grünen vom 1. bis 5. 9. 1986 in die DDR, Bl. 1.
471 Ebd., Bl. 5.
472 BStU, MfS, ZAIG, 6030, Information 151/87 vom 25. 4. 1987 über die Situation in der Partei »Die Grünen» vor ihrer Bundesdelegiertenkonferenz.
473 BStU, MfS, ZAIG, 6013, Information 244/88 vom 16. 5. 1988 über die Haltung der Grünen zu außen- und rüstungspolitischen Fragen sowie zu ihrem Verhältnis zur DDR.
474 BStU, MfS, ZAIG, Auszug aus Information 32/87 vom 9. 11. 1987 über Bestrebungen realistischer Kräfte der Westberliner Alternativen Liste (AL) zum Ausbau der Kontakte mit der DDR.
475 BStU, MfS, ZAIG, 5269, Hinweis auf ein Treffen führender Mitglieder der »Alternativen Liste« – »AL« – Westberlin mit Kräften politischer Untergrundtätigkeit am 28. Juni 1989 in der Hauptstadt der DDR, Berlin o.D.
476 BStU, MfS, ZAIG, Information 354/89 vom 27. 7. 1989 über eine Zusammenkunft von Mitgliedern der Alternativen Liste (AL) im Westberliner Abgeordnetenhaus mit Mitgliedern personeller Zusammenschlüsse in der Hauptstadt der DDR, Berlin; Anlage: Entwurf Gemeinsame Erklärung zur grenzübergreifenden Luftpolitik in Berlin (West) und Berlin (DDR).
477 Ebd., Bl. 3.
478 BStU, MfS, ZAIG, Information über eine geplante gemeinsame Aktion von führenden Vertretern der »Grünen«, weiteren Personen aus westlichen Ländern und feindlich-negativen Kräften der DDR am 4. 11. 1983 in der Hauptstadt der DDR, Berlin.
479 Ebd., Bl. 2.

480 Ebd., Bl. 2.
481 Ebd., Bl. 4.
482 Ebd.
483 Ebd., Bl. 5.
484 BStU, MfS, ZAIG, Information über die geplante Aktion am 4. 11. 1983 vom 4. 11. 1983, Bl. 1.
485 Ebd., Bl. 2.
486 BStU, MfS, ZAIG, Hinweise auf Reaktionen feindlich-negativer Kräfte in der der DDR nach der Verhinderung der für den 4. November 1983 vorgesehenen provokatorisch-demonstrativen Aktion in der Hauptstadt der DDR, Berlin, 5. 11. 1983.
487 Ebd., Bl. 5.
488 BStU, MfS, BV Berlin, Ausführungen des Leiters der Bezirksverwaltung für Staatssicherheit Berlin zur Beratung der Bezirkseinsatzleitung am 10. 3. 1986, Bl. 1 f.
489 Ebd., Bl. 12.
490 Im November 1995 klagte die Staatsanwaltschaft Mecklenburg-Vorpommern die drei Todeschützen des gemeinschaftlichen Mordes an; vgl. Frankfurter Allgemeine Zeitung, 21. 11. 1995; im September 1997 erhob die für Regierungskriminalität zuständige Staatsanwaltschaft II beim Landgericht-Berlin Anklage wegen Verdacht des Totschlags gegen drei der Hintermänner der HA I des MfS; vgl. Frankfurter Allgemeine Zeitung, 10. 9. 1997.
491 Vgl. Werner Filmer/Heribert Schwan, Opfer der Mauer. Die geheimen Protokolle des Todes, München 1991, S. 302.
492 Vgl. Volker Koop, »Den Gegner vernichten«. Die Grenzsicherung der DDR, Bonn 1996, S. 319 ff.
493 Siegfried Suckut (Hrsg.), Das Wörterbuch der Staatssicherheit. Definitionen zur »politisch-operativen Arbeit« (Analysen und Dokumente), Berlin 1996, S. 377.
494 Ebd., Abs. 2.
495 Biermann (Anm. 203), S. 280.
496 Filmer/Schwan (Anm. 491), S. 419 f.
497 Ebd., S. 58 ff.
498 Ebd., S. 149.
499 Rainer Hildebrandt, Die Mauer. Eine Bilanz, 105. Pressekonferenz der »Arbeitsgemeinschaft 13. August« am 10. 8. 1995; vgl. Frankfurter Allgemeine Zeitung, 11. 8. 1995 u. a. Pressemeldungen
500 Ebd., S. 2 f.
501 Christian Grüneberg, Wie das Strafrecht die Mauer sicherte, in: Frankfurter Allgemeine Zeitung, 10. 8. 1995.
502 Frankfurter Allgemeine Zeitung, 18. 5. 1996.
503 Zitiert nach: Whitney (Anm. 337), S. 269.
504 BStU, MfS, ZIAG, 134/88, Information vom 15. 3. 1988 über ein sogenanntes Friedensgebet in der Nikolaikirche in Leipzig am 14. März 1988 mit anschließender Personenbewegung, Bl. 4.
505 Ebd.
506 BStU, MfS, ZIAG, 178/88, Information vom 11. 4. 1988 über provokatorisch-demonstrative Aktivitäten Übersiedlungsersuchender auf dem Altmarkt und dem Theaterplatz in Dresden am 10. April 1988, Bl. 2.
507 BStU, MfS, ZAIG, Information über Reaktionen auf das Ableben des Generalsekretärs der KPdSU, Genossen Leonid Iljitsch Breschnjew am 10. November 1982 vom 13. 11. 1982.
508 Der Stern, 9. 4. 1987; der Text des Interviews erschien am 10. 4. 1987 auch im »Neuen Deutschland«. Dort hieß es, das Interview sei am 20. März gegeben worden. Tatsächlich hatten die Fragen des »Stern« schriftlich vorgelegen und waren ebenso beantwortet worden. Das Politbüro billigte den Text; vgl. SAPMO-BArch, ZPA, DY 30/NL 2611, Büro Hager, Wortlaut des Interviews Hager für Stern als Information an die Mitglieder des Politbüros vom 18. 3. 1987, mit Anschreiben vom 20. 3. 1987. Darin heißt es, der »Stern« wolle den Text in den Ausgaben vom 19. und 26. 3. 1987 veröffentlichen.

509 SAPMO-BArch, ZPA, DY 30/42228, Büro Hager, Reaktionen der Bevölkerung zu den Ausführungen Kurt Hagers im Interview mit der Illustrierten Stern.
510 Ebd.
511 Ebd., Schreiben an Hager vom 12. 4. 1987.
512 Mitter/Wolle (Anm 179), S. 40.
513 Ebd., S. 41.
514 Ebd.
515 Neues Deutschland, 19./20. 11. 1988.
516 Ebd.
517 Privatarchiv des Verf.
518 Mitter/Wolle (Anm. 179), S. 37.
519 Vgl. Grenzfall. Vollständiger Nachdruck aller in der DDR erschienenen Ausgaben (1986/87), hrsg. v. Ralf Hirsch/Lew Kopelew, Berlin 1989.
520 BStU, MfS, ZAIG, B 216, Referat des Gen. Minister zur Auswertung der 9. Tagung des ZK der SED und zu den sich daraus ergebenden ersten Schlußfolgerungen für die Tätigkeit des MfS, 21. 10. 1989, Bl. 54.
521 Ebd.
522 Ebd.
523 Die sogenannten »Januar-Ereignisse« haben aus unterschiedlicher Perspektive u. a. geschildert: Freya Klier, Abreißkalender, München 1988; dies. nach Akteneinsicht, Aktion »Störenfried«, in: Hans Joachim Schädlich (Hrsg.), Aktenkundig, Berlin 1992, S. 91–153; Vera Wollenberger, Virus der Heuchler. Innenansichten aus Stasi-Akten, Berlin 1992.
524 BStU, MfS, BV Berlin, Hauptabteilung XX, Information vom 12. 1. 1988 über eine geplante öffentlichkeitswirksame Störung der Kampfdemonstration anläßlich des 69. Jahrestages der Ermordung von K. Liebknecht und R. Luxemburg am 17. 1. 1988.
525 Rosa Luxemburg, Gesammelte Werke, Bd. 4, Berlin (Ost) 1974, S. 332–365.
526 Information vom 12. 1. 1988 (Anm. 524).
527 Ebd.
528 Ebd.
529 BStU, MfS, BV Berlin, A 1055, Aktion »Störenfried«, IM »Ingrid«, Bericht vom 11. 1. 1988
530 BStU, MfS, BV Berlin, Information vom 13. 1. 1988 über eine geplante Provokation anläßlich der Kampfdemonstration zur Ehrung von Karl Liebknecht und Rosa Luxemburg am 17. Januar 1988 und Maßnahmen zu deren vorbeugenden Verhinderung, Bl. 1 f.
531 Ebd.
532 BStU, MfS, BV Berlin, Bericht vom 17. 1. 1988 über die Arbeitsergebnisse des zeitweiligen Führungspunktes am 17. Januar 1988 im Raum Frankfurter Tor, Bl. 2 f.
533 Ebd.
534 Ebd.
535 Alle Zahlenangaben stammen aus den Akten des MfS, nach der persönlichen Erinnerung des Verf. waren die Teilnehmerzahlen teilweise wesentlich höher; vgl. u. a. BStU, MfS, ZIAG 65/88, Information vom 30. 1. 1988 über weiter anhaltende Aktivitäten akkreditierter Korrespondenten westlicher Medien gegen die DDR.
536 BStU, MfS, BV Berlin, AKG, Information vom 5. 2. 1988 über Aktivitäten feindlich-negativer Personenkreise am 4. Februar 1988, Bl. 6.
537 BStU, MfS, ZIAG, Information 70/88 vom 5. 2. 1988 über einige beachtenswerte Aspekte im Zusammenhang mit einer sogenannten Solidaritätsandacht in der Gethsemanekirche.
538 Die Tageszeitung, 7. 2. 1988.
539 BStU, MfS, BV Berlin, Abt. XX, Einschätzung der derzeitigen Reaktion in den operativ bedeutsamen Gruppierungen des politischen Untergrundes der Hauptstadt, Bl. 1
540 Ebd.
541 BStU, MfS, BV Berlin, AKG, Information vom 8. 3. 1988 über die Reaktion der Bevölkerung der Hauptstadt der DDR, Berlin, auf die staatlichen Maßnahmen im Zusammenhang mit den Vorkommnissen am 17. 3. 1988, Bl. 2 f.
542 Konrad Weiß, Nicht durch den Reifen springen, in: Die Welt, 16. 9. 1995.

543 BStU, MfS, ZIAG, 457/88, Information vom 22. 10. 1988 über eine erneut beabsichtigte Zusammenrottung feindlich-negativer Kräfte am 24. Oktober 1988 in de Hauptstadt der DDR, Berlin; die von Mielke unterzeichnete und von Honecker abgezeichnete Information trägt den Zusatz: »Die Information ist wegen äußerster Quellengefährdung nur zur persönlichen Kenntnisnahme bestimmt.« Dies ist ein Hinweis darauf, daß die wichtige Information von einem der »Spitzen-IM« des MfS stammte.
544 BStU, MfS, ZIAG, 462/88, Information vom 25. 10. 1988 über die vorbeugende Verhinderung einer erneut beabsichtigten öffentlichkeitswirksamen Demonstration feindlich-negativer Kräfte am 24. Oktober 1988 in der Hauptstadt der DDR, Berlin; die von Mielke unterzeichnete Information trägt die Paraphe E.H. [Erich Honecker].
545 Eine Kassette mit einem Mitschnitt der beiden Sendungen verbreitete die Umwelt-Bibliothek nach der Wende.
546 BStU, HA IX/2, Vermerk zur rechtlichen Einschätzung einer Sendung unter dem Titel »Radio Glasnost« vom 22. Juli 1987, 18. 8. 1987.
547 Frankfurter Rundschau, 31. 8. 1987; Die Tageszeitung, 2. 9. 1987; vgl. BStU, MfS, Information vom 24. 9. 1987 über den privaten Rundfunksender »Radio 100« in Berlin (West) und das inspirierende Wirken zur Organisierung politischer Untergrundtätigkeit in der DDR.
548 SAPMO-BArch, ZPA IV 2/2039/201, Information Mielke an Joachim Herrmann vom 28. 9. 1987.
549 Neues Deutschland, 2. 2. 1988.
550 Ebd.
551 Komsomolskaja Prawda, 5. 2. 1988; Prawda, 12. 2. 1988; Berliner Zeitung, 12. 2. 1988.
552 Die Tageszeitung, 27. 4. 1988; Die Welt, 28. 4. 1988.
553 BStU, MfS, ZIAG, Mielke an Honecker, 17. 1. 1989.
554 Mitter/Wolle (Anm 179), S. 12.
555 Ebd.
556 Ebd., S. 42.
557 Ebd.
558 Ebd., S. 34 f.
559 Neues Deutschland, 11. 5. 1989.
560 Ebd.
561 Vgl. Werner Meißner (Hrsg.), Die DDR und China 1949–1990. Politik, Wirtschaft, Kultur (Quellen zur Geschichte der deutsch-chinesischen Beziehungen 1897–1995), Berlin 1996.
562 Neues Deutschland, 4. 6. 1989.
563 Neues Deutschland, 9. 6. 1989.
564 Der Aufruf wurde am 9. September 1989 in Grünheide bei Erkner verabschiedet und seit dem 10. September verbreitet.
565 Neues Deutschland, 22. 9. 1989.
566 Flugblatt vom 22. 9. 1989, Privatarchiv des Verf.
567 BStU, MfS, ZAIG, Information 42/89, 16. 10. 1989.
568 Ebd.
569 Jürgen Kuczynski, Ein linientreuer Dissident. Memoiren 1945–1989, Berlin/Weimar 1992, S. 364.
570 SAPMO-BArch, ZPA, DY 30/27501, Büro Hager, Schriftwechsel, Aktennotiz über eine Aussprache mit Genossen Jürgen Kuczynski am 7. 9. 1982 über das vorliegende Manuskript »Dialog mit meinem Urenkel« (Aufbau-Verlag), Bl. 5; vgl. Jürgen Kuczynski, Dialog mit meinem Urenkel. Neunzehn Briefe und ein Tagebuch. Erstausgabe der unzensierten und ungekürzten Fassung, Frankfurt a. M. 1997; in der Neuausgabe sind die von Hager beanstandeten und gestrichenen Passagen wieder eingefügt und gekennzeichnet.
571 SAPMO-BArch, ZPA, Büro Hager, Schriftwechsel, Schreiben Manfred von Ardenne an Jürgen Kuczynski vom 28. 8. 1986; Kopie mit Anschreiben von Kurt Hager an Erich Honekker vom 12. 9. 1986.
572 BStU, MfS, ZAIG, O/223, S. 1 ff.

573 SAPMO-BArch, ZPA, DY 30/42327,Büro Hager, Schriftwechsel, Schreiben Klaus Höpcke an Kurt Hager vom 1. 7. 1988 nebst Anlage: Grundsätze der Verlagstätigkeit, der Themenplanbestätigung und des Druckgenehmigungsverfahrens im Prozeß der Herausgabe von Druckerzeugnissen durch die lizensierten Verlage der DDR.
574 Ebd., Bl. 2.
575 SAPMO-BArch, ZPA, DY 30/42327, Büro Hager, Schriftwechsel, Schreiben Kurt Hager an Klaus Höpcke vom 11. 10. 1988, Bl. 2.
576 Das., Schreiben Kurt Hager an Hans-Joachim Hoffmann, Bl. 1.
577 Ebd.
578 SAPMO-BArch, ZPA, DY 30/42327, Büro Hager, Schriftwechsel, Schreiben Hans-Joachim Hoffmann an Kurt Hager, vom 1. 11. 1989, Bl. 1 f.
579 Das., Schreiben Kurt Hager an Hans-Joachim Hoffmann vom 2. 11. 1989; als Faksimile auch in: Neue Deutsche Literatur (NDL), 1991, H. 11, S. 170 und in: Jäger (Anm. 378), S. 262.
580 Neues Deutschland, 9. 8. 1989.
581 Und diese verdammte Ohnmacht. Report der unabhängigen Untersuchungskommission zu den Ereignissen vom 7./8. Oktober 1989 in Berlin, Berlin 1991, S. 17.
582 Ebd., S. 17 f.
583 BStU, MfS, ZAIG, Wochenübersicht 42/89, 16. 10. 1989, Bl. 4 f.
584 Ebd., Bl. 5.
585 Ebd., Bl. 8.
586 BStU, MfS, ZAIG, Information 485/89 vom 30. 10. 1989, Bl. 10.
587 Alle erschließbaren Tatsachen über die Ereignisse sind minutiös zusammengetragen bei: Hans-Hermann Hertle, Chronik des Mauerfalls. Die dramatischen Ereignisse um den 9. November 1989, Berlin 1996; vgl. auch die »wissenschaftliche Version« desselben Buches mit Dokumenten: Der Fall der Mauer. Die unbeabsichtigte Selbstauflösung des SED-Staates, Köln 1996.
588 Ausführlich zur Totalitarismustheorie vgl. Eckhard Jesse, Totalitarismus im 20. Jahrhundert. Eine Bilanz der internationalen Forschung, Baden-Baden 1996.
589 Gabelmann, Thilo, Thälmann ist niemals gefallen? Eine Legene stirbt, Berlin 1996.
590 Eine ausführliche Auseinandersetzung zum Geschichtsbild der PDS findet sich bei Rainer Eckert/Bernd Faulenbach (Hrsg.), Halbherziger Revisionismus. Zum postkommunistischen Geschichtsbild, München 1996.
591 BStU, ZAIG, B 216, Referat des Genossen Minister zur Auswertung der 9. Tagung des ZK der SED und zu den sich daraus ergebenden ersten Schlußfolgerungen für die Tätigkeit des MfS, 21. 10. 1989, Bl. 54.
592 Gerhard Besier/Stephan Wolf (Hrsg.), »Pfarrer, Christen, Katholiken«. Das Ministerium für Staatssicherheit der ehemaligen DDR und die Kirchen, Neukirchen/Vluyn 1991, S. 629.
593 Ebd.
594 Egon Friedell, Kulturgeschichte der Neuzeit, Taschenbuchausg., München 1997, Bd. 1, S. 488.
595 Berliner Zeitung, 23. 10. 1990.

Weiterführende Literatur

1. Allgemeine Hilfsmittel

Institutionen der DDR-Forschung

MÄHLERT, ULRICH (Hrsg.), Vademekum DDR-Forschung. Ein Leitfaden zu Archiven, Forschungseinrichtungen, Bibliotheken, Einrichtungen der politischen Bildung, Vereinen, Museen und Gedenkstätten, Opladen 1997.

Chronologie

DIEMER, GEBHARD/KUHRT, EBERHARD, Kurze Chronik der Deutschen Frage, 4. Aufl., Landsberg am Lech 1994.
LEHMANN, HANS GEORG, Deutschland-Chronik 1945 bis 1995, Bonn 1995.
POLLMANN, BERNHARD, Daten zur Geschichte der Deutschen Demokratischen Republik, Düsseldorf 1984.
UNSER STAAT. DDR-Zeittafel 1949–1988, Berlin (Ost) 1989.

Handbücher

EPPELMANN, RAINER u. a. (Hrsg.), Lexikon des DDR-Sozialismus, 2. überarb. Aufl., Paderborn 1998.
HERBST, ANDREAS/RANKE, WINFRIED/WINKLER, JÜRGEN (Hrsg.), So funktionierte die DDR, 3 Bde., Reinbek b. Hamburg 1994.
WEIDENFELD, WERNER/KORTE, KARL-RUDOLF (Hrsg.), Handbuch zur deutschen Einheit, Neuausg. 1996, Frankfurt a. M./New York 1996.
ZIMMERMANN, HARTMUT u. a. (Hrsg.), DDR-Handbuch, 3. Aufl., Köln 1985.

Biographische Handbücher

BARTH, BERND-RAINER U. A. (Hrsg.), Wer war wer in der DDR. Ein biographisches Handbuch, 3. aktual. Aufl., Frankfurt a. M. 1996.
BAUMGARTNER, GABRIELE/HEBIG, DIETER (Hrsg.), Biographisches Handbuch der SBZ/DDR 1945–1990, 2 Bde., München 1996–97.
BUCH, GÜNTHER, Namen und Daten wichtiger Personen der DDR, 4. Aufl., Berlin/Bonn 1984.
WER WAR WER – DDR, 2. veränderte Aufl., Berlin 1992.

Archive, Akten

DIE BESTÄNDE der Stiftung Archiv Parteien und Massenorganisationen der DDR im Bundesarchiv. Kurzübersicht, Berlin 1996.

GAUCK, JOACHIM, Die Stasi-Akten. Das unheimliche Erbe der DDR, Reinbek b. Hamburg 1991.

HENKE, KLAUS-DIETMAR (Hrsg.), Wann bricht schon mal ein Staat zusammen! Die Debatte über die Stasi-Akten auf dem 39. Historikertag 1992, München 1993.

HENKE, KLAUS-DIETMAR/ENGELMANN, ROGER (Hrsg.), Aktenlage. Die Bedeutung der Unterlagen des Staatssicherheitsdienstes für die Zeitgeschichtsforschung, Berlin 1995.

KRONE, TINA/KUKUTZ, IRENA/LEIDE, HENRY, Wenn wir unsere Akten lesen. Handbuch zum Umgang mit den Stasi-Akten, Berlin 1992.

WEBERLING, JOHANNES, Stasi-Unterlagen-Gesetz. Kommentar, Köln u. a. 1993.

2. Gesamtdarstellungen, Sammelwerke und Quellensammlungen

Gesamtdarstellungen

BENDER, PETER, Episode oder Epoche? Zur Geschichte des geteilten Deutschland, Taschenbuchausg., München 1996.

KUHRT, EBERHARD/BUCK, HANNSJÖRG F./HOLZWEISSIG, GÜNTER (Hrsg.), Die SED-Herrschaft und ihr Zusammenbruch (Am Ende des realen Sozialismus. 1), Opladen 1996.

MEUSCHEL, SIGRID, Legitimation und Parteiherrschaft in der DDR. Zum Paradox von Stabilität und Revolution in der DDR 1945–1989, Frankfurt a. M. 1992.

STARITZ, DIETRICH, Geschichte der DDR, (Neue historische Bibliothek), erw. Neuausg., Frankfurt a. M. 1996.

WEBER, HERMANN, DDR. Grundriß der Geschichte 1945–1990, überarb. Neuaufl., Hannover 1991.

DERS., Die DDR 1945–1990, (Oldenbourg Grundriß der Geschichte. 20), 2. überarb. Aufl., München 1993.

Sammelwerke

BESSEL, RICHARD/JESSEN, RALF (Hrsg.), Die Grenzen der Diktatur. Staat und Gesellschaft in der DDR, Göttingen 1996.

FAULENBACH, BERND/MECKEL, MARKUS/WEBER, HERMANN (Hrsg.), Die Partei hat immer recht – Aufarbeitung und Folgen der SED-Diktatur, Essen 1994.

KOCKA, JÜRGEN (Hrsg.), Historische DDR-Forschung. Aufsätze und Studien, (Zeithistorische Studien. 1), Berlin 1993.

Kocka, Jürgen/Sabrow, Martin (Hrsg.), Die DDR als Geschichte. Fragen, Hypothesen, Perspektiven, (Zeithistorische Studien. 2), Berlin 1994.

Materialien der Enquete-Kommission »Aufarbeitung von Geschichte und Folgen der SED-Diktatur in Deutschland« (12. Wahlperiode des Deutschen Bundestages), hrsg. vom Deutschen Bundestag, Baden-Baden/Frankfurt a. M. 1995.

Wilke, Manfred/Schröder, Klaus (Hrsg.), Geschichte und Transformation des SED-Staates, (Studien des Forschungsverbundes SED-Staat an der Freien Universität Berlin. 1), Berlin 1994

Dokumentensammlungen

Judt, Matthias (Hrsg.), DDR-Geschichte in Dokumenten. Beschlüsse, Berichte, interne Materialien und Alltagszeugnisse (Forschungen zur DDR-Gesellschaft), Berlin 1997.

Lüdtke, Alf/Becker, Peter (Hrsg.), Akten. Eingaben. Schaufenster. Die DDR und ihre Texte. Erkundungen zu Herrschaft und Alltag, Berlin 1997.

Münch, Ingo v./Rojahn, Ondolf (Hrsg.), Dokumente des geteilten Deutschland, Bd. 2, seit 1968, Stuttgart 1974.

Weber, Hermann (Hrsg.), DDR. Dokumente zur Geschichte der Deutschen Demokratischen Republik 1945–1985, München 1986.

3. Politische Geschichte

Machtwechsel von Ulbricht zu Honecker

Kaiser, Monika, Machtwechsel von Ulbricht zu Honecker. Funktionsmechanismen der SED-Diktatur in Konfliktsituationen 1962 bis 1972 (Zeithistorische Studien. 10), Berlin 1997.

Naumann, Gerhard/Trümpler, Eckhard, Von Ulbricht zu Honecker. 1970 ein Krisenjahr der DDR, Berlin 1990.

Polenkrise 1980/81

Kubina, Michael/Wilke, Manfred (Hrsg.), »Hart und kompromißlos durchgreifen«. Die SED contra Polen 1980/81. Geheimakten der SED-Führung über die Unterdrückung der polnischen Demokratiebewegung (Studien des Forschungsverbundes SED-Staat an der Freien Universität Berlin), Berlin 1995.

Biographien von DDR-Persönlichkeiten

In Sachen Erich Honecker, Kursbuch 111, Berlin 1993.

LIPPMANN, HEINZ, Honecker. Porträt eines Nachfolger, Köln 1971.
OTTO, WILFRIEDE, Zur Biographie von Erich Mielke. Legende und Wirklichkeit (hefte zur ddr-geschichte. 23), Berlin 1994.
PODEWIN, NORBERT, Walter Ulbricht. Eine neue Biographie, Berlin 1995.
PRZYBYLSKI, PETER, Tatort Politbüro, Bd. 1, Die Akte Honecker, Berlin 1991; Bd. 2, Honecker, Mittag und Schalck-Golodkowski, Berlin 1992.
SCHWAN, HERIBERT, Erich Mielke. Der Mann, der die Stasi war, München 1997.

4. Politische Strukturen und Rechtsordnung

Sozialistische Einheitspartei Deutschlands und Massenorganisationen

ALT, HELMUT, Die Stellung des Zentralkomitees der SED im politischen System der DDR (Abhandlungen zum Ostrecht. 19), Köln 1987.
HENKEL, RÜDIGER, Im Dienste der Staatspartei. Über Parteien und Organisationen der DDR, hrsg. von der Unabhängigen Kommission zur Überprüfung des Vermögens der Parteien und Massenorganisationen der DDR, Baden-Baden 1994.
HERBST, ANDREAS/STEPHAN, GERD-RÜDIGER/WINKLER, JÜRGEN (Hrsg.), Die SED. Geschichte, Organisation, Politik. Ein Handbuch, Berlin 1997.
NEUGEBAUER, GERO, Partei und Staatsapparat in der DDR, Köln 1978.
SCHABOWSKI, GÜNTER, Das Politbüro. Ende eines Mythos, Reinbek b. Hamburg 1990.
USCHNER, MANFRED, Die zweite Etage. Funktionsweise eines Machtapparates, Berlin 1993.

Verfassung und Rechtsordnung

HEUER, UWE-JENS (Hrsg.), Die Rechtsordnung der DDR, Baden-Baden 1995.
LIESER-TRIEBNIGG, ERIKA, Recht in der DDR. Einführung und Dokumentation, Köln 1985.
MAMPEL, SIEGFRIED, Die sozialistische Verfassung der Deutschen Demokratischen Republik. Kommentar, 3. Aufl. mit einem Nachtrag über die Rechtsentwicklung bis zur Wende im Herbst 1989 und das Ende der sozialistischen Verfassung, Goldbach 1997.

5. Außen- und Deutschlandpolitik

DDR-Außenpolitik

GRUNERT, HORST, Für Honecker auf glattem Parkett. Erinnerungen eines DDR-Diplomaten, Berlin 1995.

MEISSNER, WERNER (Hrsg.), Die DDR und China 1949 bis 1990. Eine Quellensammlung (Quellen zur Geschichte der deutsch-chinesischen Beziehungen 1897 bis 1995), Berlin 1996.

DIE WESTPOLITIK DER DDR. Beziehungen der DDR zu ausgewählten westlichen Industriestaaten in den 70er und 80er Jahren (Forschungsbericht 66), St. Augustin 1989.

TIMM, ANGELIKA, Hammer, Zirkel, Davidstern. Das gestörte Verhältnis der DDR zum Zionismus und zum Staat Israel, Bonn 1996.

Deutsche Frage in der Weltpolitik

ASH, TIMOTHY GARTON, Im Namen Europas. Deutschland und der geteilte Kontinent, München/Wien 1993.

Beziehungen DDR-UdSSR

KÜCHENMEISTER, DANIEL (Hrsg.), Honecker-Gorbatschow. Vieraugengespräche, Berlin 1993.

KWIZINSKIJ, JULIJ A., Vor dem Sturm. Erinnerungen eines Diplomaten, Berlin 1996.

NAKATH, MONIKA, SED und Perestroika. Reflexionen osteuropäischer Reformversuche in den 80er Jahren (hefte zur ddr-geschichte. 9), Berlin 1993.

Beziehungen BRD-DDR

NAKATH, DETLEF, Erfurt und Kassel. Zu den Gesprächen zwischen dem BRD-Bundeskanzler Willy Brandt und dem DDR-Ministerratsvorsitzenden Willi Stoph im Frühjahr 1970 (hefte zur ddr-geschichte. 24), Berlin 1995.

NAKATH, DETLEF/STEPHAN, GERD-RÜDIGER (Hrsg.), Von Hubertusstock nach Bonn. Eine dokumentierte Geschichte der deutsch-deutschen Beziehungen auf höchster Ebene 1980–1987, Berlin 1995.

POTTHOFF, HEINRICH, Die »Koalition der Vernunft«. Deutschlandpolitik in den 80er Jahren, Taschenbuchausg., München 1995.

DERS. (Hrsg.), Bonn und Ost-Berlin 1969–1982. Dialog auf höchster Ebene und vertrauliche Kanäle. Darstellung und Dokumente, Bonn 1997.

Beziehungen SPD-SED

DOWE, DIETER (Hrsg.), Die Ost- und Deutschlandpolitik der SPD in der Opposition 1982–1989 (Gesprächskreis Geschichte. 4), Bonn 1993.

NEUBERT, HARALD, Zum gemeinsamen Ideologie-Papier von SED und SPD aus dem Jahr 1987 (hefte zur ddr-geschichte. 18), Berlin 1994.

USCHNER, MANFRED, Die Ostpolitik der SPD. Sieg und Niederlage einer Strategie, Berlin 1991.

Beziehungen DGB-SED

WILKE, MANFRED/HERTLE, HANS-HERMANN, Das Genossen-Kartell. Die SED und die IG Druck und Papier/IG Medien, Berlin 1992.

6. Soziale Verhältnisse, Alltagsgeschichte

Quellensammlungen

KLESSMANN, CHRISTOPH/WAGNER, GEORG (Hrsg.), Das gespaltene Land. Leben in Deutschland 1945 bis 1990. Texte und Dokumente, München 1993.

REIHER, RUTH U. A. (Hrsg.), Mit sozialistischen und anderen Grüßen. Porträt einer untergegangenen Republik in Alltagstexten, Berlin 1995.

Sammelwerke

KAELBLE, HARTMUT/KOCKA, JÜRGEN/ZWAHR, HARTMUT (Hrsg.), Sozialgeschichte der DDR, Stuttgart 1994.

Sozialstruktur

SOLGA, HEIKE, Auf dem Weg in die klassenlose Gesellschaft? Klassenlagen und Mobilitäten zwischen Generationen in der DDR, Berlin 1995.

WINKLER, GUNNAR (Hrsg.), Sozialreport '90. Daten und Fakten zur sozialen Lage in der DDR, Berlin 1990.

DERS. (Hrsg.), Frauenreport '90, Berlin 1990.

Sozialpolitik der SED

FRERICH, JOHANNES/FREY, MARTIN, Handbuch der Geschichte der Sozialpolitik in Deutschland, Bd. 2, Sozialpolitik in der Deutschen Demokratischen Republik, München/Wien 1993.

WINKLER, GUNNAR (Hrsg.), Lexikon der Sozialpolitik, Berlin (Ost) 1987.

DERS., Geschichte der Sozialpolitik der DDR 1945–1985, Berlin (Ost) 1989.

Wohnungsbau, Wohnverhältnisse

SILBERMANN, ALPHONS, Das Wohnerlebnis in Ostdeutschland. Eine soziologische Studie, Köln 1993.

DERS., Das Badezimmer in Ostdeutschland. Eine soziologische Studie, Köln 1993.

Wirtschaft

KUHRT, EBERHARD/BUCK, HANNSJÖRG F./HOLZWEISSIG, GUNTER (Hrsg.), Die wirtschaftliche und ökologische Situation der DDR in den achtziger Jahren (Am Ende des realen Sozialismus. 2), Opladen 1996.

PIRKER, THEO u. a. (Hrsg.), Der Plan als Befehl und Fiktion. Wirtschaftsführung in der DDR. Gespräche und Analysen, Opladen 1995.

WIRTSCHAFTSREPORT. Daten und Fakten zur wirtschaftlichen Lage Ostdeutschlands, Berlin 1990.

Alltagskultur

ALLTAGSKULTUR IN DER DDR. Tempolinsen und P2, hrsg. vom Dokumentationszentrum Alltagskultur der DDR in Eisenhüttenstadt, Berlin 1996.

KÄMPFER, ANDREAS/ULBRICH, REINHARD, Grüner Pfeil und Ferkeltaxe. Ein ostdeutsches Fahrtenbuch, Köthen 1997.

DIES., Kleines Lexikon großer Ostprodukte, Köthen 1996.

DIES., Sandmännchen im Trabi-Land. Das Ostalgie-Kultbuch, Düsseldorf/München 1997.

7. Öffentlichkeit und Sprache

Öffentliche Meinung

NIEMANN, HEINZ, Meinungsforschung in der DDR. Die geheimen Berichte des Instituts für Meinungsforschung an das Politbüro der SED, Berlin 1994.

DERS., Hinterm Zaun. Politische Kultur und Meinungsforschung in der DDR – die geheimen Berichte an das Politbüro der SED, Berlin 1995.

Massenmedien

BOS, ELLEN, Leserbriefe in Tageszeitungen der DDR. Zur »Massenverbundenheit« der Presse (1949–1989), Köln 1993.

HOLZWEISSIG, GÜNTER, Zensur ohne Zensor. Die SED-Informationsdiktatur, Bonn 1997.
DERS., Massenmedien in der DDR, Berlin 1989.
LUDES, PETER (Hrsg.), DDR-Fernsehen intern. Von der Honecker-Ära bis »Deutschland einig Fernsehland«, Berlin 1990.

DDR-Sprache

LÄZER, RÜDIGER (Hrsg.), Wer spricht das wahre Deutsch? Erkundungen zur Sprache im vereinigten Deutschland, Berlin 1993.
REIHER, RUTH/LÄZER, RÜDIGER (Hrsg.), Von »Buschzulage« und »Ossinachweis«. Ost-West-Deutsch in der Diskussion, Berlin 1996.
SCHLOSSER, HORST DIETER, Die deutsche Sprache in der DDR zwischen Stalinismus und Demokratie. Historische, politische und kommunikative Bedingungen, Köln 1990.
SCHROETER, SABINA, Die Sprache der DDR im Spiegel ihrer Literatur (Sprache, Politik, Öffentlichkeit. 2), Berlin 1994.
STEFFENS, DORIS/WOLF, BIRGIT, Wörterbuch der DDR-Sprache, Reinbek b. Hamburg 1996.

Witze

DALOS, GYÖRGY, Proletarier aller Länder entschuldigt mich! Vom Ende des Ostblockwitzes, Bremen 1993.
SCHLECHTE, HELGA UND KLAUS-DIETER, Witze bis zur Wende. 40 Jahre politischer Witz in der DDR, 2. Aufl., München 1993.
WAGNER, REINHARD, Walter schützt vor Torheit nicht, Erich währt am längsten. DDR-Witze, Berlin 1994.
DERS., Lieber von Sitte gemalt, als vom Sozialismus gezeichnet. DDR-Witze 2, Berlin 1996.

8. Kunst, Literatur und Wissenschaft

Bildende Kunst

FEIST, GÜNTER/GILLEN, ECKHART/VIERNEISEL, BEATRICE (Hrsg.), Kunstdokumentation SBZ/DDR 1945–1990. Aufsätze, Berichte, Materialien, Köln 1996.
GILLEN, ECKHART/HAARMANN, RAINER, Kunst in der DDR, Köln 1990.

Theater

HASCHE, CHRISTA/SCHÖLLING, TRAUTE/FIEBACH, JOACHIM, Theater in der DDR. Chronik und Positionen, Berlin 1994.

Filmkunst

DAS ZWEITE LEBEN DER FILMSTADT BABELSBERG. DEFA-Spielfilme 1946–1992, Berlin 1994.

Literatur

DIE ANDERE SPRACHE. Neue DDR-Literatur der 80er Jahre (Text + Kritik Sonderbände), München 1990.

EMMERICH, WOLFGANG, Kleine Literaturgeschichte der DDR, erw. Neuausg., Leipzig 1996.

GROTH, JOACHIM-RÜDIGER/GROTH, KARIN, Literatur im Widerspruch. Gedichte und Prosa aus 40 Jahren DDR (Edition Deutschland Archiv), Köln 1993.

DIES., Materialien zu Literatur im Widerspruch. Gedichte und Prosa aus 40 Jahren DDR. Kulturpolitischer Überblick und Interpretationen, Köln 1993.

JÄGER, MANFRED, Kultur und Politik in der DDR 1945–1990 (Edition Deutschland Archiv), Köln 1994.

SCHRIFTSTELLER DER DDR (Meyers Taschenlexikon), Leipzig 1974.

Szene

KAISER, PAUL/PETZOLD, CLAUDIA, Boheme und Diktatur in der DDR. Gruppen, Konflikte, Quartiere. Katalog zur Ausstellung des Deutschen Historischen Museums, Berlin 1997.

KOLBE, UWE/TROLLE, LOTHAR/WAGNER, BERND (Hrsg.), MIKADO oder der Kaiser ist nackt. Selbstverlegte Literatur in der DDR, Darmstadt 1988.

MICHAEL, KLAUS/WOHLFAHRT, THOMAS (Hrsg.), Vogel oder Käfig sein. Kunst und Literatur aus unabhängigen Zeitschriften in der DDR 1979–1989, Berlin 1991.

Zensur

BARCK, SIMONE/LANGERMANN, MARTINA/LOKATIS, SIEGFRIED, »Jedes Buch ein Abenteuer«. Zensur-System und literarische Öffentlichkeit in der DDR bis Ende der sechziger Jahre (Zeithistorische Studien. 9), Berlin 1997.

LOEST, ERICH, Der vierte Zensor. Vom Entstehen und Sterben eines Romans in der DDR (Edition Deutschland Archiv), Köln 1984.

Wichner, Ernest/Wiesner, Herbert (Hrsg.), »Literaturentwicklungsprozesse«. Die Zensur der Literatur in der DDR, Frankfurt a. M. 1993.

Ausbürgerung Wolf Biermanns und die Folgen

Die Biermann-Ausbürgerung und die Schriftsteller. Ein deutsch-deutscher Fall. Protokoll der ersten Tagung der Geschichtskommission des Verbandes deutscher Schriftsteller (VS) vom 28. 2. bis 1. 3. 1992 in Berlin (Bibliothek Wissenschaft und Politik. 52), Köln 1994.

Heym, Stefan, Der Winter unseres Mißvergnügens. Aus den Aufzeichnungen des OV Diversant, München 1996.

In Sachen Biermann. Protokolle, Berichte und Briefe zu den Folgen einer Ausbürgerung (Forschungen zur DDR-Geschichte. 2), Berlin 1994.

Keller, Dietmar/Kirchner, Matthias (Hrsg.), Biermann und kein Ende. Eine Dokumentation zur DDR-Kulturpolitik, Berlin 1991.

Krug, Manfred, Abgehauen. Ein Mitschnitt und Ein Tagebuch, Düsseldorf 1996.

Walter, Joachim u. a. (Hrsg.), Protokoll eines Tribunals. Die Ausschlüsse aus dem DDR-Schriftstellerverband 1979, Reinbek b. Hamburg 1991.

Literatur und Staatssicherheit

Akteneinsicht Christa Wolf. Zerrspiegel und Dialog. Eine Dokumentation, München 1993.

Corino, Karl, Die Akte Kant. IM »Martin«, die Stasi und die Literatur in Ost und West, Reinbek b. Hamburg 1995.

Feinderklärung. Literatur und Staatssicherheit (Text + Kritik, Heft 120), München 1993.

Kunze, Rainer, Deckname »Lyrik«. Eine Dokumentation, Frankfurt a. M. 1990.

Loest, Erich, Die Stasi war mein Eckermann oder mein Leben mit der Wanze, Göttingen 1991.

Michael, Klaus/Böthig, Peter (Hrsg.), MachtSpiele. Literatur und Staatsicherheit im Fokus Prenzlauer Berg, Leipzig 1993.

Walther, Joachim, Sicherungsbereich Literatur. Schriftsteller und Staatssicherheit in der Deutschen Demokratischen Republik, Berlin 1996.

Rockmusik

Kirchenwitz, Lutz, Folk, Chanson und Liedermacher in der DDR, Berlin 1993.

Leitner, Olaf, Rockszene DDR. Aspekte einer Massenkultur im Sozialismus, Reinbek b. Hamburg 1983.

Rauhut, Michael, Beat in der Grauzone. DDR-Rock 1964 bis 1972 – Politik und Alltag, Berlin 1993.

Ders., Schalmei und Lederjacke. Udo Lindenberg, BAP, Underground, Rock und Politik in den achtziger Jahren, Berlin 1996.

Wissenschaft

Bleek, Wilhelm, DDR-Dissertationen. Promotionspraxis und Geheimhaltung von Doktorarbeiten im SED-Staat, Köln 1994.

Voigt, Dieter/Mertens, Lothar (Hrsg.), DDR-Wissenschaft im Zwiespalt zwischen Forschung und Staatssicherheit (Schriften der Gesellschaft für Deutschlandforschung. 45), Berlin 1995.

9. Militärwesen

Militärpolitik, bewaffnete Organe

Dietrich, Torsten/Ehlert, Hans/Wenzke, Rüdiger (Hrsg.), Im Dienste der Partei. Handbuch der bewaffneten Organe der DDR (Forschungen zur DDR-Gesellschaft), Berlin 1998.

Ehlert, Hans (Hrsg.), Die Militär- und Sicherheitspolitik in der SBZ/DDR. Eine Bibliographie (1945–1995), München 1996.

Holzweissig, Günter, Militärwesen der DDR, Berlin 1985.

Zeittafel zur Militärgeschichte der Deutschen Demokratischen Republik 1949–1988 (Schriften des Militärgeschichtlichen Instituts der Deutschen Demokratischen Republik), 2. Aufl., Berlin (Ost) 1989.

NVA

Forster, Thomas M., Die NVA. Kernstück der Landesverteidigung der DDR, Köln 1983.

Merkel, Gerhard/Wünsche, Wolfgang, Die Nationale Volksarmee der DDR – Legitimation und Auftrag, (hefte zur ddr-geschichte. 35), Berlin 1996.

Naumann, Klaus (Hrsg.), NVA. Anspruch und Wirklichkeit nach ausgewählten Dokumenten, Berlin u. a. 1993.

Wenzel, Otto, Kriegsbereit. Der Nationale Verteidigungsrat der DDR 1960 bis 1989, Köln 1995.

Grenzregime

Filmer, Werner/Schwan, Heribert, Opfer der Mauer. Die geheimen Protokolle des Todes, München 1991.

KOOP, VOLKER, »Den Gegner vernichten«. Die Grenzsicherung der DDR, Bonn 1996.

RITTER, JÜRGEN/LAPP, PETER JOACHIM, Die Grenze. Ein deutsches Bauwerk, Berlin 1997.

SAUER, HEINER/PLUMEYER, HANS-OTTO, Der Salzgitter-Report. Die Zentrale Erfassungsstelle berichtet über Verbrechen im SED-Staat, München 1991.

10. Jugend und Volksbildung

DDR-Jugend

MOTHES, JÖRN U. A. (Hrsg.), Beschädigte Seelen. DDR-Jugend und Staatssicherheit, Bremen 1996.

SCHULZE, EDELTRAUT/NOACK, GERT (Hrsg.), DDR-Jugend. Ein statistisches Handbuch, Berlin 1995.

WENSIERSKI, PETER/HAASE, NORBERT/REESE, LOTHAR (Hrsg.), VEB Nachwuchs. Jugend in der DDR, Reinbek b. Hamburg 1983.

FDJ

FREIBURG, ARNOLD/MAHRAD, CHRISTA, FDJ. Der sozialistische Jugendverband der DDR (Studien zur Sozialwissenschaft. 51), Opladen 1982.

GOTSCHLICH, HELGA (Hrsg.), »Links und links und Schritt gehalten . . .«. Die FDJ, Konzepte, Abläufe, Grenzen, Berlin 1994.

MÄHLERT, ULRICH/STEPHAN, GERD-RÜDIGER, Blaue Hemden – Rote Fahnen. Die Geschichte der Freien Deutschen Jugend (Edition Deutschland Archiv), Opladen 1996.

Volksbildung

CLOER, ERNST/WERNSTEDT, ROLF (Hrsg.), Pädagogik in der DDR. Eröffnung einer notwendigen Bilanzierung, Weinheim 1994.

DÖBERT, HANS, Das Bildungswesen der DDR in Stichworten. Inhaltliche und administrative Sachverhalte und ihre Rechtsgrundlagen, Neuwied 1995.

DUDEK, PETER/TENORTH, HEINZ-ELMAR (Hrsg.), Transformationen der deutschen Bildungslandschaft. Lernprozeß mit ungewissem Ausgang, Weinheim/Basel 1994.

EINWEISUNG NACH TORGAU. Texte und Dokumente zur autoritären Jugendfürsorge in der DDR (Geschichte, Struktur und Funktionsweise der DDR-Volksbildung. 4), Berlin 1997.

FISCHER, ANDREAS, Das Bildungssystem der DDR. Entwicklung, Umbruch und Neugestaltung seit 1989, Darmstadt 1992.

GEISSLER, GERT/BLASK, FALK/SCHOLZE, THOMAS (Hrsg.), Freundschaft! Die Volksbildung der DDR in ausgewählten Kapiteln (Geschichte, Struktur und Funktionsweise der DDR-Volksbildung. 3), Berlin 1996.

GEISSLER, GERT/WIEGMANN, ULRICH, Pädagogik und Herrschaft in der DDR. Die parteilichen, geheimdienstlichen und vormilitärischen Erziehungsverhältnisse, Frankfurt a. M. u. a. 1996.

DIES., Schule und Erziehung in der DDR. Studien und Dokumente, Neuwied 1995.

HÖLTERSHINKEN, DIETER/HOFFMANN, HILMAR/PRÜFER, GUDRUN, Kindergärten und Kindergärtnerinnen in der DDR, Bd. 1, Zur Entwicklung des Kindergartens unter Einbeziehung der pädagogischen Fachschulen; Bd. 2, Dokumente, Neuwied 1997.

SCHNEIDER, ILONA KATHARINA, Weltanschauliche Erziehung in der DDR. Normen, Praxis, Opposition. Eine kommentierte Dokumentation, Opladen 1995.

Sport

HARTMANN, GRIT, Goldkinder. Die DDR im Spiegel ihres Spitzensports, Leipzig 1997.

HOLZWEISSIG, GÜNTER, Sport und Politik in der DDR, Berlin 1988.

11. Kirche und Kirchenpolitik der SED

Dokumentensammlungen

BESIER, GERHARD/WOLF, STEPHAN (Hrsg.), »Pfarrer, Christen, Katholiken«. Das Ministerium für Staatssicherheit der ehemaligen DDR und die Kirchen (Historisch-theologische Studien zum 19. und 20. Jahrhundert. 1), Neukirchen-Vluyn 1991.

HARTWEG, FRÉDÉRIC (Hrsg.), SED und Kirche. Eine Dokumentation ihrer Beziehungen, Bd. 1, 1946–1967, Bd. 2, 1969–1989, Neukirchen-Vluyn 1995.

KRONE, TINA/SCHULT, REINHARD (Hrsg.), »Seid untertan der Obrigkeit«. Originaldokumente der Stasi-Kirchenabteilung XX/4, Berlin 1992.

Gesamtdarstellungen

BESIER, GERHARD, Der SED-Staat und die Kirche 1969–1990. Die Vision vom »Dritten Weg«, Berlin/Frankfurt a. M. 1995.

DERS., Der SED-Staat und die Kirche 1983–1991. Höhenflug und Absturz, Berlin 1995.

GOECKEL, ROBERT F., Die evangelische Kirche der DDR. Konflikte, Gespräche, Vereinbarungen unter Ulbricht und Honecker, Leipzig 1995.

HENKYS, REINHARD, Die evangelischen Kirchen in der DDR. Beiträge zu einer Bestandsaufnahme, München 1982.

HEYDEMANN, GÜNTER/KETTENACKER, LOTHAR (Hrsg.), Kirchen in der Diktatur. Drittes Reich und SED-Staat, Göttingen 1993.
LINKE, DIETMAR, »Streicheln, bis der Maulkorb fertig ist«. Die DDR-Kirche zwischen Kanzel und Konspiration, Berlin 1993.
MAU, RUDOLF, Eingebunden in den Realsozialismus? Die Evangelische Kirche als Problem der SED, Göttingen 1994.
POLLACK, DETLEF (Hrsg.), Die Legitimität der Freiheit. Politisch alternative Gruppen in der DDR unter dem Dach der Kirche (Forschungen zur Praktischen Theologie. 8), Frankfurt a. M. u. a. 1990.
VOLLNHALS, CLEMENS (Hrsg.), Die Kirchenpolitik von SED und Staatssicherheit (Analysen und Dokumente), Berlin 1996.

Katholische Kirche

PILVOUSEK, JOSEF (Hrsg.), Kirchliches Leben im totalitären Staat. Seelsorge in der SBZ/DDR 1945–1976. Quellentexte aus den Ordinarien, Leipzig 1994.

Jüdische Gemeinden

MERTENS, LOTHAR, Davidstern unter Hammer und Zirkel. Die jüdischen Gemeinden in der SBZ/DDR und ihre Behandlung durch Partei und Staat 1945–1990, Berlin 1997.
OSTOW, ROBIN, Juden aus der DDR und die deutsche Wiedervereinigung. Elf Gespräche, Berlin 1996.
WROBLEWSKY, VINCENT V., Zwischen Thora und Trabant. Juden in der DDR (Texte zur Zeit), Berlin 1993.

Selbstverbrennung Oskar Brüsewitz

MÜLLER-ENBERGS, HELMUT/SCHMOLL, HEIKE/STOCK, WOLFGANG, Das Fanal. Das Opfer des Pfarrers Brüsewitz und die evangelische Kirche, Berlin 1993.
SCHULTZE, HARALD u. a. (Hrsg.), Das Signal von Zeitz. Reaktionen der Kirche, des Staates und der Medien auf die Selbstverbrennung von Oskar Brüsewitz 1976. Eine Dokumentation, Leipzig 1993.

12. Verfolgung und Repression

Handbücher

ABKÜRZUNGSVERZEICHNIS. Häufig verwendete Abkürzungen und Begriffe des Ministeriums für Staatssicherheit, hrsg. von der Abt. BF, 2. Aufl., Berlin 1996.

DIE ORGANISATIONSSTRUKTUR des Ministeriums für Staatssicherheit 1989. Vorläufiger Aufriß nach dem Erkenntnisstand von Juni 1993 (Dokumente, hrsg. vom Bundesbeauftragten für die Unterlagen des Staatssicherheitsdienstes der ehemaligen DDR, Dokumente, Reihe A, Nr. 2/93), Berlin 1993.

SUCKUT, SIEGFRIED (Hrsg.), Das Wörterbuch der Staatssicherheit. Definitionen zur »politisch-operativen Arbeit« (Analysen und Dokumente), Berlin 1996.

ZASTROW, HILDEGARD V. (Hrsg), Bibliographie zum Staatssicherheitsdienst der DDR (BF informiert. 15), Berlin 1996.

Gesamtdarstellungen

FRICKE, KARL WILHELM, Die DDR-Staatssicherheit. Entwicklung, Strukturen, Aktionsfelder, 3. Aufl., Köln 1989.

DERS., MfS intern. Macht, Strukturen, Auflösung der DDR-Staatssicherheit. Analysen und Dokumentation, Köln 1991.

GILL, DAVID/SCHRÖTER, ULRICH, Das Ministerium für Staatssicherheit. Anatomie des Mielke-Imperiums, Berlin 1991.

SCHELL, MANFRED/KALINKA, WERNER, Stasi und kein Ende. Die Personen und Fakten, Berlin 1991.

STASI INTERN. Macht und Banalität, hrsg. vom Bürgerkomitee Leipzig, Leipzig 1991.

Methoden der Repression

AUERBACH, THOMAS, Vorbereitung auf den Tag X. Die geplanten Isolierungslager des MfS (Analysen und Berichte, hrsg. von der Abteilung BF des Bundesbeaufragten, Reihe B, Nr. 1/95), Berlin 1995.

BEHNKE, KLAUS/FUCHS, JÜRGEN (Hrsg.), Zersetzung der Seele. Psychologie und Psychatrie im Dienste der Stasi, Hamburg 1995.

FÖRSTER, GÜNTER (Hrsg.), Die Dissertation an der »Juristischen Hochschule« des MfS. Eine annotierte Bibliographie (Dokumente, hrsg. von der Abteilung Bildung und Forschung des Bundesbeauftragten für die Unterlagen des Staatssicherheitsdienstes der ehemaligen Deutschen Demokratischen Republik, Reihe A, Nr. 2/94), Berlin 1994.

MAMPEL, SIEGFRIED, Das Ministerium für Staatssicherheit der ehemaligen DDR als Ideologiepolizei. Zur Bedeutung einer Heilslehre als Mittel zum Griff auf das Bewußtsein für das Totalitarismusmodell (Schriftenreihe der Gesellschaft für Deutschlandforschung. 50), Berlin 1996.

MÜLLER-ENBERGS, HELMUT, IM-Statistik 1985–1989, Berlin 1994.

DERS., Inoffizielle Mitarbeiter des Ministeriums für Staatssicherheit. Richtlinien und Durchführungsbestimmungen, 2. durchges. Aufl., Berlin 1996.

Auslandsspionage

KABUS, ANDREAS, Auftrag Windrose. Der militärische Geheimdienst der DDR, Berlin 1993.

MÜLLER-ENBERGS, HELMUT, Inoffizielle Mitarbeiter des Ministeriums für Staatssicherheit. Anleitungen für Agenten, Kundschafter und Spione in der Bundesrepublik Deutschland, Berlin 1997.

SIEBENMORGEN, PETER, »Staatssicherheit« der DDR. Der Westen im Fadenkreuz der Stasi, Bonn 1993.

Politische Justiz

ROTTLEUTHNER, HUBERT (Hrsg.), Steuerung der Justiz in der DDR. Einflußnahme der Politik auf Richter, Staatsanwälte und Rechtsanwälte, Köln 1994.

IM NAMEN DES VOLKES? Über die Justiz im Staat der SED, Bd. 1, Ausstellungskatalog; Bd. 2, Dokumente, Leipzig 1994.

Strafvollzug

BECKMANN, ANDREAS/KUSCH, REGINA, Gott in Bautzen. Gefangenenseelsorge in der DDR, Berlin 1994.

13. Opposition und Widerstand

Gesamtdarstellungen, Sammelwerke

FRICKE, KARL WILHELM, Opposition und Widerstand in der DDR. Ein politischer Report, Köln 1984.

HAUFE, GERDA V./BRUCKMAIER, KARL (Hrsg.), Die Bürgerbewegungen in der DDR und in den neuen Bundesländern, Köln 1993.

NEUBERT, EHRHART, Geschichte der Opposition der DDR 1949–1989 (Forschungen zur DDR-Gesellschaft), Berlin 1997.

POPPE, ULRIKE/ECKERT, RAINER/KOWALCZUK, ILKO-SASCHA (Hrsg.), Zwischen Selbstbehauptung und Anpassung. Formen des Widerstands und der Opposition in der DDR (Forschungen zur DDR-Geschichte. 6), Berlin 1995.

Einzelne Gruppen und Ereignisse

BELEITES, MICHAEL, Untergrund. Ein Konflikt mit der Stasi in der Uran-Provinz, Berlin 1991.

GEPPERT, DOMINIK, Störmanöver. Das »Manifest der Opposition« und die Schließung des Ost-Berliner »Spiegel«-Büros im Januar 1978 (Forschungen zur DDR-Gesellschaft), Berlin 1996.

HERZBERG, WOLFGANG/VON ZUR MÜHLEN, PATRICK (Hrsg.), Auf den Anfang kommt es an. Sozialdemokratischer Neubeginn in der DDR 1989. Interviews und Analysen, Bonn 1993.

JANDER, MARTIN, Formierung und Krise der DDR-Opposition. Die »Initiative für unabhängige Gewerkschaften« – Dissidenten zwischen Demokratie und Romantik, Berlin 1996.

JORDAN, CARLO/KLOTH, HANS MICHAEL, Arche Nova. Opposition in der DDR. Das »Grün-ökologische Netzwerk Arche« 1988–90, Berlin 1995.

LAHMANN, BIRGIT, Genosse Judas. Die zwei Leben des Ibrahim Böhme, Berlin 1992.

MECKEL, MARKUS/GUTZEIT, MARTIN (Hrsg.), Opposition in der DDR. Zehn Jahre Friedensarbeit – kommentierte Quellentexte, Köln 1994.

RÜDDENKLAU, WOLFGANG, Störenfried. ddr-opposition 1986–1989, Berlin 1992.

VON DER BÜRGERBEWEGUNG ZUR PARTEI. Die Gründung der Sozialdemokratie in der DDR (Friedrich-Ebert-Stiftung Gesprächskreis. 3), Bonn 1993.

VON DER SDP ZUR SPD (Geschichtsarbeit in den neuen Länder. 8), hrsg. von der Historischen Kommission der SPD, Bonn 1994.

Flucht und Ausreise

BRINKSCHULTE, WOLFGANG/GERLACH, HANS JÖRGEN/HEISE, THOMAS, Freikaufgewinnler. Die Mitverdiener im Westen, Berlin 1993.

LOCHEN, HANS-HERMANN/MEYER-SEITZ, CHRISTIAN (Hrsg.), Die geheimen Anweisungen zur Diskriminierung Ausreisewilliger. Dokumente der Stasi und des Ministeriums des Innern, Köln 1992.

REHLINGER, LUDWIG A., Freikauf. Die Geschäfte der DDR mit politisch Verfolgten 1963–1989, Berlin 1991.

WHITNEY, CRAIG R., Advocatus Diaboli. Wolfgang Vogel – Anwalt zwischen Ost und West, Berlin 1993.

14. Wende und Wiedervereinigung

Bibliographie

BIBLIOGRAPHIE ZUR DEUTSCHEN EINIGUNG. Wirtschaftliche und soziale Entwicklung in den neuen Bundesländern. November 1989 bis Juni 1992 (Bibliothek des Instituts für Weltwirtschaft an der Universität Kiel), München u. a. 1993.

Dokumente

JARAUSCH, KONRAD/GRANSOW, VOLKER, Die deutsche Vereinigung. Dokumente zu Bürgerbewegung, Annäherung und Beitritt (Bibliothek Wissenschaft und Politik. 47), Köln 1991.

MITTER, ARMIN/WOLLE, STEFAN (Hrsg.), »Ich liebe Euch doch alle!«. Befehle und Lageberichte des MfS. Januar – November 1989, Berlin 1990.

MÜNCH, INGO V./HOOG, GÜNTER (Hrsg.), Dokumente der Wiedervereinigung Deutschlands, Stuttgart 1991.

Gesamtdarstellungen und Sammelwerke

ALTENHOF, RALF/JESSE, ECKHARD (Hrsg.), Das wiedervereinigte Deutschland. Zwischenbilanz und Perspektiven, Düsseldorf 1995.

JARAUSCH, KONRAD H., Die unverhoffte Einheit 1989–1990, Frankfurt a. M. 1995.

MITTER, ARMIN/JESSE, ECKHARD (Hrsg.), Die Gestaltung der deutschen Einheit. Geschichte, Politik, Gesellschaft, Bonn 1992.

Chronologie

BAHRMANN, HANNES/LINKS, CHRISTOPH, Chronik der Wende, 2 Bde., Berlin 1994–96.

Mauerfall

HERTLE, HANS-HERMANN, Chronik des Mauerfalls. Die dramatischen Ereignisse um den 9. November 1989, Berlin 1996.

Ende der SED

HERTLE, HANS-HERMANN/STEPHAN, GERD-RÜDIGER (Hrsg.), Das Ende der SED. Die letzten Tage des Zentralkomitees (Forschungen zur DDR-Gesellschaft), Berlin 1997.

Auflösung des Staatssicherheitsdienstes

RICHTER, MICHAEL, Die Staatssicherheit im letzten Jahr der DDR, Leipzig 1996.

WORST, ANNE, Das Ende eines Geheimdienstes oder, Wie lebendig ist die Stasi?, Berlin 1991.

Runder Tisch, Volkskammer

HERLES, HELMUT/ROSE, EWALD (Hrsg.), Vom Runden Tisch zum Parlament, Bonn 1990.

KELLER, DIETMAR/SCHOLZ, JOACHIM (Hrsg.), Volkskammerspiele. Eine Dokumentation aus der Arbeit des letzten Parlaments der DDR, Berlin1991.

THAYSEN, UWE, Der runde Tisch. Oder, Wo blieb das Volk? Der Weg der DDR in die Demokratie, Opladen 1990.

Staatliche Vereinigung

FISCHER, ANGELA, Entscheidungsprozeß zur deutschen Wiedervereinigung. Der außen- und deutschlandpolitische Entscheidungsprozeß der Koalitionsregierung Kohl/Genscher in den Schicksalsjahren 1989/90, Frankfurt a. M. 1996.

JOHN, ANTONIUS, Rudolf Seiters. Einsichten in Amt, Person und Ereignisse, Bonn 1991.

NAKATH, DETLEF/STEPHAN, GERD-RÜDIGER (Hrsg.), Countdown zur deutschen Einheit. Eine dokumentierte Geschichte der deutsch-deutschen Beziehungen 1987–1990, Berlin 1996.

Internationale Aspekte der Wiedervereinigung

BIERMANN, RAFAEL, Zwischen Kreml und Kanzleramt. Wie Moskau mit der deutschen Einheit rang (Studien zur Politik. 30), Paderborn 1997.

KUHN, EKKEHARD, Gorbatschow und die deutsche Einheit. Aussagen der wichtigsten russischen und deutschen Beteiligten, Bonn 1993.

LEHMANN, INES, Die deutsche Vereinigung von außen gesehen. Angst, Bedenken, Erwartungen in der ausländischen Presse, Bd. 1, Die Presse der Vereinigten Staaten, Großbritannien und Frankreichs; Bd. 2, Die Presse Dänemarks, der Niederlande, Belgiens, Luxemburgs, Österreichs, der Schweiz, Italiens, Portugals und Spaniens und jüdische Reaktionen, Frankfurt a. M. u. a. 1997.

15. Erinnerungen, Reiseberichte, Essays

ASH, TIMOTHY GARTON, Die Akte »Romeo«. Persönliche Geschichte, München/Wien 1997.

DERS., »Und willst du nicht mein Bruder sein . . .«. Die DDR heute (Spiegel-Buch. 15), Hamburg 1981.

AXEN, HERMANN, Ich war ein Diener der Partei. Autobiographische Gespräche mit Harald Neubert, Berlin 1996.

BAHR, EGON, Zu meiner Zeit, München 1996.

Bethke, Eckart, Jubeln nach Dienstschluß. Leben in Ostberlin, Braunschweig 1986.
Bölling, Klaus, Die fernen Nachbarn. Erfahrungen in der DDR, Hamburg 1983.
Bruyn, Günter de, Vierzig Jahre. Ein Lebensbericht, Frankfurt a. M. 1996.
Gaus, Günter, Wo Deutschland liegt. Eine Ortsbestimmung, 1983, Neudruck in: Ders., Über Deutschland und die Deutschen, Berlin (Ost) 1990, S. 15–296.
Hager, Kurt, Erinnerungen, Berlin 1996.
Kohl, Helmut, Ich wollte Deutschlands Einheit, Berlin 1996.
Kunert, Günter, Erwachsenenspiele. Erinnerungen, München 1997.
Loewe, Lothar, Abends kommt der Klassenfeind. Eindrücke zwischen Elbe und Oder, Frankfurt a. M./Berlin/Wien 1977.
Mathiopoulos, Margarita, Rendezvous mit der DDR. Politische Mythen und ihre Aufklärung, Düsseldorf/Wien 1994.
Modrow, Hans, Ich wollte ein neues Deutschland, Berlin 1998.
Müller, Heiner, Krieg ohne Schlacht. Leben in zwei Diktaturen, erw. Neuausg., Berlin 1996.
Schäuble, Wolfgang, Der Vertrag. Wie ich über die deutsche Einheit verhandelte, Stuttgart 1991.
Sommer, Theo (Hrsg.), Reise ins andere Deutschland, Reinbek b. Hamburg 1986.
Wolf, Markus, Spionagechef im geheimen Krieg. Erinnerungen, München 1997.

16. Auseinandersetzung mit der DDR-Vergangenheit

Bibliographie

Bender, Peter, Unsere Erbschaft. Was war die DDR – was bleibt von ihr?, Hamburg/Zürich 1992.
Fröhling, Jörg/Meinel, Reinhild/Riha, Karl (Hrsg.), Wende – Literatur. Bibliographie und Materialien zur Literatur der deutschen Einheit (Bibliographie zur Literatur und Mediengeschichte. 6), 2. Aufl., Frankfurt a. M. u. a. 1997.

PDS

Bortfeld, Heinrich, Von der SED zur SED. Wandlung zur Demokratie?, Bonn/Berlin 1992.
Lang, Jürgen P./Moreau, Patrick/Neu, Viola (Hrsg.), Auferstanden aus Ruinen ...? Die PDS nach dem Super-Wahljahr 1994 (Interne Studien der Konrad-Adenauer-Stiftung. 111/1995).
Moreau, Patrick, PDS. Anatomie einer postkommunistischen Partei, Bonn/Berlin 1992.
Moreau, Patrick/Neu, Viola (Hrsg.), Die PDS zwischen Linksextremismus und Linkspopulismus (Interne Studien der Konrad-Adenauer-Stiftung 76/1994).
Neugebauer, Gero/Stöss, Richard, Die PDS. Geschichte, Organisation, Wähler, Konkurrenten, Opladen 1996.

Psychosoziale Situation in den neuen Bundesländern

DÜMCKE, WOLFGANG/VILMAR, FRITZ (Hrsg.), Kolonialisierung der DDR. Kritische Analysen und Alternativen des Einigungsprozesses, Münster 1995.

ENSEL, LEO, »Warum wir uns nicht leiden mögen ...«. Was Ossis und Wessis voneinander halten, Münster 1993.

HARDTWIG, WOLFGANG/WINKLER, HEINRICH AUGUST (Hrsg.), Deutsche Entfremdung. Zum Befinden in Ost und West, München 1994.

HETTLAGE, ROBERT, Deutschland nach der Wende. Eine Bilanz, München 1995.

HONDRICH, KARL OTTO u. a., Arbeitgeber West – Arbeitnehmer Ost. Vereinigung im Konflikt, Berlin 1993.

MAAZ, HANS JOACHIM, Das gestürzte Volk. Die unglückliche Einheit, Berlin 1990.

DERS., Der Gefühlsstau. Ein Psychogramm der DDR, Berlin 1990.

MARKOVITS, INGA, Die Abwicklung. Ein Tagebuch zum Ende der DDR-Justiz, München 1993.

MISSELWITZ, HANS, Nicht länger mit dem Gesicht nach Westen, Bonn 1996.

OSANG, ALEXANDER, Das Jahr Eins. Berichte aus der neuen Welt der Deutschen, Berlin 1992.

OSSIS UND WESSIS. Psychogramm deutscher Befindlichkeiten, in: Psychosozial, 18. Jg. 1995, Nr. 59.

SCHNEIDER, ROLF, Volk ohne Trauer. Notizen nach dem Untergang der DDR, Göttingen 1992.

SIMON, ANETTE, Versuch, mir und anderen die ostdeutsche Moral zu erklären (edition psychosozial), Gießen, 1995.

WEDEL, MATHIAS, Einheitsfrust, Berlin 1994.

Auseinandersetzung mit der sozialistischen Idee

FURET, FRANCOIS, Das Ende der Illusion. Der Kommunismus im 20. Jahrhundert, Taschenbuchausg., München 1998.

GRIMM, THOMAS (Hrsg.), Was von den Träumen blieb. Eine Bilanz der sozialistischen Diktatur, Berlin 1996.

STRIEFLER, CHRISTIAN/TEMPLIN, WOLFGANG (Hrsg.), Von der Wiederkehr des Sozialismus. Die andere Seite der Wiedervereinigung, Berlin 1996.

Geschichte und Geschichtswissenschaft

ECKERT, RAINER/FAULENBACH, BERND (Hrsg.), Halbherziger Revisionismus. Zum postkommunistischen Geschichtsbild, München 1996.

ECKERT, RAINER/KOWALCZUK, ILKO-SASCHA/STARK, ISOLDE (Hrsg.), Hure oder Muse? Klio in der DDR, Berlin 1994.

ECKERT, RAINER/KÜTTLER, WOLFGANG/SEEBER, GUSTAV (Hrsg.), Krise, Umbruch, Neubeginn. Eine kritische und selbstkritische Dokumentation der DDR-Geschichtswissenschaft 1989/90, Stuttgart 1992.

POHL, KARL HEINRICH (Hrsg.), Historiker in der DDR, Göttingen 1997.

ROSENBERG, TINA, Die Rache der Geschichte. Erkundungen im neuen Europa, München 1997.

Juristische Aufarbeitung des SED-Systems

AMELUNG, KNUT, Die strafrechtliche Bewältigung des DDR-Unrechts durch die deutsche Justiz.

BISKY, LOTHAR/HEUER, JENS-UWE/SCHUMANN, MICHAEL (Hrsg.), »Unrechtsstaat«? Politische Justiz und die Aufarbeitung der DDR-Vergangenheit, Hamburg 1994.

EIN ZWISCHENBERICHT – Stand Mai 1996, hrsg. von der Dresdener Juristischen Fakultät (Dresdener juristische Beiträge. 19), Dresden 1996.

WEBER, JÜRGEN/PIAZOLO, MICHAEL (Hrsg.), Eine Diktatur vor Gericht. Aufarbeitung von SED-Unrecht durch die Justiz, München 1995.

Zeittafel

<u>1969</u>

5. März	Die Bundesversammlung wählt in Berlin (West) Gustav Heinemann zum Bundepräsidenten; die DDR protestiert gegen den Ort der Wahl und behindert einige Tage lang den Transitverkehr nach Berlin (West).
17. März	»Budapester Appell« der Staats- und Parteichefs der Warschauer-Pakt-Staaten; Vorschlag einer Konferenz über Sicherheit und Zusammenarbeit in Europa.
3. April	Der Staatsrat der DDR beschließt die Weiterführung der 3. Hochschulreform.
8. Mai	Kambodscha nimmt als erstes Land außerhalb des sowjetischen Systems volle diplomatische Beziehungen zur DDR auf; es folgen der Irak und weitere Staaten der dritten Welt.
10. Juni	Die bisher der EKD angehörenden Landeskirchen der DDR schließen sich zum Bund der Evangelischen Kirchen in der DDR (BEK) zusammen.
28. September	Wahlen zum 6. Deutschen Bundestag: CDU 46,1 %, SPD 42,7 %, FDP 5,8 %.
29. September	Die DDR unterzeichnet den Atomwaffensperrvertrag.
3. Oktober	Das 2. Fernsehprogramm der DDR beginnt mit seinen Sendungen; einige Tage später die ersten Farbsendungen auf der Basis des französisch-sowjetischen SECAM-Systems.
7. Oktober	Am Rande der Feierlichkeiten zum 20. Jahrestag der DDR führt das Gerücht, auf dem Dach des Springerhochhauses unweit der Mauer würden die Rolling Stones spielen, zu schweren Jugendkrawallen.
21. Oktober	Willy Brandt wird zum Kanzler einer sozial-liberalen Koalitionsregierung gewählt.
28. Oktober	Regierungserklärung Willy Brandts.
28. November	Die Bundesrepublik Deutschland unterzeichnet den Atomwaffensperrvertrag.
8. Dezember	Zwischen der Bundesrepublik Deutschland und der Sowjetunion beginnen Sondierungsgespräche über weitere Verhandlungen zu

	Fragen des Gewaltverzichts und der Verbesserung der deutsch-sowjetischen Beziehungen.
18. Dezember	Brief Walter Ulbrichts an Gustav Heinemann mit dem Entwurf eines Vertrages über die Aufnahme gleichberechtigter Beziehungen zwischen der DDR und der Bundesrepublik; der Bundespräsident teilt in einem Antwortschreiben mit, daß er den Brief zuständigkeitshalber an die Bundesregierung weitergeleitet habe.

1970

19. März	Bundeskanzler Willy Brandt und DDR-Ministerpräsident Willi Stoph kommen in Erfurt zusammen; am Rande des Treffens kommt es zu Sympathiekundgebungen für Willy Brandt durch die DDR-Bevölkerung.
26. März	Die Botschafter der USA, der UdSSR, Großbritanniens und Frankreichs beginnen mit Verhandlungen zu einem Viermächte-Abkommen über Berlin.
21. Mai	Zweites Treffen der deutschen Regierungschefs Willy Brandt und Willi Stoph in Kassel.
12. November	Unterzeichnung des Abkommens über Warenaustausch und Zahlungen zwischen der DDR und der UdSSR für die Jahre 1971–1975 in Berlin (Ost).
27. November	Beginn des Meinungsaustausches zwischen dem Staatssekretär im Bundeskanzleramt, Egon Bahr, und dem Staatssekretär beim Ministerrat der DDR, Michael Kohl.
9.–11. Dezember	14. Tagung des ZK der SED beschließt Modifizierungen der ökonomischen Strategie.

1971

1. Januar	Volks-, Berufs-, Wohnraum- und Gebäudezählung: Die DDR hat zum Stichtag 17 053 699 Einwohner.
29. Januar	Ministerratsbeschluß über sozialpolitische Maßnahmen: u. a. Preissenkungen für verschiedene Textilien und andere Industriewaren, Verbesserungen im Sozialversicherungswesen.
31. Januar	Wiederaufnahme des Telefonverkehrs zwischen Ost- und West-Berlin.
1. Februar	Erhöhung der Grundlöhne und Mindestrenten.
24./25. Februar	Briefwechsel zwischen dem Vorsitzenden des Ministerrats der DDR, Willi Stoph, und dem Regierenden Bürgermeister von Berlin (West), Klaus Schütz, über die Aufnahme von Verhandlungen.
16. März	Die DDR und Chile nehmen diplomatische Beziehungen auf; mittlerweile haben 28 Staaten die DDR diplomatisch anerkannt.

3. Mai	Auf der 16. Tagung des ZK der SED wird Erich Honecker zum Ersten Sekretär des ZK der SED gewählt; er löst den »aus Altersgründen« zurückgetretenen Walter Ulbricht in diesem Amt ab.
15.–19. Juni	VIII. Parteitag der SED; als neue Hauptaufgabe formuliert er die »Einheit von Wirtschafts- und Sozialpolitik« und verabschiedet die Direktive für den Fünfjahrplan 1971–1975.
24. Juni	Die Volkskammer wählt Erich Honecker zum Vorsitzenden des Nationalen Verteidigungsrates der DDR.
27.–29. Juli	Die 25. RGW-Tagung verabschiedet ein »Komplexprogramm« zur »sozialistischen ökonomischen Integration«.
5. August	Gespräche zwischen Erich Honecker, Leonid Iljitsch Breschnjew und Nikolai Wiktorowitsch Podgorny über »Vervollkommnung und Vertiefung der Zusammenarbeit« zwischen der DDR und der UdSSR.
3. September	Die Botschafter der USA, der UdSSR, Großbritanniens und Frankreichs unterzeichnen das Viermächte-Abkommen über Berlin.
18.–20. September	Partei- und Regierungsdelegation der DDR unter Leitung Erich Honeckers in Polen; Beschluß über den paß- und visafreien Reiseverkehr zwischen der DDR und Polen.
30. September	Protokoll über die Postverhandlungen zwischen der Bundesrepublik und der DDR unterzeichnet: Verbesserungen im innerdeutschen Postverkehr.
20. Oktober	Das Nobelkomitee in Oslo verleiht Willy Brandt den Friedensnobelpreis 1971.
21. Oktober	Ministerratsbeschluß über die Förderung des privaten Wohnungsbaus ab 1972.
14. November	Wahlen zur Volkskammer und zu den Bezirkstagen (99,85 % stimmen für die Kandidaten der Nationalen Front).
18. November	Das ZK der SED und der Ministerrat beschließen einen Preisstopp für Konsumgüter und Dienstleistungen bis 1975.
26. November	Konstituierende Sitzung der Volkskammer; Vorsitzender des Staatsrats: Walter Ulbricht; Vorsitzender des Ministerrats: Willi Stoph.
17. Dezember	Egon Bahr und Michael Kohl unterzeichnen das Transitabkommen zwischen der Bundesrepublik und der DDR.
20. Dezember	Die Volkskammer verabschiedet ein Gesetz über den Fünfjahrplan 1971–1975; Vereinbarung zwischen dem Senat von Berlin (West) und der DDR über Reise- und Besucherverkehr sowie über Gebietsaustausch wird unterzeichnet.

1972

1. Januar	Paß- und visafreier Reiseverkehr zwischen der DDR und Polen.
15. Januar	Paß- und visafreier Reiseverkehr zwischen der DDR und der ČSSR.
11. Februar	Der »Deutsche Fernsehfunk« wird in »Fernsehen der DDR« umbenannt.
9. März	Die Volkskammer verabschiedet das Gesetz über den Schwangerschaftsabbruch (erstmals 14 Gegenstimmen und acht Enthaltungen).
11. März	DDR-Außenminister Otto Winzer in Moskau; Unterzeichnung der internationalen Konvention über das Verbot der Entwicklung, Herstellung und Lagerung bakteriologischer und toxischer Waffen sowie deren Vernichtung.
27. April	Das von der CDU/CSU beantragte konstruktive Mißtrauensvotum mit dem Ziel, Rainer Barzel zum Bundeskanzler zu wählen, scheitert bei der geheimen Abstimmung im Bundestag.
27./28. April	5. Tagung des ZK der SED; gemeinsamer Beschluß des ZK, des Bundesvorstands des FDGB und des Ministerrats über sozialpolitische Maßnahmen, u. a. Erhöhung der Mindestrenten, partielle Mietpreissenkungen für Neubauwohnungen.
12. Mai	Unterzeichung des Vertrages über Freundschaft, Zusammenarbeit und gegenseitigen Beistand zwischen Rumänien und der DDR.
17. Mai	Der Deutsche Bundestag beschließt die Ratifizierung der Ostverträge.
23. Juni	Das ZK der SED und der Ministerrat beschließen Maßnahmen zur Förderung des Wohnungsbaus.
6./7. Juli	6. Tagung des ZK der SED; Diskussionen über »Weite und Vielfalt« in der Kulturpolitik; Einsetzung einer Kommission zur Überarbeitung des Parteiprogramms und des Statuts der SED; Beschluß über die Verstaatlichung von privaten Unternehmen und Betrieben mit staatlicher Beteiligung.
26. Aug. – 11. Sept.	Bei den Olympischen Sommerspielen in München erreicht die DDR in der inoffiziellen Medaillenwertung vor der Bundesrepublik den dritten Platz.
6. Oktober	Der Staatsrat erläßt eine Amnestie für politische und kriminelle Straftäter.
16. Oktober	Die Volkskammer verabschiedet das Gesetz über den Ministerrat der DDR; Aufwertung des Ministerrats als Regierungsorgan gegenüber dem Staatsrat.

19. November	Vorgezogene Wahlen zum 7. Deutschen Bundestag: SPD 45,8 %, CDU/SCU 44,9 %, FDP 8,4 %.
24. November	Beitritt der DDR zur UNESCO.
13. Dezember	Die DDR wird Mitglied in der Wirtschaftskommission der UNO für Europa (ECE).
13.–15. Dezember	Der neue Bundestag konstituiert sich; Willy Brandt wird erneut zum Bundeskanzler gewählt; er führt die sozial-liberale Koalition mit Walter Scheel als Vizekanzler und Außenminister fort.
31. Dezember	Bis Jahresende nehmen 20 Staaten diplomatische Beziehungen zur DDR auf (u. a. Österreich, Schweiz, Schweden, Belgien).

1973

5.–22. Januar	Weitere 13 Staaten (darunter Spanien, Italien, Niederlande) nehmen diplomatische Beziehungen zur DDR auf.
26. Januar	Kurt Hager, Sekretär des ZK der SED, wendet sich auf einer Tagung der Präsidien des Kulturbundes, der Künstlerverbände und der Akademie der Künste gegen die These von der einheitlichen deutschen Kulturnation und betont die Herausbildung einer sozialistischen Kultur der DDR.
2. Februar	Die DDR tritt der Wiener Konvention über diplomatische Beziehungen bei.
9. Februar	Großbritannien und Frankreich nehmen diplomatische Beziehungen zur DDR auf.
1. März	Veröffentlichung der Verordnung des Ministerrats über die Tätigkeit ausländischer Publikationsorgane und ihrer Korrespondenten in der DDR.
5.–7. März	Korrespondeten der ARD und des ZDF sowie von Zeitungen und Zeitschriften aus der Bundesrepublik werden in der DDR akkreditiert.
8. März	Die DDR lehnt Wiedergutmachungszahlungen an Israel in jeder Form ab.
14./15. März	Treffen einer Delegation des FDGB mit Vertretern des DGB in Düsseldorf.
15. April	Aufnahme diplomatischer Beziehungen zu Japan.
30./31. Mai	Treffen der Bundestagsfraktionsvorsitzenden Herbert Wehner (SPD) und Wolfgang Mischnick (FDP) mit Erich Honecker.
21. Juni	Inkrafttreten des Vertrages über die Grundlagen der Beziehungen zwischen der Bundesrepublik Deutschland und der DDR.

2. Juli	Einigung der Sportverbände DTSB und DSB über innerdeutsche Sportbeziehungen scheitert an der Frage der Einbeziehung Berlins (West).
31. Juli	Entscheidung des Bundesverfassungsgerichts, daß der Grundlagenvertrag mit dem Grundgesetz vereinbar ist.
28. Juli – 5. August	X. Weltfestspiele der Jugend und Studenten in der Hauptstadt der DDR.
1. August	Tod Walter Ulbrichts.
18. September	Die Bundesrepublik und die DDR werden Mitglieder der UNO.
2. Oktober	10. Tagung des ZK der SED; Beratungen über ein Wohnungsbauprogramm für die Jahre 1976–1990.
3. Oktober	Die Volkskammer wählt Willi Stoph zum Vorsitzenden des Staatsrats der DDR; Horst Sindermann wird Vorsitzender des Ministerrats.
5. November	Verdoppelung des Mindestumtauschsatzes durch die DDR; Besucher aus »nichtsozialistischen Staaten und West-Berlin« müssen ab 15. 11. beim Besuch der DDR 20 DM und beim Besuch Ost-Berlins 10 DM zum Kurs Eins zu Eins umtauschen.

1974

1. Januar	Auf Anordnung des Ministeriums des Inneren müssen DDR-Kraftfahrzeuge anstelle des bisherigen »D« das Zeichen »DDR« anbringen; die DDR wird Mitglied der Internationalen Arbeitsorganisation (ILO).
28. Januar	3. Jugendgesetz von der Volkskammer verabschiedet.
25. April	Günter Guillaume, persönlicher Referent Willy Brandts, wird unter dem Verdacht der Spionage für die DDR festgenommen.
30. April	Gemeinsamer Beschluß des SED-Politbüros, des Ministerrats und des FDGB-Bundesvorstands über weitere Maßnahmen zur Durchführung des sozialpolitischen Programms, u. a. Erhöhung des jährlichen Mindesturlaubs.
2. Mai	Eröffnung der Ständigen Vertretungen in Bonn und Berlin (Ost); Ständiger Vertreter der Bundesrepublik in der DDR wird Günter Gaus, Ständiger Vertreter der DDR in der Bundesrepublik Michael Kohl.
20. Juni	Das DDR-Außenministerium protestiert gegen die beabsichtigte Errichtung des Umweltbundesamts in Berlin (West).
29. Juni	Die Deutsch-deutsche Grenzkommission trifft Vereinbarung über den Grenzverlauf und den Fischfang in der Lübecker Bucht.

4. September	Aufnahme diplomatischer Beziehungen zwischen der DDR und den USA.
14. September	Ausgabe neuer Banknoten durch die Staatsbank der DDR; »Mark der DDR« (M) löst als Währungsbezeichnung »Mark der Deutschen Notenbank« (MDN) ab.
27. September	Die Volkskammer beschließt das »Gesetz zur Ergänzung und Änderung der Verfassung der Deutschen Demokratischen Republik vom 7. Oktober 1974«: Streichung aller Bezüge auf die »deutsche Nation«; neues Gerichtsverfassungsgesetz und personelle Umbesetzung im Ministerrat.
26. Oktober	Der am 5. 11. 1973 verdoppelte Mindestumtausch für Besucher der DDR und Berlins (Ost) wird ab 15. 11. von 20 auf 13 DM bzw. von 10 auf 6,50 DM gesenkt.
17. November	In einem Hirtenbrief wenden sich die katholischen Bischöfe der DDR gegen das staatliche Erziehungsmonopol.
10. Dezember	Personen unter 16 Jahre und Rentner werden mit Wirkung vom 20. 12. vom Mindestumtausch befreit.
11./12. Dezember	Abkommen über die Verbringung von Abfallstoffen von Berlin (West) in die DDR.
12. Dezember	Unterzeichnung des Abkommens über Fortführung der Swing-Regelung im innerdeutschen Handel für den Zeitraum 1976–1981 (Höchstgrenze: 850 Millionen DM).

<u>1975</u>

20. Januar	Oskar Fischer wird nach dem Rücktritt Otto Winzers neuer Außenminister der DDR.
26. Juli	Vereinbarung über die Koordinierung der Volkswirtschaftspläne der UdSSR und der DDR für den Zeitraum 1976–1980.
30. Juli – 1. August	KSZE-Gipfeltreffen in Helsinki: Unterzeichnung der Schlußakte am 1. 8. nach zweijährigen Verhandlungen. Zu den Unterzeichnern gehören die Bundesrepublik Deutschland und die DDR. Am Rande der Konferenz treffen sich Bundeskanzler Helmut Schmidt und der Staatsratsvorsitzende Erich Honecker.
16. September	Die Volkskammer verabschiedet das neue Zivilgesetzbuch (ZGB).
24. September	Auf der UNO-Vollversammlung in New York bringen die Außenminister der DDR und der Bundesrepublik die unterschiedlichen Standpunkte ihrer Regierungen zur deutschen Frage zum Ausdruck.
7. Oktober	Leonid Iljitsch Breschnjew und Erich Honecker unterzeichnen in Moskau einen neuen »Vertrag über Freundschaft, Zusammenarbeit und gegenseitigen Beistand« zwischen der UdSSR und der DDR.

29. Oktober	Die Regierung der DDR und der Senat von Berlin (West) treffen eine Übereinkunft über gegenseitige Hilfeleistung bei Unglücksfällen in Grenzgewässern.
15. Dezember	Günter Guillaume und seine Ehefrau werden wegen Spionage für die DDR zu 13 bzw. acht Jahren Haft verurteilt.
19. Dezember	Vereinbarung zwischen der DDR und der Bundesrepublik über den Ausbau der Transitstrecken nach Berlin.

1976

30. März	Unterzeichnung des Post- und Fernmeldeabkommens zwischen der Bundesrepublik und der DDR.
23. April	Der »Palast der Republik« am Marx-Engels-Platz im Zentrum der Hauptstadt der DDR wird eröffnet.
4. Mai	Konsularabkommen zwischen der DDR und Großbitannien wird in Berlin (Ost) unterzeichnet.
18.–22. Mai	Der IX. Parteitag der SED tagt im »Palast der Republik«: Die Delegierten beschließen ein neues Programm und ein verändertes Statut der SED. Erich Honecker nimmt den Titel »Generalsekretär« an.
27. Mai	Gemeinsamer Beschluß des ZK der SED, des Bundesvorstands des FDGB und des Ministerrats über weitere sozialpolitische Maßnahmen, u. a. Erhöhung der Mindestlöhne und Mindestrenten sowie Maßnahmen zur Förderung berufstätiger Mütter.
24. Juni	Beschluß der Volkskammer, alle Volksvertretungen künftig für die Dauer von fünf statt bisher vier Jahren zu wählen. Das aktive und passive Wahlalter sinkt von 21 auf 18 Jahre.
29./30. Juni	Konferenz der kommunistischen und Arbeiterparteien Europas in Berlin (Ost). Unter den 29 teilnehmenden Parteien befinden sich auch die italienische und spanische kommunistische Partei, die für den Eurokommunismus eintreten. Das »Neue Deutschland« druckt ihre Stellungnahmen im Wortlaut ab.
7.–9. Juli	30. Tagung des Rates für gegenseitige Wirtschaftshilfe (RGW) in Berlin (Ost): u. a. Beratungen über die Beziehungen zur EG.
17. Juli – 1. August	Bei den XXI. Olympischen Sommerspielen in Montreal belegt die DDR in der inoffiziellen Medaillenwertung hinter der UdSSR und vor den USA den zweiten, die Bundesrepublik den vierten Platz.
3. Oktober	Wahl zum 8. Deutschen Bundestag: CDU/CSU: 48,6 %, SPD: 42,2 %, FDP 7,9 %.
17. Oktober	Wahlen zur Volkskammer und zu den Bezirkstagen (99,86 % stimmen für die Einheitsliste der Nationalen Front).

26. Oktober	Die Berliner Ordinarienkonferenz wird durch Dekret des Vatikans zu einer von der Fuldaer Bischofskonferenz unabhängigen Berliner Bischofskonferenz.
29. Oktober	Die konstituierende Sitzung der Volkskammer wählt Erich Honekker zum Vorsitzenden des Staatsrats und des Nationalen Verteidigungsrats. Willi Stoph wird Vorsitzender des Ministerrats und Horst Sindermann Präsident der Volkskammer.
16. November	Wolf Biermann, der sich auf einer Konzertreise in der Bundesrepublik befindet, wird die Staatsbürgerschaft der DDR entzogen und die Rückkehr in die DDR untersagt.
17. November	Der Ausbürgerungsbeschluß wird in den Zeitungen der DDR bekanntgegeben; öffentliche Protesterklärung von 13 namhaften Künstlern der DDR.
18.–21. November	Breite Solidarisierung unter DDR-Intellektuellen; Verhaftung von Jürgen Fuchs u. a.; Veröffentlichung von Zustimmungserklärungen zur Ausbürgerung Biermanns in der Presse der DDR.
26. November	Robert Havemann wird unter Hausarrest gestellt.
15. Dezember	Der Deutsche Bundestag wählt Helmut Schmidt zum Kanzler; Fortführung der sozial-liberalen Koalition.

1977

17./18. März	Die 5. Tagung des ZK der SED berät über Wirtschaftspolitik und faßt Beschluß zur Entwicklung des Bauwesens.
14. April	Rainer Kunze siedelt in die Bundesrepublik über; weitere Schriftsteller und Künstler folgen in den nächsten Monaten.
16. Juni	Die Volkskammer verabschiedet neues Arbeitsgesetzbuch der DDR (AGB).
23./24. Juni	Die 6. Tagung des ZK der SED faßt Beschlüsse zur Entwicklung von Elektrotechnik und Elektronik.
23. Juli	Festnahme von Rudolf Bahro nach der Veröffentlichung des Buches »Die Alternative« in der Bundesrepublik.
7. Oktober	Jugendkrawalle auf dem Ostberliner Alexanderplatz fordern nach westlichen Meldungen drei Todesopfer, darunter zwei Bereitschaftspolizisten.
20. Dezember	Einigung über den Ausbau der Autobahn zwischen den Grenzkontrollstellen Helmstedt (Bundesrepublik) und Marienborn (DDR).

1978

2. Januar	Der »Spiegel« veröffentlicht den ersten Teil eines »Manifests des Bundes der demokratischen Kommunisten Deutschlands«; die

	DDR-Behörden schließen daraufhin das »Spiegel«-Büro in Berlin (Ost).
6. März	Gespräch Erich Honeckers mit dem Vorstand der Konferenz der Evangelischen Kirchenleitungen in der DDR unter der Führung von Bischof Albrecht Schönherr.
5.–8. Juni	Besuch einer Staatsdelegation der DDR in Paris: Gespräche über beiderseitige Wirtschaftsbeziehungen.
7. Juni	Eine Delegation der PLO unter Leitung von Yasser Arafat wird von Erich Honecker empfangen.
25. Juni	Bischöfliches Rundschreiben an die Gemeinden mit kritischen Bemerkungen zur Einführung des Wehrkundeunterrichts an den Schulen der DDR.
30. Juni	Rudolf Bahro wird wegen »geheimdienstlicher Verbindungsaufnahme« zu acht Jahren Freiheitsentzug verurteilt.
26. August	Sigmund Jähn startet an Bord der sowjetischen Raumkapsel »Sojus 31« in den Weltraum.
1. September	Mit Schuljahresbeginn wird in den 9. und 10. Klassen der Polytechnischen Oberschulen der Wehrkundeunterricht eingeführt.
13. Oktober	Die Volkskammer verabschiedet ein neues Gesetz über die Landesverteidigung.
26./27. Oktober	Besuch des DDR-Außenministers Oskar Fischer in Italien: Abkommen über wissenschaftlich-technische Zusammenarbeit.
16. Dezember	Vereinbarung über den Bau der Nordautobahn Berlin – Hamburg, die Instandhaltung der Transitwasserstraße nach Berlin (West) und die Wiedereröffnung des Teltow-Kanals.

<u>1979</u>

8.–12. Januar	Besuch Erich Honeckers und Willi Stophs in Indien: Unterzeichnung eines Abkommens über wirtschaftliche und wissenschaftlich-technische Zusammenarbeit.
15.–24. Februar	Reise Erich Honeckers nach Lybien, Angola, Sambia und Moçambique.
21. Februar	Verordnung über Tätigkeit von Publikationsorganen und Korrespondenten anderer Staaten in der DDR.
14. April	Neue Durchführungsbestimmungen zur Verordnung über die Tätigkeit von Jouranlisten in der DDR machen Interviews und Reportagen genehmigungspflichtig und Reisen in die DDR außerhalb Berlins (Ost) meldepflichtig.
28. Juni	Die Volkskammer beschließt Änderung des Wahlgesetzes: künftig werden die Berliner Abgeordneten der Volkskammer direkt ge-

	wählt. Das 3. Strafrechtsänderungsgesetz wird verabschiedet; es enthält Verschärfungen des politischen Strafrechts. Ferner wird eine Ergänzung des Zoll- bzw. Devisengesetzes beschlossen.
4. September	Unterzeichnung eines Konsularvertrags mit den USA.
28. September	Das ZK der SED, der Ministerrat und der Bundesvorstand des FDGB beschließen Erhöhung von Renten und Erweiterung der Sozialleistungen zum 1. 12. 1979.
4.–8. Oktober	Anläßlich des 30. Jahrestages der DDR stattet Leonid Iljitsch Breschnjew der DDR einen Besuch ab und kündigt den Abzug von 20 000 Soldaten und 1 000 Panzern an.
7. November	Klaus Gysi wird neuer Staatssekretär für Kirchenfragen.
10. November	Rudolf Bahro wird aufgrund einer Amnestie aus dem Gefängnis entlassen und reist in die Bundesrepublik aus.
12. Dezember	Die NATO-Staaten einigen sich auf einer Sondersitzung in Brüssel über den »NATO-Doppelbeschluß«.
14. Dezember	Amnestie aus Anlaß des 30. Jahrestages der DDR: insgesamt wurden 21 928 Strafgefangene entlassen.
21. Dezember	Unterzeichnung eines Veterinärabkommens zwischen der Bundesrepublik und der DDR.

<u>1980</u>

1. Januar	Die DDR wird für zwei Jahre nichtständiges Mitglied des UNO-Sicherheitsrats; die Einführung der Transitpauschale (50 Millionen DM) entbindet Bundesbürger und Westberliner von den Straßenbenutzungsgebühren bei Transitreisen.
30. Januar	Auf Wunsch der DDR wird der für Februar/März 1980 geplante Besuch Bundeskanzler Schmidts in der DDR verschoben.
18. März	Politbürobeschluß über die »Aufgaben der Universitäten und Hochschulen in der entwickelten sozialistischen Gesellschaft«.
30. April	Die 3. Rahmenvereinbarung über Verkehrsfragen zwischen der Bundesrepublik und der DDR wird in Berlin (Ost) unterzeichnet.
13. Juni	Das Staatliche Martin-Luther-Komitee zur Vorbereitung des 500. Geburtstages des Kirchenreformators konstituiert sich. An der Tagung nehmen auch Vertreter des kirchlichen Luther-Komitees teil.
3. Juni	Volkskammer verabschiedet Gesetz zum Schutz des Kulturguts der DDR.
3. Juli	Bekanntmachung des Bundesministers für innerdeutsche Beziehungen, Egon Francke, daß zwischen 1964 und 1980 rund 20 000 politische Häftlinge von der Bundesregierung freigekauft wurden.

	Im gleichen Zeitraum übersiedelten etwa 30 000 DDR-Bürger im Rahmen der Familienzusammenführung in die Bundesrepublik.
22. August	Bundeskanzler Schmidt sagt aufgrund der angespannten Lage in Polen ein geplantes Treffen mit Erich Honecker am Werbellinsee ab.
31. August	Unterzeichnung des »Danziger Abkommens«. Nach Massenstreiks in ganz Polen gesteht die Staatsführung die Bildung freier Gewerkschaften, das Streikrecht sowie soziale Verbesserungen zu. In den folgenden Tagen wird das Aktionsprogramm der Gewerkschaft »Solidarność« ausgearbeitet.
5. September	Wahlen zum 9. Bundestag: CDU/CSU 44,5 %, SPD 42,9 %, FDP 10,6 %.
5./6. September	In Polen löst Stanisław Kania Edward Gierek als Parteichef ab.
9. Oktober	Neuerliche Anhebung des Mindestumtauschsatzes für Besuche in der DDR; scharfer Protest der Bundesregierung.
13. Oktober	Erich Honecker formuliert auf einer Rede vor Parteifunktionären die sogenannten »Geraer Forderungen«: u. a. nennt er die Anerkennung der DDR-Staatsbürgerschaft, die Umwandlung der Ständigen Vertretungen in Botschaften und die Abschaffung der Zentralen Erfassungstelle in Salzgitter als Voraussetzungen für eine Normalisierung der Beziehungen der beiden deutschen Staaten.
16. Oktober	Eröffnung der ersten Filmwoche der Bundesrepublik Deutschland in Dresden.
5. November	Helmut Schmidt wird erneut Kanzler einer sozial-liberalen Koalition.
10.–13. November	Besuch Erich Honeckers in Österreich.

1981

1. Februar	Klaus Bölling wird Nachfolger von Günter Gaus als Leiter der Ständigen Vertretung der Bundesrepublik Deutschland in der DDR.
11.–16. April	X. Parteitag der SED.
14. Mai	Wahlen zur Volkskammer und zu den Bezirkstagen (99,86 % stimmen für die Einheitslisten der Nationalen Front).
28. Juli	Gespräch Erich Honeckers mit Repräsentanten des Ökumenischen Rats der Kirchen sowie des Bundes der Evangelischen Kirchen der DDR.

10. Oktober	300 000 Bürger nehmen an einer Demonstration gegen die Stationierung von Mittelstreckenraketen in Bonn teil.
3. November	Volkskammer beschließt Fünfjahrplan 1981–1985.
11.–13. Dezember	Besuch Bundeskanzlers Helmut Schmidt in der DDR: Gespräche am Werbellinsee, Besuch in Güstrow.
13. Dezember	In Polen verhängt General Wojciech Jaruzelski das Kriegsrecht: Die Tätigkeit der Gewerkschaft »Solidarność« wird verboten; Verhaftungswelle im ganzen Land; der Widerstand streikender Arbeiter wird mit Gewalt gebrochen.
13./14. Dezember	Schriftsteller aus Ost und West treffen sich auf Initiative Stephan Hermlins in Berlin (Ost).
18. Dezember	Bundeskanzler Helmut Schmidt wertet in einer Regierungserklärung das Treffen mit Erich Honecker als einen Beitrag zur Friedenssicherung.

1982

25. Januar	Der von Pfarrer Rainer Eppelmann und Robert Havemann verfaßte »Berliner Appell« wird veröffentlicht; erstmals erreicht die Friedensbewegung der DDR eine breite Resonanz.
14. Februar	Friedensforum in der Kreuzkirche in Dresden mit ca. 5 000 meist jugendlichen Teilnehmern.
25. Februar	Die Volkskammer verabschiedet die Gesetze über den Wehrdienst, die Staatsgrenze, die Gesellschaftlichen Gerichte und das Vertragssystem in der sozialistischen Wirtschaft.
11. April	In den evangelischen Kirchen wird ein Pfarrbrief verlesen, der die Eigenständigkeit der christlichen Friedensarbeit unterstreicht und das Vorgehen der Staatsorgane gegen das Friedenssymbol »Schwerter zu Pflugscharen« kritisiert.
24. Mai	Hans-Otto Bräutigam tritt die Nachfolge KlausBöllings als Ständiger Vertreter der Bundesrepublik Deutschland in der DDR an.
2. Juni	Die Volkskammer verabschiedet u. a. ein neues Gesetz über die Landwirtschaftlichen Produktionsgenossenschaften.
18. Juni	Innerdeutsche Vereinbarungen, u. a. über schrittweise Reduzierung des »Swing«.
1. Oktober	»Wende« in Bonn: nach einem konstruktiven Mißtrauensvotum im Deutschen Bundestag tritt Helmut Kohl als Kanzler einer aus CDU/CSU und FDP gebildeten Koalition die Nachfolge von Helmut Schmidt an.
10. Oktober	Der sowjetische Parteichef Leonid Iljitsch Breschnjew stirbt.

13. Oktober	Landesbischof Johannes Hempel wird Nachfolger Albrecht Schönherrs als Vorsitzender der Konferenz der Evangelischen Kirchenleitungen in der DDR.
14. Oktober	Am Rande der Trauerfeierlichkeiten für Breschnjew treffen sich in Moskau Erich Honecker und Bundespräsident Carl Carstens.
2. November	Staatsminister Philipp Jenninger kommt nach Bildung der christlich-liberalen Koalition mit DDR-Außenminister Oskar Fischer und dem ZK-Sekretär für Wirtschaft, Günter Mittag, zusammen.
17. Dezember	Um eine Auflösung des Bundestages herbeizuführen, stellt Bundeskanzler Helmut Kohl die Vertrauensfrage; für den 6. 3. 1983 sind Neuwahlen vorgesehen.

1983

26./27. Januar	Besuch des italienischen Außenministers Colombo in der DDR: Unterzeichnung eines Konsularvertrags.
6. März	Vorgezogene Wahlen zum 10. Deutschen Bundestag: CDU/CSU 48,8 %, SPD 38,2 %, FDP 7,0 %; die Grünen erhalten 5,6 % und ziehen erstmals in den Bundestag ein.
21. März	Wiedereröffnung der restaurierten Wartburg in Eisenach aus Anlaß des Lutherjahres.
29. März	Helmut Kohl wird zum Kanzler einer Koalition aus CDU/CSU und FDP gewählt.
16. April	Am Grenzkontrollpunkt Drewitz stirbt ein Bundesbürger während der Vernehmung durch DDR-Zöllner.
28. April	Erich Honecker sagt auf sowjetischen Druck seinen geplanten Besuch in der Bundesrepublik ab; als Vorwand dienen Meinungsäußerungen bundesdeutscher Politiker und Presseorgane.
12. Mai	Sechs Bundestagsabgeordnete der Grünen demonstrieren auf dem Ostberliner Alexanderplatz für Abrüstung in Ost und West. Sie werden festgenommen und in den Westen abgeschoben.
8. Juni	Zwangsabschiebung Roland Jahns, einem Mitglied der Jenaer Friedensbewegung.
29. Juni	Die Bundesregierung bürgt für DDR-Kredit in Höhe von einer Milliarde DM.
24.–27. Juli	Privatreise von Franz Josef Strauß in die DDR: Gespräch mit Erich Honecker.
29. Juni – 2. Juli	Offizieller Besuch des UNO-Generalsekretärs Peréz de Cuéllar in der DDR.
1. September	Die Volkspolizei löst eine Menschenkette auf, die Anhänger der DDR-Friedensbewegung anläßlich des Weltfriedenstags zwischen

	der sowjetischen und der US-amerikanischen Botschaft in Berlin (Ost) bilden wollten.
15. September	Treffen des Regierenden Bürgermeisters von Berlin (West), Richard von Weizsäcker, mit Erich Honecker.
11.–14. Oktober	Offizieller Besuch des österreichischen Bundeskanzlers Rudolf Kirchschläger in der DDR.
9. November	Offizielle Festveranstaltung des Staatlichen Luther-Komitees der DDR in der Deutschen Staatsoper in Berlin (Ost).
10. November	Kirchliche Gedenkfeier zum Lutherjahr mit zahlreichen internationalen Gästen in Eisleben.
15. November	Abschluß eines neuen Post- und Fernmeldeabkommens zwischen beiden deutschen Staaten, das die Anhebung der jährlichen Pauschalleistungen der Bundesrepublik an die DDR von 85 auf 200 Millionen DM vorsieht.
5. Dezember	Die Synode der Evangelischen Landeskirche Thüringens kritisiert die Stationierung sowjetischer Mittelstreckenraketen in der DDR.

1984

9. Januar	Übernahme der S-Bahn in Berlin (West) in westliche Regie.
20.–22. Januar	Sechs DDR-Bürger, die in der Botschaft der USA in Berlin (Ost) um politisches Asyl ersucht hatten, können in den Westen ausreisen.
9. Februar	Die zweimillionste Wohnung, die seit 1971 im Rahmen des Wohnungsbauprogramms entstanden ist, übergibt Erich Honecker feierlich ihrer Bestimmung.
13. Februar	Bundeskanzler Kohl und Erich Honecker treffen sich am Rande der Trauerfeierlichkeiten für den verstorbenen sowjetischen Generalsekretär Jurij Andropow in Moskau.
8. März	Eine Delegation der SPD-Bundestagsfraktion besucht die DDR-Volkskammer in Berlin (Ost).
6. April	Nach Zusicherung einer baldigen Ausreise kehren 35 DDR-Bürger, die sich fünf Wochen in der Botschaft der Bundesrepublik Deutschland in Prag aufgehalten hatten, in die DDR zurück.
10. Mai	Die DDR sagt Teilnahme an den Olympischen Sommerspielen in Los Angeles ab.
17. Mai	Das ZK der SED, der Ministerrat und der Bundesvorstand des FDGB beschließen »Maßnahmen zur Verbesserung der Arbeits- und Lebensbedingungen für Familien mit drei und mehr Kindern«.
22. Mai	Beschluß über Rentenerhöhung.

8.–10. Juni	»Nationales Jugendfestival der DDR« in Berlin (Ost) mit ca. 75 000 Teilnehmern.
29./30. Juni	Besuch des schwedischen Ministerpräsidenten Olof Palme in der DDR.
25. Juni	Vorübergehende Schließung der Ständigen Vertretung der Bundesrepublik Deutschland in Berlin (Ost), in der sich 55 DDR-Bürger aufhalten, die ihre Ausreise erzwingen wollen. Nach Zusicherung von Straffreiheit und wohlwollender Prüfung ihrer Anträge durch die DDR-Behörden verlassen sie am 5. 7. die Ständige Vertretung.
9./10. Juli	Besuch des italienischen Ministerpräsidenten Bettino Craxi in der DDR.
25. Juli	Staatsminister Philipp Jenninger gibt die Gewährung eines Kredits von 950 Millionen DM an die DDR bekannt; im Gegenzug soll es Erleichterungen im innerdeutschen Reiseverkehr und einen Abbau der Selbstschußanlagen an der DDR-Grenze geben.
6. Oktober	Andrej Gromyko und Erich Honecker unterzeichnen Programm der Zusammenarbeit auf den Gebieten Wissenschaft, Technik und Produktion bis zum Jahre 2000.
16.–19. Oktober	Staatsbesuch Erich Honeckers in Finnland.
5./6. November	Österreichs Bundeskanzler Sinowatz besucht die DDR.
1. Dezember	Die Erhöhung der Mindestrenten auf 300 Mark tritt in Kraft.
30. Dezember	Die DDR beginnt den Abbau der Selbstschußanlagen an der innerdeutschen Grenze.
31. Dezember	Die DDR erteilte im Jahre 1984 ungewöhnlich viele Ausreisegenehmigungen; bis zum Jahresende waren es 40 900 (1983: 11 300; 1985: 24 900).

1985

9.–12. Januar	Der Ministerpräsident von Nordrhein-Westfalen, Johannes Rau, besucht die DDR; Gespräche mit Erich Honecker.
15. Januar	Nachdem ihnen Straffreiheit und Bearbeitung der Ausreiseanträge zugesichert wurden, kehren die letzten der insgesamt 168 DDR-Bürger, die sich seit dem 2. 10. 1984 in der Prager Botschaft der Bundesrepublik Deutschland aufgehalten hatten, in die DDR zurück.
7. Februar	Konstituierung des Staatlichen Komitees zum 750jährigen Bestehen Berlins.

13. Februar	Wiedereröffnung der restaurierten Semper-Oper in Dresden.
12. März	Gespräch zwischen Helmut Kohl und Erich Honecker während ihres Aufenthalts aus Anlaß der Begräbnisfeierlichkeiten für Konstantin Tschjernjenko in Moskau.
18. März	Die Evangelische Kirche in Deutschland und der Bund der Evangelischen Kirchen in der DDR veröffentlichen zum 40. Jahrestag des Kriegsendes ein gemeinsames »Wort zum Frieden«.
6. April	Staatsbesuch des französischen Ministerpräsidenten Laurent Fabius in der DDR.
25.–27. Juni	Die 40. Tagung des RGW in Warschau schlägt die Aufnahme von Beziehungen zwischen dem RGW und der EG vor.
5. Juli	Neue Vereinbarungen über den innerdeutschen Handel 1986–1990 (Swing: 850 Millionen).
9.–11. September	Staatsbesuch des finnischen Präsidenten Kalevi Sorsa in der DDR.
18.–20. September	Auf Einladung Erich Honeckers besucht der SPD-Vorsitzende Willy Brandt die DDR.
1. November	An der innerdeutschen Grenze ist die Entfernung der Bodenminen durch die DDR beendet.
1. Dezember	Neue Rentenerhöhung für Alters- und Invalidenrentner in der DDR wird beschlossen.

1986

10. Januar	Erich Honecker empfängt elf Mitglieder des Repräsentantenhauses des US-Kongresses: Gespräche über die weltpolitische Lage und die Beziehungen zwischen den USA und der DDR.
2. Februar	Der thüringische Landesbischof Werner Leich wird als Nachfolger des Dresdner Landesbischofs Johannes Hempel zum Vorsitzenden der Konferenz der Evangelischen Kirchenleitungen der DDR gewählt.
19.–22. Februar	Horst Sindermann besucht als Präsident der Volkskammer auf Einladung der SPD-Bundestagsfraktion die Bundesrepublik.
1. März	Erweiterung des Telefonselbstwahlverkehrs mit der DDR auf insgesamt 1 106 Ortsnetze.
3. April	Der Senat von Berlin (West) und die DDR tauschen Kulturgüter, die sich zuvor im jeweils anderen Teil der Stadt befanden.
17.–21. April	Der XI. Parteitag der SED steht im Zeichen politischer und personeller Kontinuität; der Generalsekretär der KPdSU, Michail Gor-

batschow, unterbreitet auf dem Parteitag am 18. 4. Abrüstungsvorschläge.

23. April	Das ZK der SED, der Bundesvorstand des FDGB und der Ministerrat veröffentlichen einen gemeinsamen Beschluß »zur weiteren Verbesserung der Arbeits- und Lebensbedingungen der Familien mit Kindern sowie zur Förderung junger Ehen«.
26. April	Reaktorkatastrophe in Tschernobyl (Ukraine); in den folgenden Tagen werden auch in Mitteleuropa erhöhte Strahlenwerte gemessen.
6. Mai	Kulturabkommen zwischen der Bundesrepublik Deutschland und der DDR in Berlin (Ost) unterzeichnet.
8. Juni	Wahlen zur Volkskammer und zu den Bezirkstagen (99,94 % für die Einheitsliste der Nationalen Front); die Vereinigung der gegenseitigen Bauernhilfe (VdgB) ist als zehnte Fraktion neu in der Volkskammer vertreten.
26. Juni	Veröffentlichung eines Appells der unabhängigen Friedens- und Ökologiebewegung: Forderung nach einer Änderung der Energie-, Wirtschafts- und Informationspolitik der DDR.
25.–28. Juni	Staatsbesuch Erich Honeckers in Schweden.
3. September	Besuch des belgischen Ministerpräsidenten Martens in der DDR.
18. September	Die DDR verschärft nach wiederholten Protesten der Bundesregierung die Transitbestimmungen und dämmt damit den unkontrollierten Zustrom von Asylsuchenden ein, die über Ost-Berlin, insbesondere über den Flughafen Schönefeld, einreisen.
21. Oktober	Auf einer Pressekonferenz in Bonn erläutern SPD-Präsidiumsmitglied Egon Bahr und SED-Politbüromitglied Hermann Axen gemeinsame Vorschläge für die Bildung einer atomwaffenfreien Zone in Mitteleuropa, die von der Bundesregierung als sicherheitspolitisch »höchst fragwürdig« bezeichnet werden.
21.–25. Oktober	Besuch Erich Honeckers in der Volksrepublik China.
30. Oktober	In Berlin (Ost) wird die Ausstellung »Positionen – Malerei aus der Bundesrepublik Deutschland« eröffnet, die erstmals zeitgenössische Kunst aus der Bundesrepublik zeigt.
4. November	Zur Eröffnung des dritten KSZE-Folgetreffens in Wien kommen Bundesaußenminister Hans-Dietrich Genscher und DDR-Außenminister Oskar Fischer zu einem Gespräch zusammen.
5. November	Verabschiedung des RGW-Komplexprogramms des wissenschaftlich-technischen Fortschritts bis zum Jahr 2000« in Bukarest.

6. November	Saarlouis und Eisenhüttenstadt vereinbaren die erste deutsch-deutsche Städtepartnerschaft.
12. November	Mit einem Notenaustausch vereinbaren die Bundesrepublik Deutschland und die DDR die »Rückführung kriegsbedingt ausgelagerten Kulturguts«.
27. November	Die Volkskammer beschließt Gesetz über den Fünfjahrplan 1986–1990.
6. Dezember	In Saarbrücken wird eine Ausstellung »Bücher aus der DDR« eröffnet, die mehr als 20 000 Titel aus DDR-Verlagen zeigt.

1987

6. Januar	Ein Sprecher des DDR-Außenministeriums teilt mit, daß 1986 »537 000 Bürger der DDR die Genehmigung zu einem Besuch der BRD wegen dringender Familienangelegenheiten« erhalten hätten.
25. Januar	Wahl zum 11. Deutschen Bundestag: CDU/CSU 44,3 %, SPD 37 %, FDP 9,1 %, Die Grünen 8,3 %.
11. März	Helmut Kohl wird als Bundeskanzler wiedergewählt.
8. April	In einem Interview mit dem »Stern« nimmt Kurt Hager Stellung zu den Reformen in der Sowjetunion. Er benutzt dabei den bekannt gewordenen Vergleich: »Würden Sie, nebenbei gesagt, wenn Ihr Nachbar seine Wohnung neu tapeziert, sich verpflichtet fühlen, Ihre Wohnung ebenfalls neu zu tapezieren?«
13. April	Erich Honecker weist die Einladung zur 750-Jahr-Feier nach Berlin (West) zurück, da der Regierende Bürgermeister Diepgen den bundesdeutschen Ministerpräsidenten von einer Teilnahme an den Feierlichkeiten in Berlin (Ost) abgeraten habe.
15. April	In der DDR endet ein mehrtägiges Manöver der Nationalen Volksarmee, an dem erstmals Beobachter aus den KSZE-Signatarstaaten – darunter zwei Offiziere der Bundeswehr – teilgenommen haben.
28./29. Mai	Tagung des Politischen Beratenden Ausschusses der Warschauer-Pakt-Staaten in Berlin (Ost): Kommuniqué und Erklärung über die Militärdoktrin der Teilnehmerstaaten; Konsultationen zwischen Erich Honecker und Michail Gorbatschow.
1.–5. Juni	Internationales Bürgermeistertreffen aus Anlaß der 750-Jahr-Feier in Berlin (Ost), darunter elf Teilnehmer aus der Bundesrepublik.
3.–5. Juni	Offizieller Besuch Erich Honeckers in den Niederlanden.
6.–8. Juni	Eine Rockveranstaltung vor dem Reichstag führt zu Zusammenstößen zwischen der Polizei und Jugendlichen, die sich auf der Ostseite der Mauer versammeln, um die Musik zu hören. Die brutalen

	Übergriffe der Sicherheitskräfte führen zu einer Politisierung der Krawalle.
12. Juni	Der amerikanische Präsident Ronald Reagan fordert bei seinem Besuch am Brandenburger Tor Gorbatschow auf, die Mauer niederzureißen.
15. Juni	UNO-Generalsekretär Peréz de Cuéllar besucht die DDR.
23. Juni	Erich Honecker empfängt den Präsidenten der »Jewish Claims Conference«, Rabbiner Israel Miller.
24.–27. Juni	Evangelischer Kirchentag in Berlin (Ost); Friedens- und Ökologiegruppen setzen gegen den Widerstand der Kirchenleitungen eigene Veranstaltungen durch.
10.–12. Juli	Katholikentreffen in Dresden.
17. Juli	Der Staatsrat der DDR beschließt die Abschaffung der Todesstrafe.
27. August	Das gemeinsame SED/SPD-Papier »Der Streit der Ideologien und die gemeinsame Sicherheit« wird in Berlin (Ost) und Bonn vorgestellt.
2.–17. September	Der Olof-Palme-Friedensmarsch führt von Stralsund nach Dresden durch die gesamte DDR; die Behörden zeigen sich erstaunlich großzügig gegenüber den Teilnehmern; am 5. 9. ziehen etwa 1 000 Personen von der Zions- zur Gethsemanekirche.
7.–11. September	Erich Honecker kommt in die Bundesrepublik und wird mit allen Ehren als Staatsoberhaupt empfangen; Unterzeichnung von Abkommen über die Zusammenarbeit auf den Gebieten Wissenschaft und Technik, Umweltschutz und Strahlensicherheit; nach Abschluß der Verhandlungen in Bonn besucht Honecker Nordrhein-Westfalen, Rheinland-Pfalz, das Saarland und Bayern.
13.–15. Oktober	Staatsbesuch Erich Honeckers in Belgien.
23. Oktober	Staatsakt der DDR zum 750jährigen Jubiläum von Berlin.
9. November	Auf der Grundlage des Kulturabkommens verständigen sich Vertreter der Bundesregierung und der DDR auf rund 100 Vorhaben der kulturellen Zusammenarbeit für die Jahre 1988/89.
24.–26. November	X. Schriftstellerkongreß der DDR: verschiedene Autoren fordern die Abschaffung der »Druckgenehmigungspraxis«.
25. November	Festnahme von Mitarbeitern der »Umwelt-Bibliothek« in der Ostberliner Zionskirchgemeinde. In den folgenden Tagen finden vor der Kirche eine Mahnwache sowie Solidariätsveranstaltungen in der ganzen DDR statt. Alle Verhafteten werden in den folgenden Tagen freigelassen.

11. Dezember In Berlin (Ost) findet ein Treffen führender Repräsentanten der Warschauer-Pakt-Staaten statt, auf dem Gorbatschow über seine Begegnung mit dem amerikanischen Präsidenten Reagan zum Abschluß des INF-Vertrages (7. 12.) in Washington berichtet.

12. Dezember Die Amnestie zum 38. Jahrestag der DDR wird abgeschlossen: nach DDR-Angaben werden 24 621 Personen aus dem Strafvollzug entlassen.

1988

7.–9. Januar Offizieller Besuch Erich Honeckers in Frankreich.

11. Januar Bundeskanzler Helmut Kohl gibt die von Erich Honecker übermittelten offiziellen Zahlen für den innerdeutschen Reiseverkehr 1987 bekannt; danach hat es 5 062 914 Besuche in der Bundesrepublik Deutschland einschließlich Berlin (West) gegeben.

17. Januar Am Rande der alljährlichen Gedenkdemonstration für Rosa Luxemburg und Karl Liebknecht kommt es zu etwa 160 Festnahmen von Bürgerrechtlern und Ausreisewilligen, die unter der von Rosa Luxemburg stammenden Losung »Die Freiheit ist immer die Freiheit des Andersdenkenden« demonstrieren wollten.

25. Januar Um die beginnende Solidaritätsbewegung im Keim zu ersticken, verhaftet das MfS zahlreiche Aktivisten der Berliner Oppositionsgruppen. Es kommt bis zum 2. 2. in der ganzen DDR zu Solidaritätsveranstaltungen, an denen mehrere tausend Menschen teilnehmen. Es gelingt den Staatsorganen, die Verhafteten zur Ausreise aus der DDR zu bewegen.

11. Februar Treffen des Regierenden Bürgermeisters von Berlin (West), Eberhard Diepgen, mit Erich Honecker; Verbesserungen im Reiseverkehr werden angekündigt.

3. März Erich Honecker trifft den Vorsitzenden der Konferenz der Evangelischen Kirchenleitungen der DDR, Werner Leich.

14. März Erklärung der Konferenz der Evangelischen Kirchenleitungen in der DDR: Die Kirche sieht ihre Aufgabe darin, »zu Verhältnissen beizutragen, unter denen Menschen gerne leben können und Anträge auf Entlassung aus der Staatsbürgerschaft nicht mehr stellen wollen«.

31. März Unterzeichnug einer Vereinbarung über einen Gebietsaustausch zwischen Berlin (West) und der DDR.

26. Mai Die Evangelische Kirche in Deutschland und der Bund der Evangelischen Kirchen in der DDR veröffentlichen ein »Gemeinsames Wort« zum 50. Jahrestag des Pogroms gegen die deutschen Juden am 9. 11. 1938.

2. Juni	Erich Honecker empfängt den neugewählten Präsidenten des Verbandes jüdischer Gemeinden in der DDR, Siegmund Rotstein.
6. Juni	Erich Honecker erklärt in einem Gespräch mit dem Vorsitzenden des Zentralrats der Juden in Deutschland, Heinz Galinski, die grundsätzliche Bereitschaft der DDR, Entschädigungen an Juden zu zahlen.
21. Juni	Horst Neugebauer löst Ewalt Moldt als Leiter der Ständigen Vertretung der DDR in Bonn ab.
26. Juni	40 Beobachter aus 20 KSZE-Signatarstaaten treffen in Potsdam ein, um die gemeinsame Truppenübung der Gruppe der sowjetischen Streitkräfte in Deutschland und der Nationalen Volksarmee der DDR zu begleiten.
9. August	DDR-Verteidigungsminister Heinz Kessler regt in einem Zeitungsartikel Gespräche zwischen den Verteidigungsministern und Militärexperten der beiden deutschen Staaten an.
10. August	In einem Gespräch zwischen dem Vorsitzenden der Konferenz der Evangelischen Kirchenleitungen in der DDR, Landesbischof Werner Leich, und dem am 13. 7. neuerannten Staatssekretär für Kirchenfragen, Kurt Löffler, werden u. a. Zensurmaßnahmen gegen Kirchenzeitungen und kirchliche Amtsblätter angesprochen.
15. August	Die Regierung der DDR und die Kommission der EG stellen mit sofortiger Wirkung diplomatische Beziehungen her.
14. September	Die DDR und die Bundesrepublik unterzeichnen Vereinbarungen über Neuregelungen im Transitverkehr; die Transitpauschale wird von 525 auf 860 Millionen DM im Jahr erhöht.
10. Oktober	In Berlin (Ost) lösen Sicherheitskräfte einen Protestmarsch von rund 200 Personen auf, die mit Transparenten gegen die Zensur der Kirchenzeitungen protestieren und hindern westliche Korrespondeten mit Gewalt an ihrer Arbeit.
16.–18. Oktober	Besuch des Präsidenten des Jüdischen Weltkongresses, David Bronfmann, in der DDR.
10. November	Grundsteinlegung für den Neubau der zerstörten Synagoge in der Oranienburger Straße in Berlin (Ost).
14. November	Volkskammer beschließt u. a. die Gesetze über die Zuständigkeit und das Verfahren der Gerichte zur Nachprüfung von Verwaltungsentscheidungen; Veröffentlichung einer Verordnung zur Regelung von »Westreisen«, die am 1. 1. 1989 in Kraft tritt: Sie sieht zwar ein Beschwerderecht für DDR-Bürger bei Ablehnung von Reiseanträgen vor, schränkt aber gleichzeitig die Reisemöglichkeiten ein. Nach Eingaben aus der Bevölkerung werden zum 1. 4.

	1989 die Reiseverordnung geändert sowie Besuchsanlässe und berechtigter Personenkreis erweitert.
20. November	Die DDR-Medien teilen mit, daß auf Weisung des Postminsters die sowjetische Monatszeitschrift »Sputnik« aus der Liste des Postzeitungsvertriebs gestrichen sei; bereits vorher waren einzelne Ausgaben der von der sowjetischen Nachrichtenagentur APN herausgegebenen Zeitschrift »Neue Zeit« nicht ausgeliefert worden.

1989

13. Januar	Gründung des Freidenkerverbandes der DDR.
7. Mai	Wahlen zu den Kommunalvertretungen der DDR; durch Kontrollen der Bürgerrechtsgruppen wird in einigen Wahlkreisen erstmals der Wahlbetrug nachgewiesen.
19. August	Ein »Paneuropäisches Picknick« an der ungarisch-österreichischen Grenze nutzen Hunderte von DDR-Bürgern zur Flucht.
4. September	Montagsdemonstation in Leipzig mit etwa 1 200 Teilnehmern.
10. September	Veröffentlichung des Gründungsaufrufs des »Neuen Forums«.
11. September	Ungarn öffnet seine Grenze für ausreisewillige DDR-Bürger; Beginn einer Massenflucht über Ungarn, die ČSSR bzw. die diplomatischen Vertretungen im sozialistischen Ausland.
12. September	Gründungsaufruf von »Demokratie jetzt«.
18. September	Prominente Rockmusiker der DDR unterstützen in einem Aufruf die Gründung des Neuen Forums.
19. September	Die Bundessynode des Bundes der Evangelischen Kirchen in der DDR in Eisenach fordert in einem Beschluß Demokratisierung und Reformen in der DDR.
1. Oktober	Gründung des Demokratischen Aufbruchs.
2. Oktober	Montagsdemonstration in Leipzig mit ca. 15 000 Teilnehmern.
4. Oktober	Die DDR-Regierung hebt den paß- und visafreien Reiseverkehr in die ČSSR auf, um den weiteren Zustrom von Flüchtlingen auf das Gelände der Botschaft der Bundesrepublik in Prag zu verhindern; gewaltsame Demonstrationen rund um den Hauptbahnhof in Dresden.
7. Oktober	Feierlichkeiten zum 40. Jahrestag der DDR; in verschiedenen Städten der DDR (u. a. in Berlin und Leipzig) gehen Sicherheitskräfte mit großer Brutalität gegen Demonstranten vor; Gründung der Sozialdemokratischen Partei der DDR (SDP) in Schwante.
8. Oktober	Demonstrationen und Polizeieinsätze in mehreren Städten der DDR (u. a. in Berlin).

9. Oktober	Montagsdemonstration in Leipzig mit ca. 75 000 Teilnehmern.
11. Oktober	Das Politbüro des ZK der SED ruft zu einem Dialog über die Entwicklung in der DDR auf.
18. Oktober	Erich Honecker tritt als Generalsekretär des ZK der SED zurück; das ZK wählt Egon Krenz zum neuen Parteichef; in einer Fernsehansprache prägt Egon Krenz den Begriff der »Wende«, die die Partei eingeleitet habe.
4. November	Auf dem Alexanderplatz in Berlin (Ost) findet eine Massendemonstration mit ca. 500 000 Teilnehmern statt, auf der die Redner demokratische Reformen fordern.
7. November	Rücktritt der Regierung Stoph.
9. November	Fall der Mauer in Berlin.
13. November	Wahl Hans Modrows zum Ministerpräsidenten der DDR.
24. November	Gründung der Grünen Partei der DDR.
26. November	Der Aufruf »Für unser Land« wird veröffentlicht.
3. Dezember	Generalsekretär, Politbüro und Zentralkomitee der SED treten geschlossen zurück.
4. Dezember	Auf der Montagsdemonstration in Leipzig häufen sich Forderungen nach Einheit Deutschlands.
7. Dezember	Erste Sitzung des Runden Tisches unter Teilnahme der Oppositionsgruppen.
8./9. Dezember	Erste Sitzung des Außerordentlichen Parteitages der SED: Gregor Gysi wird zum Vorsitzenden gewählt; ein Antrag auf Selbstauflösung der SED scheitert.
15./16. Dezember	Sonderparteitag der CDU, der die Lösung von der SED einleitet; zweite Sitzung des Parteitages der SED, die sich in SED-PDS umbenennt.
19./20. Dezember	Besuch Helmut Kohls in Dresden, wo er mit Jubel und Rufen nach Wiedervereinigung empfangen wird.

1990

15. Januar	Demonstranten erstürmen die Zentrale des MfS in Berlin; vorher waren bereits in einigen Bezirksstädten die Gebäude der Staatssicherheit besetzt worden, und Bürgerkomitees hatten mit der Auflösung des Apparates begonnen.
12. März	Letzte Sitzung des Runden Tisches; letzte Montagsdemonstration in Leipzig mit geringer Beteiligung.
18. März	Die ersten demokratischen Wahlen zur Volkskammer der DDR bringen einen triumphalen Erfolg für die aus CDU, Demo-

	kratischem Aufbruch und DSU gebildeten »Allianz für Deutschland« (zusammen 48 %); die SDP erhält 21,9 % und die PDS 16,4 % der Stimmen; die Bürgerrechtsgruppen, die sich zum Bündnis 90 zusammengeschlossen haben, erreichen nur 2,9 % der Stimmen.
6. Mai	Erste demokratische Kommunalwahlen in der DDR.
1. Juli	Die Währungs-, Wirtschafts- und Sozialunion zwischen der Bundesrepublik und der DDR tritt in Kraft; damit ist die D-Mark offizielle Währung der DDR.
31. August	Unterzeichnung des Einigungsvertrages.
12. September	Unterzeichnung des Zwei-plus-Vier-Vertrages durch die ehemaligen Besatzungsmächte und die beiden deutschen Staaten in Moskau.
3. Oktober	Beitritt der DDR zur Bundesrepublik Deutschland; offizielle Feiern vor dem Reichstagsgebäude in Berlin.

Personenregister

Der Autor

Stefan Wolle, Jahrgang 1950, Studium der Geschichte an der Humboldt-Universität in Berlin, 1972 Relegation von der Universität aus politischen Gründen, Arbeit in einem Produktionsbetrieb, 1976–89 Mitarbeiter der Akademie der Wissenschaften der DDR, 1984 Promotion, 1990 Sachverständiger für die MfS-Akten am Runden Tisch, Mitarbeiter des Komitees für die Auflösung des MfS und seit 3. Oktober 1990 Mitarbeiter des Bundesbeauftragten für die Unterlagen des Staatssicherheitsdienstes, 1991–96 Assistent an der Humboldt-Universität, seit 1997 am Hannah-Arendt-Institut der TU Dresden.